2021
中国企业跨境并购
年度报告

易界（DealGlobe） 工业和信息化部国际经济技术合作中心·编著

冯林 田斌·主编

2021 CHINA CROSS-BORDER M&A
ANNUAL REPORT

中国经济出版社
CHINA ECONOMIC PUBLISHING HOUSE
·北京·

图书在版编目（CIP）数据

2021 中国企业跨境并购年度报告／易界，工业和信息化部国际经济技术合作中心编著；冯林，田斌主编. --北京：中国经济出版社，2021.9

ISBN 978-7-5136-6574-2

Ⅰ. ①2… Ⅱ. ①易… ②工… ③冯… ④田… Ⅲ. ①跨国公司-企业兼并-研究报告-中国-2021 Ⅳ. ①F279.247

中国版本图书馆 CIP 数据核字（2021）第 159800 号

选题策划 汪　京
策划编辑 崔姜薇
责任编辑 王建昌
特约编辑 胡　楠　张馨予
责任印制 马小宾
封面设计 任燕飞装帧设计工作室

出版发行 中国经济出版社
印 刷 者 北京富泰印刷有限责任公司
经 销 者 各地新华书店
开　　本 787mm×1092mm　1/16
印　　张 29.25
字　　数 586 千字
版　　次 2021 年 9 月第 1 版
印　　次 2021 年 9 月第 1 次
定　　价 298.00 元
广告经营许可证 京西工商广字第 8179 号

中国经济出版社 **网址** www.economyph.com **社址** 北京市东城区安定门外大街 58 号 **邮编** 100011
本版图书如存在印装质量问题，请与本社销售中心联系调换（联系电话：010-57512564）

前　言

《2021 中国企业跨境并购年度报告》是一部具有时效性、实用性、专业性的编著。本书全面回顾了 2019—2020 年中国企业跨境并购的整体市场，并针对热点行业、国家和典型案例进行独家分析，详细解读了“一带一路”倡议下，中国企业跨境并购的新机遇，对 2021 年的并购市场趋势进行了展望，为准备走出国门的企业提供意见和分析。同时，本书也对全球和中国跨境并购市场的发展历程做了梳理，并从专业和实际操作的角度整理了一份中国企业跨境并购实用手册。

本书“第一章　全球并购历史”，详细介绍了全球并购的七次浪潮。全球并购浪潮始于 19 世纪末的美国，并贯穿了整个 20 世纪，其中前五次并购主要集中在美国：①1897—1904 年以横向并购为主；②1916—1929 年以纵向并购为主；③1965—1969 年以混合并购为主；④1981—1989 年以杠杆并购为主；⑤1992—1999 年以横向及跨国并购为主。这五次并购浪潮逐步调整了美国的产业结构，为确立美国在全球经济中的主导地位奠定了基础。2003—2007 年的第六次并购浪潮，发生在 2003 年互联网泡沫破灭及第五次并购浪潮结束后三年，并于 2006 年达到顶峰，2007 年次贷危机后逐步退去。这一阶段的并购聚焦于互联网高科技领域。这次并购浪潮由美国信息产业等高新技术产业群主导，这些信息技术企业依托并购策略实现短期“跨越式”发展，培育了新经济时代以信息技术为核心、富有生命力的微观主体——Internet 巨无霸或曰“网络航母”。无缘赶上前五次并购浪潮的中国国有企业或其他大型企业渐渐融入了第六次并购浪潮中。

2012 年至今的第七次并购浪潮具有当今并购的五大特征：①并购主体多元化。在这一次浪潮中，金砖国家正在走向并购活动的前沿，新兴国家企业并购发达国家企业成为此次并购浪潮的新特征。其中，中国是此次浪潮中新兴市场国家海外并购的主要力量。而且在这一阶段，全球并购不仅以大企业为主，中小企业也越来越多地参与到并购浪潮之中。以中国为例，其中最大的变化是以往以国企占多数的海外并购，也逐渐演变成民企唱“主角”。②跨行业整合活动增加。在这一次浪潮下，传统行业之间的界限越来越模糊，相对落后的产业并购相对先进的产业，越来越多的企业希望借力科技变革，为自身贴上“互联网 +”“人工智能 +”等标签。比如，零售行业线上线下渠道的融合亟须数字技术推动，造成一批传统零售企业与电商的兼并融合。③私募股权投资增长强劲，大型资本行动主义回归。自2016 年下半年以来，一些巨无霸基金陆续登上舞台也格外引人注目。例如，目标 1000 亿美元的软银愿景基金、目标 3500 亿元人民币（约折合 500 亿美元）的中国国有企业结构调整基金等。在 2016 年百大跨境并购交易中，私募股权基金参与的交易有 20 个，交易金额从几亿美元到几十亿美元不等。2017 年第二季度，已经封闭的 PE 基金的季度平均单只融资规模接近 6 亿美元，相当于 2012—2014 年平均水平的两倍。私募股权投资已经在 2017 年开始活跃，预计日后将在资产竞争中扮演更重要的角色。④催生重塑行业格局的大额交易。2014 年，企业并购活动飙升至金融危机爆发以来的最高水平，全球并购交易总量总额激增 47%，达到 3. 34 万亿美元。这是 2007 年以来并购最为活跃的时期，超大并购案以强劲的势头卷土重来。处于历史低位的借款利率、活跃的资本市场和抬高的股价，催生了可能重塑行业格局的大额交易。⑤企业家对购买增长[①]的信心增加。2008 年金融危机之后的商业环境正在消退，其特点是风险规避和对企业有机增长的关注。在这样的环境中，可能无法仅仅依靠有机增长和成本削减来提供积极的财务绩效。企业通过收购来补充有机增长，可以获得新的地区、产品和技术诀窍，同时受益于持续的低资金成本。管理者似乎再次相信购买增长比建立增长更容易。

本书“第二章　中国企业跨境并购沿革”，用“小试牛刀”“喜忧参半”“机遇下的狂欢”及“冰与火之歌”形象概括了中国企业跨境并购的四个阶段。①“小试牛刀”概括了中国企业跨境并购萌芽探索阶段(1978—2000 年)。自 1978 年改革开放，中国企业海外并购终于缓缓拉开了序幕，在改革开放前期所推动的基本政策“引进来”的背景下，开始初步

① 购买增长：消除增长过慢问题的最积极方法是购买增长。管理者为了证明自己的管理能力、保留住优秀雇员、避免被人收购，他们常常试图采取多元化的经营战略将多余的现金投入其他行业，特别是正处于成长期的行业。

的尝试。该阶段的交易规模和频率都偏向保守，而且海外并购活动主要集中在少数有实力的国有企业（比如中信、华润、首钢、中化等），它们由于自身发展及国家经济发展的需要在早期的海外并购活动中扮演着核心角色。该时期对外投资基本上处于自发状态，总体特点是单个项目规模小、投资领域窄、方式相对单一。在2000年，各地方政府、各国家部门认真贯彻落实党中央、国务院扩大内需、实施积极的财政政策和稳健的货币政策。在此背景下，中国企业的海外并购之路开始走上了正轨。据统计，2000年中国企业跨境并购总交易数量17个，总交易金额达15亿美元，其中有87%在亚太地区，13%在北美地区。由此可见，在这一萌芽探索阶段，并购标的的地理范围逐渐扩大，从开放度较高的中国香港企业扩展到少数欧美企业。因此，我们可以说这一阶段的中国企业海外并购是“零星的小试牛刀”。②“喜忧参半”是对中国企业跨境并购蹒跚起步阶段（2001—2007年）的真实写照。在此阶段，中国加入了WTO，世界经济增长明显加快，尽管国际石油价格的大幅上涨和美元汇率的持续贬值也给经济的平稳运行造成巨大威胁，中国经济却始终保持相对较快增长。总体上看，这期间我国经济发展所面临的国际经济环境还是比较有利的，外需继续保持稳定和全球跨国直接投资重新回升有利于我国继续扩大出口和对外投资。这一阶段多数行业都延续这样一条轨迹，即2000—2001年时处于相对低谷，但已止跌企稳，2002年明显复苏，特别是2003年经济进入新一轮景气周期。行业增长加速后，中国企业跨境并购呈跃跃欲试态势。2004年，海外并购数量达69个，披露交易金额的并购总金额达73亿美元，到了2007年，并购数量达123个，披露交易金额的并购总金额达291.2亿美元。这一阶段，部分有意识的中国企业开始勇敢试水，留下了不少经典的并购成功案例和失败教训，可以说是喜忧参半、积攒经验的一个阶段。③“机遇下的狂欢”则将中国企业跨境并购爆发成长阶段（2008—2016年）描绘得惟妙惟肖。当2008年金融海啸爆发，美国、欧洲等发达国家和地区的经济状况受到重创，诸多行业亦面临全球性的洗牌，由于中国受到的波及相对较小，中国企业就顺势而为，主动抓住全球投资的宝贵机遇，积极展开海外投资并购；同时，国外企业估值普遍偏低，出售意愿也比较强烈，国内企业借着这阵“东风”，开始继续试水海外。2008年之后的几年，中国企业跨境并购加速发展，但仍处于发展中国家企业跨境并购成长道路上的起步阶段。根据商务部数据统计，2009 年中国对外直接投资达到 565 亿美元，排全球第五位，名列发展中国家首位。2010 年，中国对外直接投资创下 688.1 亿美元，达到历史最高值。此后多年投资额屡创历史新高。至 2016 年，中国政府积极推动“一带一路”建设，稳步开展国际产能合作，“走出去”的工作体系不断完善，中国企业主动融入经济全球化“快车道”。2016 年中国对外直接投资创下 1961.5 亿美元的历史最高值，蝉联全球第二位。④被称为“冰与火之歌”的中国企业跨境并购理性发展阶段（2017 年至今）。在经历了 2016 年中国企业跨境交易并购的突飞猛进之后，2017 年对中国企业境外投资并购活动来说是回归理性的一年。本书列举的“腾讯”和“TCL”两大企业，既充当了“机遇下的狂欢”这幕大剧的重要角色，又为正在观摩另一场大戏“冰与火之歌”的中国乃至全球“观众”留下了想象空间，并为 1982 年诺贝尔经济奖获得者乔治·斯蒂格勒经典之说“几乎没有几家美国的大公司，不是通过某种方式、某种程度的兼并与收购成长起来的，几乎没有一家大公司可能主要依靠内部扩张成长起来”，提供了新鲜的例证。

本书“第三章　2019—2020 年中国企业跨境并购回顾”，对 2019—2020 年中国企业跨境并购进行回顾。2019 年以来中国跨境并购大幅下跌。2019 年，中国企业跨境并购交易数量为 691 个，较 2018 年 756 个下降了 8.6%，交易金额约为 1711 亿美元，较 2018 年下降了 19.3%。2020 年中国企业跨境并购交易数量为 393 个，交易金额约为 893 亿美元。年化后仍比 2019 年的交易数量和交易金额分别低 43.1% 和 47.8%。从整体上看，2018—2020 年中国企业跨境并购的“走出去”交易数量 1145 个，“引进来”交易数量 695 个，“走出去”交易数量较“引进来”交易数量高出 64.7%，但两者总体数量都呈下滑趋势。究其背后主要原因是由宏观环境所致：其一，受整体国际形势影响；其二，受地缘政治环境变化影响；其三，受全球疫情传播拖累；其四，受中国整体资本环境变化影响。然而从长期来看，中国企业跨境并购仍然处于高速成长阶段，且在未来跨境并购专业化方向呈上升趋势。总体而言，虽然中国整体市场的规模与增速没有下降，但资本市场的相对回落会导致其资产价格的回落，这意味着国外资本进入中国市场的机会大大增加。事实上也正是如此，在 2018—2020 年，有越来越多的外国企业开始加大对中国市场投资和收购的力度。如果把跨境并购定义为“走出去”和“引进来”，当整体国际资本市场环境较好时，例如

2015—2016 年中国企业“走出去”呈上升趋势；反之，2019—2020 年中国企业“引进来”呈上升趋势，所谓中国企业“走出去”和“引进来”存在周期性波动就是这个意思。据此观点，本报告认为，自 2018 年开始中国企业跨境并购出现一个显著特征，即中国企业“走出去”项目数量明显减少，“引进来”项目数量呈相对上升趋势。本报告预计至 2021 年此现象会更加突出。

本书“第四章　2019—2020 年中国企业跨境并购热点行业分析”，对 2019—2020 年中国企业跨境并购热点行业进行了分析。本书首选制造业作为 2019—2020 年中国企业跨境并购热点行业。我国连续 11 年位居世界第一制造业大国，2021 年 3 月 1 日上午，工业和信息化部发布相关数据。数据显示，2020 年我国工业增加值达到 31.31 万亿元人民币，连续 11 年位居世界第一制造业大国。制造业的占比比重对世界制造业贡献的比重接近 30%。受到经济环境、地缘政治、疫情肆虐和资金进出政策的影响，中国企业跨境并购变得异常困难，美国和欧洲等发达市场表现尤其严重。2020 年中国企业海外并购交易金额跌至自 2010 年以来的最低值，并购交易数量跌至自 2015 年以来的最低值，就是上述现象的具体体现。尽管中国企业海外并购交易金额和数量在所有行业和地区均大幅下降，但是中国企业对海外高科技行业的跨境并购交易仍然高度青睐。中国制造业企业跨境并购明显呈现三大特征：①高端制造全球布局高歌迈进，跨境并购加速增长。在高端制造方面，中国已经制定了相关政策和计划，意图提升国内制造业的水平。对于国内企业来说，对海外先进的制造技术企业进行并购，然后重组优化整个制造业，提升技术水平是一个很好的途径。而对于外企来说，结合国内庞大的市场与资本，也是一件“双赢”的事情。事实上，海外并购的规模近年的增速迅猛，目前已经达到了数千亿美元的规模。高质量发展是今后制造业发展的根本要求，从这个层面上来说，高端装备的全球并购只会不断加强，国内这种“走出去”的热情将会持续升温。工信部多次发文推动创新发展、智能发展、集群发展、和谐发展、开放发展，促进我国装备制造业迈向全球产业链中高端。中国制造业企业“走出去”的增长势头强劲，成为全球企业并购的重要买家。②汽车及零部件行业跨境并购行业风口依旧，新能源成为其新特点。汽车是衡量一个国家工业制造能力的重要指标。尽管中国汽车市场早已被外资品牌攻陷，但本土品牌正不断缩小与它们的差距，并逐步重新夺回阵地。而新能源、车联网与无人驾驶的发展趋势给了本土品牌“弯道超车”的机会。发达国家汽车行业的发展经验证明了通过并购提高产业的集中度来实现汽车行业的发展变迁是不可避免的趋势。目前来看，中国汽车行业的综合能力经过“弯道超车”有了很大提升，中国和外国的汽车生产商不论是在产出还是在销售额或技术水平上的差距都在变小，一些企业已经拥有海外并购的能力。在政府的支持下中国的汽车行业将会有更好的发展，会有很多企业参与到海外并购中来。海外并购将成为中国汽车行业未来的发展趋势。伴随着碳中和、碳达峰的到来，新能源领域无疑是最耀眼的领域。③“一带一路”倡议下的中国参与全球交通运输并购热情高涨。作为联通生产、贸易、消费等环节的纽带，交通运输与物流行业涵盖空运、航运、铁路运输、物流、货运等多个重要细分领域，对于“一带一路”倡议下的经济发展与人文交流起到关键作用。作为推动交通运输与物流行业发展的重要方式，投资并购活动始终受到关注，某种程度上，投资并购的活跃程度和特点体现了该行业的发展热点以及趋势。

TMT 行业是本书选择的“中国企业跨境并购”另一个热点行业。本书从分析互联网电子商务、计算机软件、计算机硬件、半导体、计算机服务、通信硬件、电信运营等 TMT 八大子行业 2019—2020 年的跨境并购交易情况入手，对 TMT 行业的未来趋势进行了展望：①繁忙的各种 TMT 赛道，逆势破局。“在变局中开拓新局”，这是 2019—2020 年，对 TMT 赛道最好的注解。2020 年中国启动“双循环”的新发展格局模式，一方面继续推动供给侧结构性改革促进内需，下半年实现了经济的率先复苏；另一方面积极推进多边国际合作，并在亚太和中欧区域合作上均取得了突破性的成果——《区域全面经济伙伴关系协定》（RCEP）正式签署诞生了全球最大的自由贸易区，而《中欧投资协定》谈判的如期完成更将推动中欧更深层次的经贸合作，从“走出去”的角度来看，欧盟 27 国投资规则的统一将有助于降低中国企业的投资成本，打破投资壁垒，创造更有利的营商环境，从而促进中国企业对欧投资。尽管新冠肺炎疫情在短期内预计还将继续冲击全球跨境投资，但中国在多边合作领域取得新的突破，将使中国企业未来海外投资走得更稳更远。TMT 是中国资本最热衷的海外投资领域，技术被视为数字化转型和增长必不可少的推动力。②半导体企业并购之风，从未停止。由于中美半导体行业大战，涉及半导体的并购异常引人关注。中国半导体仍然受制于发达国家的限制，尤其是在通用芯片和高精度半导体技术上。据公开数据统计，2017 年半导体行业进口额高达 2587 亿美元，产生贸易逆差达 1925 亿美元，预计 2018 年进口额将接近 3000 亿美元，国内半导体企业的发展和突破迫在眉睫。在全球贸易不明朗的前景下，半导体行业依然坚持了自身的发展步伐，国际半导体领域正在发生大的并购事件，当然也有半导体行业设备需求下滑的市场忧虑。中国半导体通过收购来整合技术与产业资源来提高行业的影响地位，占据更多市场份额，提高半导体市场话语权。

本书“第五章 2019—2020 年中国企业跨境并购热点地区国家”，通过 2019—2020 年中国企业跨境并购五十强交易国家分析表详细分析了以美国、新加坡、英国、德国、澳大利亚等国家为标的国的中国企业跨境并购状况：在 2019 年中国企业跨境并购交易中，亚洲已跃升为中国企业“走出去”和“引进来”的第一目的地，约占交易金额的 55.4%，特别是中国香港成为最热门的跨境并购交易地区。同时，在整体并购额大幅下挫的情况下，亚洲仍逆势增长。2019 年中国企业跨境并购活跃的地区为大中华地区在内的亚太地区及欧洲地区，跨境交易总数 340 个和 120 个，跨境交易总金额分别为 948 亿美元和 436 亿美元。

2020 年，受新冠肺炎疫情和全球经济放缓等因素影响，中国企业海外并购受到了较大冲击，不少跨境并购交易因外部因素不得不暂停或终止，导致 2020 年上半年中国企业海外并购金额大幅下降。包括大中华地区在内的亚太地区及欧洲地区依旧是中国企业 2020 年跨境并购的热门目的地，交易总数分别达到 181 个和 79 个，跨境交易总金额分别达到 303 亿美元和 152 亿美元。

本书“第六章 中国企业跨境并购‘一带一路’新机遇”，系统介绍了“一带一路”相关政策，回顾了 2019—2020 年“一带一路”中国企业跨境并购，并对“一带一路”跨境并购中的投资国家和行业进行了分析。“一带一路”沿线的大部分投资主要集中于交通基础设施的建设，电子信息和数字连接方面的基础设施建设越来越受各国重视。各方陆续出台促进贸易投资和包容合作的落实办法。但是，在各国法律、政治、环境和社会特征不一致的情况下，投资仍面临不少挑战。各国政府和相关部门可以在政策制定和监管等方面创新机制，提高各方投融资规则的一致性，以此开辟新途径，清除障碍，有效协调与“一带一路”相关的投融资活动，帮助其与可持续发展目标保持一致。其中对“一带一路”沿线跨境并购发展特征概括为以下两大特征：①“一带一路”沿线跨境并购以东南亚、南亚等周边区域重点国家为主，投资区域逐渐呈现更加多元化态势。②“一带一路”沿线跨境并购行业呈现多元化发展趋势，并基本贴合区域产业结构特征。总体看，在未来中国对“一带一路”沿线跨境并购将会更加贴合该国产业结构和双边经济合作发展要求。

本书“第七章 2021 年中国企业跨境并购展望”概括了 2021 年中国企业跨境并购的四大趋势：①趋向特征明显。与 2019—2020 年相比，2021 年中国企业跨境并购背景依然如故：其一，受整体国际形势影响；其二，受地缘政治环境变化影响；其三，受全球疫情传播拖累；其四，受中国整体资本环境变化影响。在这样的背景下中国企业跨境并购即中国企业“走出去”和“引进来”的周期性波动依旧明显，具体表现为中国企业走出去项目数量明显减少，引进来项目数量相对增加。典型表现例如 2015—2016 年中国企业“走出去”呈上升趋势；反之，2019—2020 年中国企业“引进来”呈相对上升趋势。②积极审慎持续。从政府层面来讲要积极与美国地方政府沟通，建立双方友好合作关系。美国是联邦体制，中央与地方之间不是上下级关系。而且美国国会议员是由各州选出的，代表各州的利益，因此在中国企业投资并购力度较大的州如加利福尼亚、纽约等，我国政府应该充分利用这一有利条件加大与这些州政府的沟通，建立友好合作关系。由此可以帮助中国企业在对美国企业投资并购中减少阻力，赢得这些州议员的同意和好感，间接地促进交易的顺利完成。借鉴其他国家的投资并购经验来应对美国政府在安全审查中的“歧视”。转变投资并购思路，鼓励中小企业对外投资、民营企业对外投资并购。③并购买方多元化。从买方构成上来看，2021 年上半年相较 2019—2020 年中国企业跨境并购相比以往中资企业在海外并购中单打独斗的模式，越来越多的交易将以中资财团的形式进行，参与方包括国有企业、民营企业以及一些财务投资者。④热门标的显现。随着我国产业升级和对经济新动能需求的上升，以电子计算机、医药等为代表的新兴行业预计仍将是 2021 年跨境并购的热点，此外，“碳达峰”“碳中和”目标和路线图的明确也使能源成为未来中国企业跨境并购的一个重点领域。根据世界经济论坛发布的 2020 年度十大关键新兴技术，在以下技术领域表现突出的企业，或将成为 2021 年以及未来投资并购的热门标的。

表 世界经济论坛 2020 年度十大关键新兴技术

技术	简介
微针技术和设备	微针技术正在开创一个无痛注射和血液检测的时代。目前，许多微针注射器和贴片应用已经可以用于注射疫苗。还有更多的产品正在进行临床试验，包括用于治疗糖尿病、癌症和神经性疼痛
太阳动力化学研究	太阳动力化学，是一种全新的生产流程，取代用化石燃料推动化学反应，改用阳光将二氧化碳等污染性废气转化为所需的化学制品。目前这一技术已经进化到只需要可见光就能产生广泛使用的化学品，如甲醇、甲醛和甲酸，这些化学品在制造黏合剂、泡沫、胶合板、橱柜、涂料和消毒剂等方面都很重要
虚拟病人	虚拟病人临床试验已经在进行。例如，美国食品和药物管理局（FDA）正在使用计算机模拟代替人类试验来评估新的乳腺造影系统。该机构还发布了设计包括虚拟患者的药物和设备试验的指南。虚拟病人会加快研发进度，降低试验成本，并避免在活体志愿者身上测试不良的候选药物
空间计算	“空间计算”是未来深度融合的物理和数字世界，它可以完成虚拟现实和增强现实应用所做的一切：将通过云端连接的物体数字化；让传感器和电机相互反应；将现实世界数字化。空间计算将很快把人机和机机互动带到新的水平，广泛应用在工业、医疗、交通和家庭。目前，工业界已经接受了专用传感器、数字双胞胎和物联网的整合，以优化生产力，可能成为空间计算的早期采用者和受益者
数字医疗	类似健康手环这样的智能设备和 App，可以自主检测或监测心理和生理障碍，有些甚至还能直接对你进行治疗，被定义为数字医疗。新冠肺炎疫情后，数字医疗的重要作用也逐渐体现，数十款用于检测抑郁症和提供咨询的应用程序上线。此外，全球各地的医院和政府机构也部署了医疗保健机器人
电动航空	目前，空客、安培尔等公司都在竞相开发电动飞机，并正在寻求美国联邦航空管理局的认证。预计到 2025 年，电池驱动的电动飞机的飞行距离将达到 800 千米左右。目前，投资者、孵化器、企业和政府都为其进展感到兴奋，约有 170 个电动飞机项目正在进行中。大多数电动飞机是为私人、企业和通勤旅行设计的
低碳混凝土	代表全球约 30% 产量的全球水泥和混凝土协会发布了该行业的可持续发展指南，旨在跟踪碳排放指标的改善并使其透明化，各种低碳混凝土也随之被推行。虽然这些低碳混凝土无法取代今天所有应用中的水泥和混凝土。然而，它们已经可以取代轻型承重材料，如用于铺路、外墙和临时结构材料，应用前景广阔
量子传感器	量子传感器通过利用物质的量子性质达到了极高的精度，其具有变革性，可以实现“看清”角落的车辆、水下导航系统、火山活动和地震的预警系统，还可以造出在日常生活中监测人的大脑活动的便携式扫描仪。各国政府和私人投资者正在向这个领域投入大量资金，预计量子传感器将在未来三到五年内进入市场，最初的重点将是医疗和国防应用
绿色氢能	新一代的氢能技术被称为“绿氢”，它是通过电解法生产的，机器将水分成氢气和氧气，没有其他副产品。绿色氢气是实现《巴黎协定》中每年从最具挑战性的工业部门减少 10 千兆吨以上二氧化碳的目标所必需的四种技术之一，尤其在航运、制造业等需要高能量密度燃料的行业，绿色氢能很有潜力
全基因组合成	全基因组合成是合成生物学这一蓬勃发展的领域的延伸。研究人员使用软件设计基因序列，制作并将其引入微生物，从而对微生物进行重新编程，使其完成所需的工作，例如制造一种新药。到目前为止，基因组主要是被轻度编辑（而且主要在细菌病毒领域），但合成技术和软件的改进使打印越来越大的遗传物质和更广泛地改变基因组成为可能

目录 | CONTENTS |

CONTENTS

Chapter 3 Practical Handbook for China Cross-Border M&A

Appendices

第一编

中国企业跨境并购背景

第一章　全球并购历史

第一节　全球并购概述

企业并购，是一种通过转移公司所有权或控制权的方式实现企业资本扩张和业务发展的经营手段，是企业资本运作的重要方式。并购的实质是一个企业取得另一个企业的资产、股权、经营权或控制权，使一个企业直接或间接对另一个企业发生支配性的影响。"并购"一词，事实上为合并（Merger）和收购（Acquisition）的合称。

合并是指两个或两个以上的公司，依照《中华人民共和国公司法》（以下简称《公司法》）所规定的条件和程序，订立合并契约以组成一个公司的法律行为。合并后，被合并公司的法人实体将不再存在。根据《公司法》第一百七十二条规定，可分为两种合并方式：

吸收合并（Statutory）：一个公司吸收其他公司后，被吸收的公司注销。

新设合并（Consolidation）：两个以上公司合并后成立一家新公司并同时注销，只留下新成立的公司。

依照合并双方的主营业务及所处行业相关性，可区分为：

- 水平式（Horizontal）：又称"横向合并"，属于同一行业中，竞争对手间的合并行为，借此扩大规模经济，进而降低成本、扩大市占率。

- 垂直式（Vertical）：也称"纵向合并"，属于同一行业中，上下游公司间的合并行为，可分作为了掌控稳定的原料来源，由下游并上游的"向前整合（Forward Integration）"，以及为了获得固定的销售渠道，由上游并下游的"向后整合（Backward Integration）"。目的为降低进入障碍、改善生产流程、降低交易成本等。

- 集团式（Conglomerate）：合并公司间分别处于不同产业，彼此也无相关业务，目的是借由异业结合达到拓展营运范围，进而多角化经营的策略。

- 生态圈（Ecosystem）：从互联网行业发展而出的新兴模式，突破过往以横向、纵向合并为主的思维，转而构筑以用户、粉丝、流量、连接等作串联，得以自给自足的产业生态圈，并在"互联网+"的提倡下越发兴起，也出现更多企业发起以打造生态圈为目标的并购交易。

收购是指收购方为了取得被收购方的资产或经营权，以现金或债券、股票等有价证券，购买其全部或部分资产或股份的经济行为。收购后，被收购方的法人实体仍可延续存在。

按照对象可以分为资产收购和股权收购。资产收购（Asset Purchase），即收购公司买下目标公司的全部或部分资产，收购方无须承担目标公司的负债部分，相较风险较小，也较单纯。股权收购（Stock Purchase）是指投资公司作为股权收购方通过与目标公司股东进行有关目标公司权益的交易，使投资公司成为目标公司的控股股东的投资并购行为。如上所述，兼并和收购是有一定区别的。但在实际运用中，兼并和收购往往交织在一起，很难严格区分开，一般习惯于将二者合在一起使用，简称“并购”。

从并购发起的动机与目的看，也有多种原因。随着生命周期的发展，当企业历经初创期、成长期，至成熟期，若没有投入资源、技术等动能，往往容易停滞不前，甚至走向衰退，因此，企业亟须在面对各阶段的经营挑战时，运用有效战略跨越难关。并购，是企业推动成长或带动转型的战略之一，希望借由企业间的资源整合，发挥“1+1>2”的综效，进而达到永续经营的长期目标。

企业从事并购交易，可能出于各种不同的动机：

• 扩大市场：借由并购获得标的公司的市场份额，以提升市占率，提升在行业中的领先地位，甚或快速切入不熟悉的海外市场，增强国际化布局。

• 降低成本：通过并购达到规模经济的效果，整合生产过程所需的设备、人力、管理等资源，从而降低生产成本、提高利润，进一步整合上下游间的供应链，即增加原料获取或拓展销售渠道，不仅有效降低议价成本，更能加强关键技术不外泄的安全性。

• 引入技术：若企业希望从无到有或持续自主研发技术，往往需要投入庞大的金钱、时间和资源，且高度竞争的高科技产业中，很难抢得先机。因此，通过并购的方式能够快速获得先进的生产技术，或是强化既有的技术水平，保持领先的优势。

• 业务转型：当公司在本业已发展到稳定阶段，较难再有突破性成长时，通过涉足新行业寻求更高成长性的机会、拓展市场，同时分散风险，实现多角化策略。

• 获得短期收益：还有一些出于财务投资的考虑，通过并购获得价值被低估的公司，并通过改善其经营管理后重新出售，可以在短期内获得巨额收益。

总而言之，并购作为企业的重要战略之一，无外乎为发展战略服务，实现企业业务、资产、财务等方面的结构性调整；或为生产经营服务，实现产品的升级换代、不断扩大市场份额；或为体现企业的价值，实现资本价值的增值。

第二节　全球并购历史

企业并购重组浪潮始于19世纪末的美国，并贯穿了整个20世纪，其中前五次并购主要集中在美国。1897—1904年以横向并购为主；1916—1929年以纵向并购为主；1965—1969年以混合并购为主；1981—1989年以杠杆并购为主；1992—1999年以跨国并购为主。这几次并购浪潮调整了美国的产业结构，奠定了美国在全球经济中的主导地位。作为拥有最为丰富的并购经验的国家，其并购发展路径对中国来说具有一定的借鉴意义。2003—2007年以私募基金并购为主，这一阶段的并购聚焦于互联网高科技领域，且有中国企业参与了这一波并购浪潮。

一、第一次并购浪潮（1897—1904年）

第一次并购浪潮发生在1883年经济大萧条之后，在1898—1902年达到顶峰，最后结束于1904年。

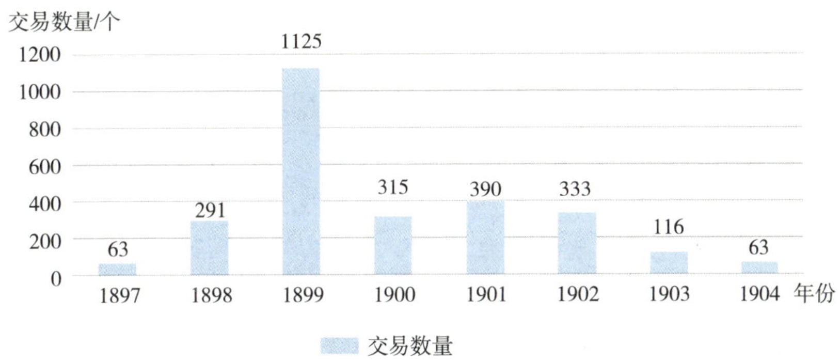

图1-1　第一次并购浪潮并购数量

（来源：IMAA）

彼时，生产技术的变革，铁路系统的发展直接推动了企业选择并购来扩大市场范围，获得市场垄断权利。而股票市场的建立为并购创造了便利的条件，据统计，有近60%的并购交易是在股票交易所进行的。与此同时，法律监管的松懈，特别是反垄断法执行不力，为并购创造了法律条件。

第一次并购浪潮几乎影响了所有行业，特别是矿业和制造行业，但主要集中于金属、食品、石化产品、化工、交通设备、金属制造产品、机械、煤炭等八个行业，这些行业的并购约占该时期所有并购的2/3。这一波并购浪潮被称为美国商业领域尤其是制造业领域的“大合并运动”。

这一次并购浪潮的特点是横向并购，即在同一行业或领域内运营的公司（通常作为竞争对手）相互合并在一起，占比高达78%，纵向并购仅占12%。这类并购通常是由大公司发起，目标是实现更有效的规模经济，所要合并的公司通常提供相同的产品或服务。横向并购对那些想要建立垄断和市场支配地位的公司特别有吸引力，因为这样的组合导致了更大的合并市场份额。集中资源、做大企业是这个时代的鲜明特征。

从 1893—1904 年，即第一次世界大战开始之前，美国的制造业和运输业巨头因此崛起，钢铁、石油、采矿、铁路行业和电话业等也受益于横向兼并。

美国第一次并购浪潮是五次并购浪潮中最重要的一次，也是对美国经济结构影响最深远的一次。它造就了一大批大企业，如今的一些产业巨头就起源于此，包括杜邦、标准石油、通用电气等。第一波并购浪潮支撑起了美国工业结构的基础，而且确定了现代企业管理方式的基本模式，即所有权与经营权分离。随后 1903 年美国经济增速放缓，股票市场下滑，第一次并购浪潮也随之结束。

在第一波横向并购的浪潮中，第一例超过 10 亿美元的巨额并购交易就发生在这一阶段——J. P. 摩根创建的美国钢铁公司通过收购安德鲁·卡内基（Andrew Carnegie）创办的卡内基钢铁公司等 785 家独立竞争对手公司，最后形成了钢铁巨人——美国钢铁集团。它产量曾一度占美国钢铁行业生产总量的 75%。

美国钢铁集团的形成①

1860 年开始，大量新的技术和更高效的炼解法的应用，为钢铁产量的大幅提升奠定了基础，极大地促进了钢铁业的发展，铁路、机械制造等下游需求的快速增长，也推动了钢铁业的发展。钢铁产量由 1860 年的 1.3 万吨增长到 1900 年的 1141 万吨，年均增速 18%。美国在 1890 年正式超越英国成为世界最大钢铁生产国，同时期快速实现工业化。但 19 世纪末经济的衰退，使这一时期美国钢铁行业面临着产能分散、生产管理混乱、行业利润被压缩、整体效率不高的局面。

19 世纪末 20 世纪初，卡内基钢铁公司是世界上最大的钢铁企业。它有两万多名员工以及最先进的设备，它的年产量超过了英国的钢铁产量，年收益超过了 4000 万美元，而它的最大股东就是安德鲁·卡内基（Andrew Carnegie）。

同时期，1898 年，J. P. 摩根进入钢铁行业，并组建了联邦钢铁公司，成为业内最大的企业之一。同时，摩根对铁路一向兴趣浓厚，拥有许多铁路权益，其中包括控股了一条沿北太平洋的铁路，他认为通过钢铁工业对铁轨的供应，可以一种很自然的方式两头获利。

彼时，卡内基帝国是钢铁工业皇冠上的宝石，他威胁要在俄亥俄州开设自己的钢

① 来源：《美国钢铁百年工业史钢厂分布》。

管厂，直接与摩根的全国钢管公司展开竞争，从而破坏主要厂家之间的非正式卡特尔协议。此外，他还计划建立一条运送钢铁的铁路，直接与摩根拥有大量股份的宾夕法尼亚铁路形成正面竞争。摩根因此开始筹划对卡内基钢铁公司的收购。

起初，卡内基并不想与摩根合作，来自摩根的挑战激发了他的竞争本能。他指导了一系列的反击。卡内基的反击，让摩根集团重新考量他们的策略。最后，他们认为合并比斗争明智。摩根照会卡内基的助手查利斯·斯科沃伯（Charles M. Schwarb），要求合并。斯科沃伯愿意考虑，但是他无法保证卡内基也愿意。斯科沃伯与卡内基谈了合并的想法。卡内基抓起一张废纸写下了他的价格，当时的天价，4.8 亿美元。卡内基说，把这个给摩根。摩根没有犹豫，不假思索地说："我接受。"几年后，摩根承认，他本来愿意支付更多。卡内基则说："我把工厂卖给你的时候，我犯了个错误。""什么错误？"摩根问道。"我该多要 1 亿美元。""如果你那样做，我会付给你的。"摩根说。

就这样，1901 年，美国钢铁大王安德鲁·卡内基将旗下的钢铁公司全部卖给了摩根集团，并由摩根集团主导完成了第一次大规模并购，并购后成立美国钢铁集团，占据了当时美国市场 60% 以上的份额，长期成为美国最大的钢铁生产企业，持续至今仍是美国三大钢企之一。

美国钢铁公司是第一家价值超过 10 亿美元的美国公司。在第一年，美国钢铁公司制造了该国 2/3 的钢铁。它控制了炼钢过程的一切：该公司拥有进入钢材的所有材料，自己制造钢材，然后将其变成成品。它也拥有运载铁矿石的船舶，以及遍布全国的其他钢铁公司。

在那些年里，美国钢铁公司不断发展。第一次世界大战（1914—1918 年）大大刺激了对钢铁的新需求。到 20 世纪 20 年代，公司年销售额约为 20 亿美元。

大量的横向并购增大了企业规模和部分企业的市场份额，美国 100 家最大的公司规模增长了 400%，控制了全国工业资本的 40%，很多行业产生了具有绝对影响力甚至垄断地位的行业巨头。此次并购约有 40% 的美国公司加入，3000 家公司消失。

二、第二次并购浪潮（1916—1929 年）

第二次并购浪潮主要发生于 20 世纪 20 年代，按照美国学者帕特里克·高根的说法，应为 1916—1929 年。这一时期正是第一次世界大战结束后，西方国家战后重建时期。资本市场也逐渐恢复起来，并为战后重建筹集资本，同时也促进企业并购蓬勃发展。到 1929 年，股票市场大崩溃之后，企业并购也随之降温。

据 IMAA 统计，在 1926—1929 年，共有约 4000 件并购案例发生。这些并购涉及多个领域，但主要集中在公用事业、制造业、钢铁、石油产品、食品、化工、交通工具等行业。

第二次并购浪潮的主要特点是把一个部门内各环节的企业并购形成一个统一运行

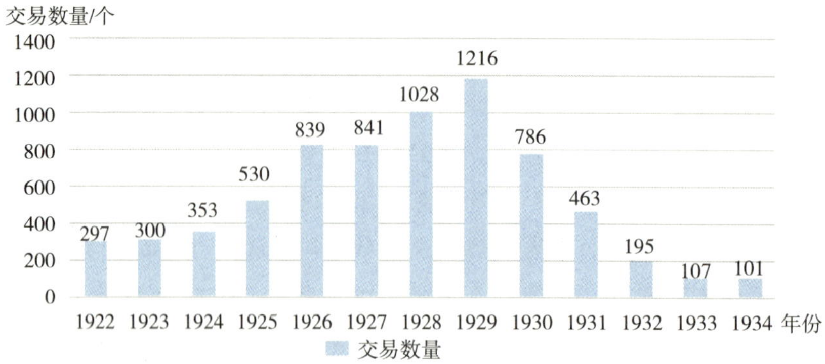

图 1-2　第二次并购浪潮并购数量

（来源：IMAA）

的联合体，以节约各环节间的交易费用，即纵向并购。

因为在第一次浪潮中通过横向并购形成的垄断，导致政府干预并颁布被称为“反竞争行为”的禁止法律。1914 年《克莱顿法》的颁布实施，横向并购的势头被遏制，纵向和混合并购逐渐占据主导地位。例如，标准石油公司在 1911 年被美国最高法院裁定为非法垄断公司。这导致大量公司转向垂直整合，即纵向并购，随后也被称为“第二次并购浪潮”。

纵向并购在这一时期占整个并购的 70% ~80%。纵向并购更多地以效率而不是收入的增加为导向，其整体目标是降低成本并提高公司的效率。这种类型的合并涉及两家公司，它们通常不是竞争对手，而是过去曾经处于两个相邻生产阶段的上下游合作伙伴。

此次浪潮的主要参与者是汽车制造商，比如福特公司。这一阶段虽然美国的铁路系统继续发展，但公路运输系统的发展更为显著。通过大规模的纵向并购，把生产焦炭、生铁、钢材、锻造、铸件、汽车零件、装配以及运输、销售和金融等各个环节组成统一体系，成为美国的巨型企业之一。

这一阶段，大型投资银行起了重要作用。少数大型投行对符合亿美元的并购倾尽全力，否则就通过拒绝协助融资来阻碍并购的发生。

同时，另外一个特征是大量使用债券对交易进行融资。公司在资本结构中使用大量的债务，这给投资者提供了获得高额回报的机会。但债务融资在经济出现严重的衰退时也会给市场带来极大的风险，1929 年股票市场的崩盘导致的经济危机正是本次并购浪潮终止的重要原因，此后企业暂缓继续扩张，转而关注偿还债务能力。

联合化学公司的纵向并购

美国联合化学股份有限公司是 1920 年尤金·迈耶（Eugene Meyer）和科学家威廉·尼可斯（William Nichols）将 19 世纪建立的五家美国化学品公司——巴雷特化工

公司（Barrett Chemical Company，成立于1858年）、通用化学公司（General Chemical Company，成立于1899年）、全国苯胺化学公司（National Aniline & Chemical Company，成立于1917年）、蛋氨酸苏威公司（Semet - Solvay Company，成立于1895年）和附属苏威工艺公司（the affiliated Solvay Process Company，成立于1881年）联合起来，成立的联合化学染料公司。

当时，通用化学公司拥有12家硫黄生产企业，巴雷特销售氨水的副产品以及煤焦油产品，索尔韦是美国最大的纯碱制造商，西梅特销售煤焦油产品，全国苯胺化工则是美国最大的燃料销售商。这些公司均处于美国联合化学公司的上下游。通过收购上下游企业，进行协调管理，美国联合化学公司获得了良好的经济效益。

通用汽车公司并购历程①

通用汽车公司成立之前，其创始人威廉·杜兰特是别克公司的财务负责人和首席执行官，他的野心是建立自己的汽车王国。1907年，杜兰特开始与摩根商谈组建巨型汽车企业的计划，企图控制汽车行业，但谈判很快破裂。1907年9月，别克与奥兹汽车厂合并，通用汽车公司诞生，成为福特公司的主要竞争对手。

在不到两年的时间里，通用汽车公司收购了28家公司，主要是汽车整车厂和各种生产汽车零部件的厂商，比如生产车身的巴迪公司、生产车轴的韦斯顿—莫特公司。以300万美元的价格收购奥兹汽车公司，拥有了第二条生产线。以475万美元的价格收购了凯迪拉克汽车公司。它还购买了两家拖拉机制造公司。1918年，通用汽车公司通过换股和支付现金两种方式，兼并了联合汽车公司。公司已成为美国最大的汽车公司。为了稳住他在通用汽车公司的地位，他引入了杜邦财团的资本。1919年，通用汽车公司在底特律建起了当时世界上最大的办公大楼，同时又继续收购了几家汽车零配件生产厂家以及瓜地亚冷冻机公司，并且组建了一家通用汽车票据承兑公司。这一年，通用汽车公司还出资2800万美元购买了当时美国最大的制造汽车车身的生产厂家——费希尔公司60%的股份，并以股权委托的形式与费希尔兄弟共同分享对这家公司的控制权。

1920年，公司的财务再次由于过度收购而出现危机，大批成品汽车堆积在库房里，占用的资金额高达8490万美元。公司股价由此大幅下跌，当年7月暴跌到每股20.5美元的新低点。曾允诺负责稳定该公司股价的摩根公司此时却没有履行用1000万美元来稳定股市的诺言，仅让其领导的银行辛迪加投入200万美元，因而未能阻止公司股价的下跌趋势。为了维持股价，杜兰特将所有能够获得的资金全部用来收购抛向市场的

---

① 来源自《高级财务管理》。

公司股票。当资金耗尽时，他就以自己持有的公司股票为抵押向银行贷款。但最终仍未能制止住公司股票下跌，杜兰特本人反而因此陷入濒临破产的境地。到1920年11月，他已欠下了近3000万美元的贷款债务。1921年11月18日，由于筹集不到第二天股市开盘前急需的94万美元，杜兰特被迫通知公司两家最大的股东——摩根公司和杜邦公司，要求摩根公司按照当天股市的收盘价，即每股12美元的价格，收购自己持有的110万股通用汽车公司股票。但是，最终收购价格仅为每股9.5美元，远低于当时的市价。在杜邦和摩根公司的合作安排下，摩根公司发行了3500万美元的债务，以此买下了杜兰特拥有的通用汽车公司的全部股份和债务，从而使杜邦公司拥有的通用汽车公司的股份占该公司全部普通股35.8%。杜兰特从此永远地离开了他创办的通用汽车公司。

1920年12月，皮埃尔·杜邦就任通用汽车公司董事长兼总经理，此后他依靠阿尔弗雷德·斯隆（1924年，斯隆接替皮埃尔担任通用汽车公司总裁职务，直到1956年退休）等一批年轻的管理人员对通用汽车公司的管理方式和管理机构进行了深入的改革。通用汽车公司由此也进入了一个大规模重组的时代。斯隆认为，通用汽车公司应采取“分散经营，协调控制”的组织管理体制。1921年1月，斯隆改组通用汽车公司的计划开始推行。

斯隆当权后，不仅落实了新的管理理念与制度，还进一步开展了公司的并购活动。1925年，通用汽车公司将其卡车生产部门的资产转移到了一个新组建的厂家——黄色卡车—长途公共汽车制造公司中，以便集中公司的力量从事小轿车的生产。1925年，公司分别以257.3万美元和333.6万美元的价格收购了英国的沃克斯豪尔公司和德国亚当奥佩尔公司。1926年，公司又以换股的方式购买了费希尔车身公司其余40%的股份，从而将该公司全部股份收购到手。

到1927年，通用汽车公司的销售额和盈利超过福特汽车公司，成为美国最大的汽车企业。从1931年起，它在小轿车生产领域开始居于领先地位。

三、第三次并购浪潮（1965—1969年）

受美国经济大萧条和第二次世界大战的影响，第二次并购浪潮之后美国的并购活动市场明显放缓。由于战后科技的发展，特别是电子计算机、激光、宇航、核能和合成材料等部门的兴起对生产力的发展起到了极大的推动作用，美国经济在20世纪60年代经历了战后最长的一次经济大繁荣。

第三次并购浪潮主要发生在20世纪60年代，是美国经济增长的黄金时期。持续的经济高涨使人的预期乐观，同时也使企业并购的数量增长很快。

这次并购浪潮以混合并购为主。1950年《塞勒—凯佛维法》对《克莱顿法》的修改，使此次并购浪潮中横向并购和纵向并购的数量大为减少。大多数收购者是小规模或中等规模的企业，它们采用多元化战略进入传统行业以外的业务领域，被兼并的企

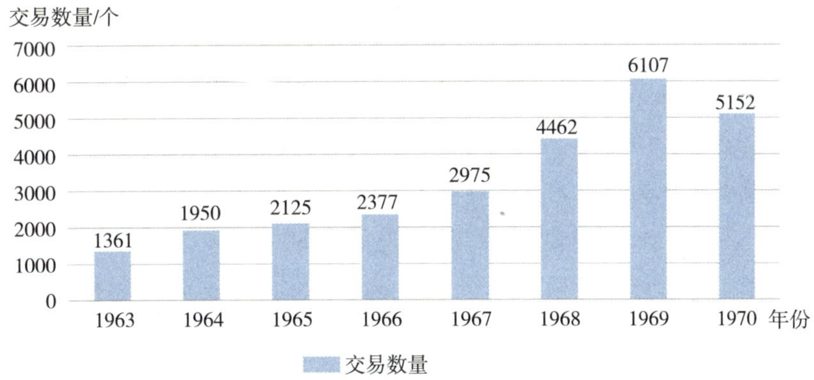

图 1-3　第三次并购浪潮并购数量

（来源：IMAA）

业也是小规模或中等规模的。因为多元化经营能一定程度上分散风险，提高经营的稳定性。可以说，第三次并购浪潮开创了多元化的时代。美国联邦委员会的数据显示，1967—1978 年，多元化并购的数量占比接近 80%。

多元化并购的方式导致大企业集团的兴起，这些集团通常由许多公司组成，而这些公司涉及各个业务领域，它们可能不属于同一个行业，产品或服务也可能会有很大的差别，甚至彼此无关。林—泰姆科—沃伊特公司（LTV）、通用电气公司（General Electric Company）、德事隆集团（Textron）、利顿产业公司（Litton Industries）、美国国际电话电报公司（ITT）等，都是在第三次并购浪潮中出现的业务范围极其广泛的集团企业。但由于这些企业采取分散经营的策略，市场的集中度并没有实质性的提高。

在这次并购浪潮中股权仍是最主要的融资来源。并购通过股票交易进行融资不需要纳税，在这一点上，股票收购要优于现金收购。同时，差别市盈率的使用促进了通过股票融资实施收购的方式。

这段时期的许多混合并购由财务操纵引发，根据当时的会计准则，如果被收购的公司拥有一些账面价值远远低于市场价值的资产，收购方就有机会获得账面收益。当收购方卖掉这些资产时，获得的收益记入账中。由于保险公司的许多资产价值被低估，使这些公司对大公司来说具有很大的吸引力。

美国可口可乐公司的多元化并购

可口可乐公司作为一家成立于 19 世纪末的老牌饮料公司，旗下的饮料畅销全世界。但你大概难以想象，这家公司曾经还经营过啤酒、咖啡、体育、文化娱乐等业务。事实上，从 1886 年成立到 20 世纪 50 年代，可口可乐公司确实一心一意在生产和经营主营产品。但在20世纪60年代之后的第三次并购浪潮中，可口可乐公司也开始尝试多元化的收购和经营。

1960年，可口可乐公司并购了密纽特·梅德冷冻果汁公司；1961年，购进了主营咖啡的邓肯食品公司；1970年，收购了化学溶液公司；1977年，购入了生产塑料薄膜包装材料的普莱斯托产品公司以及泰勒啤酒公司。在20世纪70年代，又并购了各国多家装瓶厂。除此之外，从20世纪70年代到20世纪80年代，可口可乐公司还通过并购将其业务扩展到了其他许多“无关联”的工业、文化娱乐、体育和社会公益等领域。比如1982年，公司斥资7.5亿美元收购哥伦比亚制片厂。1985年，可口可乐公司收购了赫赫有名的电视节目制作公司使者通讯公司的全部产权。1986年又收购了默芜·格里芬制作公司。

公司的本意是希望为可口可乐建立起更加良好的形象。但是，这些投资给公司股东的回报其实很少，其资本收益率仅仅1%。到了20世纪80年代中期，可口可乐公司终于集中精力关注主营业务，才使利润直线上升。

通用电气公司的多元化并购战略

通用电气公司（GE）是世界上最大的多元化服务性公司。从1878年爱迪生擎白炽灯登上电力世界舞台，到20世纪60年代GE拓展至电力、军工、核能和航天航空等五大业务集团。在近百年间，GE形成了罕有匹敌的创新机制。在爱迪生、汤姆生创业时期，GE就开始了创新传统的塑造历程。

欧文·扬主政期间，GE成功转型为电器生产型企业，不仅确立了公司在这一领域内的领导者地位，而且加速了美国农业、工业和交通的电气化进程。欧文·扬还将GE的业务拓展到大众消费领域，如洗衣机、收音机、空调等，为公司在普通民众中赢得了声望，他本人也成为“一战”后5位总统的高级顾问。

在欧文·扬之后，查尔斯·威尔逊（Charles Wilson）在“二战”期间积极调整GE的生产方向和产能，有效发展了飞机、船舶及其他军工制造业务。这为GE之后的多元化打下了基础。此外，GE第四任CEO拉尔夫·科迪纳尔（Ralph J. Cordiner）建立的GE分权体制，为日后多元化事业的发展扫清了制度障碍。

20世纪60年代中后期，弗雷德·博奇（Fred Borch）开始执掌通用电气，他在1963—1967年担任总裁，1967—1972年担任董事长兼CEO，先后在原子能、飞机引擎和电子计算机三个业务上进行豪赌，虽然电子计算机与核能业务最终失败，但通用电气在航空发动机领域获得了极大的成功，为GE之后30年间带来数千亿美元的航空发动机销售、服务合同。

然而，这次浪潮并没有持续太久。美国股价在20世纪70年代初期因石油危机而暴跌。1968 年美国国会以反垄断和税收竞争为由开始提出反对混合性集团公司。1969 年通过的《税收改革法》限制使用可转债为收购融资，法案规定，必须在全面稀释的基础上计算 EPS，如同债务已经转换成普通股。不利的公共政策环境削减了混合性公司的股票价格。以上种种原因，导致了第三次浪潮的结束。

四、第四次并购浪潮（1981—1989 年）

第四次并购浪潮横跨整个 20 世纪 80 年代。尽管并购的步伐由于经济的衰退在 1982 年再次减缓，到 1984 年，一次强劲的并购浪潮还是形成了。第四次并购浪潮与其他三次的不同之处在于，并购市场成了金融买家的天下，为杠杆收购（是指借助债务融资进行的企业收购）打开了空间，同时也成就了“垃圾债券”的兴起。以“垃圾债券”为代表的新型融资工具推动了这次战略驱动型资产重组，并购的最终目的也不再是管理公司，而是从企业买卖中获利。

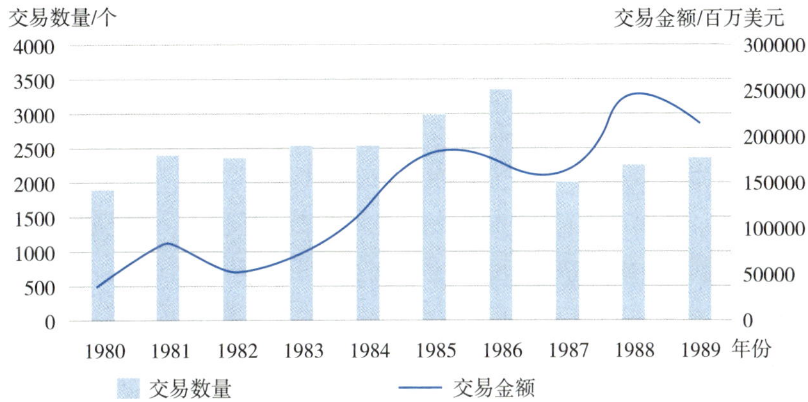

图 1－4 第四次并购浪潮并购数量及金额

（来源：邵万钦，《美国企业并购浪潮》）

这次并购浪潮相对稳定，主要以实施多元化的经营战略为具体形式，并购规模较大，跨国并购明显增加。比如 1987 年，英资公司 British Petroleum 以 78 亿美元的价格吞并美国公司 Standard Oil of Ohio。第四次并购浪潮多集中于石油、航空、医药、金融等行业。

这次并购浪潮最突出的特点是杠杆收购（LBO）快速增加。随着“垃圾债券”的广泛应用，小公司可以用杠杆融资方式筹措巨资进行收购活动，由此产生了很多“蛇吞象”的案例。

KKR 以 250 亿美元收购雷诺兹·纳贝斯克

1988 年，KKR 以 250 亿美元收购食品和烟草大王雷诺兹·纳贝斯克（RJR Nabisco），成为本次并购浪潮中规模最大的并购。这一被称为“世纪大收购”的恶意杠杆收购，令盛极一时的雷诺兹元气大伤，至今仍难以复原。

作为当时美国仅次于菲利普·莫里斯的烟草生产企业，雷诺兹每年仍能产生10亿美元现金利润。可是公司的CEO罗斯·约翰逊（Ross Johnson）拿着巨额的经理津贴，却毫不重视股东利益。1988年10月19日，约翰逊在美国运通公司、希尔森—莱曼—赫顿公司、所罗门兄弟公司等投资银行的支持下，提出以每股75美元的价格收购公司的方案。但由于代表雷诺兹方面利益的股东与约翰逊不和，对他提出的收购方案迟迟不表决。

不久，听到风声的华尔街"杠杆收购之王"KKR加入了雷诺兹公司的收购战。1989年2月9日，KKR以250亿美元的天价完成了对雷诺兹的收购，超过200名律师和银行家与会签署了收购合同，华尔街的大牌投行美林、摩根士丹利、垃圾债券大王迈克尔·米尔肯（Michael Milken）和德崇（Drexel Burnham Lambert）均参与其中。

在收购投入的资金中，辛迪加银团贷款145亿美元；德崇和美林提供了50亿美元的过桥贷款；KKR本身提供了20亿美元（其中15亿美元作为股本），另外提供41亿美元作优先股，18亿美元作可转债券，并且接收了RJR Nabisco所欠的48亿美元外债。

在整个收购案中，KKR付出的代价极小。由于公司发行了大量垃圾债券进行融资，并承诺在未来用出售被收购公司资产的办法来偿还债务，因此这次收购资金的规模虽然超过250亿美元，但其中KKR使用的现金还不到20亿美元。当时很多杠杆收购是由类似KKR这样的金融买家主导的。这些金融买家的并购对象主要是利润下降、公司治理不佳、股价被低估的生产性企业，完成收购后对企业进行整顿，然后再次卖出。

不过，高成交额并没有带来理想中的收购结果。雷诺兹公司在收购完成后并没有重整旗鼓，而是一蹶不振。2003年上半年，雷诺兹的销售额比前一年下降了18%，仅为26亿美元，而营业利润下降了59%，为2.75亿美元。2005年KKR出售了所持有的雷诺兹·纳贝斯克的所有股权，收益率平平。

在这波浪潮中，投资银行发挥了积极的作用，它们发放大笔现金，以帮助客户进行敌意收购。它们还看到了新市场的发展，其中迈克尔·米尔肯发明的垃圾债券是这一时期最具影响的金融创新。

第四次并购浪潮另一个重要特征是超级并购的诞生。相比其他三次并购浪潮，这次的并购浪潮的不同之处还在于目标公司的规模和知名度。20世纪80年代有一些最大型的公司成为收购的目标，其中包括雷诺兹·纳贝斯克、海湾石油、卡夫、施贵宝、格蒂石油公司、大陆石油公司等。第四次并购浪潮逐渐演变成为一场史无前例的超级并购狂潮。在这10年内，并购的总价值急剧上升，交易的平均规模也显著增加，最大的10笔交易中，每笔都超过了60亿美元。

第四次浪潮的结束发生在1989年，当时银行过于频繁地放贷，高通胀率也意味着借贷成本太高。而1987年股市崩盘使这种情况更加严重，许多公司被迫关门大吉。因海湾战争而产生的经济衰退对这次并购活动起到了抑制作用。有力的接管防御的发展、反接管法律的规定、垃圾债券市场的衰退和经济的低迷，所有这些因素导致了10年交易的结束。

五、第五次并购浪潮（1992—1999年）

第五次并购浪潮发生于20世纪90年代，一般认为始于1992年海湾战争结束，美国经济复苏的趋势强劲，股票市场也开始回暖，整体到2000年达到顶峰。但随着美国经济增长放缓，并购活动在2001年开始下滑。此次并购浪潮主要发生在信息产业、民航、铁路、军工和金融等行业。无论是并购企业还是目标企业的规模都很大。

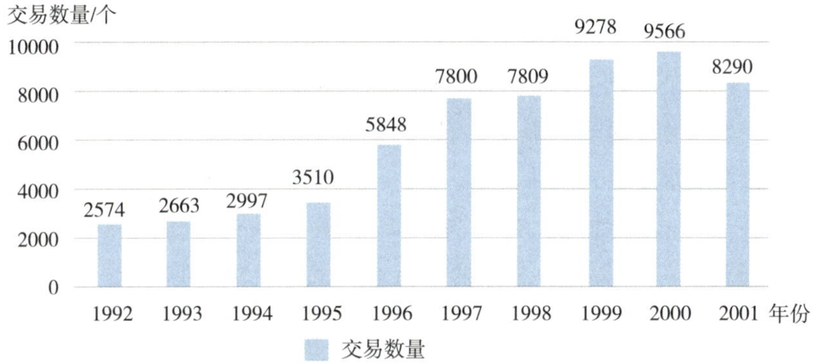

图1-5 第五次并购浪潮并购数量

（来源：Mergerstat Review）

与第一次并购浪潮相仿，这次并购浪潮以加强核心业务能力的横向并购为主要形式，许多规模巨大的并购活动都发生在同行业内部，追求规模效应或优势互补，增强自身的竞争力。例如，美国的飞机业巨头波音公司以133亿美元并购另一业内巨头麦道公司，组成了世界上最大的飞机制造公司，其资产总额高达500亿美元，成为占世界民用客机75%市场份额的最大飞机制造商。花旗银行与旅行者集团公司合并成为世界上最大的金融服务公司，交易金额高达830亿美元。

此次并购浪潮的另一个特点是跨国并购活跃（涉及外国投资者获得被收购公司控股权的收购类型）。20世纪90年代许多企业对更大的规模经济表现出更大的贪婪，创建了庞大的跨国公司和企业集团。它们相信企业规模越大，在市场上的主导地位就越大。外国投资者开始进入美国市场（反之亦然）。大部分企业认为跨境交易是进入其他国家市场并在国际乃至全球范围内建立主导地位的绝佳机会。

历史上最大的并购交易很多都发生在第五次浪潮中。其中一个跨界并购的例子是1999年6月29日英国沃达丰收购美国AirTouch通信公司之后，改名为“Vodafone AirTouch”并紧接着收购了德国电话、互联网巨头曼内斯曼。

英国沃达丰（Vodafone）合并德国曼内斯曼

沃达丰于 1982 年成立，早期是英国拉考尔电子公司的一个移动电话技术部门，1985 年独立，建立了英国第一个模拟信号网络，1987 年沃达丰已经被认为是世界上最大的移动通信服务公司之一。

继和美国的 AirTouch 通信公司合并后，1999 年 11 月 19 日，沃达丰宣布将收购德国曼内斯曼公司，却遭到了来自德国方面的强烈“反抗”——曼内斯曼公司领导层将其视为“敌意收购”予以坚决拒绝。在一个月内，曼内斯曼公司先后两次断然拒绝了沃达丰公司的并购报价，其理由是沃达丰公司采取了换股的交易方式，而不是以现金支付，这样股东要承担太大的风险。曼内斯曼公司的员工也“同仇敌忾”地在公司总部的办公大厦上打出了拒绝并购的标语。此外，德国民众从心理上无法接受德国的老牌工业集团，被英国的后起之秀收购。德国总理施罗德都出声谴责这是敌意收购，也惊动了英国首相布莱尔支持沃达丰。

但沃达丰并不死心，首先，开出 303 欧元/股的报价，这比市价高出 50%；其次，承诺曼内斯曼公司股东将占有并购以后新公司 49.5% 的股份；最后，给予曼内斯曼公司总裁和几个高管共 5600 万欧元的补偿费，仅总裁一人就得到 3000 万欧元。最终结果是，在沃达丰公司强大的金钱攻势下，2000 年 2 月 3 日曼内斯曼公司监事会正式批准了这次德国经济史上规模最大的企业并购。沃达丰合并后的公司成为仅次于美国微软、通用电气和西斯科的世界第四大电信企业，也一跃成为欧美市场第一大电信服务公司。

沃达丰的成功，首先是立足于移动通信市场的成功，在移动通信取代传统固话通信市场的大环境格局下获得了飞跃式的发展；其次是金融并购策略的成功，通过“英国—美国—德国”三大市场的规模扩张战略获得进一步的规模优势，从此跻身顶尖企业行列。

与此同时，天然气和石油行业也十分活跃。埃克森美孚和美孚的合并使埃克森美孚（Exxon Mobil）成为目前世界上最大的炼油公司。

世界最大的石油公司——埃克森美孚

埃克森美孚和美孚是两家独立的美国石油公司，于 1998 年合并成为埃克森美孚公司。它创造了世界上最大的石油公司，并因此降低了成本。新公司成立后做的第一件事就是将员工人数减少 7%（9000 名工人），因为一些工人做的其实是类似的事情，这大大减少了埃克森美孚的运营成本。同时，它导致石油行业的竞争减少，这也意味着消费者所获得的价格比之前两家公司竞争时还要低。公司表示，尽管当时油价下跌，合并仍能帮助公司加强能力，成为有效的全球竞争者。该次合并是横向合并的一个例子，因为两家公司处于同一生产阶段，合并最终导致成本削减并节省了38亿美元。

石油工业的发展被迫适应全球化，转型和技术创新产生了巨大的变革。石油行业的交易中，53%的数量来自跨国贸易，占世界贸易的10%，数量超过了任何其他商品。在市场范围内，石油品种和管道需求以及其他专业分销和营销设施导致地理市场的进一步细分。

埃克森美孚的合并于1999年11月30日完成。通过联合，互补资产，埃克森美孚在世界范围内拥有更强的地位，最大限度地发现未来石油、天然气的潜力。埃克森在西非深水勘探方面拥有丰富经验，而美孚在尼日利亚和赤道几内亚拥有生产和勘探面积的经验，这两种经验相结合带来的附加利益是巨大的。在里海地区，埃克森在阿塞拜疆的地位将与美孚在哈萨克斯坦的地位相结合。

在2001年年初，埃克森与美孚的运营协同效应约为28亿美元，额外的协同效益来自在全球范围内运营各公司的业务实践。不久之后，在该公司的新闻发布会上，埃克森美孚报告称协同效应达到了46亿美元。到2002年，协同效应所达到的效益有70亿美元。在此之前，埃克森的市场预估价值为1750亿美元，美孚为587亿美元。埃克森的市盈率约为23.6，而美孚的市盈率为17.9。埃克森每股支付1.32美元。由于美孚公司拥有7.8亿股流通股，埃克森公司支付了10.3亿股股票。

埃克森美孚的现金流量在2000年达到创纪录的290亿美元，几乎是1999年的两倍。在2000年的财务报告中，埃克森美孚表示，“大量现金流为工厂和投资提供了超过100亿美元的额外资金，并通过股息和股票购买使公司能够向股东返还大约80亿美元”。快速增加的现金流使该公司偿还了60亿美元的债务，而现金余额增加了50亿美元。因此，埃克森美孚公司（2001年）指出，“年终2000年债务占总资本的比例下降至15%，净债务（扣除全部资金）占净资本的百分比降至8%”。

六、第六次并购浪潮（2003—2007年）

第六次并购浪潮在2003年互联网泡沫破灭、第五次并购浪潮结束后三年发生，并于2006年达到顶峰，2007年次贷危机后渐渐退去。

这一阶段的并购聚焦于互联网高科技领域。此次并购浪潮由美国信息产业等高新技术产业群主导，这些信息技术企业依托并购策略实现短期“跨越式”发展，培育了新经济时代以信息技术为核心、富有生命力的微观主体——Internet巨无霸或网络航母。

私募股权兴起。此次并购浪潮要得益于美联储低利率刺激经济的措施，使市场涌入大量美元，企业拥有较为充足的现金流。低利率也推动私募股权基金数量的增长，杠杆收购更为便宜。此外，股票市场的蓬勃发展聚集了大量可用资金，助推并购交易。

高估值和股东积极主义破坏交易价值。并购交易在高流动性和廉价资本的市场环境中成倍增加，但也产生扭曲：因大量投机动机和缺乏感知风险而导致标的公司或资产最终被高估，大量资产处于“腐烂”境地。此外，股东参与公司管理决策程度提高，通过简单行使对管理层的所有权，他们对公司施加更大的影响力。而在不擅长领域的过多干涉易造成整合后经营困难。

中国未赶上前五次并购浪潮，但国内的一些国有企业或大型企业渐渐参与第六次并购浪潮。2001 年，中国加入 WTO 后，限制外资的高墙逐渐倒塌，内资“走出去”也更为便利，中国经济呈现出相对稳定的态势。2002 年以后，中国的并购活动不断升温，国内中国移动凭借收购八省移动公司数百亿美元资产跻身全球并购列强之位；在海外投资领域，中海油拓展原油市场、宝钢涉足巴西钢铁业、TCL 集团与法国汤姆逊成立合资企业进军欧洲彩电业等跨境并购举措预示着中国企业积极融入新的并购浪潮中，其中联想“小鱼吃大鱼”并购 IBM PC 业务，将中国企业跨国并购演绎到了极致。

全球领先网络解决方案提供商思科公司的并购之道

思科公司是全球最大的路由器供应商，也是全球领先的互联网解决方案提供者，它的网络设备和应用方案将世界各地的人、计算设备以及网络连接起来，使人们能够随时随地利用各种设备传送信息。自 1984 年两位创始人在斯坦福大学成立思科公司后，其发展历程被外界称为“并购发动机”，思科的成功就是一个个“并购”企划的成功。

思科公司没有走研发的路子，在 1993 年以 8900 万美元收购高效能工作群组系统公司 Crescendo 通信公司后的 20 多年里，采取并购这一更快捷有效的方式，迅速发展成为世界 500 强企业。现有资料统计，2008 年以前，思科公司前后收购了 122 家企业，其中，2003—2008 年收购占比 40%，这些企业基本上都是具有相当发展潜力的高科技企业，它们的技术优势当时为思科所缺乏，这些技术优势提升了思科整体的核心竞争力，同时使思科夺取了更大的市场份额。总而言之，不间断地并购使思科永远走在行业前端。

例如，2003 年 3 月，思科以 5 亿美元收购了 Linksys 公司。该公司是一家为小型或家庭网络提供先进设备的供应商，在思科收购之时，Linksys 已居于家庭网络产品市场的领导地位，拥有 38% 的市场份额。当时思科认为，家庭网络市场相比企业和电信运营市场来说，是一个新兴市场。此次收购后，思科正式进入家用消费网络市场，2003

财年的净收入同比增长0.6%。

此外，思科青睐采取换股并购的财务管理方式，即以并购公司的股票作为支付手段换取标的公司的股票。在美国，采取换股并购不仅比现金并购方式更为节约交易成本，而且可以在财务上合理避税和产生股票预期增长效应。现金购买通常是应税交易，而股票购买则是免税的。

第三节　当下全球并购特征

受2008年金融危机影响，全球跨境并购金额出现暂时性的萎缩，但到了后危机时代，随着美国、欧盟等国家和地区经济出现弱复苏迹象，全球跨境并购金额不断升高，第七次全球并购浪潮就在这样的后金融危机时代中产生。因为这一次全球并购的浪潮发生在2008年金融危机之后，整体的商业环境不佳，同时，受到政治和监管政策的影响，使并购呈现的特点多是风险规避和对企业有机增长的关注。

根据《经济学人》Patrick Foulis的判断，全球第七次并购浪潮始于2012年。从全球并购交易趋势图来看，2008年金融危机后，全球并购活动跌入低值后一直处于放缓状态，但从2012年开始，全球并购交易开始缓慢增长，直至2015年达到峰值，Patrick Foulis的判断基本符合全球并购情况。由于反垄断监管的收紧、民粹主义的盛行加上如今全球化倒退的趋势，编者认为，这一轮并购浪潮从2017年开始渐渐消退。

2008年金融危机后，美国蔓延至欧洲乃至全球的股东积极主义①，使公司治理不断完善，管控风险力度加大，股东价值提升，激发了企业投资积极性，致使近年全球并购活动增多。从2013年开始，巨型并购交易不断涌现，竞购大战层出不穷，巨型交易的恶意收购屡屡发生，跨境并购交易比例不断上升，发展中经济体在跨境交易中日益活跃。2014年，全球企业并购交易达到2008年金融危机爆发以来的最高水平，2015年实现史上最高全球并购交易额58710.17亿美元，2016年是全球史上第三高并购交易额48927.79亿美元，次于2007年49000亿美元的交易额。但全球并购的数量和价值在2017年出现下降，2017年总共有96082个交易，价值合计47409.69亿美元。

① 股东积极主义指外部股东积极干预、参与公司重大经营决策以将股东权益最大化的行为，是近年来在世界各地兴起的运动。

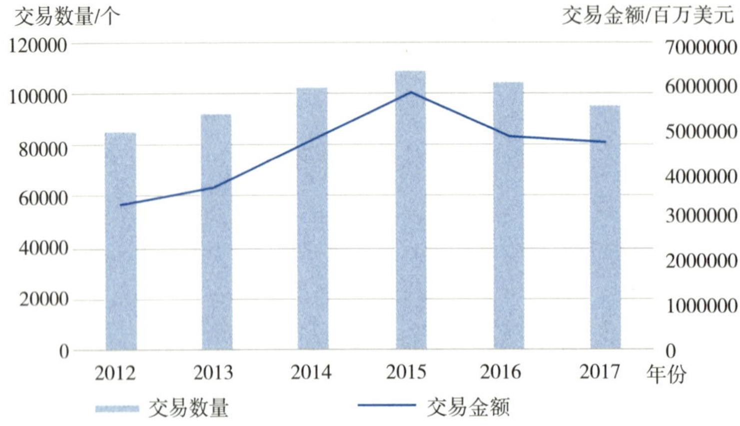

图 1－6 2012—2017 年全球并购交易数量与金额

（来源：Bureau van Dijk）

处于后金融危机时代的第七次全球并购浪潮具有与前几次浪潮不同的特征：

一、并购主体多元化

在这一次并购浪潮中，金砖国家正在走向并购活动的最前沿，以弱并强、新兴市场并购发达国家成为此次并购浪潮的新特征。其中，中国是此次浪潮新兴市场国家海外并购的主要力量。种种迹象表明，中国是这次浪潮的“弄潮儿”。2013 年中国境内投资者对全球 156 个国家和地区的 5090 家企业进行了直接投资，对外投资同比增长达到了 16.8%，非金融类直接投资达到 901.7 亿美元，成为世界第三大对外投资地。2016 年中国对外直接投资飙升 44%，位列世界第二，仅次于美国。

2013 年至今，全球并购不仅以大企业为主，中小企业也越来越多地参与到并购浪潮之中。以中国为例，其中最大的变化是以往以国企占多数的海外并购，也逐渐演变成民企唱“主角”。并购主体不再局限于中石油、中石化等超大型国有上市公司，一批民营上市公司开始崭露头角。数据显示，2014 年上半年中国大陆民营企业在海外并购的交易金额已经达到了 137 亿美元，相比 2013 年下半年的 43 亿美元，环比增幅达到 200% 多；2017 年一季度的海外并购交易，83% 是由民营企业参与发起。无疑，在第七次并购浪潮中，中国发展迅猛的民营公司崭露头角。

二、跨行业整合活动增加

在这一次浪潮下，传统行业之间的界限越来越模糊，相对落后的产业并购相对先进的产业，越来越多的企业希望借力科技变革，为自身贴上“互联网 +”“人工智能 +”等标签。比如，零售行业线上线下渠道的融合亟须数字技术推动，造成一批传统零售企业与电商的兼并融合。

传统零售商目睹竞争越来越激烈的线下营销，开始着手与电商的结合。2016 年，联合利华以 10 亿美元的价格收购了男性护理品订购服务商 Dollar Shave Club，在收购

Dollar Shave Club 之后，联合利华获得了强大的、高增长的、已被证明是优秀的直接对消费者的品牌建设。同样在 2016 年，沃尔玛以高额溢价（33 亿美元）迅速收购了 Jet. com，目的是加强其电子商务以便增加与亚马逊的竞争力。这笔交易大大弥补了沃尔玛在电子商务中的缺失，2016 年沃尔玛的全球电子商务销售额比 2015 年增长了 15%，在美国增长了 36%。值得关注的是，沃尔玛在 2016 年逐渐拓展自己在中国的布局。2016 年年末，沃尔玛再次增持京东股份由 5% 增加到 12. 1%，成为京东第三大股东；沃尔玛旗下山姆会员商店、全球官方旗舰店以及全球购官方旗舰店也相继入驻了京东。沃尔玛看中的是京东的电商经验和能力。京东旗下本地即时物流和生鲜商超市 O2O 平台“新达达”还获得沃尔玛 5000 万美元战略投资，整合各自在 O2O 到家服务、物流和零售领域的优势。

到了 2017 年，沃尔玛又先后收购了鞋履电商 Shoebuy、户外服饰装备零售商 Moosejaw、女性时尚电商 ModCloth、在线男装品牌 Bonobos 和纽约物流公司当日达（Parcel）快递业务，旨在拓展其线上零售产业链。2018 年 6 月，Google 与法国连锁超市家乐福达成合作协议，将在法国销售线上销售杂货，这是家乐福第一次通过互联网巨头 Google 的平台销售新鲜食品。

在“互联网 +”并购火热进行的同时，科技巨头在人工智能领域早已掀起并购大战。其中，对“人工智能热”情有独钟的当属 Google。Google 一直以来从不吝惜在人工智能上的投入。据不完全统计，从 2006—2017 年，Google 收购的人工智能公司达到了 18 家之多。比如，人工智能软件 Deepmind 于 2014 年 1 月 26 日被 Google 收购；类似 Siri 的对话式智慧助理平台 api. ai 于 2016 年 9 月 19 日被 Google 收购；2017 年，Google 收购了当今最大的数据科学家、机器学习开发者社区 Kaggle。2018 年 1 月，Google 完成 11 亿美元对 HTC 智能手机 Pixel 团队的收购。这笔交易大大推动了 Google 硬件业务的发展。同时，Google 在中国台北建立了全新的工程基地，也将成为该区域最大的基地，在这里很有可能打造出 Google 未来的新产品。

三、私募股权投资增长强劲，大型资本行动主义回归

1971 年硅谷诞生，同年纳斯达克成立，1972 年出现了全球第一个风投——红杉资本，继而包括微软、苹果、思科等这样一些伟大企业开始繁荣昌盛。此后，私募股权基金成为美国创新经济崛起的推手。传统私募股权基金，其平均投资持股期限为三到五年。但新型的私募股权基金的期限两倍于传统基金，有利于减轻短期内投资的压力，并保持进行大额交易的能力。私募股权投资已经在 2017 年开始活跃，日后将在资产竞争中扮演更重要的角色。

手握重金，在全球捕捉投资和并购目标，私募股权基金正是投资界的顶级“掠食者”。

自 2016 年下半年以来，一些巨无霸基金陆续登上舞台也格外引人注目。例如，目标 1000 亿美元的软银愿景基金（Softbank Vision Fund）、目标 400 亿美元的黑石基础设

施Ⅰ期基金、目标3500亿元人民币（约折合500亿美元）的中国国有企业结构调整基金、目标2000亿元人民币（约折合290亿美元）的中国国有资本风险投资基金等。2017年第二季度，已经封闭的PE基金的季度平均单只融资规模接近6亿美元，相当于2012—2014年平均水平的两倍，且过半的基金募集额度超过当初目标。单笔规模的上升反映出私募股权行业的集中度在提高。

在2016年百大跨境并购交易中，私募股权基金参与的交易有20个，交易金额从几亿美元到几十亿美元不等。最典型的为2016年12月底艾派克联合PAG（太盟投资）、君联资本完成对Lexmark的并购。艾派克通过“上市公司＋PE”等模式的运用，完成了“自有资金＋PE投资＋银行贷款＋股东借款＋发行私募EB”等多种方式的融资，从而实现了资产体量规模相差约8倍的“蛇吞象”收购。在这次收购中，太盟投资和君联资本现金出资超11亿美元，覆盖了此次交易金额的42%。艾派克以自有资金和向控股股东赛纳科技的借款，现金出资11.9亿美元，占交易金额的44%，其中控股股东赛纳科技发行私募EB（私募可交换债）募集60亿元人民币。其他交易所需款项由艾派克开曼子公司和合并子公司向银行贷款，获中国银行和中信银行近16亿美元授信。

无法回避的是，许多私募股权投资者在2017年面临着部署资本的压力。在企业间对优质资产的激烈竞争的环境中，另类投资者（例如养老基金、主权财富基金、家族办公室），这些公司可能会继续愿意支付更高的交易倍数并做出贡献更多的股权来完成交易。除了追求传统的买断/杠杆收购，私募股权公司也可能希望通过分配增加来提高基金回报非控制投资的资本金额以及现有的“购买和建造”战略投资公司。

从行业来看，生命科技、制药、医疗设备、医疗保健越来越受到私募股权基金的青睐。根据咨询机构贝恩的统计数据显示，2017年亚洲地区的医疗健康领域私募股权基金参与的并购交易共有61个，交易金额达到72亿美元，创下自2001年以来的历史新高。其中，中国注册的私募股权基金2017年参与的这类交易金额达到48亿美元。

四、催生重塑行业格局的大额交易

2014年，企业并购活动飙升至金融危机爆发以来的最高水平，全球并购交易总量总额激增47%，至3.34万亿美元。这是2007年以来并购最为活跃的时期，超大并购案以强劲的势头卷土重来。处于历史低位的借款利率、活跃的资本市场和抬高的股价，催生了可能重塑行业格局的大额交易。

2015年正值全球并购行动的巅峰时期，在这一年中全球并购交易的数量和金额都处于这次并购浪潮的峰值。以美国为代表，美国的跨国并购逐渐成为各个行业巨型航母之间的整合。根据2015年年底的数据，美国依然领军全球跨境并购的收购方，多个交易达到100亿美元以上，全球金额最大的10个并购交易中，有7个交易由美国企业发起，最大的1个为辉瑞制药（Pfizer，NYSE：PFE）以1600亿美元的价格并购艾尔建（Allergan），这是医疗保健行业有史以来最大规模的并购交易，其余6个交易均为美国企业之间的并购。

在2016—2017年的并购交易中，美国的大额并购交易在交易排名中依然占有一席之地。例如，2017年12月，美国连锁药店运营商CVS Health Corp以690亿美元收购美国医疗保险公司Aetna，希望通过药店的低成本医疗服务来解决医疗费用的大幅增长。Aetna的股东将拥有合并后公司约22%的股份，而CVS股东将拥有剩余股份。工业气体集团德国林德（Linde）与美国普莱克斯（Praxair）2016年12月签署持股对等的全股票合并协议，普莱克斯同意以378.61亿美元收购德国林德。合并后的公司将成为全球工业气体行业的领导者，按2016年业绩的合并营收约为290亿美元，股票市值超过700亿美元。

在这期间，非美国并购交易的大额交易也屡屡达成。2016年7月，日本软银（SoftBank Group Corp.）同意以243亿英镑（约320亿美元）收购英国杰出的科技企业ARM Holdings plc，押注这家智能手机芯片设计商助其成为物联网市场的领军者。这成为英国脱欧公投后的首个大型并购交易，也是当时对欧洲科技企业的最大一个收购。2016年2月，中国化工集团（Chem China）宣布同意通过公开要约收购瑞士农化和种子公司先正达（Syngenta），总收购额达430亿美元。2017年6月，中国主权财富基金——中国投资有限责任公司（China Investment Corporation，CIC）买下西班牙乃至欧洲最大的物流平台企业Logicor，交易金额达到了122.50亿欧元。

五、企业家对购买增长[①]的信心增加

2008年危机之后的商业环境正在消退，其特点是风险规避和对企业有机增长的关注。在一个更加动荡的市场增长时代，越来越多的企业开始明白，这个动荡的世界拥有新的成长标准，因为总会有国家难以履行其主权债务兑付。在这样的环境中，可能无法仅依靠有机增长和成本削减来提供积极的财务绩效。企业通过收购来补充有机增长，可以获得新的地区、产品和技术诀窍，同时受益于持续的低资金成本。全球收购机构利用战略组合扩大其地理范围和创新功能，例如包括高通公司（Qualcomm）收购恩智浦（NXP）的拟议交易半导体，中国化工集团收购先正达（Syngenta），伦敦证券交易所合并德国交易所集团和AT&T收购时代华纳。管理者似乎再次相信购买增长比建立增长[②]更容易。

① 购买增长：消除增长过慢问题的最积极方法是购买增长。管理者为了证明自己的管理能力、保留住优秀雇员、避免被人收购，他们常常试图采取多元化的经营战略将多余的现金投入其他行业，特别是正处于成长期的行业。

② 建立增长：一种内生增长，指完全通过公司现有资产和业务，而非通过兼并收购方式实现的销售收入和利润的增长。

六、跨境并购也是当今全球并购市场的一个重要特征。以下在 2020 年完成具有行业代表性的 8 个全球并购交易中就有 6 个是跨境并购项目（标“■”均为跨境并购项目）

■ 巴西美妆集团 Natura & Co. 完成对雅芳公司（Avon Products，Inc.）的收购，成为年收入超过 100 亿美元的全球第四大美妆集团。收购完成后，该公司目前拥有雅芳（Avon）、Natura、美体小铺（The Body Shop）和伊索（Aesop）等几大品牌组合。

■ 瑞士制药巨头诺华（Novartis）已经完成97 亿美元对 The Medicines Company 公司的收购。该笔收购于 2019 年 11 月宣布，此次收购的核心资产是一款降胆固醇 RNAi 药物 Inclisiran。

● 格南登福（Gardner Denver）完成与英格索兰（Ingersoll Rand）工业集团合并，成为“新”英格索兰（Ingersoll Rand Inc.）。新英格索兰将成为关键流量方案创新和工业技术领域的全球领先者。

■ 英伟达（NVIDIA）完成对迈络思科技（Mellanox Technologies）的收购，价格为 70 亿美元。交易完成后，迈络思成为英伟达的全资子公司。英伟达占据全球 GPU 市场大部分份额，迈络思在高速以太网卡、网络互联设备市场领先，双方的合并将对超算、人工智能、互联网市场产生深远影响。

■ 欧洲两大在线外卖公司英国 JustEat 和荷兰 Takeaway. com 完成合并，新公司 Just Eat Takeaway 成为欧洲最大的在线外卖公司。

● 日立制作所（HITACHI）对从 ABB 分离出来的电网事业公司完成 80. 1% 的出资手续。新公司“日立 ABB 电网有限公司”于2020 年7 月1 日正式启动运营。日立 ABB 电网 80. 1% 股份的收购金额为 68. 5 亿美元。日立计划在 2023 年以后完成剩余 19. 9% 股份的收购，将日立 ABB 电网完全子公司化。

■ 奥地利芯片和传感器制造商艾迈斯半导体（AMS AG）收购欧司朗（OSRAM Licht AG）获得欧盟委员会无条件监管批准。欧盟监管批准是完成本次交易的最后一个先决条件。AMS 公司于 2020 年7 月 9 日交付收购款项，完成本次交易。交易完成后，AMS 公司将持有欧司朗 69% 的股份（不包含库藏股份）。

■ 拜耳（Bayer AG）完成了向美国公司礼蓝动保（Elanco Animal Health）出售拜耳动物保健业务（Bayer Animal Health），交易价值 68. 9 亿美元。该交易完成后将创造全球第二大动保企业。

第二章　中国企业跨境并购沿革

第一节　中国企业跨境并购概述

随着世界大发展大变革大调整，经济全球化深入发展，世界各国相互联系和依存日益加深。几十年来世界经济势头不断变化，市场也随之发生转变，新旧动能不断转化。面对不断变化的新形势新机遇新挑战，中国企业为谋求在不断的市场变化中拥有立足之地以及为自身发展考虑，借鉴西方成熟企业经验，通过跨境并购补充自身发展需要。党中央审时度势，做出了主动参与和推动经济全球化进程的战略部署。党的十九大报告“要以‘一带一路’建设为重点，坚持‘引进来’和‘走出去’并重，遵循共商共建共享原则，加强创新能力开放合作，形成陆海内外联动、东西双向互济的开放格局”，展示了中国政府开放发展的积极态度，彰显推动各国和企业发展的大国担当。

以对外直接投资、对外承包工程、对外劳务合作为主要内容的对外投资合作已成为中国开放型经济的重要组成部分。自首钢集团 1985 年投入 340 万美元收购了美国麦斯塔工程设计公司 70% 的股权，拉开了中国跨国并购的序幕，中国企业进入产业市场发展的新阶段。随着中国经济的发展，中国企业不再满足于本土市场，或者因为中国本土市场已经相对饱和，因而它们希望进入海外市场，开拓海外业务，这个时候通过兼并收购海外企业，尤其是收购对方的品牌、渠道和团队等来进入当地市场则成为一种捷径。

产业升级、市场瓶颈迫使中国企业迈开了“走出去”的第一步。在 2000 年跨境并购小试牛刀之后，中国企业于 2008 年全球金融危机之后积极参与海外投资并购。2008 年的全球金融危机给以美欧为代表的发达地区经济发展和金融体系造成了很大的影响，许多金融服务机构关门倒闭，很多行业面临全球性的洗牌，而中国经济在这场危机中总体受到的波及较小，可以说当时的这场金融危机给中国企业参与全球资本的竞争带来了历史性的机遇。

许多中国企业意识到了这一机会，因此在随后的 2011—2013 年中开始积极在海外市场寻找投资并购机会。在 2015 年之后的几年中，中国资本出海投资并购的交易数量已经开始出现了明显的增长，到海外去收购兼并优质资产也成为中国企业家们十分关心的话题。

海外优质品牌和技术引进的需求同样催动着中国企业“走出去”的步伐。以中国制造业为例，虽然本土企业的技术能力发展迅速，但是在部分领域，尤其是一些核心技术方面，中国企业仍与海外有很大的差距，因此通过收购引进海外技术是许多制造业企业的目标。此外，随着中国国民收入水平不断提高，国内的消费者愿意花费更多钱买到质量更好、品牌更佳的产品，这就是消费升级的概念。顺应这一需求，许多中国企业通过跨境并购将许多受中国市场欢迎的消费品牌收入囊中，再提供给本土消费者享用。

本章我们将具体介绍中国企业跨境并购的历史背景，从中探索跨境并购作为我国企业产业升级的重要方式，在中国企业发展历史中所起的推动作用。

第二节　中国企业跨境并购沿革

1982 年诺贝尔经济学奖获得者乔治·J. 斯蒂格勒曾说过：“几乎没有一家美国的大公司，不是通过某种方式、某种程度的兼并与收购成长起来的，几乎没有一家大公司能主要依靠内部扩张成长起来。”

从 19 世纪末 20 世纪初萌发第一次大规模的并购浪潮至今，全球经历了七次大规模的并购浪潮。前四次主要发生在未受战争影响的美国；伴随全球化的快速推进，20 世纪 90 年代第五次并购浪潮在全球市场展开，美国仍是核心国家；在第六次并购浪潮中，遭受危机冲击相对较小的以中国为核心的发展中国家跃升为并购主要力量，企业进入世界资源全面整合阶段。

中国相对较晚起步，可分为改革开放至 2000 年的萌芽探索阶段、加入 WTO 至金融危机期间的蹒跚起步阶段，金融危机后至 2016 年的爆发成长阶段，以及 2017 年至今的监管趋严和政策引导的理性发展阶段，以下将介绍各阶段的发展概况：

一、萌芽探索阶段（改革开放—2000 年）——小试牛刀

自 1978 年改革开放，中国企业海外并购终于缓缓拉开了序幕。该阶段的交易规模和频率都偏向保守，而且海外并购活动主要集中在少数有实力的国有企业（比如中信、华润、首钢、中化等），它们由于自身发展及国家经济发展的需要在早期的海外并购活动中扮演着核心角色。该时期对外投资基本上处于自发状态，总体特点是，单个项目规模小、投资领域窄、方式相对单一。20 世纪 90 年代，中国企业第二产业对外投资发展较快，境外装配加工投资增长迅速，并有几项较大规模的境外能源资源投资。

自 2000 年，在党中央、国务院的正确领导下，各地区、各部门认真贯彻落实扩大内需、实施积极的财政政策和稳健的货币政策，中国企业的海外并购活动开始步入

正轨。

2000 年工业结构调整取得积极进展。技术含量高、附加值大的高新技术产品快速发展，工业新产品生产快速增长，电子及通信设备制造业已成为工业经济的第一支柱。装备工业生产能力有所提高，新建城市轨道交通项目约 70% 的装备在国内采购，环保设施陆续采用国产装备。煤炭行业关井压产成果进一步显现，价格出现稳中有升的趋势，煤炭行业全年大幅减亏。冶金行业总量控制取得积极进展，行业利润显著提高。

国有企业改革与脱困三年目标基本实现。大多数国有大中型企业初步建立了现代企业制度，特别是一批大型企业和企业集团按照国际惯例进行了兼并重组，在国际资本市场上成功上市。通过改组、联合、兼并等多种形式，促进了国有小企业经营机制的转换和经营状况的改善。

据统计，2000 年，中国企业总共发起了 17 个海外收购事件，总交易金额达 15 亿美元，其中有 87% 在亚太地区，13% 在北美地区。

由此可以看出，在这一萌芽探索阶段，并购标的的地理范围逐渐扩大，从开放度较高的中国香港企业扩展到少数欧美企业。因此，我们可以说这一阶段的中国企业海外并购是“零星的小试牛刀”。

首都钢铁集团（以下简称“首钢”）就是这一阶段的典型代表。首钢 1985 年投入 340 万美元收购了美国麦斯塔工程设计公司 70% 的股权，拉开了中国跨国并购的序幕；1992 年 10 月，首钢总公司斥资 2000 余万元人民币与香港长江实业集团及加拿大怡东集团联合收购了香港东荣钢铁公司，首钢拥有 51% 的股份；同年，首钢还全面收购了美国加州钢厂、投标购得秘鲁铁矿等海外企业。

1990—1994 年，中国钢铁产业的国际市场占有率不超过 2%①；1995—2003 年，中国钢铁产业的国际市场占有率维持在 2% ~3.37%。1990—2005 年，我国钢材贸易竞争指数均为负数，表明了我国钢铁行业主要还是依赖于进口来满足需求，出口的竞争力较弱。其中 1993 年贸易竞争力指数最低，仅为 -0.85。1990—2000 年，我国钢铁产业显示比较优势指数（RCA 指数）除了 1995 年达到 1.17 以外，其余年份均小于 1，说明我国钢铁产业在国际市场上不具有比较优势，国际竞争力相对较弱。

首钢收购秘鲁铁矿，成耶？败耶？

1992 年 4 月，秘鲁政府启动了对大型国企秘鲁铁矿公司的私有化程序。首钢在获知秘铁出售的消息后，先后派出三批专家前往秘鲁实地考察，并递交了标书文件。

---

① 张航燕《我国钢铁产业竞争力度量与提升研究》。

10 月 30 日开标当日，首钢的报价几乎令所有人大吃一惊：1.2 亿美元用于收购秘铁，同时承诺负担其 4180 万美元的债务并将在未来 3 年内继续追加投资 1.5 亿美元。相比之下，首钢的唯一竞争对手——由智利太平洋钢铁公司、日本三菱公司等四家公司组成的“太平洋矿业财团”——出价则远低于此。另外，太平洋矿业财团在其标书中还列出了诸如预留保证金、紧缩开支、裁减员工等一些具体的附加要求。所有这些，首钢均只字未提。至此，招标结果毫无悬念。因此多年后很多研究人士认为，这笔交易报价过高，以及之后持续不断的劳资关系紧张，都证明这笔交易的失败。

虽然如此，但首钢仅用了一年的时间就使连年亏损的秘铁起死回生、扭亏为赢，1993 年铁矿石年产量较上年增长近一倍，达到 512.18 万吨，实现销售额 9383 万美元，创利逾 500 万美元。在 2005 年之后，铁矿石这一自 1986 年以来单吨售价始终在 15 美元上下徘徊的产品价格翻了近一倍。铁矿石国际市场的变化，直接带动首钢秘铁走出了经营困境，销售收入呈现出整体上扬的趋势。

在对首钢—秘铁的案例分析时，笔者认为这不是简单的成功与失败可以定义的。因为这不仅仅是一个中资企业 20 多年的海外投资历程，更是一定时代背景下的“风雨兼程”和“兴衰荣辱”。它在历史的长河里投下了最初的声响，照亮了原本沉寂的黑夜。至于未来，历史包袱和时代机遇同时并存。

钢铁产业集中度不高已经成为当时我国钢铁行业的致命硬伤。从国际钢铁产业的发展历程看，钢铁产业为典型的规模经济行业，其企业组织规模和企业经济效益之间存在着很强的依存关系。因为当企业规模足够大时，可以带来由技术、设备引起的生产的规模经济性，由专业化引起的生产规模性。因此，从战略高度引导和协助企业加快联合重组步伐，打破地域间的壁垒，实现跨地区的联合重组。通过兼并、重组、强强联合等方式扩大具有比较优势的骨干企业集团规模，提高产业的进入壁垒，以减少钢铁生产企业数量，淘汰落后的产能，扩大产业规模，提高产业集中度。对此项目的进一步观察，也应当考虑新的背景，超越热点，放宽视野，将关注点放在上述提到的更大范围的议题与挑战上。

二、蹒跚起步阶段（2001—2007 年）——喜忧参半

随着海外并购的经验和资本日益积累，再加上 2001 年中国加入 WTO 之后，为厚植中国企业的国际化布局和竞争力，中国企业海外并购迈入蹒跚起步的阶段。

在此期间，世界经济增长明显加快，尽管国际石油价格的大幅上涨和美元汇率的持续贬值也给经济的平稳运行造成巨大威胁，中国经济始终保持相对较快增长。总体上看，我国经济发展所面临的国际经济环境还是比较有利的，外需继续保持稳定和全球跨国直接投资重新回升有利于我国继续扩大出口和对外投资。

这期间多数行业都延续这样一条轨迹，即 2000—2001 年时处于相对低谷，但已止

跌企稳，2002 年明显复苏，特别是 2003 年经济进入新一轮景气周期，行业增长加速后，许多中国企业开始向海外跃跃欲试。

自“走出去”战略实施以后，中国企业的海外并购活动快速增长，到 2004 年，交易数量达 69 个，披露交易金额的并购总金额达 73 亿美元。至 2007 年，中国对外直接投资持续保持两位数快速增长；通过收购兼并实现直接投资。到了 2007 年，交易数量达 123 个，披露金额的并购金额达 291.2 亿美元。交易数量年复合增长率为 15.55%。批发和零售业、商务服务业、交通运输仓储业、采矿业、制造业、金融业的投资占到 2007 年对外直接投资流量的 91%；当年流量超过 1 亿美元的国家（地区）数量较上年增加 17 个；金融类对外直接投资流量主要分布在亚洲和欧洲；非金融类对亚洲、北美洲、非洲、大洋洲的投资较 2006 年增长 1 倍以上；地方对外投资增势强劲，广东、上海、江苏位居各省区市非金融类对外直接投资流量的前列。

从 2007 年对外直接投资主体的数量分布来看，多元化格局继续凸显，国有企业占整个境内投资主体的比重较上年下降 6 个百分点，有限责任公司所占比重较上年上升了 10 个百分点，私营企业对外投资的主体数量占 11%；在非金融类对外直接投资主体中，中央企业及单位仅占 10.3%，各省区市的投资主体占了 89.7%；从境内投资主体的行业分布看，制造业投资主体总数占 45.5%；批发和零售业占 23%；建筑业占 5.2%。

这一阶段，部分有意识的中国企业开始勇敢试水，留下了不少经典的成功案例和失败教训，可以说是喜忧参半，积攒经验的一个阶段。

TCL 与汤姆逊公司，梦想败给现实

2003 年 11 月 4 日，中国家电领域的排头兵之一 TCL 集团与法国汤姆逊公司正式签订协议，重组双方的彩电和 DVD 业务。合资公司取名 TCL 汤姆逊公司，简称“TTE 公司”。TCL 希望通过并购汤姆逊，补充其在欧美市场的空白，改变全球产业格局，突破全球市场。而且并购汤姆逊可以使 TCL 的产品绕过贸易壁垒，直接进入欧洲和北美市场，实现本土化。同时，汤姆逊是世界上拥有专利权最多的公司之一，这对 TCL 来说是不小的诱惑，得到某项彩电的专利也是 TCL 决定并购的主要原因。

事实上在当时，汤姆逊公司彩电和 DVD 业务亏损 2.54 亿欧元，但是 TCL 集团董事长李东生并不以为意，喊出了“18 个月盈利”的口号。最终，由于对法国政策不了解，导致人事成本巨大，以及对彩电技术的发展趋势判断失误，这笔收购带来的是巨额亏损。

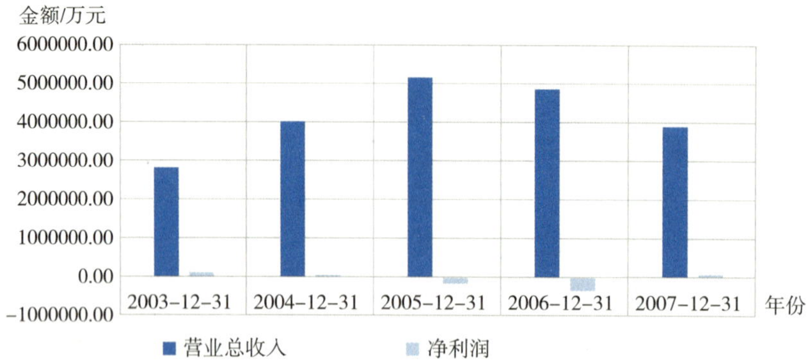

图 2-1　2003—2007 年 TCL 集团营业总收入与净利润

（来源：公司年报）

成为全球第一彩电生产商自然是一个具有诱惑力的梦想，但仅仅花了 4 个月时间接触就匆忙做决定，忽视一系列的风险，免不了吞下“苦果”。当然，这也是中国企业在海外并购经验不足带来的。

总结 TCL 在收购中所犯的错误：

（1）TCL 集团自身业务甚少

就业务构成来讲，当时 TCL 集团的两块主要利润来源——彩电和手机两块资产和业务都已经注入了 TCL 通信和 TCL 国际两家上市公司，其直接持有的业务实际很少。从 TCL 集团按产品分类的营业额和毛利润数据来看，TCL 集团的自身营业额比重只有 5%，这主要是电工和白色家电，如开关、冰箱、洗衣机、空调等。尽管 TCL 集团的产品线非常宽广，涵盖了通信、黑色家电、白色家电、网络产品、电工产品等，但是彩电和手机这两项产品却是 TCL 集团的绝对主要利润来源，两者的营业额的合计比重达到 82%，毛利润的合计比重达到 90%，因此不难看出手机和电视机两大业务的困难直接造成了 TCL 的颓势，二者直接关系其命脉生存问题。

（2）海外并购引发资金漏洞

据相关资料显示，TCL 集团 2005 年度集团公司期内亏损人民币 17.1 亿元。而之所以产生如此巨大的漏洞，在 TCL 集团的内部员工看来，都要归“功”于集团 2004 年所做的两次收购行为。

法国汤姆逊彩电部门所掌握核心技术——CRT 电视，在液晶和等离子平板电视的攻势下，市场份额急速下降，而 TCL 并没有及时调整战略方向，结果错失了抢占液晶和等离子平板电视市场的先机。在产业趋势发生变化的同时，TCL 对收购部门的整合也颇不顺利，这更进一步加剧了 TCL 亏损形势的恶化，使公司在并购后没有获得技术和效益的好处。

（3）企业管理文化等方面的差异

由于东西方的企业管理文化方面的差异，TCL 整合汤姆逊彩电业务的努力只停留在整体采购来节约成本等方面，协同效应并不明显，没有产生“1+1>2”的效果。

(4) 整合失利彩电核心技术拖累

即使 TCL 卖掉一些非核心业务来获得资金投入主营彩电业务中，也不可能对 TCL 彩电业务的未来产生多大正面的影响。

TCL 的案例显然给今后有意跨境收购的企业敲响了警钟。

“糟心”的中澳铁矿项目

2006 年，铁矿石市场正处于鼎盛时期。中信泰富与 Mineralogy 公司签署协议，以 4.15 亿美元全资购得西澳 Sino - Iron 和 BalmoralIron 两个分别拥有 10 亿吨磁铁矿开采权的公司，被称作中澳 SINO 铁矿项目。

这个项目一度是中国企业海外矿业投资的骄傲和标杆，成为中国企业迄今为止在海外矿产资源领域最大的投资项目，也是澳大利亚资源领域为数不多的中资 100% 控股项目。

然而，这一命运多舛的合资项目不仅投产时间推迟四年，开发成本超出预算五倍，到头来却迎来铁矿石价格暴跌的窘境以及一系列麻烦不断。直到 2016 年 5 月，中澳铁矿项目 6 条生产线的最后一条才进入调试，而 2014 年共出口 1100 万吨铁精矿，距离中澳铁矿项目原计划的 2400 万吨/年少了一半多。截至 2017 年年底，中信集团的资源能源业务仍亏损，但亏损由 2015 年的 172.51 亿元人民币收窄至 68.99 亿元人民币。2017 年 2 月 15 日晚，中信股份发布公告称，公司就中澳铁矿项目作出减值拨备，税后金额预计在8 亿～10 亿美元。同时在 2017 年 3 月 23 日中信集团董事长常振明称，资源及能源业务亏损同样受中澳铁矿项目进行减值拨备影响。

表 2-1　中信股份 2017 年度报告　　单位：百万港元

业务	业务资产		持续经营业务对外收入	
	2017 年 12 月 31 日	增加/（减少）	截至 2017 年 12 月 31 日	增加/（减少）
金融业	6925076	195174	190028	2494
资源能源业	129438	7899	63456	12359
制造业	130381	34269	97432	35082
工程承包业	46127	9331	14653	3630
房地产业	159664	16068	3227	1673
其他	163835	50745	81673	16950

这已是中澳铁矿项目连续第三年进行减值拨备。该铁矿项目在 2014 年、2015 年分别进行了 17.5 亿美元、17 亿美元的税后减值拨备。

总结中信泰富在收购中所犯的错误：

（1）交易文件不够明确，错信合伙人

外界普遍表示 Mineralogy 公司的老板 Clive Palmer 是一位难缠的角色，中信泰富对其了解并不充分。在双方合同履行过程中就分歧进行协商时，Clive Palmer 不断改变立场，要价越来越高，导致双方最后不得不以诉讼的形式来解决纠纷。由于交易结构十分复杂以及交易文件中的某些用语不够明确，使 Clive Palmer 可以利用合同里的相关条款向法院起诉中信泰富。

（2）海外经验不足，错选总承包商

首先，中信泰富此前没有海外大型矿山开发经验，项目前期调研不充分，使各方面都无法与项目的巨大规模、技术瓶颈和复杂的投资环境相匹配，埋下了项目失败的隐患。其次，过度依赖总承包商中冶集团，未能及时发现中冶集团施工整体设计中存在的问题，对于此后发生的工期一拖再拖和项目报价节节增加的情况缺乏有效的应对方案。中冶集团虽然在海外做过很多项目，但是对澳大利亚工程建设的法律环境、市场条件等了解不够全面和深入，使对项目实施过程中可能遇到的困难估计不足，施工进度遭遇诸多障碍。

（3）错估行业形势，遭三巨头“设计”

从 2004 年开始，随着中国的发展，“中国特需”成为影响铁矿石价格变动的主导因素，全球三大铁矿石巨头把铁矿石价格抬得过高，国际铁矿石价格直线上涨。

这一阶段也不乏比较成功的案例。2004 年联想以 12.5 亿美元（12 亿美元的现金 + 价值约 5000 万美元的 19% 联想股份）收购了“蓝色巨人”IBM 的 PC 业务。对于联想而言，并购 IBM 的 PC 业务意味着公司在国际扩张的道路上取得了重大突破。

联想收购 IBM PC 业务，互相助力促腾飞

这笔交易不是一个冲动的结果。早在 21 世纪初，IBM 其实就已经与联想接触，探讨转让其 PC 部门的可能性。因为从 2001 年到 2004 年 6 月 30 日，IBM 的 PC 业务总计亏损了 9.65 亿美元。2002 年，Sam Palmisano 成为 IBM 执行总裁，他在报告中清楚地指出，“他不会继续保留与企业战略不一致的业务或是不能带来利润的业务”。很显然，IBM 的 PC 业务持续亏损使其达不到其中任何一个标准，IBM 的 PC 业务被剥离就是自然而然的。

当时毫无准备的联想婉拒了这个建议。2003 年，联想的多元化战略受挫，对当时的联想而言，国内的市场已无太大的发展空间，连续恶性的价格战已经将 PC 行业的利润率压榨得越来越薄，如果想在 PC 业务上获得更大的空间，攫取新的利润增长点，走出国门势在必行。

IBM 此时再度抛来橄榄枝。柳传志决定派一个团队去 IBM 考察，这才开启了长达一年多的互相了解和谈判的过程。而且当时联想缺乏核心技术和自主知识产权，在全球市场上品牌认知度不高，缺乏销售渠道。而 IBM 拥有覆盖全球的强大品牌知名度、世界领先的研发能力以及庞大分销和销售网络。

对于在收购 IBM PC 业务之前，联想只有大约 3% 的收入来自国外，而且主要是东南亚国家。如果想充分打入欧美市场，仅靠一己之力，树立品牌，打通渠道，无疑是得不偿失的。而借并购 IBM 之机，首先，可以借助 IBM 的品牌提升国际地位和形象；其次，可以获得 IBM 的研发和技术优势；再次，渠道和销售体系也将为联想的国际化步伐在一定程度上铺设好道路；最后，可以更好地学习国际先进的管理经验和市场运作能力。这对于一心想走国际化路线的联想而言，的确是无出其右的选择。

2004 年 1 月 8 日，联想集团与美国巨头 IBM 共同签署了双方酝酿达 13 个月之久的转让协议：联想将斥资 12.5 亿美元购入 IBM 的全部 PC 业务。2005 年 5 月 1 日，联想集团有限公司与 IBM 对外宣布，联想完成了对 IBM 全球个人计算机业务的收购。收购完成之后，占全球 PC 市场份额第九位的联想一跃升至第三位，仅次于戴尔和惠普，而新公司成立之后，总部将迁往纽约。一夜之间，中关村土生土长的联想集团成功登陆美利坚，拥有了庞大的国际采购、运营和销售平台。

在收购完成后，联想在整合上也花了不少力气。初期，联想的做法是维持现状，稳定军心，保留住原来的团队和客户。5 个月的过渡期稳住了员工和客户，还实现了业绩的小幅增长。放在今天回顾，联想收购 IBM 的 PC 业务达到的整合效果仍是令人满意的。

三、爆发成长阶段（2008—2016 年）——机遇下的狂欢

2008 年金融海啸爆发，美国、欧洲等发达地区的经济状况受到极大的打击，诸多行业也面临全球性的洗牌。由于中国相对受到的波及较小，也意识到这场金融危机其实为中国企业带来参与全球资本的宝贵机遇，因而积极展开海外投资并购。同时，国外企业估值普遍偏低，出售意愿也比较强烈，国内企业借着这阵“东风”，开始继续试水海外。

2008 年之后的几年，我国的对外投资加速发展，但还处于发展中国家企业对外投资成长道路上的起步阶段。根据商务部数据，2009 年中国对外直接投资流量达到 565.3 亿美元，名列全球第五位，发展中国家首位。不过商务部发言人表示，此时我国对外投资合作虽发展较快，但仍处于起步阶段。“2009 年年末，中国对外直接投资存量仅占全球存量的 1.3%，投资规模远不能与西方发达国家相比”。

2010 年后世界经济整体转暖，全球外国直接投资流出流量较 2009 年上涨 20%。中国企业自 2010 年抓住机会，当年对外直接投资创下 688.1 亿美元，达到历史最高值。此后多年投资额屡创历史新高。

截至2016年，全球外国直接投资复苏之路依旧崎岖，全球直接投资流出流量1.45万亿美元，呈现小幅下降。而同时中国政府积极推动“一带一路”建设，稳步开展国际产能合作，“走出去”工作体系不断完善，中国企业主动融入经济全球化进程加快。2016年，中国对外直接投资创下1961.5亿美元的历史最高值，蝉联全球第二位。

表2-2 中国建立《对外直接投资统计制度》以来各年份的统计结果① 单位：亿美元

年份	流量			存量	
	金额	全球位次	同比/%	金额	全球位次
2002年	27.0	26	—	299.0	25
2003年	28.5	21	5.6	332.0	25
2004年	55.0	20	93.0	448.0	27
2005年	122.6	17	122.9	572.0	24
2006年	211.6	13	43.8	906.3	23
2007年	265.1	17	25.3	1179.1	22
2008年	559.1	12	110.9	1839.7	18
2009年	565.3	5	1.1	2457.5	16
2010年	688.1	5	21.7	3172.1	17
2011年	746.5	6	8.5	4247.8	13
2012年	878.0	3	17.6	5319.4	13
2013年	1078.4	3	22.8	6604.8	11
2014年	1231.2	3	14.2	8826.4	8
2015年	1456.7	2	18.3	10978.6	8
2016年	1961.5	2	34.7	13573.9	6

（来源：中国商务网）

这个阶段中国国有企业加快海外收购步伐，以油气行业为例。

2008年前，中国油气企业的足迹仅遍布中东、拉美和非洲等传统油气资源蕴藏丰富地区，此后技术突破带来的“页岩革命”，使美国油气开发市场成为一片投资热土。2008—2012年，美国页岩油气产业吸引投资1337亿美元，其中近270亿美元来自海外。“革命”大潮下，中国油气企业也踌躇满志。然而，由于中美在法律、企业经营环境等方面差异巨大，加之能源领域的并购还容易遭遇政治层面的额外阻力，中国企业在美并购绝非易事。2005年，中海油全球收购美国优尼科公司以失败告终就是先例。

① 2002—2005年数据为中国对外非金融类直接投资数据；2006—2016年为全行业对外直接投资数据。2006年同比为对外非金融类直接投资比值。

即便如此，中国油气企业依然敲开了美国油气开发市场的大门。2012 年起，中石化通过并购，踏入美国页岩油气开发市场。出于规避风险的考量，中石化选择以小股东身份和参股的方式实现交易。

2012 年，中国各大石油公司加大勘探开发投入，陆上油气突出新区勘探，海上加强深水勘探，取得多项重要油气发现。同年中国首次发布《页岩气发展规划（2011—2015 年）》，实施了第二轮页岩气探矿权招标，油气矿权市场改革取得突破性进展；煤层气开发和综合利用加快，非常规将成为中国后石油时代的重要战略补充能源。

国内各大石油公司均强化勘探、增加投入，以实现资源的良性接替。

中石化收购美国页岩油气项目

2012 年 5 月初，中石化集团以约 24. 4 亿美元的价格，收购 Devon 公司在美国 Niobrara、Mississippian、Utica Ohio、Utica Michigan 和 TuSCaloosa 五大页岩油气盆地资产权益的 33. 3%。按照交割日计算，中石化集团在上述盆地拥有的页岩油气资产折合净面积约 1858 平方千米。此次交易以 30% 的现金和 70% 的递延款方式进行，递延款用于支付 Devon 公司所持有权益对应的开发成本。

中石化将自身较强的技术优势、综合实力与 Devon 公司较强的页岩油气勘探开发技术相结合，积极发掘项目资源潜力，加快推进项目商业化开发，实现互利共赢。该笔收购首次开拓了中石化集团在美国的油气业务，进一步拓展了中石化非常规资源领域，增强了中国开采本国页岩储备的能力，为实现中国供应能源的多元化奠定基础。

中石油联手母公司逾 200 亿元购秘鲁油气田

2013 年 11 月，中石油公布，其与母公司中石油集团的合资公司，与巴西国家石油公司签订协议，收购持有秘鲁 3 个油气区块资产的 PetrobrasEnergiaPeruS. A. 全部股权，交易仍然有待中国及秘鲁监管部门批准。

PetrobrasEnergia 全资拥有秘鲁两个油田，以及另一个油田 46. 16% 权益，目前年产量约为每年 80 万吨油当量，2012 年全年净利润约 1. 02 亿美元，主营业务收入约 6 亿美元，净资产约 6. 6 亿美元。

上游资源的布局正在不断为中石油业绩的提升发挥作用。中石油股份公司 2013 年 10 月 29 日发布第三季度财报称，其上游勘探与生产业务“取得重要进展”，油气产量实现稳定增长。2013 年，中石油海外业务实现油气当量产量 13650 万桶，占本集团油气当量总产量9.8%，该笔收购有助于中石油扩大于拉美地区油气合作规模，以及促进海外业务可持续发展。

2013 年，中国提出“一带一路”倡议，鼓励资本、技术、产品、服务和文化“走出去”，对外投资进入全新的发展阶段。也是在这一年，中国对外投资首次超越千亿美元大关。

2015 年，中国对外直接投资连续 13 年实现快速增长，创下了 1456.7 亿美元的历史新高，位列世界第二，并超过同期中国实际使用外资（1356 亿美元），首次成为资本净输出国。

而到了 2016 年，则正式迎来了中国企业跨境并购的井喷阶段。根据发改委数据，2016 年中国对外直接投资则呈现快速增长态势，当年创下 1961.5 亿美元的历史新纪录，同比增长 34.7%，流量规模仅次于美国（2990 亿美元），由 2002 年的全球第 26 位跃升至 2016 年的第 2 位，同期占全球比重也由 0.5% 提升至 13.5%。

这一阶段，中国企业最为活跃的海外并购行业已经从能源资源类行业拓展向包括 TMT、金融业、高端制造业在内的多元领域，比如 2016 年中国企业对外投资并购涉及制造业、信息传输/软件和信息技术服务业、交通运输/仓储和邮政业、电力/热力/燃气及水的生产和供应业等 18 个行业大类。投资主体呈多元化发展，中小规模的民营企业海外发展活跃；投资目的地则集中在欧美发达国家和地区，显示出并购交易的驱动力已经从获取能源资源转变到获取高端先进技术、运营经验和成熟消费市场上，开始向技术品牌知名企业发起并购。

2015 年全球工业机器人销量为 24.8 万台，同比增速 12%，全球范围来看，工业机器人销量仍然延续了良好的增速。亚洲市场增速最快，其中，中国市场增长 17%，韩国增长 50%，日本增长 20%。国内工业机器人销量增速放缓，但需求结构正在优化。中国市场 2015 年工业机器人销量为 6.67 万台，同比增长 17%，仍然是全球最大的机器人消费需求国家，但增速相对于 2015 年而言，明显放缓（2014 年增长 56%）。

2016 年我国人均 GDP 为 8123 美元，已达到工业化后阶段标准（按美元购买力平价计算）。当前国内工业机器人保有量密度接近日本 20 世纪 80 年代初水平，在宏观产业发展节点类似背景下，对标日本 20 世纪 80 年代工业机器人行业黄金发展史，国内机器人需求量有望持续高增长。此外，国内工业机器人产业链逐步完善，上游零部件也继续打破进口垄断局面，自主生产多关节工业机器人份额显著提升；下游系统集成不断向通用工业领域渗透，全产业链格局的成形有效助力需求的释放。

美的集团收购德国库卡

2016年5月，美的集团发布公告称，旗下子公司将以每股115欧元要约收购德国工业机器人公司库卡。最终，在经历了各国相关部门的一系列阻挠后，截至北京时间2017年1月6日，美的支付总金额37亿欧元，正式持有库卡集团已发行股本的比例为94.55%。

库卡的核心优势在于机器人综合制造实力强、下游应用经验丰富。通过此次收购，美的可以加快机器人领域的中游总装环节的布局，积累下游应用经验，为其在中国推广做好铺垫。同时，白色家电企业属于劳动密集型企业，用机器人代替人工已经逐渐成为制造领域里的趋势之一。因此，通过收购库卡，美的可快速提升自身的机器人研发与应用水平，相对于日资企业安川而言，库卡对中国可能有更开放的态度。

库卡是全球四大机器人企业之一，美的对库卡的收购是2016年机器人行业最大的收购事件。美的收购库卡，使中国有机会进入机器人产业的第一阵营，推动智能制造的发展。收购库卡也有利于美的的海外布局，增大海外收入占美的集团的比例。

2016年，我国化工行业处于传统淡季。同期我国农药出口量逐年增长，目前已成为世界主要的农药出口国。我国农药出口基本覆盖了全球农药市场，涉及180多个国家和地区，成为全球农药出口数量第一大国。发达国家农药企业受环保和生产成本等因素影响，农药产能一直在向外转移，我国农药企业在原料配套、资源（能源、水）、劳动力成本等方面具有较强的综合优势，从而成为最主要的产能转移承接者。我国农药出口以原药为主，制剂产品占比较低，原药出口有较强优势。

随着同期我国城镇居民消费升级带来了食品需求的上升，但我国本身资源有限，许多农用地改为住宅用地和商业用地，在此情况下中国政府试图提高农业的产出以维持自给自足。据世界银行估计，中国可耕地面积在过去10年减少了6%。另外，种子产品同质化严重和行业累积的高库存导致种企业绩增速滞缓，粮价下跌更致雪上加霜。种子直接决定农业上产效率，是农资的核心。外资企业在生物育种方面研究较中国起步早几十年，更具优势，通过海外并购实现技术突破是很好的路径。

中国化工集团430亿美元收购瑞士种子和农药巨头先正达

2016年2月，中国化工集团以430亿美元收购瑞士种子和农药巨头先正达，目前交易已完成。这一收购的EBITDA倍数高达19倍（同行业可比中值仅为9倍），将刷新中国企业海外收购金额的历史。

标的公司先正达是北美最大的农药销售公司，它销售的大豆种子占到美国市场的10%，玉米种子占美国市场的6%。公司成立于2000年，由欧洲制药巨头诺华公司和阿斯利康公司的农业部门合并而成。

该笔收购可以帮助中国化工加速下一阶段在中国和其他新兴市场的发展，先正达的种子和作物保护产品可以让全球农民更好地利用现有资源来满足全球消费者需求的增长。此外，中国化工将先正达纳入麾下，可借道跻身农业化学领域巨头行列。中国耕地面积下滑、玉米产量仅为美国的一半，通过收购先正达获得的种子技术将进一步提升中国的粮食安全保障，符合国家利益。

当然，过高的热度也容易引起“高烧”。盲目“买买买”，而忽视众多的风险，自然容易带来“亏损”的苦果。据麦肯锡《中国企业跨境并购袖珍指南》[①] 研究显示，以当初交易双方定下的目标是否得以实现这个标准来看，中国企业过去10年的跨境并购成绩并不尽如人意。约60%的交易，近300个，约合3000亿美元，并没有为中国买家创造实际价值。因此，中国企业在收购前需要谨慎分析标的公司，做好尽职调查，防患于未然。

四、理性发展阶段（2017年至今）——冰与火之歌

为遏阻“非理性”海外并购情况，自2016年12月开始，接连出台各个政府单位的政策声明，不仅实施严格的资金出境限制措施，对诸如房地产、酒店、娱乐业、体育俱乐部等敏感领域表达密切关注，同时执行更加严格的海外并购用汇申请的审查机制，此外也公布了境外投资法令，加强央企的境外投资审查流程等。因此，观察2017年中国企业跨境并购的发展状况，从年头到年尾，上至国务院及各大部委，下至省、市各厅局，各类红头文件、窗口指导意见层出不穷。核心就是严控非理性的海外投资，让中国企业的跨境并购变得更有序、更安全、更合规。

2017年1月18日，国资委发布《中央企业境外投资监督管理办法》。

2017年6月12日，国资委发布《国有企业境外投资财务管理办法》。该办法规范了国企（尤其央企）的境外投资，目的是帮助中央企业规避投资风险，增强企业风险

① 麦肯锡《中国企业跨境并购袖珍指南》以过去10年内的中国企业跨境并购为研究范围，剔除了部分公开信息很少的交易后，对余下的500多宗交易进行了分析。

防范的能力和领导问责机制。

2017 年 8 月 4 日，国务院办公厅转发国家发改委、商务部、人民银行、外交部《关于进一步引导和规范境外投资方向的指导意见》。要以供给侧结构性改革为主线，以“一带一路”建设为统领，进一步引导和规范企业境外投资方向，促进企业合理有序开展境外投资活动，防范和应对境外投资风险，推动境外投资持续健康发展。

2017 年 12 月 18 日，国家发改委会同商务部、人民银行、外交部、全国工商联五部门联合发布了《民营企业境外投资经营行为规范》。该规范是对民营企业境外投资经营活动的指引，有助于民营企业提高跨国经营和风险防范能力。

2017 年 12 月 26 日，国家发改委发布了《企业境外投资管理办法》2017 年第 11 号令。旨在加强境外投资宏观指导，优化境外投资综合服务，完善境外投资全程监管，促进境外投资持续健康发展，维护我国国家利益和国家安全。

在国家监管层面的强势治理下，伴随着非理性跨境投资的日趋减少，无论是交易数量还是交易金额，2017 年中国企业跨境交易同比 2016 年都出现了不同程度的较大回落，整体趋向理性化。

不过，“一带一路”和“引进来、走出去”的大力倡议，以及国家政策的导引，依然持续推动着符合企业本身经营发展与政策方向的中国企业，勇敢走出国门，稳健迈向深化国际布局与提升全球竞争力的崭新未来。理性的监管与政策的引导，将共同交织成中国企业跨境并购的“冰与火之歌”。

根据发改委 2017 年 11 月发布的《中国对外投资报告》，目前，中国对外投资规模已稳居世界前列，对外投资管理体制和政策体系更加完善。面向未来，中国对外投资将在新时代中国特色社会主义思想指引下，以“一带一路”建设为重点，促进国际产能合作，推动形成面向全球的贸易、投融资、生产、服务网络，更好地服务于开放创新、包容互惠的共同发展前景。

对于制造业企业来说，中国企业或许已经意识到的是，当曾经的廉价劳动力变得越来越昂贵之时，当制造成本的优势逐渐消失之时，当中低端制造业的利润被不断压榨之时，只有向产业链的高端延伸，才是企业独立自强的制胜法宝。海外并购，特别是对高端制造业发起的并购，是中国企业掌握核心技术以壮大自我和提升国际市场竞争力的最快速和最有效的途径。通过“引资购商”，对国际上的老牌技术企业的并购，将其技术和产业链移动复制至中国，甚至形成模块化的生产基地，取得更大的规模效应和协同效应。

2017 年针对轻资产类公司，如影视、游戏等 TMT 行业收购、剥离、IPO 和新三板等企业价值评估问题，证监会专门发布了《会计监管风险提示第 7 号——轻资产类公司收益法评估》，从评估资料完整性及可靠性、评估方法的适用性、评估假设合理性、现金流测算、重要事项披露五个方面进行明确。

监管层打击“绕道借壳”，对于有意打散标的资产股权，把大量表决权委托他人从而规避实际控制人变更认定的行为，证监会仍然将此认定为借壳上市。监管层表示，对于游戏、VR、影视、互联网金融等轻资产类行业审核从严，主要考虑到这类跨界并购可能会面临商誉大幅减值的风险。

第三节　主要代表企业的跨境并购

一、腾讯

腾讯是中国领先的互联网增值服务提供商。其成立于 1998 年，并于 2004 年 6 月 16 日在中国香港联交所主板公开上市。旗下产品 QQ、微信以及许多游戏（QQ 幻想、王者荣耀）风靡全国，为亿级海量用户提供稳定优质的各类服务。

腾讯的快速发展，尤其是游戏领域的突破离不开跨境并购给它带来的大量资源。它的海外收购标的公司主要分布在东南亚、北美和欧洲。

2005 年，腾讯进行了首次海外并购，标的是韩国网游开发商（GoPets Ltd.）。2014 年 3 月 26 日，腾讯发布公告称，计划以 5 亿美元收购韩国 CJE&M 旗下游戏公司 CJ Games 28% 的股份，并成为其第三大股东。这是迄今为止腾讯进行的最大一笔海外并购。腾讯在东南亚的并购，除韩国外，主要分布于越南、泰国、印度、新加坡、中国香港等国家与地区。腾讯在该地区的并购交易涉及金额相对较小，金额最高者为 2012 年收购新加坡游戏公司 Level Up 67% 的股权，涉资 5600 余万美元。

美国是腾讯的另一个重要并购目标区域。2011—2013 年，腾讯先后收购了游戏公司 Riot Game 和 Epic Games 的 92. 78%、48. 4% 股权，以及电商 Fab 等部分股权，总耗资约为 7. 8 亿美元。在 2015 年 12 月取得美国游戏开发商 Riot Games 全部股权后，推出的《英雄联盟》（*League of Legends*），手机版《王者荣耀》（*Honor of Kings*），已吸引了 5000 万每日活跃用户，比任天堂（Nintendo）火遍全球的游戏《精灵宝可梦 GO》（*Pokemon GO*）更为流行。

欧洲也是腾讯海外收购的涉足之地。它于 2010 年斥资 3 亿美元入股俄罗斯最大的社交网站 Mail. ru（MAIL. LONDON），获得了该公司 10. 3% 股权（Mail. ru 上市后腾讯的持股比例稀释至 7. 56%），这是腾讯在欧洲所完成的最大一笔股权投资。2016 年 10 月，以腾讯控股（Tencent Holdings Ltd.）为主的收购财团宣布完成以 86 亿美元收购 SUPERCELL 的交易。收购完成后，按收入衡量，腾讯公司已经成为全球最大的游戏发行商，超过了艺电（Electronic Arts Inc.）和动视暴雪（Activision Blizzard Inc.）等更具知名度的美国公司。

SUPERCELL 是一家芬兰的手游公司，其开发的手游作品有大火的《皇室战争》和

Clash of Clans（COC，部落冲突）等，虽然产品不多，但SUPERCELL的作品个个都是“超级榨汁机”，在2015年，SUPERCELL营收23.3亿美元，净利润达到9.64亿美元，净利润率达到41%。腾讯收购SUPERCELL，主要是瞄准了手游市场未来的巨大价值。Digi－Capital首席执行官Tim Merel也表示，“我们注意到移动游戏市场会以8.1%的年复合增长率在2020年达到480亿美元规模，而相较之下大型多人在线和多人竞技游戏则会达到300亿美元规模，年复合增长率仅为5.2%。与此同时，主机以及单机游戏的市场份额会持续下滑，到2020年时仅有210亿美元规模，年复合增长率为－3.8%。所以无论是对于腾讯收购SUPERCELL还是动视暴雪收购King，都是买家平衡策略商业布局，接触最有利可图的市场的表现。不过话说回来，在小型市场中增长最快的是VR以及AR市场，2020年可以达到100亿美元规模，电竞稍逊于它。随后可能还会迎来更大规模的整合案例”。并购往往是互利共赢的，在腾讯的社交平台可以给SUPERCELL带来更大的机会，特别是社交玩法方面，QQ和微信带来的用户流量使SUPERCELL更快融入中国市场，实现更快的经济增长。

在经过一系列的海外收购后，腾讯已在PC游戏市场和手游市场占据主导地位，据权威数据发布，腾讯公司在PC游戏市场的收入达到551亿元人民币，手游市场的收入达到了628亿元，2017年全年游戏业务收入为1179亿元人民币，这个收入已超过世界四大游戏厂商暴雪、EA、育碧、Take Two的收入的总和。更重要的是腾讯在通过海外收购游戏厂商的同时，不断扩大自己的用户平台，在汇聚微信、QQ、和浏览器等众多社交平台后，腾讯有能力非常轻松地将手上的游戏推送到自己的社交平台上，形成了一个非常可靠的渠道，我们预计未来腾讯在全球化格局下，不会停止海外并购的脚步，最终打造一个全球化的游戏平台。

2019—2020年腾讯开始深度关注移动支付领域和音乐产业，下面两个跨境并购案例就是腾讯近期关注的海外并购典型案例。

腾讯投资意大利移动支付平台Satispay

Satispay成立于2013年，是意大利最大的移动支付提供商，可以为个人用户和商家提供线上线下转账付款等服务。主要功能包括转账汇款、线上线下小额支付、公用事业缴费等，此外，Satispay还为用户提供外卖订餐、餐厅订座、预约健身或理发等服务，在大部分商户购物，用户都能享受一定返现。受益于新冠肺炎疫情，Satispay所代表的非接触支付方式大受欢迎，其用户数量和市场占有量猛增。截至2020年10月，Satispay交易规模达到4亿欧元，交易数量超过2150万，同比增长78%。

互联网巨头腾讯已经获准入股意大利最大的移动支付公司Satispay。据悉，Satispay于2020年末启动C轮融资，除新增6800万欧元资本外，老股东也将出售价值

2500 万欧元股份，合计募资 9300 万欧元。投资者中，除了腾讯外，还有美国支付巨头 Square，Inc.（NYSE：SQ），两家公司的投资额均为 1500 万欧元（约合 1.2 亿元人民币）。按 Satispay 投后估值 2.48 亿欧元（约合 20 亿元人民币）计算，腾讯持股比例约 6%。

据了解，中国公司屡次投资或进入意大利移动支付市场的原因在于如今意大利已成为中国旅客的主要欧洲聚集国家之一。在疫情暴发之前，意大利是除俄罗斯外中国游客第二大的欧洲热门国家。因此，中国公司在意大利移动支付产业的投资既能够为中国旅客及当地华人带来便利并且也能够分享利益。同时，意大利也在积极推动移动/电子支付在当地社会的发展。2020 年，意大利政府便开始实行严格的现金管控措施，并以退税等鼓励政策希望当地居民改变支付方式，进入现金数字化社会。

腾讯收购全球最大唱片公司环球音乐 10%股权

环球音乐集团最早可以追溯到 1930 年，其前身宝丽金唱片（Polygram）1972 年由德国 Polydor International 与荷兰 Phonogram 联合组建。2006 年 2 月，维旺迪正式从松下手中接手环球音乐 100%股份。此后，环球音乐继续活跃在音乐产业的投资。维旺迪前名为维旺迪环球（Vivendi Universal），是法国一家巨型媒体跨国集团。业务范围包括音乐、电视、电影、出版、电信、互联网和电子游戏等行业。

腾讯和环球音乐的合作可以追溯到 2017 年 5 月，当时腾讯音乐以 3.5 亿美元加 1 亿美元的股权获得环球音乐三年独家版权。2019 年 8 月，市场就传出法国媒体集团维旺迪已针对出售 10% 的环球音乐股权一事，开始与腾讯方面进行初步商谈。最终，腾讯音乐娱乐集团（TME）宣布，通过旗下一家全资子公司参与的由腾讯控股牵头的财团已行使认购权，完成了对 Vivendi SE 旗下环球音乐集团（UMG）额外 10%股权的收购交易。该交易对 UMG 100%股权的企业估值为 300 亿欧元，与 2020 年 3 月完成对 UMG 初始 10%股权收购时的企业估值相同。交易完成后，财团在 UMG 的股权增加至 20%，其中，TME 在财团股权中的投资占比仍为 10%。

随着数字化音乐时代的来临，全球三大唱片公司环球音乐、华纳和索尼难掩颓势，纷纷寻求和资本的合作，除环球音乐外，华纳和索尼都以各种方式持有了腾讯音乐的股票。对于腾讯音乐而言，和环球音乐在版权上的合作，除了有利于降低成本，并通过版权音乐俘获国内用户外，这也是其国际化道路上必须走的一步棋。腾讯音乐在公告中直言，此次交易的达成，也意味着 TME 与 UMG 携手将双方长期紧密的战略合作伙伴关系推向了全新高度。双方未来将共同助力中国文化输出与音乐市场潜力释放，携手帮助更多中国音乐人走向世界舞台。

二、TCL

TCL实业控股股份有限公司于2019年4月份完成重组后成立。其前身可以追溯到中国首批13家合资企业之一——TTK家庭电器（惠州）有限公司，公司创立于1981年，从事录音磁带的生产制造，后来拓展到电话、电视、手机、冰箱、洗衣机、空调、小家电、液晶面板等领域。截至2019年年底，TCL实业拥有5万余名员工，26个研发中心，10余家联合实验室，22个制造加工基地，80多个国家和地区设有销售机构，业务遍及全球160多个国家和地区，全球累计服务用户超过9.6亿人。

目前，TCL旗下有港股的TCL电子，主营电视和手机业务；A股的TCL科技，主营面板、新能源材料和电子产品分销业务；以及未上市的TCL家电集团。作为中国企业全球化的先行者，早在1999年TCL就率先布局越南市场，至今已经走过早期探索、跨国并购、稳步成长三个阶段。面对新兴市场迅速增长趋势，以及国家“一带一路”倡议的历史机遇，TCL制定了全球化再出发的路线图，未来几年，将继续巩固和提高海外市场份额，扎根当地市场，进一步完善全球产业和供应链布局，提升全价值链竞争力。

TCL旗下市值最大的TCL科技。经过两年“大刀阔斧”的业务调整，2020年是检验成果的一年。总体来看，TCL科技目前收入企稳，利润增长，但距离“面板行业第一”的目标，仍然有很大距离。2020年，TCL科技全年收入766.77亿元人民币，以调整后同口径数据为基础，收入同比增幅为33.89%。从净利润来看，不管是43.88亿元人民币的归母净利润，还是29.33亿元人民币的扣非归母净利润，都是TCL科技有史以来最高的水平。

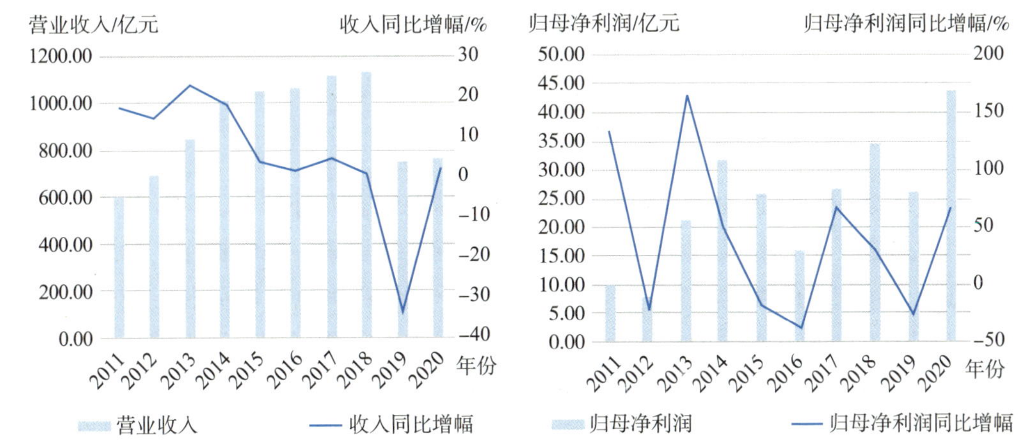

图2-2 2011—2020年度TCL科技营业收入及归母净利润

（数据来源：Wind）

TCL 跨境并购之路

2004 年，TCL 集团通过与子公司 TCL 通信换股，实现了集团整体上市。在此前后，TCL 正处在高歌猛进的黄金时期。彼时，TCL 高层开始将目光投向国际市场，并于 2002 年收购了德国百年老店施耐德。

2004 年初，TCL 又将并购目标指向了法国汤姆逊全球彩电业务。汤姆逊是传统显像管电视的鼻祖，世界第一台彩电就出自这家公司。而且当时身为世界 500 强之一，汤姆逊的体量比 TCL 大得多。这样一个跨国并购，TCL 内部高管开会时很多人表示反对，但李东生坚持推进这一“蛇吞象”的大并购。而这场豪赌初始的结果就是，TCL 跻身全球彩电行业前三。随后不久，TCL 又拿下了另一家法国公司阿尔卡特的手机业务。但是，大举并购的后遗症很快显现。当时显像市场已经有向 LED 迭代的趋势，但是当时的 TCL 并不认为会如此之快。彩电行业从显像管时代迅速转型进入平板时代，汤姆逊原有的显像管技术已经落伍，成为负担。2005 年，TCL 并购来的两家企业巨亏，公司遭遇 20 年来首次亏损，全年亏了 20 多亿元人民币。

2006 年，TCL 继续巨亏，在当年的股东大会上，李东生第一次被点名批评。随后的 2007 年，TCL 被戴上 ST 的帽子，股票大跌，高管出走，曾经的明星企业陷入风雨飘摇。《福布斯》中文版将那一年“中国上市公司最差老板”第六名留给了李东生。

在此期间，李东生的一篇文章《鹰的重生》广为流传，文中指出鹰是世界上寿命最长的鸟，但在 40 岁时，它必须做出困难却重要的决定：要么等死，要么经过一个十分痛苦的更新过程，完成蜕变。最终，李东生押注液晶面板，成功带领 TCL 完成了蜕变。回顾当初，李东生曾说：“如果并购这个事情让我重做一遍，代价肯定不会那么大，但是已经过去的事情了，不要再去想了，因为你改变不了过去，你只能去创造未来。”

如今，TCL 品牌电视业务蓬勃发展，稳居全球前三。海外部分，TCL 电子得益于产品竞争力提升、产品结构改善、销售区域结构优化等因素，同时抓住了海外需求爆发的机遇，因此市场份额迅速提升。2020 年第四季度，品牌电视销量增长 28%，且得益于产品结构的调整、ASP 的快速提升，同期收入增长超过 50%。国内部分，公司在全行业衰退的大背景下，通过提升线上销售比例，CEO 直播带货、引入国外好评机型等措施，实现了销量的逆势增长。2020 年第四季度，公司电视机销量同比提升 7%，收入大幅增加 29% 至 50.3 亿港元。国内市场份额方面，TCL 是国内前三大品牌中销量份额中唯一逆增长的公司，由 2019 年的 10.7% 增长至 13.7%。

互联网业务高速增长。海外部分，公司全年收入 3.2 亿港元，同比增长 53.7%，主要收入贡献来源于装机费。2020 年，公司开始与 Google 合作，在北美市场销售

Google TV，未来有望放量；同时与 Roku 流媒体平台从 7 月开始新增北美以外的合作。国内部分，互联网业务主要以雷鸟科技为主体进行运营，2020 年实现收入 9.1 亿港元，同比增长 118.8%。其中会员业务收入同比提升 91.1%，广告业务收入同比提升 10.3%，增值业务收入同比提升 141.9%。总的来说，看好公司互联网业务未来的发展，因为其增速快、利润率高、边际效益明显。

2020 年年初，李东生在接受媒体采访时公开表示，TCL 正在寻找并购项目，希望该项目：一是能与华星光电产生业务协同效应；二是价格合理，不要太贵；三是能在不长周期内实现业绩改善。李东生表示，TCL 科技有足够的资本能力进行兼并重组，而并购的目的，是要在面板行业做到全球领先并购只是手段。以下三个典型跨境并购案例充分体现了 TCL 并购战略。

（一）TCL 电子完成收购 SEMP TCL 40% 股权

SEMP 公司是巴西最大的家电企业之一，在巴西本土拥有 8000 多个销售网点和近 400 家售后服务网点，其在巴西家电市场的占有率曾数度位居第一。SEMP 在当地生产和销售电视机、各类小家电、家庭影院及其他消费类电子产品，在巴西享负盛名，拥有强大的生产、物流配送及分销能力。资料显示，巴西是海外除美国、印度外最大的消费类电子市场，预计电视市场规模未来几年将有所增长。

TCL 电子此前发布公告，就有关收购 SEMP TCL（Indústria e Comércio de Eletroeletrônicos S. A.）的股权，交割已于 2020 年 7 月 20 日（圣保罗时间）做实。交割完成后，SEMP TCL 已成为公司拥有 80% 股权的间接附属公司，而 SEMP TCL 的业绩、资产及负债将并入集团的账目。此外，于交割日期，根据股份购买协议的条款，TCL NL、STA、SEMP TCL 及 ABH 已订立股东协议；及 STA、SEMP TCL 及 SUFRAMA 已订立物业正式契据。

根据公开资料，TCL 电子在巴西销售电视机产品尺寸涉及 32 寸到 85 寸，其中大尺寸、4K 及量子点等高端技术的智能电视销售比例已达 20% 以上，再附以 X、C、P 等系列提供多品类选择，TCL 电子于 2019 年智能电视产品占比达 86.6%，显示 TCL 电子产品与巴西市场需求契合。

同时，这次 TCL 牵手巴西家电企业，凸显了我国家电企业海外拓展的新路数，即中国家电企业不再是购买一个工厂的“空壳”，而是致力于打造国际化的工业能力和品牌影响力，产品也定位在中高端。这让我们相信，一个真正属于中国家电业的“黄金时代”即将来临。

（二）TCL 华星宣布 20 亿元入股日本 JOLED 公司

JOLED 成立于 2015 年 1 月，主要从事 OLED 显示屏的研发、生产与销售，掌握全球领先的 OLED 材料印刷成膜技术、氧化物半导体技术以及柔性、可绕曲式等面板相关技术。2017 年 12 月，JOLED 完成首款 21.6 英寸 4K 印刷式 OLED 面板产品出货，成为全球首家供应喷墨印刷 OLED 面板的厂家。其投资的全球第一条喷墨印刷 OLED 面板量产线——第 5.5 代能美产线已于 2019 年 11 月开始运营及试生产，印刷 OLED 关键工艺和产品处于业内领先水平。

TCL 华星光电技术有限公司与日本 JOLED 公司签订投资协议，拟以 300 亿日元（约 20 亿元人民币）对 JOLED 进行投资，同时双方将在喷墨印刷 OLED 领域开展深度技术合作，联手促进印刷 OLED 的大规模生产。

通过这次投资，TCL 科技将成为 JOLED 的重要战略股东。TCL 华星与 JOLED 将在喷墨印刷 OLED 领域开展为期三年的联合研发，发挥各自在氧化物半导体、印刷 OLED 器件、打印工艺、墨水材料、柔性及补偿等方面的技术优势，通过共同研发特定规格的刚性及柔性大尺寸显示产品，进一步强化双方在印刷式 OLED 柔性技术领域的技术积累及量产能力。

（三）惠影医疗（TCL Healthcare）收购 Eckert & Ziegler BEBIG GmbH 多数股权

埃齐放射及医药科技股份公司（Eckert & Ziegler Group）是全球最大的医疗、科学和工业用同位素提供商之一。集团核心业务是癌症治疗、工业放射测量和核医学成像，划分为两大事业部，医疗产品和同位素产品。埃齐放射及医药科技股份公司是一家成立于 1997 年的控股公司。旗下历史最悠久的子公司 Eckert & Ziegler BEBIG GmbH 的前身是原东德前科学院的研究机构中央同位素技术研究所。

惠影医疗与埃齐医疗双方已签署协议。根据该项协议，埃齐医疗将剥离其高剂量近距离放疗业务，单独成立新公司，惠影医疗将获得新公司大多数股权，埃齐医疗继续保留为重要股东。该放疗设备将继续在德国进行生产。这是双方自 2019 年针对高剂量近距离放疗业务在中国成立合资公司之后的另一重要举措，通过结合双方优势和资源，旨在成为高剂量近距离放疗业务的全球市场领先者。

据悉，惠影医疗与埃齐医疗在 2019 年便针对中国市场成立了合资公司。此次交易后成立的新公司将继承埃齐医疗 BEBIG 的著名品牌、尖端技术和可靠制造品质的精髓，进一步结合惠影医疗广泛多元的市场资源。这是惠影医疗进一步深入布局不断增长的放疗领域的重要举措，也完全符合惠影医疗的愿景“为每个人提供可负担的医疗服务”。

第二编

2021中国企业跨境并购年度报告

第三章 2019—2020 年中国企业跨境并购回顾

第一节 2019—2020 年中国企业跨境并购总体回顾①

2019 年以来中国企业跨境并购大幅下跌。2019 年，中国企业跨境并购交易数量为 691 个，较 2018 年的 756 个下降了 8.6%，交易金额约 1711 亿美元，较 2018 年下降了 19.3%。2020 年中国企业跨境并购交易数量为 393 个，交易金额约为 893 亿美元。年化后仍比 2019 年的交易数量和交易金额分别低 43.1% 和 47.8%。

图 3－1 2015—2020 年中国企业跨境并购交易数量及金额

（来源：Mergermarket）

从整体上看，2018—2020 中国企业跨境并购的“走出去”交易数量为 1145 个，“引进来”交易数量为 695 个，“走出去”交易数量较“引进来”交易数量高出 64.7%，但两者总体数量都呈下滑趋势。值得一提的是，中国企业跨境并购在 2018—2020 年各年的“引进来”交易数量与“走出去”交易数量之间的差距在逐步缩小。2018 年“走出去”交易数量比“引进来”交易数量高 238 个，2019 年“走出去”交易数量比“引进来”交易数量高 163 个，而 2020 年“走出去”数量比“引进来”数量仅高出 49 个。

2019—2020 年中国企业跨境并购的交易数量和交易金额连续下滑，主要是由宏观

① 本报告的研究数据主要参考了权威数据库 Mergermarket。数据主要统计的是 2019—2020 年中国企业已经完成的，且交易规模至少为 500 万美元以上的交易，已经宣布终止或被监管否决的交易未被包含在内。

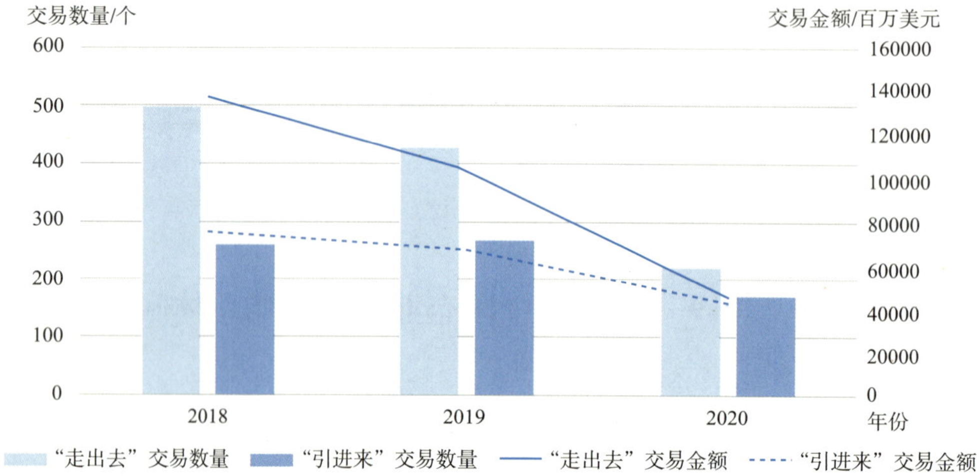

图 3-2 2018—2020 年中企跨境并购"走出去"与"引进来"交易数量及金额

（来源：Mergermarket）

环境所致。其一，受整体国际形势影响；其二，受地缘政治环境变化影响；其三，受全球疫情传播拖累；其四，受中国整体资本环境变化影响。然而从长期来看，中国企业跨境并购仍然处于高速成长阶段，且在未来跨境并购专业化方向上呈上升趋势。在品牌、技术上占有显著优势的国外资产仍将成为中国企业专业性跨境并购的"追逐对象"；尽管中外资产估值差距正在明显缩小，但是国外，特别是欧洲的资产估值仍然相对合理，因此中国企业财务性跨境并购还有"想象空间"。通过分析过往中国企业跨境并购的成功与失败案例，同行业的战略性收购成功概率非常高，而非同行的跨界战略性收购则成功者甚少。《2021 中国企业跨境并购年度报告》（以下简称"本报告"）认为，中国企业家通过学习正反两方面案例将会对未来中国企业跨境并购工作产生积极效应。

总体而言，虽然中国整体市场的规模与增速没有下降，但资本市场的相对回落会导致其资产价格的回落，这意味着国外资本进入中国市场的机会大大增加。事实上也正是如此，在 2018—2020 年，有越来越多的外国企业开始加大对中国市场投资和收购的力度。如果把跨境并购定义为"走出去"和"引进来"，当整体国际资本市场环境较好时，例如 2015—2016 年中国企业"走出去"呈上升趋势；反之，2019—2020 年中国企业"引进来"呈上升趋势，所谓中国企业"走出去"和"引进来"存在周期性波动就是这个意思。据此观点，本报告认为，自 2018 开始中国企业跨境并购出现一个显著特征，即中国企业"走出去"项目个数明显减少，"引进来"项目数量呈相对上升趋势。本报告预计至 2021 年此现象会更加突出。

第二节　2019—2020 年中国企业跨境并购热点行业概述

2019 年中国企业跨境并购主要集中在 TMT、制造业、消费零售、医疗健康、能源矿产、化工和运输等行业。其中，按交易数量来看，制造、化工、运输行业，TMT 行业和医疗、制药行业分布为前三大行业，共发起跨境并购 221 个；而从交易额来看，前三大行业分别为 TMT 行业，制造、化工、运输行业和金融、保险、地产行业，交易总金额分别为 202 亿美元、184 亿美元和 98 亿美元。

2020 年中国企业跨境并购主要集中在线上服务、医疗服务、制药、医疗器械及新能源汽车等行业。其中因疫情原因，医疗板块交易数量 60 余个，比 2019 年有显著增长。按交易数量来看，医疗健康、TMT 和金融保险为前三大行业，共发起并购 180 个。

一、制造业

2019 年制造、化工、运输行业跨境交易数量共 125 个，相较于 2018 年下降了 13%；交易额共计 184 亿美元，较 2018 年下降 63%；平均每单交易数量大幅减少。2020 年制造、化工、运输行业跨境交易共 68 个，交易额 94.2 亿美元。

在 2019 年的制造、化工、运输行业跨境交易中，汽车行业是比较重要的板块，其中备受瞩目的交易包括：宝马收购华晨宝马 25% 股权，成为第一个控制汽车合资公司的外国车厂；恒大健康以 9.3 亿美元收购瑞典电动汽车公司 NEVS 为汽车行业中较大的交易。

此次疫情对汽车产业影响较大。一方面，疫情初期对中日韩三国影响较大，使汽车零部件供应和日韩整车生产受阻。韩国现代、韩国双龙以及日本日产汽车等在内的多家厂商暂停了部分整车工厂的生产。另一方面，疫情在欧洲迅速扩散，导致高端零配件和整车制造受到较大影响。欧洲拥有全球最多的汽车制造商和最密集的汽车生产供应链。出于疫情防控需要，欧洲汽车制造商开始大面积停工停产。据不完全统计，疫情期间全球已有 20 多个国家、上百家汽车整车工厂和零部件企业停工停产。

工业产品和服务虽然交易数量较多，但平均每个交易额均低于 1 亿美元。2019 年完成的较大交易包括：中国化工天华院收购德国克劳斯玛菲集团；汉德资本收购英国的远声航空；山东如意收购美国莱卡品牌。

二、TMT

2019 年 TMT 行业跨境交易数量共 64 个，交易额 202 亿美元，比 2018 年分别下降

41% 和 39%；2020 年 TMT 行业跨境交易数量共 39 个，交易额为 120 亿美元。

在计算机软件（TMT 最大细分行业）领域较大的跨境并购交易有：携程从 Naspers 收购 MakeMyTrip；蚂蚁金服入股印度 Zomato Media。另外，网信控股通过被 Hunter Maritime 的收购借壳上市也较为引人注目。互联网行业经过字节跳动等独角兽的大型融资轮后，在 2019 年跨境交易量有所下降。

2019 年，Wingtech Technology 成功收购 Nexperia B. V.；2020 年腾讯购入 UMG 10% 股权均为此期间 TMT 行业中的标志性交易，下文案例中会详述。

2019—2020 年，TMT 行业共发生 103 个跨境并购交易，总值达 322 亿美元，而 2018 年则发生 78 个跨境并购交易，总值达到 321 亿美元，几乎持平，主要因为 2020 年受疫情影响，全球经济受到重挫。TMT 占 2019 年跨境并购总金额的 20. 9%，占 2020 年跨境并购总金额的 22. 9%。

本次疫情对科技行业的影响可谓喜忧参半。硬件产品制造受冲击较大，而以远程办公、在线教育为代表的多种线上服务迎来短期爆发式增长机会，相应业务的并购需求会在疫情常态化的大前提下持续上升。

三、医疗健康行业

2019 年医疗、制药行业跨境交易量共 32 个，交易额 29 亿美元，比 2018 年分别下降 48% 和 77%；2020 年跨境交易共 21 个，交易额 453 亿美元。

从全球市场来看，药企之间的并购趋势正在加强。尤其是 2019 年，俨然成为全球医药行业的并购大年。仅在年初，就出现了两笔大额并购交易，分别是百时美施贵宝 740 亿美元收购新基，以及礼来 80 亿美元收购 Loxo Oncology。

在细分行业方面，当医疗、制药两个细分行业在 2019—2020 年均大幅下跌时，生物科技交易量的上升尤为显眼：仅 2020 年前两季度已完成跨境交易 7 个，交易额共 32 亿美元，从体量上已超过 2018 年全年。近 3 年来行业内最大的跨境并购，是 2020 年安进公司收购百济神州 1/5 的股权的交易，单笔交易额 27 亿美元，以下案例分析中详述。

制药方面，较大的交易有野牛资本收购美国徐诺药业有限公司（简称“徐诺药业”），以及华平领头对上海海和药物的 B 轮融资。野牛资本（BCAC）同意以 4. 5 亿美元的价格对美国生物制药公司徐诺药业进行收购。根据合并协议的条款，交易完成后，徐诺药业将成为 BCAC 的全资子公司，BCAC 将更名为“Xynomic Pharmaceuticals Holdings，Inc.”，合并后的公司将继续在 Xynomic 原有高管的领导下运作。此次收购将为徐诺药业提供开发和商业化其创新肿瘤药物的资金。

2019 年，受“4 +7”带量采购及专利到期影响，众多药企开启了“卖卖卖”模式，加速剥离非核心业务，让自身更加聚焦于核心业务。

总体来看，过去跨国药企总是追求扩大化、多元化，而现在，这些企业逐渐在回归核心业务，并越来越聚焦创新药。从近年来跨国药企的动作可以明显看出，其重心在向创新药转移。未来，创新药或成提升药企销售额的制胜法宝。

在此战“疫”背景下，医药板块成为资本市场上的“逆行者”，病毒检测产品、抗病毒等相关概念股大规模爆发。除了医药板块受到影响，从整个医药链条来看，从研发、注册、生产、流通到采购、临床使用，也都已经受到一定程度推动。尤其在研发层面，疫情的暴发直接推动了冠状病毒领域的研究。此次疫情将改变人们对医药消费的理念，医药需求将一定程度地放大，行业整体增速或将一直处于上行阶段。

除此之外，医药行业的多层次变革，也将驱动医药产业不断优化升级，推动医药行业科技技术不断创新，促使相当一部分中国医药公司及有关产业的并购需求和愿望持续上升。

四、消费零售

2019 年，消费品共发生 23 个跨境并购交易，总值达 235.46 亿美元，占 2019 年跨境并购总金额的 22.7%。2019 年消费品交易国主要集中于欧美和日本等发达国家，其中与美国的交易数量为 7 个，交易金额 6.7 亿美元；值得注意的是，与英国交易数量仅为 4 个，但交易金额高达 60.35 亿美元。2020 年，消费品共发生 10 个跨境并购交易，总值达 68.17 亿美元，较 2019 年同期下降 71.04%，占 2020 年跨境并购总金额的 14.9%。2020 年整体的消费品行业并购情况不容乐观，并购规模较 2019 年下滑严重，同样集中在欧美以及韩国等国家。

在疫情得到控制后，中国零售及消费品企业和品牌拥有者（尤其是民营企业）将继续通过并购获取海外优质品牌，来满足国内迅速增长的中高收入阶层需求。通过这些并购，国内企业在海外获取上游资产，为中国的中高收入阶层引进优质品牌和产品。

五、其他行业

（一）金融、地产、保险行业

2019 年金融、地产、保险行业跨境交易共 31 个，交易额 98 亿美元，比 2018 年分别下降 14% 和 59%；2020 年跨境交易共 22 个，交易额 29 亿美元。

地产为 2019 年交易体量超过 2018 年的少数板块之一。其中，中粮地产收购大悦城地产，作为其资产重组计划的一部分；由老虎资金和蚂蚁金服领投的紫梧桐（蛋壳公寓）B 轮融资，则为风投圈地产板块较大的项目。

保险行业的交易在 2019 年也较为活跃，包括：安盛集团收购安盛天平 50% 的股份，安联保险集团收购泰康保险 4% 的股份。后者在下文案例分析中详述。

（二）金融、地产、保险行业以外的其他行业

2019 年其他行业跨境交易共 143 个，比 2018 年下降 19%；交易额为 356 亿美元，

比 2018 年反而上升 44%；2020 年跨境交易共 64 个，交易额 197 亿美元。

2019—2020 年较为突出的细分行业有能源、矿业及教育行业。在能源行业，具有标志性的交易有韩国 SK 化学入股武汉石化，入局中国第二大合资炼化一体化项目，长江电力收购秘鲁 Luz del Sur 公司。另外，碧桂园旗下的博实乐集团收购英国教育集团也为近年教育行业较典型的“走出去”并购。上述案例在下面会有更详细的描述。

第三节 2019—2020 年中国企业跨境并购热点地区国家概述

2019 年中国企业跨境并购活跃的地区为大中华地区在内的亚太地区及欧洲地区，跨境交易总数分别达 340 个和 120 个，跨境交易总金额分别为 948 亿美元和 436 亿美元，亚洲已跃升为中国企业“走出去”和“引进来”的第一目的地，约占交易金额的 55.4%。

2020 年，受新冠肺炎疫情和全球经济放缓等因素影响，中国企业海外并购受到了较大冲击，不少跨境并购交易因外部因素不得不暂停或终止，导致 2020 年上半年中国企业海外并购金额大幅下降。包括大中华地区在内的亚太地区及欧洲地区依旧是中国企业 2020 年跨境并购的热门目的地，交易总数分别为 181 个和 79 个，跨境交易总金额分别为 303 亿美元和 152 亿美元。

一、大中华地区

2018—2020 年大中华地区“走出去”及“引进来”跨境并购交易数量及金额如下表所示。

表 3－1 2018—2020 年大中华地区“走出去”及“引进来”跨境并购交易数量及金额

大中华地区	年份	交易数量/个	交易金额/百万美元	交易金额占比/%
“引进来”	2018	115	15599	7.36
	2019	105	40461	23.64
	2020	54	8891	9.96
“走出去”	2018	151	35787	16.88
	2019	157	40151	23.46
	2020	74	13211	14.79

（来源：Mergermarket、Wind）

二、大中华以外亚太地区

2018—2020 年大中华以外亚太地区“走出去”及“引进来”跨境并购交易数量及金额如下表所示。

表 3-2　2018—2020 年大中华以外亚太地区“走出去”及“引进来”跨境并购交易数量及金额

大中华以外亚太地区	年份	交易数量/个	交易金额/百万美元	交易金额占比/%
“引进来”	2018	35	23789	11.22
	2019	45	7694	4.50
	2020	32	5791	6.49
“走出去”	2018	40	4331	2.04
	2019	33	6490	3.79
	2020	21	2373	2.66

（来源：Mergermarket、Wind）

三、欧洲地区

2018—2020 年欧洲地区“走出去”及“引进来”跨境并购交易数量及金额如下表所示。

表 3-3　2018—2020 年欧洲地区“走出去”及“引进来”跨境并购交易数量及金额

欧洲地区	年份	交易数量/个	交易金额/百万美元	交易金额占比/%
“引进来”	2018	15	2574	1.21
	2019	24	13041	7.62
	2020	21	6210	6.95
“走出去”	2018	23	7348	3.47
	2019	96	30566	17.86
	2020	58	9014	10.09

（来源：Mergermarket、Wind）

四、北美地区

2018—2020 年北美地区“走出去”及“引进来”跨境并购交易数量及金额如下表所示。

表 3-4　2018—2020 年北美地区“走出去”及“引进来”跨境并购交易数量及金额

北美地区	年份	交易数量/个	交易金额/百万美元	交易金额占比/%
“引进来”	2018	42	11966	5.65
	2019	30	5529	3.23
	2020	32	16855	18.88
“走出去”	2018	80	19582	9.24
	2019	48	11818	6.91
	2020	29	13169	14.75

（来源：Mergermarket、Wind）

五、相关热点国家

（一）美国

美国，地处美洲大陆，东临大西洋，西临太平洋，由于疫情的影响，2020 年美国 GDP 出现了下滑，总量为 20.9538 万亿美元，同比实际下降 3.3%。即便如此，美国经济总量依然是全球唯一一个超过 20 万亿美元的国家，仍然是稳居世界各国之首。其拥有众多的高等教育机构和科研机构，并诞生了众多科技产业巨头，如苹果、Google、亚马逊等。

鉴于中美贸易摩擦带来的一系列影响，2019—2020 年中国企业在美投资并购数额相较往年一直处于低点。2019 年中国企业在美国投资并购交易数量为 36 个，较 2018 年下降 37.9%，其中 2019 年完成的交易金额为 6813 百万美元，较 2018 年下降 28.3%。2020 年中国企业在美国完成的投资并购交易数量为 22 个，较 2019 年下降了 38.9%。2020 年，交易金额有了好转，交易金额为 8908 百万美元，相对于 2019 年而言上涨了 30.8%。

中国在美投资并购主要源于技术需求和市场需求，通过并购来提高自己的研发实力、专利储备和渠道资源。2019—2020 年中国企业在美国并购主要在 TMT 和医疗健康产业，这两个领域，美国无疑是全球技术最领先的国家，中国对美国半导体产业的依存度无疑是非常大的，生物医药产业对中国企业无疑也有着巨大的吸引力。

（二）德国

德国是位于中欧的联邦议会共和制国家，是欧洲最大的经济体。作为世界贸易大国，德国同 230 多个国家和地区保持贸易关系。主要出口产品有汽车、机械产品、化学品、通信技术、供配电设备和医学及化学设备。主要进口产品有化学品、汽车、石油天然气、机械、通信技术和钢铁产品。

从数据上来看，2019 年中国企业在德国投资并购交易数量为 22 个，较 2018 年下降 15.4%；2019 年完成的交易金额为 2030 百万美元，较 2018 年下降 43.5%。2020 年中国企业在德国完成的投资并购交易数量为 16 个，较 2019 年下降了 27.3%；2020 年完成的交易金额为 835 百万美元，相对于 2019 年而言下降了 58.9%。

德国在科学方面的成就相当显著，据统计，共有 103 位德国人获颁诺贝尔奖，在 20 世纪，德国的诺贝尔奖得主较其他国家为多，尤其是在物理、化学、生理学或医学等科学领域。得益于精良的品质，领先的技术，细腻的做工，2019—2020 年中国企业在德国并购主要是以制造业和医疗健康产业为主。

（三）澳大利亚

澳大利亚位于南太平洋和印度洋之间，四面环海，是世界上唯一国土覆盖一整个大陆的国家，作为南半球经济最发达的国家和全球第 12 大经济体、全球第四大农产品出口国，澳大利亚同时也是多种矿产出口量全球第一的国家，因此被称作“坐在矿车上的国家”。

2019 年中国企业在澳大利亚投资并购交易数量为 17 个，较 2018 年下降 37%；2019 年完成的交易金额为 3106 百万美元，较 2018 年下降 60.4%。2020 年受到疫情的影响，中国企业在澳大利亚完成的投资并购交易数量为 8 个，较 2019 年下降了 52.9%；2020 年交易金额为 630 百万美元，相对于 2019 年而言下降了 79.7%。

澳大利亚作为发达国家中的资源型国家，其主要优势其实并不是高科技产品，而是能源、农牧产品等。这是与澳大利亚独特的资源禀赋结构相关的。澳大利亚拥有丰富的自然资源，这些自然资源是世界上大部分国家在经济发展中都需要的资源。因此，2019—2020 年中国企业在澳大利亚的投资并购案例主要集中于消费和矿业。

（四）英国

英国位于欧洲西部，由大不列颠岛（包括英格兰、苏格兰、威尔士）、爱尔兰岛东北部和一些小岛组成。英国是世界第五大经济体，欧盟第二大经济体。民营企业是英经济的主体，占国内生产总值的 60% 以上，服务业占国内生产总值的 3/4。

2019 年中国企业在英国投资并购交易数量为 18 个，较 2018 年下降 21.7%；2019 年完成的交易金额为 8702 百万美元，较 2018 年上升 18.4%。2020 年受到疫情的影响，中国企业在英国的并购交易在数量和金额上都有大幅的下降，其中 2020 年并购交易数量仅为 2 个，较 2019 年下降了 88.9%；2020 年交易金额为 64 百万美元，较 2019 年下降了 99.3%。

英国是欧洲能源资源最丰富的国家，主要包括煤炭、石油、天然气、核能和水电。近年来，英国政府强调需要提高能源效率，建设“低碳经济”。为此，政府开展了一系列法律保障和政策引导活动，鼓励发展高效节能技术，培养企业和家庭的节能意识。同时，英国在制造业，包括电子和光学设备、人造纤维和化学产品，特别是制药工业，保持着强劲的实力。从行业分布上来看，中国企业对于英国的投资分布较为均匀，其中消费和制造业的交易数量较为领先。

（五）新加坡

新加坡是一个发达的资本主义国家，被誉为“亚洲四小龙”之一，凭借着地理优势，成为亚洲重要的金融、服务和航运中心之一。其经济模式被称作为“国家资本主义”。2020 年，新加坡受新冠肺炎疫情影响，经济衰退 8.2%，其主要经济数据如下：国内生产总值 3500 亿美元，人均国内生产总值 6.2 万美元，国内生产总值增长率 -8.2%，贸易总额 7232 亿美元。

2019 年中国企业在新加坡投资并购交易数量为 17 个，较 2018 年上升了 13.3%；2019 年完成的交易金额为 2604 百万美元，较 2018 年下降 86.7%。2020 年受新冠肺炎疫情影响，中国企业在新加坡的并购交易在数量上有所下降，但是在金额上有一定回升。2020 年并购交易数量为 11 个，较 2019 年下降了 35. 3%；2020 年交易金额为 3842 百万美元，较 2019 年上升了 47. 5%。

在行业分布上，中国企业在新加坡的投资领域主要集中于制造业和 TMT 行业。新加坡经济属外贸驱动型，以电子、石油化工、金融、航运、服务业为主。迄今新加坡已经成为东南亚最大修造船基地之一，以及世界第三大炼油中心。

第四节 “一带一路”背景下中国企业海外并购概述

2020 年突如其来的新冠肺炎疫情危机对全球经济、贸易、投资活动产生了极大影响。根据 EMIS 企业并购数据库，2020 年上半年中国企业跨境并购量仅为 61 个，同比下降 33. 7%，其中对“一带一路”沿线国家的跨境并购量为 43 个，同比下降 20. 4%。据 2020 年 6 月联合国贸发会议（the United Nations Conference on Trade and Development，UNCTAD）《2020 年世界投资报告》预测，2020 年全球直接投资将下降近 40%，月均跨境并购量将下降 21%，且未来 10 年国际生产体系将面临重大转型。在新冠肺炎疫情背景下，未来中国企业在“一带一路”沿线国家的跨境并购将有以下几个特征：

第一，由于跨境并购具有滞后性，全球新冠肺炎疫情错峰暴发并存在复发风险，短期中国对“一带一路”沿线跨境并购进程将明显放缓。

一方面，跨境并购面临的环境和项目风险更为复杂，从项目筛选、实地调研、风险评估、商务谈判、政府审查到并购重组完成，项目并购流程复杂且周期很长，这使疫情对并购投资的影响具有明显滞后性，2020 年上半年并购完成项目基本为疫情前已推进大半的项目。

另一方面，从 2020 年 1 月底中国新冠肺炎疫情暴发，到印度、俄罗斯等新兴经济体疫情的暴发，上半年各国隔离限制措施严重拖累在途项目推进流程，考虑全球疫情复发风险仍较高，下半年企业跨境并购推进流程难以加速恢复。

第二，新冠肺炎疫情对国内企业盈利的负面影响较为明显，境外标的所在国疫情形势、社会经济的不确定性也将一定程度减弱企业跨境并购动力。

据联合国贸发会议《2020 年世界投资报告》显示，2020 年全球前 5000 家跨国企业盈利预期下调近 40%，部分行业甚至陷入亏损。中国经济虽已率先进入恢复阶段，但国内及全球需求不振令国内企业经营和现金流仍面临较大压力，加之海外疫情形势依然严峻，“一带一路”沿线绝大部分国家经济深陷衰退，甚至部分国家社会矛盾因疫情和经济恶化而进一步凸显，社会不稳定风险上升（如近期白俄罗斯），2020 年中国部分企业境外投资计划将因此不同程度延后，跨境并购动力有所减弱。

第三，短期政策风险上升将增加中国企业在“一带一路”沿线部分国家的并购阻力。

新冠肺炎疫情暴露出全球产业链和供应链安全问题，尤其是医疗物资安全问题，以及中美经贸摩擦的外溢性，使逆全球化从贸易领域向投资领域加速扩展。2020 年以来，除美、日、英、法、德等发达经济体，波兰、印度、匈牙利等国也加强了外国直接投资和收购制度审查，企业跨境并购政策风险正在上升。因此短期内，中国对“一带一路”沿线部分国家的跨境并购政策壁垒将增加，其中中东欧跟随欧盟投资政策将有所收紧，与中国双边关系的亲疏变化（如印度）对其他区域的并购投资影响将进一步上升。

第四，长期看，逆全球化背景下中国与“一带一路”沿线国家经济合作加强，有望成为中国在该区域并购投资的长期发展动力。

对“一带一路”沿线国家而言，由于国内市场小、资本积累不足，大部分国家对外贸和外国资本高度依赖，外向型经济发展路径使这些国家有动力在贸易保护主义上升、全球产业链条收缩的趋势下，更加积极地融入区域一体化和“一带一路”合作，优化外商投资环境。2020 年在新冠肺炎疫情冲击下，由于经济下行压力骤升，“一带一路”沿线部分国家加大了招商引资力度，越南、沙特、阿联酋、阿尔及利亚、俄罗斯等国进一步优化外国直接投资政策环境，如沙特放宽了外国资本对本国医药行业的投资限制。

第五，未来在“一带一路”新形势下，民企有望在海外并购交易中继续领跑，而国企的角色定位将逐渐从“主体地位”向“主导地位”转变，更加注重战略布局。通过以国企的大型项目为先导，民企项目随后跟进，从而形成“国企搭台，民企唱戏”的共进格局。

对中国而言，中国国内资源禀赋优势并不突出，劳动力成本优势下降明显，这使中国与“一带一路”沿线国家优势互补仍较为明显，因此在“加快形成以国内大循环为主体、国内国际双循环相互促进的新发展格局”的形成过程中，以国内需求为中心推进区域产业链和供应链布局，有望成为中国企业在“一带一路”沿线并购投资的长期发展动力。

第四章　2019—2020 年中国企业跨境并购热点行业分析

2019 年中国企业跨境并购行业分布主要集中在 TMT、制造业、消费零售、医疗健康、能源矿产、化工和运输等行业。其中，按交易数量来看，制造、化工、运输行业，TMT 行业和医疗、制药行业分布为前三大行业，共发起跨境并购 221 个；而从交易额来看，前三大行业分别为 TMT 行业，制造、化工、运输行业和金融、保险、地产行业，交易总金额分别为 202 亿美元、184 亿美元和 98 亿美元。

2020 年中国企业跨境并购行业分布主要集中在线上服务、医疗服务、制药、医疗器械及新能源汽车等行业。其中因疫情原因，医疗板块交易数量 60 余个，比 2019 年有显著增长。其中，按交易数量来看，医疗健康、TMT 行业和金融保险行业为前三大行业，共发起并购 180 个。

第一节　制造业跨境并购分析

一、中国制造业概况

2021 年 3 月 1 日上午，工业和信息化部发布相关数据显示，2020 年我国工业增加值达到 31.31 万亿元人民币，连续 11 年位居世界第一制造业大国。制造业的占比比重对世界制造业贡献的比重接近 30%。受到经济环境、地缘政治、疫情肆虐和资金进出政策的影响，中国企业跨境并购变得异常困难，美国和欧洲等发达市场表现尤其严重，2020 年中国企业海外并购交易金额跌至自 2010 年以来的最低值，并购交易数量跌至自 2015 年以来的最低值，就是上述现象的具体体现。尽管中国企业海外并购交易金额和数量在所有行业和地区均大幅下降，但是中国企业对海外高科技行业的跨境并购交易仍然高度青睐。

二、2019—2020 年中国企业制造业跨境并购概况

（一）概况

2019 年，制造业共发生 50 个跨境并购交易，总值达 101.13 亿美元，较 2018 年同期下降 50.91%，占 2019 年跨境并购总金额的 9.7%。2020 年，制造业共发生 25 个跨

境并购交易，总值达 43.4 亿美元，较 2019 年同期下降 57.08%，较 2018 年下降 78.93%，占 2020 年跨境并购总金额的 9.5%。

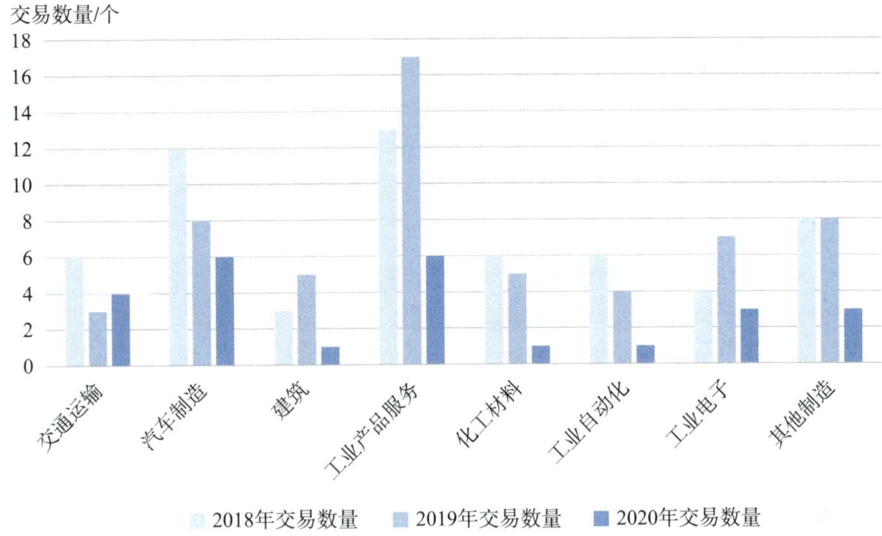

图 4－1 2018—2020 年中国企业制造业主要子行业跨境并购交易数量分析

（来源：Mergermarket）

我们将制造业总体分为交通运输、汽车制造、建筑、工业产品服务、化工材料、工业自动化、工业电子和其他制造八大子行业。2019 年中国企业制造业并购交易数量前三的二级行业分别为工业产品服务、汽车制造和其他制造。其中，工业产品服务交易数量为 17 个，占制造业总交易的 29.8%，披露金额为 18.4 亿美元。汽车制造交易数量为 8 个，占制造业总交易的 14.03%，披露金额为 13.59 亿美元。其他制造数量为 8 个，占制造业总交易的 14.03%，披露金额为 29.01 亿美元。2020 年中国企业制造业并购交易数量前三的二级行业分别为工业产品服务、汽车制造和交通运输。其中工业产品服务交易数量为 6 个，占制造业总交易的 24%，披露金额为 7.75 亿美元。汽车制造交易数量为 6 个，占制造业总交易的 24%，披露金额为 11.93 亿美元。交通运输数量为 4 个，占制造业总交易的 16%，披露金额为 11.71 亿美元。

2019 年工业产品服务、汽车制造自 2015 年以来依旧是制造业海外并购的主要二级行业，自 2018 年其他制造业后者居上，也成为制造业海外并购的主要二级行业。2020 年总体交易数量减少，其他制造业的交易数量也相较 2019 年呈断崖式下落，而交通运输又再次成为继工业产品服务、汽车制造的制造业海外并购的主要二级行业。

2019—2020 年同比数据的连续大幅下滑，主要原因是全球疫情的持续影响，同时也与国家监管层面的疏导和管理密不可分。监管机构在对工业制造领域跨境并购进行审批与核准时，会考量该并购行为是否符合中国制造业的高质量发展的。

表 4－1　2018—2020 年中国企业制造业主要子行业跨境并购交易数量及交易金额

	2018 年交易数量/个	2018 年交易金额/百万美元	2019 年交易数量/个	2019 年交易金额/百万美元	2020 年交易数量/个	2020 年交易金额/百万美元
交通运输	6	4786	3	844	4	1171
汽车制造	12	5774	8	1359	6	1193
建筑	3	1786	5	1674	1	87
工业产品服务	13	557	17	1840	6	775
化工材料	6	5267	5	539	1	436
工业自动化	6	374	4	292	1	33
工业电子	4	93	7	664	3	327
其他制造	8	1963	8	2901	3	318

（来源：Mergermarket、Wind）

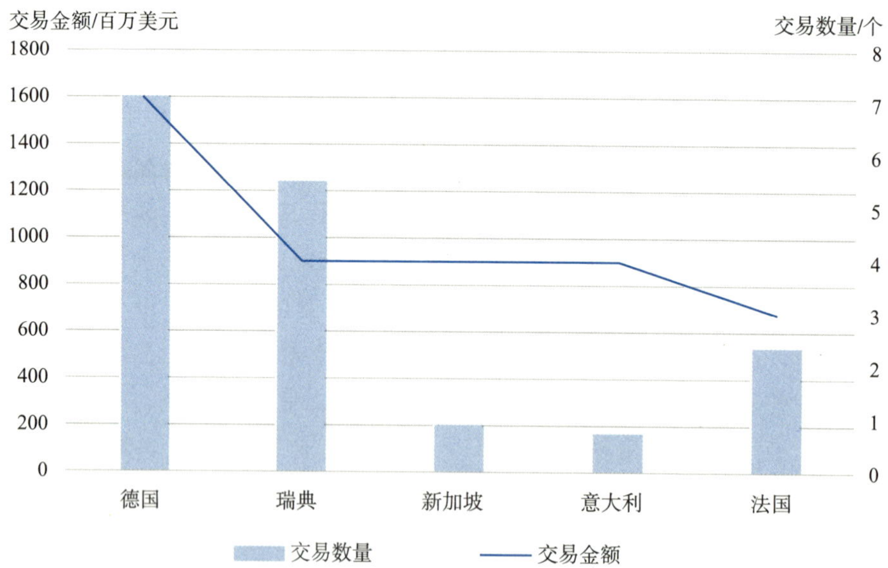

图 4－2　2019 年中国企业制造业跨境并购主要卖方国家

（来源：Mergermarket）

2019 年制造业并购标的主要集中于欧洲国家和新加坡等发达地区，其中德国发生交易 7 个，披露交易金额为 2 个，交易金额 16.01 亿美元，占制造业总交易金额的 15.83%。而之前制造业交易标的所在地最集中的美国未进入前五大卖方国家，原因是受制于国际政治环境复杂化的影响，以及美国政府号召“制造业回流美国”的影响，高新科技制造业并购难以通过美国 CFIUS 审批，导致交易萎缩。但同时瑞典、法国等

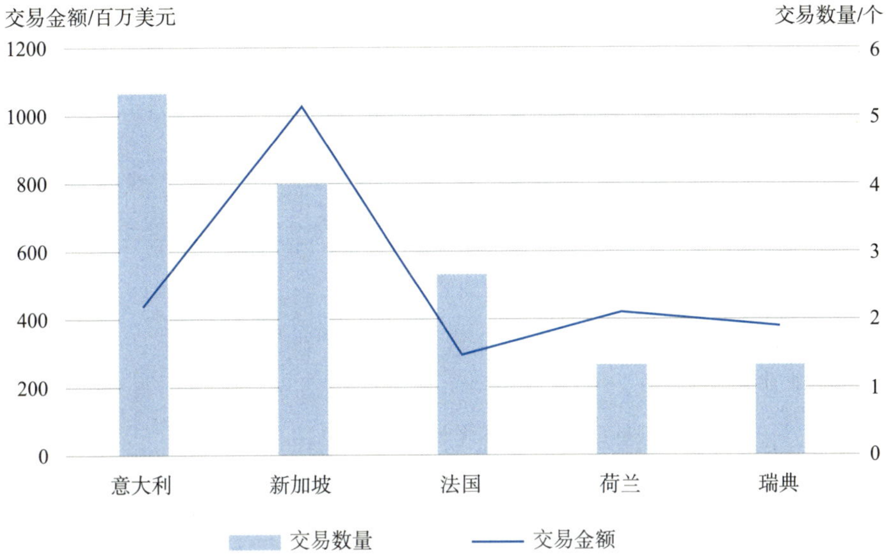

图 4－3　2020 年中国企业制造业跨境并购主要卖方国家

（来源：Mergermarket）

欧洲国家以及新加坡进入行列，成为中国企业制造业跨境并购的主要卖方国家。而 2020 年制造业并购标的依然主要集中于欧洲国家和新加坡等发达地区，值得注意的是，德国较上年跌出主要卖方国家，但总体 2020 年中国企业制造业跨境并购数量减少。其中，意大利发生交易 4 个，披露交易金额为 6 个，交易金额 4.38 亿美元，占制造业总交易金额的 10.09%；新加坡发生交易 3 个，披露交易金额为 3 个，交易金额 10.28 亿美元，占制造业总交易金额的 23.69%。荷兰进入前五榜单，发生交易 1 个，披露交易金额为 1 个，交易金额 4.21 亿美元，占制造业总交易金额的 9.7%。

2019—2020 年中国企业制造业跨境并购前五大卖方国家中美国跌出前五排名，欧洲国家跻身前列，预计未来工业领域的并购将会继续呈现欧洲相对活跃，美国相对趋冷的态势。

表 4－2　2018—2020 年中国制造业跨境并购前五大卖方国家

2018 年前五大卖方国家	2018 年交易数量/个	2018 年交易金额/百万美元	2019 年前五大卖方国家	2019 年交易数量/个	2019 年交易金额/百万美元	2020 年前五大卖方国家	2020 年交易数量/个	2020 年交易金额/百万美元
德国	10	3435	德国	7	1601	意大利	4	438
意大利	7	142	瑞典	4	1243	新加坡	3	1028
美国	6	421	新加坡	4	204	法国	2	296
英国	4	290	意大利	4	168	荷兰	1	421
新加坡	3	16036	法国	3	534	瑞典	1	380

（来源：Mergermarket、Wind）

（二）十大案例

表4-3 2019—2020年中国制造业跨境并购披露金额前十大交易

日期	买方名称	金额/百万美元	买方区域	标的名称	二级行业	标的所在国家及相关地区	股权比例
2019年6月6日	汉能移动能源控股集团	6820.173	中国	汉能薄膜发电集团有限公司	能源；工业产品和服务	中国香港	0.3249
2020年4月24日	中国长江三峡集团有限公司	4173.865	中国	Luz del Sur S. A. A.	能源；工业产品和服务	秘鲁	0.836
2019年1月31日	伊藤忠商事株式会社；山东如意科技集团有限公司	2546	中国	莱卡公司	制造业（其他）	美国	N/A
2019年4月23日	克劳斯玛菲股份有限公司	1002.808	中国	中国化工设备（卢森堡）；桂林橡胶机械有限公司和益阳橡塑机械集团有限公司（经营业务和负债）；福建省三明双轮化工机械有限公司和福建华橡自控技术股份有限公司（土地、财产和设备）	工业产品及服务	德国	N/A
2019年1月15日	恒大健康集团	930	中国	国能电动汽车瑞典有限公司	汽车	瑞典	0.51
2019年12月26日	中国铁建	781.0176	中国	Aldesa Construcciones公司（75%股权）	建筑；能源	西班牙	0.75
2019年12月24日	招商局高速公路网络技术控股有限公司	688.5	中国	欧亚高速公路维护和运营有限公司（51%股权）	金融服务；建筑业	土耳其	0.51
2019年8月7日	丝路基金	484.7681	中国	东方海外货运	房地产；服务（其他）；运输	中国香港	0.0773
2019年12月12日	环旭电子股份有限公司	452.23	中国	AsteelFlash Group	工业；电子	法国	N/A
2020年4月30日	蓝星安迪苏股份有限公司	436.3604	中国	蓝星安迪苏营养集团有限公司	化学品与材料	中国香港	0.15

（来源：Mergermarket、Wind）

1. 2019年6月11日，汉能薄膜发电正式从港交所退市。从2018年10月23日汉能薄膜发电控股股东汉能移动能源首次提出对旗下上市公司私有化的意向，到2019年6月11日汉能正式退市，这场历时8个月的私有化已完成。汉能薄膜发电私有化的最终目标是公司业务在内地A股上市，将来公司纳入在A股上市的企业后，独立股东将通过 SPV 股份持有中国 A 股上市公司股份，将股份价值解封。

2. 中国长江三峡集团有限公司控股上市公司长江电力已按照协议约定，完成收购秘鲁 Luz del Sur S. A. A. 配电公司 83. 6% 的股权交割。三峡集团称，这是近年来中国企业最大的海外电力收购项目。这也是中资企业首次进入秘鲁大型公用事业领域，长江电力也得以首次进入海外配电市场。

3. 伊藤忠商事株式会社参与出资山东如意科技集团有限公司收购美国 The LYCRA Company。今后，伊藤忠商事将与山东如意一起努力提升 LYCRA 公司的企业价值和最大限度地开展协同合作。LYCRA 公司是从美国英威达公司分拆了服饰及高级纺织品业务而设立的，在全球开展氨纶（聚氨酯弹性纤维）、聚酯纤维、尼龙等主要应用于服装的合成纤维业务。

4. 克劳斯玛菲股份有限公司向装备环球发行股份购买其持有的 China National Chemical Equipment（Luxembourg）S. à. r. l. 100% 股权，向福建省三明双轮化工机械有限公司和福建华橡自控技术股份有限公司发行股份购买其持有的土地、房产、主要设备等资产。同时，公司拟非公开发行股份募集配套资金，募集配套资金总额不超过 10. 2808 亿美元，且不超过拟购买资产交易价格的 100% 。

5. 恒大集团旗下恒大健康发布公告，其以 9. 3 亿美元成功收购总部位于瑞典的全球性新能源智能汽车集团 NEVS 的 51% 股权。NEVS 是目前中国国家发改委和工信部核准的新能源汽车整车资质十家企业之一。此外，NEVS 持有国能汽车技术开发有限公司 50% 的股权，是其第一大股东。而国能汽车技术开发有限公司又 100% 持有国能汽车。由此，恒大通过收购 NEVS 也就掌控了国能汽车宝贵的新能源车牌照。

6. 中国铁建成功收购西班牙知名建筑公司 Aldesa，交易完成后，子公司中国铁建国际投资集团将持有 Aldesa 的 75% 股份。此后，铁建国投将努力统筹中国铁建的整体资源优势，遵循国际化公司的运作规律，有效整合，支持 Aldesa 集团进一步改善资本结构，增强实力，主动开拓欧洲和拉美等国际区域市场和新业务领域。

7. 招商公路拟与 CMU、浙江沪杭甬、宁沪高速、四川成渝及皖通高速以其各自在香港设立 SPV 共同出资设立联合体香港 SPV，以联合体香港 SPV 或联合体香港 SPV 下设的其他 SPV 收购位于土耳其的 ICA 公司 51% 股权及 ICA 公司原股东 51% 股东借款、位于香港的 Eurasia OpCo 51% 股权。此次交易标的资产的交易价格为 6. 885 亿美元。

8. 中远海控境外全资下属公司 Faulkner Global 与长江和记实业有限公司间接持有的下属公司 CrestApex、国家开发投资集团有限公司下属的融实国际及丝路基金有限责任公司下属的 PSD Investco 分别签订《股权转让协议》，约定 Faulkner Global 将出售而投资者将购买 Faulkner Global 在要约收购完成后为恢复东方海外 25% 公众持股量而需要处置的东方海外（国际）有限公司股份。

9. 全球电子设计、制造服务和模块化领域的领导厂商环旭电子股份有限公司透过收购 Asteelflash 母公司 Financière AFG S. A. S.，成功地完成对 Asteelflash 100% 股权收购。通过本次收购，环旭电子将成为在全球 10 个国家拥有 27 个生产基地、员工人数超过 2.4 万人、营收规模超过 70 亿美元的公司。

10. 蓝星安迪苏股份有限公司同意上市公司以现金方式向中国蓝星（集团）股份有限公司购买其持有的蓝星安迪苏营养集团有限公司 15% 的普通股股权。本次收购完成后，上市公司将持有蓝星安迪苏营养集团 100% 的普通股股权。

三、2019—2020 年制造业跨境并购特征

（一）高端制造全球布局高歌迈进，跨境并购促加速增长

在高端制造方面，中国已经制定了相关的政策和计划，意图提升国内制造业的水平。对于国内企业来说，对海外先进的制造技术企业进行并购，然后重组优化整个制造业，提升技术水平是一个很好的途径。而对于外企来说，结合国内庞大的市场与资本，也是一件“双赢”的事情。事实上，海外并购的规模近年的增速迅猛，目前已经达到了数千亿美元的规模。

高质量发展是今后制造业发展根本要求，从这个层面上来说，高端装备的全球并购，只会不断加强，国内这种“走出去”的热情将会持续升温。

工信部多次发文推动创新发展、智能发展、集群发展、和谐发展、开放发展，促进我国装备制造业迈向全球产业链中高端。

中国制造业企业“走出去”的增长势头强劲，成为全球企业并购的重要买家。起初，对外投资的行业大多以能源、资源和基础设备等为主；如今投资领域多样化发展，其中高端制造业特别是智能制造已成为重要的对外投资领域，因为涉及核心技术，因此也导致很多国家借“国家安全”的名义，对核心技术进行保护。美国在这方面反应最为强烈，但是目前欧洲也出现了抵触的情形。

总而言之，中国企业在坚持创新研发的路上，也可以通过跨境并购的方式填补技术空白或占据技术高地。我们很高兴地看到，今天，促进中国制造业领域发展的产业资本也在陆续增多，制造业升级比互联网企业更需要坚定长久的输血。在产融有机结合的方式下，相信中国高端制造业特别是智能制造强势立足全球指日可待。

（二）汽车及零部件行业跨境并购行业风口依旧，新能源成为其新特点

汽车是衡量一个国家工业制造能力的重要指标。尽管中国汽车市场早已被外资品牌攻陷，但本土品牌正不断缩小与它们的差距，并逐步重新夺回阵地。而新能源、车联网与无人驾驶的发展趋势给了本土品牌“弯道超车”的机会。

发达国家汽车行业的发展经验证明了通过并购提高产业的集中度来实现汽车行业的发展变迁是不可避免的趋势。目前来看，中国汽车行业的综合能力经过“弯道超车”有很大提升，中国和外国的汽车生产商不论是在产出还是在销售额或技术水平上的差距都在

变小，一些企业已经拥有海外并购的能力。在政府的支持下中国的汽车行业将会有更好的发展，会有很多企业参与到海外并购中来。海外并购将成为中国汽车行业未来的发展趋势。

伴随着碳中和、碳达峰的到来，新能源领域无疑是最耀眼的领域，制造业十大并购案例之一的恒大集团旗下恒大健康（HK. 0708）发布公告，以 9.3 亿美元并购一家总部位于瑞典的全球性电动汽车公司 NEVS 的 51% 股权，并获得多数董事席位。这是恒大携雄厚资本、广汇销售渠道等资源优势，与 NEVS 掌握的技术、团队、资质、基地及生产线等优势的强强融合，这将会是一次“1 +1 >2”的智慧之举，恒大有望借此在新能源汽车领域实现弯道超车。

NEVS 同样是一家汽车制造商，不同的是这家企业致力生产新能源汽车。不得不说，NEVS 确实继承了萨博的企业精神与业界良心，明明拥有萨博全套的核心技术以及生产设备，却不生产传统汽车，而是全身心地投入新能源汽车的研发。2017 年在上海 CES 亚洲展上发布了其全新 NEVS 系列新车，并在 2018 年正式投放市场，为消费者与环境献出自己一份力。

NEVS 的初衷与萨博一样“固执”，誓为消费者打造更好、更值得购买的革命性车型，并以“遇见更好的未来”为企业核心理念，解决消费者出行难这一普遍痛点，进而为环保，为缓解拥堵、污染等让人担忧的社会现状做出贡献。

如今新能源、纯电动车型已经成为汽车工业发展的趋势所在，在此趋势之上，NEVS 将通过自身产品强大的实力以及精准的市场定位，占据并扩大中高端商务轿车市场，以此重新定义市场格局，开创一个新的局面。

NEVS 不仅继承了萨博汽车“人车合一、贴地飞行”的品牌基因及源于北欧的深厚技术底蕴，还拥有完全自主知识产权的 Phoenix 系列纯电动汽车研发平台，具备屈指可数的纯电动汽车整车正向研发能力，全球领先的自动驾驶技术也已实现量产级应用，其自主研发的知识产权涵盖“三电”动力系统、车联网、生产和制造等领域，如电池冷却系统、车辆安全系统及车载空气净化系统等均为世界领先技术。

新能源车企不甘于销售纯电动汽车，还致力于改变城市交通的格局。首先，电动汽车不存在排放问题，把纯净的空气还给人类。其次，提高了车辆利用率，城市内的车辆减少了，自然会带来更多绿色空间和人类发展空间，进而也可以适当缓解停车难、出行难以及交通拥堵等问题。最终能够打造一个智能的、绿色城市交通体系，创立新的出行格局。

（三）“一带一路”倡议下的中国参与全球交通运输并购热情高涨

作为连通生产、贸易、消费等环节的纽带，交通运输与物流行业涵盖空运、航运、铁路运输、物流、货运等多个重要细分领域，对于“一带一路”的经济发展与人文交流起到关键作用。作为推动交通运输与物流行业发展的重要方式，投资并购活动始终受到关注，在某种程度上，投资并购的活跃程度和特点体现了该行业的发展热点以及趋势。

自 2018 年起，中美贸易纠纷对于世界贸易和经济环境的影响显著，进而影响了全球交通运输与物流业交易的活跃度，导致2018年行业投资并购活动放缓，但在2019年则有所回升。2020年，受新冠肺炎疫情冲击，相关投资并购活动暂缓，行业整体的并购交易规模大幅减少，对于不同细分行业来说所受影响程度不同，如物流及货运领域的并购交易活动恢复较快。

在全球范围的并购交易中，中国表现最为活跃并占据交易并购的领先地位，近3年来约有30%的交易与中国相关。除专注本地市场，国内企业也在国家“一带一路”倡议下，结合自身的业务特点与优势，顺应跨境贸易及电商产业的发展，在“一带一路”沿线国家和地区进行投资布局。从地区来看，亚洲的东南亚地区、欧洲的西欧和中欧是国内企业出境投资的重要目的地，而物流与货运、航运及港口则是首先关注的领域。

未来，随着“一带一路”倡议的推进，沿线国家跨境贸易将继续快速发展，而这也将推动交通运输及物流行业的发展及相关并购活动的活跃度。其中，交通物流基础设施凭借着良好的抗风险能力持续获得关注，除了这些重资产细分领域外，智能数字化、综合物流等领域的机会也吸引着投资者的广泛关注。

第二节　TMT行业跨境并购分析

一、中国TMT行业概况

伴随着科技的日新月异，全球科技、传媒与电信（TMT）行业的走势一直是投资者关注的焦点之一。自2018年9月国务院发布“双创”升级版意见以来，TMT产业迎来发展黄金期，IT及信息化、人工智能、大数据仍会是一段时期的投资热点。此外，互联网教育、电子商务、网络生活便民服务等易变现的投资领域也受到资本热捧。

无疑，疫情是影响2020年乃至今后一段时间最重要的标志性事件，2020年年初的新型冠状病毒疫情毫无疑问对整体经济运行造成了一定的冲击，投资市场活跃度受到抑制，不过国家各项扶持政策的持续实施，仍然为股权市场添加了持续回暖的动力。同时，受疫情影响，硬件产品的销售受到了一定程度的影响，但是，在线教育、远程办公和云服务等互联网服务行业企业也出现了投资机会。此外，2018年年底的中央经济工作会议把5G、人工智能、工业互联网、物联网定义为“新型基础设施建设”（简称“新基建”），加上新冠肺炎疫情发生以来，工信部于2020年3月召开了加快5G发展的专题会，以推动新基建的发展，因此，5G网络、大数据中心、人工智能等TMT领域将会是一段时期内的投资热点。

二、2019—2020年中国企业TMT跨境并购概况

（一）概况

2019—2020年，TMT行业共发生103个跨境并购交易，总值达322亿美元，而

2018 年则发生 78 个跨境并购交易，总值达到 321 亿美元，几乎持平，主要原因是 2020 年受疫情影响，全球经济受到重挫。TMT 占 2019 年跨境并购总金额的 20.9%，占 2020 年跨境并购总金额的 22.9%。虽然 TMT 涵盖的电信和技术领域，是国家鼓励投资的领域，但这些领域的标的一般相对比较敏感，受到标的所在国的严格监管，真正能够达成确定交易的情况有限。

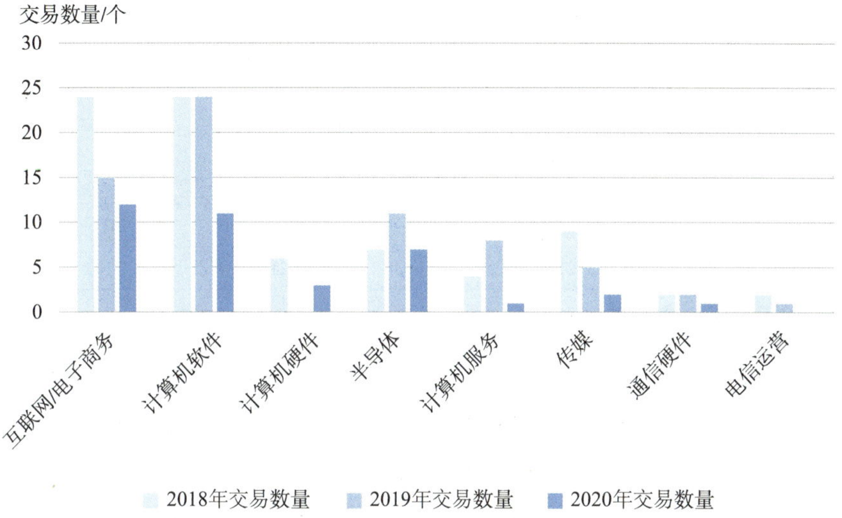

图 4-4　2018—2020 年中国企业 TMT 主要子行业跨境并购数量分析

（来源：Mergermarket）

如图 4-4 所示，我们将 TMT 行业总体分为互联网/电子商务、计算机软件、计算机硬件、半导体、计算机服务、传媒、通信硬件、电信运营 8 大子行业。2019 年中国企业制造业并购交易数量前三的二级行业分别为计算机软件、互联网/电子商务、半导体。其中，计算机软件行业交易数量为 24 个，占 TMT 行业总交易数量的 20.87%，披露交易金额为 45.39 亿美元；互联网/电子商务交易数量为 15 个，占 TMT 行业总交易数量的 17.83%，披露金额为 38.78 亿美元；半导体交易数量为 11 个，占 TMT 行业总交易数量的 27.35%，披露金额为 59.47 亿美元。2020 年中国企业制造业并购交易数量前三的二级行业分别是互联网/电子商务、计算机软件、半导体，其中互联网/电子商务交易数量为 12 个，占 TMT 行业总交易数量的 21.75%，披露交易金额为 22.86 亿美元；计算机软件行业交易数量为 11 个，占 TMT 行业的 8.41%，披露交易金额为 8.83 亿美元；半导体交易数量为 7 个，占 TMT 行业总交易数量的 20.02%，披露金额为 21.05 亿美元。

从表 4-4 可以看到在过去的三年里，中国企业 TMT 行业呈现整体并购规模下滑趋势，其中互联网/电子商务、计算机软件、传媒的交易数量都明显减少，计算机硬件 2019 年交易数量趋零，但在 2020 年略有回升，半导体、计算机服务在 2019 年达到峰值随后跌落，通信硬件、电信运营占比较少但也呈现下降趋势。

表 4-4　2018—2020 年中国企业 TMT 主要子行业跨境并购交易数量及交易金额

	2018 年数量/个	2018 年金额/百万美元	2019 年数量/个	2019 年金额/百万美元	2020 年数量/个	2020 年金额/百万美元
互联网/电子商务	24	7463	15	3878	12	2286
计算机软件	24	5628	24	4539	11	883
计算机硬件	6	1224	0	0	3	1066
半导体	7	3098	11	5947	7	2105
计算机服务	4	2843	8	7092	1	697
传媒	9	2023	5	184	2	3372
通信硬件	2	379	2	92	1	103
电信运营	2	9492	1	12	0	0
总计	78	32150	66	21744	37	10512

（来源：Mergermarket、Wind）

2019—2020 年 TMT 行业并购标的在印度发生的交易数量和交易金额都是最大的，2019 年共达成交易 9 个，成交金额共计 35.74 亿美元，其次依次为美国、新加坡、荷兰、韩国四国，中国企业在这四国一共完成 TMT 行业的并购 19 个，共计交易金额 80.07 亿美元；2020 年，中国企业和印度达成交易 6 个，成交金额 35.50 亿美元，其次依次为美国、韩国、日本、法国，中国企业在这四国一共完成 TMT 行业的并购 12 个，共计交易金额 19.50 亿美元。我们认为在 TMT 行业上，中国企业的跨境并购的目标企业来自两类：①拥有先进技术和创新能力的优质标的公司；②拥有广大市场和稳定区域供应渠道的成长型公司。

表 4-5　2018—2020 年中国企业 TMT 行业跨境并购前五大卖方国家

国家	2018 年数量/个	2018 年金额/百万美元	国家	2019 年数量/个	2019 年金额/百万美元	国家	2020 年数量/个	2020 年金额/百万美元
美国	16	1640	印度	9	3574	印度	6	3550
印度	9	763	美国	7	1225	美国	5	1211
法国	4	3863	新加坡	7	1783	韩国	3	398
韩国	4	875	荷兰	3	4272	日本	2	214
新加坡	3	2954	韩国	2	727	法国	2	127

（来源：Mergermarket、Wind）

从表 4-5 可以看到，中国企业在过去的三年中，美国凭借着本国的科学和技术的优势以及经济体制，成为与中资企业达成并购融资意向最频繁的国家。从交易数量上来看，中国企业在 TMT 行业的收购需求为了获取核心技术和人才，在这些拥有较高发展水平的国家和市场中，有着一大批拥有自主研发技术且渴望融资的公司，中国企业通过海外并购来获取自身发展所需要的技术，能更好地解决时间成本。但是另外一个值得注意的事情就是印度的突飞猛进，这里面既有中美政治的影响，也有印度本身TMT 产业发展的迅猛，根据瑞银 2018 年的一份报告显示，未来 5 年印度的 FDI 流入预计将增至每年约 750 亿美元。印度人口众多，经济增长的潜力巨大。世界货币基金组织（IMF）预测，印度在 2019 年仍将是全球发展速度最快的主要经济体，经济增长率预计为 7%。印度的 CEO 数量在全世界也堪称一流，美国很多知名公司的管理层都有印度人的身影。中国和印度共同代表了一批新兴的数字超级大国，无论从技术还是渠道上，印度对中国的吸引力都是非常大的。

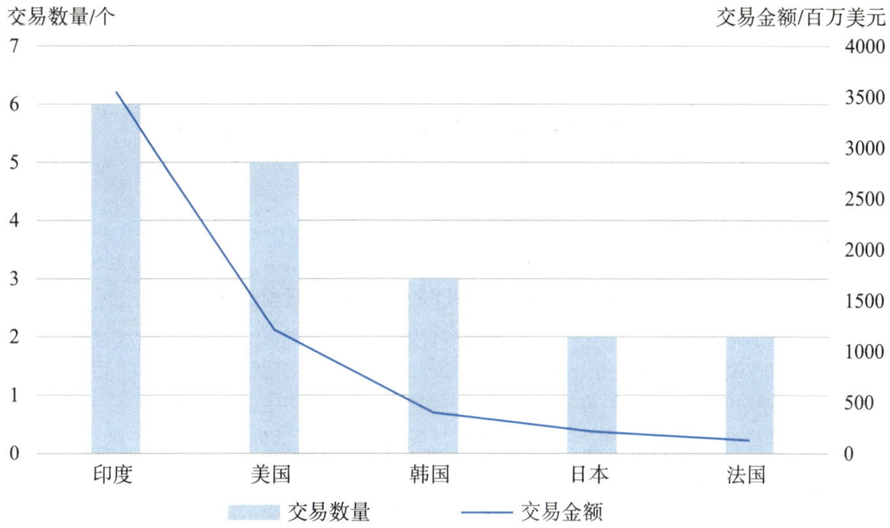

图 4-5　2020 年中国企业 TMT 跨境并购主要卖方国家

（来源：Mergermarket）

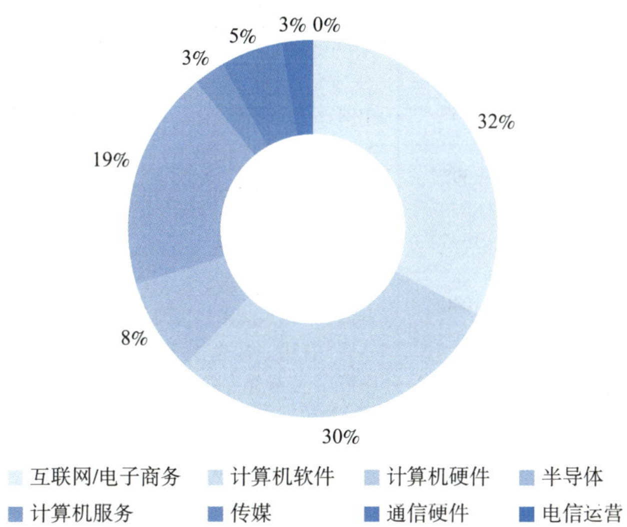

图 4-6　2020 年中国企业 TMT 跨境并购数量行业分布

（来源：Mergermarket）

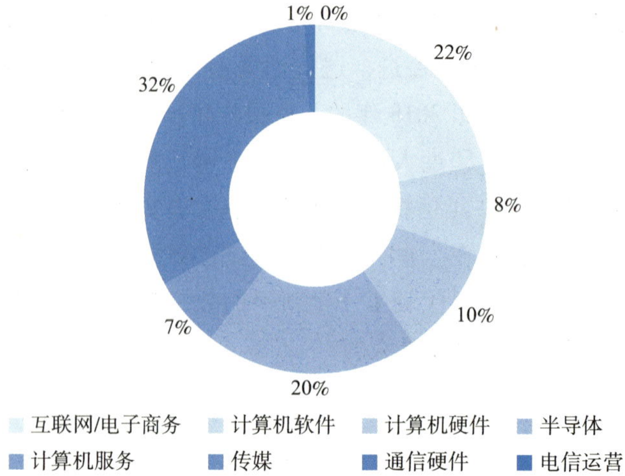

图 4－7　2020 年中国企业 TMT 跨境并购金额行业分布

（来源：Mergermarket）

（二）十大案例

表 4－6　2019—2020 年 TMT 行业披露金额前十大交易

日期	买方名称	金额/百万美元	买方区域	标的名称	二级行业	标的所在国家及相关地区	股权比例
2019 年 10 月 29 日	闻泰科技	4070	中国	安世集团	计算机半导体	荷兰	75.86%
2019 年 11 月 28 日	WL Ross & Co.；中国南山集团；摩根士丹利亚洲	3697	中国香港	腾龙控股集团	计算机服务	中国	N/A
2020 年 3 月 31 日	腾讯	3365	中国	环球音乐	媒体	美国	10.00%
2019 年 8 月 27 日	江苏沙钢集团	2206	中国	Global Switch 股份有限公司	计算机服务	英国	24.01%
2019 年 3 月 5 日	欢聚集团	1453	中国	BIGO	计算机软件	新加坡	68.30%
2019 年 9 月 5 日	携程	1395	中国	MakeMyTrip 有限公司	互联网/电子商务	印度	N/A
2020 年 12 月 30 日	东科股份	1095	中国	冠捷科技	计算机，半导体	中国香港	51.00%
2020 年 4 月 9 日	阿里健康	1040	中国香港	Ali JK ZNS Limited	互联网/电子商务	中国	N/A
2019 年 12 月 9 日	北京君正集成电路股份有限公司	864	中国	北京矽成半导体有限公司	计算机半导体	美国	N/A
2020 年 6 月 29 日	红杉资本；老虎基金；天图资本	750	中国香港	小船出海	服务（其他）	中国	N/A

（来源：Mergermarket、Wind）

1. 闻泰科技收购荷兰安世半导体 Nexperia 75.86% 的股权。收购后，首先，闻泰科技将从 ODM 公司延伸到上游半导体器件领域，双方业务将形成良好的协同效应；其次，双方将在国内合建研发中心，在汽车电子、物联网、5G 等高增长领域具有巨大的联合创新空间；最后，分立器件是设计与工艺的结合，因此，本次收购有助于增强中国半导体产业在全球的竞争力和影响力。

2. 腾龙控股 A 轮融资多家投资机构共同完成，签约金额高达 260 亿元人民币，打破了 IDC 行业最高融资纪录。摩根士丹利亚洲、中国南山集团是腾龙本轮融资的核心投资方，数据中心行业近年持续的高景气度，带动了行业的整体性高速增长，IDC 企业的市场估值也呈现水涨船高的态势。本轮融资结束以后，腾龙创始人团队仍保持绝对控股地位。

3. 腾讯控股宣布，由腾讯控股牵头的财团已完成收购环球音乐集团（UMG）10% 股权的交易。此次参与收购 UMG 股权的腾讯控股牵头财团成员包括腾讯音乐集团和其他金融投资者。资料显示，环球唱片是全世界最大的唱片公司，隶属法国维旺迪集团，占有世界唱片市场 25.6% 的份额。

4. 沙钢集团完成收购 Global Switch 24.01% 股权。Global Switch 是欧洲和亚太地区领先的大型密集网络、载体和具中立云与多承租人特性之数据中心的拥有者、运营商和开发商。此次对 Global Switch 的进一步投资，是沙钢集团战略的一部分，该战略旨在将其资产多元化，以支持新经济的技术基础设施，同时也显示出其对 Global Switch 及其管理团队的持续信心。

5. 欢聚时代宣布完成对海外视频社交平台 BIGO 的收购。交易中，欢聚时代收购 BIGO 余下约 68.30% 的所有已发行和在外流通的由其他股东持有的股份，其中也包括欢聚时代董事长兼代理首席执行官李学凌持有的 BIGO 股份，总交易额约 14.5 亿美元。BIGO 于 2014 年在新加坡成立，在直播、短视频等泛娱乐和社交领域处于优势地位。

6. 携程宣布完成与 Naspers Limited 的换股交易。交易完成后，携程拥有 MakeMyTrip 的普通股和 B 类股份，而 MakeMyTrip 最大股东也由 Naspers Limited 变成携程。公开资料显示，MakeMyTrip 成立于 2000 年，10 年后登陆美国纳斯达克市场，过去几年交易额的复合增长率达到 43%，被称为“印度的携程”。

7. 华东科技以支付现金的方式向华电有限、群创光电购买其合计持有的冠捷科技 51% 股权。冠捷科技定位为专注于智能显示领域的智能制造企业，主要业务包括显示器及液晶电视等产品的研发、生产以及销售。冠捷科技深耕显示器行业数十年，并连续超过 10 年保持全球显示器市场占有率第一。

8. 阿里健康与 Ali JK Nutritional Products Holding Limited（阿里巴巴控股之直接全资附属公司）订立购股协议，据此，阿里健康将收购 Ali JK ZNS Limited（为阿里巴巴控股为持有目标业务而根据英属维尔京群岛法律注册成立之间接全资离岸控股公司）的股权。通过本次交易，阿里健康实际上在完成于国内医药流通领域的布局。

9. 北京君正收购北京矽成（ISSI）重大资产重组收购案已尘埃落定。北京君正将根据重组方案，实现对北京矽成的有效控制，将把自身在处理器芯片领域的优势与目标公司在存储器芯片领域的强大竞争力相结合，形成"处理器 + 存储器"的技术和产品格局。

10. 小船出海教育科技有限公司宣布完成 7.5 亿美元 E 轮融资，此轮融资由方源资本和老虎基金领投，Qatar Investment Authority（卡塔尔国家财富基金）、红杉资本中国基金、软银愿景基金一期、天图投资、襄禾资本等新老股东跟投。在工具流量侧，作业帮目前已是国内用户规模最大的 K12 在线教育平台。

三、TMT 行业子行业跨境并购分析

（一）互联网/电子商务

近 3 年来，互联网/电子商务的跨境并购数量逐渐减少。

表 4－7　互联网/电子商务交易数量及其在 TMT 行业占比

年份	2018 年	2019 年	2020 年
互联网/电子商务交易数量/个	24	15	12
TMT 交易数量总计/个	78	66	37
占比/%	31	23	32

（来源：Mergermarket、Wind）

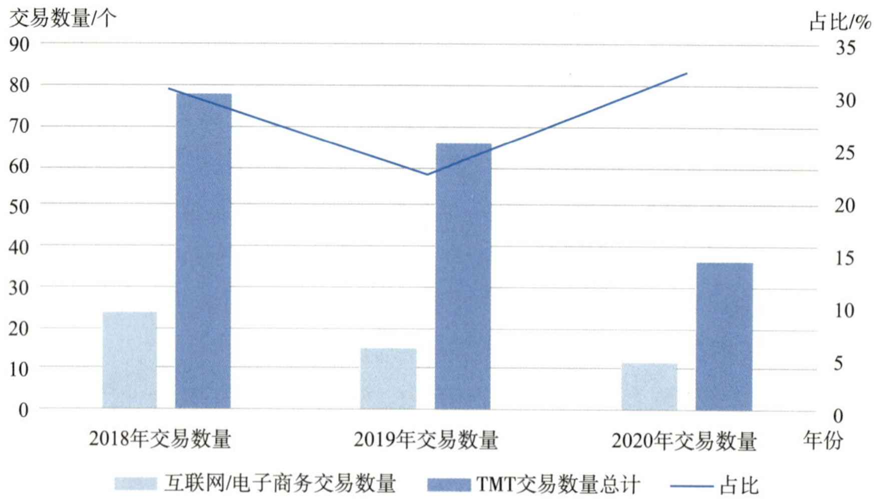

图 4－8　2018—2020 年互联网/电子商务交易数量及其在 TMT 行业占比

（来源：Mergermarket）

从图 4－8 中可以看到中国企业在互联网/电子商务行业的交易数量和在 TMT 行业占比呈现出逐渐萎缩的态势。

表 4-8 互联网/电子商务交易金额及其在 TMT 行业占比

年份	2018 年	2019 年	2020 年
互联网/电子商务交易金额/百万美元	7463	3878	2286
TMT 交易金额总计/百万美元	32150	21744	10512
占比/%	23	18	22

（来源：Mergermarket、Wind）

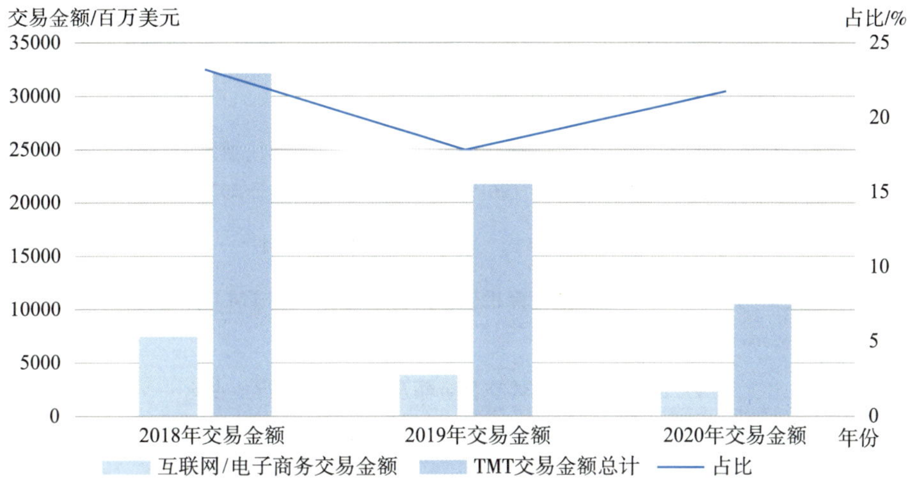

图 4-9 2018—2020 年互联网/电子商务交易金额及其在 TMT 行业占比

（来源：Mergermarket）

在金额上来看，互联网/电子商务的金额随着交易数量的减少而减少，预计在将来，中国行业巨头将持续进行海外投资，发掘当地市场和潜在消费人群。

（二）计算机软件

软件产业在我国已形成规模化，各地都有自己的软件技术开发区，同时，在国家出台的一系列鼓励、支持软件行业发展的政策法规，也为众多民营企业提供了很好的发展机遇，在将来我们可以看到软件行业会继续朝向云计算和大数据方向深度发展，中国企业在软件行业经过近年来的发展，已经逐步形成成熟的技术平台和体系，在未来有望和国际一流软件厂商一较高下。

2019 年计算机软件的交易数量与 2018 年持平，2020 年削减一半以上。2020 年以来在整个跨境交易市场内都低迷的情况下，2020 年计算机软件依旧在 TMT 行业占比 30%。

表 4-9 计算机软件交易数量及其在 TMT 行业占比

年份	2018 年	2019 年	2020 年
计算机软件交易数量/个	24	24	11
TMT 交易数量总计/个	78	66	37
占比/%	31	36	30

（来源：Mergermarket、Wind）

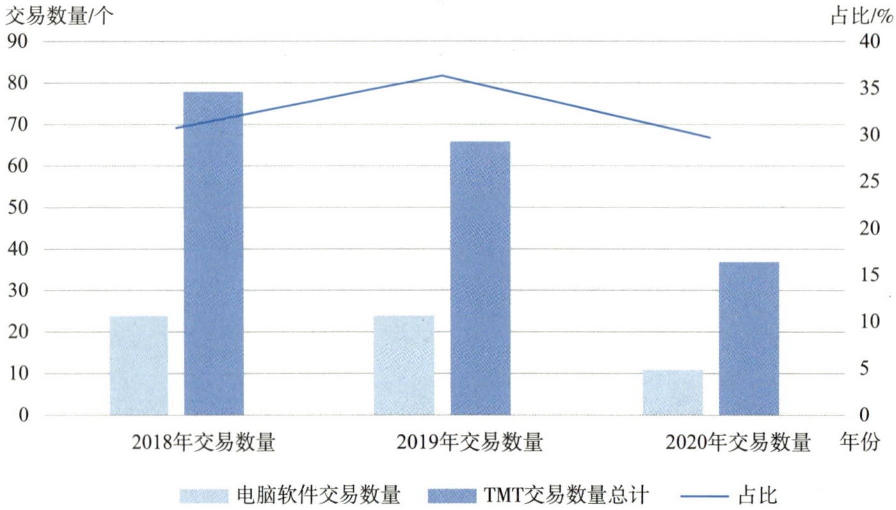

图 4－10　2018—2020 年计算机软件交易数量及其在 TMT 行业占比

（来源：Mergermarket）

表 4－10　计算机软件交易金额及其在 TMT 行业占比

年份	2018 年	2019 年	2020 年
计算机软件交易金额/百万美元	5628	4539	883
TMT 交易金额总计/百万美元	32150	21744	10512
占比/%	18	21	8

（来源：Mergermarket、Wind）

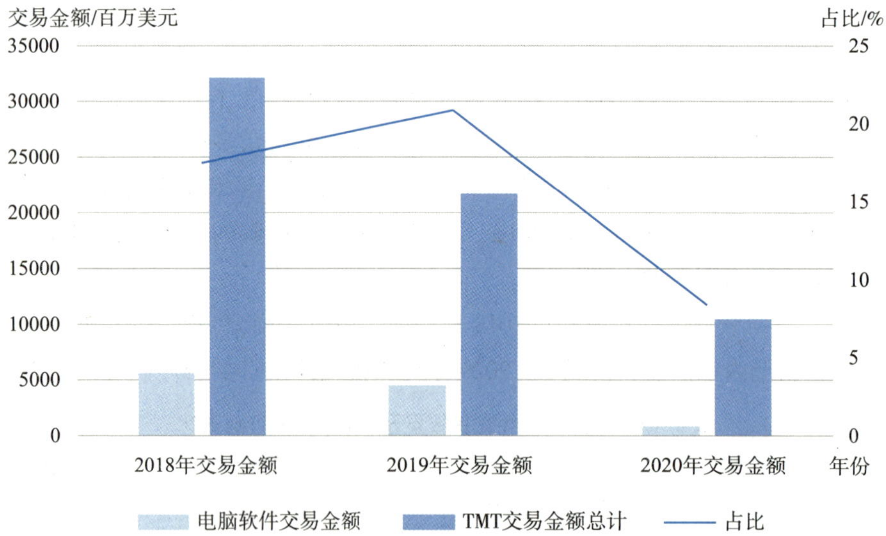

图 4－11　2018—2020 年计算机软件交易金额及其在 TMT 行业占比

（来源：Mergermarket）

（三）计算机硬件

计算机硬件在近3年的跨境并购交易数量中，2019年交易数量为0，行业并购数值跌至谷底。2020年略有回升。

表4-11 计算机硬件交易数量及其在TMT行业占比

年份	2018年	2019年	2020年
计算机硬件交易数量/个	6	0	3
TMT交易数量总计/个	78	66	37
占比/%	8	0	8

（来源：Mergermarket、Wind）

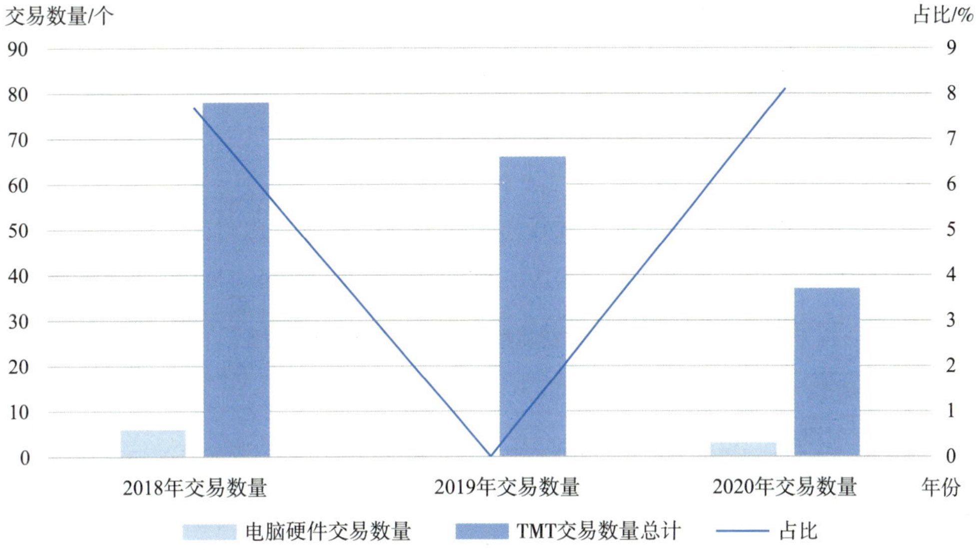

图4-12 2018—2020年计算机硬件交易数量及其在TMT行业占比

（来源：Mergermarket）

表4-12 计算机硬件交易金额及其在TMT行业占比

年份	2018年	2019年	2020年
计算机硬件交易金额/百万美元	1224	0	1066
TMT交易金额总计/百万美元	32150	21744	10512
占比/%	4	0	10

（来源：Mergermarket、Wind）

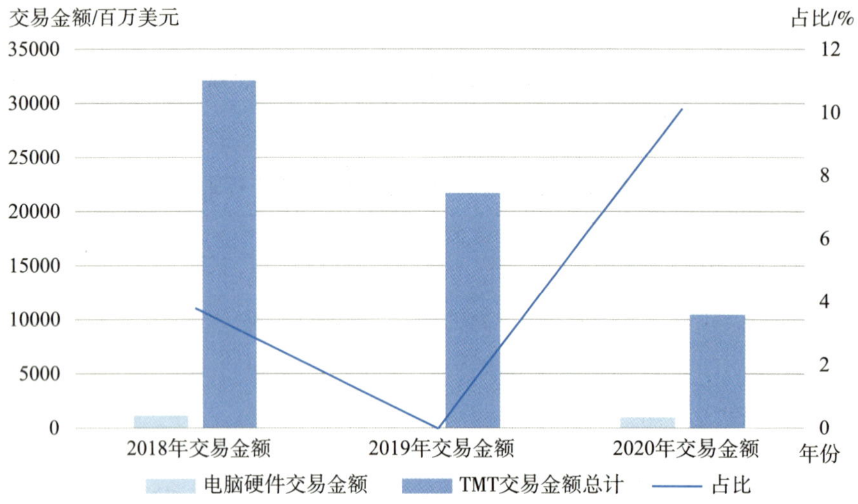

图 4-13　2018—2020 年计算机硬件交易金额及其在 TMT 行业占比

（来源：Mergermarket）

（四）半导体

半导体 2019 年交易数量可观，2020 年全球半导体产业复苏将因疫情冲击而放缓。2020 年与 2018 年持平。整体来看，2019—2020 年半导体占整个 TMT 行业接近 20%。

表 4-13　半导体交易数量及其在 TMT 行业占比

年份	2018 年	2019 年	2020 年
半导体交易数量/个	7	11	7
TMT 交易数量总计/个	78	66	37
占比/%	9	17	19

（来源：Mergermarket、Wind）

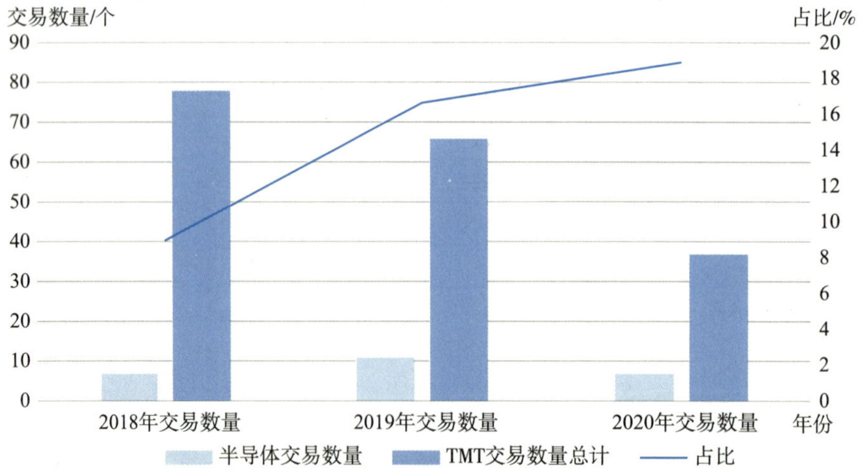

图 4-14　2018—2020 年半导体交易数量及其在 TMT 行业占比

（来源：Mergermarket）

表 4－14　半导体交易金额及其在 TMT 行业占比

年份	2018 年	2019 年	2020 年
半导体交易金额/百万美元	1224	0	1066
TMT 交易金额总计/百万美元	32150	21744	10512
占比/%	4	0	10

（来源：Mergermarket、Wind）

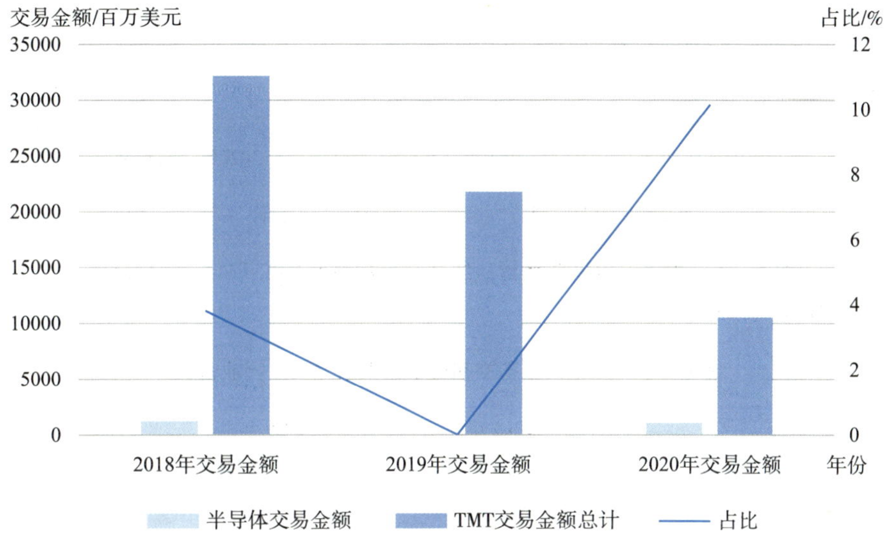

图 4－15　2018—2020 年半导体交易金额及其在 TMT 行业占比

（来源：Mergermarket）

（五）计算机服务

计算机服务 2019 年的交易数量是 2018 年的一倍，2020 年其交易数量呈现断崖式下降。

表 4－15　计算机服务交易数量及其在 TMT 行业占比

年份	2018 年	2019 年	2020 年
计算机服务交易数量/个	4	8	1
TMT 交易数量总计/个	78	66	37
占比/%	5	12	3

（来源：Mergermarket、Wind）

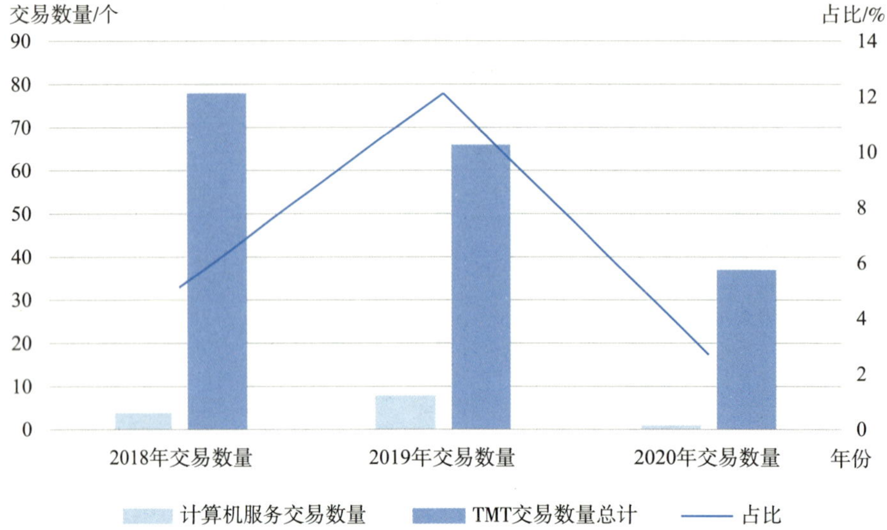

图 4－16　2018—2020 年计算机服务交易数量及其在 TMT 行业占比

（来源：Mergermarket）

表 4－16　计算机服务交易金额及其在 TMT 行业占比

年份	2018 年	2019 年	2020 年
计算机服务交易金额/百万美元	2843	7092	697
TMT 交易金额总计/百万美元	32150	21744	10512
占比/%	9	33	7

（来源：Mergermarket、Wind）

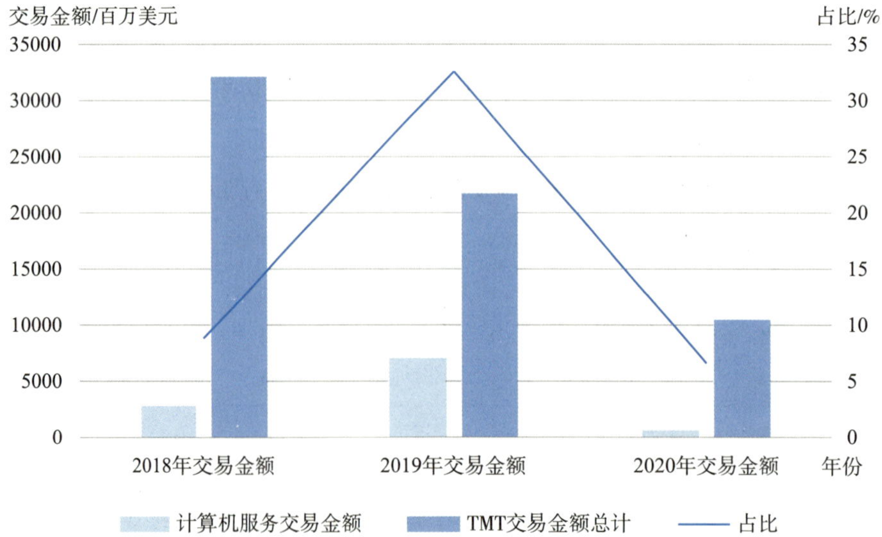

图 4－17　2018—2020 年计算机服务交易金额及其在 TMT 行业占比

（来源：Mergermarket）

（六）传媒

传媒交易数量自 2018 年以来呈指数式下降，但 2019 年的交易金额在近 3 年里最多。

表 4－17　传媒交易数量及其在 TMT 行业占比

年份	2018 年	2019 年	2020 年
传媒交易数量/个	9	5	2
TMT 交易数量总计/个	78	66	37
占比/%	12	8	5

（来源：Mergermarket、Wind）

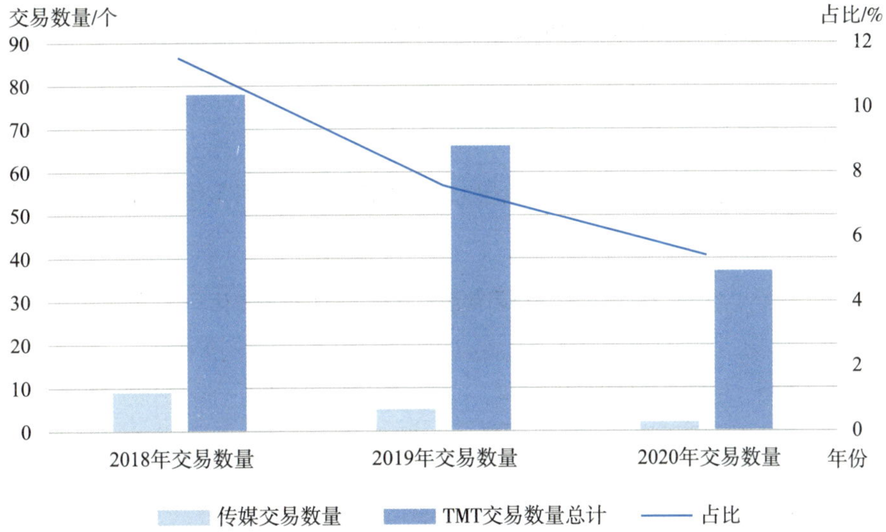

图 4－18　2018—2020 年传媒交易数量及其在 TMT 行业占比

（来源：Mergermarket）

表 4－18　传媒交易金额及其在 TMT 行业占比

年份	2018 年	2019 年	2020 年
传媒交易金额/百万美元	2843	7092	697
TMT 交易金额总计/百万美元	32150	21744	10512
占比/%	9	33	7

（来源：Mergermarket、Wind）

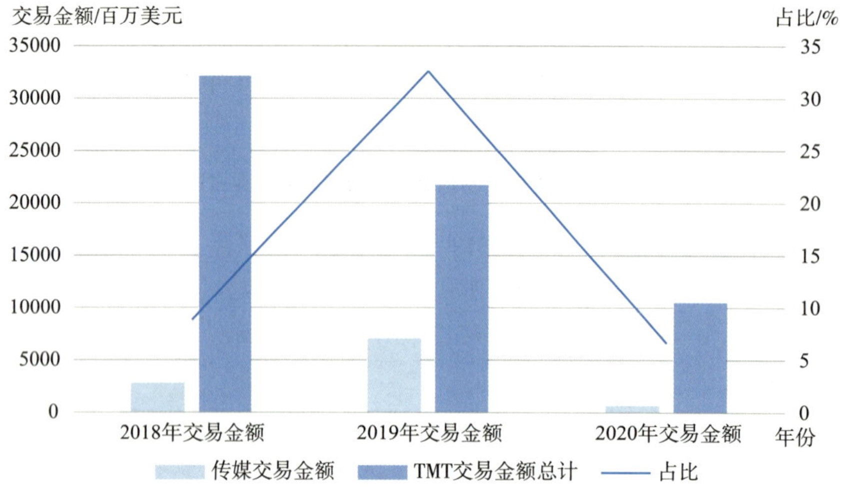

图 4－19　2018—2020 年传媒交易金额及其在 TMT 行业占比

（来源：Mergermarket）

（七）通信硬件

通信硬件 2019 年较 2018 年交易规模总体稳定，2020 年略有下滑。但通信硬件在 TMT 行业的占比保持稳定。

表 4－19　传媒交易数量及其在 TMT 行业占比

年份	2018 年	2019 年	2020 年
通信硬件交易数量/个	2	2	1
TMT 交易数量总计/个	78	66	37
占比/%	3	3	3

（来源：Mergermarket、Wind）

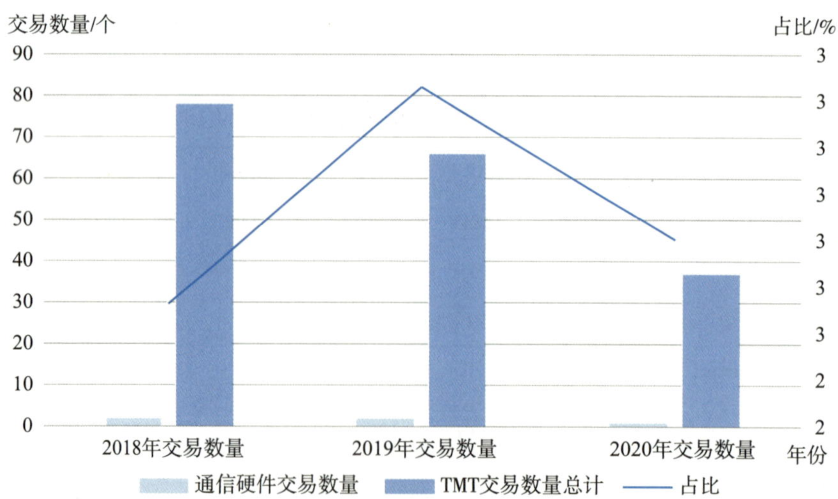

图 4－20　2018—2020 年通信硬件交易数量及其在 TMT 行业占比

（来源：Mergermarket）

表 4－20　通信硬件交易金额及其在 TMT 行业占比

年份	2018 年	2019 年	2020 年
通信硬件交易金额/百万美元	379	92	103
TMT 交易金额总计/百万美元	32150	21744	10512
占比/%	1	0	1

（来源：Mergermarket、Wind）

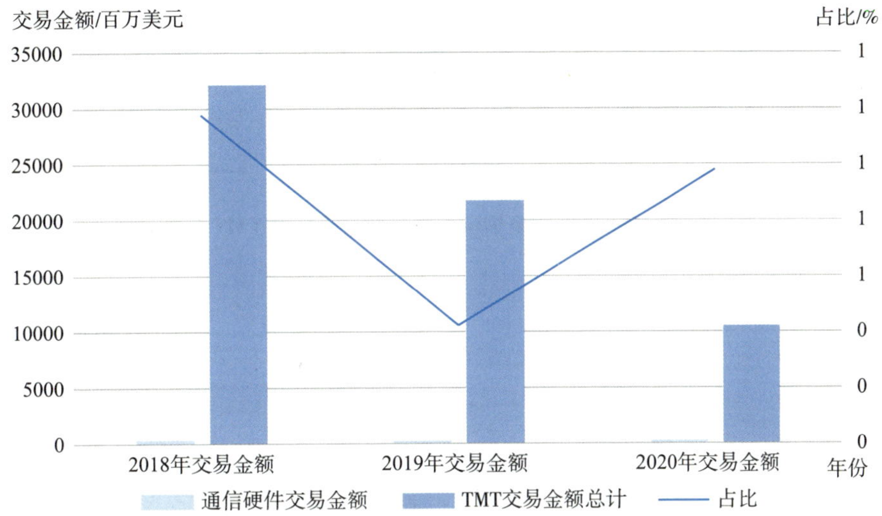

图 4－21　2018—2020 年通信硬件交易金额及其在 TMT 行业占比

（来源：Mergermarket）

（八）电信运营

电信运营行业跨境并购交易数量及交易金额一直以来都比较低迷，并且在整个 TMT 行业中交易数量也是逐年减少。

表 4－21　电信运营交易金额及其在 TMT 行业占比

年份	2018 年	2019 年	2020 年
电信运营交易金额/百万美元	9492	12	0
TMT 交易金额总计/百万美元	32150	21744	10512
占比/%	30	0. 1	0

（来源：Mergermarket、Wind）

表 4－22　电信运营交易数量及其在 TMT 行业占比

年份	2018 年	2019 年	2020 年
电信运营交易数量/个	2	1	0
TMT 交易数量总计/个	78	66	37
占比/%	3	2	0

（来源：Mergermarket、Wind）

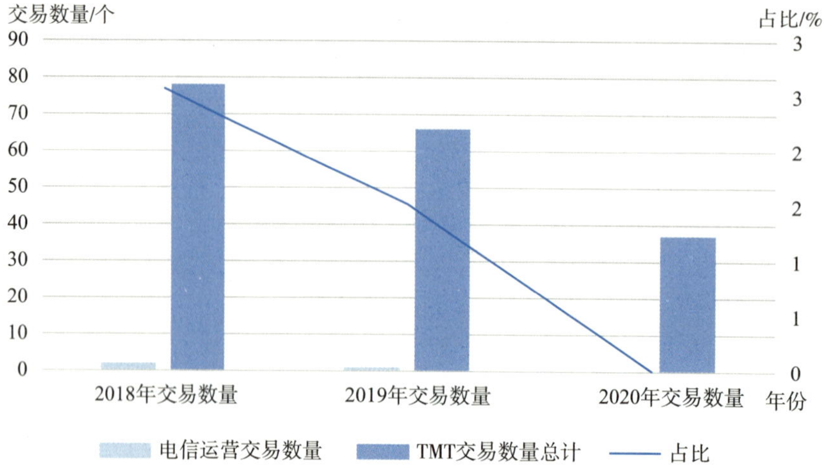

图 4－22　2018—2020 年电信运营交易数量及其在 TMT 行业占比

（来源：Mergermarket）

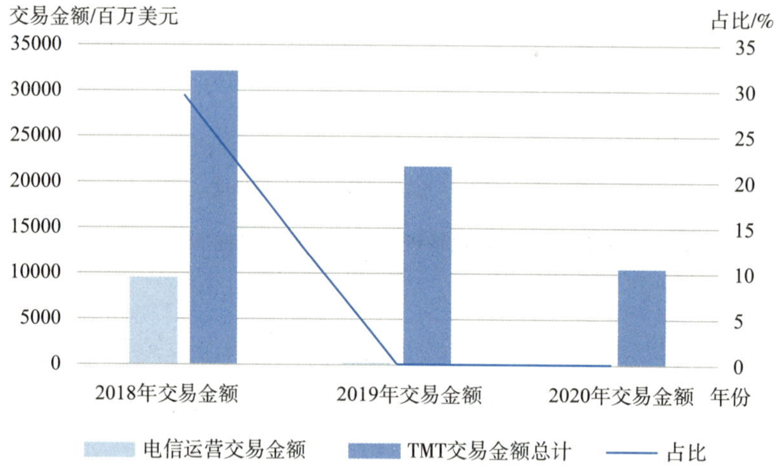

图 4－23　2018—2020 年电信运营交易金额及其在 TMT 行业占比

（来源：Mergermarket）

四、TMT 行业前景展望

（一）繁忙的各种 TMT 赛道，逆势破局

“在变局中开拓新局”，这是从 2019—2020 年，TMT 赛道最好的注解。2020 年中国启动双循环的新发展格局模式，一方面继续推动供给侧结构性改革促进内需，下半年实现了经济的率先复苏；另一方面积极推进多边国际合作，并在亚太和中欧区域合作上均取得了突破性的成果——《区域全面经济伙伴关系协定》（RCEP）正式签署诞生了全球最大的自由贸易区，而《中欧投资协定》谈判的如期完成更将推动中欧更深层次的经贸合作，从“走出去”的角度来看，欧盟 27 国投资规则的统一将有助于降低中国企业的投资成本，打破投资壁垒，创造更有利的营商环境，从而促进中国企业对欧投资。

尽管新冠肺炎疫情在短期内预计还将继续冲击全球跨境投资，但中国在多边合作领域取得新的突破，将使中国企业走得更稳更远。

技术被视为数字化转型和增长必不可少的推动力，TMT 行业已成为中国企业最热衷的海外投资领域。

技术行业的并购前景良好，因为所有其他行业都将技术视为数字化转型和增长必不可少的推动力。许多行业被迫转移至虚拟运营和线上平台，从而推动了诸如在线教育等新行业的线上活动的增加，同时加强了诸如零售等行业的持续数字化。

硬件公司内部面临供应链问题，外部需求由于客户群削减成本而减少。减少的投资将影响 IT 服务。鉴于硬件领域的估值较低，预计大型高科技公司将借机通过收购扩大其产品组合。

新冠肺炎疫情促进了企业 SaaS（软件即服务）、云以及基于订阅的商业模式的发展，其中安全领域的交易，尤其是身份保护等得到重点关注。尽管高估值可能会劝退投资者，但是随着 IPO 市场的开放，溢价空间可能会变得更有吸引力。

与业务经营、办公、教育等日常生活息息相关的“基本”技术在过去数月中蓬勃发展，此外由于新冠肺炎疫情，游戏和在线社交活动的使用率也有所提高，同时这些子行业的交易活动也在增加。

大型技术公司仍然毫发无损，并有望通过变革性交易来释放价值并实现增长。监管审查日益严格可能会阻止大型交易，中型资产将获得更多关注。

（二）半导体企业并购之风，从未停止

中国半导体仍然受制于发达国家的限制，涉及半导体尤其是在通用芯片和高精度半导体技术上的并购异常引人关注。据公开数据统计，2017 年半导体行业进口额高达 2587 亿美元，产生贸易逆差达 1925 亿美元，预计 2018 年进口额将接近 3000 亿美元，国内半导体企业的发展和突破迫在眉睫。

2019 年中国企业遭遇了中美贸易摩擦，美国对华为公司发布出口禁令，还有针对韩国半导体企业进口日本三种原材料的管制。在全球贸易不明朗的前景下，半导体行业依然坚持了自身的发展步伐，国际半导体领域正在发生大的并购事件，当然也有半导体行业设备需求下滑的市场忧虑。

闻泰收购安世半导体，闻泰科技将从 ODM 公司延伸到上游半导体器件领域。闻泰科技处于产业链中游，为全球主流电子品牌客户提供智能硬件的研发设计和智能制造服务。有助于增强中国半导体产业在全球的竞争力和影响力，并在物联网、5G 等高增长领域打开巨大的联合创新空间。

中国半导体通过收购来整合技术与产业资源来提高行业的影响地位，占据更多市场份额，提高半导体市场话语权。

（三）新基建掀起新一波并购浪潮

查尔斯·盖斯特在《百年并购》中如此总结美国在 1897—2000 年百年间出现的五

次并购浪潮：每一次并购浪潮的兴起背后，都伴随着技术变革下的产业重塑与金融创新后的市场繁荣。

技术变革是并购发生的基石，它在宏观层面上促进着产业升级与调整，在微观层面上则改变着企业的商业模式、经营逻辑与财务回报。以 1883 年经济大萧条之后的第一次并购浪潮为例，电气化产业革命与铁路的发展使企业的规模经济、生产效率、市场边界等得到了快速的提升，并购浪潮席卷化工、交通设备、金属制造、机械、煤炭等行业。

数据显示，2010 年以来，全球数据中心平稳增长，2019 年，全球超大型数据中心数量约 447 个；至 2020 年，全球超大新数据中心将达到 485 个。从部署机架来看，2019 年全球数据中心部署的机架数量约为 495.4 万架。

云计算已成为全球 IDC 行业发展的最大驱动力。数据显示，全球云计算市场规模总体呈稳定增长态势。2018 年，以 IaaS、PaaS 和 SaaS 为代表的全球公有云市场规模达到 1363 亿美元，增速 23.01%。未来几年市场平均增长率在 20% 左右。

据 Synergy Research Group 公布的数据显示，2019 年面向数据中心的并购交易数量首次突破 100 个，并购交易规模约 145 亿美元。2015—2019 年，最大的投资者是 Digital Realty 和 Equinix 这两家全球领先的托管服务提供商，这两家公司的并购交易额占总交易额的 31%。2020 年 1 月至 4 月，全球数据中心的并购交易价值已经超过了 2019 年的总额。可见，并购交易活跃是近年来全球 IDC 市场的重要特征之一。

疫情加速推动了数字技术与实体经济的融合，促进了全数字化、电子商务的趋势，为线上零售、服务等领域创造了新的投资机会国家政策大力鼓励科技创新，半导体、硬件、电子设备及包括 5G、数据中心、云计算、物联网等新基建产业链持续成投资热点。

第三节　医疗健康行业跨境并购分析

一、中国企业医疗行业概况

2019 年，在华的并购交易金额创下 2013 年以来的最低纪录。由于面临包括国内生产总值增长放缓、信贷政策收紧以及中美贸易摩擦等诸多因素的影响，各类境内外交易的参与者包括业内企业、运营商及金融投资者纷纷采取了保守的投资策略。中国医疗行业的并购活动在 2019 年有所放缓，与 2018 年相比，总交易数量和总交易金额均下降了约 24%。下滑背后的原因来自以下多个方面：①中国经济增长放缓，政策收紧。就国内而言，据国家统计局数据显示，2019 年中国的 GDP 增速为过去 28 年来最低，为 6.1%。金融机构信贷政策持续收紧，导致市场流动性下降，企业削减投资交易预算。此外，商务部于 2019 年 5 月 3 日发布了《对外投资备案（核准）报告实施规程》，作为对外投资的投后报告指导方针，旨在加强对外投资的事后监管并推动对外并购交易的高质量发展。②日益增加的境外投资限制。③海外监管机构让 2019 年的跨境交易变得艰难。自 2018 年下半年以来，美中之间愈演愈烈的贸易争端一直在动摇投资者的信心，美国外国投资委员会（CFIUS）2019 年 9 月公布的新规则草案更是雪上加霜。作为《外国投资风险审查现代化法案》（FIRRMA）的具体实施细则，该法案将美国外国投资委员会的管辖范围扩大至涉及美国技术、基础设施及数据相关的外国投资。在大西洋彼岸，欧盟针对外国直接投资新颁布的审查框架条例于 2019 年 4 月 10 日正式生效，旨在从外国对欧盟的直接投资方面维护欧盟的安全和公共秩序。尽管该法案并非针对中国，但却使中国未来一些特定类别的投资活动程序变得更加复杂。面对上述来自国内外的经济形势及监管机构的不确定性，资金持有方在投资时采取了谨慎的态度，使 2019 年的交易额跌至 2014 年以来的最低水平。由于美中紧张关系、英国脱欧等日益复杂的国际关系对经济发展的影响，2018 年跨境并购的高昂势头没有像预期的那样持续下去。此外，为了应对全球经济日益低迷的压力，投资公司持有更多现金以规避金融风险，加剧了跨境交易的降温。

二、2016—2020 年医疗行业跨境并购概况

（一）概况

2016—2018 年中国企业医疗行业跨境并购规模持续走高，2018 年达到峰值后遭到席卷全球的新冠肺炎疫情冲击，2019 年、2020 年中国企业医疗行业跨境并购数量连续低迷下沉。就交易规模而言，跨境并购交易的波动性相对较大，这是因为跨境并购交易更可能出现超大型并购案。由于高端器械严重依赖进口，国内企业希望通过并购交易获得新技术或新产品。尽管全球经济形势严峻、跨境交易数量有所下降，但医疗器械行业并购交易在 2020 年总体仍保持相对稳定，反映出疫情期间该行业的重要性。

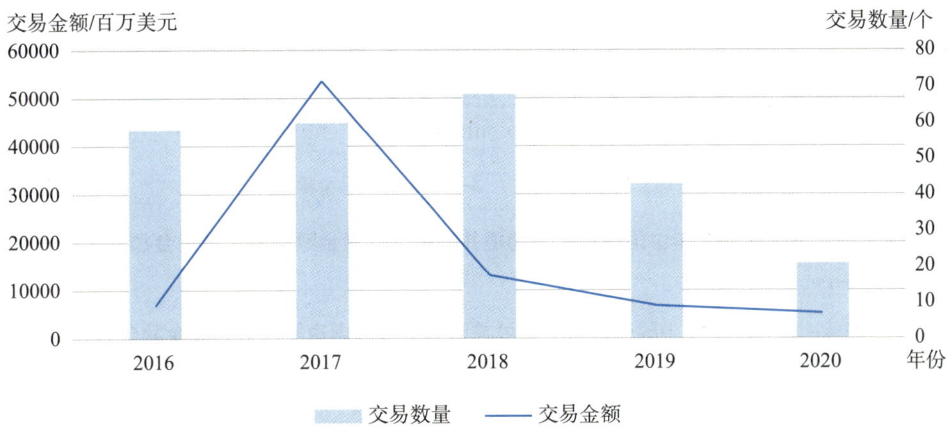

图 4-24 2016—2020 年中国医疗行业跨境并购交易金额和交易数量变化趋势

（来源：Mergermarket）

表 4－23　2016—2020 年中国医疗行业跨境并购交易金额和交易数量

年份	2016 年	2017 年	2018 年	2019 年	2020 年
交易数量/个	58	60	68	43	21
交易金额/百万美元	6933	53704	13217	6862	5302
平均交易金额/百万美元	120	895	194	160	252
最大交易金额/百万美元	1197	45860	1649	1321	1974

（来源：Mergermarket、Wind）

2018 年以前在全球资金持续保持宽松的情况下，中国医疗跨境并购平均单笔并购金额和最大并购交易金额呈增长态势，在 2018 年交易数量创下历史新高。随着疫情的影响，2019—2020 年持续走低。特别是 2020 年交易数量不敌 2018 年的一半，以及交易金额相较峰值 2017 年减少 90. 13%。

表 4－24　2016—2020 年中国医疗行业跨境并购平均交易金额和最大交易金额

年份	2016 年	2017 年	2018 年	2019 年	2020 年
平均交易金额/百万美元	120	895	194	160	252
最大交易金额/百万美元	1197	45860	1649	1321	1974

（来源：Mergermarket、Wind）

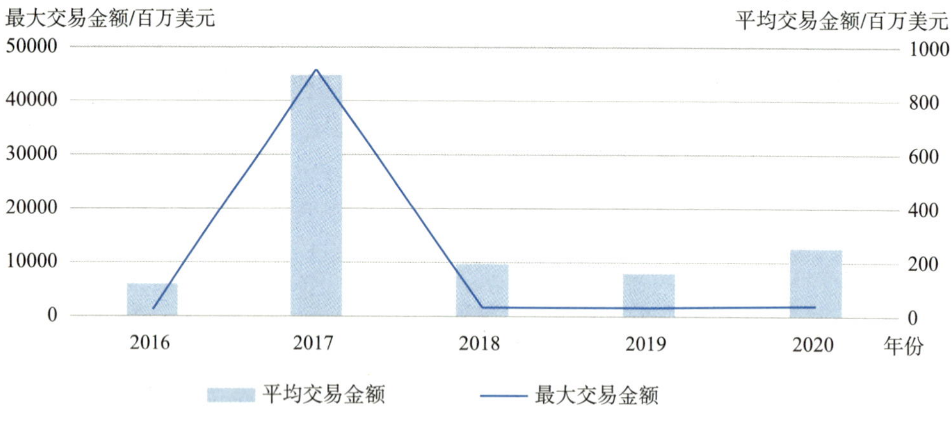

图 4－25　2016—2020 年中国医疗行业跨境并购平均交易金额和最大交易金额变化趋势

（来源：Mergermarket）

表 4－25　2019 年中国医疗行业跨境并购主要卖方国家交易数量和金额分布

国家	美国	德国	新加坡	韩国	澳大利亚
交易数量/个	7	2	1	1	1
交易金额/百万美元	1115	52	126	45	19

（来源：Mergermarket、Wind）

表 4－26　2020 年中国医疗行业跨境并购主要卖方国家交易数量和金额分布

国家	美国	法国	德国	瑞士	澳大利亚
交易数量/个	6	3	2	1	1
交易金额/百万美元	2706	127	35	160	23

（来源：Mergermarket、Wind）

以投资所在地区分，欧美国家以及澳大利亚、新加坡和韩国具有创新技术实力的医疗标的仍最受中国投资人青睐。2019 年交易数量 12 个，美国占比 58%。2020 年交易数量 13 个，美国占比 46%。相较 2017 年中美交易是低迷的，一个主要原因是 CFIUS 的改革。2018 年 10 月开始，CFIUS 加强了对外国投资者在“敏感”行业涉及“关键技术”的收购和投资的行政审查，其中的“关键技术”大概率会包括“生物技术”和“制药”。

（二）十大案例

表 4－27　2019—2020 年医疗行业跨境并购披露金额前十大交易

日期	买方名称	金额/百万美元	买方区域	标的名称	二级行业	标的所在国家	股权比例
2020 年 3 月 27 日	上海莱士血液制品股份有限公司	1974	中国	Grifols Diagnostic Solutions Inc.	医疗	美国	45.00%
2019 年 7 月 30 日	New Frontier Health Corporation	1321	中国香港	和睦家医疗	医疗	中国	N/A
2020 年 2 月 20 日	霸菱亚洲投资（BPEA）	1000	中国香港	科医人医疗激光公司	医疗	以色列	N/A
2019 年 4 月 2 日	华润医药集团有限公司	986	中国香港	江中药业股份有限公司	医疗制药	中国	56.97%
2019 年 11 月 30 日	方源资本；春华资本集团	557	中国香港	老百姓大药房连锁股份	药品零售	中国	24.78%
2019 年 9 月 5 日	太盟投资集团	534	中国香港	浙江海正博锐生物制药	医疗制药	中国	58.00%
2019 年 6 月 15 日	贝森资本收购公司	450	中国	徐诺药业有限公司	医疗制药	美国	N/A
2019 年 4 月 22 日	亿腾医药集团有限公司	375	中国香港	礼来公司	医疗制药	中国	N/A
2020 年 6 月 4 日	高瓴等中资财团	310	中国香港	珠峰制药	医疗制药	美国	N/A
2019 年 2 月 13 日	哈尔滨药业集团	300	中国	美国健安喜控股有限公司	药品零售	美国	N/A

（来源：Mergermarket、Wind）

1. 上海莱士收购 Grifols Diagnostic Solutions Inc.（GDS）45% 股权。GDS 的控股股东是基立福（Grifols），基立福创办于 1940 年，是西班牙的一家化学及制药企业，在西班牙和纳斯达克两地均上市。基立福是欧洲最大的血浆产品公司，也是全球排名前四的血液制品巨头之一。

2. New Frontier Health Corporation 与和睦家医疗集团达成最终协议，New Frontier Health Corporation 将通过“现金 + 股票”的方式向原股东包括 TPG 及复星医药收购和睦家。和睦家医疗成立于 1997 年，是中国医疗服务行业最知名的品牌之一，在四个一线城市和一批二线城市拥有 9 家医院（两家在建）和 14 家诊所。

3. 亚洲风险投资公司 Baring Private Equity Asia 宣布其附属私募基金（BPEA）已同意向 XIO Group 收购科医人（Lumenis），该交易使 Lumenis 的企业估值超过了 10 亿美元。Lumenis 公司开发用于外科、眼科、美容的微创激光治疗方案。

4. 华润医药要约收购江中药业，此次支付方式为现金支付，所需资金将来源于华润医药自有资金。华润医药集团有限公司是华润（集团）有限公司根据国务院国资委“打造央企医药平台”的要求，在重组央企华源集团、三九集团医药资源的基础上成立的大型药品制造和分销企业，为华润集团整合发展国内医药产业的全资企业。

5. 亚洲领先的私募股权投资机构方源资本携手春华资本共同购入老百姓大药房连锁股份有限公司 24.78% 的股权，助推医药零售行业整合再升级。老百姓大药房成立于 2001 年，是中国最早开始连锁化经营的医药零售企业之一。历经近 20 年的发展，老百姓大药房的规模已经位居行业前列，现已在全国 22 个省级市场拥有超过 4800 家门店。

6. 浙江海正药业股份有限公司与太盟投资集团联合宣布，海正药业子公司浙江海正博锐生物制药有限公司正式引进太盟作为战略投资者。海正博锐是海正药业核心业务——单抗类生物药的研产销平台。海正药业于 2003 年开始启动生物药业务，如今海正博锐已在自免疫和肿瘤治疗领域建立了丰富的生物药产品管线。

7. 贝森资本收购公司与徐诺药业（Xynomic Pharma）完成并购，自签订初步合并意见书到完成并购，仅花费 6 个多月的时间。徐诺药业专注于同类最优肿瘤治疗方法，在全球授权引进、开发和商业销售抗肿瘤新药。领导团队由行业资深人士管理，世界一流的科学/医学顾问提供支持。

8. 亿腾医药与礼来制药在 2019 年 4 月 22 日签署协议，礼来制药将向亿腾医药出售旗下抗生素产品希刻劳和稳可信在中国大陆的权利，以及位于苏州的希刻劳生产工厂。作为此次交易的一部分，所有希刻劳生产工厂以及受影响的共享职能部门员工均有机会继续在工厂为亿腾医药工作。礼来制药将在接下来的过渡期间为亿腾医药提供支持，确保业务平稳交接，并确保希刻劳药物的持续供应。

9. 珠峰制药完成 3.1 亿美元 C 轮融资，此次融资等投资方包括高瓴资本；HBM Healthcare Investments AG；RA Capital Management，LLC 等。融资所得将用于推进珠峰制药强大的新型候选疗法等临床开发，并建立一个强大的商业基础设施，以支持下一阶段的增长。

10. 2018 年前后，哈药股份开始着手于收购美国健安喜控股有限公司（GNC），拟承接哈药集团与 GNC 签订的《证券购买协议》中的全部权利和义务，认购 GNC 发行的 30 万股可转换优先股，总投资额为 3 亿美元。GNC 创立于 1935 年，2011 年在纽交所上市，在全球有超 5000 家连锁门店，曾连续二十年被著名杂志评选为美国第一的营养品专业零售品牌。

三、医疗行业前景看好，跨境并购加速产业升级

（一）异常活跃的生命科学并购交易板块

受持续医改的驱动，中国国内企业仍在积极寻求海外并购整合，以支持其产品开发或业务转型。政治和经济的不确定性使私募股权基金的投资趋于谨慎，因而更多地投资于医药这一避险行业且投资阶段相对后移。

当前主要的热点包括制药及生命科学：细胞和基因疗法、肿瘤和下一代生物制剂等领域的中型企业，将继续吸引大型制药公司的兴趣。拥有强大的研发能力和技术专长的企业将尤其得到青睐；专注于创新药物开发和技术［包括现已成功应用于新冠疫苗的信使 RNA（mRNA）技术］的合同定制研发生产（CDMOs），将吸引希望通过并购增加其产品线和研发能力的大型制药公司。鉴于疫情的长期性，专注于生产应对疫情的医疗设备、疫苗、治疗和诊断的公司将继续拥有具有吸引力的价值创造故事，因此将成为收购和合作的热门标的。由于采购程序的限制，与新冠肺炎疫情无关的各种治疗领域（包括牙科、普通外科和整形外科）的设备制造商（和一些制药公司）的市场需求长期受到抑制。我们预计于 2020 年上半年开始的行业整合趋势将继续下去。制药及生命科学行业的相对韧性及其强劲的回报可能会吸引大型化工和技术行业企业选择进入或重新进入制药领域。对药品价格和供应链的持续关注和压力将导致仿制药和活性药物成分（APIs）生产领域的一些整合，特别是在印度和亚太地区；商业模式的变化：数据分析技术、智能医疗设备、医疗实践管理软件和以消费者为中心的交付模式（包括开发直接面向客户的数字治疗产品）的相互交叉，医疗领域的数字化正在改变现有参与者看待其商业模式的方式，并推动跨行业交易。医疗领域的参与者正在利用数字解决方案来实现其商业模式的迭代，简化并强化与支付方、供应商和消费者的互动方式。因此，医疗企业越来越多地开展对科技公司的收购，又或是与其建立起合作伙伴关系。

中国企业在海外投资、并购医疗项目，其首要目的可以说是把技术、品牌、理念引进来，并按照中国市场的具体情况来进行本土化。三胞集团董事长袁亚非就曾表示，其海外医疗并购意图“非常简单，就是服务中国市场”，把中国企业所缺少的西方品牌和西方技术买回来。

另外，除了中国医疗市场之外，不少企业还计划在国际化市场上占有一席之地。例如 2016 年 1 月，三诺生物完成对美国血糖仪厂商 Trividia Health 的收购交割，由此成

为全球第六大血糖仪企业。本次 2.7 亿美元的交易，也是中国医疗器械近年来海外收购的最大案例之一。三诺生物就是通过引进先进的产品，来抢占国际市场的业务。

值得关注的是，复星医药以 3 次交易、超 14 亿美元的成绩位列海外医疗投资榜首。创造了金额最大的海外交易的复星医药曾表达对全球化的思考：第一，观察医疗行业的市场发展，视角一定要切换到全球化；第二，资源配置也要从全球的角度去考虑，才能不断提升企业竞争力，从而达到全球水平。

有分析人士表示，目前中国正快速进入医疗需求的爆发期。中国人口逐渐老龄化，环境污染等因素导致大病、慢性病的发病率增加。但医院数量增长率和卫生技术人员增长率却远远赶不上医院诊疗人数增长率。因此国内医疗企业海外投资能让国内企业更快接触新技术、拓展新市场、获得新人才等，将是中国企业走出国门、迈向世界的一大途径。

作为国内医疗企业的两大代表，迈瑞和药明康德分别代表了两种海外投资的策略。两家企业先后于 2006 年、2007 年在纽交所上市，又在 2015 年、2016 年从美国退市。迈瑞是国内器械类企业龙头，海外投资基本以拓展海外市场为主，主要的投资方式是并购。药明康德是国际知名的药物研发 CRO 公司，海外投资基本聚焦在美国，以风险投资为主，主要投资前沿科技。这两家的策略各有侧重，都取得了很好的成绩。

中国企业海外投资也会面临很多的风险点和盲点，比如技术是否真正先进、IP 知识产权所属如何解决、税收问题、不同的法律体系、监管问题、违约金等，如果不注意这些风险点，很可能遇到各种风险，海外投资遇到很大的阻力，也会阻碍国内企业的发展。

新技术、消费升级、互联网、人工智能等成为中国医疗健康行业发展的新供给和新动力。海外投资能让国内企业更快接触新技术、拓展新市场、获得新人才等，将是中国企业走出国门、迈向世界的一大途径。

（二）医药流通的大变革时代来临

以缩短药品供应链和降低患者负担为宗旨的“两票制”和取消以药品加成为公立医院收入来源的“零差率”等多项改革的全面落地，对药品流通企业的网络规模、营运效率、资金实力和物流配送等综合能力提出了大跨度的升级要求，引发原有行业经营模式的深度变革，催化和加速了行业整合。

近年来，降药价成为整个医药行业的乌云，尤其是两票制的推行和营增改的全面实施。我们也可以发现，CSO（合同销售组织）成了目前医药市场上比较流行的名词。

CSO，产品持有人将销售服务外包给专业的机构来完成，这是一个必然趋势，此趋势正逐步向规模化发展。目前，无论是上游的工业企业，还是中游的商业流通企业，甚至是下游的零售终端，都难以整合整条产业链的资源。

真正的 CSO 公司不仅要有雄厚的现金流和仓储配送能力，还要有一支懂得医药专业知识的分销队伍，更要有自己先进的信息化平台。

业内专家表示，像礼来将产品的推广和分销权授权给亿腾，这样的做法才是真正意义上的 CSO。可以预见，这种外资与国内药企商业合作的形式，是未来发展的趋势。

近年来，国内药企作为“接盘侠”，也开始从外资药企产品线中收购成熟产品。据了解，与礼来的此次合作，已经是 2020 年第 5 个外资药企与国内药企开展商业合作的模式。

一方面，业内人士分析，在当前合规要求下，外资不愿意惹事，作为跨国药企，一旦在中国被处罚，在国外也有可能被连带处罚，后果很严重。而将销售外包后，企业风险就小多了，这也是礼来、诺华、GSK 等，先后将部分品种分销权转给中国本土运营商的一个重要原因。

另一方面，随着互联网的兴起，流通模式的变革也是促进医药流通并购的重要原因。

（三）医药及生物科技竞争激烈

医药与生物科技赛道依然是医疗投资的主战场。小分子靶向药和大分子生物药（包括疫苗）项目占据了融资数量的半壁江山，基因与细胞治疗和 CXO（医药研发及生产外包）紧随其后，这几大板块覆盖了总交易数量的大部分。

我国并购策略借鉴是品种为重，关注海外优质并购标的。

并购选择聚焦在并购 VS 专利引进。优质创新药企业的并购需要充足的资金，年净利润超过 10 亿元人民币等有资金实力的药企可能选择并购壮大自身；其他企业可选择 License in 的方式收获新品种实现外延式发展。

并购地点选择是由于国内研发实力整体较弱，估值高企，所以选择海外。我国新药研发实力和国外有一定的差距，但估值却持续攀升，明显高于海外，并购价格较高。海外并购是国内药企并购的较好选择。

并购标的选择主要追求协同效应，关注潜力重磅品种。企业并购应实现协同效应，罗氏便通过收购肿瘤相关企业，成为肿瘤行业的霸主，绿叶制药也通过收购阿斯利康抗精神病药物思瑞康打造中枢神经系统的核心地位。重磅创新药品种是创新药企业的核心，新药研发企业并购中，新药品种决定并购的成败。

重视药企并购后的整合是我国并购不足的地方。我国新药研发企业并购尚处起步阶段，并购效果不尽如人意，对并购后整合的不重视是主要原因。药企应重视并购后整合，根据并购标的选择合适的整合方法。

除此以外，医药与生物科技赛道依然百花齐放：新的治疗领域和技术平台不断涌现；创新抗体平台、AI 制药、基因编辑、mRNA、PROTAC 等领域的创业公司也在资本助推下蓄势待发，意图大展雄心壮志。我们相信中国创新医药产业即将迈进更加精彩的新篇章。

新冠肺炎疫情也是医疗技术发展的“催化剂”。尽管新冠肺炎疫情在中国的暴发给 2020 年年初的中国经济蒙上了一层阴影，但在遏制病毒传播的同时，也建立了一个快速、有效的公共医疗卫生防疫治疗体系。同时于新冠肺炎疫情防疫治疗科技相关的投融资活动频频发生。

在线诊疗、5G、人工智能、大数据等纷纷登场虽然在线诊疗平台对中国消费者来说并非新鲜事物，但由于其可以解决人与人之间远程互动的需要，此次疫情的暴发使它重新成为人们关注的焦点。

在过去的十年中，人口老龄化、居民收入增长以及社会资本的深度参与为中国生命科学与医疗行业带来了重大的转变。截至 2018 年，中国已经是全球第二大医药市场，且目前拥有全球最大的医疗市场。尽管近年来中国经济增长放缓，但在政府强有力的激励政策的作用下，该行业仍保持高速增长势头。中国的医疗行业在过去受累于缺乏研发和新产品开发方面的创新和投资，自 20 世纪 70 年代用于治疗疟疾的青蒿素诞生以来，在全球市场上几乎再无新药诞生。在“十三五”规划的指导下，政府做出了巨大的努力，通过对技术的大量投资和刺激政策以提高科研竞争力。国内各科技巨头也参与到了这项举措当中，为行业进一步带来了活力。百济神州的抗癌药物“泽布替尼”在 2019 年年末获得美国新药上市许可批准，新冠肺炎疫情暴发期间鼓舞人心的科技应用，这些案例表明，政府和企业的努力正带领行业焕发新的生机。展望未来，医疗行业的投资将继续受到技术创新的推动，科学技术在医疗服务、药品研发和医疗器械制造领域也将有更广泛和更深入的应用。

第四节　消费品行业跨境并购分析

一、中国消费品行业概况

随着我国疫情防控取得重大战略成果，居民生活和市场活力加快恢复，消费潜力持续释放，消费市场不断复苏，社会消费品零售总额增速年内首次转正，商品零售加快增长，餐饮收入明显回升，新型消费继续保持快速增长。

2019 年，我国人均 GDP 首次突破 1 万美元大关，消费对经济增长的基础性作用进一步增强，最终消费支出对 GDP 增长的贡献率为 57.8%，消费连续六年成为经济增长第一拉动力；居民消费结构不断优化，全国居民恩格尔系数下降为 28.2%，人均服务性消费支出占居民人均消费支出的比重达 45.9%；网络零售继续发力，实物商品网上零售额占社会消费品零售总额的比重为 20.7%，比上年提高 2.3 个百分点。

2020 年，为应对疫情对居民消费的冲击，提振居民消费信心、稳定居民消费预期、促进居民消费高质量发展，须全面强化促进消费的一系列举措，充分释放因疫情被抑制、被冻结的消费，着力培养壮大新型消费、升级消费，切实保障实物消费和服务消费回补，满足人民群众美好生活需要，形成强大国内市场，推动经济高质量发展。

表 4－28　2019 年中国消费品行业数据

指标	12 月		1—12 月	
	绝对量/亿元	同比增长/%	绝对量/亿元	同比增长/%
社会消费品零售总额	38777	8.0	411649	8.0
其中：除汽车以外的消费品零售额	34349	8.9	372260	9.0
其中：限额以上单位消费品零售额	15338	4.4	148010	3.9
其中：实物商品网上零售额	—	—	85239	19.5
按经营地分				
城镇	32704	7.8	351317	7.9
乡村	6073	9.1	60332	9.0
按消费类型分				
餐饮收入	4825	9.1	46721	9.4
其中：限额以上单位餐饮收入	914	6.1	9445	7.1
商品零售	33952	7.9	364928	7.9
其中：限额以上单位商品零售	14424	4.3	138565	3.7
粮油、食品类	1465	9.7	14525	10.2
饮料类	198	13.9	2099	10.4
烟酒类	411	12.5	3913	7.4
服装鞋帽、针织纺织类	1490	1.9	13517	2.9
化妆品类	280	11.9	2992	12.6
金银珠宝类	268	3.7	2606	0.4
日用品类	616	13.9	6111	13.9
家用电器和音像器材类	930	2.7	9139	5.6
中西药品类	581	8.2	5907	9.0
文化办公用品类	333	－11.5	3228	3.3
家具类	212	1.8	1970	5.1
通信器材类	447	8.8	4839	8.5
石油及制品类	1815	4.0	20042	1.2
汽车类	4428	1.8	39389	－0.8
建筑及装潢材料类	227	0.6	2061	2.8

（来源：国家统计局）

中国国家统计局 2020 年 1 月 17 日发布 2019 年 12 月及 2019 年消费数据，中国零售整体保持旺盛。2019 年全年，中国社会消费品零售总额达 411649 亿元人民币，比 2018 年名义增长 8.0%（扣除价格因素实际增长 6.0%，以下除特殊说明外均为名义增长）。其中，限额以上单位消费品零售额为 148010 亿元人民币，同比增长 3.9%；除汽车以外的消费品零售额为 372260 亿元人民币，同比增长 9.0%。

2019 年，全国网上零售额 106324 亿元人民币，比上年增长 16.5%。其中，实物商品网上零售额 85239 亿元人民币，增长 19.5%，占社会消费品零售总额的比重为 20.7%；

在实物商品网上零售额中，吃、穿和用类商品分别增长 30.9%、15.4%和 19.8%。

表 4－29　2020 年中国消费品行业数据

指标	12 月		1—12 月	
	绝对量/亿元	同比增长/%	绝对量/亿元	同比增长/%
社会消费品零售总额	40566	4.6	391981	－3.9
其中：除汽车以外的消费品零售额	35695	4.4	352566	－4.1
其中：限额以上单位消费品零售额	16301	6.4	143323	－1.9
其中：实物商品网上零售额	—	—	97590	14.8
按经营地分				
城镇	34706	4.4	339119	－4.0
乡村	5860	5.9	52862	－3.2
按消费类型分				
餐饮收入	4950	0.4	39527	－16.6
其中：限额以上单位餐饮收入	959	3.6	8232	－14.0
商品零售	35616	5.2	352453	－2.3
其中：限额以上单位商品零售	15341	6.6	135091	－1.0
粮油、食品类	1525	8.2	15283	9.9
饮料类	222	17.1	2294	14.0
烟酒类	504	20.9	3954	5.4
服装鞋帽、针织纺织类	1527	3.8	12365	－6.6
化妆品类	324	9.0	3400	9.5
金银珠宝类	289	11.6	2376	－4.7
日用品类	661	8.0	6504	7.5
家用电器和音像器材类	1009	11.2	8571	－3.8
中西药品类	553	12.1	5355	7.8
文化办公用品类	381	9.6	3485	5.8
家具类	194	0.4	1598	－7.0
通信器材类	565	21.0	5567	12.9
石油及制品类	1742	－3.8	17039	－14.5
汽车类	4871	6.4	39414	－1.8
建筑及装潢材料类	227	12.9	1749	－2.8

（来源：国家统计局）

根据中国国家统计局 2021 年 1 月 18 日发布的 2020 年 12 月及 2020 年消费数据显示，受疫情影响，2020 年中国零售整体呈下降趋势。2020 年，社会消费品零售总额为

391981 亿元人民币，比上年下降 3.9%。其中，除汽车以外的消费品零售额 352566 亿元人民币，同比下降 4.1%；限额以上单位消费品零售额 143323 亿元人民币，同比下降 1.9%。从零售业态看，2020 年限额以上零售业单位中的超市零售额比上年增长 3.1%，百货店、专业店和专卖店分别下降 9.8%、5.4% 和 1.4%。

与消费品行业总体零售额下降趋势相反，2020 年，网上消费呈上升态势。整体看，2020 年全国网上零售额 117601 亿元人民币，比上年增长 10.9%，增速比 1 月至 11 月回落 0.6 个百分点。其中，实物商品网上零售额 97590 亿元人民币，增长 14.8%，占社会消费品零售总额的比重为 24.9%；在实物商品网上零售额中，吃类、穿类和用类商品分别增长 30.6%、5.8% 和 16.2%。

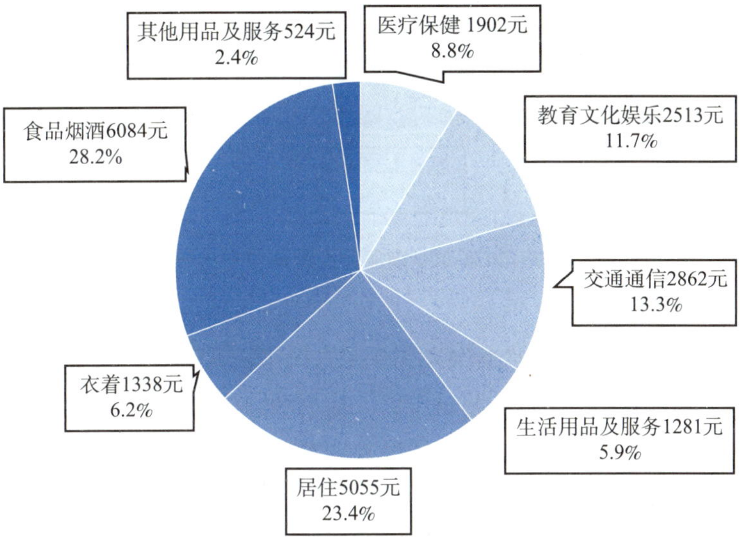

图 4-26　2019 年全国居民人均消费支出及构成

（来源：国家统计局）

2019 年，全国居民人均消费支出 21559 元人民币，比上年名义增长 8.6%，扣除价格因素，实际增长 5.5%。其中，城镇居民人均消费支出 28063 元人民币，增长 7.5%，扣除价格因素，实际增长 4.6%；农村居民人均消费支出 13328 元人民币，增长 9.9%，扣除价格因素，实际增长 6.5%。

2019 年，全国居民人均食品烟酒消费支出 6084 元人民币，增长 8.0%，占人均消费支出的比重为 28.2%；人均衣着消费支出 1338 元人民币，增长 3.8%，占人均消费支出的比重为 6.2%；人均居住消费支出 5055 元人民币，增长 8.8%，占人均消费支出的比重为 23.4%；人均生活用品及服务消费支出 1281 元人民币，增长 4.8%，占人均消费支出的比重为 5.9%；人均交通通信消费支出 2862 元人民币，增长 7.0%，占人均消费支出的比重为 13.3%；人均教育文化娱乐消费支出 2513 元人民币，增长 12.9%，占人均消费支出的比重为 11.7%；人均医疗保健消费支出 1902

元人民币，增长 12.9%，占人均消费支出的比重为 8.8%；人均其他用品及服务消费支出 524 元人民币，增长 9.7%，占人均消费支出的比重为 2.4%。

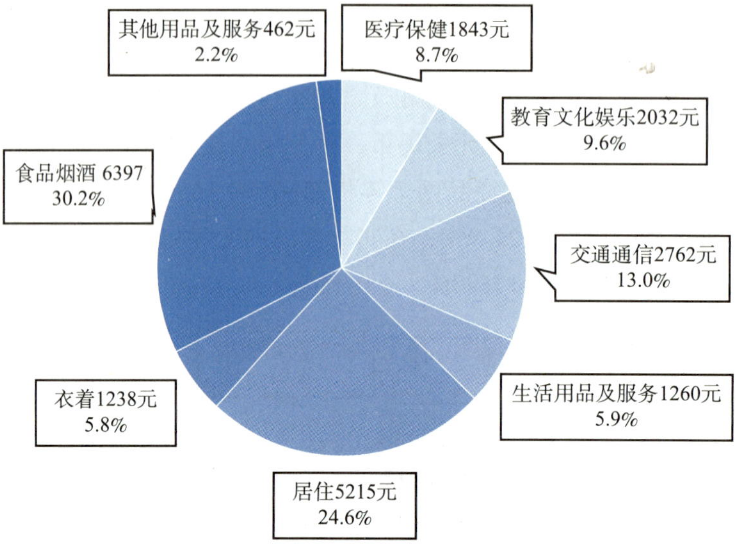

图 4－27　2020 年全国居民人均消费支出及构成

（来源：国家统计局）

2020 年，全国居民人均消费支出 21210 元人民币，比上年名义下降 1.6%，扣除价格因素，实际下降 4.0%。其中，城镇居民人均消费支出 27007 元人民币，下降 3.8%，扣除价格因素，实际下降 6.0%；农村居民人均消费支出 13713 元人民币，增长 2.9%，扣除价格因素，实际下降 0.1%。

2020 年，全国居民人均食品烟酒消费支出 6397 元人民币，增长 5.1%，占人均消费支出的比重为 30.2%；人均衣着消费支出 1238 元人民币，下降 7.5%，占人均消费支出的比重为 5.8%；人均居住消费支出 5215 元人民币，增长 3.2%，占人均消费支出的比重为 24.6%；人均生活用品及服务消费支出 1260 元人民币，下降 1.7%，占人均消费支出的比重为 5.9%；人均交通通信消费支出 2762 元人民币，下降 3.5%，占人均消费支出的比重为 13.0%；人均教育文化娱乐消费支出 2032 元人民币，下降 19.1%，占人均消费支出的比重为 9.6%；人均医疗保健消费支出 1843 元人民币，下降 3.1%，占人均消费支出的比重为 8.7%；人均其他用品及服务消费支出 462 元人民币，下降 11.8%，占人均消费支出的比重为 2.2%。

二、2019—2020 年消费品并购概况

（一）概况

2019 年，消费品共发生 23 个跨境并购交易，总值达 235.46 亿美元，占 2019 年跨境并购总金额的 22.7%。2019 年消费品交易国主要集中于欧美和日本等发达国家，其

中与美国的交易数量为7个，交易金额6.7亿美元；值得注意的是与英国交易数量仅为4个，但交易金额高达60.35亿美元。2020年，消费品共发生10个跨境并购交易，总值达68.17亿美元，较2019年同期下降71.04%，占2020年跨境并购总金额的14.9%。2020年整体的消费品行业并购情况不容乐观，并购规模较2019年下滑严重，同样集中于欧美以及韩国等国家。

表4-30　2019年中国消费行业跨境并购主要卖方国家交易数量和金额分布

国家	美国	澳大利亚	英国	日本	德国	法国
交易数量/个	7	5	4	3	2	2
交易金额/百万美元	670	1935	6035	917	257	127

（来源：Mergermarket、Wind）

表4-31　2020年中国消费行业跨境并购主要卖方国家交易数量和金额分布

国家	美国	意大利	瑞士	德国	瑞典	韩国
交易数量/个	3	2	2	1	1	1
交易金额/百万美元	1371	403	379	781	250	224

（来源：Mergermarket、Wind）

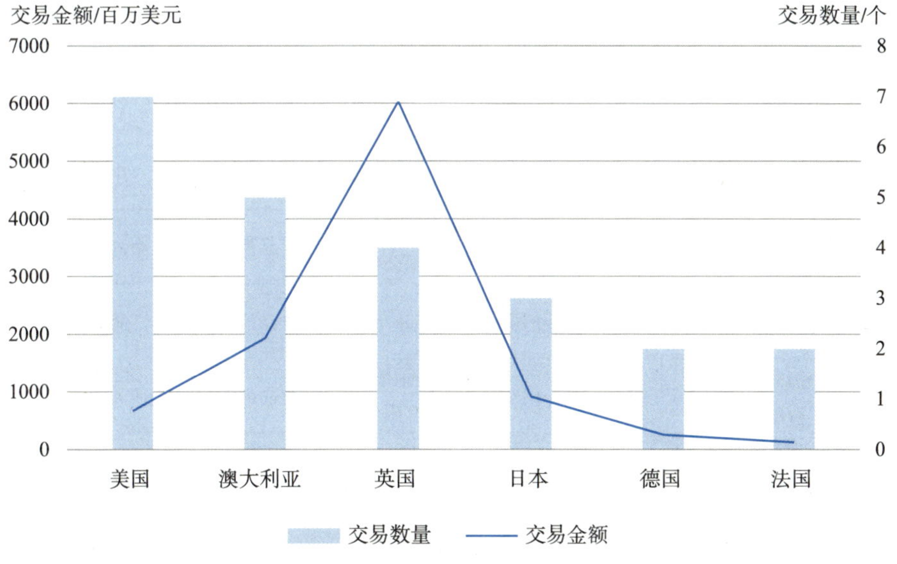

图4-28　2019年中国消费行业跨境并购地区分布

（来源：Mergermarket）

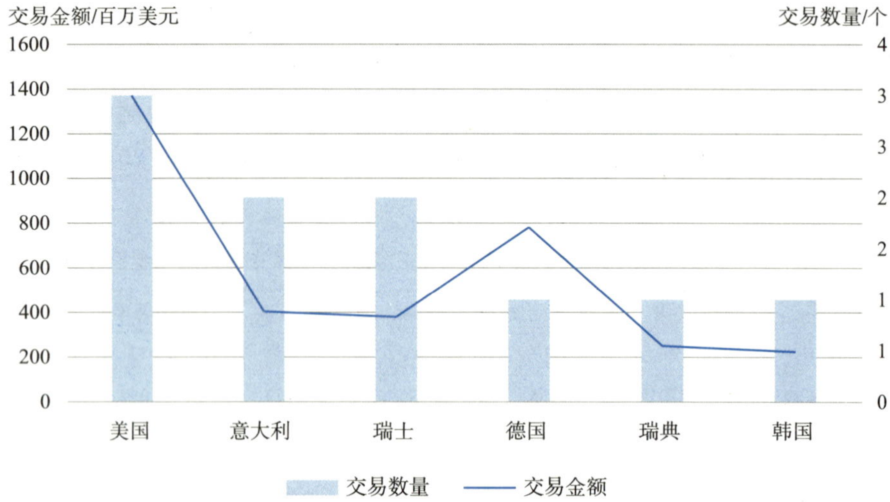

图 4-29　2020 年中国消费行业跨境并购地区分布

（来源：Mergermarket）

（二）十大案例

表 4-32　2019—2020 年中国消费行业跨境并购十大披露金额的交易

日期	买方名称	交易金额/百万美元	买方区域	标的名称	二级行业	标的所在国家及相关地区	股权比例
2019 年 3 月 7 日	安踏体育	6384	中国	Amer Sports Oyj	零售消费	芬兰	98.60%
2019 年 10 月 30 日	长江实业集团有限公司	5490	中国香港	Greene King Plc.	休闲	中国	97.12%
2020 年 3 月 19 日	中粮集团	1121	中国	中国粮油控股有限公司	食品消费	中国香港	39.50%
2019 年 7 月 3 日	佳沃农业	986	中国	Australis 渔业	食品消费	智利	N/A
2019 年 12 月 10 日	中国蒙牛乳业有限公司	925	中国	贝拉米澳大利亚有限公司	食品消费	澳大利亚	97.10%
2020 年 1 月 31 日	中国台湾丰群水产有限公司	925	中国	Bumble Bee Foods LLC	食品消费	美国	N/A
2020 年 1 月 2 日	华住集团	781	中国	Deutsche Hospitality	休闲	德国	N/A
2019 年 1 月 8 日	海尔	730	中国	糖果集团	消费（其他）	意大利	N/A
2019 年 3 月 26 日	霸菱亚洲投资（BPEA）	685	中国香港	先锋公司	消费（其他）	日本	80.29%
2020 年 3 月 2 日	中信资本	533	中国香港	金拱门中国	休闲	中国	22.00%

（来源：Mergermarket、Wind）

1. 安踏体育及组成的投资者财团宣布自愿性建议公开现金要约收购 Amer Sports Oyj 所有已发行及发行在外的股份。投资者财团计划在全球范围内投入资金和资源用于产品开发和人才建设，为 Amer Sports 现有的管理团队和员工提供优质平台，以落实其中长期的战略发展规划。

2. 长实集团要约收购英国英式酒馆营运商 Greene King Plc. 。Greene King Plc. 为英国具有领导地位的酿酒厂及英式酒馆营运商，于英格兰、威尔斯及苏格兰等地经营超过 2700 间英式酒馆、餐厅及酒店。

3. 中粮集团完成对中国粮油控股的私有化。本次私有化成功，将有利于中国粮油控股精简公司治理及股权架构，优化组织层级，避免因维持上市地位而产生的额外治理成本及管理费用；也有利于中粮集团全面整合其对中国粮油控股的运营，令集团更灵活、高效地支持中国粮油控股未来长期业务发展。

4. 佳沃股份完成收购智利领先的三文鱼公司 Australis Seafoods S. A. 海鲜是佳沃集团重点关注的领域之一，佳沃股份是佳沃集团旗下肩负中高端动物蛋白全产业链发展战略目标的上市公司平台，与 Australis Seafoods S. A 的优势极度互补，佳沃股份成功完成收购后将能够产生多维度的协同价值。

5. 蒙牛收购贝拉米的股权交割已经全部完成。中国作为全球最大的婴幼儿配方奶粉市场之一，贝拉米将实现品牌、品质和服务的全面升级优化，为中国消费者提供更好的产品与服务。尤其是贝拉米的高端有机奶粉与婴幼儿有机辅食板块，将与蒙牛现有业务实现优势互补和战略协同，创造出未来业务新的增长点。

6. 中国台湾丰群水产有限公司（FCF）收购美国金枪鱼罐头生产商大黄蜂公司（Bumble Bee）。中国台湾 FCF 公司是大黄蜂的主要供应商，大黄蜂公司“几乎全部”的长鳍金枪鱼和“大量数额”的鲣鱼、黄鳍金枪鱼、大目金枪鱼原材料由 FCF 直接供应。

7. 华住通过其新加坡的全资子公司 China Lodging Holding Singapore 完成了对 Deutsche Hospitality（德意志酒店集团）100% 股权收购协议的签署。具有近 90 年历史的 DH 是德国第一大酒店集团，拥有超过 10500 名员工，旗下五大酒店品牌包括 Steigenberger、MAXX by Steigenberger、IntercityHotel、Jaz in the city 和 Zleep。

8. 青岛海尔和意大利富玛加利家族共同宣布，青岛海尔已完成对糖果公司的收购，糖果公司正式成为青岛海尔的全资子公司。糖果公司旗下的 Candy、Hoover 和 rosières 将与海尔、ge 家电和 fisher paykel 一起成为海尔的核心国际品牌，并在各自的细分市场和市场中占据领导地位，奠定海尔作为全球消费者首选品牌的地位。

9. 霸菱亚洲投资基金收购先锋为全资子公司，转战地图和数据融合的新业务。先锋始创于 1938 年，创始人为 Nozomu Matsumoto，最初在自家车库中制造音频扬声器，随后引入了激光光碟、车载 CD 播放器、车载 GPS 导航、DVD 视频播放器、高清等离子显示屏等技术创新产品。

10. 金拱门中国大股东中信股份在港交所发布公告披露，其全资附属公司今天与中信资本控股有限公司旗下基金持有的公司 CCHL Fast Food Holdings Limited 签署了购买协议，通过此次交易，中信股份将金拱门中国 22% 的股权出售给中信资本。

三、消费品并购趋势分析

（一）中国企业正积极“走出去”，全球加速布局消费

在疫情得到控制后，中国零售及消费品企业和品牌拥有者（尤其是民营企业）将继续通过并购获取海外优质品牌，来满足国内迅速增长的消费者需求。通过这些并购，国内企业在海外获取上游资产，为中国的消费者引进优质品牌和产品。

以蒙牛、长实为代表的企业正积极“走出去”，在未来将继续其海外扩张的步伐，借助收购成熟海外品牌融入当地市场。

第一阶段的中美贸易协定签订和正在进行的脱欧事宜，对于中国企业海外并购提供了更多机遇。但近年来各国对大型跨境交易的政治敏感性依然较高，仍将对中国零售与消费品企业海外并购产生不确定性。

并购将更集中在食品、健康与保健品等大类。

（二）食品行业的并购是永远的大热门

民营企业一直是食品与饮料行业海外并购的主导者，希望通过并购获取海外的优质品牌和渠道资源，欧洲和大洋洲是中国食品与饮料海外并购最为活跃的区域。

消费升级、产品创新和新零售发展正在成为快消品市场的主要驱动力。消费者对产品高端化、精品化、多元化、品牌化方面有着愈来愈大的诉求，高端乳制品成为行业的增长引擎，各大乳品企业积极与世界标准接轨，通过加快全球化进程，进行产品升级创新，推动行业快速发展。

贝拉米的乳品品质在全球首屈一指，获得了澳大利亚农业可持续性发展联合会和澳大利亚有机认证机构两大权威机构的有机认证。其合作农场均位于塔斯马尼亚岛及周边地区，地处南纬 40°～43°的“黄金奶源带”。贝拉米成立于 2004 年，是澳大利亚上市公司，在当地婴儿配方奶粉市场份额第四、有机奶粉销量位居第一。其有机奶粉系列在有机跨境品类排名第一，有机米粉系列在跨境品类排名第三。

蒙牛是“全球乳业共同体”的积极践行者。通过积极整合全球优质乳业资源，不断实践“以我为主”的全球资源配置，打造出一条 Global for China 的全球乳业价值链，为中国乳业振兴发展探索国际化道路。

收购贝拉米，使蒙牛成为第一家产品线覆盖高端有机奶粉和辅食的中国乳企。蒙牛近 10 年来，积极布局全球产业链，在“信仰品质、注重核心技术”的新国货概念下，蒙牛汇聚全球优势奶源、研发、加工技术，形成一条让蒙牛处于枢纽位置的全球乳业产业链，从而打造出蒙牛“新国货”。

（三）登顶世界顶级品牌，满足生活品质的提升

中产阶级的迅速增长带动了消费升级，同样，民营企业是这类消费升级行业海外并购的绝对主力军，欧洲和美国是目的地。

安踏已经坐上了国内体育鞋服品牌的头把交椅。一直以来，对于国内的运动品牌来说，开拓海外市场是一项谨慎的选择，一大原因是中国市场的潜力和消费者的购买力并没有完全释放。

根据中国产业信息网发布的数据，中国运动品牌以每年超过 40% 的速度增长，已成为上升速度最快的细分行业之一。咨询公司 Euromonitor（欧瑞国际）的数据也显示，中国是目前仅次于美国的全球运动鞋服第二大市场，占比约为 10. 5% 。

收购"洋品牌"已经成为很多体育品牌进行国际化扩张的"曲线"政策。随着企业的发展，"产业 + 资本"的模式已经成为部分品牌进行扩张的潮流。过去由于自身资金和规模的不足，多数品牌都采用单品牌的扩张战略，但现在，可以用金钱换资源，以此在短时间内弥补其品牌影响力和高度的不足。无论是满足国内的市场消费升级，还是提升其产品全球影响力，都是非常必要的。

第五节　其他行业

一、金融、地产、保险行业

2019 年金融、地产、保险行业跨境交易共 31 个，交易额 98 亿美元，比 2018 年分别下降 14% 和 59% ；2020 年跨境交易共 22 个，交易额 29 亿美元。

地产为 2019 年交易体量超过 2018 年的少数板块之一。其中，中粮地产收购大悦城地产，作为其资产重组计划的一部分；由老虎资金和蚂蚁金服领投的紫梧桐（蛋壳公寓）B 轮融资，则为风投圈地产板块较大的项目。

保险行业的交易在 2019 年也较为活跃，包括安盛集团收购安盛天平 50% 的股份和安联保险集团收购泰康保险 4% 的股份。后者在下文案例分析中会详述。

二、金融、地产、保险行业以外的其他行业

2019 年其他行业跨境交易共 143 个，比 2018 年下降 19% ；交易额为 356 亿美元，比 2018 年反而上升 44% ；2020 年全年跨境交易共 64 个，交易额 197 亿美元，交易数量比 2019 年下降 55% ，交易金额比 2019 年下降 44. 6% 。

2019 年较为突出的细分行业有能源、矿业、计算机零售。在能源行业，较指标性的交易有韩国 SK 化学入股武汉石化，入局中国第二大合资炼化一体化项目，以及长江电力收购秘鲁 Luz del Sur 公司。另外，碧桂园旗下的博实乐集团收购英国教育集团也为近年来教育行业较典型的出海并购。

第五章　2019—2020 年中国企业跨境并购热点地区国家

第一节　2019—2020 年中国企业跨境并购地区国家回顾

2019 年中国企业跨境并购活跃的地区为大中华地区在内的亚太地区及欧洲地区，跨境交易总数分别达到 340 个和 120 个，跨境交易总金额分别达到 948 亿美元和 436 亿美元，亚洲跃升为中国企业“走出去”和“引进来”的第一目的地，约占交易金额的 55.4%。

2020 年，受新冠肺炎疫情和全球经济放缓等因素影响，中国企业海外并购受到了较大冲击，不少跨境并购交易因外部因素不得不暂停或终止，导致 2020 年上半年中国企业海外并购金额大幅下降。包括大中华地区在内的亚太地区及欧洲地区依旧是中国企业 2020 年跨境并购的热门目的地，交易总数分别为 181 个和 79 个，跨境交易总金额分别达到 303 亿美元和 152 亿美元。

一、大中华地区

2019 年中国企业在大中华地区的跨境并购交易较为活跃，交易数量共计 262 个，其中入境 105 个，出海 157 个，交易金额共计 806 亿美元。

2020 年交易数量有一定上升，共计 128 个，其中入境 54 个，出海 74 个，交易金额共计 221 亿美元。

表 5－1　2018—2020 年大中华地区出海及入境跨境并购交易数量及金额

大中华地区	年份	交易数量/个	交易金额/百万美元	交易金额占比/%
“引进来”	2018	115	15599	7.36
	2019	105	40461	23.64
	2020	54	8891	9.96
“走出去”	2018	151	35787	16.88
	2019	157	40151	23.46
	2020	74	13211	14.79

（来源：Mergermarket）

二、大中华以外亚太地区

2019 年中国企业在大中华以外亚太地区交易数量共计 78 个，其中入境 45 个，出海 33 个，交易金额共计 142 亿美元。

2020 年受到疫情影响，交易数量有一定下降，共计 53 个，其中入境 32 个，出海 21 个，交易金额共计 82 亿美元。

表 5－2　2018—2020 年大中华以外亚太地区出海及入境跨境并购交易数量及金额

大中华以外亚太地区	年份	交易数量/个	交易金额/百万美元	占比/%
“引进来”	2018	35	23789	11. 22
	2019	45	7694	4. 50
	2020	32	5791	6. 49
“走出去”	2018	40	4331	2. 04
	2019	33	6490	3. 79
	2020	21	2373	2. 66

（来源：Mergermarket）

三、欧洲地区

2019 年中国企业在欧洲地区交易数量共计 120 个，其中入境 24 个，出海 96 个，交易金额为 436 亿美元。

2020 年交易数量有所下降，共计 79 个，其中入境 21 个，出海 58 个，交易金额 152 亿美元。

表 5－3　2018—2020 年欧洲地区出海及入境跨境并购交易数量及金额

欧洲地区	年份	交易数量/个	交易金额/百万美元	占比/%
“引进来”	2018	15	2574	1. 21
	2019	24	13041	7. 62
	2020	21	6210	6. 95
“走出去”	2018	23	7348	3. 47
	2019	96	30. 566	17. 86
	2020	58	9014	10. 09

（来源：Mergermarket）

四、北美地区

2019 年中国企业在北美地区的国家并购交易受到政治政策条件的影响表现较不活跃，交易数量共计 78 个，其中入境 30 个，出境 48 个，交易金额共计 173 亿美元。

2020 年中国企业依然延续了 2019 年的基本走向，交易数量共计 61 个，其中入境 32 个，出海 29 个，交易金额共计 300 亿美元。

表 5-4 2018—2020 年北美地区出海及入境跨境并购交易数量及金额

北美地区	年份	交易数量/个	交易金额/百万美元	占比/%
"引进来"	2018	42	11966	5. 65
	2019	30	5529	3. 23
	2020	32	16855	18. 88
"走出去"	2018	80	19582	9. 24
	2019	48	11818	6. 91
	2020	29	13169	14. 75

（来源：Mergermarket）

表 5-5 2019 年中国企业出海跨境并购 50 强

收购方	标的企业	交易金额/百万美元
汉能移动能源控股集团	汉能薄膜发电集团有限公司（持股 32. 49%）	6820
安踏体育	Amer Sports Oyj（持股 98. 6%）	6384
闻泰科技	安世集团（持股 75. 86%）	4070
伊藤忠商事株式会社；山东如意资本控股有限公司	美国莱卡	2546
江苏沙钢集团	Global Switch 股份有限公司（24. 01% 股权）	2206
欢聚集团	BIGO 公司（持股 68. 3%）	1453
携程	MakeMyTrip 有限公司	1395
大悦城控股集团	大悦城地产（持股 64. 18%）	1121
江西铜业集团	第一量子矿业（持股 18. 02%）	1116
中国化工设备（卢森堡）	克劳斯玛菲股份有限公司	1003
佳沃农业	Australis 渔业	986
恒大新能源汽车集团	国能电动汽车瑞典有限公司（51% 股权）	930
中国蒙牛乳业有限公司	贝拉米澳大利亚有限公司（97. 1% 股权）	925
广州市地下铁道总公司	越秀置业（持股 19. 9%）	785
中国广核集团	意大利国家电力公司	783
中国铁建	Aldesa Construcciones 公司（75% 股权）	781
紫金矿业集团	耐森资源有限公司（持股 98. 94%）	775
哈尔滨药业集团	健安喜控股	770
海尔	糖果集团	730
招商局高速公路网络技术控股有限公司	欧亚高速公路维护和运营有限公司（51% 股权）	689
中国电子信息产业集团	冠捷科技（持股 50. 96%）	552

续表

收购方	标的企业	交易金额/百万美元
中国港湾工程有限责任公司	以色列 IEC Alon Tavor 电厂	532
洛阳栾川钼业集团	IXM 公司	518
高瓴资本	洛蒙德湖酒厂有限公司	508
丝路基金	东方海外货运（7.73% 股权）	485
中信金属集团	Ivanhoe 矿业（13.13% 股权）	455
贝森资本	徐诺药业有限公司	450
伊利	韦斯特兰乳品有限公司	403
锦江国际 Jinjiang International 等	丽笙酒店集团（50.94% 股权）	384
Skill Dragon	瑞士教育集团	361
皇朝家私控股	皇朝家具控股有限公司（46.28% 股权）	308
高瓴资本、红杉资本	货拉拉	300
复兴国际	Tom Tailor（63.72% 股权）	251
紫荆矿业	塞尔维亚矿产公司（39.6% 股权）	240
中化国际	ELIX Polymers 材料供应商	226
南京埃斯顿	德国 CLOOS	218
申万宏源证券	申万宏源（香港）（49% 股权）	203
博实乐教育集团	坎特伯雷教育	188
无锡锡产微芯半导体有限公司	中芯国际	176
华检医疗	威士达医疗有限公司	173
国能电动车（瑞典）	科尼赛格汽车（20% 股权）	171
中国银行英国分行	Goodbody	165
汇顶科技	恩智浦半导体	165
赣锋锂业	阿根廷 Minera Exar（12.5% 股权）	160
丝路基金	ACWA Power Renewable Energy Holding Ltd（49% 股权）	155
蚂蚁金服	Zomato Media（10% 股权）	150
腾讯控股	Etechaces 营销咨询（持股 10%）	150
CDC 集团、阿里巴巴	Supermarket Grocery Supplies	150
阿里巴巴	Data Artisans GmbH	103
深圳歌力思服饰股份有限公司	IRO SAS（43% 股权）	99

（来源：Mergermarket）

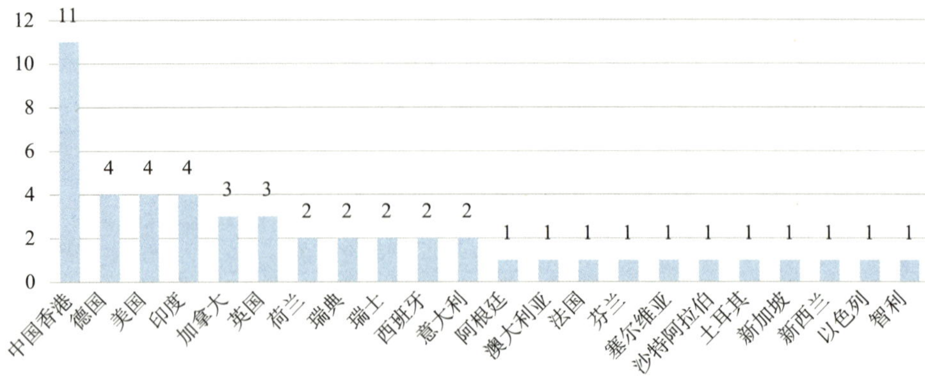

图 5－1　2019 年中企出海跨境并购 50 强国家和相关地区分布情况

（来源：Mergermarket）

表 5－6　2019 年中企出海跨境并购 50 强国家和相关地区及交易数量

国家及相关地区	交易数量/个
中国香港	11
德国	4
美国	4
印度	4
加拿大	3
英国	3
荷兰	2
瑞典	2
瑞士	2
西班牙	2
意大利	2
阿根廷	1
澳大利亚	1
法国	1
芬兰	1
塞尔维亚	1
沙特阿拉伯	1
土耳其	1
新加坡	1
新西兰	1
以色列	1
智利	1

（来源：Mergermarket）

如表 5－6 所示，在 2019 年中国企业跨境并购 50 强交易中，亚洲跃升为中国海外第一大并购目的地，占投资总额的近三成，特别是中国香港（交易数量 11 个，占比 22%），成为最热门的跨境并购交易地区。同时，在整体并购额大幅下挫的情况下，亚洲（229.58 亿美元，较 2018 年增长 15.8%）仍逆势增长，主要投入 TMT、金融服务及房地产、酒店与建造等行业。2019 年大额并购的增加抵消了跨境交易的暴跌，但并购交易总额并不乐观。地缘政治不确定性上升以及监管机构加强审查，导致许多企业高层和董事会对于在本土市场以外扩展业务缺乏信心。在全球贸易不明朗的前景下，新兴信息产业、健康产业、高端装备制造、新材料以及新消费等行业依然坚持了自身的发展步伐。2019 年，半导体领域的并购态势热火朝天，行业内有 3 个交易上榜，涉及金额约 600 亿元人民币。半导体企业原本就非常依赖产业生态，当前的新技术创业公司，如 AI 和物联网等领域，多是要赋能传统行业场景，因此存在被传统企业青睐的天然特质。变局丛生的医药行业，也有两个并购上榜。伴随带量采购的全面铺开，仿制药企业的日子不好过，创新将成为市场焦点。换言之，接下来药企在创新研发持续加码，并购新药管线、新型器械、新型疗法等将成为趋势。

国际经济形势复杂，加大中国企业跨境并购的风险。2019 年全球经济表现分化，美国经济见顶回落，欧元区复苏缓慢，主要新兴市场经济增速也大多有所下滑。年内市场对于全球经济走势的预判整体悲观，MF 在 2019 年的四次《全球经济展望》（World Economic Outlook）大多数主要经济体的 2019 年全年经济表现预期均有所下调。中美贸易摩擦发酵、英国脱欧进程一波三折、大宗商品价格波动剧烈，全球经济不确定性上升，导致中国企业在“走出去”的过程中的忧虑增加。

表 5－7 2020 年中国企业出海跨境并购 50 强

收购方	标的公司	交易金额/百万美元
江苏沙钢集团有限公司	Global Switch（51% 股权）	4647
中国国家电网	智利 CGE 电网（96.04% 股权）	3867
腾讯音乐	环球音乐（10% 股权）	3000
东科股份	冠捷科技（51% 股权）	1095
联络智能有限公司	Newegg	880
霸菱亚洲	Hexawar 科技（37.92% 股权）	697
洛阳栾川钼业集团	Phelps Dodge Congo S. A. R. L（95% 股权）	550
深圳华侨城	Mangrove 3，Ltd.（4.78% 股权）	516
合生创展集团	Scientia Technologies Limited（6.09% 股权）	500
枫叶教育	加拿大国际学校	487
CITIC Capital	ScentAir Technologies 尚雅	438
山东黄金矿业	卡帝诺资源有限公司	415
丝路基金	倍耐力（9.02% 股权）	393
O－Net 技术联盟	O－Net 科技（集团）有限公司（44.99% 股权）	389
珠海九州控股集团	珠海控股投资集团（11.39% 股权）	345
珠海港有限公司	兴华港口控股（95.91% 股权）	332
Hasten Biopharmaceutic Co.，Ltd.	武田药品工业株式会社	322
光证金控	光大新鸿基股份（30% 股权）	311
高瓴等中资财团	珠峰制药	310

续表

收购方	标的公司	交易金额/百万美元
福建交运	汉班托塔国际港口集团（私人）有限公司（23.53% 股权）	268
光启技术	HyalRoute Communication Group Limited 海容通信（7.52% 股权）	263
阿里巴巴	Dufry Group 杜福睿集团（9.99% 股权）	254
长城汽车	通用汽车公司（位于马哈拉施特拉邦塔勒冈的制造厂）	250
山东金矿	TMAC Resources	246
腾讯游戏	蓝洞科技（3.28% 股权）	224
太盟亚洲资本	Unispace Global Pty Ltd	223
紫金矿业	圭亚那金田有限公司	219
上海海立集团	马瑞利（香港）控股（60% 股权）	203
中国交建	Mota – Engil SGPS（23% 股权）	202
智路资本等	先进半导体材料香港有限公司（55.56% 股权）	200
TCL 集团	JOLED	186
中国移动	亚信科技（20% 股权）	179
TCL 集团	通力电子（38.86% 股权）	165
希望教育	英迪教育	140
康龙化成	Absorption Systems LLC	138
火岩控股	德成国际控股	137
华西村股份	索尔思光电（38.33% 股权）	135
Beijing Konruns Pharmaceutical Co., Ltd.	NT Pharma International Co., Ltd	127
平安资本	冠科美博	124
腾讯控股有限公司	Satispay S. P. A.	110
高瓴资本等	微创医疗	105
中国西部水泥有限公司	Schwenk Namibia Pty Ltd	104
小米集团	紫米国际有限公司	103
浙江森马服饰	Kidiliz Group	98
腾讯控股有限公司	Funcom N. V.（71% 股权）	93
维亚生物	SYNthesis med chem（Hong Kong）Limited	74
蚂蚁集团	Digital Money Myanmar Limited	74
奥瑞金科技股份有限公司	香港景顺投资控股有限公司	62
江苏省建筑工程集团有限公司	均安控股有限公司	52
Crescent Point Group 等	Red Earth Trading Co., Ltd.	50

（来源：Mergermarket）

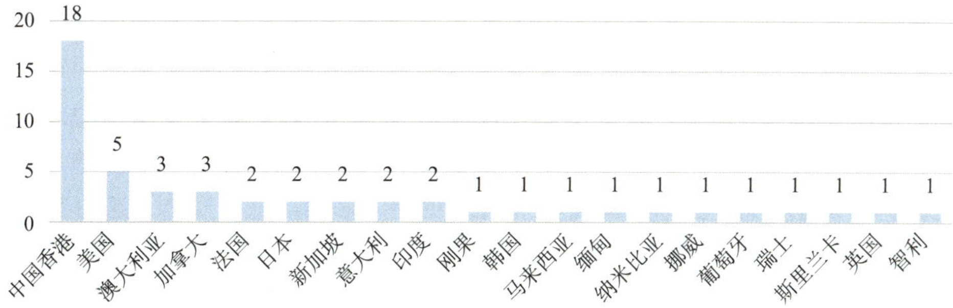

图 5－2　2020 年中企出海跨境并购 50 强国家和相关地区分布情况

（来源：Mergermarket）

表 5－8　2020 年中企出海跨境并购 50 强国家和相关地区及交易数量

国家和相关地区	交易数量/个
中国香港	18
美国	5
澳大利亚	3
加拿大	3
法国	2
日本	2
新加坡	2
意大利	2
印度	2
刚果	1
韩国	1
马来西亚	1
缅甸	1
纳米比亚	1
挪威	1
葡萄牙	1
瑞士	1
斯里兰卡	1
英国	1
智利	1

（来源：Mergermarket）

2020 年中国企业跨境并购交易数量中国香港（交易数量 18 个，占比 36%）稳居榜首，部分原因是 2018 年以来我国并购政策松绑，尤其利好上市公司并购重组。而以往并购热门地区的美国交易数量仅有 5 个，占比 10%，以及欧洲国家交易数量都严重萎缩。自疫情发生以来，中国企业对外并购活动和前几年相比大幅下降，中国企业在上半年的对外并购交易量同比下降约 71%，交易额下降 88%。究其原因，除了疫情影响之外，还受到欧美贸易保护主义抬头和对国际跨境投资审核持续从严等因素的影响。美国的《外国投资风险审查现代化法案》（FIRRMA）的条例于 2018 年 8 月通过总统签署，并于 2020 年 2 月生效，该法案扩大了审查范围、延长了审查时间、设立了新的审程序，从而给予了 CFIUS 更大的审查权限。欧盟的《外商直接投资（Foreign Direct

Investment，FDI）审查框架条例》于2019年4月生效，该框架首次在欧盟层面构建起基于安全或公共秩序的外资审查法律框架，使外国直接投资面临更加牢固的审查基础和更加严密的审查网络标志着欧盟外资政策和规则趋向阶段性保守。从严的外部环境使中国企业并购欧美发达国家遭遇挑战。在并购中欧美着重关注五大领域的并购，分别是关键基础设施、关键技术、关键输入品的供应、敏感信息和媒体，这意味着包括能源、交通、水、卫生、通信、媒体、数据处理或存储、人工智能、机器人、半导体、网络安全、航空航天、国防、选举或金融基础设施等行业的投资与并购，都大概率触发安全审查。2020年3月，欧盟发布的最新的外商投资审查指南中，要求欧盟各国保护一些所谓医疗行业和一些关键的资产，包括一些核心的基础设施等。德国把现有的外资审查制度扩大到了卫生保健部门，还通过新设的经济稳定基金来保护公司免予破产以及被不必要地收购；法国、西班牙、意大利等也都有一些限制外商投资的新措施。而我国一直倾向于通过收购龙头企业来获得先进的技术和经验、打开欧洲市场。这使中国企业在欧盟开展业务与扩张都产生了较大挑战，对我国赴欧投资企业最直接的影响就是增加投资的不确定性，大幅提高了交易的金融成本与时间成本。

除了安全审查越来越严格外，欧盟委员会在审查中国国有企业的并购交易中，往往将同行业的中国国有企业视为“单一经济体”，夸大中国企业在当地发展的实际业务影响力，进而导致中国企业寻求并购扩张或建立合营企业时被相关监管机构开展具有针对性的反垄断调查，甚至给予交易否决等。由于欧盟加大了外资审查力度，尤其是针对中国国有企业在欧盟并购审查收紧收严，严重影响国资背景企业的正常经营扩张。

表5-9 境外资本投资中国50强

	收购方	目标公司	持股比例	目标公司主要行业	国家及相关地区（收购方）	交易金额/百万美元
1	WL Ross & Co；中国南山发展集团有限公司；摩根士丹利；华能景顺；开元基金；海通恒信	腾龙股份	未披露	计算机软件	中国；美国	3697
2	安进	百济神州	未披露	生物技术	美国	2734
3	MBK Partners	神州租车	未披露	交通运输	韩国	2175
4	中核产业基金、华丰	顺风国际清洁能源有限公司	多数股权	清洁能源	中国香港	1901
5	Permira Advisers LLP；Baillie Gifford & Co Ltd；	满帮集团	未披露	互联网	英国	1690
6	软银集团公司.；Technology Crossover Ventures；Sequoia Capital；Matrix Partners China；OurCrowd Management Limited	车好多旧机动车经纪（北京）有限公司	未披露	互联网	日本；美国	1500

续表

	收购方	目标公司	持股比例	目标公司主要行业	国家及相关地区（收购方）	交易金额/百万美元
7	New Frontier Corporation	和睦家医疗集团	未披露	医疗服务	北美	1321
8	法国电力集团	美中能源集团	未披露	能源	法国	1136
9	安达天平再保险有限公司	华泰保险	少数股权	金融服务	美国	1050
10	Blackstone Group	泰升控股	未披露	金融服务	美国	1025
11	安联保险集团	泰康保险	少数股权	金融服务	德国	1000
12	软银	自如	未披露	租赁和商务服务业	日本	1000
13	大众汽车	国轩高科	少数股权	汽车和零部件	德国	840
14	新加坡丰隆集团旗下的城市发展有限公司	协信控股	少数股权	房地产	新加坡	800
15	铄联资本有限公司	中信戴卡股份	多数股权	汽车和零部件	中国香港	788
16	Macquarie Group Limited；Abu Dhabi Investment Authority；阿里巴巴；Bank of China Group Investment Limited；ICBC Asset Management (Global) Company Limited	旷视科技	未披露	人工智能	澳大利亚；阿联酋	750
17	红杉资本；老虎基金；天图资本	作业帮	未披露	互联网教育	美国；中国	750
18	百事可乐	杭州郝姆斯食品	未披露	食品	美国	735
19	Orisun	优客	未披露	互联网	美国	706
20	Suen Cho Hung (Private Investor)；Karen Lo Ki Yan (Private investor)	盛京银行股份	少数股权	金融服务	中国香港	699
21	SK 综合化学	中国石化武汉分公司	少数股权	采矿业	韩国	667
22	GIC Private Limited	京东	多数股权	物流	新加坡	583
23	贝恩资本	ChinData Group Holdings Limited	未披露	数据运营	美国	570
24	方源资本；春华资本集团	老百姓大药房连锁股份	未披露	药品零售	中国香港	557
25	EdtechX Holdings Acquisition Corp	深圳市美联国际教育	未披露	教育	美国	535
26	太盟投资集团	浙江海正博锐生物制药	未披露	生物技术	中国香港	534
27	USG Boral Building Products	可耐福石膏板有限公司	未披露	建筑材料	澳大利亚	533
28	Tiger Global Management；CMC Capital Partners；Primavera Capital Group；Beijing Gaorong Capital Management Consulting；蚂蚁金服；Beijing Joy Capital Investment Management	紫金合众（北京）资产管理	未披露	金融服务	美国；中国	500

续表

	收购方	目标公司	持股比例	目标公司主要行业	国家及相关地区（收购方）	交易金额/百万美元
29	历峰集团；Alibaba Group	发发奇	未披露	互联网	瑞士；中国	500
30	Coatue Management；Hillhouse Capital；Aspex Management；红杉资本	小鹏汽车	未披露	汽车和零部件	美国；中国	500
31	软银	滴滴	未披露	互联网	日本	500
32	Purity Investment Limited	汇付天下	多数股权	金融服务	英国	477
33	华平投资集团	Jinhe Group	未披露		美国	471
34	IFC；CPPIB；CMC Capital Partners；创世资本；VisionFund International	掌小盟	未披露	互联网	加拿大；中国	400
35	SONY	上海幻电信息科技	少数股权	互联网	日本	400
36	亿腾医药集团有限公司	礼来公司	未披露	生物技术	中国香港	375
37	怡辉亚洲有限公司	建业地产控股	未披露	房地产	中国香港	362
38	Legacy Acquisition Corp	蓝色维勒有限公司	未披露	化学品和材料	美国	360
39	8i Enterprises Acquisition Corp.	Diginex Limited	未披露	化学品和材料	美国	355
40	Novena Global Lifecare Group 新加坡公司	星客多	未披露	美容美发	新加坡	350
41	润良泰管理公司	一点资讯	少数股权	互联网	中国香港	350
42	大众汽车	江淮汽车	少数股权	汽车和零部件	德国	336
43	帝亚吉欧集团	水井坊	少数股权	酒类	英国	329
44	iFresh	小泰国际投资	未披露	金融服务	美国	313
45	DST Global	广州致景信息科技	未披露	计算机软件	俄罗斯	300
46	CCB International；Huazhu Group Limited；Yunfeng Capital；Boyu Capital Advisory Company Limited	承嘉集团	未披露	金融服务	中国香港	300
47	红杉资本	比亚迪半导体有限公司	少数股权	计算机硬件	美国	266
48	凯雷集团	信立泰药业	少数股权	生物制药	美国	261
49	GGV 纪源资本	京东工业品	未披露	电子商务	美国	230
50	中远海运港口	天津港发展控股有限公司	少数股权	航运	中国香港	208

（来源：Mergermarket、Wind）

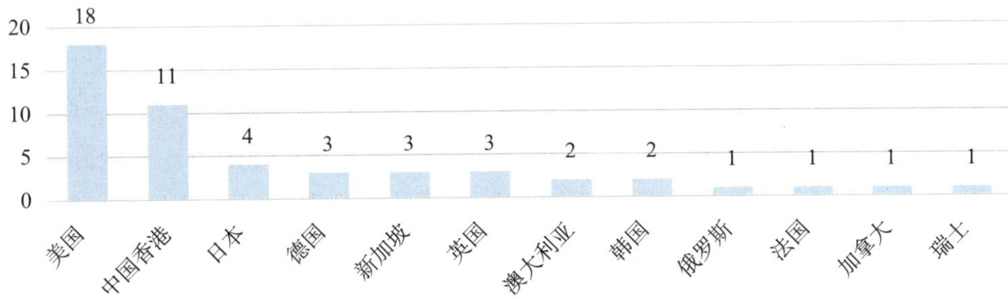

图 5－3　2019—2020 年境外资本投资中国 50 强国家和相关地区分布情况

（来源：Mergermarket）

表 5－10　2019—2020 年境外资本投资中国 50 强地区及交易数量

国家和相关地区	交易数量/个
美国	18
中国香港	11
日本	4
德国	3
新加坡	3
英国	3
澳大利亚	2
韩国	2
俄罗斯	1
法国	1
加拿大	1
瑞士	1

（来源：Mergermarket、Wind）

2019—2020 年，境外资本投资中国 50 强的交易中，以欧美和中国香港等发达地区为主，其中美国在华投资数量为 18 个，占比 36%，中国香港交易数量为 11 个，占比 22%。

新冠肺炎疫情并没有让全球并购交易出现萎缩，相反，根据近期麦肯锡的一份研究报告显示：新冠肺炎疫情期间，继续从事收购活动的进取型投资机构与收购较不活跃的同行相比，业绩可超过 6 倍；与此同时，整个 2020 年上半年，国内并购尤其是入境并购市场持续活跃，在亚洲地区居于领先地位。亚洲经济特别是中国从疫情中复苏相对更快，受疫情冲击和西方相比较小，所以相比中国企业对外跨境并购，外资在中国的并购活动更显韧性。2020 年 1 月至 5 月累计，外资在华并购额为 90 亿美元。过去 10 年，外资在华年平均并购金额为 200 亿～250 亿美元。

外资追捧中国资产主要有以下几点原因：第一，中国市场巨大的消费潜力。虽然中国与其他国家一样受到新冠肺炎疫情的影响，但 2020 年中国是唯一保持经济增长的主要经济体，并且外企看好中国的中产阶级。比如，2020 年第一季度，百事可乐斥资 7 亿美元收购中国零食品牌百草味。第二，国内入境并购的大好局面是和中国政府持续加大开放力度的努力分不开的。国内目前的态度仍然是愿意打开国门，欢迎外商投资，且近年修改和出台了很多法律法规，例如商务部《外国投资者对上市公司战略投资管理办法（修订草案公开征求意见稿）》，大幅降低投资门槛、增加投资方式、进行创新监管等；国家发改委、商务部联合发布了《外商投资准入特别管理措施（负面清单）(2020 年版)》和《自由贸易试验区外商投资准入特别管理措施（负面清单）(2020 年版)》，其中全国外商投资准入负面清单由 40 条减至 33 条，自贸试验区外商投资准入负面清单由 37 条减至 30 条。这些都为外商投资创造了更好的环境，同时也有利于修复疫情下受创的中国经济。近年来中国放宽了在电动汽车制造业、金融业等领域的外资持股比例限制。2020 年，大众汽车宣布以 11 亿美元的金额控制其与安徽江淮汽车集团的电动汽车合资企业，摩根大通则以约 10 亿美元的价格收购其在华合资基金公司的全部控制权。第三，中国公司已趋成熟，逐渐成长为某些行业的领导者，对于外国公司来说，相比从头开始在中国组建新公司，购买中国企业的技术和资产显得更具吸引力。比如，大众汽车计划以 12 亿美元收购中国电池制造商国轩高科 26% 的股权。

具体行业方面，科技、游戏、电商、医药和生物科学等领域的并购交易数量明显更多。若干企业在全球疫情暴发中反而发展壮大，这些企业包括让世界保持联系的 TMT 创新者；还有为新冠肺炎疫情提供治疗的制药公司；提供远程服务企业证明了在这个时代的强大适应力；该发展又反过来加速了对科技创新获取的需求，比如 5G 的高速发展；同时还会带动物流、仓储、运输的进步，这些领域的企业构成了 2020 年主要的并购目标。

但是受新冠肺炎疫情影响导致经济下行的严重冲击，全球外国直接投资（FDI）大幅下滑。在最乐观的情况下，2022 年 FDI 可能会恢复疫情前的基本趋势。全球投资前景存在高度不确定性。这取决于疫情持续时间以及经济干预政策的有效性。同时，地缘政治风险、金融风险、贸易紧张局势增加了不确定性。疫情对 FDI 造成供给冲击、需求冲击和政策冲击。具体而言，封闭隔离措施减缓了现有投资项目，严重衰退的经济前景使跨国公司重新评估新项目，部分国家在危机期间采取了新的投资限制政策。从 2022 年开始，受旨在提高弹性的全球价值链重构、股本补充和全球经济复苏的拉动，投资流量将缓慢恢复。

第二节　2019—2020 年中国企业跨境并购热点地区国家分析

一、美国

（一）概述

美国，地处美洲大陆，东临大西洋，西临太平洋，由于疫情的影响，2020 年美国 GDP 出现了下滑，总量为 20.95 万亿美元，同比实际下降 3.3%。即便如此，美国经济总量依然是全球唯一一个超过 20 万亿美元的国家，仍然是稳居世界各国之首。拥有众多的高等教育机构和科研机构，并诞生了众多科技产业巨头，例如：苹果，Google，亚马逊等。

在研发投入总量方面，美国企业是中国企业的 3 倍。2019 年，美国企业研发投入为 3480 亿欧元，中国大陆企业为 1190 亿欧元，美国企业研发投入总量是中国大陆企业的 2.9 倍。美国 TOP 50 入榜企业研发投入为 1724 亿欧元，中国大陆入榜企业为 260.7 亿欧元，美国企业是中国大陆企业的 6.6 倍。美国 TOP 10 入榜企业研发投入为 888.6 亿欧元，中国大陆入榜企业为 167.1 亿欧元，美国企业是中国大陆企业的 5.3 倍。

2020 年 11 月 16 日，美国国会两党合作的中美科技关系工作小组发布了一份政策报告《美国的科技竞争新战略》（Meeting the China Challenge：A New American Strategy for Technology Competition），为美国政府在以下四个科技领域的发展（基础科学研究、5G 数字通信、人工智能和生物技术）提出了宏观的政策目标与具体的咨询建议。

在科学技术研发中，成功建立“国防部—企业—大学”三位一体的体系，形成了将科学技术的发展迅速转变为社会生产力的能力，在航空航天，核能开发和利用，生物工程，网络和计算机等众多高科技领域都处于世界前列，美国的科技发展产生的经济效益是非常巨大的，如 1993 年克林顿政府推出的发展高科技的《国家信息基础设施行动计划》，大大刺激了民间企业的发展，从而形成了一大批的信息技术类企业。而后在 2008 年以后的制造业复兴计划，推动了智能制造和工业互联网的发展。2015 年，美国白宫发布了《美国创新战略》，又提出大力发展最新的前沿科技，促使美国能保持世界领先的地位。

2019 年 9 月 11 日，国务院关税税则委员会公布第一批对美加征关税商品第一次排除清单。10 月，美商务部称将自 10 月 31 日起对中国 3000 亿美元加征关税清单产品启动排除程序。12 月 13 日，中美第一阶段经贸协议文本达成一致，美方将履行分阶段取消对华产品加征关税的相关承诺，加征关税将由升到降。12 月 19 日，国务院关税税则委员会公布第一批对美加征关税商品第二次排除清单。

美国东部时间 2019 年 10 月 7 日，美国商务部将把包括海康威视、大华科技、科大讯飞、旷视科技、商汤科技、美亚柏科、颐信科技和依图科技等在内的 28 家中国机构和公司列入美国出口管制“实体名单”（又称“黑名单”），限制这些机构从美国购买零部件。

表 5－11　2017—2020 年中国企业出海美国的相关数据

年份	2017 年	2018 年	2019 年	2020 年
交易数量/个	78	58	36	22
交易金额/百万美元	25888	9499	6813	8908
数量占比/%	13.70	11.60	8.40	9.90
金额占比/%	14	7	7	19

（来源：Mergermarket、Wind）

（二）中企出海美国十大交易“走出去”

1. 腾讯牵头的财团收购环球音乐集团股权

腾讯音乐娱乐集团（TME）发布公告称，由腾讯控股有限公司牵头，TME 旗下的全资子公司和其他共同投资者组成的财团将行使认购权，收购环球音乐集团额外 10% 的股权，企业估值为 300 亿欧元。环球音乐与索尼音乐娱乐集团、华纳音乐集团并称“全球三大音乐集团”。此次交易的达成，也意味着 TME 与 UMG 携手将双方长期紧密的战略合作伙伴关系推向全新高度。

2. 山东如意控股集团成功收购美国莱卡

山东如意控股集团宣布已经完成了收购美国英伟达公司服饰还有高级面料业务，包括全球知名的莱卡集团 LYCRA 品牌，这笔交易也是更进一步地巩固了如意集团在全球服饰用品市场的领导地位。交易完成后，新公司的名字将会改为美国莱卡集团，如意也成为莱卡集团的控股股东，莱卡也会用股利子公司进行运营，保持着莱卡独特的定位、发展战略、组织构架等。

3. 上海莱士收购 Grifols Diagnostic Solutions Inc. 45% 股权

上海莱士宣布，公司围绕“内生式增长为根基，以外延式并购为跨越”战略，在进一步巩固内生式增长的同时，通过实施并购整合战略，全面推动全球性外延并购发展。近期，完成了对西班牙基立福下属子公司 GDS 45% 股权收购。基立福创办于 1940 年，是一家化学及制药企业，而 GDS 是基立福从事血液检测业务的子公司，其中，GDS 核酸检测业务排名全球第一。

4. 中国台湾 FCF 收购美国海鲜巨头 Bumble Bee

美国金枪鱼罐头生产商大黄蜂公司（Bumble Bee）发布新闻稿，特拉华破产法庭已批准台湾丰群水产有限公司（FCF）收购大黄蜂的议案，收购总额为 9.25 亿美元。此次收购将使大黄蜂公司获得 FCF 的资金支持，偿还债务和罚款，维持北美市场业务。同时，中国台湾 FCF 公司也将大大提升其全球业务，或跻身全球排名前十的水产企业。

5. 北京君正收购美国 ISSI 芯片公司

据报道，北京君正收购美国 ISSI 公司的申请已获得了美国 CFIUS 的审批。ISSI 是美国半导体芯片厂商，总部位于加州 Milpitas，主要产品是模拟芯片、高性能低功耗 SRAM 芯片及低密度 DRAM 芯片，是全球第七大 DRAM 公司，其客户包括松下、博世、华为、诺西、爱立信等。此次收购，有利于北京君正打造处理器 + 存储器芯片等整合优势。

6. Seaspan 重组业务成立新控股母公司 Atlas Corp

全球最大的集装箱船独立船东 Seaspan Corporation 同意以总价 7.5 亿美元的全股票交易收购专业电力解决方案全球领导者 APR Energy。APR Energy 是全球领先的快速移动涡轮电力供应商，拥有并经营着一系列资产，诸如燃气轮机电力供应商和其他发电设备等。此次收购将使 Seaspan 重组业务，成立新的控股母公司 Atlas Corp。

7. 徐诺药业与贝森资本控股公司完成合并

贝森资本控股公司（Bison Capital Acquisition Corp.）与徐诺药业（Xynomic Pharma）已完成合并。合并后徐诺药业将成为贝森资本控股公司的全资子公司，而贝森资本控股公司将更名“徐诺药业控股公司”（Xynomic Pharmaceuticals Holdings, Inc.）。徐诺药业专注于同类最优肿瘤治疗方法，在全球授权引进、开发和商业销售抗肿瘤新药。

8. 中信资本投资全球香氛营销领导者 ScentAir（尚雅香薰）

中信资本完成对全球香氛营销领导者 ScentAir（尚雅香薰）的投资。中信资本长期看好美妆个护以及生活方式领域的发展前景，持续在该领域并围绕其延伸的价值链深耕和布局。过去 25 年间，ScentAir 持续助力全球酒店、房地产和商业巨头透过香气的力量，创造更全面的顾客体验及情感联系。合作伙伴包括威斯汀酒店（Westin）、墨尔本皇冠赌场（Crown Casino）等。

9. 汽车保险初创公司 Root Insurance Co. 完成新一轮 3.5 亿美元融资

汽车保险初创公司 Root Insurance 已完成 3.5 亿美元 E 轮融资。此轮融资由 DST Global 和 Coatue Management 领投，Root 的所有投资者也计划参与其中。Root 使用驾驶员的智能手机来衡量他们驾驶的程度，与传统的保险公司不同，传统的保险公司考虑到了年龄、地点和驾驶距离。本轮融资是 2019 年风险类保险创企单笔最大一轮融资。

10. 珠峰制药完成 3.1 亿美元 C 轮融资

珠峰制药完成 3.1 亿美元 C 轮融资，此次融资等投资方包括高瓴资本；HBM Healthcare Investments AG；RA Capital Management，LLC 等。融资所得将用于推进珠峰制药强大的新型候选疗法等临床开发，并建立一个强大的商业基础设施，以支持下一阶段的增长。

表 5－12　2019—2020 年中企对美国跨境并购交易行业分布

行业	数量/个
制造业	6
TMT	15
医疗健康	13
消费	10
其他	14

（来源：Mergermarket、Wind）

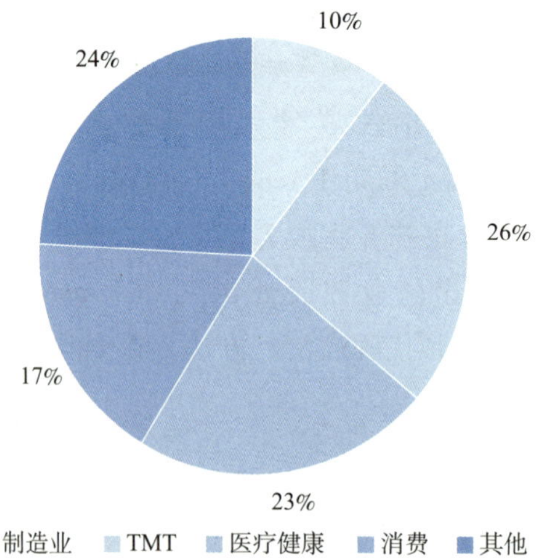

图 5－4　2019—2020 年中企对美国跨境并购交易数量行业占比

（来源：Mergermarket）

中国企业在美国并购的主要是 TMT 和医疗健康产业，美国在这两个领域无疑是全球技术领先的国家，中国对美国半导体的产业的依存度无疑也是非常大的，生物医药产业对中国企业无疑也有着巨大的吸引力。

表 5-13 2017—2020 年来自美国的外资入境数据

年份	2017 年	2018 年	2019 年	2020 年
交易数量/个	31	42	28	28
交易金额/百万美元	11190	11966	5493	5838
数量占比/%	11.00	16.20	10.60	16.20
金额占比/%	19	16	8	13

（来源：Mergermarket、Wind）

美国在中国的投资，2019—2020 年共计 56 个，交易金额 113.31 亿美元。

（三）美企投资中国八大交易（“引进来”）

1. 58 财团收购 58 同城

58 同城在 2020 年 9 月 7 日特别委员会在其财务和法律顾问的协助下，进行了私有化协议条款的谈判。买方财团计划以股权和债务融资的结合形式为私有化交易提供资金。根据合并协议条款，买方投资财团将以每股普通股 28 美元现金价格购买 58 同城所有已发行普通股，总交易估值约为 87 亿美元。据悉，Quantum Bloom Group 投资者包括华平投资、General Atlantic 等。

2. 美国制药商安进公司收购百济神州

美国制药商安进公司表示以 27 亿美元现金收购中国生物技术公司百济神州约 20% 的股份。其中百济神州分担成本并提供高达 12.5 亿美元的资金。安进表示，商业化期满后，百济神州将有权利选择保留并商业化一款产品，同时拥有五年内对在中国销售的产品收取特许使用费的资格。安进对于百济神州的收购进一步表明中国已成为外国药企的一个关键市场。据预测到 2026 年，肿瘤学市场规模将扩大近一倍，近 130 亿美元。

3. 璞米成长机会基金收购满帮集团

璞米成长机会基金于 2020 年 11 月 20 日同意收购满帮集团的少数股权。满帮集团是中国领先在线 B2B 商业货运平台，为广大卡车司机和货主提供服务。而本轮融资由璞米成长机会基金新进领投，并获得现有投资者和新投资者大力支持，募资规模高达 17 亿美元。本轮融资是满帮继 2018 年 19 亿美元后的又一轮融资，资金将重点投入科技创新、服务创新和模式创新。

4. Brilliant Lights 收购雷士照明控股有限公司

2019 年 12 月，雷士照明控股有限公司与 KKR 的全资子公司 Brilliant Lights 签订了一份股份购买协议。KKR 将向雷士照明发行 Brilliant Lights 30% 股份，股权部分估值约 7.87 亿美元。KKR 及雷士照明将通过 Brilliant Lights，分别间接持有雷士中国 70% 及 30% 的股份。雷士照明称，此次出售中国业务，是公司业务优化策略的一部分。出售所得的资金将用于扩大公司的国际业务，包括建立新的 LED 照明产品生产线，并通过并购扩展海外版图。

5. 百事收购百草味

2020 年 6 月，百事发布公告宣布与好想你健康食品股份有限公司达成协议，以 7.05 亿美元收购百草味，折合 49.53 亿元人民币。百草味是一家中国的休闲零食民营企业，收购成功后，会面临外资企业和民营企业的融合等问题。此次交易可望能为双方的股东、广大员工和本地合作伙伴创造长远价值，并促进中国零食市场的持续增长和发展。此次交易也体现了百事公司致力于成为中国领先的以消费者为中心的食品饮料公司的决心。

6. 欧利森并购公司收购优客工场

2020 年 7 月，优客工场和特殊目的收购公司（SPAC）欧利森并购公司完成合并，将优客工场社区推向公开资本市场。根据欧利森并购公司与优客工场的协议，合并完成后新公司的价值将为 7.69 亿美元。据公开资料，欧利森并购公司于 2018 年 10 月 22 日在特拉华州注册成立，其业务范围涵盖企业或实体合并、股份交换、资产收购、股票收购、资本重组等。

7. 秦淮数据获得贝恩资本投资

2019 年 5 月，秦淮数据正式宣布公司获得贝恩资本 5.7 亿美元投资。贝恩资本创立于 1984 年，是世界领先的多元资产管理公司，其投资的资产类别包括私募股权、债权、公共股权等，资产管理规模约 1050 亿美元。与此同时，在注入更大资本到秦淮数据后，依靠现有秦淮数据的独立运营与在行业的影响和未来扩张，同样有机会在云数据中心的增长期获得 IPO 的机会。

8. 紫梧桐获得 Tiger Global、CMC 资本、春华资本等投资

2019 年 3 月，紫梧桐获得 Tiger Global 领投，CMC 资本、春华资本等跟投融资共 5 亿美元。紫梧桐成立于 2015 年年初，是一家以数据驱动为核心，提供高租住生活的资产管理和居住服务平台，致力于用互联网方式改造传统的住房租赁行业，产品形态涵盖合租公寓、整租公寓等。

二、德国

（一）概述

德国是位于中欧的联邦议会共和制国家，德国是一个高度发达的资本主义国家，欧洲最大经济体，欧洲四大经济体之首，也是欧盟的创始会员国之一，还是北约、申根公约、七国集团、经济合作与发展组织等国际组织的重要成员国。以汽车和精密机床为代表的高端制造业，也是德国的重要象征。

德国是欧洲最大经济体，全球国内生产总值第四大国（国际汇率），以及国内生产总值第五大国（购买力平价汇率）。从工业革命时期以后，德国一直是日益全球化的经济的先驱，创新者和受益者。德国的经济政策基于社会市场经济的概念。德国是高度发达的工业国。经济总量位居欧洲首位，世界第四。2018 年外贸总额为 22872 亿欧元，其中出口额 13174 亿欧元，增长 3%，进口额 10887 亿欧元，增长 5.5%，顺差 2287 亿欧元。2018 年，国内资产投资 7057 亿欧元，私人可支配收入 19298 亿欧元，私人消费支出 17775 亿欧元，公共支出 6631 亿欧元。国民总收入 34604 亿欧元。2018 年，国家负债总额 19143 亿欧元，占国内生产总值 56.5%。公共财政总收入 15436 亿欧元，总支出 14855 亿欧元，财政盈余 580 亿欧元。

德国是世界贸易大国，同 230 多个国家和地区保持贸易关系。德国产品以品质精良著称，技术领先，做工细腻，但成本较高。德国出口业素以质量高、服务周到、交货准时而享誉世界。其主要出口产品有汽车、机械产品、化学品、通信技术、供配电设备和医学及化学设备；主要进口产品有化学品、汽车、石油天然气、机械、通信技术和钢铁产品；主要贸易对象是西方工业国，其中进出口一半以上来自或销往欧盟国家。

德国在科学方面的成就相当显著，而投入研究开发为整体经济的一部分。有 103 位德国人获得诺贝尔奖，在 20 世纪，德国的诺贝尔奖得主较其他国家多，尤其是在物理、化学、生理学或医学等科学领域。德国在环境科技开发及运用上较为成熟，企业投入环境科技领域达 2000 亿欧元以上，德国环境科技重点包括发电、永续能源交通工具、原料效率、能源效率、废弃物管理、资源回收及永续水管理。

表 5－14　2017—2020 年中国企业出海德国的相关数据

年份	2017 年	2018 年	2019 年	2020 年
交易数量/个	30	26	22	16
交易金额/百万美元	1851	3595	2030	835
数量占比/%	5.30	5.20	5.10	7.20
金额占比/%	1	3	2	2

（来源：Mergermarket、Wind）

（二）中企出海德国十大交易

1. 华住收购德意志酒店集团

华住集团宣布其在新加坡的全资子公司 China Lodging Holding Singapore 完成了对 Deutsche Hospitality（DH）德意志酒店集团 100% 股权收购协议的签署。具有近 90 年悠久历史的 DH 是德国第一大本土酒店集团，拥有超过 10500 名员工，旗下五大酒店品牌包括豪华酒店品牌诗德堡、高档酒店品牌 MAXX by Steigenberger 和 IntercityHotel，及设计型酒店品牌 Jaz in the city 和 Zleep。

2. 复星收购德国快时尚品牌 Tom Tailor 所有股份

复星国际宣布，与其附属公司完成收购 Tom Tailor GmbH 100% 股份之交易。Tom Tailor GmbH 是一家德国的时尚品牌，店铺遍布 30 多个国家，专注于中档价位的日常休闲服饰。早在 2014 年复星就收购了其上市主体 TOM TAILOR Holding SE 的少数股权。之后几年，复星进行了多轮增资，并最终于 2019 年取得其控股权。

3. 埃斯顿全资收购德国百年焊接机器人巨头 CLOOS

埃斯顿 100% 收购德国百年焊接巨头 CLOOS。此次埃斯顿称拟通过与控股股东派雷斯特共同增资子公司鼎派机电的方式，完成对德国焊接机器人制造企业 CLOOS 的收购。CLOOS 公司是机器人焊接领域技术领先企业，自 1981 年起开始自主研发焊接机器人，是全球最早拥有完全自主焊接机器人技术和产品的公司之一。

4. 海亮股份收购 KME 集团旗下铜合金棒和铜管业务完成交割

浙江海亮股份有限公司与 KME Germany GmbH & Co. KG 签署了《股权资产购买协议》，收购其持有的位于德国、法国、意大利的三个铜合金棒生产工厂，以及位于德国、西班牙的两个铜管生产工厂。KME 公司是世界上最大的铜及铜合金产品制造商之一，是全球铜加工行业领袖级企业。本次并购完成后，公司与并购标的可实现技术上的共享，加快精细化管理经验输出步伐，不断提升并购标的运营效率，快速提升公司的盈利能力。

5. 阿里 1.03 亿美元收购 Data Artisans

阿里巴巴收购了位于德国柏林的数据处理公司 Data Artisans，此次交易金额为 1.033 亿美元。Data Artisans 由开源数据流处理技术 Apache Fink 的几位开发者创办，成立于 2014 年，专门为公司提供企业部署大规模数据处理解决方案的服务，以便客户更合理更快速地做出决策。

6. 哈工智能收购焊接领域“隐形冠军”德国 NIMAK 集团

江苏哈工智能机器人股份有限公司以现金方式收购德国 NIMAK GmbH、NIMAK KG 和 Nickel GmbH 100% 股权。据了解，NIMAK 集团目前在高端汽车品牌中占有 80% 以上的市场份额，高端及主流车企的市场占有率超过 50%，堪称工业焊接领域的“隐形冠军”。本次收购完成后，哈工智能将尽快开展业务整合，NIMAK 集团将与天津福臻、瑞弗机电、51ROBOT 等实现良好的协同效应，提升公司整体的市场竞争力。

7. 上海奇挚信息科技收购 IVA Schmetz GmbH

上海奇挚信息科技拟收购德国益发（IVA）100% 股权。IVA Schmetz GmbH 是一家专业开发和制造各种应用领域的真空炉和气氛炉的公司，例如汽车、航空工业、热交换器和燃气轮机的制造商。IVA Schmetz GmbH 受益于原独立公司 IVA Industrieófen GmbH 和 Schmetz GmbH 的专有技术，这两家公司于 2016 年 2 月合并为一个法人实体。

8. 中国平安投资柏林初创公司 Plusdental

中国平安旗下的“平安全球领航基金”领投了柏林初创公司 Plusdental 的 C 轮融资。除了中国平安外，这一轮的投资者还包括领先电子商务平台 Momox 的创始人 Christian Wegner，风投机构 Holtzbrinck – Ventures 以及 Lakestar。Plusdental 公司（前身为 Sunshine Smile 公司）专门从事数字牙科平台的开发和使用透明牙套对成人轻度到中度牙齿错位进行美学正畸治疗。

9. 诺博汽车成功收购 Motus Headliner GmbH

长城汽车的全资子公司，诺博汽车系统有限公司成功完成了对于德国汽车配件厂商 Motus Headliner GmbH 的收购。本次交易为 100% 的股权收购，总投资金额为 1600 万欧元。Motus Headliner GmbH 位于德国，是美国企业 Motus Integrated Technologies 位于欧洲的子公司。公司是全球顶尖的汽车内饰生产商，主要的产品包括汽车顶棚、顶棚系统、座椅部件等。

10. 力世纪完成收购 Ideenion 全部已发行股本

力世纪宣布完成对德国汽车工程服务外包提供商 Ideenion Automobil AG 全部已发行股本的收购。Ideenion 一直从事国际汽车品牌的内燃机车及新能源汽车之设计、开发及原型设计。凭借有关先进设计及工程专长以及于汽车行业的长期经验，此次收购将有助于进一步增强集团提供先进技术解决方案的能力，并与集团出行业务的其他投资产生重大协同效应。

表 5 – 15 2019—2020 中企对德国跨境并购交易行业分布

行业	数量/个
制造业	6
TMT	2
医疗健康	4
消费	3
其他	23

（来源：Mergermarket、Wind）

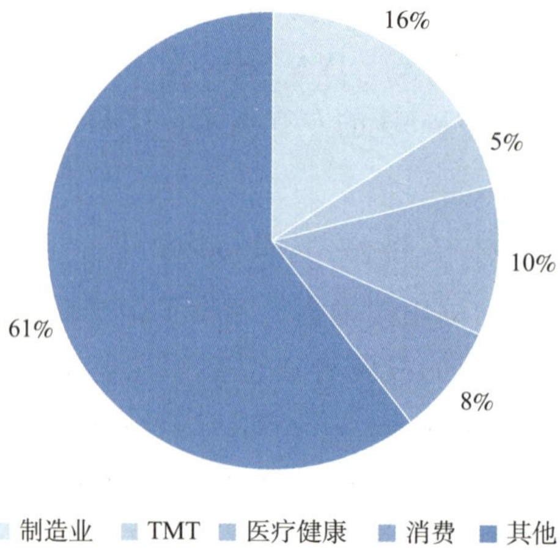

图 5-5　2019—2020 年中企对德国跨境并购交易数量行业占比

（来源：Mergermarket）

中国企业在德国并购的主要类型是制造业，这和多年来宣传"隐形冠军"等不无影响，事实上，德国的制造技术也确实享誉全球，对于中国制造的进一步腾飞，确实需要这些高质量的外资企业技术和经验。制造业在德国出海前十名中占据了 40%。

表 5-16　2017—2020 年来自德国的外资入境数据

年份	2017 年	2018 年	2019 年	2020 年
交易数量/个	1	1	2	8
交易金额/百万美元	11	7	5193	2443
数量占比/%	0.30	0.30	0.70	4.60
金额占比/%	0.019	0.001	8.000	6.000

（来源：Mergermarket、Wind）

德国企业在中国的投资从 2019 年以后有了较大增长，2019—2020 年合计 76.36 亿美元，共计 10 个。德国在华投资企业很多集中在高端制造业、汽车、电子、商业服务等技术密集型行业。德企近年来加大对中国投资主要看重以下三方面的发展机遇：其一，中国巨大并且极具潜力的消费市场；其二，中国企业极具活跃的数字科技相关的创新能力，也是吸引德国企业主要原因；其三，从政策上来看《外商投资法》的实施也使中国对外开放的力度不断加强。

（三）德企投资中国五大交易

1. 宝马收购华晨宝马

2019 年 1 月，宝马收购华晨宝马股权，持股比例提升至 75%，对价为 42 亿美元。华晨宝马汽车有限公司成立于 2003 年 5 月，是宝马集团和华晨汽车集团控股有限公司共同设立的合资企业。业务涵盖 BMW 品牌汽车在中国的生产、销售和售后服务。此外，宝马集团还将对华晨宝马的投资增加 30 亿欧元，用于未来几年沈阳生产基地的改扩建项目。

2. 安联收购泰康人寿保险

2019 年 11 月，德国保险公司安联支付约 10 亿美元，购买高盛公司在紧密控股的中国保险公司泰康人寿保险公司的部分股份。高盛将北京泰康人寿约 4% 的股份出售给了安联。交易后，美国投资银行将保留太康人寿约 8.6% 的股份。泰康人寿成立于 1996 年，是中国最大的保险和金融服务公司之一，据其网站称，该公司拥有 80 万名员工和代理商。它的主要业务领域是保险，资产管理以及健康和老年护理。

3. 大众中国收购国轩高科

2020 年 5 月，国轩高科与大众中国签署战略合作协议，国轩高科拟向大众中国定向发行本次发行前国轩高科已发行的股份总数 30% 的人民币普通股股份，交易金额约 8.4 亿美元。本次战略投资完成后，大众中国将成为国轩高科第一大股东，持股 26.47%，并拥有 13.20% 的表决权。根据 2019 年年报显示，国轩高科的主营业务为电池、输配电及控制设备制造业，占营收比例分别为 87.14%、10.08%。外界判断，大众中国入股国轩高科，是为了弥补大众集团在新能源汽车动力电池研发生产领域的短板。

4. 大众（中国）收购大众（安徽）

2020 年 12 月，大众集团投资约 7.3 亿美元，将其在大众（安徽）公司的股份从 50% 增加到 75%。安徽将成为大众集团在中国的新竞争中心和电动汽车中心。大众汽车接管了大众汽车（安徽）的管理控制权。该公司未来的产品将基于集团的模块化电动驱动矩阵（MEB），计划逐步扩大本地化 MEB 衍生品的本地研发能力，并利用全球协同效应。第一辆汽车预计将于 2023 年从安徽生产线上下线。

5. 德国博世集团和光速联合领投禾赛科技

国际领先的激光雷达制造商禾赛科技，宣布完成 C 轮融资，此轮融资由德国博世集团和光速联合领投，美国安森美半导体、启明创投、德同资本、新加坡 Axiom 等跟投，融资总额 1.73 亿美元。此次融资也刷新了激光雷达行业的最高单笔融资纪录。禾赛科技专注于研发和制造用于机器人和无人车的激光雷达。激光雷达被誉为无人车的“眼睛”，可以准确捕捉汽车行驶过程中周围环境和物体的运动变化。

三、澳大利亚

（一）概述

澳大利亚位于南太平洋和印度洋之间，四面环海，是世界上唯一国土覆盖一整个大陆的国家，澳大利亚是一个高度发达的资本主义国家，首都为堪培拉。作为南半球经济最发达的国家和全球第 12 大经济体、全球第四大农产品出口国，其也是多种矿产出口量全球第一的国家，因此被称作“坐在矿车上的国家”。同时，澳大利亚也是世界上放养绵羊数量和出口羊毛最多的国家，也被称为“骑在羊背上的国家”。澳人口高度都市化，近一半国民居住在悉尼和墨尔本两大城市。它也是一个体育强国，常年举办全球多项体育盛事。澳大利亚积极参与国际事务，是亚太经合组织的创始成员，也是联合国、20 国集团、英联邦、经济合作与发展组织及太平洋岛国论坛的成员。

澳大利亚的科研技术全球领先，拥有很多足以自豪的科技成就，例如检查怀孕妇女的超声波成像技术、拯救过无数生命的西药盘尼西林、现今全世界通用的飞行记录仪黑匣子、以电为动力的心脏起搏器等，都是澳大利亚科学家发明的。截至 2012 年年底，澳大利亚先后有十三位科学家获得过诺贝尔奖。

2019 年中国和澳大利亚的双边贸易额为 1696 亿美元，其中中国向澳大利亚出口额为 482 亿美元；中国从澳大利亚进口额为 1214 亿美元。中国与澳大利亚的贸易呈现逆差状态，而且澳大利亚是中国重要的逆差来源国。

中国向澳大利亚出口的产品主要是机电、服装、家具等。作为制造业大国，中国在机电出口上具有明显的比较优势和竞争优势。服装作为典型的劳动密集型产品，一直占据中国对外出口的重要地位。像运动用品、家具这些产品，中国业已形成明显的规模生产和出口优势，这些产品都是中国在与欧美等发达国家进行贸易时中国主要的出口产品。

中国从澳大利亚进口的产品主要是铁矿石、羊毛等。澳大利亚作为发达国家，其出口的主要优势其实并不是高科技产品，反而是能源、农牧产品等。这是与澳大利亚独特的资源禀赋结构相关的。澳大利亚拥有丰富的自然资源，这些自然资源是世界上大部分国家在经济发展中都需要的资源。中国作为一个经济大国，在经济发展中需要大量的能源、原材料，依靠中国自己的生产，往往不能完全满足需要。例如铁矿石，中国从澳大利亚进口大量铁矿石，中国是澳大利亚铁矿石出口的重要目的国之一，中国和澳大利亚的铁矿石交易谈判是中澳经贸关系中的重要事件之一。

中国提出“一带一路”倡议，将进一步加强与世界各国的经贸往来，在这样的大背景下，相信中国和澳大利亚在商品贸易、服务贸易、文化合作等方面的交往将会日益密切，相信中国和澳大利亚将来会有更加广泛和深入的双边合作。

表 5-17　2017—2020 年中国企业出海澳大利亚的相关数据

年份	2017 年	2018 年	2019 年	2020 年
交易数量/个	33	27	17	8
交易金额/百万美元	14992	7852	3106	630
数量占比/%	5.8	5.4	3.9	3.6
金额占比/%	39.0	32.0	20.0	9.0

（来源：Mergermarket、Wind）

（二）中企出海澳大利亚十大交易

1. 蒙牛成功收购贝拉米

蒙牛乳业发布公告，宣布公司拟以每股 12.65 澳元收购澳大利亚奶粉品牌贝拉米（BELLAMY'S AUSTRALIA LIMITED）的全部股本。此次收购，既有助于蒙牛在中国市场实现有机婴幼儿奶粉的布局，也将在东南亚乃至澳大利亚市场实现更强的中国品牌输出。同时，贝拉米加入蒙牛，也将实现品牌、品质和服务的全面升级优化，为中国消费者提供更好的产品与服务。

2. ESR 与 Propertylink Group 达成收购协议

亚洲物流巨头 ESR 将耗资 7.234 亿澳元收购澳大利亚商业地产投资集团 Propertylink。达成该交易前，ESR 已参股 Propertylink 和投资公司 Centuria。ESR 管理的资产超过 120 亿美元，支持该公司的机构投资者包括荷兰养老基金 APG 和 PGGM、加拿大养老基金 CPPIB、高盛集团、中国平安保险集团和韩国 SK 集团。

3. 新濠博亚娱乐收购澳交所上市公司 Crown Resorts

新濠国际发展公告，公司上市附属公司新濠博亚娱乐作为买方与 CPH 订立售股协议，据此，新濠博亚娱乐同意购入共约 1.35 亿股 Crown Resorts 股份。此次收购，有利于将新濠博亚娱乐的业务扩展至新市场并获得为股东创造额外价值的机遇。该交易反映出新濠博亚娱乐不断发掘全球扩张机会的策略，善用集团的雄厚财务状况以及在消闲、娱乐及酒店业领域的扎实经验。

4. 山东黄金以场外要约方式收购 Cardinal Resources Limited

山东黄金的境外全资子公司山东黄金矿业（香港）有限公司与 Cardinal Resources Limited 于 2020 年 6 月 18 日签署《要约实施协议》，山东黄金香港将以每股 0.60 澳元的价格，以场外要约收购方式向持有目标公司全部已发行股份的股东（不包括山东黄金香港及其关联方）发出场外附条件要约收购。Cardinal Resources Limited 是一家成立于 2010 年总部位于澳大利亚珀斯的黄金勘探开发公司。

5. 太盟亚洲资本欲收购澳大利亚快餐店品牌 Craveable Brands

太盟亚洲资本（PAG Asia Capital）欲收购澳大利亚快餐店品牌 Craveable Brands，

对价 4.5 亿~5 亿澳元，据称交易即将达成，这是该香港私募基金继两年前以 1 亿澳元收购加盟连锁品牌 The Cheesecake Shop 之后，在澳大利亚最大的一笔并购投资。Craveable 名下拥有 3 家鸡肉快餐连锁，Oporto、Red Rooster 和 Chicken Treat，店面总数 550 家，员工 1.25 万人，日客流量 15 万人。

6. 全球跨境支付企业 Airwallex 获 1 亿美元 C 轮融资

全球跨境支付企业 Airwallex 完成 1 亿美元 C 轮融资，由 DST Global 领投。据悉，Airwallex 成立于 2015 年，总部位于中国香港，业务包含全球收款、货币兑换、国际付款，主要服务跨境电商、在线旅游、物流、教育与留学、金融机构、数字营销、线上娱乐等七大领域，致力于为各类企业提供跨境支付的一体化解决方案。

7. 中教控股完成对澳大利亚国王学院的收购

中教控股公告表示，已经完成对于澳大利亚国王学院的收购，国王学院目前已成为中教控股全资子公司。澳大利亚国王学院（Australian Institute of Business and Management Pty Ltd），是一所位于澳大利亚新南威尔士州注册的高等教育机构。主要业务为向澳大利亚国内及国际留学生提供会计、商务、资讯科技和对外英语教学的认证学位课程。目前，国王学院拥有来自全球 100 多个国家的约 2400 名学生。

8. 盛屯矿业完成对恩祖里铜矿公司收购

盛屯矿业公告显示，旗下全资子公司旭晨国际已完成恩祖里铜矿公司 100% 的股权收购，交易金额约 1.14 亿澳元。盛屯矿业表示，目前，公司在刚果（金）拥有年产 3 万吨铜，3500 吨钴的铜钴综合冶炼项目，已进入稳定生产期。通过完成此次交易，公司将获得优质铜钴资源，并与公司的铜钴综合冶炼项目产生协同效应。

9. V2 Food Pty Ltd 获得 5500 万美元 B 轮融资

2020 年 10 月，澳大利亚植物汉堡和肉类替代食品公司 V2 Food Pty Ltd 筹集了 5500 万美元的 B 轮融资。李嘉诚的维港投资（Horizons Ventures）和新加坡政府支持的淡马锡（Temasek）均参与了此次投资。V2 Food Pty Ltd 成立于 2019 年，总部位于澳大利亚悉尼，旨在为消费者提供外观、烹调和口感都与肉类相似的植物基肉类替代品。

10. 绿城服务集团收购澳大利亚一家早幼教公司 56% 股权，扩充整合集团教育业务

绿城服务集团发布公告称，旗下间接全资附属公司绿城教育将以 6720.42 万澳元收购 Montessori Academy Group Holdings Pty Ltd 56% 股权。目标公司为 Montessori Academy 的全资附属公司，主要按照蒙特梭利课程及体系，向婴儿、幼儿及学龄前儿童提供教育及托儿服务等，并在澳大利亚经营超过 20 家幼儿园。收购完成后，目标公司将成为绿城服务集团间接非全资附属公司。

表 5-18　2019—2020 年中企对澳大利亚跨境并购交易行业分布

行业	数量/个
制造业	0
TMT	2
医疗健康	2
消费	8
矿业	5
其他	8

（来源：Mergermarket、Wind）

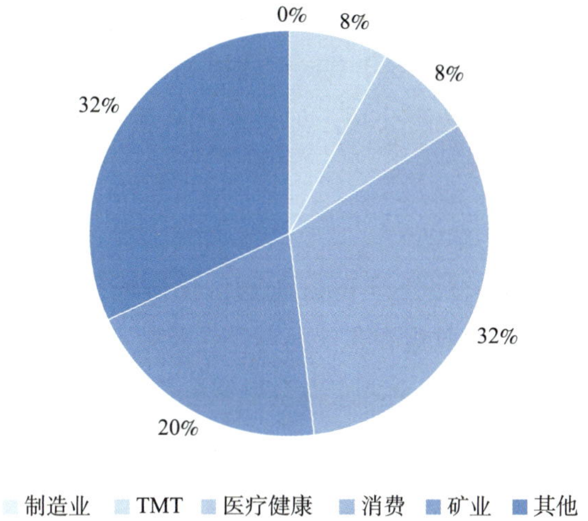

图 5-6　2019—2020 年中企对澳大利亚跨境并购交易数量行业占比

（来源：Mergermarket）

澳大利亚作为一个发达国家，主要是资源型国家，所以中国出海主要并购的都是矿业和消费，2019—2020 年共计 25 个，共计 37.36 亿美元。

表 5-19　2017—2020 年来自澳大利亚的外资入境数据

年份	2017 年	2018 年	2019 年	2020 年
交易数量/个	5	5	0	3
交易金额/百万美元	890	446	0	358
数量占比/%	1.70	1.90	0	1.70
金额占比/%	2	0.6	0	1.0

（来源：Mergermarket、Wind）

相对来说，澳大利亚在中国的投资相对来说比较小，2019 年为 0，2020 年重启了 3 个投资，2 个在新药，1 个在 TMT 行业，某种意义上，中国的新药研发已经和 TMT 产业一样，开始走向国际了。

（三）澳企投资中国三大交易

1. 3D 医药获得 CPE 投资

2020 年 10 月，中国精准医疗领域的领军企业 3D 医药宣布新一轮融资规模达 2.24 亿美元。由 CPE 投资公司牵头，投资者包括江西锦明集团和青松资本。3D 药物利用自动分子诊断和人工智能，帮助医生利用遗传信息，为个别患者量身定制治疗方案。该公司在多个领域拥有多样化的产品和服务组合。3D 医药董事长兼首席执行官表示，该公司将利用这些投资进一步进行产品研发，建立商业化团队，并扩大海外业务。

2. 药明巨诺获得淡马锡、CPE 等投资

2020 年 6 月，药明巨诺获得淡马锡、CPE 等投资，金额约 1 亿美元。药明巨诺由 Juno Therapeutics 与药明康德于 2016 年共同创建成立，是一家专注于细胞免疫治疗的研发、转化及应用的创新型生物医药公司。如果此次药明巨诺成功上市，将成为第 3 家药明康德系上市公司。

3. Iress 收购 BC Gateways

2020 年 1 月，金融服务软件公司 Iress 收购区块链通信平台 BC Gateways，金额为 3400 万美元，此举将提高数据收集和存储的可靠性及效率。据悉，BC Gateways 允许以“及时、准确和可审计的方式”安全地交换金融服务部门的数据和文档。

四、英国

（一）概述

英国位于欧洲西部，由大不列颠岛（包括英格兰、苏格兰、威尔士）、爱尔兰岛东北部和一些小岛组成。隔北海、多佛尔海峡、英吉利海峡与欧洲大陆相望。英国是世界第五大经济体，欧盟第二大经济体，仅次于德国。民营企业是英国经济的主体，占国内生产总值的 60% 以上，服务业占国内生产总值的 3/4，制造业仅占 1/10 左右。受国际金融危机影响，英国金融业损失惨重，这是自 20 世纪 30 年代大萧条以来最大的一次衰退。2018 年，英国 GDP 为 2.03 万亿英镑，人均 GDP 为 30750 英镑。GDP 增长率为 1.4%，通货膨胀率为 2.3%，失业率为 4.1%。

英国是欧洲能源资源最丰富的国家，主要包括煤炭、石油、天然气、核能和水电。产业能源在英国经济中占有重要地位。2014 年发电量降至 335 千瓦时，下降 6.7%；石油产量同比下降 8.8%。能源进口下降了 8.1%，而总出口下降了 7.8%，降至 1980 年以来的最低水平。近年来，政府强调需要提高能源效率，发展核能和可再生能源，减少对传统化石燃料的依赖，建设“低碳经济”。为此，开展了一系列法律保障和政策引导，鼓励发展高效节能技术，培养企业和家庭的节能意识。英国的主要行业包括矿业、冶金、化工、机械、电子、电子仪器、汽车、航空、食品、饮料、烟草，纺织、造纸、

印刷、出版、建筑等。生物制药、航空和国防是英国工业研发的重点，也是英国最具创新和竞争力的产业，目前英国工业产值约占国内生产总值的 23%。与许多发达国家一样，随着服务业的不断发展，英国制造业在 20 世纪 80 年代开始萎缩，80 年代和 90 年代初的两次经济衰退加剧了这种情况。英国的制造业，包括电子和光学设备、人造纤维和化学产品，特别是制药工业，仍然保持强劲的实力。

表 5－20　2017—2020 年中国企业出海英国的相关数据

年份	2017 年	2018 年	2019 年	2020 年
交易数量/个	28	23	18	2
交易金额/百万美元	17772	7348	8702	64
数量占比/%	4. 90	4. 60	4. 20	0. 90
金额占比/%	9	5	8	0. 14

（来源：Mergermarket、Wind）

（二）中企出海英国十大交易

1. 长江实业集团收购 Greene King plc

长江实业集团有限公司发布公告称，该公司的间接全资附属公司 CK Noble（UK）Limited 以 27 亿英镑收购 Greene King plc 全部已发行股本及将要发行股本。Greene King plc 是英国具领导地位的酿酒厂及英式酒馆营运商，于 1799 年由 19 岁的 Benjamin Greene 创立。在英格兰、威尔斯及苏格兰等地经营超过 2700 间英式酒馆、餐厅及酒店。

2. 沙钢集团收购 Global Switch 24. 01% 股权

据报道，Global Switch 控股有限公司 24. 01% 股份，已被中国最大的民营钢铁企业江苏沙钢集团有限公司收购。Global Switch 是欧洲和亚太地区领先的大型密集网络、载体和具中立云与多承租人特性之数据中心的拥有者、运营商和开发商。沙钢集团相信，Global Switch 以其非常优质的数据中心资产，将继续站在未来由数据主导的全球经济的最前沿。

3. 高瓴资本收购 Loch Lomond Group

高瓴资本与英国私募基金 Exponent Private Equity 展开谈判，收购后者持有的苏格兰老牌威士忌生产商 Loch Lomond Group（洛蒙德湖集团），以扩大旗下的消费品牌组合。Loch Lomond Group 是苏格兰一家独立蒸馏酿造厂商，旗下拥有苏格兰威士忌、金酒、伏特加等一系列烈酒品牌。

4. 博实乐完成收购英国教育集团 CATS 学院

博实乐教育已签署协议收购英国教育集团 CATS 学院的全部股权，交易金额 1. 50 亿英镑。CATS 学院成立于 1952 年，是一家总部位于英国的国际教育提供商。目前，

CATS 学院在英国、美国、加拿大以及中国境内共拥有 7 个校区，包括 1 所艺术学校和 10 所国际语言学校。

5. 汉德资本收购 Farsound Aviation Limited

汉德资本从 Rubicon Partners 以 1.15 亿英镑的总价值收购 Farsound Aviation Limited 及其子公司，一家技术赋能的全球领先供应链解决方案供应商的多数股权。Farsound 成立于 1986 年，总部位于英国伦敦附近。它为全球飞机引擎 MRO 厂商提供快速消耗的 B 级和 C 级部件。汉德将与管理团队合作，继续支持 Farsound 全球增长。

6. 敬业集团收购英国钢铁公司

敬业集团宣布收购英国钢铁公司。英国钢铁公司是英国第二大钢铁公司。其前身由 14 家英国钢铁企业于 1967 年重组而成，鼎盛时期，该公司的钢铁产量占英国钢铁产能的九成以上。敬业集团是一家以钢铁为主业，兼营钢材深加工、国际贸易、粉末冶金 3D 打印、旅游、酒店的大型集团公司。

7. 博实乐收购两所英国 K12 学校

据博实乐官微显示，其已签署协议收购英国 St Michael'School（圣迈克尔学校）和 Bosworth Independent College（博斯沃思学校）两所学校 100% 股权，总对价为 3800 万英镑。圣迈克尔学校是一所私立 K12 学校，创建于 1923 年，为 3～18 岁青少年儿童提供走读和寄宿制教育，目前学校有超 400 名学生，有超过 16 个国家的国际生。博斯沃思学校是一所私立寄宿制学院，创建于 1977 年，为 13～19 岁学生提供私立寄宿制教育服务，目前学校有超 300 名学生，其中包括来自 39 个国家的 200 多名国际生。

8. 中国香港健合集团收购英国护肤品牌 Aurelia

中国香港健康消费品集团 H&H Group（健合集团）收购了英国护肤品牌 Aurelia Probiotic Skincare。这次交易后，Aurelia 将继续在英国运营，Claire Vero 也将继续在董事会留任，并将在研发和新产品开发方面发挥“主导”作用。Aurelia 内容主管 Antonia Knox 表示，Aurelia 将进一步进军健康领域。

9. 迅捷环球控股完成收购翰盈国际全部股本

据迅捷环球控股公告，有关收购翰盈国际有限公司的全部已发行股本。董事会欣然宣布，买卖协议所载的所有先决条件已获达成。完成后，目标公司成为公司的直接全资附属公司，其财务业绩将并入集团的综合财务报表。迅捷环球是供应服务及服装品牌运营商，主要为全球知名品牌提供产品设计及开发、确认时装潮流及取样、采购原材料等全面服务。

10. 康宏环球已完成对 Tandem Money 的认购

康宏环球有关认购英国虚拟银行提供者 Tandem Money 股份事宜的所有先决条件已

获达成。Tandem Money 1125.97 万股 B 股普通股已根据认购协议条款及条件发行及配发于 Convoy Technologies。投资 Tandem Money 为康宏环球在中国香港推出数码服务战略的一部分，Tandem Money 将成为康宏环球的关键技术合作伙伴，并同意向康宏环球提供技术转让及知识共享。

表 5-21　2019—2020 年中企对英国跨境并购交易行业分布

行业	数量/个
制造业	3
TMT	2
医疗健康	2
消费	4
其他	9

（来源：Mergermarket、Wind）

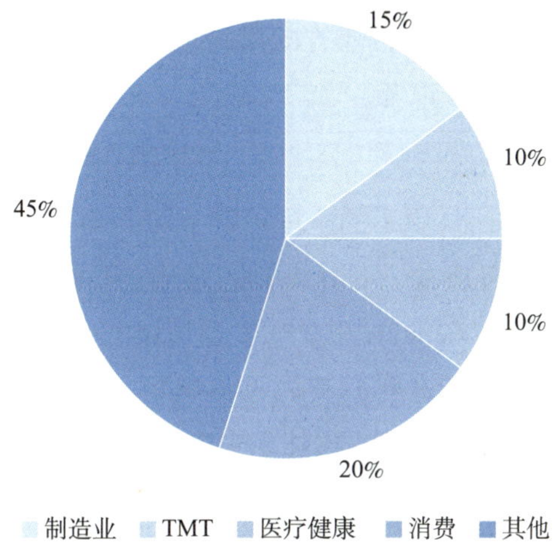

图 5-7　2019—2020 年中企对英国跨境并购交易数量行业占比

（来源：Mergermarket）

作为老牌的资本主义国家，英国实在有太多值得中国去学习的地方和交易的机会了，2019—2020 年中国在英国共计完成 20 个交易，包括消费、TMT、制造业、医疗健康等，分布非常均匀，共计 87.66 亿美元。

表 5-22　2017—2020 年来自英国的外资入境数据

年份	2017 年	2018 年	2019 年	2020 年
交易数量/个	5	3	5	1
交易金额/百万美元	1181	1089	672	535
数量占比/%	1.70	1.10	1.80	0.50
金额占比/%	2.0	1.4	1.0	1.0

（来源：Mergermarket、Wind）

2019—2020 年英国对中国境内收购了 6 个，交易金额仅为 12.07 亿美元。

（三）英企投资中国五大交易

1. 美联国际教育集团获得 EdtechXHoldings 投资

2020 年 3 月，美股上市公司 EdtechXHoldings 宣布与美联国际教育集团达成最终合并协议合并后，EdtechX 将给美联提供 1 亿美元的资金支持业务发展。新合并公司将更名为 MetenEdtechX，EdtechX 的投资者也将获得合并后新公司的一部分股权。MetenEdtechX 将为不断增长的中国学生和年轻专业人士市场提供行业领先的英语和未来技能训练。MetenEdtechX 将在中国 600 多个城市的潜在市场中，寻求扩展计划，包括在中国进行市场整合以及将美联的现有全渠道分销平台推出。

2. 帝亚吉欧收购水井坊

2019 年 4 月，帝亚吉欧以 3 亿美元收购水井坊。帝亚吉欧是世界最大的洋酒公司，占据了全球 30% 以上的洋酒份额。帝亚吉欧横跨蒸馏酒、葡萄酒和啤酒等一系列顶级酒类品牌，是世界洋酒版图的领跑者。

3. Permira 收购英之冠

2019 年 9 月，Permira Funds 旗下的全球投资公司 Permira 收购了英之冠航空服务有限公司及其相关公司的大部分股权，共计 2.7 亿美元。作为价值链中 800 多个供应商的增值分销商，英之冠非常切合 Permira 在全球工业领域的专业。受惠于航空旅行的增长及年轻亚洲航空公司机队的逐渐老化，英之冠将满足飞机维修的零件需求。随着中国和亚太地区持续推动航空运输的增长，预计在未来 10 年，由航空旅行带动的售后飞机零件和服务的需求，将以 10% 的复合年增长率增加。

4. Farfetch 收购 Toplife

2019 年 2 月，全球奢侈品时尚行业技术平台 Farfetch Limited 宣布和京东深化双方的战略合作，为奢侈品品牌提供进入中国市场的首选渠道。根据协议，Farfetch 中国将以 5000 万美元收购京东的奢侈品电商平台 Toplife。这一“双赢”的合作让京东在奢侈品领域汇集了全球和本地市场的最佳专业资源，这也是京东拓展全球时尚和奢侈品生态体系的核心步骤。

5. Acuris 收购 Blackpeak

2019 年 3 月，由 BC Partners 和 GIC 控股的全球数据、资讯、研究与分析的服务供应商 Acuris 以 1800 万美元收购了调查研究公司 Blackpeak。收购完成之后，Blackpeak 将加入 Acuris 的合规部门。Blackpeak 由 Jack Clode 和 Chris Leahy 创立于 2011 年，自成立以来，发展迅速，如今已成为一家提供与资本市场、投资并购及私募基金相关的综合性尽职调查、研究以及企业内部与外部调查服务的首选供应商。团队的丰富经验、强大的品牌效应以及深入的客户关系赋予 Blackpeak 市场领导者的地位，在取得持续性收益的同时，不断进行全球业务拓展。

五、新加坡

（一）概述

新加坡共和国是东南亚的一个岛国，新加坡是一个发达的资本主义国家，被誉为“亚洲四小龙”之一，同时凭借着地理优势，成为亚洲重要的金融、服务和航运中心之一。其经济模式被称为“国家资本主义”。根据 2018 年的全球金融中心指数（GFCI）排名报告，新加坡是继伦敦、纽约、中国香港之后的第四大国际金融中心。被 GaWC 评为世界一线城市。新加坡是东南亚国家联盟（ASEAN）成员国之一，也是世界贸易组织、英联邦（The Commonwealth）以及亚洲太平洋经济合作组织（APEC）成员经济体之一。2020 年，新加坡受新冠肺炎疫情影响，经济衰退 8.2%，主要经济数据如下：国内生产总值 3500 亿美元，人均国内生产总值 6.2 万美元，国内生产总值增长率 -8.2%，贸易总额 7232 亿美元。

新加坡属外贸驱动型经济，以电子、石油化工、金融、航运、服务业为主，高度依赖美国、日本、欧洲和周边市场，外贸总额是 GDP 的四倍。经济长期高速增长，1960—1984 年 GDP 年均增长 9%。1997 年受到亚洲金融危机冲击，但并不严重。2001 年受全球经济放缓影响，经济出现 2% 的负增长，陷入独立之后最严重衰退。为刺激经济发展，政府提出“打造新的新加坡”，努力向知识经济转型，并成立经济重组委员会，全面检讨经济发展政策，积极与世界主要经济体商签订自由贸易协定。根据 2018 年的全球金融中心指数排名报告，新加坡是全球第四大国际金融中心。

2008 年受全球经济危机影响，金融、贸易、制造、旅游等多个产业遭到冲击。新加坡政府采取积极应对措施，加强金融市场监管，努力维护金融市场稳定，提升投资者信心，降低通胀率，并推出新一轮刺激经济政策。2010 年经济增长 14.5%。2011 年，受欧债危机负面影响，经济增长再度放缓。2012—2016 年经济增长率介于 1% 与 2% 之间。2017 年 2 月，新加坡“未来经济委员会”发布未来 10 年经济发展战略，提出经济年均增长 2% ~3%、实现包容发展、建设充满机遇的国家等目标，并制定深入拓展国际联系、推动并落实产业转型蓝图、打造互联互通城市等七大发展战略。

新加坡的工业主要包括制造业和建筑业。2012 年产值为 1085.5 亿新加坡元，占国内生产总值的 25.1%。制造业产品主要包括电子、化学与化工、生物医药、精密机械、交通设备、石油产品、炼油等产品。迄今新加坡已经成为东南亚最大修造船基地之一，以及世界第三大炼油中心。

表 5-23 2017—2020 年中国企业出海新加坡的相关数据

年份	2017 年	2018 年	2019 年	2020 年
交易数量/个	24	15	17	11
交易金额/百万美元	4395	19640	2604	3842
数量占比/%	4.20	3.00	3.90	4.90
金额占比/%	2	14	3	8

（来源：Mergermarket、Wind）

（二）中企出海新加坡十大交易

1. YY 欢聚时代宣布完成对 BIGO 的收购

中国领先的直播社交平台公司 YY 欢聚时代宣布完成对海外视频社交平台 BIGO 的全资收购。在本次交易中，YY 收购 BIGO 余下的约 68.3% 的所有已发行和在外流通的，由其他股东持有的股份，总交易额约 14.5 亿美元。BIGO 是一家高速发展的全球科技公司，于 2014 年在新加坡成立，公司基于强大的技术实力，在全球的直播、短视频等泛娱乐和社交领域处于优势地位。

2. 仁恒置地收购新加坡联合工程

仁恒置地集团有限公司旗下的官方平台发布消息，仁恒置地全面收购了新加坡房地产开发商联合工程有限公司。在建国时间并不长的新加坡，联合工程是非常稀有的百年企业。这家由两个英国公司合并的企业，融合了一个世纪数代人的艰苦奋斗。收购联合工程是仁恒置地在新加坡全新部署的第一步，意味着房地产的实力将更加强大，投资组合也会更加多样化。

3. 枫叶教育收购新加坡最大的营利性国际学校

枫叶教育斥资 34 亿元收购新加坡最大的营利性国际学校 Canadian International School，本次收购分两次完成，前期将收购 90% 股份，第二次完成后，目标公司将成为公司的间接全资附属公司。CIS 为一家领先的私人教育机构，且按收入及入读学生人数计为新加坡最大的营利性高端国际学校之一。

4. 招商局正式完成收购中航国际控股

随着中航国际控股出售威海船厂正式获批，中航威海船厂将正式加入招商局集团，成为招商工业的新成员。中航国际控股也将加速出售旗下船舶业务回归主业。交易完成之后，中航国际控股将不再持有中航威海船厂的任何股权，中航威海船厂也不再是中航国际控股的附属公司。此次出售中航威海船厂标志着中航国际控股出售旗下船舶业务的第一步。

5. 上海万业企业联合境内外投资人投资收购 Compart Systems Pte. Ltd.

上海万业企业股份有限公司联合境内外投资人以 3.98 亿美元的企业价值收购

Broadway Holding Ⅲ Limited 持有的 Compart Systems Pte. Ltd. 100% 股权。Compart Systems Pte. Ltd. 总部位于新加坡，是设备所需的气体输送系统领域的流量控制组件供应商，也是工业、航空航天、石油天然气领域内高精密度流量控制组件供应商之一。

6. 珠海港要约收购兴华港口，推进双轮布局

珠海港披露公告称，公司通过全资子公司珠海港中国香港有限公司向联交所主板上市公司兴华港口全体股东发起自愿性有条件全面现金要约，以现金要约收购兴华港口 100% 的股份。收购位于长江入海口附近的兴华港口，不仅能使珠海港打开在长三角的业务布局，实现粤港澳大湾区和长江经济带的双轮业务驱动，同时兴华港口稳定的盈利能力也将增厚珠海港的经营业绩。

7. 中环股份收购 Maxeon Solar Technologies，PTE. LTD

中环股份公布，拟与 Total Solar International SAS 展开合作，道达尔（Total）将其控股的 SunPower Corporation 在美国和加拿大之外的全球太阳能电池与组件业务分拆到在新加坡注册成立的 Maxeon Solar Technologies，PTE. LTD，公司拟认购 Maxeon Solar Technologies，PTE. LTD 增发的股本，认购后公司对目标公司持股比例为 28. 8480%。

8. 爱尔眼科完成收购东南亚 ISEC 眼科集团

爱尔眼科完成了本次要约收购 ISEC Healthcare Ltd. 股份事宜。交割完成后，爱尔眼科通过爱尔眼科国际（新加坡）有限公司合计持有 ISEC Healthcare Ltd. 约 3. 01 亿股，占其已发行股本的 56. 53%，这也是爱尔眼科在东南亚地区进行的首次收购。ISEC Healthcare Ltd. 是东南亚位居前列的知名连锁眼科医疗服务机构，共经营 11 家眼科及全科诊所。

9. 光大控股入主英利国际置业

中国光大控股宣布，斥资 1. 07 亿新加坡元，向卖方 Newest Luck Holdings Limited 收购新加坡上市渝企英利国际置业 7. 67 亿股。光大控股由此成为英利国际置业控股股东，继而触发全面要约收购义务。英利国际置业主要在重庆从事黄金地段开发、销售、出租、管理等业务，在重庆成功打造了纽约 · 纽约、未来国际、英利国际金融中心、英利国际广场等多个知名地标建筑。

10. 厦门合兴包装印刷股份有限公司收购合众创亚包装服务（亚洲）

厦门合兴包装印刷股份有限公司发布公告称，拟以自有资金收购合众创亚柔佛、吉隆坡、印度尼西亚和泰国四家公司的 100% 股份。以上四家公司纳入合兴包装体系后，公司将实现在东南亚的市场布局，公司区域布局进一步扩大，同时又能与合兴包装产生协同效应，实现产业整合，从而扩大合兴包装的国际影响力。

表 5-24　2019—2020 年中企对新加坡跨境并购交易行业分布

行业	数量/个
制造业	7
TMT	7
医疗健康	1
消费	0
其他服务业	8
其他	13

（来源：Mergermarket、Wind）

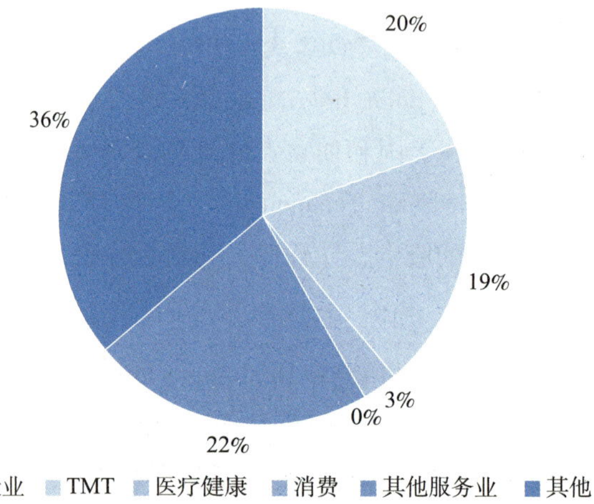

图 5-8　2019—2020 年中企对新加坡跨境并购交易数量行业占比

（来源：Mergermarket）

新加坡 2019—2020 年中资企业出海并购了 28 个，64.46 亿美元，主要集中在制造业和 TMT 产业，中国企业在新加坡还是表现出非常浓厚的兴趣和积极的意愿的。

表 5-25　2017—2020 年来自新加坡的外资入境数据

年份	2017 年	2018 年	2019 年	2020 年
交易数量/个	25	19	14	10
交易金额/百万美元	1658	16356	2004	2223
数量占比/%	8.90	7.30	5.30	5.80
金额占比/%	3	22	3	5

（来源：Mergermarket、Wind）

（三）新加坡企业投资中国八大交易

1. 新加坡城市发展收购深圳启迪协信科技园发展有限公司

2020年4月，新加坡城市发展以6.2亿美元从它的合资公司协信远创（Sincere Property Group）和中国平安两家公司手中收购深圳启迪协信科技园发展有限公司共51%股权。协信远创将继续持有这家控股公司剩下的15.4%股权，而这次收购将减少协信远创的负债。

2. 京东获得GIC投资

2020年5月京东的首只核心基金获得了GIC的投资共计5.8亿美元。京东作为普通合伙人，在出售了物流设施后保留了20%的股份。

3. 8i与Diginex达成股票交换协议

2019年7月，SPAC公司8i宣布，已与SPAC并购标的公司Diginex达成最终的股票交换协议。SPAC并购标的公司Diginex是一家全球区块链金融服务和技术公司。预计交易完成后其并购标的初始企业价值约为2.76亿美元。Diginex是一家数字金融服务和区块链解决方案公司，致力于使数字资产更容易获得，业务流程更高效和安全，主要的客户为机构投资者、公司和政府。Diginex认为，其合作方式及技术是推动区块链技术的机构采用和数字资产的规范使用的最佳方式。

4. Novena Global Lifecare收购星客多

2019年7月，新加坡公司Novena Global Lifecare宣布以3.5亿美元收购星客多。合并后的公司名为维星医疗科技。旗下业务包含美业、医美与医疗、美妆护肤产品研发生产、光电设备研发生产、软件系统开发等。合并后的新公司将继续推进现有业务发展，加速品牌全球化布局，并将持续聚焦医美、生活医疗服务领域。透过改造供应链来为消费者提供更便利有效、高性价比的产品与服务。

5. 兴盛优选获得红杉资本领投，腾讯、春华资本等投资

2020年6月兴盛优选获得3亿美元投资，由KKR领投，淡马锡、腾讯等跟投。此轮融资后兴盛优选估值达40亿美元因为有较强的供应链和门店基础，兴盛优选自发展之初就拥有了其他社区团购所无法比拟的优势。目前，兴盛优选已实现立足湖南，辐射华南、华中、华东、西南、西北等多个省份地区。

6. 叮咚买菜获得泛大西洋投资集团投资

2020年4月，公司被披露在新一轮融资交易中筹集了3亿美元，估值为20亿美元，由泛大西洋投资集团领投。叮咚买菜于2017年5月上线，主打前置仓生鲜电商模式，首先在上海发展，2019年年末前置仓数量为550个，目前其已开通上海、深圳、杭州、苏州等9个城市，2020年4月叮咚买菜进入北京，正在通过补贴、优惠方式获

取新用户。

7. 明略科技集团获得淡马锡、腾讯投资

2020 年 3 月，明略科技集团已完成 3 亿美元 E 轮战略融资，本轮投资由淡马锡、腾讯领投，快手跟投。明略科技集团是国内知名的 AI 和大数据公司，成立于 2006 年。投资明略有助于帮助战略投资方在产业链做整合、布局，且对于淡马锡、腾讯、快手三家投资方有较大的协同作用。

8. 利丰获得淡马锡投资

2019 年 8 月全球领先的品牌与零售商供应链合作伙伴利丰有限公司宣布与以新加坡作为总部的投资公司淡马锡达成认购协议，后者将以现金 3 亿美元的代价入股利丰物流业务约 21.7%。此投资以交易后股权估值基础评估 LF Logistics 的估值为约 14 亿美元。交易完成后利丰将以 78.3% 股权保持 LF Logistics 的控股股东地位。投资所带来的资金将用于未来的资本开支、偿还现有的银行借贷及加快 LF Logistics 的业务增长。

2019—2020 年，新加坡企业来国内投资的共计 24 个，合计 42.27 亿美元。

六、意大利

意大利共和国是一个欧洲国家，主要由南欧的亚平宁半岛及两个位于地中海中的岛屿西西里岛与萨丁岛所组成。意大利是一个发达的资本主义国家，欧洲四大经济体之一，也是欧盟和北约的创始会员国，还是申根公约、八国集团和联合国等重要国际组织的成员，意大利共拥有 55 项联合国教科文组织世界遗产，和中国并列为全球拥有世界遗产最多的国家，意大利在艺术和时尚领域也处于世界领导地位，米兰是意大利的经济及工业中心，也是世界时尚之都。

意大利是发达工业国，欧洲第四大、世界第八大经济体。中小企业发达，被誉为“中小企业王国”，中小企业数量占企业总数的 98% 以上。地区经济发展不平衡，北方工商业发达，南方以农业为主，经济较为落后。2019 年其主要经济指标如下：国内生产总值（GDP）1.787 万亿欧元，人均国内生产总值 2.85 万欧元，国内生产总值增长率 0.3%，出口总额同比增长 1.2%，进口总额同比减少 0.4%，财政赤字率 1.6%，失业率 9.5%。实体经济发达，是欧盟内仅次于德国的第二大制造业强国。各类中等技术含量消费品和投资产品在世界市场上占有相当份额，但高技术产品相对较少。其主要工业有石油化工、汽车制造、家用电器、电子仪器、冶金、机械、设备、纺织、服装、制革、家具、食品、饮料、烟草、造纸、出版、印刷、建筑等。其中小企业专业化程度高，适应能力强，传统上以出口为导向，在制革、制鞋、服装、纺织、家具、厨卫、瓷砖、丝绸、首饰、酿酒、机械、大理石开采及机械工业等领域具有较强的国际竞争力。

意大利有良好的科学传统，20 世纪先后有 9 位科学家获得过诺贝尔物理、化学、医学奖。基础研究中的物理与天文（如超导托克马克、同步辐射加速器、宇宙射线的研究和大型天体望远镜的研制等）、临床医学、生物医学、化学等领域处于世界前列。高新技术领域如空间技术、信息通信、高性能并行计算机（运算速度已经达到每秒万亿次）、核能等有一定的竞争力。自 1997 年意大利大学科研部向意大利国会提交《国家科学技术体系改革大纲》并获批准以来，意大利科技管理与科研体制改革进入了新的阶段。意大利高技术产业主要集中在信息通信、航空航天、生物制药、可再生能源、先进技术材料、机器人与自动化及精密仪器等领域。总体而言，意大利高技术产业仍比较薄弱。

表 5－26　2017—2020 年中国企业出海意大利的相关数据

年份	2017 年	2018 年	2019 年	2020 年
交易数量/个	18	15	9	6
交易金额/百万美元	1658	10510	1081	438
数量占比/%	3. 10	3. 00	2. 10	2. 70
金额占比/%	1	8	1	1

（来源：Mergermarket、Wind）

2019—2020 年，中资企业在意大利并购了 15 个，共计 15. 19 亿美元。

七、法国

法国为欧洲国土面积第三大、西欧面积最大的国家，法国是一个高度发达的资本主义国家，欧洲四大经济体之一，其国民拥有较高的生活水平和良好的社会保障制度，是联合国安理会五大常任理事国之一，也是欧盟和北约创始会员国、申根公约和八国集团成员国，和欧洲大陆主要的政治实体之一。国内生产总值位居世界第五。法国是仅次于美国的世界第二大农产品出口国，第三产业在法国经济中所占比重逐年上升，其中电信、信息、旅游服务和交通运输部门业务量增幅较大，服务业从业人员约占总劳动力的 70%。

由于发债问题，法国发行了 43 亿欧元的 10 年期国债。尽管融资规模达到了预期上限，但收益率情况却并不乐观。平均的中标收益率为 2. 98%，超过了同类发行中的 2. 91%。认购倍数为 2. 56 倍。在法国国债发行结果公布后，该国基准的 10 年期国债价格走低。10 年期法国国债收益率周四早盘升至 3% 上方，5 年和 30 年期法国国债的收益率也不同程度走高。

法国工业产值约占国内生产总值的 11. 2%。其主要工业部门有汽车制造、造船、机械、纺织、化学、电子、日常消费品、食品加工和建筑业等，钢铁、汽车和建筑业为三大工业支柱。核能、石油化工、海洋开发、航空和宇航等新兴工业部门近年来发展较快。核电设备能力、石油和石油加工技术仅次于美国，居世界第二位；航空和宇航工业仅次于美国和俄罗斯，居世界第三位。钢铁、纺织业居世界第六位。

表 5-27　2017—2020 年中国企业出海法国的相关数据

年份	2017 年	2018 年	2019 年	2020 年
交易数量/个	11	17	8	9
交易金额/百万美元	897	5286	633	568
数量占比/%	1.90	3.40	1.80	4.00
金额占比/%	0.48	4	1	1

（来源：Mergermarket、Wind）

2019—2020 年，中资企业在法国共计并购 17 个，合计 12.01 亿美元。

表 5-28　2017—2020 年来自法国的外资入境数据

年份	2017 年	2018 年	2019 年	2020 年
交易数量/个	2	4	6	3
交易金额/百万美元	223	371	1103	1169
数量占比/%	0.70	1.50	2.20	1.70
金额占比/%	0.40	0.5	2	3

（来源：Mergermarket、Wind）

2019—2020 年，法国在中国共计并购 9 个，合计 22.72 亿美元。

八、日本

日本是一个太平洋西岸的岛国，日本是一个高度发达的资本主义国家，世界第三大经济体，G7、G20 等成员。其自然资源匮乏并极端依赖进口，发达的制造业是国民经济的支柱。科研、航天、制造业、教育水平均居世界前列。此外，以动漫、游戏产业为首的文化产业和发达的旅游业也是其重要象征。2020 年，日本名义国内生产总值（GDP）约 551.1 万亿日元，实际增长率为 -4.8%。截至 2020 年 4 月底，外汇储备达 13685 亿美元。20 世纪 80 年代日本确立了“技术立国”战略，日本的科学研发能力位居世界前列，应用科学、机械、医学等领域尤为突出，日本政府把电子技术、生物技术和新材料技术列为国家的三大支柱产业技术，并把三大支柱产业的关键技术细分为 16 项。每年的科研经费达 1300 亿美元，高居全球第二。

表 5－29 2017—2020 年中国企业出海日本的相关数据

年份	2017 年	2018 年	2019 年	2020 年
交易数量/个	11	11	11	9
交易金额/百万美元	1192	630	1017	268
数量占比/%	1.90	2.20	2.50	4.00
金额占比/%	0.63	0.46	1	1

（来源：Mergermarket、Wind）

2019—2020 年，中资企业在日本共计并购 20 个，合计 12.85 亿美元，中日两国之间在产业上有很强的互补性，历史上也出现大规模引进日本技术的时代。

表 5－30 2017—2020 年来自日本的外资入境数据

年份	2017 年	2018 年	2019 年	2020 年
交易数量/个	11	7	17	15
交易金额/百万美元	11723	6432	3881	2826
数量占比/%	3.90	2.70	6.40	8.70
金额占比/%	20	8	6	6

（来源：Mergermarket、Wind）

2019—2020 年，日本在中国并购 32 个，共计 67.07 亿美元。

九、韩国

韩国地处东北亚朝鲜半岛的南部，三面环海，领土占朝鲜半岛的 4/9。联合国贸易和发展会议于日内瓦当地时间 2 日在第 68 届贸易和发展理事会会议中，通过韩国地位变更案，正式将韩国认定为发达国家，这也是自 1964 年联合国贸发会议成立后，首次将一个国家从发展中国家变更为发达国家。在 1961 年至 2018 年韩国人均 GDP 由不到 100 美元增长到现在的 31363 美元，被世人誉为“汉江奇迹”。这要得益于韩国电子、造船、汽车、钢铁等行业的迅速发展。在美国及日本等发达国家的援助下，三星、现代等企业拔地而起，并几乎成为行业当中的垄断者。据统计，三星、现代、乐天等 6 家集团，2019 年的营收已经超过韩国 GDP 总值的 60%。受新冠肺炎疫情影响，韩国的经济出现了 22 年来首次负增长（－1%），但在世界经济整体不景气的情况下，1.55 万亿美元的 GDP 总量仍然能排在世界第十。根据世界贸易组织统计，2020 年韩国出口额为 5125 亿美元，位居世界第七。2020 年韩国人均购买力平价为 4.47 万美元，位居世界第 29 位。

韩国非常注重科学技术的发展。据韩国科学技术企划评价院（KISTEP）的调查显示，韩国政府研发投入占 GDP 比重居 OECD 国家榜首，预算规模排名第六。韩国的资讯科技产业多年来一直较强，制造业与科技产业发达，除高速互联网服务闻名世界外，内存、液晶显示器及等离子显示屏等平面显示装置和移动电话都在世界市场中具领导地位。

表 5－31　2017—2020 年来自韩国的外资入境数据

年份	2017 年	2018 年	2019 年	2020 年
交易数量/个	7	8	11	6
交易金额/百万美元	599	964	1763	735
数量占比/%	2. 50	3. 00	4. 10	3. 40
金额占比/%	1	1	3	2

（来源：Mergermarket、Wind）

2019—2020 年，韩国在中国并购 17 个，共计 24. 98 亿美元。

第六章　中国企业跨境并购“一带一路”新机遇

第一节　“一带一路”简介

一、“一带一路”倡议概览

“一带一路”（The Belt and Road，简称“B&R”），是“丝绸之路经济带”和“21世纪海上丝绸之路”的简称。2013年9月和10月，中国国家主席习近平在出访哈萨克斯坦和印度尼西亚时先后提出共建“丝绸之路经济带”和“21世纪海上丝绸之路”的重大合作倡议。“一带一路”沿线大多是新兴经济体和发展中国家，是世界上跨度最长的经济大走廊，涵盖中亚、南亚、西亚、东南亚、中东欧、非洲等国家和地区，总人口约44亿人，经济总量约21万亿美元，分别约占全球的63%和29%。

2015年3月28日，国家发改委、外交部、商务部三部委联合发布《推动共建丝绸之路经济带和21世纪海上丝绸之路的愿景与行动》；2017年5月，首届“一带一路”国际合作高峰论坛在北京成功召开；2019年4月，第二届“一带一路”国际合作高峰论坛成功召开；博鳌亚洲论坛年会、上海合作组织青岛峰会、中非合作论坛北京峰会、中国国际进口博览会等先后举办。当前，我国已同140个国家和32个国际组织签署了共建“一带一路”合作文件。

近年来，世界银行发布包括《交通基础设施：“一带一路”倡议的量化模型和估算》《“一带一路”经济学：交通走廊发展机遇与风险》和《“一带一路”倡议对东亚及太平洋国家的经济增长和福利影响》等多项研究报告。报告显示“一带一路”倡议将使相关国家760万人摆脱极端贫困、3200万人摆脱中度贫困，使参与国贸易增长2.8%～9.7%、全球贸易增长1.7%～6.2%、全球收入增加0.7%～2.9%。通过促进沿线国家和地区互联互通建设，“一带一路”相关项目使沿线国家和地区货运时间平均减少1.7%～3.2%，全球货运时间平均缩短1.2%～2.5%，贸易总成本降低1.1%～2.2%。新建设的交通网络将让“一带一路”沿线国家和地区的外国直接投资总额增加4.97%。“交通网络效应”预计将推动撒哈拉以南非洲“一带一路”沿线国家GDP增长0.13%，促进东亚及太平洋地区的发展中国家GDP平均增长2.6%～3.9%。

（一）丝绸之路经济带

“丝绸之路经济带”简称“一带”，即连接亚太地区与欧洲，中间经过的中亚地区，像上海合作组织中的中国、俄罗斯、哈萨克斯坦、吉尔吉斯斯坦、塔吉克斯坦和乌兹别克斯坦都在丝绸之路上，其他 5 个观察员国及 3 个对话伙伴也在丝绸之路沿线。丝绸之路经济带的核心区域包括西北的新疆、青海、甘肃、陕西、宁夏，西南的重庆、四川、广西、云南。“一带”主要有两个走向，从中国出发，以欧洲为终点：经中亚、俄罗斯到达欧洲；经中亚、西亚到达波斯湾和地中海沿岸各国。

（二）21 世纪海上丝绸之路

“21 世纪海上丝绸之路”简称“一路”，是沿着“海上丝绸之路”，发展中国和东南亚、南亚、中东、北非及欧洲各国的经济合作。“海上丝绸之路”主要包括江苏、浙江、福建、广东、海南和山东 6 个沿海省份。

“一路”主要有两个走向：从中国沿海港口过南海到印度洋，延伸至欧洲；从中国沿海港口过南海到南太平洋。

（三）“一带一路”的六大国际经济走廊

2015 年 3 月底公布的《推动共建丝绸之路经济带和 21 世纪海上丝绸之路的愿景与行动》，在“框架思路”中提出，根据“一带一路”走向，陆上依托国际大通道，以沿线中心城市为支撑，以重点经贸产业园区为合作平台，共同打造新亚欧大陆桥、中蒙俄、中国—中亚—西亚、中国—中南半岛等国际经济合作走廊；海上以重点港口为节点，共同建设通畅安全高效的运输大通道。中巴、孟中印缅两个经济走廊与推进“一带一路”建设关联紧密，要进一步推动合作，取得更大进展。

表 6－1　“一带一路”的六大国际经济走廊

中蒙俄经济走廊	主要针对中国、俄罗斯和蒙古国之间的跨国合作，从而提升铁路和公路的互联互通，提高贸易清关程序的效率
新亚欧大陆桥经济走廊	经中亚和西亚，将中国与欧洲相贯通。旨在建设从中国江苏连云港经新疆阿拉山口，延伸至荷兰鹿特丹港的国际铁路交通干线
中国—中亚—西亚经济走廊	通过横跨中亚和西亚的铁路网络，将新疆与地中海沿岸和阿拉伯半岛相连接
中国—巴基斯坦走廊	旨在连接新疆和巴基斯坦的瓜达尔港。中国和巴基斯坦已部署了一系列长期合作计划，将沿经济走廊修建公路、铁路、石油天然气管道和光纤网络等
中国—中南半岛经济走廊	旨在建设广泛的基础设施网络，以加强中国与中南半岛五国之间的合作
孟中印缅经济走廊	旨在实现四个国家在交通基础设施、招商引资和文化交流等领域的密切合作

（来源：Mergermarket、Wind）

共建“一带一路”倡议以共商共建共享为原则，以和平合作、开放包容、互学互鉴、互利共赢的丝绸之路精神为指引，以政策沟通、设施联通、贸易畅通、资金融通、民心相通为重点，已经从理念转化为行动，从愿景转化为现实，从倡议转化为全球广受欢迎的公共产品。

二、“一带一路”共建进展

2018年8月，习近平主席在北京主持召开推进“一带一路”建设工作5周年座谈会，提出“一带一路”建设要从谋篇布局的“大写意”转入精耕细作的“工笔画”，向高质量发展转变，造福沿线国家人民，推动构建人类命运共同体。8年来，共建“一带一路”倡议以政策沟通、设施联通、贸易畅通、资金融通和民心相通为主要内容扎实推进，取得明显成效，一批具有标志性的早期成果开始显现，参与各国得到了实实在在的好处，对共建“一带一路”的认同感和参与度不断增强。

（一）第二届“一带一路”国际合作高峰论坛

2019年4月，第二届“一带一路”国际合作高峰论坛在北京成功举办。本届论坛以“共建‘一带一路’、开创美好未来”为主题，论坛期间举行了开幕式、领导人圆桌峰会、高级别会议、12场分论坛和1场企业家大会。38个国家的元首和政府首脑及联合国秘书长、国际货币基金组织总裁共40位领导人出席圆桌峰会。来自150个国家、92个国际组织的6000余名外宾参加了论坛。

政策沟通分论坛以“深化合作共识，推动‘一带一路’高质量发展”为主题，共形成60多项高含金量成果，包括签署多个共建“一带一路”、产能合作、第三方市场合作文件，发布《共建“一带一路”倡议：进展、贡献与展望》多语种版本等。设施联通分论坛以“安全畅通　智能高效”为主题，就交通、能源、电信等签署35项多双边谅解备忘录、合作意向书、投资协议、合作项目等。贸易畅通分论坛围绕“开放包容，创新引领，深化‘一带一路’贸易畅通合作”主题，60多个国家、11个国际组织及工商界人士约600名中外嘉宾参会，20余位中外嘉宾为推进“一带一路”贸易畅通建言献策。资金融通分论坛发布了《“一带一路”债务可持续性分析框架》，达成共同设立多边开发融资合作中心等多项成果，推动构建高质量、可持续的“一带一路”投融资体系。民心相通分论坛围绕“共促民心相通　共话民生合作　共创美好生活”主题，总结了“一带一路”民心相通领域取得的成果，启动了“丝路一家亲”行动，推动沿线各国社会组织共同开展民生领域合作。

智库交流分论坛主题为“共享人类智慧，共促全球发展”，来自60多个国家和地区的300多名代表围绕4个议题进行对话交流，形成了一系列重要共识。廉洁丝绸之路分论坛以“共商共建共享廉洁丝绸之路”为主题，发起《廉洁丝绸之路北京倡议》，并签署系列反腐败合作谅解备忘录。数字丝绸之路分论坛主题为“共建21世纪数字丝绸之路”，与会代表围绕坚持创新驱动发展，加强在数字经济、人工智能、纳米技术、量子计算机等前沿领域合作，推动大数据、云计算、智慧城市建设等领域展开深入讨论。绿色之路分论坛主题为“建设绿色‘一带一路’，携手实现 2030 年可持续发展议程”，成立“一带一路”绿色发展国际联盟，启动“一带一路”生态环保大数据服务平台，发布绿色高效制冷行动倡议、绿色照明行动倡议和绿色“走出去”行动倡议。

创新之路分论坛以“携手创新，共创未来”为主题，来自 33 个国家和地区及国际组织的近 150 名中外代表参会，多名代表分享了在“一带一路”科技创新合作中的成功经验和典型案例。境外经贸合作区分论坛以“携手共建境外经贸合作区，推动‘一带一路’国际投资合作”为主题，与会代表达成共识，今后重点在政策对接、规划引导、融资创新、服务便利上加强合作，为境外经贸合作区健康有序发展创造更大空间。地方合作分论坛主题为“深化地方合作，共享发展成果”，40 多个国家和地区的省州长、市长及其代表，众多国际组织、企业家代表和专家学者共计 300 余名嘉宾出席，签署了 14 项中外地方合作协议。企业家大会为各国工商界搭建沟通交流、对接合作、项目签约、深化合作的平台，来自 80 多个国家和地区的政府部门、商协会、企业及有关国际组织的 850 余名代表参加会议。

（二）产业与经贸合作取得丰硕成果

贸易往来持续增长。2013—2019 年，中国与“一带一路”沿线国家货物贸易进出口总额从 1.04 万亿美元增至 1.34 万亿美元。2019 年，中国与 138 个签署“一带一路”合作文件的国家货物贸易总额达 1.90 万亿美元，占中国货物贸易总额的 41.5%，其中，出口 9837.6 亿美元，进口 9173.9 亿美元。2019 年，中国与“一带一路”沿线国家服务进出口总额 1178.8 亿美元，其中出口 380.6 亿美元，进口 798.2 亿美元。

对外投资持续拓展。2013—2019 年，中国企业对“一带一路”沿线国家非金融类直接投资累计超过 1000 亿美元，年均增长 4.4%，较同期全国平均水平高 1.4 个百分点，主要投向新加坡、越南、老挝、印度尼西亚等国家。

合作区平台建设有序推进。截至 2019 年年底，纳入商务部统计的境外经贸合作区累计投资 419 亿美元，吸引了数千家企业入驻，产业聚集效应显现。其中，在“一带一路”沿线国家建设的合作区累计投资 350 亿美元，上缴东道国税费超过 30 亿美元，为当地创造就业岗位 33 万个。

吸收外资稳步提升。2013—2019 年，“一带一路”沿线国家对华直接投资超过 500 亿美元，设立企业超过 2.2 万家。2019 年，“一带一路”沿线国家在华实际投资金额 84.2 亿美元，同比增长 30.6%，占同期中国实际吸收外资总额的 6.1%。

2020 年，虽然受疫情影响，但我国对“一带一路”沿线国家进出口仍达到 9.37 万亿元，增长 1%。我国企业在“一带一路”沿线对 58 个国家非金融类直接投资 177.9 亿美元，同比增长 18.3%，占同期总额的 16.2%，较上年同期提升 2.6 个百分点，主要投向新加坡、印度尼西亚、越南、老挝、马来西亚、柬埔寨、泰国、阿联酋、哈萨克斯坦和以色列等国家。

对外承包工程方面，我国企业在“一带一路”沿线的61个国家新签对外承包工程项目合同5611份，新签合同总额1414.6亿美元，同比下降8.7%，占同期我国对外承包工程新签合同总额的55.4%；完成营业额911.2亿美元，同比下降7%，占同期总额的58.4%。一大批境外项目和园区建设在应对疫情中稳步推进，中老铁路、雅万铁路等重大项目取得积极进展，中白工业园新入园企业13家。

同时，“一带一路”沿线国家企业也看好中国发展机遇，在华新设企业4294家，直接投资达82.7亿美元。2020年，我国与缅甸、墨西哥、智利、白俄罗斯新建了贸易畅通工作组，还推动与更多国家建立投资工作组、服务贸易工作组和电子商务合作机制。

三、“一带一路”沿线国家投融资概况

“一带一路”沿线的大部分投资主要集中于交通基础设施的建设，电子信息和数字连接方面的基础设施建设越来越受各国重视。各方陆续出台促进贸易投资和包容合作的落实办法。但是，在各国法律、政治、环境和社会特征不一致的情况下，投资仍面临不少挑战。各国政府和相关部门可以在政策制定和监管等方面创新机制，提高各方投融资规则的一致性，以此开辟新途径，清除障碍，有效协调与“一带一路”相关的投融资活动，帮助其与可持续发展目标保持一致。

近年来，全球贸易总量大幅波动，沿线国家获得的外商直接投资金额也极不稳定。根据联合国贸发会议发布的《2019年世界投资报告》称，2018年全球外商直接投资流量为1.3万亿美元，中国是全球第二大对外投资国。虽然中国的对外直接投资在2018年持续下降，但其1300亿美元的总量依然庞大，占全球对外直接投资总量的10%。总体来看，数据还是呈上升态势，从2013年“一带一路”倡议提出时的1010亿美元跃升到了2018年的1300亿美元，尤其在沿线国家保持增长趋势。

商务部数据显示，2018年中国在“一带一路”沿线国家新签订的对外承包工程合同总额为1257.8亿美元，为促进各国经济增长打下牢固的基础。自2014年以来，“一带一路”沿线国家项目开始实现盈利，并稳步增长。最近非金融投资规模有所下降，同时倡议沿线各国缺乏协调的投融资规则，导致交易成本较高，这也是一个急需解决的问题。

商务部公布的数据显示，越南和马来西亚是2018年倡议沿线投资的主要目的地。在11个东南亚国家中，有7个被列为首选投资目的地。在过去的几年中，新加坡和印度尼西亚经常位列榜首，标志着东南亚已经成为中国对外投资的热门地区。同时，中国也一直在加强建设与“一带一路”沿线国家之间的金融伙伴关系，其中与巴基斯坦、马来西亚和俄罗斯的合作尤为突出。随着参与“一带一路”的国家越来越多，走向现代化和多样化的中国金融体系将会进一步促进倡议沿线国家的金融一体化，完善全球

国际金融治理体系。

表6-2 "一带一路"倡议伙伴国家和地区的主要经济与社会指数（2018年或数据可得的最近年份）

国家及相关地区	人均GDP/美元	FDI净流入/亿美元	通货膨胀[1]与CPI	外债存量[2]	物流绩效指数	营商环境指数
			东南亚			
文莱	31628	5	0.2	N/A	2.7	55
柬埔寨	1512	31	2.4	66.9	2.6	138
印度尼西亚	3893	200	3.2	36.6	3.2	73
老挝	2568	13	2.0	90.2	2.7	154
马来西亚	11239	86	0.9	69.4	3.2	15
缅甸	1326	13	6.9	21.5	2.3	171
菲律宾	3103	98	5.2	19.9	2.9	124
新加坡	64582	820	0.4	416.5	4.0	2
泰国	7274	132	1.1	35.1	3.4	27
东帝汶	2036	5	2.3	6.7	N/A	178
越南	2564	155	3.5	46.7	3.3	69
			南亚			
阿富汗	521	1	0.6	13.4	2.0	167
孟加拉国	1698	29	5.5	18.2	2.6	176
不丹	8259	0	2.7	109.2	2.2	81
马尔代夫	10224	6	-0.1	48.0	2.7	139
尼泊尔	1026	2	4.1	18.9	2.5	110
巴基斯坦	1473	30	5.1	27.6	2.4	136
斯里兰卡	4102	16	2.1	60.8	2.6	100
			东亚			
蒙古国	4104	22	6.8	253.9	2.4	74
			中亚			
哈萨克斯坦	9331	2	6.0	105.7	2.8	28
吉尔吉斯斯坦	1281	5	1.5	103.0	2.6	70
塔吉克斯坦	827	2	3.8	67.7	2.3	126
土库曼斯坦	6967	19	13.6	1.7	2.4	N/A
乌兹别克斯坦	1532	6	17.9	33.9	2.6	76
			西亚			
亚美尼亚	4212	3	2.5	87.5	2.6	41
阿塞拜疆	4721	14	1.9	36.4	N/A	25
巴林	24051	26	2.1	N/A	2.9	62

续表

国家及相关地区	人均 GDP/美元	FDI 净流入/亿美元	通货膨胀[1]与 CPI	外债存量[2]	物流绩效指数	营商环境指数
西亚						
格鲁吉亚	4345	12	2.6	110.6	2.4	6
伊朗	N/A	35	31.2	2.0	2.9	128
伊拉克	5878	-49	0.4	35.6	2.2	171
以色列	41614	218	0.8	25.4	3.3	49
约旦	4248	N/A	4.5	76.1	2.7	104
黎巴嫩	8570	N/A	6.1	145.1	2.7	142
科威特	32244	0	0.7	N/A	2.9	97
阿曼	16419	29	0.9	-15.2	3.2	78
卡塔尔	69026	N/A	N/A	99.6	3.5	83
沙特阿拉伯	23219	28	2.5	34.8	3.0	92
叙利亚	N/A	N/A	N/A	N/A	2.3	179
土耳其	9311	130	16.3	59.0	3.2	43
阿联酋	43005	104	3.1	73.5	4.0	11
也门	944	-3	41.8	26.1	2.3	187
非洲						
埃及	2413	74	29.5	35.9	2.8	120
南非	6160	23	6.3	52.0	3.6	82
摩洛哥	3237	36	1.9	42.2	2.5	60
马达加斯加	461	6	7.3	31.8	2.4	161
埃塞俄比亚	772	33	13.8	33.4	2.4	159
欧洲						
阿尔巴尼亚	5234	12	2.0	67.2	2.7	63
波黑	5254	5	1.4	80.4	2.8	89
克罗地亚	14869	13	1.5	81.8	3.1	58
白俄罗斯	5762	15	4.9	67.7	2.6	37
保加利亚	9272	26	2.8	60.3	3.0	59
捷克共和国	22973	85	2.1	83.0	3.7	35
爱沙尼亚	22927	10	3.4	83.5	3.3	16
匈牙利	15839	-728	2.9	84.6	3.4	53
拉脱维亚	18089	4	2.5	121.0	2.8	19
立陶宛	19090	9	2.7	78.5	3.0	14
马其顿	6084	7	1.5	72.0	2.7	10
摩尔多瓦	3189	2	3.0	61.3	2.5	47

续表

国家及相关地区	人均 GDP /美元	FDI 净流入 /亿美元	通货膨胀[1]与 CPI	外债存量[2]	物流绩效指数	营商环境指数
欧洲						
黑山	8761	5	2.6	142.4	2.8	50
波兰	15424	113	1.8	72.1	3.5	33
罗马尼亚	12301	69	4.6	48.0	3.1	52
俄罗斯	11289	88	2.9	28.1	2.8	31
塞尔维亚	7234	41	2.0	71.7	2.8	48
斯洛文尼亚	26234	15	1.7	100.3	3.3	40
斯洛伐克	19547	26	2.5	111.0	3.0	42
乌克兰	3095	25	11.0	89.6	2.8	71
大洋洲						
新西兰	41996	16	1.6	101.6	3.9	1
美洲						
巴拿马	15575	66	0.8	143.7	3.3	79

（来源：国家开发银行与 UNDP）

注：1. 年度变化百分比；以占 GNI 百分比或国内生产总值的百分比表示；物流绩效指数分值 1 代表最低，分值 5 代表最高；营商环境指数分值越低代表营商环境越友好。

2. 当期现值（单位：亿美元）。

表 6-3 “一带一路”倡议伙伴国家和相关地区国民收入归类（2019 年）

收入水平	国家
低收入	尼泊尔、阿富汗、也门、塔吉克斯坦、叙利亚
中低收入	不丹、东帝汶、乌克兰、乌兹别克斯坦、印度、印度尼西亚、吉尔吉斯斯坦、孟加拉国、巴基斯坦、摩尔多瓦、柬埔寨、缅甸、老挝、菲律宾、蒙古国、越南、埃及
中上收入	亚美尼亚、伊拉克、伊朗、俄罗斯、保加利亚、哈萨克斯坦、土库曼斯坦、土耳其、塞尔维亚、斯里兰卡、波黑、泰国、白俄罗斯、阿塞拜疆、阿尔巴尼亚、马来西亚、马尔代夫、黎巴嫩、黑山、格鲁吉亚、约旦、阿曼、罗马尼亚
高收入	以色列、匈牙利、卡塔尔、巴林、希腊、拉脱维亚、捷克共和国、文莱、斯洛文尼亚、斯洛伐克、新加坡、沙特阿拉伯、波兰、爱沙尼亚、科威特、立陶宛、阿联酋、克罗地亚

（来源：国家开发银行与 UNDP）

表 6-4 “一带一路”倡议伙伴国家和相关地区其他相关指数（2018 年或数据可得的最近年份）

国家及相关地区	法制体系	就业人口比例	物流绩效指数	政治稳定风险
东南亚				
文莱	混合法	N/A	2.7	45
柬埔寨	民法	80.3	2.6	65
印度尼西亚	民法	64.2	3.2	40
老挝	民法	77.7	2.7	50

续表

国家及相关地区	法制体系	就业人口比例	物流绩效指数	政治稳定风险
东南亚				
马来西亚	混合法	62.4	3.2	30
缅甸	普通法	61.1	2.3	60
菲律宾	混合法	58.3	2.9	40
新加坡	普通法	65.7	4.0	20
泰国	民法	67.1	3.4	45
东帝汶	民法	37.8	N/A	50
越南	民法	76.0	3.3	50
南亚				
阿富汗	混合法	64.9	2.0	85
孟加拉国	混合法	56.2	2.6	50
不丹	民法	65.5	2.2	20
马尔代夫	宗教法	61.4	2.7	N/A
尼泊尔	普通法	81.9	2.5	35
巴基斯坦	普通法	51.7	2.4	60
斯里兰卡	混合法	50.2	2.6	55
东亚				
蒙古国	民法	56.1	2.4	35
中亚				
哈萨克斯坦	民法	67.3	2.8	65
吉尔吉斯斯坦	民法	57.2	2.6	45
塔吉克斯坦	民法	38.9	2.3	75
土库曼斯坦	民法	62.7	2.4	60
乌兹别克斯坦	民法	62.1	2.6	60
西亚				
亚美尼亚	民法	48.4	2.6	55
阿塞拜疆	民法	62.9	N/A	70
巴林	混合法	72.1	2.9	70
格鲁吉亚	民法	58.0	2.4	50
伊朗	宗教法	38.8	2.9	85
伊拉克	混合法	39.2	2.2	75
以色列	混合法	61.5	3.3	40
约旦	混合法	33.4	2.7	65
黎巴嫩	混合法	44.3	2.7	80
科威特	混合法	72.4	2.9	60
阿曼	混合法	69.4	3.2	60
卡塔尔	混合法	86.7	3.5	55
沙特阿拉伯	宗教法	53.2	3.0	55

续表

国家及相关地区	法制体系	就业人口比例	物流绩效指数	政治稳定风险
		西亚		
叙利亚	民法	37.8	2.3	80
土耳其	民法	46.8	3.2	75
阿拉伯联合酋长国	混合法	80.9	4.0	50
也门	混合法	33.5	2.3	90
		非洲		
埃及	混合法	42.6	2.8	55
南非	混合法	40.6	3.4	35
摩洛哥	混合法	41.3	2.5	60
马达加斯加	民法	85.0	2.4	40
埃塞俄比亚	民法	78.9	2.4	70
		欧洲		
阿尔巴尼亚	民法	48.3	2.7	50
波黑	民法	37.1	2.8	65
克罗地亚	民法	47.1	3.1	35
白俄罗斯	民法	60.0	2.6	60
保加利亚	民法	52.4	3.0	35
捷克共和国	民法	58.8	3.7	30
爱沙尼亚	民法	59.9	3.3	35
匈牙利	民法	54.1	3.4	25
拉脱维亚	民法	56.2	2.8	35
立陶宛	民法	57.3	3.0	30
马其顿	民法	43.2	2.7	55
摩尔多瓦	民法	40.6	2.5	65
黑山	民法	42.8	2.8	45
波兰	民法	54.8	3.5	40
罗马尼亚	民法	52.1	3.1	25
俄罗斯	民法	59.1	2.8	55
塞尔维亚	民法	46.9	2.8	45
斯洛文尼亚	民法	54.8	3.3	20
斯洛伐克	民法	55.7	3.0	35
乌克兰	民法	48.9	2.8	75
		大洋洲		
新西兰	普通法	66.8	3.9	15
		美洲		
巴拿马	民法	63.8	3.3	45

（来源：国家开发银行与 UNDP）

注：物流指数分值 1 代表最低，分值 5 代表最高；政治稳定风险分值越高说明风险越大。

许多"一带一路"伙伴国家存在腐败现象和政治动荡问题，对在这些地区经营项目的外国商业机构提出挑战，也会影响计划进入这些市场的投资者。这两个因素给外资公司的经营和扩张带来了巨大的不确定性，阻碍投资活动的规划和执行，难以带来可持续的经济发展和长期的社会效益。物流绩效是一个国家吸引投资能力的另一个关键指标，很大程度上反映了该国在国际贸易中的作用和竞争力。"一带一路"倡议相关地区的总体物流水平还很欠缺，给投资者参与和利用全球生产网络带来了挑战。同时也为交通基础设施的投资创造了机会，从而帮助提高贸易竞争力，实现具有可持续性和包容性的增长。

在未来10年内，中国和伙伴国家将为"一带一路"项目投入数万亿美元的资金，而私营部门将会在这些国家积极寻求市场和商机，各国将在贸易、物流和运输基础设施的建设方面迎来较大发展，社会经济联系也会加强。私营企业享有规模更大、更加一体化的市场，获得健全的生产网络和更好的专业服务，融资也变得相对容易。总体而言，中国和其他国家政府应与其他地方、国家和国际利益相关方密切协商，协调政策和规则，让"一带一路"倡议为各方带来更多实实在在的多维机遇。

四、丝路基金相关情况介绍

丝路基金是由中国国家主席习近平于2014年11月8日宣布出资400亿美元而成立的投资项目。2014年11月9日，在2014年APEC工商领导人峰会上，丝路基金将为"一带一路"沿线国基础设施建设、资源开发、产业合作等有关项目提供投融资支持。2014年12月29日，丝路基金有限责任公司完成工商注册，金琦出任公司董事长。2015年4月，丝路基金宣布入股三峡南亚公司，与长江三峡集团等机构联合开发巴基斯坦卡洛特水电站等清洁能源项目，这是丝路基金成立后的首个投资项目。

设立丝路基金是要利用中国资金实力直接支持"一带一路"建设。这个基金没有明确的上限，作为为中国重大中长期战略提供融资保障的渠道之一，基金规模还会根据后期规划的实际进展情况进行追加。2017年5月14日，在"一带一路"国际合作峰会上，中国将向丝路基金新增资金1000亿元人民币，鼓励金融机构开展人民币海外基金业务，规模约3000亿元人民币。

丝路基金与亚投行的运作方式不同，也不会类似于中投公司的模式。根据公开信息，亚投行是一个政府间的金融开发机构，要按照多边开发银行的模式和原则运营，重点支持基础设施建设。丝路基金的性质是基金，可能更倾向于投资。

有经济专家此前表示，中投等主权基金与丝路基金不同。中投公司的资本金完全来自政府，实行公司化管理，相对封闭。丝路基金可能是基金型运作，委托一个公司管理。支持"一带一路"建设，需要资金规模很大，需要不断有资本进入。张燕生称，判断这个基金如何运作，首批投资将投向哪里，要分析将来的基金构成，也就是要看投资人的意向。丝路基金是长期投资，基本不可能吸引国内的中小投资者，肯定是长期出资的投资人，比如保险公司、养老基金等。

根据《金融时报》统计，签约项目 15 个，承诺投资金额超过 60 亿美元，涉及项目总投资额超过 800 亿美元。这是丝路基金自 2014 年 12 月起步运行以来，在支持“一带一路”建设上交出的成绩单。

据了解，两年多来，丝路基金与境内外投资者密切合作，通过以股权为主的多种市场化方式，参与并推动了一批重大项目落地，专业化的投资能力得到了国际投资界的广泛认可。按照市场化、国际化、专业化运行原则，丝路基金切实发挥了以中国资金实力支持“一带一路”建设、促进沿线国家互联互通的重要作用。

2015 年，丝路基金首单投向了中巴经济走廊的清洁能源项目——支持三峡集团投资建设卡洛特水电站项目。

在俄罗斯，丝路基金先后购买了亚马尔液化天然气一体化项目 9.9% 股权并提供专项贷款，入股了垂直一体化天然气处理和石化企业西布尔公司，在油气行业展开布局。

在西亚北非方向，丝路基金携手哈电集团投资迪拜哈翔清洁燃煤电站项目，开启了“一带一路”沿线重要的中东市场。在中亚地区，丝路基金与哈萨克斯坦有关部门共同设立了中哈产能合作基金，推动以点带面覆盖中亚市场。

在东南亚方向，丝路基金加入了国际金融公司（IFC）旗下的独立第三方投资平台筹建的亚洲新兴市场基金，快速拓宽了在东南亚地区的投资领域。

在欧洲方向，丝路基金支持中国化工收购意大利倍耐力公司进军高端制造业；作为基石投资人投资了中法 FC Value Trail 基金，挖掘科技、医疗、环保等新兴行业投资机会；并与德国、塞尔维亚等国家签订了投资合作框架性协议。

此外，丝路基金还先后与欧洲复兴开发银行等国际金融机构签署了合作框架协议。据了解，目前丝路基金已在“一带一路”沿线跟踪并储备项目 100 多个，范围覆盖俄蒙中亚、东南亚、南亚、西亚北非、中东欧等重点区域和国家。

股权投资是丝路基金最重要的业务特点之一。据了解，截至目前，丝路基金的股权投资占投资总额之比达到 72%，涉及项目总投资额超过 800 亿美元。

通过梳理丝路基金的投资项目发现，对于一些资金需求量大的项目，丝路基金在参股的同时，还与银行等金融机构联合起来配套发放项目贷款，通过“股权 + 债权”的方式实现企业和丝路基金的“双赢”。这样一方面股权投资降低了项目的资产负债率，使项目更容易获得资金的支持；另一方面债权投资与股权投资形成了相互补充和配合，兼顾了丝路基金所投资金风险与收益的平衡。

丝路基金在支持三峡集团投资巴基斯坦卡洛特水电站项目、联合中国化工收购意大利倍耐力公司、参与亚马尔液化天然气一体化项目、支持哈电集团投资阿联酋迪拜哈翔清洁燃煤电站项目中，都采取了“股权 + 债权”相配套的方式。

丝路基金投资的阿联酋迪拜哈翔清洁燃煤电站项目，是“一带一路”建设中的一个典型案例，兼具战略意义、合作效应和商业价值。

从项目与其所在国发展规划来看，这个项目采用超超临界清洁燃煤技术，符合欧盟最严格的工业碳排放标准，有利于当地绿色环保和节能减排。作为中东地区第一个燃煤电站，该项目有力推动了阿联酋丰富和优化以油气为主的过于单一的能源结构，同时作为迪拜第一个大型电力 PPP 招标项目，对在中东地区推广 PPP 模式具有良好的示范效应。

从投资效果来看，丝路基金作为项目业主投资并提供贷款，有力提高了项目的信用保障能力，推动中资金融机构参与银团贷款，共带动了约 16 亿美元中方银行信贷。

值得一提的是，丝路基金的股权投资还帮助哈电集团通过项目实现了国际投资运营的突破。哈电集团作为项目的 EPC 总承包商之一，为电站提供辅机设备，预计将拉动价值约 15 亿美元的中国设备出口。据悉，哈电集团通过首次作为业主参加海外电站开发，积累了其国际电站开发及运作经验；首次在海外承建超超临界燃煤电站，获得了海外建设此类煤电站的资质；首次进入长期以来一直由欧美韩日主控的阿联酋电力市场，“中国设计及制造”获得了国际电力行业高端市场的认可。

此外，该项目本身也具有很强的商业价值。这个项目融资结构设计新颖，完全按照市场化方式进行专业运作，各方风险收益合理捆绑，约定了合理的投资回报。该项目获得了业内权威杂志 *Project Finance International* 和 *IJ Global* 评选的“中东及非洲 2016 年度电力交易”大奖。

表 6－5　“一带一路”沿线国家和地区概识

国家及相关地区	进出口情况	贸易政策	投资政策
文莱	主要出口原油及液化天然气；进口工业制成品、机械及运输设备	东盟经济共同体（AEC）成员国，与中国签订自由贸易协定	文莱经济发展委员会（BEDB）促进外商直接投资到当地，以清真、科技与创意产业、商业服务、旅游业以及下游石油和天然气为重要发展领域
柬埔寨	主要出口成衣	东南亚国家联盟（东盟）成员国，2016 年与中国签署避免双重征税协定	柬埔寨实施自由的外商投资政策。重点投资领域包括以农业、运输、电信、能源、劳力密集和出口为主的加工业、旅游及人力资源开发等
印度尼西亚	主要出口矿物燃料、机械、交通运输设备及制成品；主要进口包括机械、电动设备及钢铁	中国—东盟自由贸易协定的签署成员，2016 年与中国签署避免双重征税协定	印度尼西亚政府积极吸引外商直接投资，特别简化投资审批程序，设于 13 个省的 70 个工业区均提供 3 小时快速投资审批服务，方便外商投资。投资在指定业务领域的公司，可享受进口机器豁免关税和所得税扣减等投资优惠
老挝	主要出口木材、矿产和水电；主要进口包括机械设备及汽车	东盟经济共同体的成员国之一，与中国签订自由贸易协定	老挝投资促进部（IPD）负责促进外商直接投资及评估外商的投资计划。老挝设立了多个经济特区，提供多项优惠，如减免所得税及增值税

续表

国家及相关地区	进出口情况	贸易政策	投资政策
马来西亚	主要出口电子产品及电器、棕榈油产品，以及精炼石油产品。主要进口中间产品及资本财货，包括电子、机械及石油产品		依赖出口，积极吸引外商直接投资，并促进高增值制造业发展，投资于该等产业，如先进电子、医疗器械、生物技术和绿色技术可获免征企业所得税及税收扣减等投资优惠
缅甸	主要出口产品包括燃料、矿物、农产品和服装。进口产品主要是机械、运输设备、普通金属及其制品	缅甸是中国—东盟自由贸易区（CAFTA）的一部分	缅甸政府为了促进及便利外商和本土投资，并向私人投资开放更多经济领域，2017 年 4 月实行新投资法。在新投资法下，外商投资该国可以采取独资或合资形式。开放外商直接投资的行业包括制造业、服务业、基础设施建设、零售批发业。此外，在营运的首 3 至 7 年，外商可享有免税期，以及其他形式的所得税或关税宽减
菲律宾	主要进口电子产品、矿产及工业设备。主要出口电子产品、服装	是东盟及东盟自由贸易区的成员国	2017 年 3 月，菲律宾杜特尔特总统签署了 2017—2019 年投资优先计划（IPP），向中国伸出橄榄枝，希望能吸引更多先进技术来菲律宾
新加坡	主要出口产品包括电子机器及设备、机器、计算机及矿物燃料（包括油）。主要进口产品包括电子机器及零部件、石油产品、办公室机器及电信设备	新加坡奉行自由贸易政策，只对很少产品征收关税或实行进口管制。该国仅对酒类、烟草、石油产品和汽车征收高昂关税。已与中国签署双边自由贸易协定	新加坡是东南亚金融中心，也是主要的电子及生物医药制造基地之一。该国欢迎外商在各行业直接投资，并提供不少投资优惠，如开发及费用列支优惠，以及企业所得税减免
泰国	主要出口产品有计算机及零件、汽车及零件、机器及设备等，主要进口产品有原油、电子及电动器具零件、化工、汽车及零件等	中国—东盟自由贸易区于 2010 年 1 月正式成立，现时中国与泰国之间的贸易中，超过 90% 产品免征关税	泰国继续推行鼓励外商直接投资的政策，除涉及国家安全、农渔业，以及大众传媒的项目外，其他界别均允许外商投资。不过根据有关法律，外商在特定界别如电信、银行或保险的持股量比重仍受限制
东帝汶	主要进口食品及机械咖啡、木材、胶榕、椰子等经济作物		在各个领域中，该国的石油及天然气领域吸引最多外商直接投资，东帝汶政府也鼓励外商投资于农业（如种植咖啡）、基建以及旅游业。东帝汶专责投资署（AEI）负责审核外商直接投资的申请，并为促进投资和出口提供一站式服务

续表

国家及相关地区	进出口情况	贸易政策	投资政策
越南	主要进口产品包括机器、设备和零件，以及电子产品、计算机和配件。越南进口的机械设备中，大部分与装配出口有关。中国是越南最大的进口来源地	中国—东盟自由贸易区的一部分，与中国签订避免双重征税协定	越南大力吸引各个领域的投资，重点是基建项目、高科技产品制造（生物技术、资讯科技、机械工程）、研发、教育及培训。符合条件的项目可获降低企业所得税、减免税项、降低地租，以及豁免进口关税等投资优惠
孟加拉国	主要进口来自中国及印度的机械和石油产品。主要出口产品为成衣	孟中印缅经济走廊	孟加拉国投资发展管理局（BIDA）是该国主要的投资促进机构，旨在吸引外商直接投资以推动国家经济发展。纺织品及服装业是吸收外来投资的主要领域，管理局也鼓励外商投资于当地的皮革和皮革产品、药品、汽车和食品加工等行业
不丹	不丹的出口几乎全部输往印度，其中大约40%是水力电能。不丹的进口货品八成以上来自印度，主要是燃料和机械	2008年不丹与印度签署了自由贸易协定，订明经印度转口或转运至第三市场的不丹货品免收关税	虽然旅游业吸引了大量外商直接投资，但不丹也鼓励外商投资农业和资讯及通信科技业。不丹政府也热衷于为在该国营商者提供便利，并成立优化商务委员会（Better Business Council），专责与私营部门交流意见
印度	主要输出全球离岸资讯科技和业务流程管理（IT－BPM）至发达国家，尤其是美国和欧洲	孟中印缅经济走廊	印度的经济政策旨在吸引大量资金持续流入，并鼓励技术合作。除原子能、彩票、赌博和博彩，以及某些形式的零售业外，几乎所有行业都开放外商投资
马尔代夫	主要出口产品是鱼类及相关产品，由于缺乏耕地及大型制造业，差不多所有货品都要从外国进口	中国“一带一路”倡议中海上丝绸之路的沿途国家之一	马尔代夫投资局是该国负责促进及监管外商直接投资的官方机构。马尔代夫各行各业都开放外商投资，政府已推出多个项目，涉及轻工业、旅游业及金融业
尼泊尔	主要出口地毯等纺织品到印度、欧盟、中国、主要进口来自印度及中国的燃料、机械和汽车	在“一带一路”倡议下，中国政府建议设立中国—尼泊尔—印度经济走廊，以改善区内的交通，扩大贸易	尼泊尔投资委员会（Investment Board Nepal）是负责促进外商直接投资的官方机构，推动当地经济发展。当局鼓励外商投资于水力发电、农业、资讯科技以及旅游业
巴基斯坦	主要的出口产品包括纺织品和服装、大米、皮革及运动用品；主要进口产品为原油、石油产品、机械、塑料及运输设备	2006年与中国达成自由贸易协定，中国有意加强与巴基斯坦的自由贸易协定	巴基斯坦是外商投资环境最开放的南亚国家之一，允许外商在制造及基建行业拥有100%股权。巴基斯坦政府向外商直接投资项目提供多项税务优惠，受惠行业包括基建、电子产品及软件

续表

国家及相关地区	进出口情况	贸易政策	投资政策
斯里兰卡	主要进口产品为燃料、纺织品及机械设备。纺织品和服装（占出口比重45%）以及茶叶（12.3%）是两大出口产品	斯里兰卡与中国已就自由贸易协定进行谈判。2015年3月，斯里兰卡总统西里塞纳访问中国期间，双方同意加快自由贸易协定的会谈	为促进外商直接投资，斯里兰卡政府成立了投资局，该局目前管理全国14个工业园区和出口加工区。符合资格的外国投资者可享受税务优惠和豁免关税待遇。政府已把旅游休闲、基础设施、知识服务、公用事业、服装、出口制造、出口服务、农业及教育列为九大重点投资领域，并为这些行业的外商投资企业提供特别优惠
阿富汗	主要出口货品为水果、草药和地毯，进口货品主要为石油产品、金属及汽车	南亚自由贸易区（SAFTA）的成员国。阿富汗与印度及巴基斯坦分别签订了贸易协议	阿富汗投资促进局（Afghanistan Investment Support Agency，简称“AISA”）是推动阿富汗外商直接投资的机构。阿富汗政府鼓励外商直接投资基建相关领域，如电信、建筑材料、矿业、公用事业、运输及物流
亚美尼亚	主要出口产品为宝石及其半加工制品、食品、非贵重金属及其制品、矿产品、纺织品、机械设备等。主要进口产品为矿产品、食品、化工产品等	该国有关法律法规基本与世贸组织要求接轨，实行自由对外贸易经营管理政策	为吸引外商投资，亚美尼亚政府实施投资优惠政策，包括对投资项目所进口的货物延期缴纳增值税，以及为期5年的“祖父条款”（grandfather clause）安排，即法律如有修订，容许外商投资者选择使用旧法或新法，为期长达5年
阿塞拜疆	目前主要生产和出口油气资源		阿塞拜疆政府积极吸引外商投资于资讯及通信科技、农业、可再生能源、食品加工及包装、物流、旅游和循环再造等行业，以实现经济多元化的既定目标。虽然阿塞拜疆议会已通过税法修订案，允许为某些投资提供免税及关税减免，但对鼓励外商投资至今仍未有制定特别的优惠政策
格鲁吉亚	主要出口葡萄酒。主要进口原油小汽车和药品等	实行自由贸易制度，还与欧盟订立深入全面自由贸易协定（DCFTA）	为鼓励外商投资在旅游业、工业及农业，目前格鲁吉亚政府在阿纳克利亚及科布莱蒂（Kobuleti）设立两个自由旅游区，在海港波季及第二大城市库塔伊西（Kutaisi）设立两个自由工业区，以及由农业项目管理局（Agriculture Projects Management Agency）管理的两个新项目，以支持该国的农业发展
哈萨克斯坦	主要出口石油、煤炭、金属化学制品		哈萨克政府为吸引外商直接投资，已启动2015—2017年经济刺激计划，同时把通关手续及其他业务流程所需的文书工作减少60%

续表

国家及相关地区	进出口情况	贸易政策	投资政策
吉尔吉斯斯坦	出口产品主要为贵金属、化学物品和农产品等，主要进口石油产品、二手汽车、服装等		为鼓励旅游、轻工、农工部门、运输、采矿及电力等重点行业的外商投资，吉尔吉斯政府为投资者提供大量优惠政策，涉及税务、海关及社会保险优惠、金融及监管措施，如对公私合作项目和自由经济区的优惠政策
塔吉克斯坦	出口商品主要是非贵重金属及其制品，占出口总额的 54.6%；进口以交通工具机械设备、矿产品及化工产品为主	塔吉克斯坦独立后，取消了原垄断性的外贸管理体制，实行较为宽松的对外贸易政策，企业法人、自然人都可从事进出口贸易，一般商品均放开经营	自独立以来，塔吉克斯坦在吸引外国投资、扶持市场和发展商业、金融及银行体系等方面已出台了一系列法律法规和优惠政策。目前塔吸引外资的重点领域是水电站建设、公路修复及隧道建设、通信网改造、矿产资源开采和加工、农产品加工等
土库曼斯坦	主要出口产品有：天然气、石油制品、皮棉；主要进口产品有：粮食、肉类、轻工业品	土库曼斯坦于 1992 年 11 月加入经济合作组织，十几年来，先后与该组织各成员国建立了广泛的联系和合作关系	从 2007 年起，土库曼斯坦政府加大了引资力度，利用各种机会宣传改革开放政策和良好的投资环境。2015 年，土库曼斯坦继续大力吸引外资，外资主要来自中国、日本、韩国、土耳其等国家，投资主要方向为能源、农业、化工、交通和通信领域
乌兹别克斯坦	出口产品有：天然气、油类、汽车。进口产品有：油类、黑色金属和有色金属	乌中两国签署新协议，在“一带一路”框架下扩大经济合作	乌兹别克斯坦正在通过工业园建设来吸引外国投资。向园区内企业提供关税优惠及税收减免等优惠政策，优惠期根据投资额不同会有所差异
阿尔巴尼亚	主要出口纺织、制鞋及农副产品。主要进口机械设备、矿产品和纺织品		为促进外商投资，阿尔巴尼亚税制对国内外投资者一视同仁。阿尔巴尼亚经济的未来发展仍在于吸引外商直接投资，重点是能源、旅游、农业及食品加工、采矿，以及资讯及通信科技等
白俄罗斯	主要出口矿产品、机械设备和交通工具等，主要进口矿产品、机械设备和化工产品	希望将对外贸易纳入世贸组织的多边协调机制	由于矿产资源不算丰富，白俄罗斯积极吸引外商投资，协助进行私有化、经济体制改革及一些创新发展，主要领域包括制药、食品、运输物流、化学及石油化工、机械工程、再生能源和资讯科技等
波黑	主要出口铝锭、矿产品、木材等。主要进口机械、食品、石油化工产品等	中欧自由贸易协定国之一	波黑一些传统工业仍有优厚的发展潜力，能为外商提供投资机会，例如能源、汽车、林业木材、采矿与金属加工、建造、纺织、成衣与鞋履等。服务业方面，波黑是率先改革银行体制的中东欧国家，引进存款保险代理，以及国际银行之间的竞争，带动存款与借贷增长，同时推动该国股票市场的发展

续表

国家及相关地区	进出口情况	贸易政策	投资政策
保加利亚	主要出口轻工产品、化工食品、机械、有色金属等。主要进口能源、化工、电子等产品	奉行自由贸易政策，反对贸易保护主义。全面执行欧盟共同贸易政策	保加利亚是欧洲汽车零部件制造大国。保加利亚的产业基础正迅速扩大，主要工业包括机器建造、资讯科技、业务流程外包、化工、电气工程及电子、食品及农业、医疗保健和医疗旅游，以及物流等。根据《投资促进法》，保加利亚提供大量优惠，包括免征增值税、研发开支可以注销，以及计算机及新制造设备可按两年加速折旧等
克罗地亚	主要出口机械设备、电力设备、加工食品等。主要进口采矿产品、加工食品、化学制品、机械设备等	中克两国签有《经济贸易协定》《关于鼓励和相互保护投资协定》《关于对所得避免双重征税和防止偷漏税的协定》和《关于开展共建中克经济技术园区可行性研究的谅解备忘录》等协议	投资方面，克罗地亚鼓励多个主要行业专业化，包括旅游、资讯及通信科技、汽车、食品、医药、物流、金属和纺织品等，并致力增强食品加工、木材加工、创意文化、国防、建造、机电设备及技术、化学及海洋等行业的竞争力
捷克	捷克主要出口机电产品、运输设备和贱金属。捷克主要进口商品为机电产品、运输设备和贱金属及制品	与欧盟签署了联系国协定，与波、匈、斯（洛伐克）、斯（洛文尼亚）签署了中欧自由贸易协定（CEFTA）	2015 年 5 月，捷克对投资优惠政策的修订生效，引入新类型优惠，如向数据中心及客户支援中心提供援助，扩大对创造就业机会和购置资产的补助，并取消若干限制，例如现行法律对创造就业机会的限制
爱沙尼亚	主要进口商品为机械设备、电子产品及其零部件，矿产品等。主要出口商品为：机械设备、电子产品、矿产品、木材等	与中国签署《促进和相互保护投资协定》和《避免双重征税和防止偷漏税协定》	除资讯及通信科技外，爱沙尼亚也积极发展业务流程外包（BPO）、电子、机械工程、小艇建造、智能运输、物流、木材及游戏等重要产业，并吸引了不少投资。爱沙尼亚没有提供特别的税务优惠，不过该国的企业税制容许无限期押后对企业利润征税，可视为鼓励利润再投资的税务优惠
匈牙利	匈牙利进口的主要产品有石油、天然气、汽车零部件、计算机设备、汽轮机、测量仪器；出口的产品有电子产品、机械设备	欧洲自由贸易协定（EFTA）、中欧自由贸易地区（CEFTA）的成员	主要优先投资领域包括汽车、电子、共享服务中心、资讯及通信科技、食品、生命科学和可再生能源。2011 年实行的新塞切尼计划（New Széchenyi Plan）是匈牙利经济政策的骨干，目标是在 10 年内通过七个突破点创造 100 万个新职位，分别是医疗保健产业、绿色经济发展、住屋项目、推动企业发展与改善营商环境、科学、创新与增长、就业与交通运输

续表

国家及相关地区	进出口情况	贸易政策	投资政策
拉脱维亚	主要出口商品是木材、木制品及木炭、钢铁、矿物燃料；主要进口商品为矿物燃料、机械用具及零配件、车辆及零配件	对大规模的投资项目给予减免公司企业所得税的优惠政策，对研发相关活动给予优惠的折旧率、亏损结转以及退税等优惠政策	在拉脱维亚投资的公司很有可能符合获得欧盟结构基金支持的条件。这些基金能够为企业提供财政补贴，范围覆盖培训计划、创新、研发、提高国际竞争力，贸易孵化和技术/知识转让等领域
立陶宛	主要出口商品是矿产品和纺织品，主要进口商品是矿产品和机电产品	执行欧盟统一的对外贸易政策	为推动共享服务及业务流程外包、制造、科技及生命科学等四大目标产业的发展，立陶宛政府提供大量优惠，如减免企业所得税、可以设立没有法定资本的微型企业，以及为新投资优惠项目降低应课税利润高达50%等
马其顿	主要出口适用于私家车、巴士、货车和机车的零件	马其顿与欧盟成员国签订了稳定联系协定（SAA），绝大部分产品可免税进入欧盟成员国市场。2011年正式与欧盟实现零关税贸易	为鼓励投资，该国对企业留存收益免予征税，并为在科技产业开发区经营的公司提供特别税务优惠，包括免征个人及企业所得税10年
摩尔多瓦	主要出口商品为蔬菜、水果、粮食及其制品。主要进口商品为石油、天然气、电力、蔬菜、水果、粮食及其制品	中欧自由贸易协定成员国，与欧盟于2014年6月签署联系协定	为了吸引投资者注资于优先产业如资讯科技业，摩尔多瓦政府提供多项投资优惠，例如软件公司雇员的薪酬可受惠于个人入息税的优惠措施，资讯科技公司的社会保障每月供款也设有上限
黑山	黑山出口商品主要为有色金属和钢材。主要进口商品主要有汽车和电子设备	已与欧盟、欧洲自由贸易联盟、中欧国家以及俄罗斯缔结自由贸易协定	为了吸引外商投资于主要领域，黑山政府推出多项投资优惠措施，包括税收抵免额高达固定资产投资的25%、未发展地区如该国北部的投资项目可享有优惠，以及宽减原材料和设备的进口关税
波兰	波兰的主要出口商品为机电产品、运输设备和贱金属及制品。主要进口商品机电产品、矿产品和运输设备	波兰与多个国家签署了双边贸易协议，与立陶宛、拉脱维亚、爱沙尼亚、克罗地亚、土耳其、以色列采取零关税措施	波兰吸引外资的优惠政策与欧盟法律框架保持一致。根据欧盟地区发展补贴的有关规定，在欧盟内人均GDP低于欧盟平均水平75%的地区投资，可以得到公共补贴。波兰符合上述标准，可以对企业投资项目给予公共资助，但农业、渔业、矿业、运输、汽车、造船、钢铁、化纤领域的投资项目和投资额超过5000万欧元的项目，不在该资助之列

续表

国家及相关地区	进出口情况	贸易政策	投资政策
罗马尼亚	主要进出口为机械和运输设备及其他加工类产品	中国香港地区已开始与罗马尼亚磋商《全面性避免双重征税协定》	罗马尼亚拥有丰富的优质自然资源，包括石油及天然气等矿产，以及肥沃农地。近年，投资逐渐转向能源、机械、交通运输、资讯及通信科技，以及农业等投资者认为具有发展潜力的行业。在这些领域以及运输、能源和医疗基建的投资，有助于该国逐步实现其欧盟 2020 年目标，特别是增加研发开支及提高能源效益方面
塞尔维亚	主要出口产品为钢铁、有色金属、水果、蔬菜、服装与其他制成品。主要进口产品为石油及其制成品、汽车、普通机床、天然气和钢铁等	该国不仅与欧盟进行自由贸易，更是独立国家联合体以外唯一与俄罗斯签订自由贸易协定的国家	近年，塞尔维亚吸收的外商直接投资与日俱增，涉及汽车、建筑材料、食品饮料、纺织、皮革和资讯及通信科技等产业。为了支援有意到塞尔维亚开展或扩充业务的投资者，塞尔维亚政府制订了全面的投资优惠计划，包括国家资助、暂免企业利得税、自由贸易区内免征进口关税及增值税
斯洛伐克	主要出口商品有：钢材、电子产品等。主要进口商品有：石油、天然气、机械设备、原材料、食品、化工产品等	斯洛伐克的鼓励性政策主要涉及鼓励出口的政策，其中包括设立出口基金、提供出口贷款	斯洛伐克的外资绝大部分流向工业生产、交通、邮电通信、金融和保险业、商业、建筑业、服务业等领域
斯洛文尼亚	主要出口商品为机电产品、运输设备、化工产品和贱金属及制品。主要进口商品有机电产品、运输设备、贱金属及制品、化工产品和矿产品	中斯两国已签署多项经贸协议。2006 年 8 月，两国还签署了政府经济合作协定	为了配合国家发展方向，除物流配送外，斯洛文尼亚对外招商引资的主要产业还有汽车、化工及药品、电气工程及电子、资讯及通信科技、机械、金属加工和木材加工。主要优惠措施包括税务宽免、成本摊分补助、雇用和培训共同出资
土耳其	主要出口：电力、服装、食品、纺织品、金属制品、运输设备。主要进口：电力、机械、石油、化学制品、半成品、燃料、运输设备	土耳其拥有透明和开放的贸易制度。自 2009 年起，土耳其针对不同国家标出各自进口关税税率	土耳其的策略产业包括农业和食品、汽车、商业服务、化工、电子产品、能源和可再生能源、金融服务、医疗保健和制药、资讯及通信科技、基建、机械、制造、矿业、房地产、旅游以及运输和物流等。为鼓励投资者注资相关领域，减低策略产业对进口半成品的依赖，土耳其政府实施多项投资优惠，包括豁免增值税/进口关税，以及提供社会保障金支援

续表

国家及相关地区	进出口情况	贸易政策	投资政策
乌克兰	主要出口产品为黑色金属及其制品、无机化学材料、化肥、木材、纺织品、铝制品、机车等，主要进口产品有天然气、石油、地面交通设备、纸张、塑料制品、药品、粮食和车床等	欧盟与乌克兰签订联系协定，包括建立深入全面的自由贸易区	为了吸引投资，乌克兰政府提供多项投资优惠，向从事婴儿食品制造、能源效益应用技术、酒店服务、轻工业、飞机/轮船建造业、农业、林木业和渔业、生物燃料制造、出版以及食品加工的企业提供税务优惠
巴林	主要出口石油产品，主要进口货品为原油及机械	大阿拉伯自由贸易区的成员，所有成员国之间互享免税优惠。与中国签订避免双重征税协定	巴林经济发展委员会（Bahrain Economic Development Board）是该国负责投资推广的主要机构，一直维持开放的监管架构，为外国投资者提供一个进入海湾市场的门户。该委员会致力推广五大投资范畴，即金融服务、物流、制造、资讯及通信科技、旅游休闲
埃及	主要出口产品包括棉花、纺织品以及农产品。主要从中国、德国及美国进口机械、设备及食品	除与欧盟签订联系协定外，埃及也与多个国家签订自由贸易协定，以便埃及货品出口到这些市场时可享有优惠	随着政局回稳，埃及开始积极招徕外商直接投资，提供免税等多项优惠。关于埃及的投资指引和优惠待遇，投资及自由区管理局（General Authority for Investment and Free Zones）是负责管理外商投资的政府机关
伊朗	主要出口商品为油气、金属矿石、皮革、地毯、水果、干果及鱼子酱等，主要进口产品有粮油食品、药品、运输工具、机械设备、牲畜、化工原料、饮料及烟草等	伊中两国签署的协议，将在两国贸易往来中使用两国的国家货币	伊朗向外国投资者提供多项优惠，如免税期及豁免进口关税。其中重点吸引外商直接投资的领域包括石油和天然气、工业和采矿、运输、农业、资讯及通信科技、旅游及卫生。伊朗全国各地设立了多个自由区及经济特区，大多针对特定行业，并提供额外优惠以吸引外商直接投资
伊拉克	主要向印度、中国、美国及韩国出口原油，从土耳其、中国、叙利亚及美国进口食品、药物及工业制品	“中国—中亚—西亚经济走廊”沿线的主要国家之一，为推广贸易，伊拉克在国内建立了4个自由贸易区，实施关税优惠	伊拉克吸纳的外商直接投资，大部分都投放到石油及气体领域；此外，该国也欢迎外商在其他领域投资，其中包括电力、运输、健康护理、教育及旅游
以色列	主要出口以技术创新为基础的高附加值的产品。主要进口粮食、油菜籽、肉类、咖啡、可可和糖等	已与多个国家及地区组织签订自由贸易协定，已经与多个国家签署避免双重征税协定，包括美国、欧盟及中国	以色列政府为有意在该国物色商机的企业提供支援。为了吸引外商直接投资，以色列当局在经济部之下成立了以色列投资促进中心（Invest in Israel），推动当地各项产业的投资增长。当局向工业、旅游业及房地产业提供各种优惠，特别是高科技公司及研发活动。根据《资本投资鼓励法》订立的优惠措施可以分为两大部分：拨款计划及自动税收优惠计划

续表

国家及相关地区	进出口情况	贸易政策	投资政策
约旦	主要出口纺织品和成衣	约旦积极参加多边和区域经济合作，与其他国家和地区签有《阿拉伯国家自由贸易协议（GAFTA）》《约美自由贸易协定（FTA）》	近年来，约旦进一步开放经济吸引外商直接投资。《投资促进法》规定，海外投资者可享有固定资产免税 3 年，以及进口原材料免缴关税的优惠。此外，约旦政府正积极建设包括亚喀巴经济特区在内的自由贸易区
科威特	主要出口石油和化工产品。进口机械、运输设备、工业制品、粮食和食品等	大阿拉伯自由贸易区（GAFTA）的成员国，参与中国—海湾合作委员会自由贸易协定的谈判。已与中国内地签署双重课税协定（DTA），已与中国香港签署全面性避免双重课税协定和投资促进及保护协定	科威特直接投资促进局鼓励外商直接投资多个范畴，包括基建、环境服务、石油及天然气下游化工制造、教育培训、医疗保健、综合房屋项目与城市发展、仓储物流服务、银行、金融服务和保险、旅游、科技、文化、媒体及市场营销等。外国投资者享有长达 10 年的免缴企业所得税优惠，进口机械和半制成品也可豁免关税。此外，外商在大部分行业均可设立独资公司
黎巴嫩	主要出口珠宝首饰、化学品和消费品；主要进口产品包括矿物燃料、电气/电子产品、药品以及汽车	黎巴嫩是世界贸易组织和大阿拉伯自由贸易区的成员国	黎巴嫩投资发展局（IDAL）是负责促进投资的机构，鼓励外商投资该国的农业、农产品加工、工业、资讯科技、媒体、科技、电信以及旅游业
阿曼	主要出口石油及天然气，主要进口机械和制成品	海湾合作委员会与中国的自由贸易协定谈判正在进行中	阿曼投资促进和出口发展局（ITHRAA）是负责促进贸易和投资的主要机构，为多个重点领域招商引资，包括制造、教育、健康护理、水产养殖、可再生能源、资讯及通信科技以及旅游
巴勒斯坦	主要出口产品有石灰石、水果及蔬菜。主要进口产品有石油、食品、消费品、机器及金属		巴勒斯坦投资促进署（PPA）负责为资讯及通信科技、食品和饮料、纺织品和成衣、旅游业、药品、制造业以及农业等领域招商引资
卡塔尔	主要出口石油和天然气，主要进口机械和运输设备	海湾合作委员会（GCC）及大阿拉伯自由贸易区（GAFTA）成员国，已与包括中国内地在内的 40 多个国家签署避免双重征税协定，并于 2013 年与中国香港签订全面性避免双重课税协定	卡塔尔推出多项优惠措施吸引外商直接投资，包括免收工业项目的机器、设备和零部件进口税，于预定期间内免收企业税，以及豁免出口税。隶属卡塔尔经济与商务部（MEC）的卡塔尔业务开发和投资促进局负责推动业务发展，吸引外商直接投资

续表

国家及相关地区	进出口情况	贸易政策	投资政策
沙特阿拉伯	主要出口石油及石油产品。主要进口机械设备、食品和纺织品等	已经与中国内地签订避免双重征税协定（DTA）以及相互鼓励和保护投资协定（IPPA），并正与中国香港就避免双重征税协定进行谈判	沙特阿拉伯投资总局（Saudi Arabian General Authority，简称“SAGIA”）是该国负责促进外商直接投资的主要机构，已把能源、运输与物流、资讯及通信科技、卫生、生命科学以及人力资本列为优先推动的主要投资领域。外商直接投资项目必须取得投资总局许可；外商投资于特定领域也须向沙特阿拉伯金融管理局（Saudi Arabian Monetary Agency，简称“SAMA”）申请额外许可
叙利亚	主要出口石油，矿产品和农产品；主要进口粮食及牲畜、机械及金属等	阿拉伯共同市场的倡导者。阿拉伯自由贸易区成员国间关税减10%	叙利亚投资局（SIA）是该国促进外商投资的主要机构，向多个行业的核准项目提供优惠，如减税及豁免关税，包括制造业、农业、运输、卫生及石油和矿业
阿拉伯联合酋长国	主要出口石油、天然气、石油化工产品等，主要进口粮食、机械和消费品等	已与多个国家或地区，包括中国内地签订避免双重征税协定。继2014年与中国香港达成全面性避免双重征税协定后，阿联酋又于2016年与中国香港完成促进和保护投资协定的谈判	阿联酋欢迎外商直接投资，并强调是其长期经济规划的重要组成部分，目标是把外商直接投资占国民生产总值（GNP）的比重由2014年的2.7%提升至2021年的5%。阿联酋各酋长国已成立其投资促进机构。阿布扎比经济发展部负责领导落实该酋长国的经济规划，朝向均衡、多样化及可持续的知识型经济发展。为吸引外商直接投资，阿布扎比提供不少投资优惠，包括豁免企业税及所得税
也门	主要出口石油产品；主要从中国、沙特阿拉伯和印度进口小麦、机械及设备	大阿拉伯自由贸易区的成员	也门投资总局（General Investment Authority，简称“GIA”）是该国负责促进及协调外商直接投资的国家机构。当局锐意发展多个领域，包括农业、运输、房屋、旅游及工业区，并向投资于上述领域的外国公司提供优惠
埃塞俄比亚	主要出口咖啡、油籽、黄金、豆类、马铃薯和花卉；主要进口机械设备及消费品		该国还采用工业园区发展模式，配备可即时使用的设施，以吸引外商直接投资。埃塞俄比亚投资委员会是该国的官方机构，旨在招商引资
南非	主要出口黄金、金属及金属制品、钻石、食品、饮料及烟草。主要进口机械设备、交通运输设备、化工产品、石油等	世界贸易组织成员，来自其他世贸成员包括中国香港和中国内地的进口产品，按该国的最惠国税率征收关税	在南非拥有资产的外国公司投资大多集中于采矿、制造、金融、石油加工和销售等部门

续表

国家及相关地区	进出口情况	贸易政策	投资政策
蒙古国	主要出口矿产品和纺织品；主要进口消费品、资本货物，以及燃料	蒙古国基本奉行自由贸易。对大多数进口货品一律征收 10% 增值税，并对大多数进口货品征收 5% 关税	蒙古国的矿物蕴藏量丰富，但需依赖外国投资开采。蒙古国新修订的《投资法》已于 2013 年 11 月生效，订明国内或外国投资者可以投资于任何行业或领域，不设任何限制，无须政府批准；不过，外国国有企业在蒙古国矿业、通信或金融业机构的投资比例若超过 33%，必须得到蒙古国投资局批准。《投资法》也提供税务优惠，如免纳部分税项
俄罗斯	主要出口石油、天然气和矿产产品等。主要进口机械设备，交通工具等	中俄签署《关于丝绸之路经济带建设和欧亚经济联盟建设对接合作的联合声明》进一步拓宽贸易合作空间	为了促进投资以达到经济多元化，俄罗斯政府推出一系列优惠措施，在能源效益、核子工程、太空科技、医药及资讯科技业开发新产品和新技术的投资者可以受惠。其他鼓励发展及投资的重点领域包括医药、房地产、创新与科技、基建、铝、钢铁、铅、铂族金属、贵金属、镍、铜、锌、煤、电信、运输、农业、食品及天然气

（来源：Mergermarket、Wind）

第二节 2019—2020 年“一带一路”相关政策文件

一、“一带一路”相关双多边文件与政策法规

2019 年 2 月 21 日，中国与巴巴多斯签署《中华人民共和国政府与巴巴多斯政府关于共同推进丝绸之路经济带和 21 世纪海上丝绸之路建设的谅解备忘录》，巴巴多斯成为 2019 年首个与中国签署“一带一路”合作文件的国家。

2019 年 3 月 23 日，中国与意大利签署中意政府间关于共同推进“一带一路”建设的谅解备忘录，意大利成为首个加入“一带一路”倡议的七国集团（G7）成员国。双方发表《联合公报》，愿加强“一带一路”倡议同泛欧交通运输网（TEN－T）等的对接，深化在港口、物流和海运领域的合作。

同日，在两国元首见证下，时任中国商务部部长钟山和意大利经济发展部部长迪马约在罗马签署了《中华人民共和国商务部和意大利共和国经济发展部关于电子商务合作的谅解备忘录》。

2019 年 6 月 17 日，中国与英国签署《关于开展第三方市场合作的谅解备忘录》。英国继法国、葡萄牙、意大利、荷兰、比利时、西班牙、奥地利、瑞士等国之后，成

为与中国正式开展第三方市场合作的又一欧洲国家。中英双方将积极推动两国企业按照市场原则，在第三方市场重点开展基础设施领域的投融资合作。

2019 年 7 月 31 日，在两国元首见证下，中国商务部副部长、国际贸易谈判副代表俞建华与哥伦比亚贸易、工业和旅游部部长雷斯特雷波在北京签署了《中华人民共和国商务部和哥伦比亚共和国贸易、工业和旅游部关于电子商务合作的谅解备忘录》。

2019 年 9 月 11 日，中国与哈萨克斯坦签署《关于落实“丝绸之路经济带”建设与“光明之路”新经济政策对接合作规划的谅解备忘录》，旨在落实中哈两国领导人在上海合作组织青岛峰会期间达成的有关共识，深化“丝绸之路经济带”建设与“光明之路”新经济政策对接，以路线图的形式突出战略对接、重点任务和主要举措。

同日，中欧班列运输协调委员会第四次会议在北京召开，中国国家铁路集团有限公司与全国中欧班列运营企业共同签署《推进中欧班列高质量发展公约》（以下简称《公约》），为中欧班列高质量发展提供服务保障。《公约》旨在强化市场化运作机制，坚持共商共建共享原则，不断加强和优化运输组织，进一步降低物流成本，推进各国铁路、海关及运营企业间的信息化建设，打造“数字化”中欧班列。

2019 年 10 月 9 日，中国与所罗门群岛签署《中华人民共和国政府与所罗门群岛政府关于共同推进丝绸之路经济带和 21 世纪海上丝绸之路建设的谅解备忘录》，加强发展战略对接，在贸易和投资、基础设施建设、农林渔业、交通通信等重点领域打造合作亮点。

2019 年 10 月 17 日，中国与毛里求斯签署《中华人民共和国政府和毛里求斯共和国政府自由贸易协定》。中国—毛里求斯自贸协定是中国签署的第 17 个自贸协定，也是中国与非洲国家的第一个自贸协定。协定谈判于 2017 年 12 月正式启动，经过四轮密集谈判，于 2018 年 9 月正式结束谈判。协定涵盖货物贸易、服务贸易、投资、经济合作等内容，实现了“全面、高水平和互惠”的谈判目标。

2019 年 10 月 19 日，在国务院副总理胡春华和萨摩亚总理图伊拉埃帕的共同见证下，商务部副部长、国际贸易谈判副代表王受文和萨摩亚工商劳工部首席执行官普洛图·楚令在萨摩亚首都阿皮亚共同签署了《中华人民共和国商务部和萨摩亚独立国工商劳工部关于电子商务合作的谅解备忘录》。

2019 年 10 月 20 日，在国务院副总理胡春华和瓦努阿图总理萨尔维的共同见证下，商务部副部长、国际贸易谈判副代表王受文和瓦努阿图总理府总司长格雷戈尔·尼姆蒂克在萨摩亚首都阿皮亚共同签署了《中华人民共和国商务部和瓦努阿图共和国外交、国际合作和对外贸易部关于电子商务合作的谅解备忘录》。

2019 年 11 月 1 日，在两国总理见证下，中国商务部副部长、国际贸易谈判副代表俞建华与乌兹别克斯坦投资和外贸部第一副部长阿卜杜阿利耶夫在塔什干共同签署了《中华人民共和国商务部和乌兹别克斯坦共和国投资和外贸部关于电子商务合作的谅解备忘录》。

2019 年 11 月 27 日，中国与苏里南签署关于共同推进“一带一路”建设合作规划、全面互免签证等多项合作文件，宣布建立战略合作伙伴关系，并将加强农业、科技、教育、文化、体育、扶贫等领域合作。

2020 年 1 月 17 日至 18 日，习近平主席对缅甸进行国事访问。访问期间，双方就巩固中缅传统友谊，推进全面战略合作，秉持平等、互利、共赢精神，构建中缅命运共同体深入交换意见，达成广泛共识，并发布《中华人民共和国和缅甸联邦共和国联合声明》，双方同意加强共建“一带一路”合作，推动中缅经济走廊从概念规划转入实质建设阶段，着力推进皎漂经济特区、中缅边境经济合作区、仰光新城三端支撑和公路铁路、电力能源等互联互通骨架建设。

2020 年 3 月 16 日至 17 日，巴基斯坦总统阿里夫・阿尔维对中国进行访问，巴基斯坦外交部部长、计划发展和特别任务部部长等高级别官员随行，双方发布《中华人民共和国和巴基斯坦伊斯兰共和国关于深化中巴全天候战略合作伙伴关系的联合声明》，其中提到，“巴方强调，中巴经济走廊作为‘一带一路’倡议的标志性项目具有重大变革意义。巴方成立中巴经济走廊事务局，以加快推进中巴经济走廊项目建设。双方一致认为，中巴经济走廊建设正在进入高质量发展新阶段，将促进巴基斯坦工业化进程和经济社会发展。双方希望即将举行的中巴经济走廊联委会第十次会议有助于将中巴经济走廊打造成为‘一带一路’建设高质量发展的示范工程。中巴经济走廊将对地区经济和社会带来实质性的积极影响，希望国际社会支持这一促进经济发展的努力”。

2020 年 6 月 18 日，“加强‘一带一路’国际合作、携手抗击新冠肺炎疫情”视频会议举行，世界卫生组织总干事、联合国开发计划署署长与会。会后发布《“一带一路”国际合作高级别视频会议联合声明》。

表 6 - 6　中国签署第三方市场合作文件情况

序号	国家	合作文件	时间
1	中国—法国	关于开展第三方市场合作的联合声明中法第三方市场合作示范项目清单	2015 年 6 月
2	中国—韩国	关于开展第三方市场合作的谅解备忘录	2015 年 11 月
3	中国—加拿大	关于开展第三方市场合作的联合声明	2016 年 9 月
4	中国—葡萄牙	关于加强第三方市场合作的谅解备忘录	2016 年 10 月
5	中国—澳大利亚	关于开展第三方市场合作的谅解备忘录	2017 年 9 月
6	中国—新加坡	关于开展第三方市场合作的谅解备忘录	2018 年 4 月
		关于加强中新第三方市场合作实施框架的谅解备忘录	2019 年 4 月
7	中国—日本	关于中日企业开展第三方市场合作的备忘录	2018 年 5 月

续表

序号	国家	合作文件	时间
8	中国—意大利	关于开展第三方市场合作的谅解备忘录	2018 年 9 月
9	中国—荷兰	关于加强第三方市场合作的谅解备忘录	2018 年 10 月
10	中国—比利时	关于在第三方市场发展伙伴关系与合作的谅解备忘录	2018 年 10 月
11	中国—西班牙	关于加强第三方市场合作的谅解备忘录	2018 年 11 月
12	中国—奥地利	关于开展第三方市场合作的谅解备忘录	2019 年 4 月
13	中国—瑞士	关于开展第三方市场合作的谅解备忘录	2019 年 4 月
14	中国—英国	关于开展第三方市场合作的谅解备忘录	2019 年 6 月

（来源：Mergermarket、Wind）

表 6－7　2019 年国家相关部门部分“一带一路”合作文件

颁布主体	颁布时间	文件名称
中国证监会、德国联邦金融监管局	2019 年 1 月	证券期货监管合作谅解备忘录
中国国家发展和改革委员会、意大利劳动和工业部	2019 年 3 月	中意政府间关于共同推进“一带一路”建设的谅解备忘录
第十三届全国人民代表大会第二次会议	2019 年 3 月	中华人民共和国外商投资法
中国与赤道几内亚、利比里亚、卢森堡、牙买加、秘鲁、意大利、巴巴多斯、塞浦路斯、也门等国	2019 年 4 月	共建“一带一路”谅解备忘录
中国和塞尔维亚、吉布提、蒙古国、莫桑比克、埃塞俄比亚、巴布亚新几内亚等国以及非盟、联合国人居署、联合国非洲经济委员会	2019 年 4 月	共建“一带一路”合作规划或行动计划
中国、哈萨克斯坦	2019 年 4 月	中哈产能与投资合作规划
中国国家发展和改革委员会、匈牙利外交与对外经济部	2019 年 4 月	关于在“一带一路”双边合作规划框架下共同建立中匈合作促进中心的谅解备忘录
中国国家发展和改革委员会、老挝计划投资部	2019 年 4 月	中老经济走廊合作文件
中国国家发展和改革委员会、缅甸计划与财政部	2019 年 4 月	中缅经济走廊合作规划
中国国家发展和改革委员会、印度尼西亚海洋统筹部	2019 年 4 月	关于区域综合经济走廊建设的合作规划
中国农业农村部、孟加拉国农业部、柬埔寨农林渔业部、缅甸农业部、尼泊尔农业部、巴基斯坦食品与农业部、菲律宾农业部、泰国农业部、斯里兰卡农业部、越南农业和农村发展部	2019 年 4 月	促进“一带一路”合作共同推动建立农药产品质量标准的合作意向声明

续表

颁布主体	颁布时间	文件名称
中国交通运输部、国际劳工组织	2019 年 4 月	关于通过“21 世纪海上丝绸之路”倡议推动《2006 年海事劳工公约》有效实施的合作谅解备忘录
中国人力资源社会保障部、国际劳工组织	2019 年 4 月	“一带一路”框架下南南合作的谅解备忘录
中国应急管理部、国际劳工组织	2019 年 4 月	关于在“一带一路”框架下开展安全生产领域南南合作的谅解备忘录
中国与联合国南南合作办公室、南南合作金融中心	2019 年 4 月	“空中丝绸之路南南合作伙伴联盟”合作协议
中国国家发展和改革委员会、新加坡贸易及工业部	2019 年 4 月	中华人民共和国国家发展和改革委员会与新加坡共和国贸易及工业部关于加强中新第三方市场合作实施框架的谅解备忘录
中国国家发展和改革委员会、奥地利共和国数字化和经济事务部	2019 年 4 月	关于开展第三方市场合作的谅解备忘录
中国国家发展和改革委员会，瑞士联邦财政部，瑞士联邦经济、教育及科研部	2019 年 4 月	关于开展第三方市场合作的谅解备忘录
中国外交部、联合国亚洲及太平洋经济社会委员会	2019 年 4 月	关于推进“一带一路”倡议和 2030 年可持续发展议程的谅解备忘录
中国交通运输部、老挝公共工程与运输部	2019 年 4 月	中华人民共和国政府与老挝人民民主共和国政府国际道路运输协定
中国国家发展和改革委员会、欧盟欧委会	2019 年 4 月	关于开展中欧基于铁路的综合运输通道研究联合声明
中国、白俄罗斯、德国、哈萨克斯坦、蒙古国、波兰、俄罗斯	2019 年 4 月	中欧班列运输联合工作组议事规则
中国国家邮政局与伊朗邮政局、匈牙利国际发展部、巴基斯坦邮政局	2019 年 4 月	响应“一带一路”倡议加强邮政和快递领域合作的谅解备忘录
中国国家航天局与联合国外空司	2019 年 4 月	关于“一带一路”空间信息走廊合作意向的宣言
中国、巴基斯坦	2019 年 4 月	中华人民共和国政府和巴基斯坦伊斯兰共和国政府关于修订《自由贸易协定》的议定书
中国国家发展和改革委员会、匈牙利创新和技术部	2019 年 4 月	关于开展“数字丝绸之路”合作的双边行动计划
国家外汇管理局	2019 年 4 月	“一带一路”国家外汇管理政策概览
财政部	2019 年 4 月	“一带一路”债务可持续性分析框架
中国财政部，新西兰、俄罗斯、巴基斯坦、沙特阿拉伯、蒙古国、越南、老挝、尼泊尔、叙利亚 9 个国家的会计准则制定机构	2019 年 4 月	“一带一路”国家关于加强会计准则合作的倡议
中国与英国、法国、新加坡、巴基斯坦、阿联酋、中国香港等有关国家和地区主要金融机构	2019 年 4 月	“一带一路”绿色投资原则

续表

颁布主体	颁布时间	文件名称
34 个国家和地区税务部门	2019 年 4 月	“一带一路”税收征管合作机制谅解备忘录
中国国家发展和改革委员会、有关国际机构	2019 年 4 月	“一带一路”绿色照明行动倡议
中国国家发展和改革委员会、有关国际机构	2019 年 4 月	“一带一路”绿色高效制冷行动倡议
中国与有关国家、国际组织以及工商学术界代表	2019 年 4 月	廉洁丝绸之路北京倡议
中国科技部与有关国家科技创新主管部门	2019 年 4 月	“创新之路”合作倡议
中国国家发展和改革委员会、有关国际机构	2019 年 4 月	“一带一路”绿色走出去倡议
中国国务院发展研究中心与丝路国际智库网络 54 家国际成员和伙伴	2019 年 4 月	关于推进丝路国际智库网络发展的三年工作计划（2019—2021）
中国国家发展和改革委员会、英国国际贸易部投资部	2019 年 6 月	关于开展第三方市场合作的谅解备忘录
国家发展和改革委员会、商务部	2019 年 6 月	外商投资准入特别管理措施（负面清单）（2019 年版）
国家发展和改革委员会、商务部	2019 年 6 月	自由贸易试验区外商投资准入特别管理措施（负面清单）（2019 年版）
国家发展和改革委员会、商务部	2019 年 6 月	鼓励外商投资产业目录（2019 年版）
科技部	2019 年 6 月	关于认定建设首批 14 家“一带一路”联合实验室的通知
商务部、自然资源部	2019 年 7 月	关于推动边境经济合作区探索“小组团”滚动开发的通知
中国国家发展和改革委员会、阿联酋国务部	2019 年 7 月	中华人民共和国国家发展和改革委员会与阿拉伯联合酋长国阿布扎比国际金融中心关于推动中阿双边及共同在中东北非地区开展“一带一路”产能与投融资合作的谅解备忘录。
中国科学院、俄罗斯科学院	2019 年 7 月	中国科学院和俄罗斯科学院科学、科研创新合作路线图
国务院	2019 年 7 月	中国（上海）自由贸易试验区临港新片区总体方案
中国商务部、孟加拉人民共和国财政部	2019 年 7 月	中华人民共和国商务部和孟加拉人民共和国财政部关于建立投资合作工作组的谅解备忘录
国家发展和改革委员会	2019 年 8 月	第三方市场合作指南和案例
中国财政部、俄罗斯财政部	2019 年 8 月	第八次中俄财长对话联合声明
国家发展和改革委员会	2019 年 8 月	西部陆海新通道总体规划
国务院	2019 年 8 月	中国（山东）自由贸易试验区总体方案
国务院	2019 年 8 月	中国（江苏）自由贸易试验区总体方案

续表

颁布主体	颁布时间	文件名称
国务院	2019 年 8 月	中国（广西）自由贸易试验区总体方案
国务院	2019 年 8 月	中国（河北）自由贸易试验区总体方案
国务院	2019 年 8 月	中国（云南）自由贸易试验区总体方案
国务院	2019 年 8 月	中国（黑龙江）自由贸易试验区总体方案
中共中央纪律检查委员会、国家监察委员会	2019 年 8 月	纪检监察机关办理反腐败追逃追赃等涉外案件规定（试行）
中国交通运输部、新加坡海事及港务管理局	2019 年 9 月	中国与新加坡关于推广、接受和使用电子证书的谅解备忘录
文化和旅游部	2019 年 9 月	文化和旅游部 2019 年度“一带一路”文化产业和旅游产业国际合作重点项目名单
92 个世贸组织成员	2019 年 11 月	投资便利化部长联合声明
国务院	2019 年 11 月	关于在自由贸易试验区开展“证照分离”改革全覆盖试点的通知
中共中央、国务院	2019 年 11 月	关于推进贸易高质量发展的指导意见
科技部	2019 年 11 月	自贸区实验动物许可“证照分离”改革工作实施方案
国务院	2019 年 11 月	关于进一步做好利用外资工作的意见
银保监会、商务部、外汇管理局	2019 年 12 月	关于完善外贸金融服务的指导意见
国务院	2019 年 12 月	中华人民共和国外商投资法实施条例

（来源：Mergermarket、Wind）

二、“一带一路”相关重要文件解读

（一）《粤港澳大湾区发展规划纲要》概述与解读

1. 概述

中共中央、国务院印发了《粤港澳大湾区发展规划纲要》（以下简称《纲要》）。这一纲要是指导粤港澳大湾区当前和今后一个时期合作发展的纲领性文件，规划近期至 2022 年，远期展望到 2035 年。《纲要》包括前言和 11 个章节，19 次提到了“一带一路”，其中第 9 章用 2744 个字的篇幅，详解了粤港澳大湾区参与“一带一路”建设的三个方面。

《纲要》指出，粤港澳大湾区包括香港特别行政区、澳门特别行政区和广东省广州市、深圳市、珠海市、佛山市、惠州市、东莞市、中山市、江门市、肇庆市，总面积 5.6 万平方千米，2017 年末总人口约 7000 万人，是我国开放程度最高、经济活力最强的区域之一，在国家发展大局中具有重要战略地位。

到 2022 年，粤港澳大湾区综合实力显著增强，粤港澳合作更加深入广泛，区域内生发展动力进一步提升，发展活力充沛、创新能力突出、产业结构优化、要素流动顺畅、生态环境优美的国际一流湾区和世界级城市群框架基本形成。到2035年，大湾区形成以创新为主要支撑的经济体系和发展模式，经济实力、科技实力大幅跃升，国际竞争力、影响力进一步增强；大湾区内市场高水平互联互通基本实现，各类资源要素高效便捷流动；区域发展协调性显著增强，对周边地区的引领带动能力进一步提升。

《纲要》指出，粤港澳大湾区地处我国沿海开放前沿，以泛珠三角区域为广阔发展腹地，在“一带一路”建设中具有重要地位。打造粤港澳大湾区，有利于推进“一带一路”建设，通过区域双向开放，构筑“丝绸之路经济带”和21世纪“海上丝绸之路”对接融汇的重要支撑区。

《纲要》提出，粤港澳大湾区的战略定位之一是“一带一路”建设的重要支撑，要更好发挥港澳在国家对外开放中的功能和作用，提高珠三角九市开放型经济发展水平，促进国际国内两个市场、两种资源有效对接，在更高层次参与国际经济合作和竞争，建设具有重要影响力的国际交通物流枢纽和国际文化交往中心。

《纲要》强调，要以“一带一路”建设为重点，构建开放型经济新体制，打造高水平开放平台，对接高标准贸易投资规则，加快培育国际合作和竞争新优势。充分发挥港澳独特优势，创新完善各领域开放合作体制机制，深化内地与港澳互利合作。

2. 解读

大湾区处于“一带一路”枢纽地位，必将进一步造福沿线国家人民，深化中国与沿线国家利益共同体和命运共同体的关系。粤港澳三地在“一带一路”倡议实施上各具优势：广东省科技创新活跃，先进制造业基础雄厚，产业链完善，上下游配套齐全，是与“一带一路”沿线国家进行贸易的大省；香港拥有成熟的金融体系和航运系统，商业网络遍布亚太地区乃至全球，是“一带一路”重要的资本市场；澳门拥有葡语国家的经贸服务平台和大量资本。大湾区建设还可为“一带一路”沿线国家提供经验。中国（深圳）综合开发研究院区域发展规划研究所所长刘祥认为，大湾区建设中“自由港+自贸区+产业园区”的创新制度体系，可供“一带一路”沿线国家参考，以完善顶层设计，布局现代产业体系，推动经济发展，这是大湾区输出制度软实力的重要内容。大湾区拥有世界上最大的海港群和空港群，高铁、港珠澳大桥等基建设施不断完善，大湾区立体交通体系逐步完成，这将对海上丝绸之路的贸易畅通起到积极作用。

（二）《共建“一带一路”倡议：进展、贡献与展望》概述与解读

1. 概述

第二届“一带一路”国际合作高峰论坛召开在即，经推进“一带一路”建设工作领导小组批准，领导小组办公室于2019年4月22日发表《共建“一带一路”倡议：进展、贡献与展望》报告。报告全文约1.8万字，除前言外，共包括进展、贡献和展望三个部分。

报告指出，2013 年以来，共建“一带一路”倡议以政策沟通、设施联通、贸易畅通、资金融通和民心相通为主要内容扎实推进，取得明显成效，一批具有标志性的早期成果开始显现，参与各国得到了实实在在的好处，对共建“一带一路”的认同感和参与度不断增强。2013—2018 年，中国与沿线国家货物贸易进出口总额超过 6 万亿美元，年均增长率高于同期中国对外贸易增速，占中国货物贸易总额的比重达到 27.4%；中国企业对沿线国家直接投资超过 900 亿美元，在沿线国家完成对外承包工程营业额超过 4000 亿美元。

报告指出，共建“一带一路”倡议着眼于构建人类命运共同体，坚持共商共建共享原则，为推动全球治理体系变革和经济全球化作出了中国贡献。2017 年 5 月，首届“一带一路”国际合作高峰论坛在北京成功召开，论坛形成了五大类、七十六大项、二百七十九项具体成果，这些成果已全部得到落实。

报告说，当今世界正处于大发展大变革大调整时期，和平、发展、合作仍是时代潮流。展望未来，共建“一带一路”既面临诸多问题和挑战，更充满前所未有的机遇和发展前景。随着时间的推移和各方共同努力，相信共建“一带一路”一定会走深走实，行稳致远，成为和平之路、繁荣之路、开放之路、绿色之路、创新之路、文明之路、廉洁之路，推动经济全球化朝着更加开放、包容、普惠、平衡、共赢的方向发展。

2. 解读

这是中国政府第三次公开发表“一带一路”建设进展报告，报告对五年多来的实践进行了总结，以期进一步增进国际社会对共建“一带一路”倡议的深入了解，进一步促进各国政治互信、经济互融、人文互通，携手应对世界经济面临的挑战，开创发展新机遇，谋求发展新动力，实现优势互补，互利共赢，不断朝着共建人类命运共同体的方向迈进，开启共建“一带一路”的新征程。

（三）《西部陆海新通道总体规划》概述与解读

1. 概述

国家发改委于 2019 年 8 月 15 日发布关于印发《西部陆海新通道总体规划》（以下简称《规划》）的通知。通知指出，西部陆海新通道位于我国西部地区腹地，北接“丝绸之路经济带”，南连 21 世纪“海上丝绸之路”，协同衔接长江经济带，在区域协调发展格局中具有重要战略地位。

根据规划，西部陆海新通道的战略定位是推进西部大开发形成新格局的战略通道，连接“一带”和“一路”的陆海联动通道，支撑西部地区参与国际经济合作的陆海贸易通道，促进交通物流经济深度融合的综合运输通道。

规划明确，建设自重庆经贵阳、南宁至北部湾出海口（北部湾港、洋浦港），自重庆经怀化、柳州至北部湾出海口，以及自成都经泸州（宜宾）、百色至北部湾出海口三条通路，共同形成西部陆海新通道的主通道。着力打造国际性综合交通枢纽，充分发挥重庆位于“一带一路”和长江经济带交汇点的区位优势，建设通道物流和运营组织中心；发挥成都国家重要商贸物流中心作用，增强对通道发展的引领带动作用；建设广西北部湾国际门户港，发挥海南洋浦的区域国际集装箱枢纽港作用，提升通道出海口功能。

根据规划，围绕主通道完善西南地区综合交通运输网络，密切贵阳、南宁、昆明、遵义、柳州等西南地区重要节点城市和物流枢纽与主通道的联系，有力支撑西南地区经济社会高质量发展。强化主通道与西北地区综合运输通道的衔接，加强西部陆海新通道与丝绸之路经济带的衔接，提升通道对西北地区的辐射联动作用。同时，注重发挥西南地区传统出海口湛江港的作用，加强通道与长江经济带的衔接。

2. 解读

当前，世界正处于大发展大变革大调整时期，我国发展仍处于并将长期处于重要战略机遇期。随着区域协调发展战略深入推进，西部大开发依然面临艰巨繁重任务，需要进一步强化西部地区交通基础设施建设，扩大既有通道能力，协同衔接长江经济带发展，提升物流发展质量和效率。加快西部陆海新通道建设，对于充分发挥西部地区连接“一带”和“一路”的纽带作用，深化陆海双向开放，强化措施推进西部大开发形成新格局，推动区域经济高质量发展，具有重大现实意义和深远历史意义。

（四）《第三方市场合作指南和案例》概述与解读

1. 概述

为更好服务企业开展第三方市场合作，国家发展改革委发布中英双语版《第三方市场合作指南和案例》（以下简称《指南和案例》）。

《指南和案例》阐述了第三方市场合作的内涵、理念和原则。第三方市场合作主要是指中国企业（含金融企业）与有关国家企业共同在第三方市场开展经济合作。作为开放包容的国际合作模式，第三方市场合作有助于中国企业和各国企业优势互补，共同推动第三国产业发展、基础设施水平提升和民生改善，实现“1＋1＋1＞3”的效果。在推进第三方市场合作过程中，中方秉承开放、绿色、廉洁理念，遵循三方共商共建共享、第三方受益原则，坚持企业主体、市场导向、商业原则、国际惯例，坚持质量优先、因地制宜，坚持开放包容、合作共赢，努力实现高标准、惠民生、可持续目标。

《指南和案例》介绍了第三方市场合作的机制和平台。截至 2019 年 6 月，中方已与法国、日本、意大利、英国等 14 个国家签署第三方市场合作文件，建立第三方市场合作机制，共同为企业搭建合作平台、提供公共服务。

《指南和案例》以“解剖麻雀”的方式，列举了产品服务类、工程合作类、投资合作类、产融结合类、战略合作类 5 个类别 21 个案例。入选的案例涵盖铁路、化工、油气、电力、金融等多个领域，涉及日本、英国等国的合作伙伴以及印度尼西亚、埃塞俄比亚等合作项目所在国，对有意开展第三方市场合作的中外企业具有较好的参考价值。

2. 解读

近年来，中国以共建"一带一路"为引领，深化国际产能合作，积极与有关国家开展第三方市场合作，取得了各施所长、各得其所、多方共赢的积极进展。参与第三方市场合作的主体，既有金融企业，也有非金融企业；既有国有企业，也有民营企业，还有合资企业；既有中国企业、发达国家跨国企业，也有项目所在国的本地企业，还有国际金融机构。中国—法国第三方市场合作指导委员会、中国—新加坡第三方市场合作工作组等工作机制相继建立并运行。中国—意大利、中国—奥地利等一系列第三方市场合作论坛成功举办，成为中外企业交换信息、洽谈合作、达成协议的重要平台。未来，发改委等多部门会继续以共建"一带一路"为引领，坚持共商共建共享、开放绿色廉洁等理念和原则，充分发挥企业主体作用，与有关方面共同推动第三方市场合作沿着高质量发展方向不断前进。

（五）《东盟互联互通总体规划2025》概述与解读

1. 概述

2019年9月6日，东盟在老挝万象通过了《东盟互联互通总体规划2025》（MPAC2025）。该规划主要关注可持续基础设施建设、数字创新、物流、进出口管理和人员流动五个战略领域。

在可持续基础设施建设方面，东盟每年至少需要1100亿美元的基础设施投资以支持未来增长。MPAC2025旨在帮助投资者通过完善项目准备，提高基础设施生产力以及支持城市践行可持续发展等方面抓住可持续基础设施建设的投资机会。

在数字创新方面，预计到2030年东盟的数字技术价值将达到6250亿美元。因此有必要建立数字服务的配套监管体制，并搭建基于数字技术的开放平台，以便小微企业及中小企业更好地使用这些技术。

在物流方面，提高物流的竞争力可以降低物流成本并为东盟民众创造更多的商业机会。MPAC2025将解决东盟贸易过程中所遇到的物流瓶颈。

在进出口管理方面，东盟的成员国已大幅降低关税，使消费者获益。MPAC2025重点关注统一标准，相互认证，规范技术以及应对贸易扭曲的非关税措施等。

在人员流动方面，东盟的境外游客数量在2025年可能达到1.5亿人。MPAC2025将整合旅游信息并简化签证申请流程。

同年11月4日，第22次中国—东盟（10+1）领导人会议3日在泰国首都曼谷举行，中国和东盟就"一带一路"倡议和《东盟互联互通总体规划2025》对接、智慧城市合作等发布了声明。分析人士认为，中国与东盟进一步对接发展规划，推动双方就高质量共建“一带一路”迈出重要步伐，为本地区实现全面互联互通注入新动力。

2. 解读

中国和东盟地理相邻、文化相通、经济互补。近年来，“一带一路”在东盟继续落地生根，东盟10国都已同中国签订双边“一带一路”合作文件。《中国—东盟关于“一带一路”倡议同〈东盟互联互通总体规划2025〉对接合作的联合声明》明确了双方合作的目标、方向、重点举措，彰显了双方发展合作的信心和决心，是落实《中国—东盟战略伙伴关系2030年愿景》的重要一步，在“一带一路”国际合作中具示范作用。基础设施投入不足是发展中国家经济发展的瓶颈，加快设施联通建设是共建“一带一路”的关键领域和核心内容。中国—东盟共同推动设施联通的努力陆续开花结果，中泰铁路、中老铁路、印度尼西亚雅万高铁、越南河内轻轨项目、柬埔寨金边—西港高速公路、马来西亚东海岸铁路和中新国际陆海贸易新通道等一大批项目稳步推进。双方在道路、港口、机场、电力和通信等基础设施方面合作将进一步提升东盟国家设施联通水平、破解发展瓶颈、促进货物人员流动、造福广大民众。

（六）《中共中央国务院关于新时代推进西部大开发形成新格局的指导意见》概述与解读

1. 概述

据新华社北京5月17日电中共中央、国务院近日印发《关于新时代推进西部大开发形成新格局的指导意见》（以下简称《意见》）。《意见》指出，强化举措推进西部大开发形成新格局，是党中央、国务院从全局出发，顺应中国特色社会主义进入新时代、区域协调发展进入新阶段的新要求，统筹国内国际两个大局作出的重大决策部署，具有重要现实意义和深远历史意义。

《意见》明确，到2020年西部地区生态环境、营商环境、开放环境、创新环境明显改善，与全国一道全面建成小康社会；到2035年，西部地区基本实现社会主义现代化，基本公共服务、基础设施通达程度、人民生活水平与东部地区大体相当。

《意见》分别从六个方面部署工作，包括：贯彻新发展理念，推动高质量发展；以共建“一带一路”为引领，加大西部开放力度；加大美丽西部建设力度，筑牢国家生态安全屏障；深化重点领域改革，坚定不移推动重大改革举措落实；坚持以人民为中心，把增强人民群众获得感、幸福感、安全感放到突出位置；加强政策支持和组织保障。

《意见》指出，西部地区要积极参与和融入“一带一路”建设。支持新疆加快丝绸之路经济带核心区建设，形成西向交通枢纽和商贸物流、文化科教、医疗服务中心。支持重庆、四川、陕西发挥综合优势，打造内陆开放高地和开发开放枢纽。支持甘肃、陕西充分发掘历史文化优势，发挥丝绸之路经济带重要通道、节点作用。支持贵州、青海深化国内外生态合作，推动绿色丝绸之路建设。支持内蒙古深度参与中蒙俄经济走廊建设。提升云南与澜沧江—湄公河区域开放合作水平。

2. 解读

近年来，在“一带一路”倡议带动下，广袤的中国西部地区正进一步从开放末梢转变为开放前沿。“以共建‘一带一路’为引领，加大西部开放力度”是新时代党中央对西部开发实现升级跨越、深化优化区域经济布局的新要求。《意见》强调以共建“一带一路”为引领，加大西部开放力度，旨在夯实中国内陆腹地开发开放的基石，培育中国向西向南的开放前沿，既是谋当下，也是计长远。下一个 10 年，把握“一带一路”新机遇，打造西部发展新引擎，对西部地区发展至关重要。

（七）《“一带一路”国际合作高级别视频会议联合声明》全文与解读

1. 联合声明全文

（1）我们，“一带一路”合作伙伴外交或其他部门的部长，于 2020 年 6 月 18 日举行主题为“加强‘一带一路’国际合作、携手抗击新冠肺炎疫情”的视频会议。我们欢迎世界卫生组织总干事、联合国开发计划署署长与会。

（2）新冠肺炎疫情大流行严重威胁人类健康、安全和福祉以及各国经济社会发展。当务之急仍是阻断病毒的传播，挽救生命，维护全球公共卫生安全。我们对在疫情中遭遇不幸的家庭和社会表示沉痛哀悼，向奋战在抗疫斗争一线的医护工作者、医疗专业人员、科研人员及全球范围内在此困难和挑战下坚守岗位的工作人员表示感谢和支持。

（3）新冠病毒是全球性挑战，需要通过全球团结互助和多边合作予以应对。我们确认联合国系统在促进和协调全球全面应对新冠病毒传播方面的核心作用和成员国所做努力，以及世界卫生组织的关键领导作用。

（4）我们认为，在应对疫情大流行的过程中，不应有任何形式的歧视、污名化、种族主义和排外主义。

（5）我们忆及第二届“一带一路”国际合作高峰论坛圆桌峰会联合公报所体现的合作精神和合作原则，将继续秉持共商共建共享原则，坚持开放、绿色、廉洁，追求高标准、惠民生、可持续，推动高质量共建“一带一路”。

建设健康丝绸之路

（6）我们相互支持对方抗击疫情的努力，将通过及时分享必要信息及疫情诊疗经验和最佳实践、加强和升级公共卫生系统能力、促进卫生专家对话、为有需要的国家提供帮助等方式，合作应对、控制并战胜疫情。我们鼓励各国必要时在双边、区域、国际等层面建立疫情联防联控机制。

（7）我们强调卫生产品的公平可及是全球的首要任务，致力于加强质量可靠的卫生产品特别是对应对疫情至关重要的疫苗、药物及医疗物资的可获得性、可及性和可负担性。在此方面，我们欢迎和赞赏合作伙伴之间相互提供的支持和帮助，欢迎联合国加强全球人道主义应急仓库，欢迎有关国家为医务人员或医疗物资的快速部署探讨设立区域机构或物资储备中心。我们相信，疫苗应作为全球公共产品使用。

（8）我们呼吁投资建设完善和有韧性的卫生基础设施，包括发展远程医疗。我们将根据本国法律法规并在各自能力范围内，为在本国受疫情影响的外国公民包括一线医务工作者和参与“一带一路”和其他合作项目的外国公民提供医疗卫生方面的支持。

加强互联互通

（9）我们相信，在开放、包容和透明的基础上推动构建全球互联互通伙伴关系将为各方带来机遇，并在抗击疫情、应对疫情影响、恢复经济社会可持续发展方面发挥积极作用。我们支持构建全方位、复合型的基础设施互联互通格局和可持续交通体系，鼓励各国发展相互兼容和多式联运的交通，开发跨国、跨区域交通和物流通道，增强各国在空中、陆地和海上的互联互通。我们认为，交通基础设施项目及陆上、空中和海上线路等跨区域交通、物流通道在运送抗疫医疗物资、设备、食品、主要农产品和其他重要商品，保障供应链，促进国际贸易畅通，以及保障民生和经济发展需求上发挥重要作用。一旦条件允许，我们将合作保持上述通道畅通或恢复开放。

（10）我们重申支持建设高质量、可靠、抗风险、可持续的基础设施，并确保其在全周期内切实可行、价格合理、包容可及、广泛受益，有助于参与方的可持续发展和发展中国家工业化。

（11）我们欢迎在严格采取必要疫情防控措施基础上，有序、逐步恢复跨境人员流动的努力。我们支持有需要的国家通过建立相应合作网络开展双边和多边合作，包括在方便的情况下尽快自愿建立便利商务人员和参与国际发展合作项目的专业人士、技术人员往来的快捷通道，以及畅通货物跨境流动的绿色通道。我们鼓励就此采取的相关措施，包括开展沟通协调以促进各国相关部门商定的健康检测互认和防疫安排等。

推动经济恢复

（12）我们支持以世界贸易组织为核心、普遍、以规则为基础、开放、透明、非歧视的多边贸易体制。我们呼吁维护区域和全球产业链和供应链的稳定，包括商品、服务和人员的正常流动，同时帮助受疫情影响的产业与经济体。我们强调公平竞争和知识产权保护的重要性。

（13）我们将在做好疫情防控的基础上，遵照世界卫生组织等相关国际组织的专业建议促进经济恢复，特别是推动有序复工复产及重新融入全球价值链。在疫情冲击全球经济社会发展的背景下，各国需要加强在数字经济、医疗产业和食品安全领域的合作，并在电子商务、智慧城市、人工智能和大数据技术应用等领域培育新的经济增长点，借鉴国际良好实践并缩小数字鸿沟。

（14）我们支持各方就重大发展战略、规划和政策开展对话和交流，包括加强“一带一路”倡议与其他国别、区域和国际发展战略、项目或倡议的协调。我们鼓励和支持有利于工商业特别是中小微企业和脆弱行业发展的政策。我们也注意到有的国家在做好疫情防控措施基础上逐步恢复旅游业的努力。我们强调，在人力资源开发、教育和职业培训方面加强合作，将增强民众应对疫情挑战的能力。我们致力于落实联合国 2030 年可持续发展议程和气候变化巴黎协定，并在此方面照顾最不发达国家和内陆发展中国家的特殊需要。我们欢迎联合国系统继续支持“一带一路”国际合作。

（15）我们欢迎二十国集团为促进最不发达国家经济恢复和可持续发展而提出的缓债倡议。

推进务实合作

（16）我们将在已有进展的基础上，结合各自国家发展议程，继续推进“一带一路”框架下有关经济和交通走廊、经贸合作区和务实合作项目的建设，发挥其对经济增长、社会发展和民生改善的拉动作用。

（17）我们重视“一带一路”合作项目在经济、社会、财政、金融和环境方面的可持续性，呼吁“一带一路”所有市场参与方履行企业社会责任，遵守联合国全球契约。

（18）我们愿同其他“一带一路”合作伙伴继续落实第二届高峰论坛共识，推进发展政策对接、基础设施投资、经济走廊、经贸合作区、产业园区、金融和贸易合作、创新和技术、海上合作、工商界联系、人文交流等领域的双边、三边和多边合作。我们鼓励各方为促进贸易、投资和产业合作提供良好的营商环境。

（19）我们将本着以人民为中心的理念开展互利合作。我们重申，促进和平、发展与人权，推动合作共赢，尊重《联合国宪章》宗旨原则和国际法，是我们的共同责任；实现世界经济强劲、可持续、平衡和包容增长，提升人民生活质量，是我们的共同目标；打造繁荣与和平世界的命运共同体，是我们的共同愿望。

2. 解读

尽管受到新冠肺炎疫情以及全球经济低迷等不利因素影响，但“一带一路”合作逆势前行，合作大家庭持续扩大，经贸合作水平持续提高，互联互通持续加强，合作伙伴守望相助，凸显了强大韧性和旺盛活力。“一带一路”倡议是团结抗击疫情、促进恢复经济的重要平台。沿线各国积极协调开展疫情联防联控，加强公共卫生合作，共同建设“健康丝绸之路”；加强互联互通，有序恢复跨境人员、货物流动，推动复工复产，维护全球产业链、供应链安全稳定，促进可持续发展，建设“绿色丝绸之路”。

第三节　2019—2020 年中国企业“一带一路”相关跨境并购

随着共建“一带一路”从“写意画”变为“工笔画”，中国企业在“一带一路”沿线国家的并购数量不断增多，规模持续扩大。2019—2020 年，中国企业在“一带一路”沿线国家完成并购共 124 个，占海外并购总数的 19.1%。其中，因为受到新冠肺炎疫情影响，2020 年中国企业在“一带一路”沿线国家完成的并购交易只有 29 个。因此，2019 年中国企业在“一带一路”沿线国家并购规模达到了 95 个，远多于 2017 年的 54 个。

据不完全统计，2019—2020 年中国企业在“一带一路”沿线国家完成投资并购交易金额达 280.79 亿美元，占全年披露交易金额的 18.77%，2019—2020 年中国企业在“一带一路”沿线国家的单笔交易金额最大值为 41.73 亿美元，但“一带一路”沿线平均单笔交易金额较 2017 年有所下降。

2016 年后，在中国对外直接投资势头减弱的大环境下，中国企业对“一带一路”沿线国家投资热情不减，跨境并购数量逆势增长。2016 年 12 月，为遏制资本外逃、打击虚假投资，发改委、商务部、央行和外管局发文加强了对外投资的管理和审核，尤其大力整顿对房地产、酒店、影城、娱乐体育等领域的投资和并购行为。此后中国对外直投活跃度明显下降，海外并购项目数量和项目金额锐减。但根据数据显示，在此环境下中国对“一带一路”沿线国家的并购热情依然较大。从并购数量看，2016 年后中国对“一带一路”沿线国家企业并购数量继续保持较快增长态势，2019 年对“一带一路”沿线国家跨境并购 107 个，占当年海外并购总量的 56%，而 2008 年跨境并购仅为 10 个，占比仅 14.9%；从并购金额看，2017 年中国对“一带一路”沿线跨境并购总额创纪录达到 366.2 亿美元，此后受对外投资大环境影响虽有明显下降，但整体占比基本维持在 20% 以上，较 2008 年占比 14.9% 有所提升。

2020 年新冠肺炎疫情危机对全球经济和供应链安全产生巨大冲击，受此影响，短期中国对“一带一路”沿线并购投资将有所放缓。长期看，“一带一路”沿线国家外向型发展路径和“一带一路”倡议下与中国经济联系日益密切，有望成为中国企业跨境并购投资的主要动力。

一、中国对“一带一路”沿线跨境并购发展特征

（一）“一带一路”沿线跨境并购以东南亚、南亚等周边区域重点国家为主，投资区域逐渐呈现更加多元化态势

从区域分布看，东南亚是中国“一带一路”跨境并购的集中地，截至 2020 年上半年累计并购数量和并购规模占比达到 40.96% 和 40.14%，其次是南亚，占比分别为

18.22%和7.44%。全球金融危机后，随着欧美发达经济体对外直接投资减弱、中国资本在国际市场日渐活跃，中国对“一带一路”跨境并购的区域开始由东南亚、南亚、中亚等周边区域向中东欧、中东产油国及中东北非等区域扩展。其中，中国对中东欧累计跨境并购数量占比达到13.84%，仅次于南亚；对中东北非累计跨境并购金额占比11.78%，仅次于中亚。

并购显著集中于区域重点国家，也是“一带一路”沿线各区域跨境并购的另一重要特征。截至2020年上半年，中国对新加坡的累计跨境并购数量占东南亚比重达到51.2%，其次是印度尼西亚，占比仅20.1%；南亚跨境并购基本集中于印度，对印度累计并购数量占南亚比重高达90.5%，其他区域也均呈现出此特征，如独联体的国家、中东北非的以色列、中东产油国沙特、中亚哈萨克斯坦等，仅中东欧地区的国家集中度略低，第一大并购地捷克占比为38.4%。另外，南亚、中东欧累计跨境并购数量占比明显高于并购金额占比，而中亚、独联体、中东北非跨境金额占比明显高于并购数量，这主要是由于中亚及独联体俄罗斯资源禀赋优越，中国对这些区域国家的并购项目多集中于能源等资源行业，导致单项并购金额较大，而南亚、中东欧第三产业并购占比较大，单项并购额相对较低。

（二）“一带一路”沿线跨境并购行业呈现多元化发展趋势，并基本贴合区域产业结构特征

从行业分布来看，截至2020年上半年，中国对“一带一路”沿线累计并购数量排名前5名的行业依次为信息服务业（23.7%）、制造业（21.5%）、采掘业（14.4%）、批发零售（8.4%）、金融保险（7.7%）。从并购金额来看，采掘业由于资金密集型属性较为突出，累计并购额占比达到35.5%，占比第一。制造业、信息服务业、专业服务等虽然累计并购数量占比较大，但累计并购额占比明显偏低，分别为15.0%、11.7%和1.0%。此外，电力燃气供水、交通运输及物流仓储虽然累计并购数量占比仅为3.6%和6.4%，但累计并购额占比均超过10%。

从发展趋势来看，随着中国与“一带一路”沿线国家经贸合作不断深化，中国企业对其跨境并购呈现明显的多元化特征。2015年以前，中国保持对上游资源类行业（采掘业）并购步伐的同时，加大了对制造业并购量。这一阶段制造业并购也呈现出两大特征；一是初期集中于东南亚及南亚地区，金融危机后开始向中东欧、独联体国家、中东以色列等其他区域国家扩展；二是初期以汽车、机械制造业为主，后期增加了初级产品加工和轻工制造业的并购。2015年以后，跨境并购行业呈现多元化特征，服务业并购数量明显增加，除传统服务业（运输仓储、批发零售、住宿餐饮），现代服务业发展迅速，2017年起信息服务业已成为中国对“一带一路”沿线国家第一大并购行业，2019年该行业并购量占比高达36.7%。

总体来看，中国对“一带一路”沿线跨境并购基本贴合该国产业结构和双边经济

合作发展要求。体现在：①“一带一路”沿线中亚、独联体（俄罗斯和阿塞拜疆）、中东产油国等区域资源禀赋优越，因此这些地区的并购以能源、矿产资源类行业为主，并购规模占比也因此远大于并购数量占比。②随着“一带一路”沿线区域在中国对外贸易占比中逐渐提高，与之相关批发零售、交通运输及仓储物流并购投资需求相应上升。③近年来数字经济、信息产业成为大部分“一带一路”沿线国家产业发展与升级的重点，这为中国投资沿线国家信息产业创造了良好的政策环境和行业环境，其中以新加坡和印度最为典型。④近年来中国制造业跨境并购向半导体、医药设备、信息通信等紧密制造业转向，这使中国在制造业领域的跨境并购数量在2016年后逐年下降，并出现区域分化，一方面对发达经济体（包括“一带一路”沿线新加坡和以色列等）更加侧重高精尖领域的制造业并购；另一方面对“一带一路”沿线经济和工业体系发展水平相对滞后的大部分国家，仍以汽车、机械制造和轻工制造等为主，或利用当地资源禀赋发展加工制造业等，这部分发展相对稳定。

表6-8　各行业“一带一路”沿线跨境数量占比

单位：%

年份	农林牧渔	采掘业	电力燃气供水	建筑业	制造业	批发零售	交通运输及物流仓储	房地产及租赁	金融和保险业	信息服务业	专业服务	文化娱乐	住宿餐饮	其他	合计
2002		66.7			0										50.0
2003		80.0													80.0
2004		50.0		100.0	0										42.9
2005		33.3			50.0	100.0				33.3		0			41.7
2006		50.0	100.0		14.3		100.0		75.0	11.1	0				33.3
2007	100.0	33.3	100.0		27.3	0	100.0		22.2	16.7	0	0			30.6
2008	33.3	5.0	50.3		25.0	0			0	0	0	0			14.9
2009	100.0	30.4	0		14.8	0		33.3	60.0	40.0	0		0		26.6
2010	0	8.1	0		20.0	50.0	33.3	0	50.0	25.0	0		50.0	0	16.1
2011	33.3	14.3	50.0	0	17.4	22.2	50.0	0	40.0	20.0	100.0	0			20.4
2012	0	19.6	25.0	50.0	14.8	42.9	11.1	0	25.0	28.6	25.0	0			19.5
2013	0	31.6	0	50.0	29.8	33.3	0	0	33.3	50.0	12.5				27.3
2014	50.0	33.3	20.0	0	15.9	18.2	66.7	0	13.3	15.0	25.0	0	0		19.5
2015	20.0	42.9	37.5	100.0	23.6	33.3	44.4	25.0	26.3	43.6	17.9	12.5	33.3		29.6
2016	33.3	36.8	13.3	50.0	21.8	53.8	42.9	30.0	33.3	41.1	16.7	20.0	41.7	0	29.3
2017	25.0	44.4	18.8	50.0	19.8	60.0	40.0	28.6	30.0	41.8	23.3	0	50.0	50.0	31.5
2018	0	50.0	35.7	100.0	18.8	60.0	42.9	20.0	44.4	65.8	22.6	100.0	0		36.7
2019	66.7	36.4	25.0		30.6	83.3	83.3	80.0	66.7	66.7	48.1	0	0		56.0
2020H1		0	44.4		44.4	50.0	66.7	66.7	50.0	88.0	100.0		100.0		70.5
总计	27.5	29.2	26.5	53.3	21.1	47.3	49.5	26.5	34.8	47.0	27.3	13.6	29.7	25.0	31.1

（来源：Mergermarket、Wind）

二、2019—2020年“一带一路”投资标的国与重点行业分析

（一）2019—2020年中国企业“一带一路”并购交易标的国回顾分析

2019—2020年中国企业在“一带一路”沿线国家完成的54个投资并购中，主要标的所在国为新加坡、意大利、韩国、泰国、西班牙和马来西亚。

2019—2020年，中国企业与投资者在“一带一路”区域交易标的所在国的排行中，

新加坡交易达 23 个，总交易金额为 60.13 亿美元，占“一带一路”总交易金额的 21.41%；在意大利交易 15 个，总交易金额为 15.18 亿美元，占“一带一路”总交易金额的 5.40%；在韩国的交易达 14 个，总交易金额为 26.46 亿美元，占“一带一路”总交易金额的 9.42%；泰国交易虽然只有 7 个，但总交易金额却达 31.56 亿美元，占“一带一路”总交易金额的 11.24%；在西班牙的交易也有 7 个，总交易金额为 12.05 亿美元，占“一带一路”总交易金额的 4.29%；在马来西亚交易 6 个，总交易金额为 3.46 亿美元，占“一带一路”总交易金额的 1.23%。

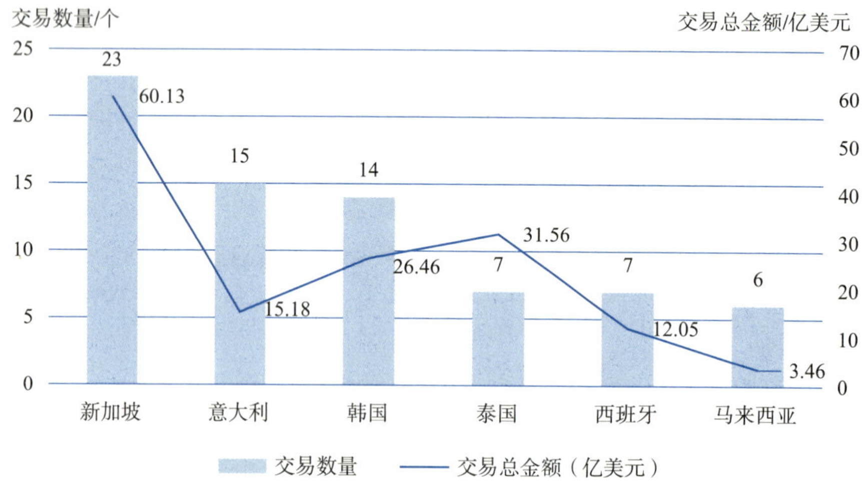

图 6-1　2019—2020 年中国企业“一带一路”交易主要标的国

（来源：Mergermarket）

1. 新加坡

自“一带一路”倡议的提出，新加坡始终是中国企业与投资者的主要投资目标，2015 年中国企业与投资者在新加坡交易为 18 个，居 2015 年“一带一路”交易数量榜第一，2016 年达到 22 个依旧稳居榜首，其中包括阿里巴巴 10 亿美元收购东南亚最大电子商务公司 Lazada 控股权等大型交易。2017 年这一趋势得以延续，其中万科收购普洛斯的交易更是登上 2017 年十大交易第二。2019—2020 年，新加坡依然是中国企业在“一带一路”沿线开展跨境并购的最主要标的国，仅此一国的交易金额就占总金额的五分之一。

新加坡面积小、人口少、资源匮乏，吸引外资是其经济增长的重要政策。新加坡政府实施有利于工商企业发展的各项政策，已连续多年在世界银行评定的“亲商经济体”中名列榜首。随着“一带一路”倡议得到新加坡政府的支持，同时因其自身地理位置优越、基础设施完善、政治社会稳定、商业网络广泛、融资渠道多样和法律体系健全等优势预计中国企业和投资者在新加坡的交易将继续保持积极的态势。

2. 意大利

意大利作为欧元区第三大经济体，在 2018 年底重新陷入衰退，2019 年 3 月 23 日，中国与意大利签署《关于共同推进“一带一路”建设的谅解备忘录》，意大利成为首个加入“一带一路”倡议的七国集团（G7）成员国。随着意大利加入“一带一路”倡议，中国企业在意大利的跨境并购也大幅增加，2019—2020 年，意大利成为中国企业“一带一路”投资并购的第二大标的国。

中国与意大利以签署政府间“一带一路”合作谅解备忘录为契机，加强“一带一路”倡议同意大利“北方港口建设”、“投资意大利计划”、泛欧交通运输网（TEN－T）等的对接，双方将在基础建设、航空航天、农业工业、福利健康、环境保护和城市化等领域优先展开双边合作。自 2004 年中意两国建立全面战略伙伴关系后，两国政治互信不断加深，贸易往来迅速增长。目前，意大利是中国在欧盟的第五大贸易伙伴国、第四大出口市场和第四大进口来源地。中意双边贸易额以 542.3 亿美元的成绩再创历史新高。双方在港口基础设施建设、5G 通信、第三方市场合作等方面正加快合作步伐。据外媒报道，意大利总理孔特有意推动两国在港口等基础设施建设方面加强合作，孔特欢迎中国企业对意大利东北部的的里雅斯特港的投资。意大利的食品加工和农业机械具有较强的竞争优势。

3. 韩国

韩国是 2019—2020 年中国企业“一带一路”投资并购的第三大标的国。2019 年 4 月，SK 集团与中国石化签署炼化一体化合资合同、增资协议，重组中韩石化、武汉石化，成立中韩石化一体化合资公司，为中韩两国在华能源化工领域的最大合资项目。2019 年 10 月，韩国经营咨询企业 Business Insight 旗下全资子公司 Retail Insight 收购了中国零售小商品企业名创优品在韩代理商（名创优品韩国法人）75% 的股份。截至 2019 年年末，中国对韩国直接投资存量 66.73 亿美元，中国企业对韩国房地产等领域的非理性投资明显减少，中国企业注资的大型并购项目——锦湖轮胎生产经营恢复正常。

中韩自贸协定已经 6 次降税，有力地推动了双方经贸合作的发展，中韩企业期待中韩自贸协定投资和服务贸易二阶段谈判为两国构筑更为紧密的产业链奠定制度基础。根据中韩两国政府的共识，中国“一带一路”倡议同韩国“新北方政策”“新南方政策”等国家战略将有望对接。在现有高水平互利合作的基础上，双方将加强创新、智能制造、高端技术研发等合作，助推两国经济转型升级。双方还将发挥各自比较优势，推动两国企业强强联合，探索在包括东盟国家在内的第三国开展基础设施和产能合作。

4. 西班牙

西班牙一直是对“一带一路”抱有好感、积极参与的西方国家，2019—2020 年，中国企业在西班牙有 7 个投资并购交易。贝克·麦坚时国际律师事务所发布研究数据显示，2020 年中国企业对西班牙投资达 3.7 亿美元，同比增长 362%。其中，中铁建国际投资有限公司并购西班牙 Aldesa 集团，为去年中国企业在西班牙的投资画下“浓墨重彩”的一笔。

中国与西班牙的经贸关系持续加强，最近 10 年里，西班牙对华出口贸易量翻了一番还要多（增长了 155%）。2019 年，西班牙对华出口贸易额超过 68 亿欧元（约合 539 亿元人民币）。2020 年 1 月至 9 月，西班牙对华出口贸易总额超过 57 亿欧元（约合 451 亿元人民币），比去年同期增长 19.6%，而其他国家进口西班牙产品的贸易额则低于去年同期水平。2013 年，中国提出“一带一路”倡议，西班牙积极响应。西班牙是亚洲基础设施投资银行的创始成员之一。西班牙企业积极探索与中国企业在第三方市场的合作，携手开发拉美、非洲、中东等市场。

5. 泰国

2019—2020 年，中国企业在泰国有 7 个投资并购交易，其中一个交易额达 30.35 亿美元。泰国政府积极响应“一带一路”倡议，主动将国家发展战略与澜湄合作、“南向通道”等区域合作对接，开展与中国的友好合作。泰国的发展规划及战略与中国推动的“一带一路”和国际产能合作战略具有高度的契合性，中资企业在泰国发展面临新的历史机遇。近年来，泰中经济合作日渐加深，双边贸易额持续走高。在继续保持泰国第一大贸易伙伴的同时，中国还在 2019 年首次超越日本成为泰国第一大外商投资来源国。

值得注意的是，泰国投资促进委员会发布公告，宣布出台优惠政策，促进外资企业在泰国证券交易所或 MAI 证券交易所上市，即对于已经获得税收减免优惠的法人在泰国证券交易所或 MAI 交易所上市，可以再享受 100% 的税收减免（不含土地价格和周转资金）。对于已经获得优惠促进政策的项目，即使已经有收入仍可以申请此项优惠。

6. 马来西亚

2015—2017 年中国企业在马来西亚跨境交易数量有明显上升，2015 年仅为 3 个，包括一笔中广核 23 亿美元收购马来西亚电力公司 Edra 的巨额交易。2016 年中国企业在马交易有了井喷增长，达到 10 个但并无大额交易。2017 年交易数量下降至 6 个，2019—2020 年依然维持在这个数量。

马来西亚是东盟中比较发达的国家之一，也是同中国交往十分密切的国家。中国连续八年成为马来西亚第一大贸易伙伴，两国每年互派留学生约 1.8 万人，中国也是马来西亚的第三大旅游游客来源国。此外马来西亚拥有较丰富的油气资源，天然气储量占世界第 14 位，石油储量占世界第 23 位。马来西亚也是世界第 3 大液化天然气生产国，能量达每年 2300 万吨。马来西亚是古代海上丝绸之路上的重要节点，也是最早响应“一带一路”倡议的国家之一。据马方数据显示，中国经济每增长 1%，马来西亚经济就增长 0.4%。马来西亚加入中国“一带一路”倡议已经收获许多具体的果实，这些都是真实的“双赢”合作范例。

（二）2019—2020 年中国企业“一带一路”交易行业回顾分析

2019—2020 年中国企业在“一带一路”沿线国家并购的行业分布主要集中于信息

服务业、金融业、工业制造业、能源、消费零售业、物流运输。其中，中国企业在“一带一路”沿线信息服务业交易数量为 14 个，披露金额为 21.67 亿美元；金融业交易为 12 个，披露金额达 45.06 亿美元；工业制造业交易为 12 个，披露金额达 15.88 亿美元；能源行业交易为 11 个，披露金额为 98.75 亿美元；消费零售业交易为 10 个，披露金额达 22.36 亿美元。

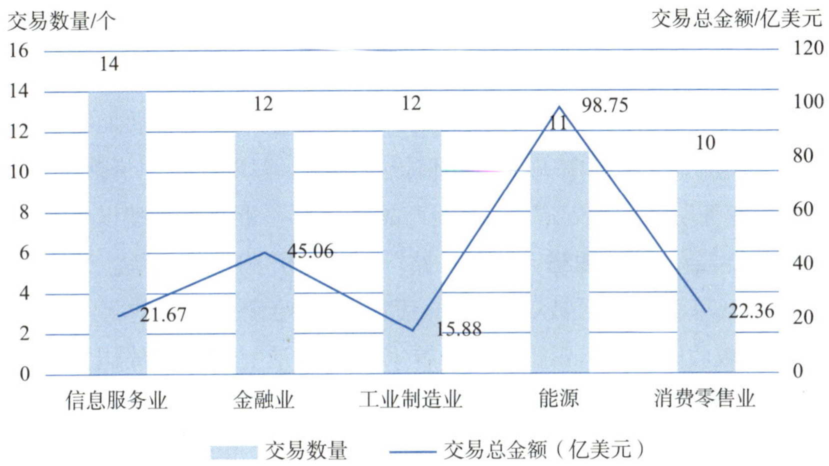

图 6-2 2019—2020 年中国企业“一带一路”交易主要行业

（来源：Mergermarket）

在“一带一路”倡议提出以来，中国对“一带一路”沿线并购投资也呈现差异化发展。这体现在：一是 2016 年后对“一带一路”并购投资呈逆势增长，2019 年该区域并购量已占中国跨境并购总量的 56%；二是配合“一带一路”贸易互通和基础设施共建，2013 年以后批发零售、交通物流领域的并购投资更多集中于“一带一路”沿线国家，2019 年中国在沿线国家这些领域的并购数量占比达到 83.3%，同时围绕当地基础设施的建筑行业并购也基本分布于“一带一路”沿线；三是随着倡议框架下积极推动信息共享和金融合作深化，近年来信息服务业、金融和保险业领域的并购投资开始转向“一带一路”沿线国家，2019 年“一带一路”沿线这两个行业的并购量占行业并购总量的比重均达到 66.7%。可以说，沿线并购投资的行业分布和趋势特征与倡议深化发展方向基本一致。

1. 信息服务业

2019—2020 年中国企业“一带一路”跨境并购最集中的行业是信息服务业。“一带一路”沿线国家包括了全球三分之一的经济以及 44 亿的人口，其巨大的人口基数对信息服务行业有着巨大的需求，为该行业的发展提供新的机遇和广阔的前景。以信息技术为核心的新一轮科技革命和产业变革孕育兴起，共建信息丝绸之路、促进沿线国家在新一代信息技术领域深度合作已成为“一带一路”建设的重点。

自共建“一带一路”以来，我国信息服务产业已启动海外扩张暨并购之旅，主要有五个机遇点：一是跨境电子商务领域；二是通信信息领域；三是交通基础软件领域；四是适合国际化的通用型管理软件领域；五是软件外包领域。

2. 金融业

2019—2020 年中国企业“一带一路”跨境并购最集中的第二大行业是金融业。资金融通是“一带一路”建设的血脉和重要支撑。“一带一路”沿线基础设施建设的巨大资金需求以及活跃的跨境并购活动，为我国资产管理行业提供了重要契机，但也对资产管理机构开展跨境业务的能力提出了挑战。商业银行融入“一带一路”倡议主要是从满足投融资需求的角度出发，而投资银行是对公业务板块重要而有益的补充，同时也是该行差异化服务功能的体现。以中信银行为例，其以“银团贷款业务”“债券承销业务”“并购业务”“股权投资”四大类产品支持“一带一路”建设。

2018 年中资在金融领域围绕“一带一路”沿线的并购十分活跃。2018 年 4 月，中信银行联合中国烟草总公司下属双维投资，完成了对哈萨克斯坦的阿尔金银行（Altyn Bank）60% 的股权收购，中信银行也成为首家在“一带一路”沿线国家收购银行股权的中资银行；2018 年 5 月，经中孟两国监管部门批准，由深交所与上交所组成的中方联合体近日成功竞得孟加拉国达卡证券交易所 25% 股权。2019—2020 年，中国企业在马来西亚开展的 6 个并购交易中，有 3 个标的行业都为金融业。

3. 工业制造业

制造业转型升级一直是我国企业发展的迫切诉求。从制造业领域并购来看，标的以高端电子制造领域企业为主。2019—2020 年中国企业在“一带一路”沿线工业制造业的交易主要发生在意大利，这与意大利自身机械制造、工业设计等优势强有关。

自 2015 年开始，亚洲贸易出现了自金融危机以来的首次下滑，东亚地区经济体的工业中间品的出口和进口都出现的双降。同时亚洲制造业产品以中间品为主，即使如日本这些创新能力技术比较强的国家其出口产品很多也是配件类的半成品类的中间品类。而“一带一路”倡议的提出有助于亚洲经济一体化发展，促使亚洲制造达成自产自销。“一带一路”沿线依旧有许多国家制造业产能相对落后，基础建设不完善，随着“一带一路”倡议的贯彻执行，工业化走在前面的国家，对于那些还没有开始工业化或者工业化早期的这样一些国家，这种帮助带动作用应该是非常强的。尤其是在全球产业链面临重塑的新形势下，中国企业将通过与沿线企业不断合作的方式，一方面吸纳技术和经验，另一方面将相对先进的产业体系和产品带入这些国家，促成双方产能的有机结合。

4. 消费零售业

2019—2020 年中国企业在“一带一路”沿线消费零售业的交易分布较为均衡，不只出现在东南亚地区，还涉及了意大利、新西兰、韩国、罗马尼亚、智利等国。“一带一路”倡议将推动着中国消费零售业进入下一个上升通道。在满足自身投资扩张条件的同时，中国消费零售企业对外投资还需精准对接并契合国家发展的需要，促进经济要素有序自由流动、资源高效配置，以及市场深度融合，推动沿线各国实现经济政策协调，开展更大范围、更高水平、更深层次的区域合作。

商务部数据显示，我国跨境电商的出口增速明显快于整体增速，成为外贸亮点。在市场和大环境的吸引力和推动力的共同作用下，“一带一路”沿线国家电商企业成为最热门的目标。在“一带一路”沿线国家，人口稠密，部分地区人均收入极高、居民受教育程度也高，但生活物资相对缺乏的大前提下，预计沿线电商平台对中国企业的跨境并购仍有着巨大的吸引力。

三、新冠肺炎疫情背景下中国企业“一带一路”沿线跨境并购发展前景

2020 年突如其来的新冠肺炎疫情危机对全球经济、贸易、投资活动产生了极大影响。根据 EMIS 企业并购数据库，2020 年上半年中国企业跨境并购量仅为 61 个，同比下降 33.7%，其中对“一带一路”沿线国家的跨境并购量为 43 个，同比下降 20.4%。据 6 月联合国贸发会议《2020 年世界投资报告》预测，2020 年全球直接投资将下降近 40%，月均跨境并购量将下降 21%，且未来 10 年国际生产体系将面临重大转型。新冠肺炎疫情背景下，未来中国企业在“一带一路”沿线国家的跨境并购将有以下几个特征。

（一）由于跨境并购具有滞后性，全球新冠肺炎疫情错峰暴发并存在复发风险，短期中国对“一带一路”沿线跨境并购进程将明显放缓

一方面，跨境并购面临的环境和项目风险更为复杂，从项目筛选、实地调研、风险评估、商务谈判、政府审查到并购重组完成，项目并购流程复杂且周期很长，这使疫情对并购投资的影响具有明显滞后性，2020 年上半年并购完成项目基本为疫情前已推进大半的项目。

另一方面，自 2020 年 1 月底中国新冠肺炎疫情暴发到印度、俄罗斯等新兴经济体疫情暴发，上半年各国隔离限制措施严重拖累在途项目推进流程，考虑全球疫情复发风险仍较高，预计 2020 年下半年企业跨境并购推进流程难以加速恢复。

（二）新冠肺炎疫情对国内企业盈利的负面影响较为明显，境外标的所在国疫情形势、社会经济的不确定性也将一定程度减弱企业跨境并购动力

据联合国贸发会议《2020 年世界投资报告》显示，2020 年全球前 5000 家跨国企业盈利预期下调近 40%，部分行业甚至陷入亏损。中国经济虽已率先进入恢复阶段，但国内及全球需求不振令国内企业经营和现金流仍面临较大压力，加之海外疫情形势依然严峻，“一带一路”沿线绝大部分国家经济深陷衰退，甚至部分国家社会矛盾因疫情和经济恶化而进一步凸显，社会不稳定风险上升，2020 年中国部分企业境外投资计划将因此不同程度延后，跨境并购动力有所减弱。

（三）短期政策风险上升将增加中国企业在“一带一路”沿线部分国家的并购阻力

新冠肺炎疫情暴露的全球产业链和供应链安全问题，尤其是医疗物资安全问题，以及中美摩擦的外溢性，使逆全球化从贸易领域向投资领域加速扩展。2020 年以来，除美、日、英、法、德等发达经济体，波兰、印度、匈牙利等国也加强了外国直接投资和收购审查制度，企业跨境并购政策风险正在上升。因此短期内，中国对“一带一路”沿线部分国家的跨境并购政策壁垒将增加，其中中东欧跟随欧盟投资政策将有所收紧，与中国双边关系的亲疏变化（如印度）对其他区域的并购投资影响将进一步上升。

（四）长期看，逆全球化背景下中国与“一带一路”沿线国家经济合作加强，有望成为中国在该区域并购投资的长期发展动力

对“一带一路”沿线国家而言，由于国内市场小、资本积累不足，大部分国家对外贸和外国资本高度依赖，外向型经济发展路径使这些国家有动力在贸易保护主义上升、全球产业链条收缩的趋势下，更加积极地融入区域一体化和“一带一路”倡议合作，优化外商投资环境。2020 年新冠肺炎疫情冲击下，由于经济下行压力骤升，“一带一路”沿线部分国家加大了招商引资力度，越南、沙特、阿联酋、阿尔及利亚、俄罗斯等国进一步优化外国直接投资政策环境，如沙特放宽了外国资本对本国医药行业的投资限制。

（五）未来在“一带一路”新形势下，民企有望在海外并购交易中继续领跑，而国企的角色定位将逐渐从“主体地位”向“主导地位”转变，更加注重战略布局。通过国企的大型项目为先导，民企项目随后跟进，从而形成“国企搭台，民企唱戏”的共进格局

对中国而言，中国国内资源禀赋优势并不突出，劳动力成本优势下降明显，这使中国与“一带一路”沿线国家优势互补仍较为明显，因此在“加快形成以国内大循环为主体、国内国际双循环相互促进的新发展格局”形成过程中，以国内需求为中心推进区域产业链和供应链布局，有望成为中国企业在“一带一路”沿线并购投资的长期发展动力。

第七章　2021 年中国企业跨境并购展望

第一节　2021 年上半年中国企业跨境并购回顾

回顾 2021 年上半年，全球疫情虽仍在持续，中国企业并购市场交易活跃度和交易规模双下降。疫情在国外的肆虐和政治因素的复杂化双重抑制了中国内地企业的海外并购活动，跨境交易变得异常困难，尤其是在美国和欧洲等发达市场。

2021 年上半年并购交易总体趋冷，中国企业的跨境并购交易数量较 2020 年上半年减少 64 个，较 2019 年上半年减少 141 个。2021 年上半年披露的交易金额达 60 个，总金额为 151.49 亿美元。2020 年同期披露交易金额为 124 个，交易金额总计为 324.56 亿美元；2019 年同期披露交易金额为 201 个，披露的交易金额总计 505.96 亿美元。2021 年上半年中国企业跨境投资交易数量及交易金额总体有所降低。

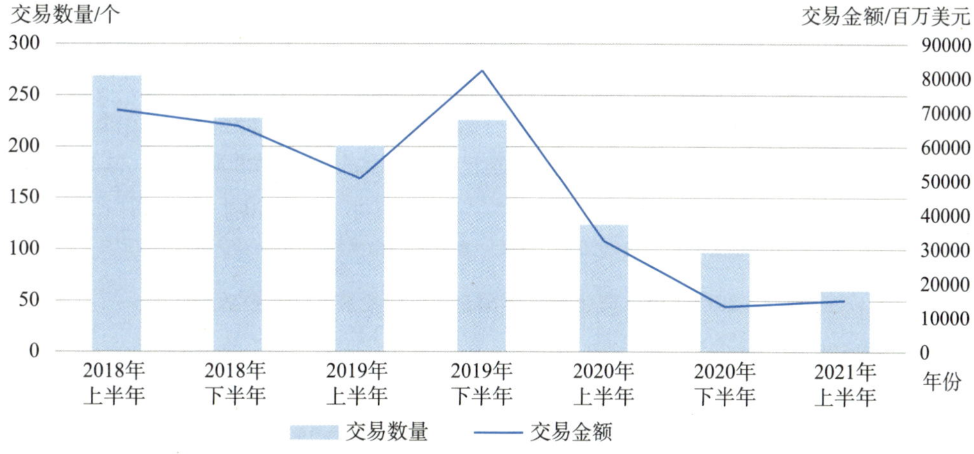

图 7-1　2018—2021 年上半年中国跨境投资并购交易数量金额分布

（来源：Mergermarket）

2021 年上半年前十大交易细分行业中 TMT 占 4 个，披露交易金额为 52.66 亿美元，占前十大交易总金额的 54.9%。在 2021 年上半年的前十大交易中有 3 个属于制造业，披露的交易金额为 27.7 亿美元，占 2021 年上半年前十大交易总金额的 28.9%。

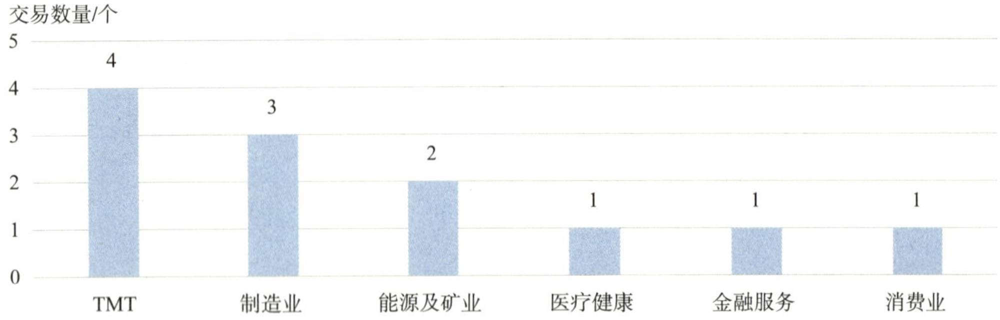

图 7－2　2021 年上半年中国企业跨境并购前十大交易行业分布趋势

（来源：Mergermarket）

2021 年上半年，中国企业跨境投资并购交易行业主要集中于 TMT（16 个）、制造业（15 个）、消费业、医疗健康以及能源及矿业（均为 7 个）。TMT 行业与制造行业始终吸引较多数量的投资并购。医疗健康业、消费业和能源及矿业与 2020 年同期基本持平，相比 2019 年有所减少，其中消费业下降更为明显。

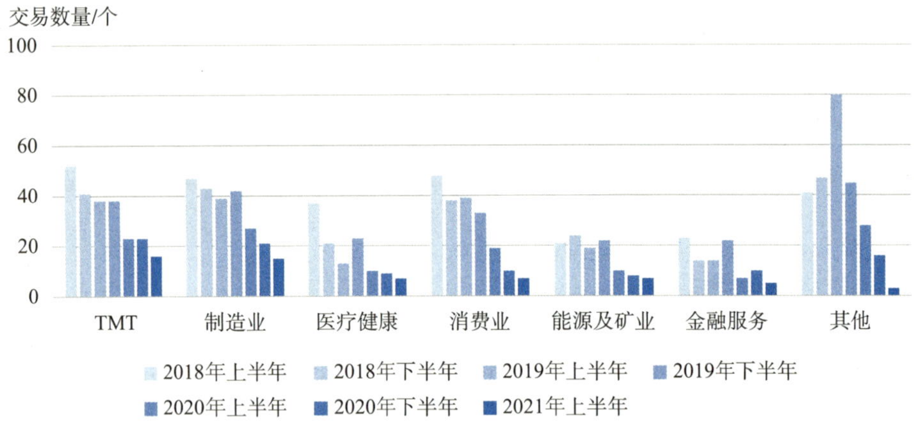

图 7－3　2018—2021 年上半年中国企业跨境投资并购行业数量分布

（来源：Mergermarket）

2021 年上半年，在所有披露成交价格的交易中，最大规模的跨境并购交易是腾讯牵头的财团对环球音乐集团 10% 股权的收购交易，披露交易金额约为 30 亿美元。2021 上半年披露成交金额的前十大中国企业跨境并购交易分别来自腾讯、红杉资本、霸菱亚洲、中国长江三峡、中国长江电力等投资机构及企业。前十大交易金额总计 95.5 亿美元，占前两季度交易总金额的 63.2%，交易集中度较高。但前十大交易总金额较 2020 年上半年的 191 亿美元下降 50%，较 2019 年上半年的 505.9 亿美元下降 81.1%，足以见得，2019—2021 年，大型交易金额的跨境并购交易呈现断崖式下降。在 2021 年的前十大交易中，TMT 行业的交易数量为 4 个、制造业交易数量为 3 个，其他行业分别为能源和金融服务行业，相较于 2019—2020 年前十大交易 TMT 和制造业占比基本持平。

从买方市场地区来看 2021 年上半年中国企业跨境并购前十大交易中，中国香港买家独占 50%，由此可见中国香港已经成中企出海的桥头堡。从买方构成上来看，2021 年上半年相较 2019—2020 年中国企业跨境并购相比以往中资企业在海外并购中单打独斗的模式，越来越多的交易将以中资财团的形式进行，参与方包括国有企业、民营企业以及一些财务投资者。

本报告认为这些不同的参与方可以为并购交易带来不同的经验、资源，从而降低交易风险，这是中国企业跨境并购近年来积累的经验，也是其健康发展的重要趋势。

表 7－1　2021 年上半年中企跨境并购前十大交易

日期	买方名称	金额/百万美元	买方区域	标的名称	二级行业	标的所在国家	股权比例
2021 年 1 月 29 日	腾讯牵头的财团	3000	中国	环球音乐集团	TMT	美国	10%
2021 年 2 月 28 日	红杉资本等中资财团	1800	中国香港	J&T Express	制造业	印度尼西亚	N/A
2021 年 2 月 11 日	霸菱亚洲（BPEA）	1706	中国香港	Virtusa Corporation	TMT	美国	N/A
2021 年 2 月 4 日	中国长江三峡集团公司	595	中国	X－ELIO Energy，S. L.（500MW Spanish solar portfolio）	能源	西班牙	N/A
2021 年 2 月 24 日	中国长江电力股份有限公司	561	中国	Luz del Sur S. A. A.	能源	秘鲁	13.49%
2021 年 4 月 15 日	重庆承星股权投资基金合伙企业（有限合伙）；淄博市金融控股有限公司等	550	中国	Polestar Performance AB	制造业	瑞典	N/A
2021 年 3 月 31 日	红杉资本、国泰君安等中资	420	中国	智加科技 PlusAI	制造业	美国	N/A
2021 年 3 月 11 日	锐盛投资（香港）	384	中国香港	Altico Capital India Pvt Ltd	金融服务	印度	N/A
2021 年 3 月 1 日	XVC、DST Global、Blackstone Growth，Tiger Global 等	315	中国香港	Weee!，Inc.	TMT	美国	N/A
2021 年 6 月 22 日	腾讯、DST Global 等	244	中国香港	GoStudent GmbH	TMT	奥地利	N/A

（来源：Mergermarket）

● 腾讯音乐娱乐集团宣布，其参与的由腾讯控股牵头的财团已完成对环球音乐集团 10% 股权的收购交易。至此，腾讯牵头财团持环球音乐股权增加至 20%。环球音乐是音乐娱乐领域的世界领军者，在 60 多个国家从事唱片音乐、音乐出版、商品销售和视听内容等业务。

• 印度尼西亚快递公司 J&T Express 获得高瓴资本、博裕资本以及红杉资本中国投资。J&T Express 成立于 2015 年，由 OPPO 前高管 Jet Lee 和 Tony Chen 创办，提供同城、城际和省际快递服务，同时还为印度尼西亚电商提供仓库和供应链解决方案。

• Virtusa Corporation 宣布已与霸菱亚洲（BPEA）签署了最终合并协议。Virtusa Corporation 是一家美国信息技术服务公司，该公司为大型企业和软件供应商提供 IT 咨询，业务咨询，系统实施和应用程序外包服务。

• 三峡集团数亿欧元收购西班牙新能源资产，X－ELIO 的这些光伏电站建于 2019 年至 2020 年，并已全面投入运营，总装机容量超过 500 兆瓦。三峡集团下属三峡欧洲公司表示，此举将扩大其在欧洲的业务，此前该公司已经在葡萄牙、德国、英国、希腊以及西班牙进行了投资。

• 长江电力已按照协议约定，完成收购秘鲁 Luz del Sur S. A. A. 配电公司的股权交割。LDS 公司成立于 1996 年 8 月，为利马证券交易所上市公司，是秘鲁第一大电力公司。公司主要在秘鲁首都利马地区开展配售电业务，约占秘鲁全国电力市场份额的 29%，是秘鲁具有重要影响力的公用事业公司。

• Polestar 极星获 5.5 亿美元融资，本轮投资者主要包括重庆承星股权投资基金合伙企业（有限合伙）、淄博市金融控股有限公司等国内外投资者。本轮股权融资为极星带来并形成了多样化的融资结构和渠道，强化并整合了多方面资源，为极星加速产品开发和技术创新，以及持续的高速发展奠定基础。

• 中国无人驾驶卡车公司智加科技 PlusAI，宣布完成新一轮融资。新投资方包括领投国泰君安国际、CPE、万向汽车技术风险投资，老股东满帮集团等跟投。智加创立于 2016 年，创始团队中，CEO 刘万千斯坦福电子工程系博士毕业；CTO 郑皓学成于上海交大和斯坦福，曾是雅虎北京研究院院长。

• 锐盛投资（香港）以大约 28 亿卢比（约合 3.8 亿美元）的价格完成了对非银行金融公司 Altico Capital India Pvt Ltd. 的所有相关资产的收购。这也是首次在破产法之外解决非银行金融公司（NBFC）的问题。

• 美国生鲜电商 Weee！完成 3 亿美元 D 轮融资，本轮融资由老股东 DST Global 领投，XVC、Blackstone Growth，Tiger Global 和 Arena Holdings 跟投。Weee！创立于 2015 年，瞄准美国少数族裔市场，精选供应商货品，当由供应商发货，用户在团长处自提货品，配送时效为 T+N，完成了从 0 到 1 的迅速拓展。

• 位于欧洲中部奥地利的 GoStudent 公司宣布完成 2.44 亿美元 C 轮融资。DST Global 领投，腾讯、软银、Dragoneer 和之前的支持者 Coatue、Left Lane Capital 及 DN Capital 也参与本轮融资。GoStudent 是一家在线导师平台。K12 学生可以在平台找到各学科的导师，并进行一对一视频学习。

第二节　2021 年上半年中国企业跨境并购行业分析

一、制造业

当前世界进入了动荡变革期，国际经济、科技、文化、安全、政治等格局都在发生深刻调整。在制造业发展方面，新一轮科技革命和产业变革、保护主义和单边主义上升等影响因素仍将继续发挥作用，新冠肺炎疫情的影响逐步显现，未来全球制造业格局将会发生深刻改变并对中国的制造业产生重大影响，与此同时，也将影响中国企业未来跨境并购的战略和决策。

2021 年上半年，中国企业在制造业投资并购交易达 20 个，披露的交易金额为 13.69 亿美元，占 2021 年上半年交易金额的 9%，较 2020 年同期的 27 个减少了 25.9%，较 2019 年同期的 39 个减少了 48.7%。

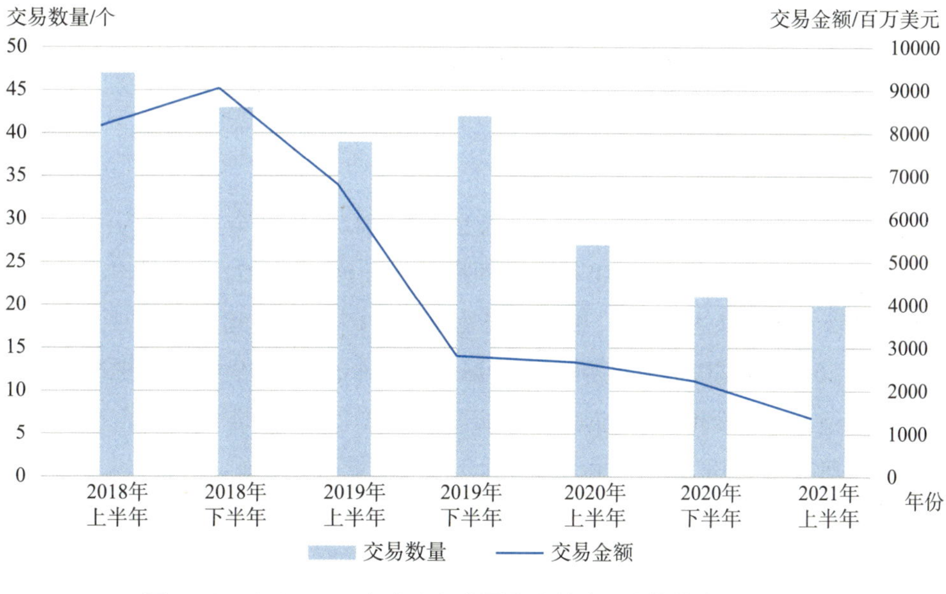

图 7-4　2018—2021 年上半年中国企业制造业跨境并购交易分布

（来源：Mergermarket）

2021 年上半年，汽车业与工业产品和服务业各占中国企业制造业细分领域跨境并购交易的 25%，占据主要制造业跨境交易。其次为工业电子业与工业自动化，各占中国企业制造业跨境并购细分领域的 15%。在当今竞争日益激烈的市场环境中，全球化采购、全球化生产、全球化市场的“全球化”策略已成为各大跨国大型一级供应商的主流战略。就汽车业来讲，世界各主要汽车制造厂商几乎都已深度涉足中国市场，将中国汽车市场看作其全球战略的重要一环。全球化采购、全球化生产、全球化市场将帮助中国汽车上下游企业更好地融入全球汽车产业链，同时也将会为中国汽车业企业提供更多的发展机遇。

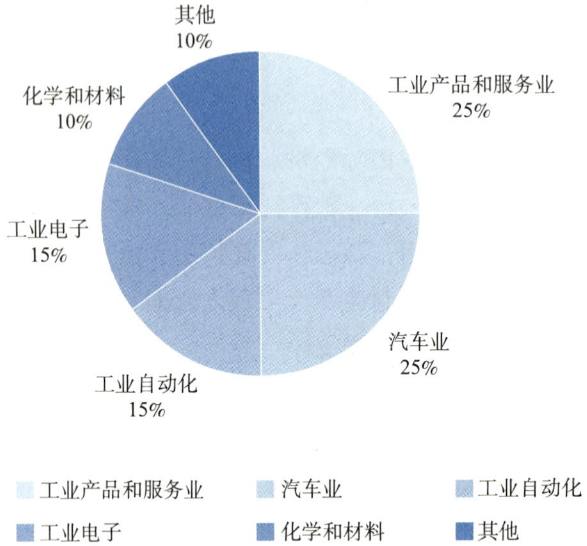

图 7-5　2021 年上半年中国企业制造业跨境并购细分行业数量统计

（来源：Mergermarket）

二、TMT

无论是在全球，还是在中国，TMT 一直是私募股权投资基金交易最为活跃的领域。在中国资本的跨境并购领域，TMT 行业也同样是一大热门。2021 年上半年，中国企业在 TMT 业投资并购交易达 17 个，披露的交易金额为 69.7 亿美元，占 2021 年上半年交易金额的 11.26%，较 2020 年同期的 23 个减少了 6 个，较 2019 年同期的 38 个减少了 21 个。2021 年上半年 TMT 业投资并购的交易总额较 2020 年同期增加了 3.9 亿美元，较 2019 年同期增加了 13.4 亿美元，成为近 3 年同期最高交易额。

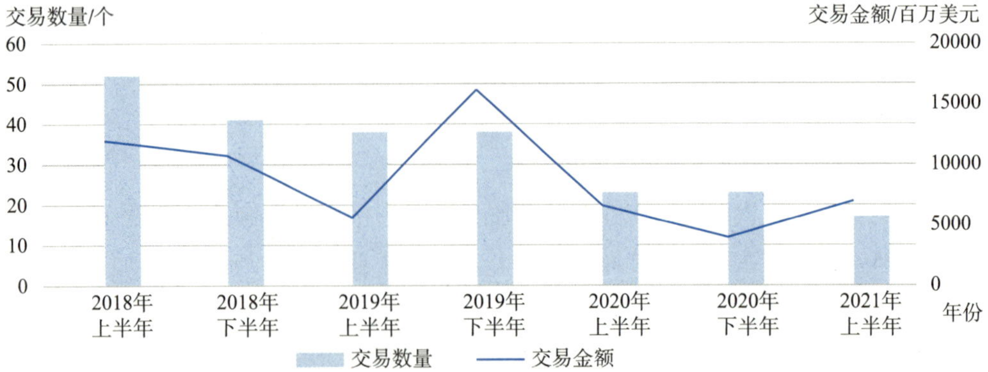

图 7-6　2018—2021 年上半年中国企业 TMT 行业跨境并购交易分布

（来源：Mergermarket）

2021 年上半年随着疫情的常态化，其对科技行业的影响可谓喜忧参半。硬件产品制造受冲击较大，而以远程办公、在线教育为代表的多种线上服务迎来短期爆发式增长机会，其相应业务的并购需求会在疫情常态化的大前提下持续上升。

2021 年上半年已经披露的 TMT 交易主要聚焦于计算机软件业（9 个），占所有细分行业的53%。其次为互联网/电子商务业（4 个）以及传媒业（3 个），分别占所有细分行业的23%与18%，从完成的交易量来看计算机软件业、互联网/电子商务业及传媒业的跨境并购较为活跃。究其原因，中国企业希望通过海外并购来获取自身发展所需要的技术从而能更好地解决时间成本的愿望是 TMT 行业跨境并购的重要推手，特别是用以满足中国市场的空缺，以及开展国外市场寻求新的增长点这两大因素驱动了大量海外并购事件。

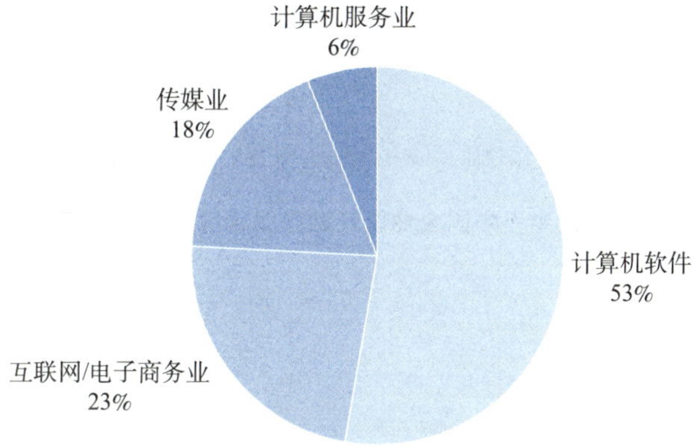

图 7 -7　2021 年上半年中国企业 TMT 跨境并购细分行业数量统计

（来源：Mergermarket）

三、医疗健康业

2021 年上半年，中国企业在医疗健康行业投资并购交易达 8 个，披露的交易金额为 6.85 亿美元，占 2021 年上半年交易金额的 4.5%，交易数量较 2020 年同期的 10 个减少了 2 个，较 2019 年同期的 13 个减少了 5 个。

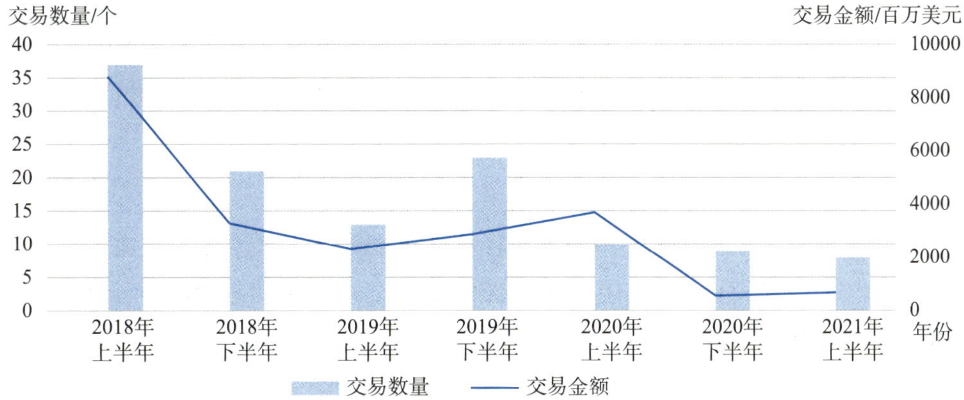

图 7 -8　2018—2021 年上半年中国企业医疗健康业跨境并购交易分布

（来源：Mergermarket）

2021 年上半年，中国企业在医疗健康业跨境并购细分行业中聚焦于生物技术业（50%）以及医疗医药业（38%）。

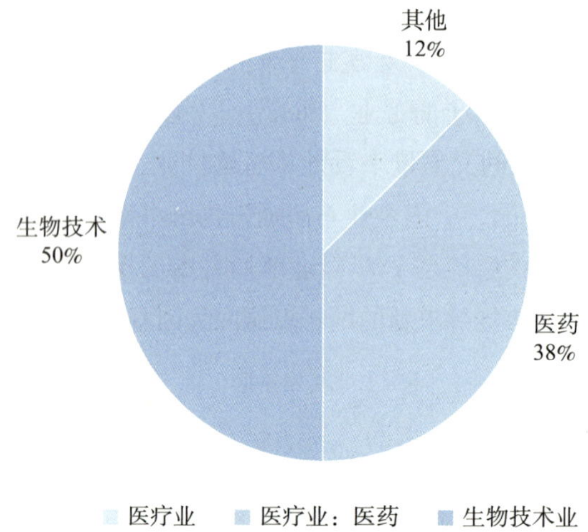

图 7－9　2021 年上半年中国企业医疗健康业跨境并购细分行业数量统计

（来源：Mergermarket）

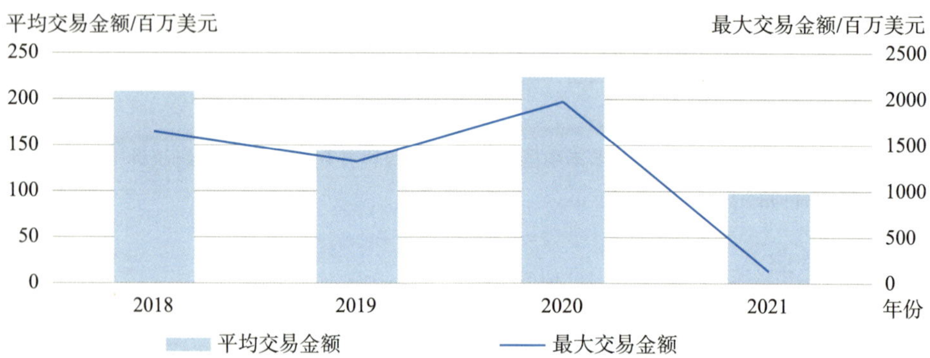

图 7－10　2018—2021 年中国医疗健康行业跨境并购平均交易金额和最大交易金额变化趋势

（来源：Mergermarket）

2021 年上半年，中国企业在医疗健康行业跨境并购平均交易金额为 9700 万美元，较 2020 年全年平均交易金额减少 56%。而医疗健康行业跨境并购最大交易金额为 1.35 亿美元，相比 2020 年同期呈下滑趋势。

四、消费零售业

2021 年上半年，中国企业在消费零售行业投资并购交易达 11 个，披露的交易金额为 8.28 亿美元，占 2021 年上半年交易金额的 5.5%，交易数量较 2020 年同期的 19 个减少 42%，较 2019 年同期的 39 个减少 72%。

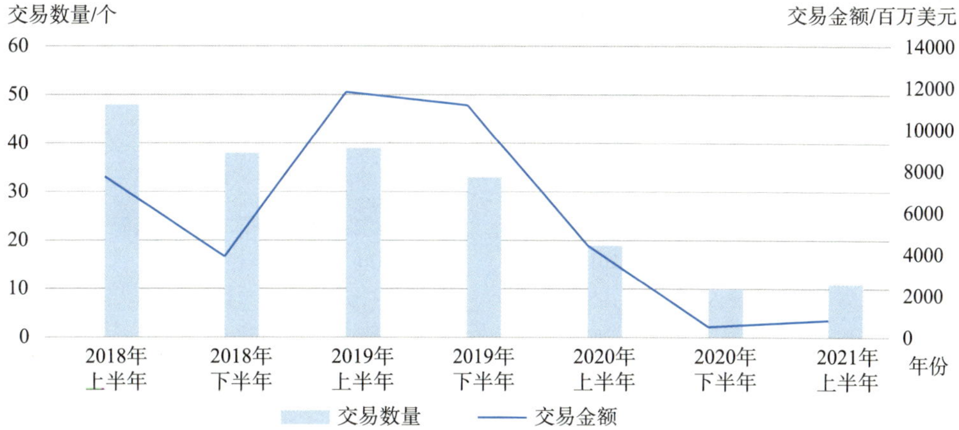

图 7-11 2018—2021 年上半年中国企业消费零售业跨境并购交易分布

（来源：Mergermarket）

2021 年上半年，中国企业在消费零售业跨境并购交易中，其他类消费品业与休闲业分别占 37% 和 36%，与零售类消费品业（27%）组成主要跨境并购消费零售业细分行业。

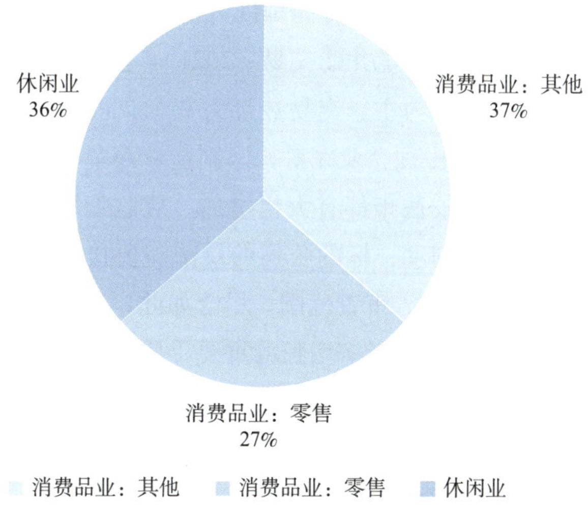

图 7-12 2021 年上半年中国企业消费零售业跨境并购细分行业数量统计

（来源：Mergermarket）

2019 年中国企业在消费零售行业跨境并购平均交易金额以及最大交易金额达到近年最高值后，于 2020 年与 2021 年呈逐渐减少趋势。在 2021 年上半年，跨境消费零售行业的平均交易额为 7500 万美元，最大交易额为 3 亿美元。

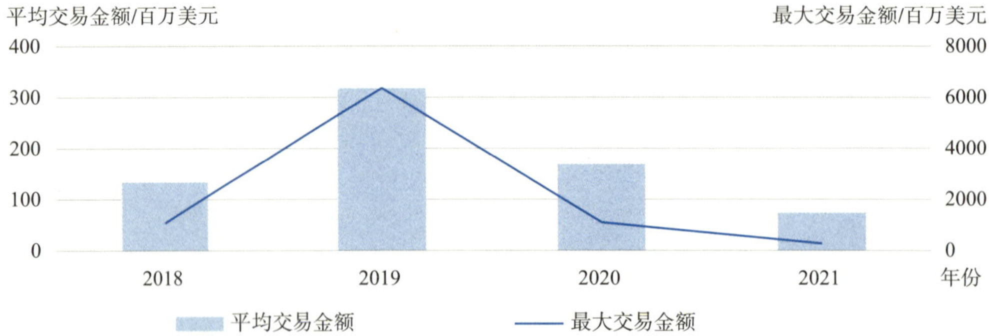

图 7－13　2018—2021 年上半年中国消费零售行业跨境并购平均交易金额和最大交易金额变化趋势

（来源：Mergermarket）

第三节　2021 年上半年中国企业跨境并购国家分析

一、德国

2021 年上半年，中国企业在制造业并购地区数量中，德国、美国和瑞士排名前列，其中德国拔得头筹，达到了 5 个跨境并购交易。2021 年上半年，中国企业在医疗健康行业跨境并购也是以中国和德国为主。交易数量为 2 个，占总医疗健康行业跨境并购交易的 25%。2021 年上半年，中国企业在对德国制造业跨境并购交易的规模、复杂性以及对于并购交易的审查相比较往年都有大幅增加。从监管层面上来讲，不仅是在反垄断方面，而且涉及投资监管制度，标的公司的总部需要接受审查，标的公司进行业务活动的其他国家/地区也要被纳入审查范围。尽管如此，本报告认为中德跨境交易仍将是 2021 年跨境并购市场乃至双方经济增长的重要手段，因此国际投资管制很快将不再是阻碍。

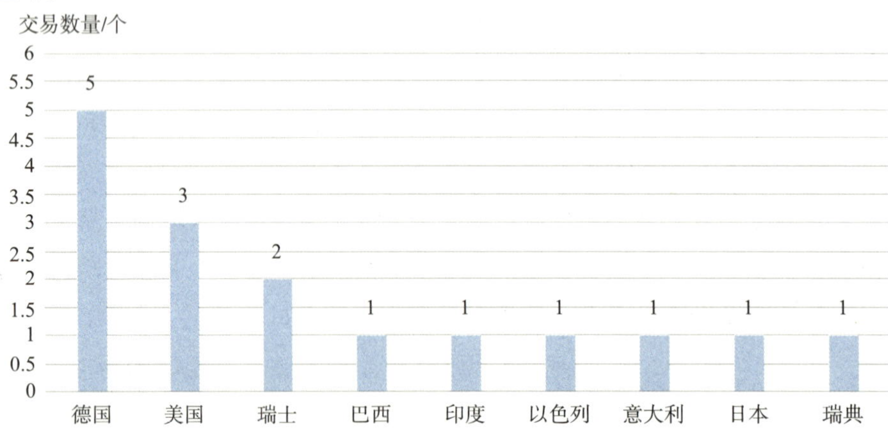

图 7－14　2021 年上半年中国企业制造业跨境并购地区数量统计

（来源：Mergermarket）

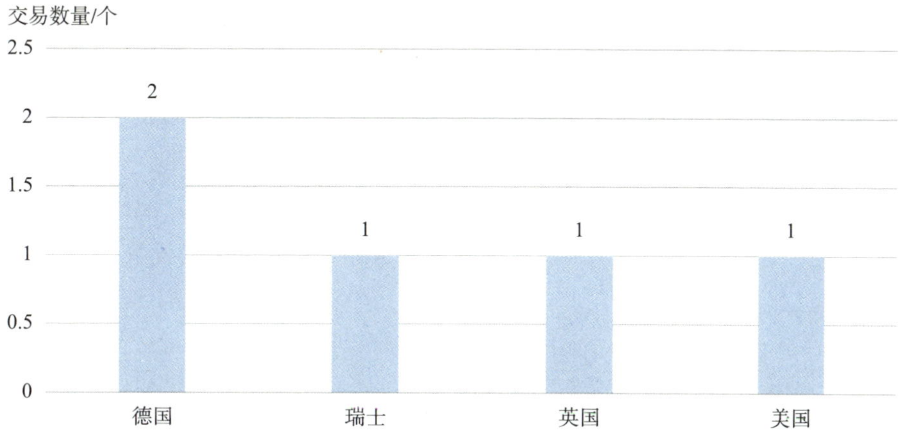

图 7－15　2021 年上半年中国企业健康医疗业跨境并购地区数量统计

（来源：Mergermarket）

二、美国

2021 年上半年，中国企业对于 TMT 行业的跨境并购主要集中于美国以及印度等国，同期中国企业在在美国并购的 TMT 行业的交易为 4 个位列第一，交易数量相较 2020 年同期维持在同一水平。2021 年上半年，美国依然是 TMT 行业投资并购最火热的国家。

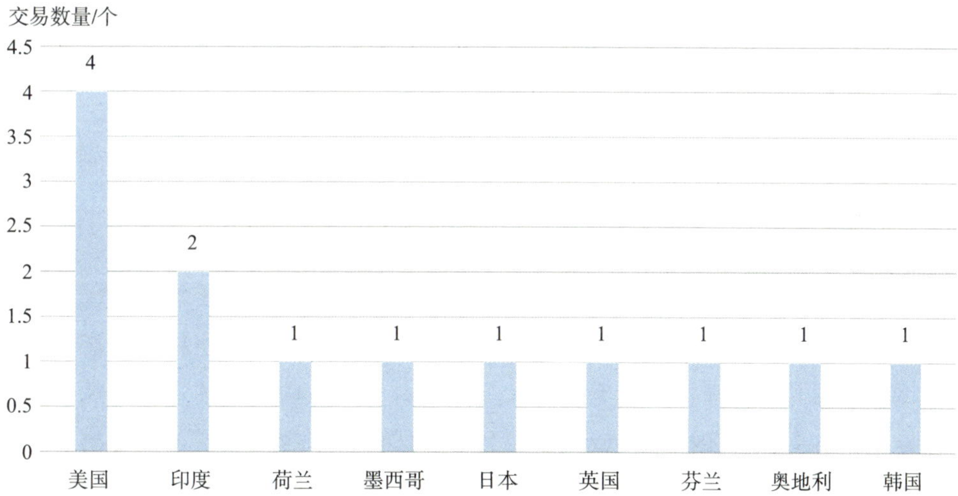

图 7－16　2021 年上半年中国企业 TMT 跨境并购地区数量统计

（来源：Mergermarket）

三、澳大利亚

2021 年上半年，中国企业在澳大利亚并购消费零售行业的交易为 2 个，占上半年消费零售业交易总数的 18%。相比 2020 年同期有大幅下降。2020 年以来澳洲对外来投资法规进行了大幅修改，给予联邦政府追溯权，可以对已经批准的协议附加新条款，甚至强制撤资，加强关于外国投资的规定，以提高对海外实体收购的监管权力。这意味着无论是在收购澳洲资产的前期、中期还是后期，澳洲政府都有对任何一项外资收购进行强硬审查的权力。与此同时，澳大利亚政府还增加了外来投资的收费和税收，银行也收紧了对外国投资者的贷款标准。一切的变动，其实都指向了中资，这就对中资投资带来了非常高的风险，影响了中资赴澳的进程。2021 年上半年，多笔中资赴澳投资项目因为妨碍澳洲国家安全原因受阻。但是从全球范围来看，澳洲依旧是最佳的投资目的地之一，对于澳大利亚来说本国的发展也非常依赖外来的投资。

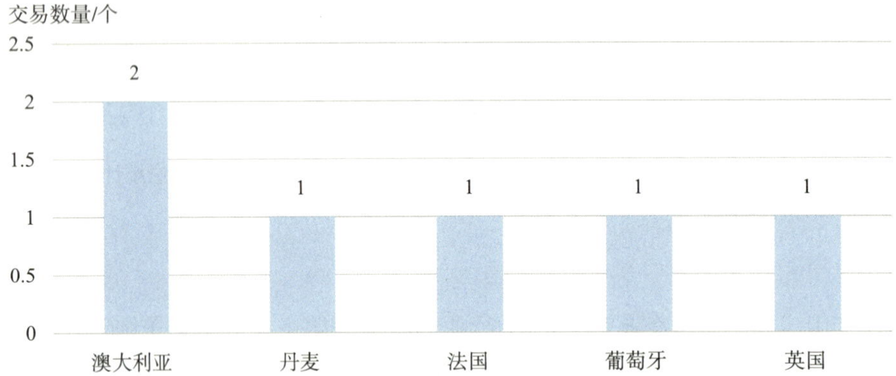

图 7 – 17　2021 年上半年中国企业消费零售业跨境并购地区数量统计

（来源：Mergermarket）

第四节　2021 年中国企业跨境并购主要趋势

一、行业趋势

当前，世界科学发展在第二次科学革命的范式下正在寻求重大突破方向，交叉边缘学科和应用引发的基础研究成为最有可能迎来重大突破的领域。技术革命正在向以信息技术为主导并与物理技术、生物技术等深度融合的方向加速演进，全球科技创新进入活跃期，并向经济和社会领域快速渗透，全球科技革命产业变革呈现出一些新特征：一是创新无界限，技术有主权，有组织的研发机构成为主要创新供给主体；二是任务导向型的技术科学研究成为科学与技术的黏合剂，是国家科技创新的重要方式；三是科学向技术转化、基础研究向应用拓展日趋复杂，单一规律主导时代已经过去。

当前在全球蓬勃兴起的新一轮产业变革由以信息技术为核心的一组通用技术的成熟、扩散和深度融合为引领，对工业化大生产时代所构筑的生产方式、市场模式和企业组织关系等产生了深刻影响。一是广义的新一代信息技术作为新一轮产业变革主体技术组群的地位坚不可摧；二是发达国家依靠基础性技术掌控新兴产业竞争主导权的意图强烈；三是市场需求成为新兴产业竞争的主要内容；四是新产业变革一定程度上可能重塑世界产业竞争版图。

新一轮产业变革所具有的数字化智能化技术特征，使以先进技术装备替代劳动力的成本经济性逐步显现，在某些领域，如贴近市场需求的个性化制造，设计、消费与制造融合的服务型制造等方面，可能出现加工制造环节向发达国家的部分回流。虽然这不会从根本上颠覆全球价值链分工格局，但对价值链上不同环节的国家和地区的产业发展战略会产生影响。发达国家不再只专心设计研发、市场品牌运营等，而发展中国家也不应一味追求加工制造的成本优势，避免跌入规模陷阱，因为以数字化智能化为主要特征的新兴产业将可能弥合消费与制造的时间和空间，个性化制造、分散生产、规模化定制式生产等可能挤占大规模生产的部分空间。新产业变革对包括中国在内的新兴经济体是难得的历史性机遇。新兴经济体一方面，在技术、人力资本、产业升级，以及制度完善等方面都进步显著；另一方面，其潜力巨大的新兴市场对发达国家产生有力吸引，成为发达国家进行技术知识密集型产业分工布局的主要目标市场，进一步说，由于新产业变革所依托的大量新技术尚处于初期阶段，多种技术还可能处在摸索、交织和碰撞阶段，可能为新兴经济体创造更多的“机会窗口”，以新兴产业为对象的全球竞争版图尚未十分明朗。

具体来看，随着我国产业升级和对经济新动能需求的上升，以电子及计算机、医药等为代表的新兴行业预计仍将是 2021 年跨境并购的热点，此外，“碳达峰”“碳中和”目标和路线图的明确也使能源成为未来中国企业跨境并购的一个重点领域。根据世界经济论坛发布的 2020 年度十大关键新兴技术，在以下技术领域表现突出的企业，或将成为 2021 年以及未来投资并购的热门标的。

表 7－2　世界经济论坛 2020 年度十大关键新兴技术

技术	简介
微针技术和设备	微针技术正在开创一个无痛注射和血液检测的时代。目前，许多微针注射器和贴片应用已经可以用于注射疫苗。还有更多的产品正在进行临床试验，包括用于治疗糖尿病、癌症和神经性疼痛
太阳动力化学研究	太阳动力化学，是一种全新的生产流程，取代用化石燃料推动化学反应，改用阳光将二氧化碳等污染性废气转化为所需的化学制品。目前这一技术已经进化到只需要可见光就能产生广泛使用的化学品，如甲醇、甲醛和甲酸，这些化学品在制造黏合剂、泡沫、胶合板、橱柜、涂料和消毒剂等方面都很重要
虚拟病人	虚拟病人临床试验已经在进行。例如，美国食品和药物管理局（FDA）正在使用计算机模拟代替人类试验来评估新的乳腺造影系统。该机构还发布了设计包括虚拟患者的药物和设备试验的指南。虚拟病人会加快研发进度，降低试验成本，并避免在活体志愿者身上测试不良的候选药物
空间计算	“空间计算”是未来深度融合的物理和数字世界，它可以完成虚拟现实和增强现实应用所做的一切：将通过云端连接的物体数字化；让传感器和电机相互反应；将现实世界数字化。空间计算将很快把人机和机机互动带到新的水平，广泛应用在工业、医疗、交通和家庭。目前，工业界已经接受了专用传感器、数字双胞胎和物联网的整合，以优化生产力，可能成为空间计算的早期采用者和受益者

续表

技术	简介
数字医疗	类似健康手环这样的智能设备和 APP，可以自主检测或监测心理和生理障碍，有些甚至还能直接对你进行治疗，被定义为数字医疗。新冠肺炎疫情后，数字医疗的重要作用也逐渐体现，数十款用于检测抑郁症和提供咨询的应用程序上线。此外，全球各地的医院和政府机构也部署了医疗保健机器人
电动航空	目前，空客、安培尔等公司都在竞相开发电动飞机，并正在寻求美国联邦航空管理局的认证。预计到 2025 年，电池驱动的电动飞机的飞行距离将达到 800 千米左右。目前，投资者、孵化器、企业和政府都为其进展感到兴奋，约有 170 个电动飞机项目正在进行中。大多数电动飞机是为私人、企业和通勤旅行设计的
低碳混凝土	代表全球约 30% 产量的全球水泥和混凝土协会发布了该行业的可持续发展指南，旨在跟踪碳排放指标的改善并使其透明化，各种低碳混凝土也随之被推行。虽然这些低碳混凝土无法取代今天所有应用中的水泥和混凝土。然而，它们已经可以取代轻型承重材料，如用于铺路、外墙和临时结构材料，应用前景广阔
量子传感器	量子传感器通过利用物质的量子性质达到了极高的精度，其具有变革性，可以实现“看清”角落的车辆、水下导航系统、火山活动和地震的预警系统，还可以造出在日常生活中监测人的大脑活动的便携式扫描仪。各国政府和私人投资者正在向这个领域投入大量资金，预计量子传感器将在未来三到五年内进入市场，最初的重点将是医疗和国防应用
绿色氢能	新一代的氢能技术被称为绿氢，它是通过电解法生产的，机器将水分成氢气和氧气，没有其他副产品。绿色氢气是实现《巴黎协定》中每年从最具挑战性的工业部门减少 10 千兆吨以上二氧化碳的目标所必需的四种技术之一，尤其在航运、制造业等需要高能量密度燃料的行业，绿色氢能很有潜力
全基因组合成	全基因组合成是合成生物学这一蓬勃发展的领域的延伸。研究人员使用软件设计基因序列，制作并将其引入微生物，从而对微生物进行重新编程，使其完成所需的工作，例如制造一种新药。到目前为止，基因组主要是被轻度编辑（而且主要在细菌病毒领域），但合成技术和软件的改进使打印越来越大的遗传物质和更广泛地改变基因组成为可能

（来源：Mergermarket、Wind）

2021 年上半年，在所有披露成交价格的交易中，最大规模的跨境并购交易是腾讯牵头的财团对环球音乐集团 10% 股权的收购交易，披露交易金额为约 30 亿美元。2021 年上半年披露成交金额的前十大中国企业跨境并购交易分别来自腾讯、红杉资本、霸菱亚洲、中国长江三峡、中国长江电力等投资机构及企业。在 2021 年的前十大交易中，新技术产业跨境并购交易数量为 7 个，其他行业分别为能源和传媒行业，相较于 2019—2020 年中国企业跨境并购前十大交易产业中新技术产业的占比增长了 133%。

二、地区监管趋势

近年来，中国对美投资急剧增长在美政界和商界引发的“整体焦虑”——担忧中国在科技、制造业的活跃交易是在实施“商业武器化”以获得美国先进的技术设计和制造能力，害怕美国的经济优势与技术优势将由此而被中国取代。有鉴于此，为捍卫美国国家安全而审查商业交易的 CFIUS 频频出手——在 CFIUS 2015 年年度审查报告中，中国已经连续四年排名审查交易首位，总统裁决否定也达到史无前例的 4 个。2018 年 9 月 14 日，在美参议院召开的 CFIUS 改革问题听证会上，不同部门的发言人一致认为中国近年对美投资激增，加剧了美国家安全风险。FIRRMA 的主要发起人科宁（John Cornyn，共和党人，得克萨斯州参议院议员）更是毫不讳言立法的首要目的就是防范中国通过投资实现技术转移。近期，除了涉及美国先进科技、制造业的相关交易外，涉及美国公民敏感个人数据的交易也越来越受到 CFIUS 的重视。例如，有两项已完成的中资公司对美并购交易，都因涉及敏感个人数据、严重威胁美国国家安全，而被 CFIUS 要求退出交易［Kunlun Group 被 CFIUS 强令出售已经完成收购的全球最大的同性交友平台 Grindr；“碳云智能”（iCarbonX）被 CFIUS 要求剥离其所持的一家美国互联网医疗公司“PatientsLikeMe”的股份］。

2019 年年底，美国通过了《2020 财年国防授权法案》（以下简称《法案》）。《法案》强调美国必须采取各种措施以确保军事优势，并对 5G、网络空间作战、人工智能等新兴技术的发展提出了相应要求，其中包含多项针对中国企业的不利条款。此外美国近年来频频以“国家安全”为由收紧对中资企业的审查，导致中国对美直接投资连续三年下降，在 2018 年减少 80% 以上的基础上，2019 年 1—11 月中国对美投资同比下降了 14.9%。

CFIUS 针对中国企业并购行为的安全审查主要集中在通信、互联网、信息技术、高端制造业等领域，这些领域恰是“制造强国”的主要覆盖范围。而修改的 FIRRMA 法案也将中国企业在美投资作为重点监管对象，特别要求中国企业在并购过程中要向美国国会提交投资报告。可以预见，美国政府对来自中国企业的并购行为会采取更加严厉的审查措施。

表 7-3　2016—2018 年 3 月被 CFIUS 阻碍的中资交易

项目公告日	收购方	标的	行业	CFIUS 状态
2016 年 2 月	清华紫光	West Digital	TMT	撤销
2016 年 8 月	中国忠旺	Aleris Corp	工业	第二次驳回
2016 年 9 月	TCL 实业控股	Inseego Corporation	TMT	在驳回和重新递交两次后被拒
2016 年 10 月	中国泛海	Genworth Financial	金融	第二次驳回和重新递交
2016 年 11 月	海航	Global Eagle Entertainment	TMT	被拒
2016 年 11 月	Canyon Bridge Capital Partnes	Lattice Semiconductor	TMT	第二次驳回和重新递交
2017 年 1 月	蚂蚁金服	MoneyGram	金融	驳回和重新递交
2017 年 7 月	海航	Global Eagle	休闲娱乐	被拒
2017 年 8 月	海航	Ingram Micro	TMT	被拒

续表

项目公告日	收购方	标的	行业	CFIUS 状态
2018 年 2 月	蓝色光标	Cogint	TMT	被拒
2018 年 2 月	湖北鑫炎	Xcerra	TMT	被拒
2018 年 3 月	北京大北农科技集团	Waldo Genetics	农林牧渔	被拒
2018 年 3 月	中国重型汽车集团有限公司	UQM Technologies Inc.	工业	因疑虑撤销

（来源：Mergermarket、Wind）

中国在美投资并购主要源于以下几点：首先是技术需求，通过并购来提高自己的研发实力和专利储备；其次是市场需求，中国企业对美进行纵向收购，主要是 OEM 制造商收购下游的渠道资源，看中美国的市场和销售渠道，起到整合供应链的作用。同时，在美国设厂以规避关税。但征收超额关税，对此则是致命的打击。

因此，为应对中美贸易战带来的一系列影响，中企在美投资并购企业层面将采取以下措施：

（一）中国企业在投资并购中要积极主动申报和沟通

在美国贸易保护主义和单边主义甚嚣尘上的背景下，美国政府对于中国企业在美的投资并购审查只会日渐严厉。但也应看到美国政府对投资并购的安全审查具有较大的自由裁量空间，弹性比较大。这也给中国企业应对安全审查提供了机会，因此中国企业在投资并购过程中要主动申报和沟通，主动提交并购信息，努力证明投资并购只是为了开拓市场，通过自身投资并购行为带动美国当地经济发展和就业岗位增加，进而消除美国政府对于国家安全的顾虑。

（二）尽量避开安全审查的“红线”，合理选择并购项目

中国企业到美国投资并购之前，必须要全方位了解被并购企业的所有权、经营范围、业务往来以及地理区位等信息，尽量避开 FIRRMA 中的“红线”或“雷区”。一旦并购项目涉及敏感行业、技术或区位，必然会引起美国政府的关注。中国企业在并购过程中尽量将一些敏感技术、资产或要求剥离出来，如万向集团收购 A123 公司业务就是如此，将军事技术剥离出来，这样就可以打消美国政府的顾虑。

（三）中国企业要做好本土化经营规划，做好投资并购公关工作

美国并不排斥外资进入，特别是美国各州政府对于外资进入是十分欢迎的。中国企业应该抓住这个机会，在投资并购之前做好本土化规划，取得美国地方政府的信任。同时在投资并购中要积极游说议员，积极与国会沟通，并随意公开投资并购信息，以透明化方式获得社会大众的认可。比如，中海油在 2016 年收购耐克森（Nexen）公司的时候，就总结在之前收购优尼科失败的教训，取得了国会和大众的信任，进而并购

成功。

（四）联合多方资本，淡化投资并购中的国企背景

美国外国投资委员会对中国国企有自身的认定标准，而中国国企成为其重点审查对象。为了淡化国企背景，国有企业在美国投资并购中可以设置投资并购实体，联合外资企业、民营企业等股份制合资企业，以合资企业的名义来投资并购，由此可以淡化中国国企的政府背景，进而避开 FIRRMA 的“雷区”。如上海锦江集团联合德尔公司成功收购美国洲际酒店，并顺利通过美国政府的安全审查就是例证。

随着美国更加详尽、可操作性更强的执行条例的正式生效，以及相关政府机构的不断加强和完善，中国对美投资将可能会面临更多的政策性及制度性障碍。此后中国企业的涉美投资，不论是直接投资还是间接投资（甚至在特定情况下的中美合资安排），都应该将 CFIUS 审批条件及应对措施作为投资立项尽职调查的一个重要考量要素。否则，当作为买家的中国企业在交易进行过程中，甚至交易完成后，被 CFIUS 否决交易或被要求就交易签署符合美国国家安全的特定安排协议，将会是惨痛且无法弥补（不可逆转）的代价。

三、“一带一路”倡议推动特征

2021 年“一带一路”倡议推动特征仍然明显，具体特征表述如下：

（一）由于跨境并购具有滞后性，全球新冠肺炎疫情错峰暴发并存在复发风险，短期中国对“一带一路”沿线跨境并购进程将明显放缓

一方面，跨境并购面临的环境和项目风险更为复杂，从项目筛选、实地调研、风险评估、商务谈判、政府审查到并购重组完成，项目并购流程复杂且周期很长，这使疫情对并购投资的影响具有明显滞后性，2020 年上半年并购完成项目基本为疫情前已推进大半的项目。

另一方面，自 2020 年 1 月底中国新冠疫情暴发到印度、俄罗斯等新兴经济体疫情暴发，上半年各国隔离限制措施严重拖累在途项目推进流程，考虑全球疫情复发风险仍较高，预计下半年企业跨境并购推进流程难以加速恢复。

（二）新冠疫情对国内企业盈利的负面影响较为明显，境外标的所在国疫情形势、社会经济的不确定性也将一定程度减弱企业跨境并购动力

据联合国贸发会议《2020 年世界投资报告》显示，2020 年全球前 5000 家跨国企业盈利预期下调近 40%，部分行业甚至陷入亏损。中国经济虽已率先进入恢复阶段，但国内及全球需求不振令国内企业经营和现金流仍面临较大压力，加之海外疫情形势依然严峻，“一带一路”沿线绝大部分国家经济深陷衰退，甚至部分国家社会矛盾因疫情和经济恶化而进一步凸显，社会不稳定风险上升（如近期白俄罗斯），2020 年中国部分企业境外投资计划将因此不同程度延后，跨境并购动力有所减弱。

（三）短期政策风险上升将增加中国企业在“一带一路”沿线部分国家的并购阻力

新冠疫情暴露的全球产业链和供应链安全问题，尤其是医疗物资安全问题，以及中美摩擦的外溢性，使逆全球化从贸易领域向投资领域加速扩展。2020 年以来，除美、日、英、法、德等发达经济体，波兰、印度、匈牙利等国也加强了外国直接投资和收购审查制度，企业跨境并购政策风险正在上升。因此短期内，中国对“一带一路”沿线部分国家的跨境并购政策壁垒将增加，其中中东欧跟随欧盟投资政策将有所收紧，与中国双边关系的亲疏变化（如印度）对其他区域的并购投资影响将进一步上升。

（四）长期看，逆全球化背景下中国与“一带一路”沿线国家经济合作加强，有望成为中国在该区域并购投资的长期发展动力

对“一带一路”沿线国家而言，由于国内市场小、资本积累不足，大部分国家对外贸和外国资本高度依赖，外向型经济发展路径使这些国家有动力在贸易保护主义上升、全球产业链条收缩的趋势下，更加积极地融入区域一体化和“一带一路”倡议合作，优化外商投资环境。2020 年新冠疫情冲击下，由于经济下行压力骤升，“一带一路”沿线部分国家加大了招商引资力度，越南、沙特、阿联酋、阿尔及利亚、俄罗斯等国进一步优化外国直接投资政策环境，如沙特放宽了外国资本对本国医药行业的投资限制。

（五）未来在“一带一路”新形势下，民企有望在海外并购交易中继续领跑，而国企的角色定位将逐渐从“主体地位”向“主导地位”转变，更加注重战略布局。通过国企的大型项目为先导，民企项目随后跟进，从而形成“国企搭台，民企唱戏”的共进格局

对中国而言，中国国内资源禀赋优势并不突出，劳动力成本优势下降明显，这使中国与“一带一路”沿线国家优势互补仍较为明显，因此在“加快形成以国内大循环为主体、国内国际双循环相互促进的新发展格局”形成过程中，以国内需求为中心推进区域产业链和供应链布局，有望成为中国企业在“一带一路”沿线并购投资的长期发展动力。

四、总结

（一）趋向特征明显

与 2019—2020 年相比，2021 年中国企业跨境并购背景依然如故，其一，受整体国际形势影响；其二，受地缘政治环境变化影响；其三，受全球疫情传播拖累；其四，受中国整体资本环境变化影响。在这样的背景下中国企业跨境并购即中国企业“走出去”和“引进来”的周期性波动依旧明显，具体表现为中国企业“走出去”项目数量

明显减少，“引进来”项目数量相对增加。典型表现例如 2015—2016 年中国企业“走出去”呈相对上升趋势；反之，2019—2020 年中国企业“引进来”呈相对上升趋势。

图 7－18　2015—2020 年跨境并购“走出去”和“引进来”交易数量统计

（来源：Mergermarket）

（二）积极审慎持续

1. 要积极与美国地方政府沟通，建立双方友好合作关系

美国是联邦体制，中央与地方之间不是上下级关系。而且美国国会议员是由各州选出的，代表着各州的利益，因此在中国企业投资并购力度较大的州如加利福尼亚、纽约等，我国政府应该充分利用这一有利条件加大与这些州政府的沟通，建立友好合作关系。由此可以帮助中国企业在对美国企业投资并购中减少阻力，赢得这些州议员的同意和好感，间接地促进交易的顺利完成。

2. 借鉴其他国家的投资并购经验来应对美国政府在安全审查中的“歧视”

如今我国企业在美国投资并购所遇到的情形，与 20 世纪 80 年代日本企业遇到的情况如出一辙。当时日本企业也是大量进入美国，进行大规模的投资并购，引起了美国政府的注意，加大了对日本企业投资并购的审查力度。但日本政府积极与美国政府沟通，努力促进双方签订投资对等开放协议，同时日本企业与美国当地企业开展深度合作，大力提升美国中间产品、服务贸易等出口力度，进而使美国政府认为日本企业投资并不危及其国家安全。基于此，中国要借鉴日本的经验，加强政府之间的沟通，签订双边投资对等协议，减少美国政府的顾虑，以实现“双赢”结果。

3. 转变投资并购思路，鼓励中小企业投资并购

我国企业在美国的投资并购项目的规模普遍庞大，金额巨大自然会引起美国政府

的关注，也容易成为外国投资委员会的审查目标。因此我国政府在这个过程中要转变思维，改变过去的大而全思路，鼓励中小企业对外投资、民营企业对外投资并购。美国政府并不排斥外资，而中小企业在投资并购中不会给美国政府造成所谓的国家安全担忧，同时在并购过程中也可以促进中小企业的技术和服务升级。

4. 并购买方多元化

从买方市场来看 2021 年上半年中国企业跨境并购。从买方构成上来看，2021 年上半年相较 2019—2020 年中国企业跨境并购相比以往中资企业在海外并购中单打独斗的模式，越来越多的交易将以中资财团的形式进行，参与方包括国有企业、民营企业以及一些财务投资者。例如 2021 年 4 月，极星获 5.5 亿美元融资，此次融资的投资者主要包括重庆承星股权投资基金合伙企业（有限合伙）、淄博市金融控股有限公司等国内外投资者。此次交易后为极星带来并形成了多样化的融资结构和渠道，强化并整合了多方面资源，为极星加速产品开发和技术创新，以及持续的高速发展奠定基础。

第八章　中国企业跨境并购成功案例

一、闻泰科技收购芬兰安世集团（Nexperia B. V.）

2019 年 6 月 5 日，证监会并购重组委对闻泰科技发行股份及支付现金购买资产并募集配套资金暨关联交易事项进行了审核并予以通过。

闻泰科技已同意从江淮资本管理有限公司和 Wise Road Capital Ltd. 手中收购安世集团（Nexperia B. V.）75. 86% 的股权。闻泰科技收购欧洲芯片企业安世集团的交易总对价为 36. 2 亿美元，其中，现金对价为 24 亿美元，股权对价为 12. 1 亿美元。交易中目标公司的隐含股权价值为 47. 7 亿美元。闻泰科技将通过私募融资为本次交易的现金对价和交易费用提供资金。

交易完成后，闻泰科技将合计持有标的公司 75. 86% 的股份，闻泰科技的总流通股将从 6. 37 亿股增至 11. 07 亿股；中国私人投资者、闻泰科技 CEO 兼董事长张学政将继续持有闻泰科技 17. 25% 的股份，作为最终控股股东。本次交易符合闻泰科技提升半导体行业业务、提高盈利能力和增强可持续发展能力的战略。

（一）标的公司介绍

安世集团是全球领先的半导体标准器件供应商，其实质资产即是原来恩智浦的标准器件部门。而安世半导体是目前国内企业能接触到的稀缺半导体标的。从细分市场的全球排名看，安世半导体二极管和晶体管排名第一，逻辑器件排名第二（仅次于 TI），ESD 保护器件排名第二，小信号 MOSFET 排名第二，汽车功率 MOSFET 排名第二（仅次于 Infineon）。

公司的核心下游客户为汽车产业，同时覆盖移动和可穿戴设备、工业、通信基础设施、消费电子和计算机等多个领域。公司的销售收入有四成来自汽车电子领域。其逻辑器件及分立器件已分别通过 AEC - Q100 和 Q101 标准认证两项汽车认证测试，广泛的产品组合能够符合汽车电子级可靠性认证的严格标准。主要客户涵盖了博世（Bosch）、比亚迪、大陆（Continental）、德尔福（Delphi）、电装（Denso）等国内外厂商。根据安世集团最近两年的模拟财务报表，2016 年和 2017 年分别实现营业毛利润 27. 00 亿元和 29. 07 亿元，毛利润随着收入的增长而增加；同期毛利率分别为 34. 89% 和 30. 78%。

（二）买方介绍

闻泰科技是全球领先的 4G/5G 智能终端创新研发平台，业务领域涵盖人工智能（AI）、物联网（IoT）、智能手机、平板电脑、智能硬件、笔记本电脑、汽车电子等智能终端设备的研发设计和智能制造，客户群遍及全球各地，与行业大多数主流品牌保持着深度的合作关系，服务全球大部分国家和地区。闻泰科技服务的客户均为全球主流品牌。闻泰科技连续多年出货量在全球手机 ODM（原始设计制造）行业中处于龙头地位。

（三）并购逻辑

整体看来，闻泰科技的业务涵盖智能终端、汽车电子、PC、服务器、IoT 等领域，而安世半导体主要面向消费电子、汽车电子、通信等领域，分别处于产业链上下游，在客户、技术和产品等多方面具有协同效应。通过本次交易，一方面，双方在整合过程中可以实现资源的互相嫁接，加速安世集团在中国市场业务的开展和落地，通过上市公司的资源进一步拓展其在消费电子领域的市场；另一方面，上市公司将向产业链上游延伸，打通产业链核心环节，实现主要元器件的自主可控，有助于上市公司构建全产业链生态平台规划的快速落地。

也有观点表示，闻泰科技的主要客户为国际知名电子品牌厂商，其产品包括智能手机、IoT、笔记本电脑等，安世半导体所生产的电子产品核心元器件虽然广泛应用于上述消费电子及计算机产品当中，但是 40% 的客户和市场在欧美，40% 以上的营收来自汽车功率半导体，熟悉全球市场的闻泰科技可将安世半导体的产品大量引入全球知名的手机、平板电脑、笔记本电脑、智能硬件等品牌客户当中，帮助安世在消费电子、IoT、笔记本电脑市场领域扩大市场份额。而闻泰科技虽然在汽车电子领域有一些国内客户，但在国际市场有一些欠缺，整合安世半导体之后将有机会借助安世的渠道进入欧、美、日、韩市场，打开广阔的全球汽车电子市场。

此外，从产业协同上来看，安世半导体在逻辑芯片、分立器件和功率半导体等上游核心元器件方面全球领先，闻泰科技在下游智能终端的系统设计方面具有全球领先技术。两者产品和技术上的融合在 5G 时代具有巨大的发展潜力！闻泰科技基于自身技术及对下游智能终端、汽车等应用领域的深刻理解，可以与安世芯片级封装技术上深度融合，开发 4G/5G、IoT 模组产品，实现产品价值的最大化。

（四）编者点评

本案例是中国科技企业“走出去”的典型。闻泰科技是全球领先的 4G/5G 智能终端创新研发平台。闻泰科技收购安世交易的成功将进一步拓展电子消费领域的市场；打通产业链具有核心价值的上游环节；借助标的公司渠道打开广阔的汽车电子领域的全球市场；进而充分发挥闻泰科技在下游智能终端的系统设计方面具有全球领先技术。

两者产品和技术上的融合在5G时代具有巨大的发展潜力！

二、安联集团（Allianz SE）入股泰康人寿

高盛集团将3.9662%的泰康保险集团股份转让给德国安联集团，已经获得监管机构的批准。该笔股权转让完成后，高盛集团将继续保留泰康人寿约8.6%的股权。与此同时，泰康保险集团董事会成员也出现了调整，高盛合伙人安武已退出泰康保险非执行董事一职。

德国安联集团频频加码中国市场。2019年11月，德国安联集团宣布中国银行保险监督管理委员会已批准安联（中国）保险控股有限公司开业，成为在中国首家批准开业的外资独资保险控股公司。2011年，高盛与中国卫士拍卖有限公司、利德创投私人有限公司和新郑泰达投资有限公司一起，从法国安盛保险公司手中收购了泰康人寿的股份。本次交易有助于德国安联集团继续加码中国市场。

（一）标的公司介绍

泰康人寿保险股份有限公司是1996年8月22日经中国人民银行总行批准成立的全国性、股份制人寿保险公司，公司总部设在北京。2000年11月，泰康人寿全面完成经国务院同意、保监会（现为银保监会，下同）批准的外资募股工作。目前，泰康人寿共有20家股东，其中中资股东包括中国外运长航集团有限公司、中国嘉德国际拍卖有限公司、中国交通建设股份有限公司、中信华东（集团）有限公司等国内大中型企业。外资股东包括瑞士丰泰人寿保险公司、新政泰达投资有限公司和日本软库银行集团等著名国际金融企业。

（二）买方介绍

德国安联集团是欧洲最大的保险公司，也是全球最大的保险和资产管理集团之一。安联保险集团于1890年在德国柏林成立，总部设于德国巴伐利亚州首府慕尼黑市，是德国最大的金融集团，也是欧洲最大的金融集团之一。2018年11月，银保监会批准德国安联保险集团筹建安联（中国）保险控股有限公司，成为我国首家外资保险控股公司。

（三）并购逻辑

安联保险对中国泰康人寿的此次收购将有助于安联的全球化布局和在中国的扩张。伴随保险业的进一步扩大开放，不少保险机构在加大投入，外资与中资保险公司的合作可以在承保经验、技术、本地资源上有着非常好的互补。外资与中资保险公司的合作保险本质在于分摊风险，加大对中国保险市场的投入，对安联保险集团的全球化布局有着很重要的意义。

从国际经验来看，安联集团在业务统筹和联动方面有丰富经验，根据安联集团以往动向来看，安联集团会将各业务条线独立运营的模式，转变为整合前端获客与后端运营的共享协同模式，将各业务条线融合并建立统筹管理机制，转型向以客户视角出

发的模式。

2018 年年末，安联集团筹建安联（中国）保险控股有限公司的方案获批，若顺利筹建开业，后者将成为国内首家外资保险控股公司。安联控股的成立，旨在统筹管理安联集团在中国境内现有产寿险等业务的基础上，进一步建设资产管理和再保险业务平台，最终实现在华业务条线的全面整合，发挥地区总部功能。对于外资保险公司而言，丰富经验也需进行本土化落地，从当前动作来看，安联集团正打算抓住保险业扩大对外的机遇，在设立安联控股的基础上，入局泰康可以帮助安联集团汲取在中国进行业务统筹方面的经验，触达更广阔的消费者群体，为进一步动作打地基。

聚焦到具体业务中，在业内人士看来，泰康在资管方面的较好表现，或也是安联集团持股入局的重要因素之一，资管是安联集团业务布局的重点，但在国内还没有过度涉入，而泰康在资管领域成绩不错，在一定程度上可以给安联集团未来发展资管提供布局的经验和思路。

但不可忽视的是，安联集团认购泰康保险的股权占比仅有 3.9662%，入股后也只能成为泰康保险第十大股东，对于股权较为分散的泰康保险而言，话语权明显较弱。另外，安联集团作为德国企业，严谨、认真，有自己独特战略的战略方针和规划，即使出现局部市场的推进困难，也会坚守其全球一致的市场策略，这是其战略选择，矛盾之处在于中国的保险市场现在并不成熟，甚至还存在混乱，安联集团成熟的理念的方法存在一定的落地困难。

（四）编者点评

本案例是中国企业“引进来”的典型。2018 年年底，德国安联集团筹建安联（中国）保险控股有限公司的方案获批。旨在统筹管理安联集团在中国境内已有产寿险等业务基础上，进一步建设资产管理和再保险业务平台，最终实现在华业务线条全面整合并发挥地区总部功能的安联（中国）控股公司一旦成立，安联集团认购泰康人寿 3.9662% 股权的延伸意义及全球化（亚太）布局；学习泰康人寿在中国的统筹业务能力；吸取泰康人寿资产管理领域的中国布局和业务拓展经验，将大大超过认购交易本身。

三、SK 环球化工收购中国石化集团武汉分公司

韩国 SK 环球化工有限公司以中石化 SK（武汉）石化有限公司为媒介，收购了中石化集团武汉分公司 35% 的股权，对价约 6.6781 亿美元。中石化 SK（武汉）石化有限公司是由中石化与 SK 环球化工以 65：35 的比例在中国成立的合资企业。中国石化集团武汉分公司的企业价值为 19.0802 亿美元。SK 环球化工已决定向中石化 SK（武汉）石化注资约 1.6393 亿美元，为此次交易提供资金。同时，中石化已决定向中石化 SK（武汉）石化贡献价值约 3.068 亿美元的资产，保留其 65% 的股权。

2019 年 7 月 3 日，中韩石化一体化合资公司举行揭牌仪式，标志着中韩石化一体化合资项目进入商业运营。这是中韩两国在国内能源化工领域的最大合资项目。

（一）标的公司介绍

中国石油化工集团武汉分公司隶属中国石油集团公司，中国石油化工集团公司是一家在中国上证所上市、在港上市的公司，从事原油、天然气和化工产品的勘探、开发和交易的公司。中国石油化工集团武汉分公司的前身为武汉石油化工厂，始建于 1971 年，扩建于 1975 年，于 1977 年投产，现有生产装置 32 套。武汉石化是直属国有大型工业企业，由中国石化股份有限公司武汉分公司和中国集团资产经营管理有限公司武汉分公司两部分组成。2008 年新建成的 500 万吨/年常减压、120 万吨/年焦化、60 万吨/年硫黄和 190 万吨煤柴油加氢等四套装置，将公司原油加工能力从 500 万吨/年提高了 850 万吨/年。

（二）买方介绍

SK 集团成立于 1953 年，以一家生产织物的小工厂起步，现已成为韩国第三大跨国企业。该公司主要以能源化工、信息通信半导体、营销服务为三大主力产业，旗下有两家公司进入全球五百强行列。SK 及其附属机构在全球拥有 30000 多名员工、124 个办事处和子公司。SK 集团的中国事业始于 1992 年中韩建交之前，SK 在中国员工超过 10000 人，业务区域遍布全国约 40 个地区。在能源领域，SK 是韩国最大的综合能源化工企业。蔚山炼油厂拥有每年 4200 万吨原油加工能力，是全球同行业最大的单一炼油工厂之一。

（三）并购逻辑

武汉石化与中韩石化合资重组后，武汉石化的生产经营都会并入中韩石化。此次合资重组，将有利于长江大保护，有利于企业转换机制，更好地优化利用资源，提高管理效率和整体抗风险能力。这既是中国石化吸收外资参与国企混改的一大动作，也是贯彻国家进一步扩大开放的重要举措。

此次一体化合资将降低企业运营成本，提高管理效率。新合资公司将分享合资双方先进的技术、成功的管理经验和做法。炼油和化工两个部分将进行机构、制度、管理等方面的整合，在生产运行上会分开管理。韩方除增加注册资本金外，还派遣多位管理人员进入合资公司中高层管理岗位，与中方管理人员共同管理新的合资企业。新合资公司将按照“三整合一分区”即对炼油和化工两个部分进行机构整合、制度整合、管理整合、生产运行管理分区的模式管理。此外，合资重组后，企业生产运营成本也会明显降低。过去，武汉石化和中韩石化之间，部分原料互供，属于市场交易行为。合资后就是内部互供，成本大幅下降。

（四）编者点评

本案例是中国企业“引进来”由经贸合作提升为股权投资的经典。2013 年中国石化与韩国 SK 集团就武汉 80 万吨乙烯项目成立中韩（武汉）石油化工有限公司。中韩 80 万吨乙烯项目是中国石化“十一五”重点工程，带动下游产业的千亿元产值，并创造 10 多万个就业岗位，还填补了我国中部地区大型乙烯项目的空白；截至 2018 年年底，中韩石化累计实现利润超百亿元，上缴税费约 70 亿元成为中韩经贸合作的典范。2019 年 SK 环球化工收购中石化武汉分公司 35% 股份的媒介公司就是中石化 SK（武汉）石化有限公司。由此，中韩能源化工领域的最大合资项目应运而生。新合资公司将分享合资双方先进技术、成功管理经验和做法。具体体现就是“三整合一分区”即对炼油、化工两部分进行机构整合、制度整合、管理整合、生产运行管理分区的模式进行管理。新运营模式的启动，标志着企业生产运营成本明显降低、原材料供应成本大幅下降的新局面将指日可待。

四、美国安进收购百济神州

2019 年 11 月 1 日，百济神州（BGNE. NS，06160. HK）宣布，安进公司将以约 27 亿美元，收购公司 20. 5% 股权。此次收购是中国生物科技公司和全球生物制药企业间最大的一笔交易。

具体的收购形式是百济神州向安进增发股份；而安进以每股 ADS 174. 85 美元的价格，较百济神州截至 2019 年 10 月 30 日在纳斯达克股票市场上 30 天交易量加权平均价相比溢价 36%，购入价值约 27 亿美元的百济神州普通股。安进将在百济神州董事会获得一个席位，同时将有望跻身成为百济神州第一大单一股东。该交易的隐含权益价值将为 133. 4 亿美元。两家公司表示，该协议预计将于 2020 年年初完成，安进的财务顾问是高盛集团，法律顾问是 Latham & Watkins LLP；百济神州的财务顾问是 Morgan Stanley。

（一）标的公司介绍

百济神州于 2010 年在北京成立，是一家处在商业化阶段的生物技术公司，致力于研究和开发全球领先靶向及免疫抗肿瘤药物的新药，拥有涵盖研究、临床开发、生产及商业化的全面实力。百济神州于 2018 年 8 月登陆港交所，是首个在美股和港股同时上市的中国生物医药公司。百济神州拥有广泛全面的产品组合。其产品包括六种内部开发、临床阶段的候选药物，其中包括三种后期临床候选药物，zanubrutinib（BTK 抑制剂）、tislelizumab（PD-1 抗体）与 pamiparib（PARP 抑制剂）。百济神州也获得五种药物及在研药物的授权许可，包括三种已于中国销售的由新基独家授权的药物 ABRAXANE、REVLIMID 和 VIDAZA，以及两种临床阶段的在研药物，该种药物已获得于中国及亚太地区的其他指定国家开发及商业化的权利。

（二）买方介绍

安进公司创建于 1980 年，主要从事人用创新药物的探索、研发、生产和销售，致力于发掘生物科技潜力以用于对患有严重疾病患者的治疗。2012 年以来，安进公司开始着手设立中国的分支机构，目前，该公司的约 3000 名员工中，有 2300 人在中国，其中 700 人从事销售，另外 600 人从事临床开发。世界品牌实验室发布的《2018 世界品牌 500 强》榜单显示，安进排名第 332。

（三）并购逻辑

对百济神州而言，百济神州专注于分子靶向和免疫肿瘤疗法的研发，但其自主研发的产品尚未实现上市。与安进的合作可以为公司增加更多的商业化运营产品。根据合作协议，百济神州将在中国对安进公司的产品安加维（XGEVA）、KYPROLIS 以及 BLINCYTO 进行 5 年或 7 年的商业化经营，其间，双方将平分利润或亏损。商业化期满后，百济神州将有权保留一款产品，并获得未保留产品额外 5 年的在中国销售的特许使用费。百济神州方面表示，到 2020 年年底公司将可能为癌症患者带来多达 8 款自主研发及授权引进的创新型产品。

对安进而言，向海外扩张一直是其发展目标之一，而亚洲是海外扩展过程中非常关键的一个部分，与百济神州的这笔交易补上了安进地理扩张缺失的最后一块版图。相关数据显示，肺癌、肝癌、胃癌等众多严重疾病致死率，中国在全世界排名都是非常靠前的。可见，中国的患者对这类药物的需求是非常巨大的。百济神州在适应中国医疗改革方面所做的努力，包括其药物被纳入国家医保目录，使之成为安进的一个具有吸引力的合作伙伴。通过这笔交易，百济神州将帮助安进药品在中国市场销售三款治疗癌症的药物，这将有助于安进产品扩大在中国市场的份额。由于癌症死亡率高，病人往往对于疗效确切，具备高临床价值的肿瘤药有着极大的支付意愿，未来 10 年肿瘤药物的市场空间是非常可观的。

（四）编者点评

本案例是 2019 年年底买方企业购买标的公司的决定，将诞生出中国生物科技和欧美跨国企业之间的最大一笔交易。这表明欧美企业对中国的市场仍然不改期待。据有关数据显示，中国肺癌、肝癌、胃癌等癌症病的死亡率仍然较高，癌症病人对疗效显著、具备高临床治疗价值的抗肿瘤药物具有极大的支付意愿，未来 10 年中国抗肿瘤药物的市场空间非常可观。据此，买方企业将通过本笔交易来补上中国生物药物市场空缺。标的公司也将从中获得丰厚的商业价值并赢得多款自主研发及授权引进创新型药品的所需资金。

五、明治收购澳亚公司（Austasia Investment Holdings Pte Ltd.）

2019 年 4 月 15 日，明治乳业的母公司株式会社明治宣布以约 18 亿元的价格从 Japfa Limited 手中收购澳亚公司（AustAsia Investment Holdings Pte Ltd.）25% 的股份，这一金额是明治并购史上最大规模的出资金额。

完成股权收购后，澳亚公司将成为株式会社明治的关联公司，而 Japfa 将用这笔交易的收益来偿还其 2.53 亿美元的定期贷款。交易后，Japfa 将继续持有 AustAsia 75% 的股份，并将继续管理 Austrasia 在中国的农业经营。

（一）标的公司介绍

澳亚公司在中国华东、华北地区坐拥 7 个万头牧场，单日原奶产量超过 1000 吨。据该公司官网显示，从 2009 年起，澳亚便开始在中国运营大型牧场。澳亚的生乳生产效率高，每头奶牛的日产奶量约为 34 千克，比日本奶牛的平均产奶量高出约 10 千克。除了牧场，澳亚也开辟了自有品牌奶等业务。官网显示，澳亚于 2013 年成立上海澳雅食品有限公司，并于次年在中国成立 Greenfield 绿田源品牌。2017 年，Greenfield 的品牌中文名改成“澳亚牧场”。在零售终端，澳亚牧场的品类包括有纯奶、鲜奶及酸奶。在餐饮渠道上，澳亚的客户有 COSTA、85℃、瑞幸及连咖啡等。据澳亚官网显示，其餐饮渠道业务面向咖啡馆、烘焙店、酒店及餐厅等，提供服务包括产品研发、品牌及市场支持、包装定制及物流配送。

（二）买方介绍

明治乳业株式会社（Meiji Dairies）是一家日本食品公司，总部位于日本江东区，母公司为明治控股有限公司。它是一家主要的乳品行业公司，公司成立于 1917 年。明治乳业除了生产乳制品，如牛奶、冰激凌、奶酪外，还生产运动饮料、比萨饼、巧克力和食品补充剂。2009 年 4 月 1 日，明治制果和明治乳业株式会社共同合资成立一家控股公司“明治控股公司”。它是日经 225 指数成分股。两年后的一天，明治乳业接手明治制果旗下食品和医疗保健业务，并成为一家食品公司“明治有限公司”。

（三）并购逻辑

从本质上来讲，明治乳业本次收购的是一种面对市场增长的必然。随着牛奶消费量的持续增长，中国已经成为明治最重要的海外市场之一。此前，明治控股提出了到 2026 财年（截至 2027 年 3 月）将海外销售额比率从 2017 财年的 7% 提高至 20%、食品业务从 4% 提高到 10% 的计划，而在中业务则是这一计划的核心。

作为一家主打酸奶、冷藏牛奶的大型公司，明治在中业务此前却从未拥有过属于自己的奶源，一直依赖于第三方牧场供奶。在自建牧场耗时长，花费大，投入回收慢的现实下，通过收购澳亚间接拥有专属奶源成为一个必然的选择。资料显示，澳亚在国内拥有 7 座万头牧场，单日原奶产量超过 1000 吨。通过本次交易，明治将可以强化其上下游产业链，提高其整体抗风险能力，在保证了稳定的原奶供应的同时又帮助其降低了采购成本，客观提升了总体利润。

而对澳亚来说，借此收购的机会，它有机会完全垄断明治的原奶采购，成为其唯一供奶商，甚至是通过明治的渠道来推销其自有产品。

（四）编者点评

本案例属中国外资企业“引进来”的典型。作为纯外资独资企业的标的公司于2009年开始在中国运营大型牧场，至2020年已拥有7座国内万头牧场，经营的相关乳制品包括纯奶、鲜奶及酸奶，渠道客户有COSTA、85℃、瑞幸及连咖啡，渠道业务已扩展至咖啡店、烘焙店、酒店及餐厅。标的公司迅速抓住此次收购机会，以达到稳定奶源销售市场，扩大其他业务销售渠道的商业目的。无独有偶的是，作为具有乳制品基因新创于2017年以经营乳制品为主的食品公司，也出于实现母公司2026财年（截至2027年3月底）海外销售10年长期目标和强化在华上下产业链战略布局的需要。由此，上述交易一拍即合。

六、中国长江电力公司收购秘鲁 LuzdelSur 公司

2019年9月30日，中国长江电力股份有限公司同意从森普拉能源公司（Sempra Energy）收购LuzdelSur公司83.6%的股权，此交易估值为35.9亿美元，长江电力将以每股8.82美元的隐含价格收购407091346股LuzdelSur公司的股票，并占其83.6%的股份。交易还将包括对为LuzdelSur提供电力建设和基础设施服务的Tecsur S. A. 的收购，以及对LuzdelSur的发电业务Inland Energy S. A. C的收购。

本次发行价格较公告前一天的收盘价溢价81.1%，较公告前一个月的收盘价溢价120.5%，该笔交易最终于2020年4月24日完成。

此次收购，有助于帮助Sempra公司加强在加州和得州的业务布局，从而使其成为北美首屈一指的能源基础设施公司，同时，该交易也符合中国长江电力公司的战略，为其进一步扩大秘鲁和南美洲的分销业务打下良好的基础，有利于其产业链的协调发展。

（一）标的公司介绍

LuzdelSur是一家秘鲁的上市公司，总部设在秘鲁的首都利马，主要从事配电和工业照明项目。该公司为利马东南部地区超过96万名客户提供服务，年销售额超过70万美元，是秘鲁全国最重要的公司之一，也是拉丁美洲主要的电气经销商之一。该公司曾投资1.26亿元，对电力系统进行了改进和扩建，对街道照明进行了现代化升级，建设了圣特丽萨—科克尔帕尼水电站。该公司遵守ISO 14001：2004环境管理体系，且通过了OHSAS 18001的认证。公司被评为2017年最佳秘鲁公司，被认为是“电力行业最佳公司”。

（二）买方介绍

中国长江电力股份有限公司是经国务院批准，由中国长江三峡集团有限公司作为主发起人设立的股份有限公司。公司创立于2002年9月29日，2003年11月在上交所IPO挂牌上市。长江电力主要从事水力发电、配售电以及海外电站运营、管理、咨询及

投融资业务，在德国、葡萄牙、秘鲁、巴西、马来西亚等全球多个国家开展相关业务。长江电力现拥有长江干流三峡、葛洲坝、溪洛渡和向家坝四座电站的全部发电资产，水电装机 82 台，其中单机容量 70 万千瓦及以上级巨型机组 58 台，占世界同容量级别水电机组半数以上，是中国最大的电力上市公司和全球最大的水电上市公司。

（三）并购逻辑

从策略上看，本次收购是长江三峡集团持续拓展海外业务，积极响应“走出去”战略的一种延续。2016 年，公司正式启动与葡萄牙电力公司在全球配售电领域的合作，将巴西作为重点区域。同时积极探索国际化配售电资产并购机会。2016 年 8 月，又收购黑石集团持有的德国 Meerwind 海上风电项目 80% 股权。截至 2020 年，长江三峡集团已在全球 40 余个国家和地区开展了业务。

同时，此次收购也标志着长江三峡集团对秘鲁电力市场的持续看好，自 2004 年以来，秘鲁电力需求稳定增长，年平均增长率约 6%，远高于世界平均水平。LuzdelSur 作为秘鲁最大的电力公司约占秘鲁全国市场份额的 29%，公司运营水平处于行业领先地位，资产质量优良，拥有在首都利马经济最发达区域的永久特许经营权，经营效益稳定并持续增长，是长江三峡集团全球扩张，进入秘鲁电力市场的最佳选择。

对秘鲁来说，本次收购将推动秘鲁配电及清洁能源的发展，提升市场信心，为秘鲁的经济发展、就业、税收以及技术进步等方面做出积极贡献，促进和带动更多的企业到秘鲁投资发展。

（四）编者点评

本案例是中国企业“走出去”的典型。中国长江电力公司收购秘鲁 LuzdeISur 公司交易项目属于具有重大战略意义的企业跨境并购范例。它既是长江三峡集团持续拓展海外业务，积极响应“走出去”战略的一种延续，也是积极探索国际化配售电力资产并购机会，截至 2020 年，长江三峡集团已在全球 40 余个国家。此交易不但是中鲁企业合作的共赢项目，更是中鲁两国的“双赢”典范，本次收购除了为中国带来诸多利益外，也将推动秘鲁配电及清洁能源的发展，提升秘鲁人民对新能源市场的信心，为秘鲁的经济发展、就业、税收以及技术进步等诸多方面做出积极贡献。

七、腾讯收购环球音乐集团

2019 年 12 月 31 日，由腾讯控股有限公司（Tencent Holdings Ltd.）牵头的财团，包括新加坡政府投资有限公司（GIC Private Limited）、腾讯音乐娱乐集团（Tencent Music Entertainment Group）和其他全球金融投资者，宣布从 Vivendi SA 收购美国音乐出版公司环球音乐集团（Universal Music Group，Inc.）10% 的股权。

2019 年 8 月，Vivendi 与腾讯就出售 UMG 10% 股权进行了初步谈判。2019 年 11 月，腾讯启动程序创建一个财团并与 Hillhouse Capital 和 GIC 接洽。该财团将以 30 亿欧元的对价收购 UMG 10% 的股份，企业价值为 300 亿欧元。该财团还拥有在 2021 年 1 月之前，以同样的价格收购至多 10% 的额外股份的权利。此次收购使 UMG 得以发展其在亚洲市场的业务，腾讯音乐娱乐预计将获得收购 UMG 在华业务少数股权的机会。满足监管机构的批准和其他惯常的交割条件后，此次交易最终于 2020 年 3 月 31 日完成。

（一）标的公司介绍

环球音乐集团（Universal Music Group）是全球最大的唱片公司，隶属法国维旺迪集团，拥有世界上最大的音乐内容库。该集团成立于 1934 年，总部位于加利福尼亚州的圣莫尼卡，在 60 多个国家拥有并经营着一系列唱片音乐、音乐出版、商品销售和视听内容的业务。该公司的前身是宝丽金唱片。1998 年 12 月，加拿大 Seagram 公司将 Polygram 和原 BMG 旗下的 Universal/MCA 公司合并成为环球音乐集团，组成了一座规模庞大的“唱片帝国”。

（二）买方介绍

腾讯控股公司目前拥有中国最大的音乐公司腾讯音乐娱乐公司，腾讯音乐娱乐集团成立于 2016 年 7 月，旗下包括音乐流媒体、社交娱乐两大主要业务，涵盖酷狗音乐、QQ 音乐、酷我音乐、全民 K 歌四大产品。在内容、技术和数据支持下，腾讯音乐为用户提供在线音乐、在线 K 歌和音乐直播服务。该公司控制着中国音乐市场 60% ~70% 的份额，并且本身拥有许多全球知名音乐公司的股份。2018 年 10 月 2 日，腾讯音乐娱乐集团正式递交赴美上市招股书，代码为“TME”，12 月 12 日，腾讯音乐娱乐集团在纽交所上市交易。

（三）并购逻辑

对于音乐平台来讲，版权意味着内容根基，也是国内众多音乐平台争夺的主要焦点，此次收购将进一步扩大腾讯音乐的版权地图。

目前中国由阿里巴巴、百度和字节跳动所运营的音乐和视频平台都需要从腾讯音乐处获得转授权许可。腾讯借助 10 亿多社交媒体用户掌控了中国线上音乐产业。预计到 2023 年，中国线上音乐产业的规模将达到 300 亿美元。据腾讯的招股书显示，腾讯音乐拥有中国最大的音乐内容发行量，包括 200 多家国内和国际唱片公司的超过 2000 万首曲目。而中国音乐市场在 2017 年的时候已经跻身全球前十，在 2018 年上升到全球第七的位置。大厂牌在中国业绩的攀升也离不开与腾讯达成的独家授权协议的助力。中国流媒体订阅和下载付费情况也逐年攀高，未来依然有上升的潜力与空间。腾讯的实力与体量，以及中国音乐产业市场的前景，对世界上的任何一家唱片公司来说都具有极大的诱惑力。

同时，腾讯收购环球音乐集团股份的动作可能会让环球的音乐更贴近亚洲市场，尤其是在三大唱片对亚洲市场的服务水平都相对较低的情况下，腾讯的入局会更好地帮助环球的艺人（如 Drake、Taylor Swift 和 U2 等）在亚洲市场的稳定宣推，也有利于帮助环球在新市场上更好地发掘和定位人才。

（四）编者点评

本案例是中国企业联手外资企业“走出去”“引进来”交汇运作的典型。腾讯控股有限公司牵头麾下腾讯音乐娱乐集团等外资企业及其他全球金融投资者组建财团，收购法国维旺迪集团下属美国音乐出版公司环球音乐集团 10%；并将以同样价格收购至多 10% 的额外股份权利。

此次收购，首先，使环球音乐得以发展其在亚洲市场的业务，而腾讯音乐娱乐集团则可能获得 UMG 在华业务少数股权；其次，可能会促使环球音乐更贴近亚洲市场，会更好地帮助环球音乐艺人在亚洲市场稳定推宣，也有利于帮助环球音乐在新市场上更有效地发掘和定位人才。进而，腾讯音乐平台也将在中国音乐版权地图中引领风骚。

八、安踏收购 Amer Sports

2018 年 12 月 7 日，安踏体育用品有限公司与方源资本、Anamered Investments 及腾讯组成的投资财团自愿性建议公开现金要约收购 Amer Sports 所有已发行及发行在外的股份，出资金额达 53.87 亿美元。该交易的要约价格为每股 47 美元，Amer Sports 全部已发行及发行在外的股本的收购价值约为 54.3 亿美元。该交易应付对价的总额中将有 31.4 亿美元来自该财团的现金资源，另外 35.4 亿美元将来自股东和债务融资，其中包括一个 15.3 亿美元的 5 年期高级贷款协议和一个 20 亿美元的 7 年期无追索权定期贷款。

在最终的交易方案中，安踏将拥有 57.95% 的股份占比，方源资本占股 21.4%，Anamered Investments 占股 20.65%，腾讯则将通过对方源资本的投资，在新公司中占股 5.6%。该财团计划在全球范围内投入资金和资源用于产品开发和人才建设，为 Amer Sports 现有的管理团队和员工提供一个优质的平台以落实其中长期的战略发展规划，也为 Amer Sports 提供安踏体育在中国广泛的分销网络、研发资源及制造和采购能力以加速 Amer Sports 在中国的发展。

（一）标的公司介绍

Amer Sports 是一家总部位于赫尔辛基的芬兰公司，成立于 1950 年，最初的业务以烟草贸易为主，在 1974 年开始布局体育业务。1977 年，公司在纳斯达克北欧市场挂牌上市，现拥有超过 8000 名员工。Amer Sports 将旗下业务分成三类，即户外、球类和健身业务。该公司旗下拥有网球拍 Wilson、登山鞋 Salomon、棒球具 Louisville Slugger、户外装备始祖鸟和滑雪设备 Atomic 等品牌，产品线覆盖广，为户外运动爱好者所熟知。2018 年的财报显示，该公司户外部门销售额与前一年相比同比增长 10%，达到 19.6 亿美元，亚太地区的业务增长动力主要来源于中国和日本。

（二）买方介绍

安踏体育始创于 1991 年，是中国领先的体育用品公司。多年来，安踏体育主要从事设计、开发、生产、销售运动鞋服、配饰等运动装备等业务，面向中国的大众市场。2004 年安踏赞助 CBA，使企业迎来高速发展期；2007 年安踏在中国香港交易所主板上市；2008 年安踏推出 ANTA KIDS 战略，借助母品牌的市场影响力进一步拓宽了其销售群体；2009 年安踏签约了中国奥委会；2012 年安踏成为中国体育用品行业第一，业绩达 11. 8 亿美元；到 2016 年，安踏的业绩突破 15. 4 亿美元。2017 年，安踏体育市值突破 128. 6 亿美元，成为国内运动品牌千亿元市值企业，在全球范围内成为第三大运动品牌。

方源资本于 2007 年创立，是亚洲最成熟的独立私募股权投资公司之一，重点投资领域包括消费者、媒体和技术、医疗健康、工业及金融服务。方源资本资产管理规模近 50 亿美元。

Anamered Investments Incorporation（简称“Anamered Investments”）为 Chip Wilson 先生持有的投资公司。Wilson 先生是垂直零售及技术服装领域的先驱，也是设计技术面料并将技术服装推向全球市场的专家。

腾讯控股有限公司于 1998 年在深圳创立，并于 2004 年在中国香港联交所主板上市。腾讯以技术丰富互联网用户的生活。公司旗下社交网络及通信平台微信和 QQ 将用户连接到多元化的数字内容，包括游戏、视频、音乐和文学。

（三）并购逻辑

安踏的价值观就是“以消费者为导向”。Amer Sports 这种具有“欧美血统”的品牌在消费者的心目中是高端品牌，消费者心甘情愿为此付出高价购买。或许，安踏体育收购 Amer Sports 的动机不仅仅是国际化，而是借着 2022 年北京冬奥会的东风，把国际高端户外品牌引入中国，在户外运动领域建立自身的品牌优势。

另外，中国的人口红利和中国市场消费升级的大趋势为始祖鸟这类高溢价的品牌提供了发展空间。中国巨大的人口红利让每一个细分领域都具备打造和成就强势品牌的可能，确切地讲，是安踏强大的市场运营能力足以带动中国的人口红利，中国的巨大需求让 Amer Sports 旗下品牌有更多可以想象的空间。

此外，收购可以产生“协同效应”。安踏理想的收购对象是体育用品、运动鞋服、运动装备领域优秀的品牌，收购对象在业务、消费群体上对原有品牌需要有所补充，才能实现渠道、生产和供应链资源的“共享”，获取成本和运营优势。显然，Amer Sports 刚好符合以上要求。

（四）编者点评

本案例是中国企业“走出去”的典型。凭借 2022 年中国北京冬奥会的契机，中国体育用品龙头企业安踏集团牵头私募基金、技术专家及平台企业组建财团，协同并购芬兰赫尔辛基的体育及用品集团，以实现“安踏理想”：通过收购体育用品、运动鞋服、运动装备领域的优秀品牌、业务，吸引消费群体对新品牌的追求；求得渠道、生产和供应链资源的共享；获得成本和运营优势。这也再次体现了“以消费为导向”的安踏价值观取向。

九、山东如意收购美国 Invista

2019 年 1 月 31 日，山东如意投资控股有限公司完成了对美国英威达公司（Invista）的服装和高级纺织品业务的收购，收购对价为 23.7 亿美元。山东如意将通过向摩根大通（J. P. Morgan）和巴克莱（Barclays）筹集的债务为收购提供资金。该交易包括收购英威达的服装纤维和品牌组合，包括莱卡纤维、莱卡 HyFit 纤维、COOLMAX 纤维、THERMOLITE 纤维和绝缘材料、ELASPAN 纤维、SUPPLEX 纤维和 TACTEL 纤维产品、TERATHANE 聚四氟乙烯醚乙二醇（PTMEG）、1,4 丁二醇（BDO），以及四氢呋喃（THF）生产、相关制造资产、研发中心和全球各地的销售办事处以及约 3000 名相关技术、运营、商业和行政人员。英威达将保留其尼龙、聚酯、多元醇和授权业务及相关品牌的所有权。这笔交易符合英威达专注于尼龙价值链的战略。

本次交易完成后，将新成立一家公司——美国莱卡集团，山东如意为控股股东。美国莱卡集团将独立运营，保持其独特的定位、企业愿景、发展战略及组织架构。如意与英威达的原股东美国科氏工业集团将继续保持密切合作，协助并确保交易后业务的顺利过渡及交接。

（一）标的公司介绍

英威达公司是全球最大的综合纤维和聚合物公司之一，总部设于美国，业务遍及全球。英威达通过洞察市场先机、实行技术革新和拥有包容纤维、服饰和室内饰材全球最知名品牌和商标的组合，为客户提供卓越的价值。英威达秉承创新的传统，现已拥有 700 个申请中或已授予的美国专利，并且几乎在其设有业务的所有国家均申请了相应领域的专利。英威达是科氏工业集团附属公司下属独立管理的全资子公司。2004 年 4 月 30 日科氏工业集团的附属公司从杜邦公司收购了英威达（前身为杜邦纺织与室内饰材），并将 KoSa 公司并入英威达旗下。商品、特种聚酯纤维、聚合物及化学中间体的生产商 KoSa 公司，于 1998 年成为科氏工业集团的关联公司。

（二）买方介绍

山东如意科技集团是一家多元持股的大型中外合资企业。公司的业务涉及兔毛纺纱、服装、棉纺织、棉印染、针织、纤维、牛仔布、房地产等产业。该集团资产总额达 65 亿元，拥有职工 26000 人，2008 年实现销售收入 12.5 亿美元，利税 1.14 亿美元，进出口总额 4.6 亿美元。山东如意集团拥有进出口自主权，通过 ISO 9001 和 ISO 14001

认证。集团拥有强大的核心技术及科技创新优势，产品多次获国家金质奖、国家银质奖，且被国家质检总局（现为国家市场监督管理总局）授予“国家出口免验”产品称号。

（三）并购逻辑

山东如意控股集团董事局主席邱亚夫表示，如意始终保持清晰的发展路线，即专注于擅长的纺织生产领域，沿供应链向下扩展至与消费者认知度联系紧密的品牌营销领域，整个并购过程都集中于服装纺织行业，以降低整合风险。此次收购也是遵循这一思路，将大大强化如意作为全球领先的完整价值链纺织服装集团的地位。

山东如意是纺织及服装品牌全产业链一体化企业；而英威达拥有国际领先的资产和技术，是一个深受消费者认可的品牌。双方之间的收购交易将产生显著的协同效应。此次收购顺利完成后，可以为山东如意致力于全面业务整合，力求从面料服装制造商发展为全球领先的科技纺织和时尚品牌领导者，进一步强化集团国际化业务和品牌组合，树立一个新的里程碑。

莱卡作为世界氨纶行业领先品牌，拥有强大的研发和创新能力，掌握行业的议价权。本次收购有助于如意集团打造全国领先的新材料及时尚品牌产业集群，促进我国纺织新材料和时尚品牌领域的快速发展，更加体现“科技、时尚、绿色”的行业新标签。另外，莱卡集团正在发展差异化纤维业务，新股东如意在纺织品及零售领域的专长，将大大助力并推动莱卡差异化纤维业务的发展。

（四）编者点评

本案例是中国纺织服装合资企业“走出去”的典型。具有纺织及服装品牌全产业链一体化的中国山东如意集团收购美国英威达除尼龙价值链以外，深受全球消费者认可的服装和高级纺织品业务，进一步强化了企业国际化业务和品牌整合。这样，如意集团就可以在新的里程碑的基础上，打造全国乃至全球领先的新材料及时尚品牌的服装纺织产业集群，从而推进中国纺织新材料和时尚服装品牌的快速发展，完美体现“科技、时尚、绿色”行业新标签。作为如意集团新的控股企业，即美国蓝卡集团也将发展纤维差异化业务征程中，得到新股东，即专长于纺织品制造及零售领域的如意集团强大助力。

十、博实乐教育收购剑桥文理学院（CATS Colleges）

2019 年 7 月 9 日，国际和双语学校运营商博实乐教育（Bright Scholar）发布公告称，公司已签署协议，将从英国的剑桥教育集团有限公司手中收购英国教育集团（又称“剑桥文理学院”）的全部股权，交易作价 1. 50 亿英镑。交易完成后，CATS Colleges 将继续由大卫・牛顿和他的管理团队管理。该项交易最终于 2019 年 7 月底完成。

（一）标的公司介绍

剑桥文理学院（CATS Colleges）成立于1952年，是英国专业提供大学学前课程及英语语言教学的领先教育机构。学校在英国首府伦敦，学术腹地剑桥以及历史名城坎特伯雷均设有分校区。另外，目前剑桥文理学院在英国、美国、加拿大以及中国境内共拥有7个校区，包括1所艺术学校和10所国际语言学校，共可以容纳来自80多个国家的2000多名学生。截至2018年8月31日，CATS教育集团的净收入为8900万英镑。

（二）买方介绍

博实乐教育控股有限公司的前身是碧桂园教育集团，1994年，该公司的首所学校广东碧桂园学校落地中国广东省佛山市顺德区。携26年办学经验积淀，博实乐集团现在的业务涉及国际化学校、双语学校、幼儿园、学科教育培训、游学冬夏令营、国内营地、留学移民等多个教育领域。另外，博实乐在全国10个省份拥有80所院校和20所英语培训中心，其中包括7所国际学校、15所双语学校、58所幼儿园；博实乐在英国、美国和加拿大也拥有10所海外语言学校。

（三）并购逻辑

2017年5月赴美上市之后，博实乐开始整合全球资源，布局K12教育的上下游多个端口，并打造教育产业链闭环。在收购CATS Colleges之前，博实乐已经在英国“买下”三所学校：2018年10月，英国百年私立名校Bournemouth Collegiate School被纳入该公司管理，2019年6月博实乐宣布以3800万英镑（约3.3亿元人民币）的价格，协议收购两家英国私立学校全部股份。

博实乐教育集团的愿景是致力于建设全球化高品质的学校网络，收购CATS Colleges进一步扩大了博实乐教育在海外的板块。CATS Colleges的加入将助力博实乐分享最佳教学及创新经验，进一步提升教师教学水平和优化学生学习体验。此次收购加速了博实乐海外学校的拓展，推动博实乐成为全球化优质教育服务的提供者。同时，此次收购也有助于加速促进剑桥文理学校中国中心（CATS China）的建设与发展。

（四）编者点评

本案例是中国教育企业“走出去”的典型。作为除大学以上学历教育以外，几乎涵盖中小学（双语）、幼儿园教育全产业链的博实乐教育集团收购英国剑桥文理学校（CATS College）项目成功兑现，标志着博实乐教育的全球化优质教育服务体系建设将由梦想变为现实；英国剑桥文理学校中国中心的建设也将得到强烈助力。

十一、百事收购杭州郝姆斯食品有限公司（百草味）

2020年2月23日百事公司宣布，与好想你健康食品股份有限公司达成最终协议，以7.05亿美元收购旗下杭州郝姆斯食品有限公司（简称“百草味”）。此次交易通过现金出售的方式，向百事饮料出售上市公司持有的百草味100%股权。本次交易完成后，上市公司将不再持有郝姆斯股权。在2016年，好想你斥资1.5亿美元将百草味收入囊中，完成了“国内零食电商并购第一案”。

（一）标的公司介绍

百草味2003年成立于杭州，是一家集研发、生产、销售、仓储、物流于一体的综合性休闲食品企业，产品包含了坚果、果干、肉脯、糕点、膨化等全品类1000+SKU，是中国线上休闲零食龙头企业之一。百草味是一家集团公司，为促进国内以及全球食品零售业的发展和现代化，百草味投入4亿元建立了占地10万平方米的研发生产仓储物流综合基地。得益于以数据驱动的产品创新和灵活的生产采购供应链，同时布局线上线下全渠道发展，百草味至今链接了7000万名消费者。百草味2019年业绩快报显示，该公司2019年总收入约为7.7亿美元。

（二）买方介绍

百事公司（PepsiCo Inc）是一家饮料和休闲食品公司。在全球200多个国家和地区拥有14万名雇员，2004年销售收入293亿美元，为全球第四大食品和饮料公司。公司总部设在纽约市。百事可乐公司成立于1965年，由百事可乐公司和Frito-Lay，Inc.合并而成。公司附属机构近百个，主要有百事可乐饮料公司、弗利托—莱公司（快餐馆）、啤哑餐馆（供应意大利式烘馅饼等）、北美运输公司和威尔逊体育用品公司等。该公司子公司分布很广，美国国内涉及48个州，国外涉及100多个国家和地区。

（三）并购逻辑

好想你选择卖掉百草味，与其目前经营状况有很大的原因。好想你控股股东、实际控制人“转让减持”、频繁质押和偿债压力等，导致股价一直处于低迷状态。策略上，本次收购百草味是百事“中国计划”的一部分，是百事持续拓展中国业务的战略之一。百事的优先事项之一是在国际市场上扩张和增长，而中国则是驱动百事公司增长的最重要的国际市场之一。并且多年来，百事中国都以两位数的速度在增长，因此，百事认为收购百草味有助于公司在中国市场内进行快速扩张。百草味丰富的产品品类、轻资产和聚焦电商的模式与百事中国的现有业务高度互补。百草味卓越的直营终端消费者能力将助力百事实现线上市场的增长。同时，也能通过百草味本土品牌的特色为百事带来多元化的产品组合，适合于线上线下多渠道分销。

收购百草味是百事在半年内第二次向中国食品行业“出手”。2020年7月26日，百事公司宣布在华投资约1.31亿美元收购五谷磨房食品国际控股有限公司26%股权，一举成为后者第二大股东，持股比例仅次于该公司的创始人桂常青。交易完成之后，百草味将成为百事公司亚太区一个独立运营的业务单元，同时，百事公司将与百草味创始管理团队一起打造核心能力和协同效应。

（四）编者点评

本案例是食品企业“走进来”的典型。收购百草味是百事公司“中国计划”的一部分，是百事持续拓展中国业务的战略之一。百草味丰富的产品品类、轻资产和聚焦电商的模式与百事中国的现有业务高度互补。百草味卓越的直营终端消费者能力将助力百事实现线上市场迅速增长；百草味品牌的本土特色将为百事带来多元化产品组合；百草味作为百事亚太区一个独立运营业务单元将与百事公司一起打造核心能力和协同效应。

十二、蓝帆医疗收购并增资瑞士 New Value Technology（NVT）

2019 年 8 月 2 日晚间，蓝帆医疗股份有限公司披露董事会预案，公司拟公开发行可转换公司债券（以下简称“可转债”），募集资金总额不超过 4.8 亿美元，拟用于公司两大事业部，即心脑血管事业部和防护事业部一系列拓展深化主业发展的项目，赋能现有产业。

2020 年 6 月 9 日，蓝帆医疗发布公告称，公司出资 2.2 亿美元收购介入主动脉瓣膜公司 NVT AG（以下简称“NVT”）100% 股权事项已顺利交割，即日起，总部位于瑞士的心脏瓣膜研发企业 NVT 将正式并入蓝帆医疗。6 月 8 日，蓝帆医疗及全资子公司 Bluesail New ValveTechnologyHKLimited 与 NVTAG 卖方股东共同签署了《交割确认书》。

（一）标的公司介绍

NVT 是一家专注于心脏瓣膜领域的医疗器械公司，核心产品为 TAVR（经导管主动脉瓣置换术）的植入器械 Allegra，主要用于治疗主动脉瓣狭窄疾病。2019 年全球 TAVR 市场 40 亿美元。与传统治疗手段相比，TAVR 产品可以像 PCI 心脏支架手术一样通过血管将介入器械输送至心脏，具有无须开胸、创伤小、恢复快等多重优势，在美国、欧洲及日本所取得的商业成功已经获得心脏介入医学专家的高度认可。随着罹患主动脉瓣狭窄疾病的人急剧增加，TAVR 出现之前，许多患者因无法耐受开胸手术而死亡。

（二）买方介绍

蓝帆医疗股份有限公司简称“蓝帆医疗”，成立于 2002 年，蓝帆医疗是中低值耗材和高值耗材完整布局的医疗器械龙头企业。公司下属四大板块，分别是以医疗手套为核心，全面布局医疗防护、防疫产品的防护事业部；以心脏支架为核心，全面布局介入器械的心脑血管事业部；以吻合器超声刀为核心，全面布局微创外科器材的外科事业部；以急救包为核心，全面布局急救护理耗材的护理事业部。

蓝帆医疗已成长为一家立足中国的国际化企业，在 20 多个国家和地区拥有 40 多家分子公司，全球设立了八大研发中心，六大制造基地，博士研究生超过 200 名，140 名中高级管理层中海外人员 56 名，产品销往全球 110 多个国家和地区。蓝帆医疗已在美国、德国、中国上海、新加坡搭建了 8 个研发平台，构建了全球 24 小时研发体系，拥有 544 名研发人员，全球专利超过 300 项。防护产品 PVC 手套占全球市场份额 22%，心脏支架及介入性手术相关器械产品，其业务通过新加坡柏盛国际集团来运营，在全球 90 多个国家拥有业务，心脏支架领域全球排名第四。

（三）并购逻辑

蓝帆医疗收购 NVT 可以进一步扩充公司医疗器械主业的低值、中值和高值耗材产品品类，发掘已有产品潜力，扩大业务覆盖面和产品组合，是公司持续推进“高值耗材 + 中低值耗材”产业布局的重大战略，有助于公司实现持续、稳健成长的目标，最大限度地提高整体竞争力和持续经营能力。

相关数据显示，中国目前具有全球最大的 AS（主动脉瓣狭窄）患者群，保守估计 2018 年新发的 ssAS（重度有症状性主动脉瓣狭窄）人数在 40 万人以上，目前主要通过 SAVR 治疗，而 2018 年在中国仅实施了约 1200 例 TAVR，目前能实施 TAVR 的医院国内大约有 80 家，能独立开展的仅有 10 家。因此 TAVR 是一片巨大的蓝海。美国经导管心血管治疗会议预测，2025 年，TAVR 的经济价值将超越冠脉支架。华泰证券预测，2029 年中国 TAVR 市场有望超百亿规模。NVT 是登陆欧洲市场的仅有的五大 TAVR 生产厂商之一（另外四家分别为爱德华生命科学、美敦力、雅培、波士顿科学，都是医疗器械领域的跨国巨头）。蓝帆医疗收购 NVT 后，将快速取获取结构性心脏病领域的核心技术和广阔市场，扩充心血管科室医疗器械产品线，发挥旗下子公司柏盛国际在销售渠道和平台资源方面的巨大优势，巩固公司在心血管科室的全球竞争力。

NVT 的 TAVR 产品目前在欧洲已开始实现销售，未来通过柏盛国际在全球范围内 90 多个国家的销售渠道和客户资源，能够给 NVT 的 TAVR 产品带来广阔的成长空间，更快地实现商业化，后续市场放量将加速，高增长前景可期。

（四）编者点评

本案例是中国医疗器械企业“走出去”的典型。作为一家中低值耗材和高值耗材完整布局的中国医疗器械龙头企业的蓝帆医疗收购瑞士专注于心脏瓣膜领域的医疗器械公司 New Value Technology（NVT）后，将快速获取治疗结构性心脏病领域的核心技术和广阔市场，扩充医院心血管科室医疗器械产品线，发挥麾下新加坡子公司柏盛国际在销售渠道和平台资源方面的巨大优势，巩固企业在心血管科室的全球竞争力，进而实现持续推进“高值耗材 + 中低值耗材”产业布局的重大战略。

十三、杉杉股份有限公司收购 LG 化学偏光业务

2020 年 6 月 9 日，杉杉股份有限公司宣布公司拟出资 7.7 亿美元认购与 LG 化学新成立合资公司中 70% 股权。新合资公司将作为收购主体，整合 LG 化学旗下中国大陆、中国台湾和韩国的 LCD 偏光片业务及相关资产，具体包括：①北京乐金 100% 股权；②南京乐金 LCD 偏光片业务；③广州乐金 LCD 偏光片业务；④中国台湾乐金 LCD 偏光片业务；⑤LG 化学直接持有的 LCD 偏光片资产；⑥LG 化学直接持有的与 LCD 偏光片

有关的知识产权，总估值 11 亿美元。公告表示，LG 化学将在中国境内以现金出资设立一家持股公司，持有剩余 30% 的股权。同时，在此次交易完成后的三年内，上市公司将收购 LG 化学在新合资公司中的剩余股份。

（一）标的公司介绍

LG 化学成立于 1947 年，属于 LG 集团旗下子公司。公司总部位于韩国首尔，是韩国最具代表性的化学企业。LG 化学在亚洲、美洲、欧洲、澳洲拥有 43 家子公司。事业涵盖石油化工、电池、尖端材料、生命科学四大领域，并将能源、水、生物作为未来新事业发展的核心。2019 年 LG 化学销售额为 260 亿美元（约 1682 亿元人民币），营业利润 8. 1 亿美元（约 52. 6 亿元人民币）。2019 年 7 月 22 日，《财富》世界 500 强排行榜发布，LG 化学位列第 490 位。

LG 化学自 1982 年进入中国，先后在宁波、天津等地建立了 16 家生产企业和 1 家技术中心，并于 2004 年在北京设立中国地区总部。作为全球化工十强企业，LG 化学已进入中国近 40 年，包括电池产业在内的化学板块飞速增长，在未来的几年也将保持 10% 以上的增长率，预计 2024 年 LG 化学的销售额将达到 520 亿美元。其中，中国市场占据其 40% 的重要份额。

（二）买方介绍

宁波杉杉股份有限公司成立于 1992 年，公司自 1996 年 A 股上市以来由国内第一家上市的服装企业转型为新能源产业领军企业，现有业务覆盖锂离子电池材料、电池系统集成（包括锂离子电容、动力电池 PACK）、能源管理服务和充电桩建设及新能源汽车运营等新能源业务，以及服装、创投和融资租赁等业务，其中新能源业务已经成为公司主要的业绩来源及未来发展重点。经过多年发展，杉杉股份有限公司已经成为全球规模最大的锂离子电池材料综合供应商，在长沙、宁夏、上海、宁波、郴州、宁德、东莞、衢州等地设有多家生产企业，并一直致力于将公司打造成为全球新能源产业的领导者。

杉杉股份有限公司在银行、投行、创投、融资租赁等领域都有所涉猎。最有名的案例是 2014 年艾迪西大股东转让，杉杉股份有限公司溢价近四成入主掌权，而 2016 年，申通快递作价 26 亿美元置入艾迪西，艾迪西置出原有资产，重组交易完成后，申通快递实现借壳上市。

（三）并购逻辑

对于此次收购，买方表示，目前国内偏光片供不应求，存在较大产能缺口，而全球偏光片产能高度集中于日韩厂商，其中韩国 LG 化学偏光片业务处于行业领先地位，本次跨境收购，有利于填补国内 LCD 偏光片产业化短板，完善国内平板显示供应链布局。杉杉股份希望通过本次收购，进入 LCD 偏光片市场，并继续维持原 LG 化学在

LCD 偏光片市场的领先地位，利用其关键解决方案及技术来扩大市场占有份额。同时也有助于提高我国偏光片业务的自给率，进一步完善产业布局，增强上市公司的整体竞争力和可持续发展能力。杉杉通过收购优质资产，上市公司将提高持续经营能力，降低锂电材料市场波动对公司经营业绩的影响。

LG 化学表示，该公司决定出售 LCD 偏光片业务是为了专注于 OLED 业务，后者将成为 LG 未来的增长引擎。此外，该公司出售获得的资金将用于汽车材料和电动汽车电池业务。杉杉股份本次收购 LG 化学 LCD 偏光片资产包中也包括“LG 化学直接持有的与 LCD 偏光片有关的知识产权”，这意味着杉杉股份有限公司将掌握相当可观的专利资源。

（四）编者点评

本案例是中国新能源企业“走出去”的典型。凭借韩国 LG 化工由 LCD 偏光片、OLED 双重业务向专注 OLED 业务战略转型之机，中国新能源领军企业宁波杉杉股份有限公司通过与 LG 化工合资创办新公司，分两步全部收购 LG 化工的 LCD 业务及相关专利。通过这个收购，杉杉股份有限公司将实现在平板显示领域的战略布局；LCD 偏光片行业领先地位及新增的大量市场份额，将降低锂电材料市场波动对公司业绩的影响，提高上市公司的核心竞争力和可持续发展能力；进而填补我国 LCD 偏光片产业化短板，完善中国平板显示供应链布局。

十四、成都先导收购 Vernalis

2020 年 10 月 12 日，成都先导（688222）发布公告，拟以自有资金或自筹资金 2500 万美元，通过全资附属子公司英国先导药物有限公司（HITGEN UK LTD）为收购主体，受让 Ligand Pharmaceuticals Incorporated（以下简称“Ligand”）持有的英国 Vernalis（R&D）Limited 公司的 100% 股权。公告披露，上述交易对方为 Ligand 公司，其通过 Vernalis（R&D）Limited 持有目标公司 100% 股权。

（一）标的公司介绍

Ligand 成立于 1987 年，是一家美国上市医药企业，致力开发和获取有助于制药公司在全球范围内发现和开发药物的技术。公司商业模式为，开发或收购能产生收益的资产，将其融合到精益企业的成本结构中。公司的目标是创造可持续盈利的业务以生成股东价值。其产品包括 evomela、Ⅳ voriconazole、duavee、viviant/conbriza、nexterone 和 noxafil－Ⅳ。

2011 年 Ligand 将 CAPTISOL 项目加入技术投资中。CAPTISOL 是一个功能强大的配方技术，拥有 5 个美国食品药品管理局批准的产品，包括 Pfizer 公司的 VFEND Ⅳ 和 Baxter International 公司的 nexterone，以及其他一些在临床阶段投入使用的合作伙伴项目。与同行的其他公司相比，公司已经组建了一个最大的行业多元化资产组合，在未来能产生显著的收益。资产组合中发展的治疗方案可以解决许多尚未得到解决的医疗需求缺口，包括肝炎、肌肉萎缩、老年痴呆症、血脂异常、糖尿病、贫血、哮喘、类风湿关节炎和骨质疏松症。

（二）买方介绍

成都先导成立于 2012 年，是一家新药研发领域的高新技术企业，公司主要围绕 DNA 编码化合物库（简称“DEL”）技术研究与创造，专注于原创新药的早期链段研发——苗头化合物和先导化合物的发现，是国内乃至全亚洲最早规模化从事 DEL 技术研发的公司。公司由英国皇家化学学会会士 Jin Li（李进）博士归国后携国内外多位生物、化学等领域专家共同创建。

凭借全球领先的 DNA 编码化合物库技术，公司已与全球跨国制药企业如辉瑞、强生、默沙东、赛诺菲、武田制药、勃林格殷格翰、利奥制药、LG 化学等；国际生物技术公司如基因泰克、Aduro、弗玛医疗等；国内大型医药企业如扬子江药业、天士力集团、先声药业等；支持新药研发的基金会如盖茨基金会，以及其他领域公司如巴斯夫等数十家生物医药等领域公司建立了长期、稳固的合作关系并取得了良好的市场口碑。2017—2019 年，公司实现营业收入分别为 821.8 万美元、2300 万美元和 4100 万美元，年均复合增长率达 122.81%，毛利率分别为 66.62%、82.66% 和 81.55%。

（三）并购逻辑

购入 Vernalis（R&D）从长远看将会对成都先导的综合实力提升有极大的现实意义。成都先导从早期转化到临床后期的经验缺乏、在欧洲的业绩贡献率低及存在感不强。

Vernalis（R&D）成立于 1986 年，在 FBDD 和 SBDD 的开发应用方面有着超过 20 年的经验，被认为是该领域国际领军企业之一，在肿瘤、神经退行性疾病、抗感染和炎症领域拥有丰富的经验。其所擅长的 FBDD/SBDD 技术与 DNA 编码化合物库技术（DEL）存在很强的技术互补性，尤其在分子片段活性提升和先导化合物优化方面。FBDD 技术能够快速对靶点进行成药性评价，并且有可能快速得到具有亲和力的分子片段。DEL 技术能够快速扩展分子片段库，并且可以快速探索分子片段所代表的成药化学空间进而对分子片段进行优化，技术的整合将让成都先导在药物早期研发技术水平上实力倍增。DEL 技术筛选出的高活性化合物与靶点结合的三维结构信息通过 SBDD 的方法，有助于这些化合物快速优化成为临床前候选化合物。

因此，成都先导此次并购 Vernalis（R&D）能够强化其综合实力，加速新药项目产出及向后期转化，同时以此作为跳板提高在欧洲市场的影响力。

移植 Vernalis（R&D）新药立项及临床候选化合物产品的临床运营团队和经验，提高先导内部的项目转化效率，同时能够将现有的一站式新药研发服务的终点后推至临床阶段交付；依托 Vernalis（R&D）在欧洲数十年的经营经验和成果以及行业声誉，能够迅速拓展成都先导在欧洲的市场影响力，有望提高欧洲地区对公司业绩的贡献，为整体业绩做增量；除肿瘤、抗感染和炎症方面的产品线双方可以合并外，Vernalis（R&D）也将贡献神经退行性疾病方面的研发能力，使成都先导有资本入局这一大市场。在技术上，FBDD/SBDD 产生的化合物与靶点结合的信息是新药研发中药化部分工作极其重要的信息来源，该信息可以直接用于先导化合物优化过程中的化合物设计。结合 DNA 编码化合物库技术在筛选方面的优势，势必对其今后在小分子新药发现和优化这一领域的长远发展和布局带来非常重要的影响；在商业模式上，双方都采取“自主研发 + 外部合作”的生物技术公司模式，未来在商务整合上存在的阻力更小，因此可以复用先导现有的商务团队及渠道，在其今后的海外业务拓展上相互赋能，形成新的格局，同时，也为其在国内创新药领域的进一步深入拓展注入一剂强心针，并有望打开新的局面。

（四）编者点评

本案例是中国医药企业“走出去”的典型案例。凭借全球领先的 DNA 编码化合物库技术，成都先导专注于原创新药早期链段研发，并已发展成为中国乃至亚洲规模化从事 DEL 技术研发的企业。为强化加速新药项目产出并及向后期转化的综合实力，提高在欧洲医药市场的影响力，成都先导决定收购 Vernalis（R&D）。移植 Vernalis（R&D）新药立项及临床候选化合物产品的临床运营团队和经验，提高先导内部的项目转化效率，同时能够将现有的一站式新药研发服务的终点后推至临床阶段交付；依托 Vernalis（R&D）在欧洲数十年的经营经验和成果以及行业声誉，能够迅速拓展成都先导在欧洲市场的影响力，有望提高欧洲地区对公司业绩的贡献，为整体业绩做增量。

第三编

中国企业跨境并购实用手册

第九章　跨境并购交易流程

收购兼并即使买方通过一系列行为最终从卖方获得所有权的转移。这一系列行为就是基本的并购流程。

一般中国企业跨境并购可分为两类：一对一交易和公开竞标交易。前者指的是标的卖方仅与单个潜在买方进行接触、谈判以及交易对价的确定；而后者指卖方与数个，甚至数十个潜在买方同时进行接触、谈判，通过多轮投标逐次筛选最优买方，其流程会更为复杂。事实上，多数交易都可能在流程进行上有所差别，下文主要谈谈普遍适用的一个流程。

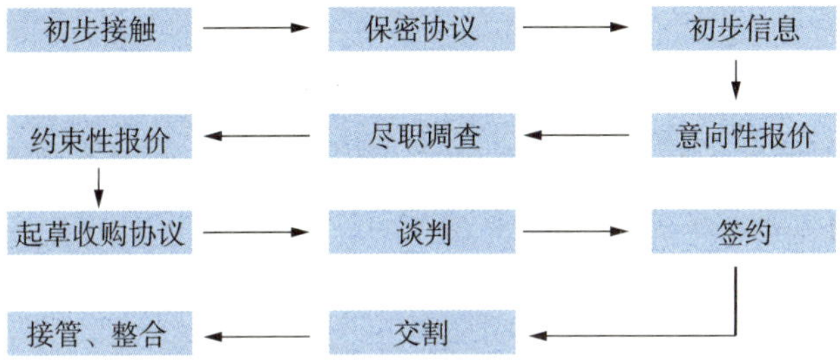

图 9－1　公司并购基本流程

第一节　买方角度的并购流程

并购交易从买方的角度来看，总体可以分为五个阶段：前期意向阶段，即从初步接触到提出意向性报价；尽职调查阶段，开展各项尽职调查，提出约束性报价；谈判与签约阶段，涉及交易文件的起草、谈判、定稿和签署；交割阶段就要进行各项交割准备工作，履行交割手续；接管、整合阶段，即接管被收购企业，进行收购后整合和经营。

一、前期意向阶段

前期意向阶段涉及收购战略的制定、目标企业的定位、初步接触、签署保密协议以及提出意向性报价。

企业首先应该通过自身或者与财务顾问合作，根据企业行业状况、自身资产、经营状况和发展战略确定自身的定位，形成并购战略。即进行企业并购需求分析、并购目标的特征模式，以及并购方向的选择与安排。一旦形成了清晰的战略，即可开始物色相关目标企业。这个过程既可以由内部人员自身发掘，也可在日常中关注卖方发布的信息，抑或聘请专业投行，由它们来寻找项目。项目确定后即可开始初步接触，了解项目和交易对方的情况。

投资目标的选择是相当重要的。在沃伦·巴菲特写给股东的信中，多次提到“购买好的业务”的重要性。“首先，最初的便宜价也许实际并不便宜。如果业务处于困境，问题总会接连出现——厨房里永远不会只有一只蟑螂。其次，你最初的任何获益将很快被此业务的低回报所侵蚀。比如，如果你以 800 万美元收购一家公司，但能够通过转卖或清算获得 1000 万美元，而且你马上这样做了，你自然能够获利。但如果你在十年后才以 1000 万美元出售这家公司，而在此期间业务的回报很低，该项投资是令人失望的。时间是优秀业务的朋友，平庸业务的敌人”。

战略目标匹配——海尔并购通用家电业务

2016 年 6 月 7 日，海尔集团控股 41% 的青岛海尔股份有限公司（SH600690，“青岛海尔”）和通用电气（GE）联合宣布，双方已就并购交易签署所需交易交割文件，这标志着通用家电正式成为海尔大家庭一员。这场并购的完成，不但意味着海尔将成为家电行业全球布局最完整的公司，也意味着海尔全球的资管工作将推至历史新高度。

海尔集团 2016 年收入达到 1190.66 亿元，增长 32.59%；2016 年通用家电贡献公司收入 258.34 亿元，贡献归属于上市公司股东净利润约 4.35 亿元；贡献扣除非经常性损益的归属于上市公司股东净利润约 8.86 亿元。根据欧瑞国际全球大型家用电器调查数据显示，2016 年海尔大型家用电器品牌份额为 10.3%，实现八连冠。

海尔和 GE 各自在用户、技术、产品上极强的互补性是此次合作的基础。

首先，海尔收购 GE 家电可助力海尔走向国际化道路。海尔从 1998 年开始进入国际化经营阶段之后，1999 年就在美国设立工厂，是最早进入的中国家电企业，但距离惠而浦、伊莱克斯、三星等主流品牌还有不小的差距。越是发达国家的消费者，产品品质意识越强。因为无法和国际巨头在专利技术上形成抗衡，海尔被国外消费者认为是来自中国的中低端产品，显然与青岛海尔的世界品牌知名度失调，要改变这一状态，海尔必须加大出口力度，并且在国际市场上有所作为。GE 在美国拥有 9 家工厂、成熟的物流和渠道，海尔与 GE 合作，能够在全球资源配置下实现协同效应。

其次，海尔最看重的是GE的用户资源。中国厂商生产的家电对美国出口主要以小家电为主，大家电在美国市场相对处于弱势。而在欧美市场，GE、惠而浦、博士等家电品牌长期霸占中高端市场，这恰恰是中国企业最难攻克的领地。如果成功收购GE家电业务，海尔有望借此进入美国家电销售的主战场。

最后，与GE合作，可实现二者技术与产品层面的优势互补，对海尔品牌在美国市场的渗透形成巨大推动力，从而大大提升海尔在美国的市场竞争力，这无异于将美国乃至世界家电的“权杖”囊括其中。

签署保密协议（NDA），得到对方披露的进一步信息，如信息备忘录。卖方一般会收集好自身资料，制作相关的信息备忘录。当然，这一阶段的信息披露十分有限，卖方一般不会对所披露信息提供保证。

在进行初步估值的同时，买方投行、律师和税务顾问会协助买方确定交易结构、融资方案和审批程序。当然，这些随着后续尽调的进行和信息的完善，会做一些调整。

买方根据获取的信息做出意向性报价，或递交意向函（LOI）。通常买方会列出其出价范围，以及该出价范围所基于的估值方法和假设条件等，而卖方将根据买方的出价来决定是否继续与买方就推进项目进行更深入的沟通。除报价以外，意向书中还会包含双方在交易初期通常关注的其他主要内容，例如，交易融资安排、拟议交易结构、完成交易所需的政府审批、尽职调查安排和拟议的交易时间表等。有的并购项目中双方还会在这一阶段就交易文件的某些关键性条款（例如价格调整机制、交易的先决条件、卖方的声明与保证、不竞争等）进行试探性讨论并纳入意向书。除个别条款外（例如保密和排他条款），意向书通常不具有约束力，但它起到投石问路的作用，也为未来准备最终收购协议奠定了基础。

二、尽职调查阶段

并购，作为一项大金额的“买卖”，买家自然需要更深入地打探底细，避免大费周折之后发现巨大的风险。这个打探底细的过程，就是我们说的尽职调查。组织充分详尽的尽职调查除了对保证项目的顺利推进具有重要意义，对后期的风险规避和整合也至关重要。

卖方一般会建立虚拟网上资料室或者开放实体资料室给潜在的买方，尽职调查范围应不限于卖方提供的资料。买方也可以主动拟定信息需求清单，明确向卖方提出所需要的信息。如有必要，买方还可以进行现场尽职调查，包括高管访谈和项目现场调查。

（一）尽职调查团队

开展尽调前，买方首先要组织自己的尽调团队。买方同其聘请的各中介机构确定尽职调查的范围，并准备尽职调查清单。随后，中介机构分别开展法律、财务、税务、业务等方面的尽职调查，审核卖方提供的资料。买方应认真审阅尽调成果，针对所发现的风险，做出终止交易或继续交易的决定。通过调整交易价格、设定先决条件、设置托管账户，以及在交易文件中设置合理风险分配或损害赔偿机制，强化陈述和保证条款等方法来消除或控制风险。

一般来说，团队分为内部人员和外部人员，需要涉及金融、法律、财务、税务等多方面人才。

表 9－1 并购尽调流程各参与方与主要职责

并购流程的各参与方	尽调环节主要职责
公司的项目小组，包括来自研发、生产、营销、财务、法律、人事、技术等多方人员	审阅各项尽职调查审查资料； 审阅各中介机构尽职调查报告； 展开与对方管理层的对话； 评估并购过程中的问题和解决方案
投资银行	买方投行根据尽调报告修改其财务假设和预测，并调整收购价格和交易文件
法律顾问	审阅尽职调查中的各项法律文件； 就潜在的和可能发生的法律问题提出法律尽职调查
会计师	审阅尽职调查中的财务和税务记录； 就公司的历史财务报表和税务合规情况提供建议； 为交易设计最合理的税务结构
其他顾问	根据所处行业的特殊性，聘请专业领域内的顾问

（二）尽职调查内容

尽职调查的内容包括四个方面：一是目标企业的基本情况，如主体资格、治理结构、主要产品技术及服务等；二是目标企业的经营成果，包括公司的资产、产权和贷款、担保情况；三是目标企业的发展前景，对其所处市场进行分析，并结合其商业模式做出一定的预测；四是目标企业的潜在亏损，调查目标企业在环境保护、人力资源以及诉讼等方面是否存在着潜在风险或者或有损失。尽职调查范围和组成部分如表 9－2 所示。

表 9－2 尽职调查范围和组成部分

	分类	具体内容
尽职调查范围及组成部分	行业	宏观经济环境； 市场架构和特色； 竞争态势； 公司定位； 机遇和挑战

续表

<table>
<tr><th></th><th>分类</th><th>具体内容</th></tr>
<tr><td rowspan="7">尽职调查范围及组成部分</td><td>业务</td><td>主营业务范围；
公司收入构成；
优势和不足；
发展战略；
产品和品牌；
目标客户定价政策；
销售和分销渠道；
促销和广告；
制造生产过程；
原材料和供应商；
研发、信息技术平台；
竞争对手/市场份额；
已经生效但未履行或未履行完毕的合同</td></tr>
<tr><td>财务</td><td>预算和预测；
收入、成本的推动因素和假设；
资本支出；
流动资本需求；
资本结构</td></tr>
<tr><td>会计</td><td>审计师报告和意见；
会计政策；
会计估计；
历史趋势分析；
或有负债；
一次性项目；
税收优惠；
税务合规性</td></tr>
<tr><td>法律</td><td>公司架构；
股权结构；
牌照和许可证；
公司章程、股东协议、入股协议；
知识产权；
诉讼及争议情况；
产权关系</td></tr>
<tr><td>监管</td><td>监管部门；
政策法规；
企业的社会义务；
审批程序；
法律制度演变趋势；
地域政治和政府支持</td></tr>
<tr><td>人事</td><td>组织结构图；
人事制度；
管理层——职衔、经验、履历、工资和激励机制；
雇员——按部门分的人数、福利</td></tr>
</table>

续表

	分类	具体内容
尽职调查范围及组成部分	环境	环境监测管理部门； 相关政策、法规、规章； 环境顾问的合规性检测； 审核程序； 目前的操作做法； 潜在的隐形成本
	土地、物业和其他资产	租赁和拥有的土地、房产； 物业业权； 在建工程； 生产经营设备； 存货； 债权； 财产保险情况

（来源：中信证券、中伦律师事务所）

此时根据获取的更多信息调整估值、交易方案等。当买方完成估值和交易文件的修改后，买方提交具有法律约束力的标书，这里的价格一般视为最终报价。卖方评估标书，看价格的同时也看有没有买方提出的自己不可能接受的协议修改意见。若是公开竞标的交易，卖方将会比较多方的价格和条件，选择最适合自己的。

需要注意的是，对标的的尽职调查应贯穿于收购的整个过程中。收购标的的运营是一个持续的过程，因此从买方初步接洽收购标的到签署最终交易文件，甚至直到交割买方仍应对收购标的持续进行尽职调查，以便能够及时发现收购标的的问题与风险。

湖南华菱收购 FMG 后暴露原料供应问题

2009 年 2 月，华菱集团与澳大利亚 FMG 公司在中国香港签署股权合作协议，以 2.38 澳元/股的较低均价收购 FMG 公司 17.34% 的股权，成为 FMG 第二大股东，并获得了 1000 万吨/年的铁矿石资源。按照华菱钢铁董事长李效伟的说法，此次并购首先是价值投资，更确保了原料基地。然而，华菱集团却并未从这一大手笔国际化布局中获得应有的好处。2010 年，华菱使用铁矿石约 1200 万吨，但只从 FMG 这里获得约 300 万吨。

据外媒报道，随着 FMG 开始向华菱集团供应铁矿石，华菱集团渐渐发现 FMG 的铁矿石的品位不太符合自己高炉的要求，华凌用不了太多 FMG 的矿石。但客观地说，虽然在华菱方面看来，铁矿石品位的问题似乎要归咎于 FMG，其实华菱集团自己也应该事先对供应方铁矿石品位的适用性予以核实。华菱集团曾与 FMG 就提高协议供应量进行多次谈判，但因 FMG 不愿向华菱提供优惠价格，谈判并无进展。

据知情人士透露，2010 年华菱并未从 FMG 获得分红。2010 年，华菱以 26.4 亿元的亏损额名列沪深两市亏损榜第一名。

三、谈判与签约阶段

如果交易双方均有兴趣继续推进收购项目，通常在尽职调查大部分实质性工作完成时（一般以尽职调查报告初稿完成为标志），双方开始准备和谈判收购协议。收购协议是一份综合性法律文件，其内容包括购买价格、价格调整机制、交割、双方交割前后的义务、卖方和收购标的的承诺与保证、赔偿等条款。这一环节中，虽然价格基本已定，但双方都要最大化自身的其他利益，因而仍然是一场紧张的博弈。

随着双方谈判的进行，董事会、投委会等内部批准程序也履行完毕，双方进入交易文件签署环节。在双方律师的见证下，买方与卖方负责人签署交易文件，标志着收购正式由法律文件所约束，双方均有义务促成最终的交割。

在并购中，需要重点关注的一个问题是如何减少交易一方在签约后拒绝完成交易的风险。最初关注此风险的是收购方。收购方担心在与目标方签约后，由于出现出价更高的竞标者或其他原因，目标方拒绝依约完成交易。随着收购方交易保护机制的普及，目标方也开始要求对等的保护。

收购方的交易保护机制：收购方最常见的交易保护条款首先是禁止目标方在签约后再主动接触其他的潜在收购方，寻求更有力的交易。如果有第三方主动向目标方提出更有利的交易方案，而且目标方董事会根据其对于股东的责任必须选择此方案，目标方则必须对原先的收购方做出补偿，支付相应的终止费。

一种常见的收购方交易保护机制是由目标公司给予收购方立即生效的选择权，让收购方可以规定的价格向目标公司购买一定数量的股份。如果目标公司选择以更高的价格向第三方出售，这种选择权可以使原先的收购方获益。

另一种锁定机制是由目标公司给予收购方立即生效的选择权，可以规定的价格向目标公司购买特定的资产或其中的权益。在这种情况下，即使交易未能完成，收购方也可以部分地达到其战略目标。

目标方交易保护机制中最自然的要求是，如果投资方拒绝依约完成交易，就必须将目标方支付终止费；这被称为“反向终止费”，以此与目标方单方终止交易时必须向收购方支付的终止费相区别。反向终止费和终止费通常都设定为交易对价的一个比例；如果一个交易中兼有终止费和反向终止费，交易双方出于简单的对等概念，往往会把这两个费用设为相同，尽管在交易中往往有一方选择终止的风险更大。

简单的目标方交易保护机制是由收购方向目标方支付定金，以表示确有诚意。如果目标方对收购方的支付能力了解不够，也可能要求收购方将一部分的收购对价支付到特定的托管账户，以证明其确有能力和意愿进行收购。

2011 年，A 股上市公司庞大汽贸集团股份有限公司联合浙江青年莲花汽车有限公司试图收购瑞典萨博汽车的控股权，并为此支付了 4500 万美元的购车预付款。对目标方来说，这可以看作向买方所要求的变相定金。后来收购未成，同年 12 月，萨博汽车进入破产程序。由于萨博汽车严重资不抵债，庞大不得不对其支付的预付购车款做出 100% 的坏账准备。

在谈判中，一方面，交易各方都希望给自己保留尽可能大的灵活性，如果情况有变，自己可以选择不完成交易；另一方面，各方又希望尽可能地限制对方的灵活性。实践中最后的结果取决于交易各方的谈判地位和对此风险的重视程度。

四、交割阶段

然而签署交易文件并不是收购的终点，从签署到交割短则数月，长则一两年。因为交割需要满足签订的交易协议里所要求的交割条件。交割条件包括但不限于以下几点：

各方股东大会的批准。如果交易涉及上市公司的话，并购交易往往会引起股价波动，所以一般需要在签署协议且对外公布后再去征得股东大会批准交易，以免消息过早通过不正常的渠道泄露，影响股价，再反过来影响协议的谈判。通常情况下，交易金额达到一定门槛后，交易须经股东大会批准才能继续进行。

政府的核准或备案。涉及上市公司的，可能需要获得当地的证券监督机构的核准；涉及国有企业的，需要国资委或者财政部的认可；涉及境外收购的，需要发改委、商务部、外管局的核准或者备案，以及标的所在国的外国投资审查委员会和反垄断机构的许可。

其他常见的交割条件还有：①交易各方在签署协议时各自所做的陈述和保证仍然正确有效，且没有发生违反协议的情况；②该项交易得到债权人和其他相关方（如关键客户）的同意；③没有未决的诉讼试图阻止该项交易等。

在交割期间，收购方的义务相对简单，就是推动交割条件的满足，包括向相关政府机构提出申请、安排所需融资等。目标公司的义务除了推动满足交割条件以外，还需要维持公司的正常运营，避免员工、客户和供应商的流失，以及向投资/收购方及时通报公司状况。投资/收购方尤其要防范目标公司及其现有股东在此期间通过派发股息、关联交易、对外担保等办法转移资产，损害投资/收购方的利益。投资/收购方有时还希望能够约束目标公司在此期间的经营，任何重大行动必须获得投资/收购方的同意。

当收购协议下的各项交割条件均得到满足后，双方进入正式的交割程序。在交割日，卖方将根据收购协议向买方转让收购标的，并向买方提交证明股权或资产转让至买方的证明文件；买方则应向卖方支付交易对价，至此收购基本完成。

东道国政府对外国投资的审批——中色集团赴澳投资未见曙光

2009 年 5 月 1 日，澳大利亚稀土矿业莱纳股份有限公司（Lynas Corp，ASX：LYC）发布公告称，中国有色矿业集团有限公司将以每股 0.36 澳元的价格买入其 7 亿股新发行的股份，从而获得后者 51.66% 的股份，总投资额约 2.52 亿澳元。中国有色矿业集团同时将向后者提供银行担保，由中方银行向 Lynas 公司提供 1.04 亿美元贷款，支持后者完成稀土项目的第一阶段融资。

2009 年 9 月 24 日，莱纳股份发布公告称，澳大利亚外国投资审查委员会（FIRB）要求中国有色矿业集团在交易中将持股比例降至 50% 以下，并减少其所占莱纳股份董事会成员数至半数以下。中国有色矿业集团未能接受上述要求，选择终止交易。

莱纳股份首席顾问王鸥解释说，中国有色矿业集团之所以要求 50% 以上的持股比例，是因为在控股子公司的情况下，为莱纳股份提供担保获取贷款更为容易；另一方面，更改收购的股份比例，意味着中国有色矿业集团要重新向中国的审批机构解释。

因此，对于 FIRB 的要求，中国有色矿业集团表示不理解，并拒绝接受。“我们已经做出让步，继续让步会导致我们权利义务不对等，所以就放弃交易了。”中国有色矿业集团投资部总经理郭然言语中流露出失望。

五、接管、整合阶段

对于企业而言，仅仅实现对企业的并购是远远不够的，买家在对标的企业进行并购后，只有积极开展投后管理，对目标企业的资源进行成功的整合和充分的调动，才有可能产生预期的效益。

对于大多数收购方来说，投后管理最重要的一环就是构建一支拥有跨境运营和整合后管理经验的团队。这支团队需要具备丰富的职能经验，要有工程师和技术人才来支持技术转移或技术购买，要有市场营销人才支持交叉销售，IT 人才支持平台合并。团队成员还得掌握标的企业所在国的语言和沟通能力。

并购后整合是指当收购企业获得目标企业的资产所有权、股权或经营控制权之后进行的资产、人员等企业要素的整体系统性安排，从而使并购后的企业按照一定的并购目标、方针和战略有效运营。

并购后整合阶段一般包括战略整合、企业文化整合、组织机构整合、人力资源整合、管理活动整合、业务活动整合、财务整合、信息系统整合等内容。

（一）战略整合

并购后的企业都存在一个企业内部的发展战略同创过程。或者是将并购企业的发展战略自然延伸到被并购企业，使被并购企业执行并购企业的发展战略；或者是保留被并购企业的发展战略，使并购企业的发展战略得以拓展，被并购企业的发展战略成为并购后企业发展战略的重要组成部分；或者根据并购后企业的状况重新制定企业发展战略。以上三种方法确立的企业发展战略，对并购双方都有约束力。它有利于实现企业内部各职能机构之间的分工和协作，便于企业优化经济结构，实现资源配置的优化和效益的最大化。

企业并购后，战略整合是其他整合的根本前提，衡量并购成败的关键因素之一就是要看并购是否使企业的战略意图得以实现，换言之，并购是否服务于企业的长期发展战略。只有符合企业的长远发展战略，旨在提升核心竞争力、强化竞争优势的企业并购行为，才能为企业创造持续效益，才能为股东和利益相关者创造更大价值。同时，并购是一项涉及企业所有权和控制权转移的系统工程，也是决定控制权增效的关键，因此，并购活动一般都与并购双方的战略安排或战略调整密切相关。

战略整合不仅要获得新的核心能力，还要解决新能力与原核心能力兼容的问题。既要保持并进一步强化核心能力，同时又要通过并购在新的经营领域获取新的竞争优势，赋予核心能力以新要素和新活力，是企业在并购过程中需同时考虑的战略性问题。

（二）组织与制度整合

组织是战略得以实施的基础，组织整合可以从以下两个方面着手：一是在战略牵引下重塑组织愿景和使命。组织整合是一项牵一发而动全身的工作，涉及组织内外各种利益相关者的诸多利益，通过明确发展愿景和使命，可以使企业内外股东、管理者和员工增强大局意识，增强使命感和责任感。二是重构组织结构。组织结构重组的主要任务除改组董事会和调整管理层外，还包括职位分析、职能调整、部门设置、流程再造和人员调配，其目标是在企业并购后形成一个融规范性和效率性为一体、传承与变革有机统一的组织体系，形成一个开放性与自律性有机结合的权力系统，使整合后的管理层次、管理幅度更加科学合理，各事业部、战略业务单元和职能部门的责、权、利更加清晰。

制度整合体现为并购双方人事、财务、营销和开发等职能制度的优势互补过程。通常，并购方会将本公司优秀的管理制度移植到目标公司，以改善其内部管理效率。同时并购方还会充分利用目标公司优良的制度弥补自身不足。对于那些组织健全、制度完善、管理规范、财务状况良好的企业，并购方可继续沿用其管理制度，以便保持制度的稳定性和连续性。但大多数情况下，被并购企业中制度落后、机制陈旧、思想保守、组织涣散、管理无序的居多。

（三）财务整合

财务整合是指并购方对被并购方的财务制度体系、会计核算体系统一管理和监控，使被并购企业按并购方的财务制度运营，最终达到对并购企业经营、投资、融资等财务活动实施有效管理和收益最大化。财务整合是企业扩张的需要，是发挥企业并购后财务协同效应的基础，是并购方对被并购方实施有效控制的根本途径，更是实现并购战略目的的重要保障。通过财务整合，企业得以建立健全高效的财务制度体系，实现一体化管理，从而使各种信息与数据得到最大限度的共享和高效利用。

在财务整合过程中，主要包括财务目标导向整合、财务结果与管理制度整合、会计核算体系整合和业绩评估体系的整合。整合后的财务控制是保证财务整合有效实施的基础，没有财务控制的整合是难以成功的。

（四）人力资源整合

人力资源整合的目的，是要通过各种手段做到让双方员工接受这次并购，并能相互了解、相互理解，接受各自的差异，达成对未来共同的期望，以实现并购最终的共同目标。通常，并购发生后被并购企业员工忐忑不安，会产生压力感、紧迫感和焦虑感，进而出现人员流失。如果关键人员大量流失，并购成效就会大打折扣。1987 年，中国台湾宏碁计算机公司收购了美国生产微型计算机的康点公司，但此后 3 年累计亏损 5 亿美元。到 1989 年，宏碁公司只好以撤资告终。其失败的真正原因就是“人力资源整合策略”出现了故障。无论收购前后，康点公司均发生了人才断层危机，而宏碁公司又缺乏国际企业管理人才，无法派员填补此成长的缺口，加之康点公司研究人员流失严重，无奈，宏碁被迫宣告并购失败。

留住关键人员是并购后人力资源整合的重中之重。“千军易得，一将难求”，这些关键人员是企业的战略性资产，是企业未来成功的关键。企业应采取切实可行的措施，留住或稳定这些重要人才。现代企业竞争的实质是人才的竞争，人才是企业的重要资源，尤其是管理人员、技术人员和熟练工人。企业并购中，如何整合并购双方的人才是并购企业所要解决的首要课题。

（五）文化整合

并购后最难的莫过于文化整合。据统计，全球过去 20 多年中有 65% 的并购以失败告终，其中 85% 的 CEO 承认管理风格和公司文化差异是造成并购失败的主要原因。并购实践中，如果是一个很强的企业收购一个很弱的企业，整合起来还相对容易一些；如果两个企业都很强，或以小博大，文化的整合就更难。文化整合之所以成为并购整合中最困难的任务：一是企业文化深深根植于组织的历史之中，旷日持久、根深蒂固，深刻地影响员工的价值取向和行为方式，企业文化整合本质上是对企业中人的思想和行为的改变，这绝非规章制度和操作规程所能解决，需要潜移默化、耳濡目染、熏陶渗透，很难“毕其功于一役”。二是文化整合不是简单地用一种文化替代另一种文化，或者使几种文化孤立并存，冲突和碰撞不可避免。对冲突和碰撞的化解与融合实属不易，在两种文化集权程度、开放性、正规性等方面差异较大的情况下，难度则更大。

总之，企业整合的方式很多，企业并购后，以何种方式实施企业的整合，取决于两个重要的因素：一是并购双方企业制度、组织、机制和文化上的差异性；二是并购后企业的发展战略的特点和要求。实际上，一个企业的整合，往往不是单纯地选择某一种模式，通常是对不同内容采用不同的模式进行整合。

企业并购后整合的实施过程大致包括四个阶段：

第一阶段，整合规划与评估阶段。积极的整合策略始于并购前期，在选择并购目标，进行谨慎调查，要充分分析组织的匹配性、业务的关联性以及文化的相容性等，以便确定核心能力的转移能否实现，并购整合后能否产生足够的协同效益。

第二阶段，整合计划制订阶段。在分析评估的基础上正式组建整合团队，安排整合项目经理，制订全面的整合计划，并设定整合里程碑。整合计划是用来确切地规划何时和怎样合并双方公司的主要资源、资产、业务流程和义务，以达到新合并公司战略目标的一系列纲领性文件。整合计划中应包括三个基本要素：新公司的战略目标；对资源、系统和职责的整合将如何支持这些目标；整合的优先顺序和时间表。

第三阶段，整合计划的实施阶段。这一阶段具体实施整合计划，涉及公司治理结构、公司战略、人力资源、有形资产和无形资产等财务资产、业务及管理流程等的整合，是整合成功的关键阶段。在此阶段，无论是何种类型的并购方案，目标公司都会产生消极情绪，从而导致管理失意和生产力的破坏。在计划实施过程中，需要注意策略和方法，随着整合过程的深入，及时对整合计划进行反馈和调整。

第四阶段，并购整合评价与改进阶段。随着整合计划的完成，合并后的新公司董事会需要及时对整合计划的实施效果、整合团队的工作绩效进行评价和审计，发现存在的问题。根据评价结果和存在的问题，明确未来还需进行哪些方面的整合工作以及如何进行，制订改进的长期计划。

企业并购后的整合是一个有起点无终点的系统工程，整合的效果在很大程度上决定了并购企业的命运。选择恰当的整合策略对企业进行整合，使并购双方在制度、机制、组织和文化上协同运作，才能增强企业的核心能力。

至此，从买方角度来看，整个一个企业并购行为才算基本完成。

第二节　卖方角度的并购流程

并购交易从卖方的角度来看，可以分为五个阶段：评估和准备阶段、初步接洽和挑选买方阶段、配合尽职调查阶段、谈判与签约阶段和交割阶段。

一、评估和准备阶段

卖方公司首先要确定出售战略，认清市场现状，确定并购时间表，并且聘请顾问，组建团队。初步推介材料一般由卖方财务顾问基于标的业务情况、财务信息进行起草。这个阶段的资料相对信息量较小，主要为了达到告知出售意愿、吸引有意向的投资者跟进的目的。

二、初步接洽和挑选买方阶段

卖方投行探试、评估各买方对项目的兴趣，逐渐缩小潜在买方名单范围。对于项目感兴趣和履历优秀的买方，卖方会与买方签署保密协议，而后向买方发放首轮招标文件，包括流程文件及信息备忘录等。备忘录提供的相关信息包括企业和行业的内部信息、财务表现回顾、管理层介绍、出售流程考虑、投资要点考虑等。

同时，卖方一般会建立虚拟网上资料室或者开放实体资料室给潜在的买方。期望通过对企业本质的展示得到潜在买家的提示性报价和交易文件。

若是一对一交易，此时就看提示性报价是否符合卖方的要求。若卖方能够接受，则进入下一步骤。若是公开竞标交易，卖方企业要根据报价和综合考量挑选部分买家进入第二轮。卖方企业从第一轮邀约买方到第二轮邀约，这个过程时间比较短，能够进入第二轮的竞标者已经不多。

三、配合尽职调查阶段

进入第二轮的竞标者继续进行尽职调查，在这个过程中，买方或竞标方对企业信息会进一步了解，或者提出要求，比如需要哪些方面的信息，卖方的专业人员一般需要进行解答。等买方提交了具法律约束力的标书后，卖方评估标书，看价格的同时也看有没有买方提出的自己不可能接受的协议修改意见。

四、谈判与签约阶段

当卖方选定并接受买方的约束性报价后，双方随即进入最终谈判环节，磋商最终交易条款。这一环节中，虽然价格基本已定，但双方都要最大化自身的其他利益，因而仍然是一场紧张的博弈。最终双方进入交易文件签署环节，促成最终的交割。

五、交割阶段

在双方签字之后，正式交割之前还有一段交易的过渡期。从签署到交割短则数月，长则一两年。这一阶段依旧是充满风险的，在过渡期，标的资产是否出现重大不利的变化，政府审批、股东审批、融资情况、反垄断审查等都会影响到交割的顺利进行。此时，卖方也需要密切关注，注重双方的沟通，同时保护自身利益。当收购协议下的各项交割条件均得以满足后，双方进入正式的交割程序。在交割日，卖方将根据收购协议向买方转让收购标的，并向买方提交证明股权或资产转让至买方的证明文件；买方则应向卖方支付交易对价，至此收购基本完成。

第十章　中国企业跨境并购的投后管理

第一节　中国企业跨境并购投后管理详解

近年来，越来越多的中国企业在全球不同区域、不同行业进行并购和投资，尽管其中的交易动因各不相同，有的是战略布局，有的是希望寻找业务协同，或者仅仅是为了“市值管理”，但是所有的企业都希望并购交易之后出现买方和卖方“双赢”的局面，乃至“1+1>2”的情形。当然，并不是所有的中国买家都有这样的好运气，我们已经看到很多企业在并购之后整合不利，或者与被并购方在管理等方面出现了重重冲突甚至陷入不可收拾的局面，也因此，中国买家们对于跨境并购的核心关注点也逐渐从过去的“如何促成交易”转向了“如何管理并购后的企业”，从而实现利益最大化。

一、如何定义并购交易的成功

提到并购交易，很多人都说大部分的并购交易是失败，不但中国如此，全球范围内也都是如此。但是在讨论并购交易为何失败之前，我们需要讨论的是怎么样才算并购成功，并购成功的定义是什么？首先，评估一项收购案是否“成功”肯定是一种主观的判断，因为没有人可以知道如果买家当初没有进行此项收购，买卖双方的情况会变成什么样。

即便是上市公司在交易之后的股价变化，通常也只能反映市场在短期内是否看好这笔交易，而无法反映交易在长期的执行情况和效果。所以，要评估一笔交易是否成功，就必须追根溯源，看看当初交易发生时双方尤其是买方定下的目标是否得以实现，这才是评估一项并购交易比较全面的标准。

麦肯锡公司发布的一项报告认为，根据这个标准，中国企业过去10年的跨境并购成绩并不如意。约60%的交易，即将近300笔交易，并没有为中国买家创造出实际价值。收购失败的范畴可能有很多种，如交易谈判的失败（即买家没有与卖方达成收购）、交易审批的失败，以及交易设定的战略目的或协同效应没有达到等。

二、跨境并购交易失败的主要原因[①]

麦肯锡在回顾中国公司过去10年的并购交易历史发现，中国买家在跨境交易中的

---

① 来源自《麦肯锡：中企投后管理能力弱，跨境并购成功案例极少》。

表现参差不齐，大部分交易并没有切实实现原定目标，其中最主要的原因是时机选择错误，这一点是所有企业都很难把握的。另一个原因是中国企业欠缺并购后整合能力。

首先是时机的选择。[①] 研究发现，过去 10 年间发生的自然资源相关交易中，80% 的交易发生在大宗商品价格飙升期间，直到金融危机时达到峰值。其余 20% 发生在之后三年价格回落之时，因为价格下跌被视为买进良机。然而，在大多数交易达成后，大宗商品价格都维持在低于收购价的水平。结果导致了 84% 的这类交易（占总交易额的 89%）并没有为收购者创造收益，平均亏损为期初投资的 10%。

而在收购上市公司类型的交易，交易达成后被收购方仍为上市公司。此类交易的主要动机是多元化投资，或是与目标公司拓展关系，24% 的交易属于这一类，被收购企业仍保持较大的独立性。一般而言，自购买日起到今天，买家年均亏损约 7%。如果考虑机会成本，即向国内企业进行类似的少数股权投资，投资回报会更难看。因为自 2008 年起，国内股价年均涨幅达 15%。这类投资失败的主要原因也是时机不对，大部分交易集中在金融服务和计算机电子行业，平均亏损为期初投资的 30% 左右。受创最重的当属零售业和专业服务业，平均亏损为期初投资的 70%。

相比少数股权投资，对上市公司进行多数股权投资的话，收益会稍好一些。一般而言，这类交易的股价自投资日起年均亏损约 2%，但区间差异很大，其中仍有过半数交易是盈利的。同时更多证据显示，多数股权投资者能从收购中获得核心业务的协同效应：将技术或产品带入中国市场，为买家带来实实在在的利润增长。

略微超过四分之一的并购不属于资源类与上市公司类交易。对于这类交易，我们通过分析并购案的既定目标（产品、技术或成本），以及比较其是否达成目标，发现约 70% 的此类交易成功完成了目标。控股交易与非控股交易的成功率分别为 75% 和 60%。回顾所有跨境并购，研究发现控股比例对投资的成功与否的确很重要。在 505 个交易当中，34% 为非控股类投资，其成功率仅为约 30%。对于控股类投资而言，成功率高达 45%。

总结来看，并购失败的原因究竟是什么呢？抛开并购时机这一客观且较难掌控的要素，其余的首要可控败因则是没有做好投后整合。麦肯锡的研究发现，很多并购案例中，中国买家都迟迟不愿在交割后主持大局。买家在对企业进行并购后，只有积极开展投后管理，才可能实现协同效应，这一点是中国企业的挑战。现实来看，2010 年至今，多数中国企业管理跨境资产的能力尽管已经进步不少，但总体仍然非常有限。一些具备跨境经验的中方高管能力又往往局限于销售和采购领域。拥有丰富跨境业务运营经验的人才极少，在薪资标准偏低的国企就更少。除了需要跨境运营经验，管理者还必须熟悉收购标的所在国的语言和商业文化。这都是对中国买家极大的挑战。

---

① 来源自《麦肯锡：过去 10 年中资零售业跨境并购亏损 70%》。

在国际市场上，很多西方企业认为，并购后整合好像并不受中国买家重视，它们大多会选择保留原高管层，并且赋予他们较大的自主权。这恰恰说明了过去中国企业的整合能力不足，往往缺乏具备国际经验的储备人才，对整合也没有信心，并不是不想管，而是实在没办法管。也正是如此，在过去 10 年，中国企业的跨境并购成绩喜忧参半。

好在现在越来越多的中国企业意识到了这点，在交易的前期就着手制订具体的整合计划。对于大多数中国收购方来说，瓶颈就是构建一支拥有跨境运营和整合后管理经验的团队。这支团队需要具备丰富的职能经验，要有工程师和技术人才来支持技术转移或技术购买，要有市场营销人才支持交叉销售，IT 人才支持平台合并。团队成员还得掌握标的企业所在国的语言和沟通能力。尽管这些困难重重，但是随着精通国际运营的本土管理人才越来越多，这种情况将逐渐改善。更多的中国企业将会选择参与深度整合，它们既认识到积极管理被收购企业的重要性，同时也认可不同文化和运营模式之间的差异，并期望从中取得某种平衡。

三、并购后整合的几种方式

根据买方和标的公司的实际情况，每个企业在并购后进行整合与管理的方式和方法不同，按照整合的程度，大致可以分为以下几类：

（1）放手式整合。收购企业保持目标企业运营的独立性，主要通过董事会对其进行管理。

（2）全面式整合。尽可能将目标企业纳入收购方管理体系，需要重组目标企业。

（3）修正重振式整合。收购企业利用任命管理层、薪酬、激励和财报向独立资产施压，推动其提升绩效。

（4）选择式整合。目标企业在很大程度上保持独立，但是会在一两个可产生显著协同效应的特定领域进行更加密切的协作。

（5）渐进式整合。从一个职能领域开始整合，逐步拓展至其他领域。

（一）放手式整合①

整合的标准思维是应当尽可能快而全面，在不影响业务稳定性的情况下尽可能多地让双方组织参与其中。中国企业早年的大部分海外收购，在很大程度上都是反其道而行之。通常因为中外两边都缺少能真正磨合的经理人，而且很快意识到两家企业的管理模式和企业流程都大相径庭，因此，许多中国企业把重点放在治理机制上，以此作为主要的交汇点，在被收购方的董事会进行有关战略、投资、预算的讨论。

三一重工收购 Putzmeister 后就采用了类似的做法。三一重工极少直接参与日常业务运营，并基本保留了 Putzmeister 原先的管理团队，同时加入 Putzmeister 的监事会，

---

① 来源自《从积极的买家到真正的主人》。

确保其年度规划和长期战略符合母公司的要求。在2016年发生的，包括携程收购天巡（Skyscanner）、中国化工收购先正达（Syngenta）、中粮收购Nidera和美的收购库卡（KUKA）在内的多项中国企业对外并购交易中，交易前都明确宣布了目标公司将会在交易后数年内保持独立的管理运营，一方面让利益相关者安心，同时也显示了收购企业敏锐审慎的态度。

（二）全面式整合

大部分尝试全面整合的中国收购企业都功败垂成，有的甚至成为行业经典失败案例。这些交易本身是可以创造很大的成本协同效应，但只有通过真正的整合才能实现这一目标。

上汽收购韩国双龙汽车公司就是一个典型的例子。当年，上汽斥资5亿美元将完整的知识产权和研发平台收入囊中，用以开发中国本土产品。然而问题出在了如何扭转公司的在韩业务。承担这项任务的中国管理人员没有能力从运营和文化方面有效经营业务。他们试图重组管理层、采用新的工作实践，但很快失去了高管、工会和员工的支持。工会借着工人的不满向上汽发难，韩国媒体也纷纷声援。2009年，该公司进入了破产程序，2010年，印度公司Mahindra & Mahindra入资取得了控股权。

韩国方面对上汽的怨怼源于不合法的技术出口，但这背后其实存在着更深层的根本性问题。从一开始，韩国方面就对上汽强制推行的运营模式感到愤懑不平，深感没有得到资管团队的尊重和理解。如果上汽一开始保持双龙运营的高度独立，或许能赢得员工足够的善意，扭转公司颓势。实际上，这一事件给中国收购企业的声誉投下了阴影，直至今天仍未散去。

在中国企业的早期对外投资中，联想的案例值得借鉴。联想志在成为全球第一，但在海外市场的内生增长极其缓慢：这项收购IBM的个人计算机业务可助其从国内领头羊一举晋身为全球领导者。然而，交易的经济效益很大程度上取决于产生的运营协同。整合后能够在采购环节产生与收购价格近乎相当的协同价值，但前提条件是两家公司必须实现全面整合。

为此，联想愿意解构和重组公司本身结构，没有这样的承诺，交易可能没法行得通。联想意识到，现任中方管理层中的大多数人至少暂时要学会退居幕后，重新学习如何在新环境下运营企业。公司还改组了董事会，引入更多拥有国际化经验的人才为管理层提供指导。同时，联想还设计了中外领导层都能参与适应的全新管理流程。这也带来了一些阵痛，曾经业绩优秀却无法适应新环境的高层员工不得不离开。

在收购IBM的PC部门后，联想物色了200名倡导“全球采购”、最有潜质成为未来全球领袖的人才，根据他们希望的工作城市选址建立职能中心，将决策权从北京下放。在当时，很少有中国的买家愿意这么做。哪怕时至今日，大部分公司可能也都做不到。

交易结束后，联想将这次整合方法进行制度化，在随后的五个收购案中均采用了类似的做法。这需要投入大量的时间精力，但如果收购后能够实现更有力的企业成长，这种付出也是值得的。目前，联想 20 人的高管团队中有 60% 为非中国籍人士，均拥有广泛涉猎国际业务的经验。无论是中国还是外国企业，有不少都认为“整合”就是把被收购公司糅进自身的管理模式。这往往不是最佳选择。事实上，用收购公司来促成企业自身的变革才能将收购的效益最大化。在联想案例中，收购让一家中国企业华丽变身为一家拥有中国底蕴的国际企业。但是对于大部分中国收购企业而言，这不是一个诱人的选择：希望成为国际化企业，但不希望对本土运营做太多调整。许多外国收购企业在海外扩张的过程中也承认这并非易事。

（三）修正重振式整合

对外并购中较少见的一种交易类型是收购经营不善的生产企业。2008 年后，出现了大量财务困顿企业的收购案，比如现金流有问题的房地产资产，或是大宗商品价格下跌引发的资源收购。但是，中国收购者抱着“修正”问题企业而收购已经或濒临破产的制造型企业的案例相对不太常见。有能力这么做的中国企业可谓凤毛麟角。“修正”困顿企业是一种稀有而特殊的能力。在 20 世纪 90 年代和 21 世纪初追求增长的中国市场，中方管理人员并不需要培养这种特定技能。

确有几个这样的早期案例，如上海电气曾在 2007 年收购印刷设备生产企业高斯国际（Goss International），后于 2015 年将其出售给了私募公司美国工业合作伙伴（American Industrials Partners）。近年来，只有少数中国企业会主动重振收购企业的海外业务。最有名的案例莫过于双汇和 Smithfield 的收购案。这项交易最初在政治和融资层面都扰攘颇多。投资美国农业在政治上十分敏感，而且这笔交易中买方又加了很高的杠杆，但是交易后发生的一切更精彩。

双汇看中了入主美国知名肉类品牌所带来的协同效应。然而，双汇并不满足于此，它还希望提升企业在美国的运营绩效。首先，双汇将运营中心整合为两个，最终目标是仅保留一个。其次，双汇对所有运营实体的共享服务进行了精简，将公司重组为自负盈亏的业务单元，颠覆了收购前分散的运营公司占主导的局面。

对于双汇，Smithfield 的品牌与其国内运营之间的巨大协同效应可以保障财务绩效。即使业务重振不理想，这种协同效应创造的价值或许也有益于公司财务。更加幸运的是，Smithfield 的第二梯队管理人员志存高远，公司改革获得了他们的支持。

这个案例清晰表明，扭转颓势是完全可能的。如果企业高估值能够逐步降温，那么未来 10 年这种重振的整合模式将成为中国买家全球化工具包里的一帖必备良方。

（四）选择性整合

近年来，越来越多的收购企业尝试选择性整合一两项业务领域，而借由董事会来管理与目标企业的整体关系。这种做法在合适的环境下是有效的。

2010 年，中石油旗下子公司收购地球物理调查科技公司 Ion。当时，中石油已经是全球最大的烃类合同勘探企业之一，Ion 据称拥有业内最先进的 3D 地震成像设备。两家公司的联姻完全符合行业逻辑。然而，Ion 是休斯敦一家相对扁平管理、气氛轻松、充满创业精神的公司，而中石油则是一家庞大而复杂的国有企业。

不过，中石油有一小批管理人员在多年的工作中积累了丰富的海外勘探运营经验。这批人与 Ion 的管理层拥有共同的技术语言和参照体系，顺理成章变成了两家公司之间的“桥梁团队”。大部分对 Ion 的管理工作还是通过董事会完成，但双方在探索如何将 Ion 的技术和专长快速部署到中石油的勘探运营中，且如何整合其研发路线图方面展开了广泛密切的合作，其他业务领域基本毫发未动。

（五）渐进式整合

吉利汽车在 2010 年收购沃尔沃，堪称全球汽车业的里程碑。诸多跨国汽车公司如梦初醒，意识到中国汽车品牌走向国际市场的雄心并不只是说说而已。相对于中外合资品牌，国产品牌尚未得到显著的成功。没有哪个国产品牌在中国以外的市场进行实质性布局，或者成功把海外业务整合到麾下。实际上，在已有的合资企业中，基本都是将国内运营并入了外资品牌的全球产品平台。

车企整合有其独特的挑战，主要通过整合产品平台和采购实现规模效应来产生价值。除非对两家公司进行全面整合，不然基本无望。所以大部分车企对并购整合都十分亲力亲为，重组的范围之广，需要一方或双方共同实施。

吉利的管理层十分清楚其中的风险。2010 年沃尔沃处于财政困顿，售价较低，吉利也因此获得了比大多数收购者更充裕的时间。他们迈出了正确的一步，决定要在跑之前先学会走。整合最容易、价值最大的部分，是双方共享沃尔沃的研发和制造技术知识，这也是首要关注的领域。接下来发力的领域向前迈进了一大步：从采购和产品路线图角度发现生产平台的运营协同效应，这基本得花上好几年的时间。再下一步是分析双方的市场销售布局，找到可以整合的领域。

整合节奏比一开始的预想更加缓慢。然而，对于那些预测文化冲突和财务绩效滑坡的质疑者，公司给予了有力的回击。吉利以这种方法牺牲了收益，但也降低了风险，并在短期避免了上汽双龙闹剧重演的危险，吉利有充足的时间去实现企业的战略目标。

四、私募股权基金在并购整合中的作用

基金能对交易执行和管理利益相关者贡献深厚经验。中联重科 2008 年对 Cifa 的投资可算作交易前后动态变化的一个经典案例。由弘毅、高盛以及与意大利渊源深厚的中欧基金曼达林三方组成的共同投资方协助寻找标的并完成了交易。三方在尽职调查、

谈判融资、交割后企业治理设置方面提供了强大支持，没有这些支持，中联重科执行交易的难度会大大增加，甚至可能告吹。

共同投资方还帮助物色了一位新的首席执行官。然而交易后，这家公司在运营和研发方面举步维艰。在这两个领域，私募投资者都束手无策，企业收入出现下滑。不久以后，由私募方委派的首席执行官下课，由中联重科提名的人选取而代之。虽然公司的财务业绩欠佳（距离最初投资三年后的 2011 年，公司收入已不到交易前预测的 40%），但财务投资者依然设法退出并赚取了不菲的回报。私募投资者设计了保护自己利益的交易结构，风险实际上都由战略投资者承担。因为战略投资者占多数股权，与作为少数股东的财务投资者相比，在交易后有更强的资产管理能力，但是如果战略投资者的运营投入多却得到较少的回报，便很难向股东做出解释。

近年来涌现出一种新的合作伙伴形式：中国本土基金开始为中国企业执行收购交易，这些中国本土基金部分为私营背景，许多享有某种形式的政府拨款。这些基金的员工，尤其是初级员工，通常是在海外有过投资行业求学和工作经验的中国人，拥有国际经验，能为合作企业弥补其欠缺的国际视野。有限合伙人主要都是中方机构，不同海外基金，较没有融资周期方面的压力，因此在投资退出时机方面也更加宽松。

要判断这些基金的表现是否会有别于外国基金，尚为时过早。不过，它们提供了一个中间地带，而且近年来，获得它们共同参投的交易数量呈现快速增长。中国零售运营商三胞集团对美国零售网络 Brookstone 控股公司的收购案就是这样一个例子。在这项交易中，三胞集团得到了赛领资本（Sailing Capital）的支持。赛领资本是一家总部位于上海的基金，主营业务为协助中国企业进行海外收购，募集资金以人民币为主，但投资团队拥有太盟（PAG）等外国投资公司工作背景。收购后成果初显：Brookstone 已在中国开设了包括上海旗舰店在内的三家门店，加快了业态创新步伐，加大了向年轻消费者的营销力度。

基金在支持海外收购方面的作用不言而喻。但收购后在整合方面的作用，基金扮演的角色则相对次要，更多依赖于企业和基金之间的相互配合和合作。

五、基金的投后管理[①]

快速增长的 AUM 使投资机构无法及时调整自己的投后管理模式，多数新晋明星基金都不同程度地遭遇了投后管理跟不上 AUM 发展速度的窘境。许多基金在海外并购后价值发现的能力欠缺。它们在机构逐渐聚焦海外资本市场时，却发觉海外市场发展成熟且增速缓慢，需深入帮助有潜质的企业挖掘自身潜力，才能为项目实现价值增值。

---

① 来源自《投后管理的模式和发展逻辑详解》。

基金在投后管理方面面临诸多的挑战，但也正因为此，有效的投后管理对于基金本身将会有很大的增值作用。

- 通过有效的投后管理机制，保障投资增值行动能按照投资方案中的计划有序执行，提升受资企业和相关资产的价值。
- 投资机构通过提供公司治理、资本运作等专业化增值服务，贯穿于投资的整个进程，使其价值最大化。
- 投后管理的水平是衡量机构实力的重要标志，良好的管理服务能够增加投资机构品牌的内涵和价值。
- 服务能力较强的投资机构在交易谈判时能获得较强的议价能力，获取项目能力更强。
- 通过参与相应的投后运营工作，可以帮助投资团队了解项目的实际运营情况，作为日后选择投资项目的判断依据之一。通过一系列投后监控手段，密切跟踪受资企业的经营状况，以便及时发现潜在问题并采取应对措施，从而提高机构投资退出时的实现收益水平，加强基金盈利的确定性。

基金的投后管理通常有几种方式：

（一）投前投后一体化①

- 这种模式被很多投资机构称为“投资经理负责制”。其特点在于投资项目负责人既负责投前尽调和投中交易，也负责在交易完成后对其进行持续的跟踪和价值提升工作，通常广泛被中小型股权投资机构，尤其是风险投资基金所采用。
- 该模式的优势在于投资经理对项目充分了解，对其问题有针对性地持续跟踪和改进，同时由于项目的经营与投资经理的绩效直接挂钩，对投资经理的投后工作有一定激励性。但其缺点也显而易见，随着管理项目数量增长，投后工作只能停留在基础的回访和财报收集上，难以提供更深入的建议和管理提升的支持。

（二）专业化投后

- 这种模式也被称为“投后负责制”。为了应对第一种模式带来的投后工作的缺失，投资机构开始成立独立的投后管理团队，独立负责投后事务。这些事务不仅包括资源对接、定期回访，还包括深入洞察企业内部管理问题，制订详细计划及参与企业运营。
- 专业化投后管理的优势在于：投后团队能独立并持续地专注于帮助企业在运营过程中解决各类管理问题，提升企业价值，然而其绩效评估方式却面临挑战，通常会被提到的问题是：“企业价值的提升，是投前投得好，还是投后持续提升其管理质量的结果？”

---

① 普华永道《投后管理的崛起和发展逻辑》。

前两种模式的优劣势十分明显。但随着一家基金从垂直领域走向多元化组合，不同行业的受资企业面临不同类型的战略、业务和管理问题，因此内部投后管理团队的专业化程度面临巨大挑战。

（三）外部专业化模式

部分投资机构逐渐探索出一种新的外部专业化模式，即将投后管理的部分工作，尤其是管理提升任务交给外部咨询公司，或者将投后团队分离，独自成立管理咨询公司，使其在绩效考核、费用核算与投资组合脱钩，转而向受资企业收费，从而形成新的合作模式。此种模式一定程度上解决了第一种模式中人手和专业度的问题，也摒弃了第二种模式中投后团队与投资团队绩效考核冲突的问题，可视作相对较为成熟的解决方案。

在这个方面，KKR Capstone 是一个有参考意义的例子。KKR Capstone 是独立于 KKR 投资团队的投后管理团队，旨在帮助 KKR 的受资企业进行管理提升和改进，是一支由世界一流的经营管理咨询人才组成的优秀内部管理咨询团队。在完成资金注入后，Capstone 为受资企业制定包括战略转型、绩效改善、效率提升和削减成本在内的管理计划，最终帮助受资企业提升内外部价值。

总体来说，以上三种模式的比拼各有胜负，其适应的机构类型和发展阶段各不相同，而选择采取哪种模式的核心是平衡投后管理过程中的责权利。优秀的投资机构应根据自身业务特点和管理重心，慎重选择合适的投后管理模式。

第二节　投后管理经典案例

一、30 年 400 个 25 倍增长——IVD 巨头丹纳赫是这样“投转”实业的

美国丹纳赫这家公司，它从地产基金，演变到现在的全球体外诊断（IVD）巨头，其思路清晰，目标明确，且用非常坚决的态度推动着 IVD 业务发展，未来或在该领域和 TOP 1 罗氏相对抗。

首先，我们先来看一下丹纳赫的成长史。

（一）从地产信托基金起家，到现在的全球体外诊断巨头

从其成长史中可以得知，现在美国工业及医疗设备制造商丹纳赫前身只是一家上市的地产信托投资基金（REITs）而已，而这家基金公司自 1975 年就没有公告其利润，但是有超过 1.3 亿美元的税损结转。

1980 年，Rales 两兄弟成立了以并购为目的的证券集团控股（Equity Group Holdings），随后收购了硕士盾公司和莫霍克橡胶公司。

1983 年 Rales 两兄弟获得 REITs 的控股权之后，出售了 REITs 的地产控股，改名为“丹纳赫”（Danaher），并将证券集团控股已经收购的两个子公司装入上市公司，通过税收抵免保护制造业的收入。

在 2016 年未拆分之前，丹纳赫旗下拥有五大业务板块：测试与计量、环境、牙科、生命科学与诊断、工业科技。

为了获得更高的资本市场估值，公司将其仪表和工业业务剥离分拆成新公司 Fortive，而将其于 2015 年收购的世界上最大的生物分离产品研发公司 Pall、生命科学与诊断、口腔科、水质及产品标识平台业务整合组建成新的丹纳赫，且现在保持独立上市。

2016 年 7 月完成拆分之后，新的丹纳赫只覆盖四个业务领域（见图 10 - 1）：生命科学（Life Sciences）、诊断（Diagnostics）、牙科（Dental）、环境与应用解决方案（Environmental & Applied Solutions）。

图 10 - 1 丹纳赫覆盖的四个业务领域

（来源：丹纳赫 2017 年年报）

30 多年，进行 400 多个并购交易，这本质上就是一家“赋能式”投资公司。通过这些不断的并购以及运用精益管理 DBS（Danaher Business System，由一系列精益制造方法以及质量提升流程所构成），营业额从 1988 年的 7 亿美元增加到 2017 年的 183 亿美元，增加了 25 倍多。现在丹纳赫位列世界 500 强第 144 位，目前总市值已高达 682 亿美元。

根据 2017 年年报数据显示，近 3 年主营销售额占比如图 10 - 2 所示：

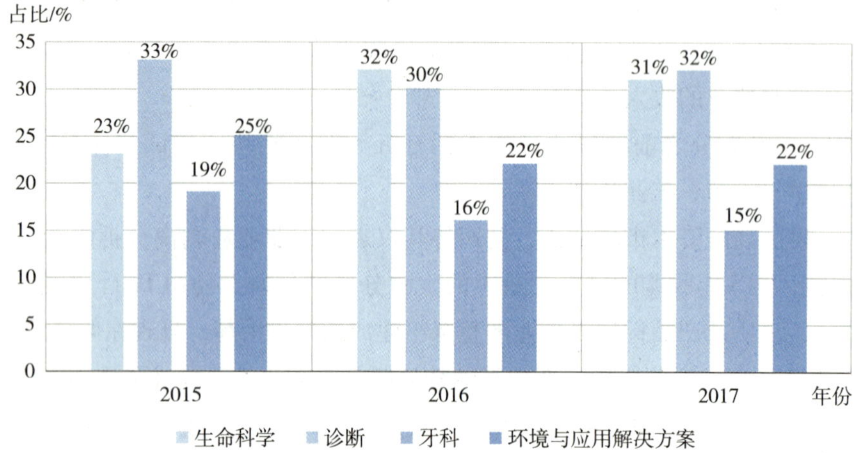

图 10－2　2015—2017 年丹纳赫主营业务销售额占比情况

（来源：丹纳赫 2017 年年报）

显而易见，牙科和环境与应用解决方案的销售额占比在逐年下滑。然而，生命科学业务从 2016 年开始突然上升，增幅达 62%，且在 2016 年年销售额占比最大，这主要是因为丹纳赫于 2015 年 8 月收购了世界上最大的专注于过滤、分离、纯化技术的跨国公司 Pall。IVD 业务 2016 年略微有所下滑，但是 2017 年开始回稳，且年销售额占比最大，这得益于 2016 年 11 月丹纳赫收购了美国知名分子诊断公司 Cepheid。

在全球 IVD 领域，丹纳赫主要的竞争对手有瑞士罗氏、美国雅培、德国西门子、法国生物梅里埃、日本希森美康、美国碧迪医疗等，主要竞争对手们最新的市占率如图 10－3 所示：

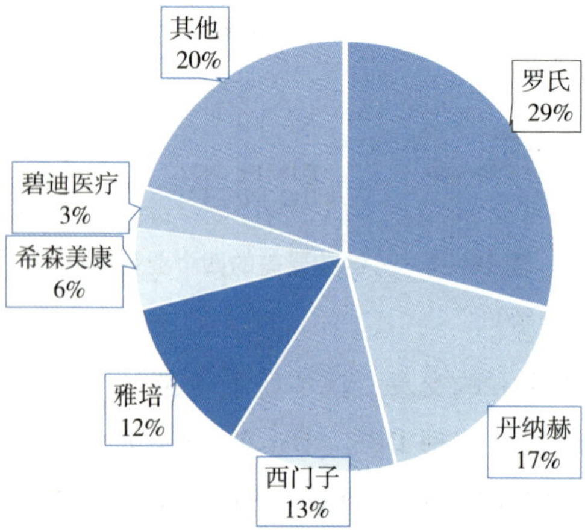

图 10－3　全球诊断业务主要竞争对手市占率情况

（来源：公开信息整理）

表 10-1 IVD 领域全球 TOP4 财务数据对比

2017 年	Roche 罗氏（瑞郎）	Danaher 丹纳赫（美元）	Abbott 雅培（美元）	Siemens 西门子（欧元）
总营业收入/百万元	53299	18329.7	27390	84311
增长率/%	5	8.6	4.9	4
诊断业务排名	→	↑	↓（含 Alere）	—
诊断业务收入/百万元	12079	5839.9	5616	4200
诊断业务增长率/%	5	15.90	5.5	—
诊断业务占比/%	23	32	20.5	5

（来源：罗氏、丹纳赫、雅培财报，西门子 IPO 路演资料）

从以上数据可以看出，按公司总营收来说，从高到低排名为西门子、罗氏、雅培（已计入新并购企业 Alere Q4 数据）、丹纳赫。但是按 IVD 业务来看，罗氏排名第一；丹纳赫增长迅猛，排名第二；雅培虽整合了 Alere，但仅纳入 Q4 数据，仍排名第三；西门子 Healthineer 排名第四（Healthineer 已经于 2018 年 3 月 16 日在法兰克福独立上市）。

（二）IVD 全球市场规模逐年递增，丹纳赫早布局 IVD

那么 IVD 到底是什么呢？按定义来说，体外诊断是指从身上采集人体样本（比如血液、体液、组织等），进行检测从而获取临床诊断信息，进而判断疾病或机体功能。IVD 种类繁多，目前主流的 IVD 方式有 4 种：生化诊断（Clinical chem）、免疫诊断（Immunoassay）、分子诊断（Moleculardiagnosis）以及即时诊断 POCT（Pointof care testing，又称“床旁检测”）。除此之外，还有尿液诊断、凝血类诊断、组织诊断、血液学和流式细胞诊断等。

那么，体外诊断对于我们来说很陌生吗？不是的。如去医院体检，做血常规、尿常规、肝功能、肾功能等检查项目时，应用的就是通过利用各种生物化学反应测定酶类、糖类等生化指标所进行的生化诊断。

当去做肝炎、性病、肿瘤、代谢、孕检等检查时，是利用抗原-抗体特异性免疫反应来检测，此时应用的是免疫诊断。

当去做传染病、性病、艾滋病、肿瘤等筛检，遗传的基因检测、药物治疗监测等时，是利用分子生物学技术检测特定生物标志物，如特定核酸序列或蛋白质分子，这就是应用了分子诊断。

全球医疗决策中约有三分之二是依据诊断做出，且 80% 以上的诊断，属于体外诊断范畴。根据 Boston Biomedical Consultants，inc 的预计，全球体外诊断市场 2019 年将达到 689 亿美元，2020 年全球医疗器械市场将达 4775 亿美元，而 IVD 销售额有望达到 800 亿美元（占 13%）。

北美地区仍然是全球最大的市场，而亚太市场增速最快。特别是在中国的带动下，亚太地区（日本除外）增长最快，达 14%，印度也实现了两位数增长，仅次于中国。中国市场增速超过 15%，本土生产商也是在持续发力。

全球 IVD 市场规模正在逐步递增，然而丹纳赫其实早在 2014 年就已经通过并购开始布局 IVD 业务了。

（三）丹纳赫 IVD 布局之路

丹纳赫作为实业界的并购整合之王，丹纳赫自身不做任何产品，几乎所有的业务都是通过并购获得的。

丹纳赫最早于 2004 年收购丹麦免疫诊断公司 Radiometer 的血气业务建立了 IVD 业务。

2011 年以 69 亿美元收购了国际诊断巨头 Beckman Coulter，较当时收盘价溢价约 45%。而在公司收购 Beckman Coulter 之前，BeckmanCoulter 于 2009 年收购了 Olympus 的 IVD 业务，获得了全球顶尖的生化分析仪及内窥镜等产品线。有意思的是，医疗器械商 PerkinElmer 也参与了 BeckmanCoulter 的竞购，但以 25 美分的劣势错失 Beckman Coulter。

值得一提的是，丹纳赫通过收购 Beckman Coulter 进入了中国体外诊断市场，Beckman Coulter 是第一个进入中国的外资 IVD 公司，也是第一个在中国建设工厂的 IVD 公司，虽然当时工厂规模并不大。

2015 年，丹纳赫以 138 亿美元收购世界最大的生物过滤、分离、纯化技术及产品研制公司 Pall，这也是丹纳赫有史以来最大金额的一个并购交易。

2016 年丹纳赫以 40 亿美元收购分子诊断公司 Cepheid，这是一家开发、生产和销售分子系统及检测，包括自动的 GeneXpert 平台，实现了院内感染、传染病以及肿瘤学方面的基因检测。

在短短十余年里成长为覆盖生化诊断、免疫诊断、血液诊断、分子诊断、实验室自动化等多个领域的巨头。自从 2011 年发起 109 亿美元的两个并购后，IVD 业务营收规模持续增长。2017 年的整体营收为 183 亿美元，同比增长 8.6%，特别是 IVD 业务在 2017 年异军突起，在丹纳赫的所有业务中表现最为抢眼。

表 10－2　丹纳赫在 IVD 业务领域的并购事件盘点

日期	标的公司	细分领域	交易金额/亿美元	国家
2004 年	Radiometer（血气业务）	免疫诊断	—	丹麦
2005 年 4 月 1 日	高精度光学仪 Leica Microsystems AG	POCT	5.5	德国
2006 年 10 月 8 日	Vision Systems	分子诊断	5.2	新西兰
2009 年	Genetix	分子诊断	—	英国
2009 年	Molecular Devices	—	—	美国

续表

日期	标的公司	细分领域	交易金额（亿美元）	国家
2011 年 2 月 7 日	实验室设备生产商 Beckman Coulter	体外诊断	68	美国
2012 年 9 月 17 日	Iris International	分子诊断	3. 38	美国
2012 年	Aperio Technologies	分子诊断	—	美国
2013 年 2 月 16 日	Quest HomeCue	血液诊断	3	美国
2013 年 10 月 2 日	Normand Info SAS	分子诊断	—	法国
2014 年	乳腺病理诊断公司 Devicor Medical Products	—	—	美国
2014 年 7 月 17 日	临床微生物学诊断公司 Microbiology of siemens	分子诊断	—	德国
2015 年 5 月 15 日	世界上最大的过滤、分离和净化产品供应商 Pall	—	138	美国
2016 年 9 月 4 日	分子诊断公司 Cepheid	分子诊断	40	美国
2016 年 10 月 13 日	色谱耗材公司 Phenmenex Inc	—	—	美国
2018 年 3 月 11 日	基因合成消耗品公司 Integrated DNA Technologies	—	—	美国

（来源：公开信息整理）

通过以上盘点可以看出，最新的两个并购标的均是属于高价值耗材公司。

其实 IVD 行业包括仪器和耗材（包含试剂）。根据 2017 年年报显示，生命科学和诊断业务的收入大部分来自耗材而非仪器设备，这和其他三个巨头一样。2017 年生命科学业务收入中耗材占 60%，诊断业务中耗材占高达 85%（见图 10－4）。由此可以看出，耗材在诊断业务中的重要性。

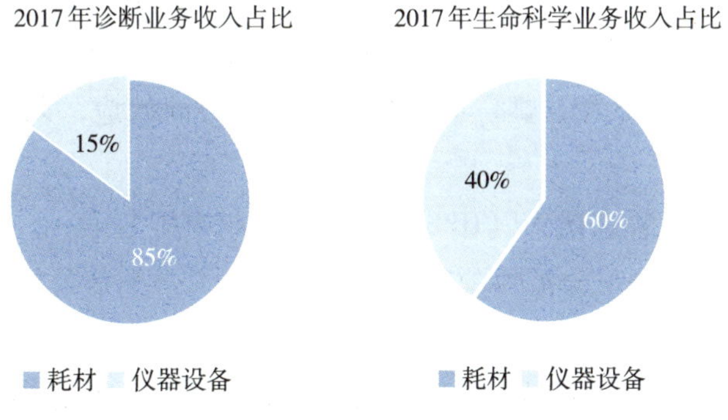

图 10－4　2017 年生命科学和诊断业务收入占比情况

（来源：Danaher annual report 2017）

相较于 2016 年，丹纳赫 2017 年诊断业务增长迅速，这主要是因为中国和其他高速增长市场对尿液分析和免疫耗材产品的强劲需求所驱动的。

从丹纳赫的并购动作来看，丹纳赫对于 IVD 领域的仪器和耗材是同时看重的，这和其他三家外资巨头罗氏、雅培和西门子也是一样的策略，但是国内体外诊断公司还是缺少了在体外诊断仪器方面的研发能力。

（四）丹纳赫的并购关键“工具”——通过 DBS 进行投后管理

自 20 世纪 80 年代开始每年以 10～15 家的速度进行并购，基本上每个月收购一家公司。丹纳赫至今已经收购 400 多家公司，营收仍能逐年稳定上升，这绝对不是玩家眼中单纯地靠并购成长的公司，丹纳赫并购后的整合逻辑是非常系统和清晰的。

一方面，丹纳赫会以 DBS 匹配度作为标准，来确定合适的行业以及收购标的。在完成一项并购交易前，丹纳赫经常会参观标的企业的工厂，以确定流程优化以及利润提升的潜力。丹纳赫会通过制作流程图以及运用持续改善技术（kaizen）来提升生产的各个方面：不同环节的产品流动方式、部件管理，甚至包括工人的工具使用方法。

2005 年 1 月，丹纳赫公司收购 Radiometer。对方公司的 CEO 提到，丹纳赫公司与其他买家最大的区别是丹纳赫公司不仅看那些报表的数字，还有两位高管在工厂里考察了 3 个小时，以此来了解公司在“精益生产”方面到底有多大的潜力。

丹纳赫集团在 1995—2011 年完成了 31 个交易（占市值的 72%），几乎全是能力运用型交易，该公司将自身的能力体系应用到新的或类似的产品及服务领域。丹纳赫借助并购将股价提升了 15 倍，业绩表现远远超出了标普 500 强企业和许多竞争对手。

另一方面，丹纳赫并购的企业必是利基市场的隐形冠军，同时所投企业管理上存在改善空间或者发展遇到瓶颈，未来可以其通过精益管理 DBS 加以改善，以及借助丹纳赫平台的渠道和资金实力，使收购的企业获得更大的发展空间。

除此之外，被收购企业要有丰富的运营经验和企业家精神，收购后会尽可能保留原来的管理层和团队，只在财务、管理、技术系统等层面上进行融合。选择企业的时候，还要考虑和现有平台内主要公司业务互补，有协同效应，以及一定的行业周期互补。

丹纳赫公司的精益管理能力（DBS）在西方企业中排名第一，全球排名第二，仅次于日本的丰田汽车。一位分析师在 1997 年评论说：“丹纳赫公司内部和并购共同成长，这是一个非常好的平衡。”

通过 DBS 的管理系统，丹纳赫的每一次收购都给其带来超过 40% 的增长率，特别是 2016 年将诊断业务从原本的生命科学和诊断业务中独立出来，2017 年诊断业务增幅甚至达 15%，更加显示了对 IVD 领域的野心。

（五）研发占比已和罗氏持平，亚洲 IVD 市场需求强劲

其实 IVD 是典型的技术驱动型行业，虽然行业天花板高，但技术迭代快。因此，判断哪家公司未来发展潜力大，必须要看它的技术方向是否先进，以及研发投入是否足够。

表 10－3 2016—2017 年罗氏和丹纳赫在 IVD 业务领域的研发费用占比和毛利率

	罗氏	丹纳赫
研发费用占集团总营收的比例		
2016 年	2.6%	2.2%
2017 年	2.5%	2.6%
毛利率		
2016 年	16.7%	15.6%
2017 年	15.8%	14.9%

（来源：罗氏、丹纳赫 2017 年年报）

可以看出，丹纳赫在 IVD 领域的研发费用占比也相当可观，在逐年增加，基本上和罗氏持平。罗氏在 IVD 行业的 TOP1 是以自主创新为驱动力，而丹纳赫主要是通过并购 IVD 技术随后投入研发为主。这也可以理解了在 IVD 行业中，目前罗氏的毛利率是最高的，丹纳赫次之。

有意思的是，在罗氏和丹纳赫的财报中也均提到中国及亚洲地区对 IVD 业务的强劲需求。丹纳赫表示其 IVD 业务在高速发展市场（包括中国和亚洲地区）的收入占 36%，北美占 39%，欧洲占 19%。罗氏也表示了亚洲地区对 IVD 业务的强劲需求，跟 2016 年相比，亚洲地区的诊断业务增长量超过了 15%，特别是中国增长了 21%，欧洲增长了 2%，拉美增长 10%，北美地区保持不变。

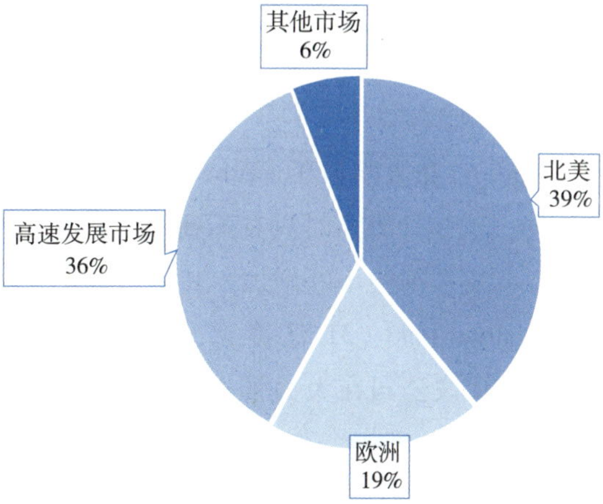

图 10－5 2017 年丹纳赫收入按区域分布占比

（来源：丹纳赫 2017 年年报）

由巨头们的业绩表现可以获知，国内的 IVD 市场是相当可观的。从市场规模来看，近年来全球 IVD 市场增长稳定，全球 IVD 市场规模从 2013 年 533 亿美元上升至 2019 年约 725 亿美元。随着技术的不断改进，新技术不断出现直接促进了 IVD 行业的发展。此外全球人口基数持续增长，各种传染病、慢性病的高发成为 IVD 市场未来规模将继续保持增长的主要驱动力。预计全球 IVD 市场将以约 5% 的年均复合增长率保持增长，在 2021 年将达到 792 亿美元。

（六）结语

对于丹纳赫来说，通过一系列并购 + DBS 式投后整合来拓展业务，这是它的独门绝技。

在品牌运作上，丹纳赫对被收购的公司比较温和，维持品牌的独立性，这点和其余三巨头不一样。但在内部运营上的整合和管控方面，绝对是超一流的。当年收购 Beckman 时，就是撤出了 Beckman 的所有高管层，由丹纳赫的高管全面接管，随后立即启用它的精益管理“DBS 流程”，重新改造以往的业务流程，精兵简政，节省大笔费用，大幅提升利润水平。

目标明确，思路清晰的丹纳赫，用坚决果断的态度推动着 IVD 业务的发展，未来在 IVD 领域或将和现在在 IVD 领域排名第一的罗氏进行对抗。2015 年丹纳赫以 138 亿美元收购医疗设备公司 Pall——丹纳赫有史以来最大金额的一笔并购交易——在 2016 年公司拆分之后，Pall 继续留在新的丹纳赫旗下发展。这也告诉我们，丹纳赫将更加重视医疗板块，尤其是有耗材的业务如 IVD。

二、科技巨头 Google 的投后管理

传统认为 Google 是最有收购能力的科技公司之一，但近年来它的收购步伐速度放缓，同时随着 Alphabet 新组织架构使 Google 收购的资产在进入其庞大的科技帝国后能够得以发挥作用。纵观近年来 Google 的收购，有因投后管理的不到位导致失足，也有完美融合后为 Google 带来千万利润。

11 年前，科技巨头 Google 宣布收购为 YouTube 支付 17 亿美元为公司自 Menlo Park 车库创建以来最大规模收购，这是一家当时只有不到 100 名员工的视频平台。

自那时起，Google 的收购支票簿便不断增加，其中包括 6 个 10 亿美元以上的收购，如营销解决方案供应商 DoubleClick（31 亿美元，2007 年）和导航应用程序 Waze（11.5 亿美元，2013 年）。以及该公司在大力推进人工智能，收购了英国的 DeepMind（6.5 亿美元，2014 年）。

Google 的一些交易收到了不同的结果，尤其是对硬件的投注，包括该公司迄今为止最大的两笔收购：摩托罗拉移动（125 亿美元，2012 年）和物联网创建 Nest Labs（3.2 亿美元，2014 年）。后者可能因与 Google Home 更紧密地整合和投后管理而获得提升，而前者在 2014 年 10 月以低于其收购价格四分之一（约合 29 亿美元）的价格出售给联想。

（一）Google 的巨型交易

摩托罗拉移动（125 亿美元，2012 年）是 Google 迄今为止最大的收购。除了获得

数以千计的专利之外，此次交易的主要优势还包括利用摩托罗拉的智能手机生产能力确保 Android 生态系统的未来。

Nest Labs（3.2 亿美元，2014 年）标志着 Google 进入物联网（IoT）领域。收购恒温器和烟雾探测器的生产商后，Google 可以增加其智能家庭应用场景，同时为其 Android 生态系统提供扩展机会。

DoubleClick（3.1 亿美元，2007 年）是一家广告服务公司，是 Google 当时最大的一笔收购，旨在补充 Google 现有的广告业务。这笔交易有助于 Google 在利润丰厚的展示广告行业立足，让公司通过自己的广告交易促进程序化广告购买。

领先的视频共享平台 YouTube（17 亿美元，2006 年）是 Google 首次收购价格 10 亿美元以上。通过此次收购，Google 预计将从传统媒体如电视转向在线观看，同时增加流量并扩大其广告业务。

位于以色列的地图服务初创公司 Waze（11.5 亿美元，2013 年）带来了社交流量数据，帮助 Google 改进 Google Maps 功能，比如准确预测出行时间和建议导航路线。

HTC - Pixel 智能手机部门（11 亿美元，2017 年）是 Google 最新推出的硬件产品。尽管此次收购不包括任何生产设施，但它确实让 Google 与 HTC 的智能手机团队中的一个重要部分结合，使 Android 制造商进一步与 iPhone 制造商 Apple 竞争。

AdMob（7.5 亿美元，2009 年）是一家成立于 2006 年的移动广告公司，由于预计未来移动广告大量增加而被 Google 收购以增强其业务。

ITA Software（7 亿美元，2011 年）是美国的航空公司 IT 和服务提供商，它被 Google 收购以扩大这家科技巨头的搜索能力并为 Google Flight Search 提供动力。

DeepMind（6.5 亿美元，2014 年）是 Google 在深度学习领域最重要的收购。这家总部位于伦敦的初创公司成立于 2010 年，在收购时雇员不足 100 人。

Postini（6.25 亿美元，2007 年）是一家通信安全创业公司，被 Google 收购以提高其应用程序的安全性。在此交易之前，Google 已经将 Gmail 的垃圾邮件过滤产品用于 Postini 解决方案。

加州的 API 平台提供商 Apigee（6.25 亿美元，2016 年），以帮助扩大其企业服务并改进其云产品。

（二）Google 也因收购吃过亏

在这 10 年的大部分时间里，Google 一直是技术并购的主导力量；收购活动在 2014 年达到顶峰，因为 Google 在第二季度收购了 10 多家公司，远远领先于那一年其他科技巨头的收购规模。然而，该公司的收购步伐大幅放缓，Alphabet 重组，并在 2016 年上半年大幅下降。2016 年第四季度，Alphabet 只收购了 Famebit，一个可以帮助商业品牌与 YouTube 上的视频创作者建立联系的平台。

除了最新的财务紧张问题，近 10 年来大规模收购带来的低迷结果可能也促使了公司收购活动的暂停。该公司快速地收购了至少 7 家机器人公司——Schaft，Industrial Perception，Meka Robotics，Redwood Robotics，Bot & Dolly，Holomni，以及最著名的波士顿动力（Boston Dynamics），但这些公司从来没有合并成为一个高效的机器人公司。前安卓负责人 Andy Rubin 带领了机器人浪潮，但 Rubin 于 2014 年 10 月离开公司创办全球硬件创业孵化器 Playground Global。失去了有远见的人物可能会阻碍机器人部门的发展，不管是在 Google 或是在 Alphabet，这个名为 Replicant 的机器人部门从未真正合并成为一个完整的公司。

在 Alphabet 创立后，新公司对其各公司的创收潜力进行了严格的审查。虽然像波士顿动力公司这样的子公司在 YouTube 上备受推崇，但是漫长的商业化道路导致该公司在 2016 年初被出售。2014 年，Google 在智能家居重要战略环节进行布局——收购 Revolv，Dropcam（5.55 亿美元）和 Nest（3.2 亿美元，2016 年收购的最大的初创公司）也被投后管理不善和员工流失的指控所困扰。Nest 的紧张局势随着 Nest 联合创始人兼首席执行官 Tony Fadell 在 6 月的离开而公之于众。Fadell 辞职的事件中反复提到了智能家居领导层之间的摩擦，最引人注目的是 Dropcam 创始人 Greg Duffy 在 Medium 上的一篇博客：

> 将 Dropcam 卖给 Alphabet 是我的错误……可以说，我与当前 Nest 的领导在管理方式上有极大的差异。

Nest 的问题可以看作收购后旧的管理结构与新的管理层融合的失败，即在公司扩展到新的市场和产品线时，没有正确地管理其各个子公司，在 Googleplex 背景下协调达成一致的目标和企业文化。作为 Alphabet 的智能家居公司，Nest 可能是成为亚马逊 Echo 设备的竞争者的最好的选择。亚马逊设备对 Google 公司的主要搜索业务存在明显威胁。与亚马逊竞争的日益激烈，也逐渐导致 Google 得出结论：必须将开发智能家居作为公司核心，并由 Google 的执行官直接监督。2018 年 2 月 7 日，Nest 重新纳入 Google 旗下。Nest 现任首席执行官马尔万 · 法瓦兹（Marwan Fawaz）将向 Google 硬件部门负责人里克 · 奥斯特洛（Rick Osterloh）汇报工作，意味着 Google 的人工智能会像智能助手一样，以后更倾向于 Nest 产品。Nest 因与 Google Home 更紧密地整合将获得提升。

附　录

2019 年中国企业跨境并购月度重要事件回顾

2019 年中国企业"走出去"月度重要事件回顾

2019 年 1 月

1. 中再集团完成对桥社英国控股公司全资收购

中再集团（中国再保险，01508. HK）发布公告，公司已正式完成对桥社（Chaucer）主体部分——桥社英国控股公司 100% 股权的收购。此外公告显示，对桥社爱尔兰保险公司和澳大利亚控股公司的收购预计在 2019 年第一季度完成，届时公司将适时刊发进一步公告更新交易进展。

2. 澳洲 Healius 回绝中国江河集团收购报价

1 月 7 日，澳洲第二大医疗中心运营商 Healius Ltd HLS. AX 周一拒绝了中国建筑商江河集团的 17 亿澳元（12. 1 亿美元）收购报价，称其价值被低估。这家最近才被称为 Primary Health Care 的澳洲公司表示，其董事会"一致认为该提案是投机性的，而且从根本上低估了 Healius 的价值"。

3. 海尔品 38 亿元完成收购意大利 Candy

1 月 8 日，上交所上市公司青岛海尔昨晚发布公告称，收购意大利 Candy 公司 100% 股份交割完成，交易对价 38 亿元人民币。

4. Kenon 向宝能出售观致 12%股权，作价 15. 6 亿元人民币

美通社 1 月 8 日消息，Kenon 宣布已与宝能集团签订协议，将其在观致的部分剩余权益（即 12%）出售予多数股东宝能集团，购买价为人民币 15. 6 亿元（约合 2. 27 亿美元）。完成出售后，Kenon 将持有观致 12% 的股权，宝能集团将持有 63%，而奇瑞将持有 25%。

5. 紫金矿业已要约收购 Nevsun 92. 4%股权

1 月 8 日，紫金矿业（02899. HK）发布公告，就有关该公司以现金每股 6 加元的价格，向 Nevsun Resources Ltd. 发出全面要约收购，截至多伦多时间 2019 年 1 月 7 日下午 5 点，接受要约的 Nevsun 股份累计已达 2. 86 亿股，占 Nevsun 已发行股份

的 92.444762%。

6. 传腾讯 5630 万美元收购《战锤：末世鼠疫 2》开发商 36%股份

1 月 10 日，据外媒 DI Digital 报道，腾讯可能已经收购了《战锤：末世鼠疫 2》瑞典开发商 Fatshark 36% 的股份，价值 5630 万美元。

7. 京东方与美国 Rohinni 组建合资公司生产液晶显示器微型 LED

1 月 10 日，据媒体报道，京东方科技集团股份有限公司与美国 Rohinni 公司决定组建一家合资企业，共同生产用于显示器背光源的超薄微型 LED（发光二极管）照明解决方案。与现有制造工艺相比，双方合作打造出的显示器产品在速度、精确度和良率上都会达到前所未有的高度，开启显示器新纪元。

8. 领益智造拟收购芬兰充电器开发商 Salcomp

1 月 14 日消息，深交所上市公司领益智造发布公告称，拟收购充电器开发商 Salcomp Plc 100% 股权。Salcomp 是一家全球领先的充电器、适配器的开发商和制造商，其产品线覆盖了手机、平板、智能家居产品、个人电子产品等。

9. 新希望将美国蓝星 21%股权 9820 万美元售予安德森斯

1 月 15 日，新希望六和股份有限公司发布公告，安德森斯有限公司成功受让新希望六和投资（美国）股份有限公司持有的美国蓝星贸易集团有限公司 21% 股权，作价 9820 万美元。

10. 恒大健康 9.3 亿美元收购瑞典电动汽车公司 51%股权

1 月 15 日，恒大集团旗下恒大健康（00708. HK）公告称，以 9.3 亿美元收购一家总部位于瑞典的全球性电动汽车公司 NEVS 的 51% 股权并获得多数董事席位。这 9.3 亿美元将分两期支付：第一期的 4.3 亿美元在 1 月 15 日已完成支付，余额在 1 月 31 日或之前支付。

11. 福耀玻璃拟 5882.76 万欧元收购德国 SAM 公司资产

福耀玻璃公告，全资子公司福耀欧洲拟购买德国 SAM 公司资产，包括设备、材料、产成品、在产品、工装器具等，购买价格为 5882.76 万欧元，购买完成后，公司将对其进行升级改造。SAM 主要业务为生产和销售铝亮饰条，目前处于破产清算状态。

12. 腾讯等考虑 90 亿美元以竞购 Nexon 母公司

1 月 24 日，彭博发文称腾讯、高瓴资本和 KKR 正在考虑竞购 NXC 的多数股权。此外，凯雷集团、安博凯（MBK）等全球知名私募机构也将参与竞标。知情人士透露交易将由德意志证券和摩根士丹利负责，该笔交易预计在 2019 年 10 月完成，届时会在圣弗朗西斯科举办发布会，而目前对于该笔交易，两家银行以及腾讯和 Nexon 均拒绝透露相关信息。

13. 赫基收购荷兰高端牛仔品牌 Denham

1 月 17 日，中国赫基集团（Trendy Group）宣布已正式签署股权购买协议，拟收购荷兰高端牛仔品牌集团 Denham Group（荷兰高端牛仔品牌 Denham the Jeanmaker 的母公司，以下简称“Denham”）的控制性股权，交易金额未被披露。Denham 由痴迷优质牛仔的英国设计师 Jason Denham 创立，总部位于阿姆斯特丹，在杜塞尔多夫、上海和东京均设有办公室。

14. 沃尔玛出售珠海乐世界购物中心，万科印力接盘

1 月 17 日，珠海乐世界购物中心微信公众号率先发布消息称，十天后，项目将正式更名珠海印象城。1 月 18 日，乐世界购物中心在其公众号正式宣布，“陪伴了大家 2 年多的乐世界，终究还是要说出告别”，这意味着沃尔玛在中国首个自建购物中心正式完成了易主的交接，未来将由万科印力接盘运营，并更名珠海印象城。

15. 昊志机电拟 2 亿元收购欧洲工业自动化知名企业 Infranor 集团

昊志机电 1 月 22 日发布公告，公司拟以自有资金及依法筹措的资金受让 Perrot Duval 公司持有的 Infranor 集团和 Bleu Indim 的 100% 股份，预计交易价格约在 3000 万瑞士法郎至 3500 万瑞士法郎（折合人民币约 2.0 亿元至 2.4 亿元）。Infranor 集团是欧洲知名的工业自动化解决方案提供商，主要产品包括伺服电机、驱动器、电子信号放大器和数控系统等。

16. 以色列深度学习公司 Hailo 融资 2100 万美元耀途资本领投

1 月 22 日，据外媒报道，为深度学习开发微处理器的以色列初创公司 Hailo 表示，该公司已将其一轮早期融资的规模扩大到 2100 万美元，中国风投耀途资本是此次融资扩张的领投方。此轮融资将允许 Hailo 将目标市场扩展到中国内地和香港，以补充其现有市场。

17. 中远海运 2.25 亿美元收购秘鲁钱凯码头 60% 股份

1 月 23 日，中远海运所属中远海运港口与秘鲁火山矿业集团在达沃斯论坛 2019 年年会期间举行签约仪式。中远海运港口将以 2.25 亿美元向火山矿业收购秘鲁钱凯码头（Terminales Portuarios Chancay S. A.）60% 的股权，首期付款为 5600 万美元。

18. 复星医药 4.7 亿美元收购 Gland Pharma 约 22% 股权

1 月 25 日消息，复星医药发布公告称，旗下控股子公司 Fosun Pharma Industrial Pte. Ltd.（以下简称“收购方”）拟授予 Gland Pharma Limited（以下简称“Gland Pharma”）创始人股东家族一项新的选择权，即后者有权在相关条件达成的前提下，要求收购方受让其持有的不超过 342.12 万股 Gland Pharma 股份，约占目前 Gland Pharma 已发

行股份总数的 22.08%，转让对价最高不超过 4.7 亿美元。

19. 阿里巴巴蔡崇信收购 WNBA 纽约自由队

WNBA 近日官方宣布，WNBA 与 NBA 董事会一致通过蔡崇信对 WNBA 纽约自由队的收购。去年 4 月，阿里巴巴集团董事局执行副主席蔡崇信以个人身份收购了 NBA 布鲁克林篮网队 49% 的股份。

20. 恒生电子与 Ipreo 公司拟成立合资公司

《上海证券报》报道，1 月 25 日金融 IT 服务商恒生电子与美国纳斯达克上市公司 IHS Markit 旗下 Ipreo 公司，在美国纽约签署合作备忘录。双方拟在中国成立合资公司，并就中国大陆债务发行市场的电子化簿记建档解决方案展开合作。

21. 网易游戏收购 Quantic Dream 少量股份

中国最大的互联网公司之一网易公司（纳斯达克股票代码：NTES）的网络游戏部门今日宣布，已收购 Quantic Dream SA 的少数股权，以进一步开发和分销全球在线游戏。此战略投资旨在支持工作室成为全球性，多特许经营娱乐公司的愿景，并为未来开发先进技术和游戏。

22. 中国河钢将收购塔塔钢铁东南亚资产跃居行业全球第三

1 月 29 日，中国河钢集团将收购塔塔钢铁（Tata Steel）在东南亚的钢铁资产，这是继 2018 年 12 月投资菲律宾之后，该集团扩大其海外炼钢产能的最新举措。此次收购将有助河钢缩小与中国最大钢铁生产商宝武集团的差距。

23. 中国同辐与美国安科锐签署战略投资合作协议

1 月 28 日下午，中国同辐与美国安科锐在天津签署战略投资合作协议。按照协议内容，中国同辐和美国安科锐双方将在天津设立合资公司，开展医疗健康产业合作，本着双方互利友好合作的愿景，加强信息与技术融合，实现资源优势互补，可为装备制造转型升级添砖加瓦。

2019 年 2 月

1. 中矿资源拟 1.3 亿美元收购全球主要甲酸铯生产商

中矿资源 31 日早间公告重大资产购买预案，本次交易标的为 Tanco、CSF Inc 及 CSF Limited 100% 股份，基准购买价为 13000 万美元。标的公司是目前全球主要甲酸铯生产商。

2. 山东如意完成对英威达服装和高级纺织品部门的收购

山东如意投资控股有限公司宣布，已完成收购英威达（INVISTA）的服装和高级纺织品业务。新公司将作为独立子公司 LYCRA 公司运营，并将继续为服装和卫生行业制造先进的纤维和技术解决方案。现任领导和员工将继续担任新公司的职务。

3. 阿里进军印度视频领域，201 万美元领投 Vidooly B 轮融资

2 月 9 日，据 DealstreetAsia 报道，总部位于印度诺伊达的视频分析初创公司 Vidooly 宣布完成了 1.5 亿印度卢比（约 210 万美元）的 B 轮融资，领投方为中国电子商务巨头阿里巴巴，参投方为此前曾投资过该公司的 Times Internet Limited，其中阿里巴巴在本轮融资中贡献了 1.437 亿印度卢比（约 201 万美元），剩下的投资金额由 Times Internet Limited 提供。不过，该公司没有对外披露本轮融资的估值情况。

4. 好未来收购美国升学辅导品牌 Ready4

2 月 12 日消息，近日，好未来收购了美国升学考试辅导企业 Ready4（曾用名为 LTG Exam Prep Platform，Inc.）。据了解，Ready4 主要提供以 AI 技术为驱动的美国升学考试的在线备考和报考服务，以移动端业务为主。

5. 复星集团旗下时尚平台豫园股份完成对比利时国际宝石学院的收购

复星旗下快乐时尚旗舰平台豫园股份日前宣布，已经完成了对总部位于比利时安特卫普的国际宝石学院（International Gemological Institute，简称“IGI”）的收购，以加快在钻石产业的行业深耕和全球布局。

6. 宇华教育 2.19 亿港元收购泰国斯坦福国际大学

2 月 13 日消息，近日，宇华教育发布公告称，其全资附属公司宇华教育投资有限公司收购了泰国斯坦福国际大学，作价约 2.19 亿港元，收购事项已于收购协议日期完成。

7. 德国电子退税购物平台易游集团获数亿元融资

日前，TRAVEL EASY 易游集团获得由海通国际领投的新一轮亿元级融资。此前，易游集团已获得来自高达国际 PAGODA 领投的一轮融资，至此 18 个月内易游已累计融资数亿元。本轮融资完成后，易游将迅速成长为全球领先的电子退税购物平台。

8. 阿里巴巴正在谈判入股德国零售商麦德龙的中国业务

根据路透社报道，阿里巴巴正在谈判入股麦德龙的中国业务，谈判处于早期阶段。据报道，麦德龙在中国拥有 95 家门店，在北京和上海等主要中心拥有房地产资产。

9. 蚂蚁金服同意收购英国支付集团 WorldFirst

蚂蚁金服（Ant Financial）已同意收购英国支付集团万里汇（WorldFirst），这笔交易据称价值约 7 亿美元，这是马云（Jack Ma）旗下的中国金融服务集团进军西方市场的迄今最大举措。此次收购是蚂蚁金服在英国的首笔重大交易，此前华盛顿方面出于安全考虑，阻止了蚂蚁金服去年对总部位于美国的汇款集团速汇金（MoneyGram International）的收购计划。

10. 网易考拉合并亚马逊中国海外购，或换股

网易考拉将合并亚马逊中国海外购业务，已于2018年年底签约，双方或采取换股方式。网易和亚马逊正在推进一项有关中国电商业务的重大重组。网易考拉将合并亚马逊中国海外购业务，该谈判历时数月，由网易考拉主动发起并推进，双方或采取换股方式。

11. 复星国际870万欧元增持德国服饰公司 Tom Tailor 至35.35%，拟提要约收购

2月19日，复星国际（00656.HK）发布公告，公司拟认购德国服饰公司 Tom Tailor 合共384.95万股，现金出资总额869.99万欧元，紧随认购完成后，集团预计合共持有 Tom Tailor 全部已发行股本及投票权的约35.35%。

12. 法国半导体初创公司 GreenWaves Technologies 获得700万欧元A轮融资，华米科技领投

2月20日消息，法国半导体初创公司 GreenWaves Technologies 已获得700万欧元的A轮融资，本轮融资由华米科技（NYSE：HMI）领投，天使轮投资方 Soitec 等机构跟投。本轮融资资金将主要用于拓展业界首款电池驱动的超低功耗、物联网人工智能处理器 GAP8 的销售渠道，以及下一代产品的研发。

13. 长城汽车：拟在印度投资设立子公司

2月21日长城汽车（02333.HK）昨日盘后公布，根据公司经营需要，公司拟与公司全资子公司泰德科贸有限公司在印度投资设立子公司。此外，公司与关联人士长城控股订立股权转让协议，公司同意出售而长城控股同意以代价4.64亿元人民币收购公司全资附属长城共享100%股权。出售所得款项将用作集团一般营运资金。

14. 安踏财团359亿元收购 Amer Sports

2月25日，安踏体育午间发布公告称，由该公司、方源资本、Anamered Investments 及腾讯组成的投资者财团就可能收购户外运动品牌始祖鸟母公司亚玛芬（Amer Sports），要约人已收到墨西哥联邦经济竞争委员会有关完成要约收购的必要批准。要约收购仍须待要约收购结果公告或之前达成，包括就发行在外的股份而言，要约收购已获有效接受，超过 Amer Sports 发行在外的股份及表决权的90%，方可完成。

15. 传复星、顺为资本洽谈印度住宿租赁平台 NestAway 1亿美元融资

新加坡创投媒体 DealStreetAsia 援引消息人士称，印度房屋租赁创业公司 NestAway Technologies（以下简称“NestAway”）正在与复星等众多中国投资方进行谈判，希望筹得1亿美元的融资。第二个消息人士透露，由小米创始人雷军和许达来（Tuck Lye Koh）创办的风险投资公司顺为资本也有兴趣参加此轮融资。

16. 复星400万美元投资旧金山加密托管公司 Aegis

2月26日，据 The Block 报道，旧金山加密托管公司 Aegis 于A轮融资中获得中国

香港复星集团投资 400 万美元。据悉，该公司推出的数字资产托管服务 Aegis Custody 已于 1 月推出。

2019 年 3 月

1. 凯泰资本投资 OBT，迈进欧洲生物药研发领域

2018 年年底，凯泰资本与 Oxford BioTherapeutics Ltd.（以下简称“OBT”）签署了投资协议。OBT 公司是一家针对肿瘤领域未被满足的临床需求开发全新肿瘤免疫疗法及抗体偶联药物（ADC）的临床阶段公司，总部位于英国牛津，在美国圣何塞设有分公司。未来，凯泰资本将加强对欧洲生物技术企业的投资力度，希望对欧洲创新药研发企业与中国的医药产业圈产生良好的影响。

2. 佳沃股份签约收购智利领先的三文鱼公司 Australis Seafoods S. A.

3 月 1 日消息，近日，佳沃农业开发股份有限公司子公司佳沃臻诚与主要交易方签署了《股份购买协议》，以现金收购要约的方式收购其持有的智利领先的三文鱼公司 Australis Seafoods S. A. 至少约 95. 26%，至多 100% 的已发行股份。

3. 华云数据收购国际超融合软件厂商 Maxta

3 月 2 日消息，华云数据今日宣布对国际领先超融合软件厂商 Maxta，Inc.（www. maxta. com）全部资产完成了合法合规收购。收购之后，华云数据将独家拥有 Maxta 的包括产品技术、专利软著、品牌、市场在内的全球范围的资产所有权，华云数据称日后将继续投入，整合 Maxta 的领先技术，持续创新。

4. 九牧王与法国时尚品牌 Maison Kitsuné 母公司成立合资企业

近日，中国男装集团九牧王股份有限公司宣布，与法国音乐、时尚和生活方式公司 Kitsuné France 共同成立合资公司 Maison Kitsuné China Co. Ltd.［小狐狸（中国）有限公司］。双方各占 50% 的股份，目的是在大中华地区（包括中国香港和中国澳门）开展 Maison Kitsuné 品牌及 Kitsuné 品牌的经营管理工作。该交易具体财务条款尚未披露。

5. 阿里巴巴收购印度在线票务公司 TicketNew，后续将再投资 1860 万美元

据外媒报道，近日中国电商巨头阿里巴巴收购了一家印度在线票务公司 TicketNew 的大部分股权，后者是一家金奈的创企，能为印度 300 多家城市提供电影票预订服务。

6. 上汽收购通用印度工厂

上汽收购通用印度工厂传了三年，终于有了下文。日前，记者从知情人士处了解到，上汽已经在内部网上任命了上汽印度公司的董事总经理。与此同时，通用汽车近日发布的一系列重组海外市场及全球业务的措施也显示，通用将调整印度业务，停止雪佛兰在印度的销售。

7. 中国玻璃响应“一带一路”拟收购哈萨克斯坦浮法玻璃项目

中国玻璃公布，目前，公司正就潜在收购哈萨克斯坦一项浮法玻璃生产线建设项目的控股权进行磋商。该生产线已开始建设，是目前当地正在规划中的唯一一条浮法玻璃生产线，预期完成后日熔化量为600 吨。

8. 万达体育加速布局耐力运动领域全资收购 CGI 公司

近日，万达体育旗下的世界铁人公司（IRONMAN）宣布将全资收购 Competitor Group HoldinGS，Inc（简称“CGI”）。在本次收购完成之后，万达体育耐力运动的版图将增加重量级 IP，这将进一步巩固万达体育作为世界耐力运动领导者的地位。

9. 欢聚时代宣布完成对 BIGO 收购总交易额约 14.5 亿美元

欢聚时代宣布完成对海外视频社交平台 BIGO（BIGO Technology Pte. Ltd.）的全资收购。在本次交易中，欢聚时代收购 BIGO 余下约 68.3% 的所有已发行和在外流通的由其他股东持有的股份，其中也包括欢聚时代董事长兼代理首席执行官李学凌持有的 BIGO股份，总交易额约 14.5 亿美元。

10. 赛科物流收购美国货运公司 GoodShip 国际

3 月 5 日，亿电子商务与货运物流公司赛科物流收购了美国一家独立的货运公司 GoodShip 国际。赛科物流表示，收购 GoodShip 国际公司旨在通过拓展全球足迹、建立战略合作关系、收购货运与科技企业，加速推进公司的全球化战略。

11. 顺丰 400 万美元战略投资缅甸物流公司 KOSPA 获 25% 股份

顺丰战略投资缅甸物流公司 KOSPA 25% 股份，值得关注的是，顺丰此次战略投资也为中缅贸易带来了更多可能的合作机会。两国政府正在中缅边界沿线建立多个“经济合作区”，两国经济联系不断加深，贸易数量和金额也不断增长。

12. 剑桥科技拟收购国际领先光器件生产企业 Oclaro Japan

3 月 5 日，剑桥科技早间公告，公司与 Lumentum Holdings Inc. 及其下属的 Oclaro Japan，Inc. 于 2019 年 3 月 5 日（美国当地时间 4 日）签署了收购协议及附属协议，由公司或公司指定的附属公司以现金方式收购 Oclaro Japan，Inc. 的部分经营性资产、人员和业务。

13. 东南亚打车软件巨头 Grab 完成 45 亿美元融资，平安资本参投

3 月 6 日，据外媒报道，总部位于新加坡的东南亚打车软件巨头 Grab 周三表示，已获得软银愿景基金 14.6 亿美元新注资，平安资本参与投资。收到该笔融资后，Grab 正在进行的 H 轮融资达到了 45 亿美元。目前本轮融资尚未结束，目标是筹集 50 亿美元。

14. 上海莱士收购交易方案调整为仅收购 GDS 45%股权

上海莱士公告，收购交易方案调整为仅收购 GDS 45% 股权（原拟收购 GDS 全部或部分股权及天诚德国全部股权），交易作价由 391.14 亿元调减为 132.46 亿元。

15. 天图投资接手全球第二大酸奶品牌优诺在华业务

通用磨坊（General Mills）已与旗下酸奶品牌优诺（Yoplait）达成协议，将其在华业务出售给天图投资。通用磨坊中国官方发布消息称，通用磨坊已与旗下酸奶品牌优诺达成协议，将其在华业务出售给天图投资。

16. 腾讯追加投资印度在线教育巨头 Byju

根据 paper. vc 披露的文件显示，Byju 又获来自腾讯和 General Atlantic 的价值 1073 万 - 1144 万美元的融资。此前，Byju 在 2017 年 8 月获得过去年 12 月，Byju's 刚刚完成由 Nasper 领投的 5.4 亿美元融资。

17. 品钛收购澳洲 InfraRisk 互补兼容加持"SAAS +"长板

3 月 11 日，金融科技解决方案提供商品钛（PINTEC，Nasdaq：PT）官宣，全资收购澳大利亚知名信贷管理软件服务商 InfraRisk Pty Ltd.，（InfraRisk）。品钛是一家金融科技 SaaS 服务商，为金融与商业机构提供消费金融、小微信贷、智能投顾等解决方案。

18. 传启明创投将领投新加坡经济酒店平台 5000 万美元融资

据 Tech in Asia 援引消息人士报道，总部位于新加坡的经济型酒店创业公司 RedDoorz 正在进行高达 5000 万美元的 B 轮融资，消息人士称此轮融资将由中国风险投资公司启明创投领投。

19. 美国明确反对三峡集团 108 亿美元收购葡萄牙电力公司

3 月 15 日，美国明确表示反对中国三峡集团收购葡萄牙最大电力公司案，提醒目前欧洲对中国投资最开放的国家葡萄牙面对中国的投资应具有的独立性。目前，中国三峡尚未正式提交 90 亿欧元的收购计划。美国驻葡萄牙大使强调有关的谈判似乎没有进展。

20. 伊利收购新西兰 Westland

3 月 19 日消息，伊利股份发布公告称，内蒙古伊利实业集团股份有限公司全资子公司香港金港商贸控股有限公司收购新西兰乳企 Westland 100% 的股权，股权总对价不超过 2.46 亿新西兰元（约合人民币 11.31 亿元）。公告称，Westland 公司为新西兰第二大乳业合作社，其原奶供应量占新西兰原奶供应总量约 4%，旗下产品销往 40 多个国家和地区。

21. 宝宝树投资印度母婴互联网平台 Healofy，开启海外市场布局

3 月 20 日消息，宝宝树（01761. HK）宣布已于近日完成对印度知名母婴互联网平

台 Healofy 的 A 轮融资领投，蚂蚁金服参与发起的 BAce Capital，与 eBay 创始人发起的知名基金 Omidyar Network 参与跟投，各投资人合计投资总额近千万美金。这是继宝宝树投资微信生态两大头部年轻家庭服务品牌爸妈营、Momself 后，再次以资本加快母婴家庭生态布局，同时也意味着其全球化之路取得了标志性的新进展。

22. 投资公司淡马锡拟出售 10%屈臣氏股份，腾讯阿里或将竞购

3 月 20 日上午消息，据彭博知情人士透露，包括中国互联网巨头腾讯在内的一个财团正考虑竞购淡马锡拟出售的屈臣氏股份。知情人士称，淡马锡寻求通过出售所持屈臣氏约 10%股份获得大约 30 亿美元资金。淡马锡考虑出售的股份略低于其所持 25%股权的一半。

23. 凯泰资本投资美国 Forkhead，布局糖尿病医疗

3 月 20 日讯，美国 Forkhead BioTherapeutics 于 3 月份完成 pre－A 轮融资。该轮融资由凯泰资本、维亚生物及个人投资者共同投资。Forkhead 成立于 2017 年，利用内源细胞命运转换和再生，开发提高患者生活质量的变革疗法。公司成立初期关注胰岛素依赖型糖尿病的口服疗法。

24. 北京银行拟与荷兰安智银行设合资银行

3 月 21 日，北京银行（601169. SH）发布公告称，该行 3 月 21 日召开的 2019 年第一次会议董事会决议，通过《关于与 ING Bank N. V. 设立合资银行的议案》及《荷兰安智银行股份有限公司与北京银行股份有限公司中外合资经营合同》。

25. 阿里巴巴超 1000 万美元收购以色列 AR 初创公司 InfinityAR

3 月 25 日讯，根据报道，阿里巴巴收购了以色列初创公司 Infinity Augmented Reality，阿里巴巴在三年前开始投资该公司。据报道，InfinityAR 将加入阿里巴巴旗下的以色列机器视觉研究实验室，交易价格或逾 1000 万美元。

26. 华为不顾美国压力增加投资美英大学

华为（Huawei）正在加大力度投资海外大学，尽管美国立法者向学术机构施压，要求其断绝与这家中国电信设备制造商的联系。最近几个月，斯坦福（Stanford）和牛津（Oxford）等多所美英精英大学断绝了与华为的联系，并拒绝接受华为资助，此前，美国政府提出刑事起诉，指控华为窃取美国技术，并违反美国对伊朗的制裁。

27. 九城与法拉第未来签约建合资公司出资 6 亿美元

3 月 25 日上午消息，互联网企业第九城市今日确认，已经透过旗下子公司与总部位于美国加州的法拉第未来公司签订协议，双方共同建立合资公司，在中国制造、营销及运营电动汽车。根据合资公司协议条款，九城将以三个等额分期向合资公司注资最高达 6 亿美元。

28. 泰嘉股份 3900 万元收购德国百年锯条企业 AKG 28.02%股份完成

3 月 23 日，泰嘉股份公告，泰嘉股份此次并购 AKG 已完成。公司设立于荷兰的全资孙公司，拟以自筹资金对德国 AKG 公司增资 490 万欧元（折合人民币约 3900 万元），占增资后 AKG 公司合伙权益的 28.02%。AKG 公司是一家拥有 200 年历史的德国制造企业，主营各类锯及其配件的生产、销售，2017 年实现营收 2 亿元人民币。

29. 吉利将购买戴姆勒旗下 Smart 一半股权

据英国《金融时报》报道，戴姆勒（Daimler）计划将旗下子公司 Smart 50% 股权，出售给最大股东——中国吉利（Geely）汽车。知情人士称，双方目前洽商顺利，预计将会在下月的上海车展前得到确认。

30. 欧菲科技拟在印度设立子公司首期投资规模为 3180 万元

3 月 26 日消息，深交所上市公司欧菲科技今日发布公告称，拟在印度设立子公司，首期投资规模为 3180 万元。欧菲科技表示，在印度设厂可以更好地满足公司全球化发展战略和国内外一线客户海外业务需求，有利于公司贴近和服务客户，响应其供应链配套需求。

31. 东软医疗收购国际高端探头制造商 HS

3 月 28 日，据东软医疗官方微信消息，东软医疗 3 月 25 日宣布，正式控股韩国 Humanscan（简称“HS”），已与后者签署投资协议。据 HS 官网信息，HS 一直致力于单晶用于医用超声换能器的研究。1980 年其成功研制出世界上第一个 PMN - PT 单晶心脏传感器。

32. 蚂蚁金服领投 BLUE Mobile C 轮融资

东南亚新零售 + 新金融平台 BLUE Mobile（简称“BLUE”）近期完成了由蚂蚁金服领投、愉悦资本跟投的 C 轮融资。本轮融资后，BLUE 将和 Truemoney、Dana、Lazada 和 Tokopedia 等公司开展合作，丰富移动支付使用场景，联合打造基于移动支付的生态。Dana 是由蚂蚁金服和印度尼西亚 Emtek 集团联合推出的电子钱包，Lazada 和 Tokopedia 为阿里在印度尼西亚投资的电商平台。

33. 中芯国际 1.13 亿美元出售晶圆代工厂 LFoundry 获利一倍

3 月 31 日晚间，中芯国际官网发布公告，将所持有的 LFoundry 70% 股权转让给江苏中科君芯科技有限公司，售价为 1.13 亿美元，交易预计将于 2019 年 6 月底完成。中芯国际基于自身运营与未来整体发展的考虑，决定出售意大利工厂 LFoundry。该交易的好处在于使中芯国际管理层可以集中着眼于公司的未来发展，以及从该业务投资中获得正面投资回报。

2019 年 4 月

1. 赣锋国际全资子公司认购阿根廷 Minera Exar 公司部分股权

4 月 2 日消息，深交所上市公司赣锋锂业昨晚发布公告称，赣锋国际全资子公司认购阿根廷 Minera Exar 公司部分股权。

2. 德国 ITM 与联影达成战略合作

德国 ITM 股份有限公司（Isotopen Technologien München AG，简称“ITM”）与联影医疗技术集团有限公司（简称“联影”）联合宣布，双方正式签订战略合作协议，将在市场、销售、成像及相关产品等方面开展合作，携手为中国及全球市场客户提供创新产品与优质服务。

3. 绿城服务收购澳洲幼教集团 56%股权，发展早幼教相关教育业务

绿城服务上周发布公告称，附属 Greentown Education 拟以代价 6720.4 万澳元收购 Montessori Academy Group Holdings Pty Ltd（目标公司）56%股权，完成后，目标公司将成为公司的间接非全资附属公司。

4. 海思科拟投资 eXIthera 并获抗血凝产品许可权

4 月 2 日讯，近日海思科发布公告称，其同意全资子公司四川海思科与美国公司 eXIthera 签署 *Stock Purchase Agreement* 及 *Exclusive License Agreement*，拟使用 600 万美元认购 eXIthera 发行的 278.7068 万股普通股，并获得其产品 EP-7041 在中国境内的独家许可。

5. 腾讯拟领投 ShareChat，与头条竞争蔓延至全球市场

4 月 2 日，Livemint 援引知情人士消息，印度内容和社交网络应用 ShareChat 正在与腾讯接洽，计划融资 2 亿美元。若融资顺利，ShareChat 估值将升至 6 亿～7 亿美元。ShareChat 是目前印度最热门的初创公司之一，致力于获取来自印度较小城市和农村的下一拨 10 亿互联网用户。

6. 继峰股份拟 39.56 亿元收购格拉默 84.23%股权进军全球座舱系统

继峰股份发布重组草案，公司拟购买宁波继烨投资有限公司 100%股权的重组方案发生重大调整。2018 年 5 月 29 日，继烨投资通过其境外子公司继烨（德国）公告了要约收购德国上市公司格拉默。格拉默主要业务领域囊括乘用车座椅扶手、座椅头枕、中控系统以及商用车的座椅系统，为全球领先的车辆座椅内饰细分行业供应商。

7. 小米和顺为资本或 719 万美元投资公交车实时信息提供平台 Chalo.com

4 月 9 日消息，知情人士表示，小米和顺为资本有可能以 719 万美元的价格买入 Chalo.com 10%的股权。该笔交易的背后原因或在于小米想要增强其在印度移动应用领域的地位。据悉，这笔交易完成后，Chalo.com 的几位早期投资者预计会退出。但小米

公司发言人拒绝对该笔交易进行评论。

8. 德国大众与赣锋锂业签订《战略合作备忘录》

4 月 9 日讯，江西赣锋锂业股份有限公司 4 月 8 日发布《关于与德国大众签订战略合作备忘录的公告》称，赣锋锂业已与德国大众签订《战略合作备忘录》。根据此备忘录，赣锋锂业未来 10 年将向德国大众及其供应商供应锂化工产品，双方建立长期战略合作关系，赣锋锂业将对德国大众的电动汽车计划产能和成本提供锂关键原材料的安全供应保障。

9. 西王集团联合住友 5 亿美元收购澳粮食公司，西王拟持股 80%

西王集团与日本住友会社于近日签署了联合收购澳大利亚艾莫德粮食公司（Emerald Grain Pty Ltd）备忘录，项目总投资 5 亿美元，西王集团计划持股 80%。计划 3 年内达到 800 万吨粮食贸易规模。尤其将根据中国需要进口相关品种，利用西王集团的国内网络，将澳大利亚高品质粮食进口到国内，保证国内粮食需求。

10. 中集收购加拿大 DME 优质资产，进军北美精酿啤酒市场

4 月 11 日，中集集团旗下能化及食品装备上市公司中集安瑞科（3899. HK）宣布，斥资收购加拿大知名酿酒装备制造商 Diversified Metal Engineering 集团旗下优质的精酿啤酒业务相关资产，以打开北美精酿啤酒工程市场的大门，从而完善其全球啤酒装备业务布局。

11. 新奥股份终止收购东芝美国 LNG 公司

4 月 11 日晚间，新奥股份宣布终止购买东芝美国液化天然气（LNG）公司 100% 股权。这意味着，新奥股份继 7.5 亿美元入股澳大利亚第二大油气公司桑托斯（Santos）后的首次海外天然气上游收购已无疾而终。公告称，根据相关约定，新奥股份不承担相应的违约责任。

12. 丰田向中国初创企业奇点汽车出售电动汽车技术

据外媒报道，丰田汽车公司已同意向奇点汽车出售电动车技术，这是该公司与中国电动汽车初创企业达成的首个交易。此举将使奇点汽车公司加快开发计划中的迷你电动车。

13. 苹果供应商 JDI 获得中国财团 48 亿元投资

4 月 18 日，苹果公司显示面板供应商 Japan Display Inc（JDI）近期宣布，将从中国投资方和公司股东获得 1170 亿日元（约合 70 亿元人民币）的注资。来自中国的投资方包括了嘉实基金（Harvest Fund）和台湾地区的触控面板厂商宸鸿科技（TPK Holding），双方将通过购买股票和债券的形式对 JDI 投资 800 亿日元（约合 48 亿元人民币）。剩余部分投资将由 JDI 原有股东承担。

14. 特步拟 18 亿元收购韩国衣恋旗下品牌盖世威

特步国际正收购韩国衣恋旗下美国加州品牌盖世威（K – Swiss），以提升在海外市场的竞争力，交易规模约为 3000 亿韩元（约合 2.681 亿美元）。盖世威创办于 1966 年，是全球最负盛名的专业网球鞋类和服装品牌之一。特步的海外市场布局加速起步，鉴于具备与国内消费者相似的背景和文化，特步扩展印度、泰国即越南等亚洲市场，2019 年或将在中东和中亚探索商机。

15. 歌尔股份子公司以 9 亿元收购 MACOM HK 51%股权

4 月 25 日消息，深交所上市公司歌尔股份昨晚发布公告称，该公司子公司以 9 亿元收购 MACOM HK 51% 股权。

16. 腾讯参股阿根廷移动支付公司 Uala

腾讯控股入股阿根廷移动支付应用 Uala，加入高盛和亿万富翁乔治・索罗斯、史蒂夫・科恩的行列。Uala 创始人兼首席执行官 Pierpaolo Barbieri 称，来自腾讯的股权投资将用于该公司在阿根廷的继续发展。

17. 亿腾医药 3.75 亿美元收购礼来抗生素及工厂

美国药厂礼来（Eli Lilly）将向中国亿腾医药出售两种在中国已过专利权的抗生素，以及在苏州的一家工厂，涉资 3.75 亿美元。交易预计最快于 2019 年底完成，中国亿腾医药会先预付 7500 万美元。

18. 携程将与 Naspers 股权置换，成印度第一大 OTA 最大股东

4 月 26 日讯，携程集团宣布和 Naspers 达成协议，将发行新股，交换后者所持有的印度在线旅游企业 MakeMyTrip 股票。与此同时，携程将以一部分 MakeMyTrip 的普通股和 B 类普通股入股一家第三方投资基金。

19. 诺基亚贝尔与中国一汽签署战略合作备忘录

4 月 29 日，诺基亚贝尔宣布与中国一汽签署战略合作备忘录，联合开展智慧网联车辆、工业物联网（IIoT）、智能制造及数字化转型等方面的研发。根据协议，诺基亚贝尔将为一汽长春生产基地部署 5G 试验网，用以支持自动驾驶及网联车辆应用研发。此外，诺基亚贝尔还将与一汽合作开发数据中心、云、大数据及 5G 网络切片等重要解决方案，助力一汽加快数字化转型。

20. 伊利进军东南亚，子公司收购泰国最大冰激凌商完成交割

4 月 27 日，伊利股份宣布其全资子公司金港控股收购泰国本土最大的冰激凌商 CHOMTHANA 已于日前完成股权交割，交易价格约为 7250.4 万美元（初始对价的 90%）。交割完成后，金港控股持有 CHOMTHANA 96.46% 的股权，成为该公司新控股股东。

21. 中国中铁恢复收购马来西亚大马城 60%股权

中国中铁称，和一家马来西亚公司所组联营体与马来西亚政府签订框架协议，恢复参与收购马来西亚吉隆坡大马城项目，并维持原有收购价及股权结构。该联营体原计划收购该项目 60% 股权，却于 2017 年遭单方面中止协议。该项目占地约 200 万平方米，据规划拟发展商业、旅游和住宅等综合项目。

2019 年 5 月

1. 泛海控股集团 27 亿美元收购加拿大第二大房贷保险商

一家中资企业三年前宣布收购北美房贷按揭保险商的计划，但是因为加拿大政府的国家安全担忧，交易至今尚未获批准。据《环球邮报》报道，2016 年 10 月，Genworth Financial Inc. 宣布以 27 亿美元的价格，由中国泛海控股集团收购。Genworth 的股价在这项交易宣布之前的两年下跌了 72%，主要是因为其长期护理保险业务的亏损。

2. 中国私募基金又将收购华裔设计师品牌 Jason Wu 多数股权

中国私募基金盈港资本（Green Harbor）宣布完成对 JWU 的多数股权收购；而 JWU 是 Jason Wu 同名设计师品牌的母公司。

3. 华为计划在英国建芯片厂，已在剑桥购 513 英亩土地

5 月 5 日，华为向《21 世纪经济报道》记者表示："华为最近在英国剑桥购买了 513 英亩土地，计划未来 5 年，建设和运营光器件的研发、制造基地，面向全球提供光器件和光模块。"

4. 传上汽集团欲收购德国大陆公司动力总成事业部

据内部人士爆料，上汽集团有意收购德国大陆公司动力总成事业部，双方就收购事宜已经有初步的接触。对于此事，业界人士也曾向大陆集团相关人员求证，但对方表示"尚未听说此事"。

5. 松下电器（Panasonic）宣布与钧石（中国）达成合作与收购协议

5 月 9 日午间，松下电器（Panasonic）在日本宣布与钧石（中国）能源有限公司［以下简称"钧石（中国）］"达成太阳能技术领域的合作与收购协议。根据协议，钧石（中国）将全面收购松下先进异质结（HIT）技术马来西亚太阳能工厂，并合作设立专注于高效异质结技术研发与应用的新公司，其中钧石（中国）将拥有新公司 90% 股权，松下电器则继续持有剩余 10% 股权。

6. 吉利与戴姆勒合资设立网约车公司完成注册，注册资本 17 亿元

5 月 9 日，吉利科技集团有限公司与戴姆勒旗下移动服务公司 Daimler Mobility Services GmbH 成立合资公司——蔚星科技有限公司。新公司由吉利与戴姆勒移动公司各自认缴出资 8.5 亿元，共计投资 17 亿元，双方各占 50% 股权。吉利创始人李书福持有吉

利科技集团有限公司91%的股份，其儿子李星星持股9%。

7. 国轩高科子公司与 Tata 拟在印度设立一家合资公司

5月14日消息，深交所上市公司国轩高科日前发布公告称，子公司与 Tata（Tata AutoComp）拟在印度设立一家合资公司。其中合肥国轩以现金出资4000万印度卢比，Tata AutoComp 以现金出资6000万印度卢比，合资公司成立后，合肥国轩将持有40%的股权，Tata AutoComp 持有60%的股权。

8. 招商局合资公司收购全球最大浅水自升式平台运营商 Shelf Drilling

华商国际海洋能源科技控股有限公司（CMIC Ocean En－Tech Holding Co.，Ltd）近日宣布，公司联合战略股东招商局长城海洋科技战略发展产业基金（海洋科技基金）通过双方旗下各占50%股权合营公司 Wealthy Marvel Enterprises Limited（WME），已完成与全球最大浅水自升式平台运营商 Shelf Drilling 的系列交易。

9. 昭衍新药首次海外并购拟1.9亿元收购美国同行

本次交易以剥离持续亏损的疫苗业务为前提，即交割时 Biomere 公司将仅仅拥有 CRO 业务。5月17日晚间，昭衍新药披露其上市以来首个海外并购项目，公司拟支付2728万美元（约合1.89亿元人民币）收购 BIOMEDICAL RESEARCH MODELS，INC.（简称“Biomere 公司”）100%股权，资金来源为上市公司自有资金。

10. 美满科技拟6.5亿美元收购 Avera 半导体，预计2020财年底完成

美满科技是当地时间周一，在官网宣布拟6.5亿美元现金收购 Avera 半导体的，美满科技已同格罗方德半导体股份有限公司就收购 Avera 半导体达成了明确的协议。根据双方达成的收购协议，如果未来15个月的特定业务状况达到了要求，美满科技就需要再向格罗方德半导体支付9000万美元的现金，这样其收购价格就将提升至7.4亿美元。

11. 腾讯收购《全境封锁》，瑞典工作室打算开发另类游戏 IP

Sharkmob 工作室是育碧两年前为《全境封锁》创立的瑞典工作室，今天，Sharkmob 工作室官推宣布，他们已被腾讯收购，但未公布收购金额。同时还有消息称该工作室正开发多个项目，其中包括腾讯想开发的另类经典游戏 IP。

12. 和硕拟在印度尼西亚投资最多10亿美元为苹果生产芯片

5月28日消息，据国外媒体报道，印度尼西亚工业部副部长 Warsito Ignatius 周二表示，中国台湾电子企业和硕（Pegatron）已签订意向书，拟对一家印度尼西亚工厂投资10万亿～15万亿卢比（6.95亿～10亿美元），为苹果的智能手机生产芯片。

13. 传印度短视频社区 VMate 获阿里亿美元级投资

5月28日消息，有阿里内部人士向 TechWeb 透露，阿里投资了印度短视频社区产品 VMate，投资金额在亿美元级投资。融资完成后，VMate 将与钉钉、天猫精灵、阿里

人工智能实验室、AliOS 等共同列入阿里巴巴创新业务事业群。

14. 华为启动韩国 5G 开放实验室，计划投资约 500 万美元

5 月 30 日消息，据国外媒体报道，今日，华为在韩国启动了一个 5G 无线网络开放实验室。据悉，华为将向这座位于首尔中区的实验室投资约 500 万美元。华为此次启动活动较为低调，并未透露具体位置，也没有邀请媒体参加启动活动。

15. 恒大收购英国轮毂电机公司 Protean

5 月 30 日晚间，恒大健康（00708. HK）公告，恒大附属公司 NEVS 与英国轮毂电机公司 Protean 在伦敦签订协议，恒大以合并方式全资收购该公司，Protean 将合并入 NEVS 的附属公司 Virtue Surge。

2019 年 6 月

1. 恒林股份拟逾 4 亿元收购瑞士 FFL

6 月 2 日晚公告，为有效规避国际贸易壁垒，推动椅业产业转型升级，更好拓展欧洲市场，公司全资子公司美家投资在瑞士设立全资子公司 Heng，Heng 尚处于设立过程中。Heng 于 5 月 31 日签署股权买卖协议，拟以现金方式合计 6388 万瑞士法郎（折合人民币约 4. 38 亿元）购买瑞士 FFL 100% 股权。FFL 是瑞士领先的专业办公环境解决方案提供商及办公家具制造商。

2. 山东如意收购以色列创新成衣制造商 Bagir 的交易再度推迟至 6 月中旬

山东如意以 1650 万美元的价格收购了 Bagir 扩大发行后 54% 的股本，成为该公司的第一大股东。如今山东如意仍未能履约，并请求将交易期限再次推迟至 2019 年 6 月 18 日。

3. 腾讯领投英国初创企业 True Layer 一轮 4000 万美元融资

北京时间 4 日讯，据英国《泰晤士报》援引知情人士的消息报道，腾讯正在领投 True Layer 的一轮 4000 万美元融资。淡马锡很可能参与此轮融资。融资最早可能本周公布。

4. 哈啰出行与德国巴斯夫、中国移动等战略合作

哈啰出行与巴斯夫集团、中国移动、东磁集团、欣旺达集团和比克集团在研发、生产、运维等层面达成战略合作。各方将共同推进产品零部件的标准化、升级各渠道管理流程，共同深入研发、创造新的智能化产品等。

5. 腾讯放弃收购韩国游戏公司 Nexon

据韩媒消息，在 5 月 31 日结束的韩国游戏公司 Nexon 出售案中，参与竞标的五家公司是 Kakao、Netmarble、MBK Partners、KKR 与贝恩资本，腾讯公司并未出现在此轮名单上。Nexon 旗下的 Neople 是《地下城与勇士》等游戏的开发商。

6. 华为 5000 万美元收购一家俄罗斯安防技术公司

据俄罗斯国家媒体报道，华为目前已经完成对一家名为 Vokord 的莫斯科安防技术企业的收购，收购耗资 5000 万美元，主要目的是该公司在人脸识别系统方面的技术专利与研发人才。有消息称，技术专利，是华为此次收购的最大目标。

7. 阿里与俄三巨头成立合资公司中石化签署天然气协议

6 月 5 日周三，阿里巴巴集团与俄罗斯主权财富基金直接投资基金（RDIF）、俄罗斯最大社交和 IT 集团 Mail. ru，以及俄罗斯综合电信运营商 MegaFon 宣布成立新合资公司 AliExpress Russia JV，并签署具有约束力的协议。多方将整合资源打造一个在俄罗斯与独联体国家领先的社交电商平台。

8. 闻泰科技收购安世半导体获批，A 股最大半导体收购案完成

6 月 5 日下午消息，闻泰科技发布公告称，证监会对闻泰科技发行股份及支付现金购买资产并募集配套资金暨关联交易事项（以下简称“本次重大资产重组”）进行了审核。根据会议审核结果，本次重大资产重组事项获得有条件通过，公司股票 6 月 6 日复牌。

9. 传平安集团秘密收购在线教育独角兽 iTutorGroup

6 月 12 日消息，据 36 氪报道，中国平安保险集团正在对在线教育独角兽公司 iTutorGroup 进行股权收购，交易金额约 5 亿美元。消息人士称，平安集团接管后，iTutorGroup 将作为平安旗下子公司独立运营。

10. 吉利汽车与 LG 化学组建合资公司生产及销售电动汽车电池

6 月 13 日消息，吉利汽车昨晚发布公告称，与 LG 化学组建合资公司，生产及销售电动汽车电池。吉利汽车公告称，于2019 年6 月 12 日，上海华普国润（吉利汽车间接拥有 99% 权益的附属公司）与 LG 化学订立合营协议，据此，订约各方同意成立合营公司，主要从事生产及销售电动汽车电池。

11. 美年健康海外扩张战略提上日程 15. 0 亿元增资境外孙公司

美年大健康产业控股股份有限公司将自筹资金向全资子公司美年大健康产业（集团）有限公司（以下简称“美年大健康”）增资 8 亿元，本次增资完成后，美年大健康注册资本将从 7. 10 亿元增至 15. 10 亿元。

12. 上峰水泥：子公司拟 2753 万元收购境外公司股权

上峰水泥公告，公司境外子公司上峰 ZETH 水泥拟以 2. 44 亿索姆（约 2753 万元人民币）收购 ZETH 新标准 82% 股权。ZETH 新标准未开展经营业务，其主要资产为持有吉尔吉斯斯坦首都比什凯克一块 11. 5 公顷土地的使用权，收购有利于推进公司在吉国项目的建设实施步伐。

13. 洛阳钼业拟 4.7 亿美元收购刚果铜钴矿区所有者 BHR 全部股权

洛阳钼业（03993）公布，于 2019 年 1 月 18 日，该公司全资附属公司洛钼控股拟向 BHR Newwood 购买目标公司 BHR Newwood DRC Holdings Ltd. 全部已发行及发行在外的股份。经公司与 BHR 股东的公平磋商，洛钼控股与 BHR 于 2019 年 6 月 19 日签订 BHR DRC 终止协议，据此，BHR DRC 股份转让协议及其项下拟进行的 BHR DRC 股权收购立即终止。

14. 苏宁 48 亿元收购家乐福中国 80%股份

6 月 23 日，苏宁易购公告称，公司全资子公司苏宁国际拟出资 48 亿元收购家乐福中国 80% 股份。本次交易完成后，苏宁易购将成为家乐福中国控股股东，家乐福集团持股比例降至 20%。苏宁易购将进一步完善全场景、全品类布局，增强在大快消品类的市场竞争力，为用户带来更场景化、更有价值的购物体验。

15. 天马微电子拟投资设立印度子公司

6 月 23 日消息，深交所上市公司、半导体显示技术公司天马微电子（证券简称“深天马 A”）日前发布公告称，拟投资设立印度子公司。

16. 丝路基金收购 ACWA 49%股份

6 月 23 日讯，根据一份通过电子邮件发送的声明，总部位于北京的丝路基金收购 ACWA Power 旗下可再生能源公司 49% 的股份。总部设在沙特阿拉伯利雅得的电力和海水淡化供应商 ACWA 同意丝路基金作为可再生能源合作伙伴加入。ACWA Power Renewable Energy Holding Ltd. 计划在阿联酋、南非、约旦、埃及和摩洛哥开展太阳能和风能业务。

17. 如意集团临时停牌，宣布将收购多个轻奢服装品牌

据时尚商业快讯，如意集团发布公告称，为完善纺织服装产业链，充分发挥品牌拉动效应，将公司打造成国际化的轻奢时尚品牌运营平台，公司拟向间接控股股东北京如意时尚投资控股有限公司购买其控制的 Gieves & Hawkes、Kent & Curwen、Cerruti 1881、D'URBAN 及雅格狮丹等深受消费者青睐的国际高端服装品牌。

18. 宁德时代：拟对欧洲项目增加投资，投资总额不超过 18 亿欧元

6 月 26 日消息，宁德时代新能源科技股份有限公司对外发布公告称，于 2018 年 7 月 9 日召开第一届董事会第二十六次会议审议通过了《关于建设欧洲生产研发基地的议案》，同意在欧洲建设动力电池生产研发基地，增加后项目投资总额将不超过 18 亿欧元（含原预计投资额 2.4 亿欧元，最终项目投资总额以实际投资为准）。

19. 缔脉并购美国临床 CRO Target Health 公司

近日，缔脉宣布收购了美国临床 CRO Target Health 公司。缔脉的这次美国并购将

助力中西方生物制药与医疗器械公司，加速中美临床试验的国际化、同时保持国际标准并快速进入中美两大世界级药物与器械市场。

20. 中信金属同意完成对艾芬豪矿业的6.12亿加元投资

加拿大艾芬豪矿业公司 Ivanhoe Mines（TSX：IVN）近日确定，将获得来自其最大股东——中国国有企业中信金属（CITIC Metal）的一笔额外的6.12亿加元（4.64亿美元）的投资款，用于在刚果民主共和国建设一座巨型铜矿。

21. 嘉实基金将向JDI注资3亿美元，宸鸿光电退出

日本显示器公司（JDI）28日证实，中国大陆的嘉实基金（Harvest Fund）集团将向其注资3亿美元，其中1亿美元来自苹果。由嘉实基金和中国香港绿洲管理公司等组建的企业联盟最多筹集800亿日元。该联盟原定在27日之前就是否注资做出决定。同时中国台湾触控板生产商宸鸿光电（TPK Holding）已经退出计划注入现金以挽救 Japan Display 的投资者财团。宸鸿光电也是苹果公司的供应商。

2019年7月

1. 泰格医药全资子公司购买控股孙公司 Tigermed – BDM Inc. 45%股权

7月1日讯，泰格医药全资子公司香港泰格医药科技有限公司拟于与公司控股孙公司 FRONTAGE LABORATORIES，INC. 签署《股权转让协议》，以自有资金购买其持有的 Tigermed – BDM Inc. 45%股权，本次股权转让完成后，香港泰格将持有美国 BDM100%股权。

2. 诺力股份拟4.19亿元收购欧洲智能物流商 SAVOYE

诺力股份公告显示，公司以现金36，896.31万元受让长兴麟诚99.99%股权，以现金3.69万元受让长兴麟诚0.01%股权，并以现金5,003万元受让长兴诺诚对长兴麟诚所享有的本金额合计为5,003万元的债权以及相关的从属权利；进而达到收购 SAVOYE S. A. 公司全部资产的目的。

3. 腾讯或联合 PayTm 投资印度流媒体服务：金额约1亿美元

7月2日晚间消息，彭博社今日援引知情人士的消息称，腾讯与印度支付公司 PayTm 计划对印度流媒体服务 MX Player 投资约1亿美元。当前，无论是印度国内公司，还是全球其他跨国企业，都在竞相抢占印度蓬勃发展的在线视频市场的一部分。知情人士称，腾讯与 MX Player 的投资谈判已进入最终的冲刺阶段，但特定的投资条款尚未敲定。

4. 光大旗下物业公司7.2亿元收购伦敦时装学院校区

据《英中时报》援引消息人士透露，中国光大集团旗下地产物业公司光大永年将斥资8200万英镑（约合7.2亿元人民币）收购英国伦敦市中心的一个房地产物业，地址为272 High Holborn，位于伦敦一区，紧邻大英博物馆和 Covent Garden，目前出租给

伦敦艺术大学的伦敦时装学院。

5. 香港健合集团收购英国护肤品牌 Aurelia

香港健康消费品集团 H&H Group（健合集团）收购了英国护肤品牌 Aurelia Probiotic Skincare（以下简称“Aurelia”），但没有公布详细的交易条款。这次交易后，Aurelia 将继续在英国运营，Claire Vero 也将继续在董事会留任，并将在研发和新产品开发方面发挥“主导”作用。

6. 印度头部社交音频平台 Headfone 获复星锐正资本投资

7 月 9 日，印度社交音频平台 Headfone 宣布获得复星锐正资本投资。作为印度头部音频平台，此轮融资后，公司将专注于团队的快速搭建，产品和内容结构的丰富和完善，并将持续扩大用户规模。

7. 东南亚母婴平台 theAsianparent 获复星锐正 C 轮投资

东南亚最大在线母婴类平台 theAsianparent 宣布，公司已完成数百万美元 C 轮融资，本次融资由复星锐正资本、复星母婴与家庭产业集团、京东、ATM Capital 等机构投资。本次融资后，公司将加速新市场业务的拓展，为全球更多女性提供安全可靠的社交空间。

8. 腾讯参与印度金融科技创企 NiYO 的 3500 万美元 B 轮融资

印度数字银行初创企业 NiYO Solutions 通过维港投资、腾讯和现有投资者 JS Capital，进行了一轮 3500 万美元的 B 轮融资。最新一轮融资所得资金将被用于加速开发和推出新产品，扩大销售和市场推广，探索扩展进入国际市场。NiYO 目前为约 100 万名用户服务，计划未来 3 年将为 500 万名用户服务。

9. 信威集团携利好复牌，收购马达西奇将获乌克兰反垄断批复

7 月 11 日晚间，在重组停牌 2 年多之后，*ST 信威（600485. SH）终于发布了复牌公告，公司股票将于 2019 年 7 月 12 日（星期五）开市起复牌。公告表示，重组标的北京天骄航空产业投资有限公司（简称“北京天骄”）旗下核心资产为乌克兰企业“马达西奇”股份公司（简称“马达西奇”）。由于境外标的资产涉及军工事项，本次重大资产重组需要取得境外标的资产所在地政府的反垄断审查批复。

10. 朗诗绿色附属收购 Pinnacle West Homes Holding Corp

朗诗绿色集团有限公司创立于 2001 年，中国地产百强企业，是国内领先的绿色开发运营商和生活服务商。朗诗绿色集团（00106. HK）公布，该公司之间接全资附属公司 LandseaHomes of Arizona LLC 成功收购 Pinnacle West Homes Holding Corp.，将全面进入美国亚利桑那州刚需住宅项目市场。

11. 中资与英国最大旅行社谈判 7.5 亿英镑收购协议

英国最大旅行社运营商托马斯·库克集团陷入财务困境，正与有关银行和其最大

的股东中资复星国际谈判。尚待最后确定的协议，将决定复星国际是否收购托马斯·库克的旅游业务。

12. 网易游戏宣布战略投资《黎明杀机》开发商 Behavior

北京时间7月16日上午消息，网易宣布对加拿大最大的独立视频游戏开发商 Behavior Interactive 进行战略投资，持有其少数股权。此项投资结束后，总部位于蒙特利尔的 Behavior Interactive 将继续在该公司总裁兼执行制作人雷米·拉辛（Remi Racine）的领导下独立运作，网易游戏将提名一名董事。

13. 巨人变更重组方案：110 亿元现金收购以色列游戏公司四成股权

7月16日消息，巨人网络（002558）公告称，为加速交易进度、提高交易效率，公司决定变更对以色列高科技公司 Playtika 的重组方案，将交易的支付方式由发行股份变更为现金收购，由收购标的公司 100% A 类普通股变更为收购标的公司 Alpha 回购交易完成后 42.30% 的 A 类普通股。

14. 银河证券总裁陈亮：已完成对马来西亚联昌证券业务的收购

在银河证券中期策略会上，银河证券总裁陈亮表示，在国家加快开放资本市场的背景下，公司正在围绕"一带一路"、大湾区和自贸区建设，建立以银河国际、银河联昌、银河海南、银河广东为基础平台，以东南亚为核心，覆盖亚洲的国际业务体系架构。2019 年，银河已完成了对马来西亚联昌集团证券业务收购的战略布局，海外业务网络延伸至中国香港、新加坡、泰国、印度尼西亚、韩国、印度、马来西亚、英国、美国等 9 个国家和地区。

15. 复星收购的希腊时尚珠宝公司 Folli Follie 重组计划推翻重来

7月16日，会计师事务所普华永道公布了对希腊时尚珠宝公司 Folli Follie（芙丽芙丽）的审计结果。结果显示，2017 财年 Folli Follie 虚报销售额超过 10 亿欧元。与此同时，Folli Follie 2019 年 2 月与一组无担保债权人的协议也宣告失效，公司正在与顾问们合作，希望能够制定出让债权人们满意的重组提案。

16. 南丰集团与 Celltrion 成立合资企业鼎赛医药开发生物类似药

全球领先的生物类似药（Biosimilar）企业韩国 Celltrion 公司与中国香港南丰集团宣布成立合资企业鼎赛医药科技有限公司（Vcell HealthcareLimited），合资公司将专注在中国开发、生产及商业化单克隆抗体生物类似药，致力通过提供世界一流品质、价格优惠的生物类似药产品，服务中国病患未被满足的巨大医疗需求。南丰集团与 Celltrion 同时表示双方将进一步探讨，未来在中国建设一座世界级的生物药生产基地。

17. 北汽集团完成收购戴姆勒 5% 的股权

36 氪获悉，北汽集团宣布，为加强双方长期战略合作投资戴姆勒，目前持有戴姆勒股份公司 5% 股份。本次交易包含 2.48% 的直接持股以及获得额外等同于 2.52% 股份投票权的权利。此前 5 月路透社曾报道称，北汽集团正试图收购戴姆勒 5% 的股权，北汽当时已经通知戴姆勒这一收购行为，并在公开市场上购买戴姆勒的股票。

18. 瑞幸咖啡和 Americana 集团战略合作，共同开拓大中东及印度业务

7 月 22 日瑞幸咖啡与中东地区最大的食品制造及销售公司 Americana 集团签署战略合作框架协议，双方计划共同设立合资公司，在大中东和印度地区开展咖啡新零售业务。双方认为，大中东及印度地区拥有广泛的市场和发展前景，通过合作，瑞幸咖啡将凭借其技术和商业模式走向全球，并与 Americana 集团一起助力大中东及印度地区新零售产业的快速崛起，为该地区的餐饮零售行业带来一次革命性的改变，给消费者带来更好的产品、体验和服务。

19. 抖音收购英国音乐 AI 初创公司

7 月 24 日讯，有消息称，抖音已收购英国 AI 初创公司 Jukedeck，Jukedeck 利用人工智能创作音乐并为视频自动配乐。目前 Jukedeck 已融资 250 万英镑，领投为剑桥创新资本。

20. 恒大健康拟与德国 hofer 成立合营，占合资公司 67%股份

恒大健康（00708.HK）公告称公司全资附属公司已与德国 hofer 订立协议。根据协议，双方同意于德国成立合资企业，集团持有 67% 股权，德国 hofer 持有 33% 股权。合资公司将获得德国 hofer 在动力总成领域的最前沿技术及最顶尖研发制造团队，开发应用全球领先的三合一动力总成核心技术，并在中国打造全球先进的研发生产基地。

21. 新加坡 AI 公司 Trax 获中国厚朴基金 1 亿美元融资

7 月 24 日消息，新加坡计算机视觉技术公司 Trax 获得 1 亿美元 D 轮融资，由中国厚朴基金（Hopu Fund）领投，英国 D. C. Thomson 跟投。此次所得融资将进一步扩张全球业务，且加快其零售解决方案在大众市场的部署。

22. 美国 APOLLO 阿波罗电子烟获乐东资本投资

美国 APOLLO 阿波罗将进军电子烟小烟市场，并获乐东资本投资，美国 APOLLO 阿波罗成立于 2010 年，是一家电子烟油厂。乐东资本创始人杨林科表示，接下来会在营销和融资方面给阿波罗电子烟提供帮助。

23. 贝恩资本合并秦淮数据与 Bridge Data Centres

贝恩资本今天宣布成立泛亚洲数据中心平台，将公司旗下的数据中心运营公司秦淮数据和大规模定制化数据中心运营公司 Bridge Data Centres 合并。合并后的平台将冠名秦淮数据集团，秦淮数据及 Bridge Data Centres 将继续以本名在新设立的母公司下运作。

2019 年 8 月

1. 滴滴与能源企业 BP 成立合资公司，布局新能源车充电网络

8 月 1 日讯，滴滴出行与能源企业 BP 宣布成立合资公司，共同在中国建设开发和运营新能源车充电桩站，为滴滴车主和社会车主提供高效、便利的充电服务。目前，BP 在广州建设的首个桩站已经接入滴滴旗下的小桔充电平台并进行试运营。成立合资公司之后，充电桩站建设和运营将进一步提速。

2. 非洲出行服务公司 GONA 完成数百万美元 Pre－A 轮融资

8 月 2 日消息，非洲出行服务公司 GONA 宣布完成数百万美金的 Pre－A 轮融资，投资方为清流资本、九合创投和 Shaka VC。GONA 创始人兼 CEO 刘晓军表示，本轮融资将用于团队搭建和产品技术升级。GONA 成立于 2018 年底，现阶段通过小巴这一高频场景切入本地出行市场，利用技术手段提升运营效率，同时解决了搭载不便和找零不便的两大出行痛点。团队已于 2019 年上半年充分完成本地化，目前主打拉各斯大都会区的巴士交通业务，每日有数千名活跃用户和近万个交易。

3. 蓝帆医疗拟发行 31 亿元可转债，13.9 亿用来收购并增资瑞士 NVT

8 月 2 日晚间，蓝帆医疗股份有限公司披露董事会预案，公司拟公开发行可转换公司债券（以下简称“可转债”），募集资金总额不超过人民币 31.44 亿元，拟用于公司两大事业部，即心脑血管事业部和防护事业部一系列拓展深化主业发展的项目，赋能现有产业。蓝帆医疗本次募集资金的大头约 13.9 亿元将用来收购总部位于瑞士的经导管介入心脏瓣膜研发生产企业 NVT（New Valve Technology）100% 股权并对其增资。

4. 腾讯与维旺迪进行洽谈欲收购环球音乐集团 10% 股权

8 月 6 日消息据外媒报道，腾讯正就购入环球音乐集团 10% 股权一事与环球音乐集团母公司维旺迪进行洽谈。据悉，本次腾讯的收购总价值将超过 300 亿欧元。与此同时，维旺迪和腾讯还在考虑进行战略商业合作，以帮助环球音乐集团抓住数字化和开拓新市场的增长机会，让更多的年轻歌手得到实现梦想的机会。维旺迪表示，希望双方的合作可以为腾讯和环球音乐创造更多价值。

5. 蔡崇信拟收购篮网全部股份，23.5 亿美元创美体育史纪录

8 月 14 日消息，据《纽约邮报》报道，阿里巴巴联合创始人蔡崇信即将以创纪录的 23.5 亿美元收购布鲁克林篮网队。如今，他将再次从普罗科洛夫手中买下篮网队剩余 51% 的股份。据悉，23.5 亿美元的整体交易价也创下了体育球队的出售价格纪录，超过了对冲基金大佬大卫·泰珀（David TePPer）2018 年收购 NFL 球队卡罗来纳黑豹队所支付的 22 亿美元和蒂尔曼·费尔蒂塔（Tilman Fertitta）在 2017 年收购 NBA 火箭队所花费的 22 亿美元。

2019 年 9 月

1. 为保障上游锂矿资源供应，宁德时代拟 2.6 亿元投资 Pilbara

9 月 4 日消息，深交所上市公司宁德时代（SZ：300750）今日发布公告称，保障上游锂矿资源供应，拟以 2.6 亿元投资 Pilbara。为保障公司上游锂矿资源供应，公司拟通过认购增发股份的方式对 Pilbara 进行战略投资，以每股 0.3 澳元、总价 5500 万澳元。

2. 吉利、戴姆勒 5000 万欧元投资德国飞行汽车

9 月 9 日讯，吉利控股和戴姆勒共同宣布，双方将共同出资 5000 万欧元，领投德国飞行汽车公司 Volocopter 的 C 轮首轮融资。本轮融资后，吉利控股和戴姆勒将各持 10% 股份，均将进入 Volocopter 董事会。

3. 海航投资：14.67 亿元收购美国纽约两地产项目

9 月 10 日，海航投资（000616.SZ）公告，公司拟以现金的方式收购海航投资控股持有的境内合伙企业海南恒兴聚源股权投资基金 92.86% 的基金份额，收购价约 13.94 亿元。收购完成之后，海航投资将持有恒兴聚源的全部股权，两次收购中，海航投资累计花费约 14.67 亿元。

4. 德国邮政子公司与奇瑞成立合资公司，投资 5 亿欧元

9 月 10 日消息，德国邮政股份公司子公司德国斯图歌特有限公司近日与奇瑞控股集团有限公司签订合作备忘录，双方计划总投资 5 亿欧元在中国成立合资公司，建立研发中心，生产销售电动轻型商用车，并进军物流产业链。

5. 鼎晖、新加坡育脑联合完成“乐融儿童之家”亿元投资

9 月 17 日消息，鼎晖投资、新加坡育脑教育集团（Ednovation Pte.）宣布联合完成对“乐融儿童之家”（Learnroom）亿元战略投资。完成本次投资后，乐融儿童之家将进一步加大在早期教育领域教学研发、市场拓展以及团队支持方面的投入。并透露，计划在 2022 年落成全国不少于 150 家校区。

6. 丰田、滴滴的合资公司“丰桔出行”正式成立

9 月 17 日消息，据企查查数据显示，9 月 10 日，丰田、滴滴共同出资的合资公司——丰桔出行（北京）科技有限公司正式成立，法定代表人为滴滴出行副总裁杨峻，注册资本 1.5795 亿美元。公司经营范围包括汽车租赁；销售汽车、汽车零配件；网络预约出租汽车经营等。

7. 上海医药与俄罗斯药企设合资公司，首批引入 6 个生物医药产品

9 月 18 日，上海医药集团股份有限公司（601607.SH）发布公告称，公司正式与俄罗斯生物制药公司 BIOCAD 签订合作协议，双方将设立合资公司 SPH - BIOCAD

（HK）Limited。合资公司作为 BIOCAD 在大中华区的唯一平台，未来将持续引入前沿生物医药产品和生物技术。

8. 腾讯对印度金融科技公司 PolicyBazaar 投资 1.3 亿～1.5 亿美元

在经过了长达几个月的谈判之后，中国互联网巨头腾讯终于投资了印度金融科技初创公司 PolicyBazaar。根据两位熟悉这个交易细节的消息人士透露，腾讯对 PolicyBazaar 的母公司 Etechaces Marketing and Consulting 投资了 1.3 亿～1.5 亿美元的资金。

2019 年 10 月

1. 物美入主麦德龙中国：拿下合资公司 80%股权

10 月 11 日晚间，德国连锁超市巨头麦德龙集团和物美科技集团联合宣布，双方已达成最终协议，并将成立合资公司。根据该协议，物美集团将在合资公司成立初期持有 80% 的股份，麦德龙集团将持有 20% 股份。

2. 国网将收购美国电力公司智利业务，作价逾 150 亿元

据国家电网官方网站消息，日前，国家电网与美国桑普拉能源公司（Sempra Energy）签署了股权购买协议，正式收购其持有的智利切昆塔集团公司 100% 股权。该项目将在履行相关审批流程后完成交割。

3. 中国香港包郑家族收购“牙膏中的爱马仕”母公司 30%的股份

10 月 21 日，中国香港包郑家族旗下的私募基金 Nuo Capital 以 5000 万欧元的价格收购了“牙膏中的爱马仕”Marvis 母公司 Ludovico Martelli 30% 的少数股份。

4. 泰格医药拟收购日本 EPS 部分股权，拓展亚太区业务

泰格医药公司全资子公司香港泰格拟以约 1774.33 万美元，购买日本上市公司 EPS 控股有限公司的 140 万股普通股。交易完成后，香港泰格将长期持有 EPS 3.06% 的股权。

2019 年 11 月

1. 收购法国 Linxens 集团紫光国微完善布局芯片产业链

10 月 31 日，紫光国微发布公告，公司拟通过发行股份的方式向紫光神彩、紫锦海阔、紫锦海跃、红枫资本和鑫铧投资购买其合计持有的紫光联盛 100% 股权。本次交易完成后，紫光国微将通过持有紫光联盛 100% 股权控制 Linxens 集团，并间接持有 Linxens 集团 95.43% 的股权。

2. 携程与 TripAdvisor 成立合资公司，加快全球化布局

美国当地时间 2019 年 11 月 6 日，携程集团（NASDAQ：TCOM，原：携程旅行网，NASDAQ：CTRP）和美国旅游在线平台 TripAdvisor，Inc（NASDAQ：TRIP）宣布达成战略合作伙伴。根据协议，携程将购买 TripAdvisor 最多 3.176 亿美元股权并获得个董

事席位。与此同时，双方已经成立一家新的合资公司。

3. 蒙牛以28.66亿元收购澳大利亚第二大乳企

蒙牛乳业发布公告，宣布拟以6亿澳元（相当于约28.66亿元人民币）现金对价收购澳大利亚品牌乳品及饮料公司Lion－Dairy & Drinks Pty Ltd的100%股份。后者是澳大利亚第二大乳企，也是日本麒麟控股有限公司旗下在澳大利亚的乳品业务。

4. 方源资本、春华资本共同投资老百姓大药房

亚洲领先的私募股权投资机构方源资本携手春华资本共同购入老百姓大药房连锁股份有限公司24.78%的股权，助推医药零售行业整合再升级。老百姓大药房成立于2001年，是中国最早开始连锁化经营的医药零售企业之一。历经近20年的发展，老百姓大药房的规模已经位居行业前列，现已在全国22个省级市场拥有超过4800家门店。

5. 埃斯顿联合崇德投资收购德国克鲁斯

南京埃斯顿自动化股份有限公司与香港投资公司崇德投资（CRCI）共同收购了德国焊接机器人领军企业克鲁斯集团（Carl Cloos Schweißtechnik GmbH）。埃斯顿是中国最大的机器人制造商之一，也是驱动系统和工业机器人领域的全球供应商。其深圳上市公司主要经营的是生产过程的自动化，产品范围涵盖了从单个驱动电子设备到完整自动化生产系统的开发。因此，对埃斯顿而言，这家作为世界领先的创新型焊接机器人制造商之一的知名品牌企业克鲁斯（Cloos）是其投资并购的完美选择。

6. 满帮集团投资巴西版满帮“TruckPad”

“货运版滴滴”满帮集团已完成对巴西车货匹配平台TRUCKPAD TECNOLOGIA E LOGSTICA S. A.（“TruckPad”）的战略投资，并通过其运营经验和技术支持助推TruckPad在拉美地区的发展。TruckPad成立于2013年，是巴西及拉美地区增长最快的车货匹配平台，与满帮集团业务类似。满帮集团CEO张晖表示，TruckPad及其创始团队拥有丰富的物流经验、本土经验，将带领平台实现更大发展，进而推动巴西乃至整个拉美地区物流科技化进程。

7. 爱尔眼科拟收购东南亚ISEC眼科集团

爱尔眼科发布公告，拟通过全资子公司爱尔眼科国际（新加坡）有限公司以6707万新元收购ISEC Healthcare Ltd.（简称“ISEC”）35%股份，同时将在公开市场发起要约收购，收购价格为每股0.36新元。通过本次收购，新加坡爱尔最低持有ISEC 35%股权，最高持股比例为78.22%，对应的收购金额最高约为1.5亿新元。爱尔眼科董事长陈邦表示，东南亚是全世界人口最稠密的地区，总人口超过6.5亿，市场需求巨大。

8. 腾龙数据A轮融资由大摩、南山集团领投

11月29日，数据中心定制服务商腾龙控股集团获A轮融资，融资金额高达260亿

元人民币，打破了 IDC 行业最高融资纪录。该轮投资由 Morgan Stanley 摩根士丹利、南山集团领投，由开元基金、海通恒信等跟投。腾龙的本轮融资从整个资本市场来看也十分高昂，体现了 IDC 企业近年的高景气度和市场估值的水涨船高。

9. 中国银行成功达成收购爱尔兰百年老店 Goodbody

中行击败了收购 Goodbody 行列中的竞争对手 Davy Stockbrokers 和 Irish Life，敲定了收购该证券经纪公司的协议。随着新的协议达成，该公司的价值可能会在未来 3 年内增加，前提是达成某些业绩。另外，Goodbody 公司大约 310 名员工被告知，公司将建立一个以股份为基础的激励机制。

由管理总监罗伊·巴雷特（Roy Barrett）领导的 Goodbody 管理团队将继续留任。据悉，中行计划发展投资银行业务和财产管理业务，并扩大英国业务，同时进军欧洲大陆。

10. 四川双马拟逾 6 亿元投资瑞士 SEG

11 月 6 日晚间，四川双马发布对外投资的公告，该上市公司拟对天津瑾育管理咨询有限公司以可转股债权的形式进行投资，投资金额为 6.45 亿元，投资期限为两年。具体来看，四川双马这笔投资款将仅用于天津瑾育通过下属设立在英属维尔京群岛（以下简称“BVI”）的特殊目的实体（即 SPV，Skill Dragon Limited），收购 Swiss Education Group Holding AG 51% 股权及享有原股东贷款的 51% 权益。据公开资料显示，SEG Holding 下属经营实体 Swiss Education Group AG 是全球综合实力排名靠前、瑞士最大的酒店管理教育集团。

2019 年 12 月

1. 中国港湾联合体收购以色列第一个私有化电站

12 月 3 日，中国港湾泛地中海工程公司持股的 MRC Alon Tavor 电力公司按照合同规定的时间节点向以色列国家电力公司 IEC 支付收购款，至此以色列 Alon Tavor 燃气电站实现顺利交割。Alon Tavor 电站是 IEC 私有化改革的第一个项目。

2. 汇顶科技收购恩智浦 VAS 业务资产交割完成

汇顶科技宣布拟通过现金支付的方式购买恩智浦旗下的语音及音频应用解决方案业务（Voice and Audio Solutions），交易价格为 1.65 亿美元。交易模式为汇顶科技通过汇顶科技（香港）有限公司在恩智浦 VAS 业务所在的部分国家设立孙公司，与汇顶科技及其现有子公司一起承接 VAS 业务相关的固定资产、存货、专属技术及知识产权、尚在履行中的合同，以及标的资产所包括的合同关系与指定人员。

3. 华新水泥收购吉尔吉斯斯坦南方水泥有限公司 100% 股权

华新水泥股份有限公司拟出资 9500 万美元收购吉尔吉斯斯坦南方水泥有限公司

100% 股权。本次收购标的为吉尔吉斯斯坦南方水泥有限公司（CJSC Yuzhno – Kyrgyzsky Cement），注册地为吉尔吉斯斯坦奥什州克孜卡利亚市 Kulatova 地区，该公司主营业务为水泥生产和销售。

4. 光峰科技拟收购 GDC BVI 公司 36% 股权

12 月 6 日晚间，光峰科技发布公告称，公司基于经营战略发展考虑，为拓宽数字电影放映行业产业布局、深耕业务发展、拓展海外销售渠道，拟对全资子公司光峰光电香港有限公司增资 1820 万美元，由香港光峰用于收购 GDC Technology Limited（Cayman Islands）持有的 GDC Technology Limited（British Virgin Islands）36% 股权。据了解，光峰科技是科创板首批上市企业，其研发团队于 2007 年创造性地将稀土荧光材料制作成旋转荧光轮，用蓝激光持续发光激发荧光轮获得红光和绿光，从而获得高亮度、高效率的激光显示专利技术。

5. 苏州纽威阀门收购德国 Econosto 公司

苏州纽威阀门股份有限公司宣布收购德国 Econosto International Holding（Deutschland）GmbH。纽威阀门成立于 2002 年，是全球领先的阀门制造商之一，在美国、荷兰、意大利、迪拜和新加坡设有子公司。该公司的产品在能源与基础设施等多个领域获广泛应用。Econosto 集团是一家国际服务提供商，在流动技术领域提供以客为本的一站式方案。该公司在 2008 年被提供多种机械工程部件和技术服务的多产品专家——荷兰 ERIKS 集团收购。

6. 北京君正收购美国 ISSI 芯片公司

据报道，北京君正收购美国 ISSI 公司的申请就获得了美国 CFIUS 的审批，这起价值 72 亿元的收购算是落定了。这起收购案中，北京君正是国内知名的芯片设计公司，主攻 MIPS 架构。另外一家公司 ISSI 是美国半导体芯片厂商，总部位于加州 Milpitas，主要产品是模拟芯片、高性能低功耗 SRAM 芯片及低密度 DRAM 芯片，是全球第七大 DRAM 公司，虽然份额小到可以忽略，不过在汽车、通信、工业、医疗等行业还是技术领导者，松下、博世、华为、诺西、爱立信都是它的客户。

7. 蒙牛成功收购贝拉米，加速全球化进程

蒙牛拟 14.6 亿澳元（相当于 78.6 亿港元）收购贝拉米全部股份。贝拉米的乳品品质在全球首屈一指，获得了澳大利亚农业可持续性发展联合会和澳大利亚有机认证机构两大权威机构的有机认证。其合作农场均位于塔斯马尼亚岛及周边地区，地处南纬 40°到 43°的“黄金奶源带”。此次收购，使蒙牛成为第一家产品线覆盖高端有机奶粉和辅食的中国乳企。

8. HKBN 完成对 JOS 收购

香港宽频已完成对怡和科技的收购。本次收购大幅提升了怡和科技的业务能力，

并扩展了怡和科技可以提供的解决方案的范围。JOS 拥有 60 多年的运营经验和 2000 多名技术专业人员，是系统集成、IT 解决方案和技术咨询领域可信赖的权威领军企业，为亚洲私营和公共部门的 10000 多家企业客户提供服务。

9. 上海捷诺收购荷兰 PathoFinder Holding BV 公司

上海捷诺宣布收购荷兰 PathoFinder Holding BV 公司。此次上海捷诺与荷兰 PathoFinder Holding BV 公司的成功合作，是中荷两国在生物医药领域推进互利共赢、共同发展的务实探索。PathoFinder Holding BV 公司是一家专注于开发和商业化新一代单管多重 PCR 分子诊断技术的高科技公司，在精准医学的分子诊断领域具有国际先进性，特别是在病原体高效、及时检测，提供就医指导，避免过度治疗和延误诊断方面具备突出能力。

10. 中国铁建成功入股西班牙公司 Aldesa

中铁建国际投资有限公司成功入股西班牙 Aldesa 集团庆典活动在北京圆满举行。成功入股西班牙 Aldesa 集团后，铁建国投将努力统筹中国铁建的整体资源优势，借鉴兄弟单位的成功并购经验，遵循国际化公司的运作规律，有效整合，科学管控，支持 Aldesa 集团进一步改善资本结构，增强资本实力。

2019 年中国企业“引进来”月度重要事件回顾

2019 年 1 月

1. 卡塔尔航空入股 5% 南方航空

1 月 2 日讯，根据中国南方航空官方微博发布的一篇声明，卡塔尔航空今天宣布已分别在上海证券交易所和香港联合交易所有限公司的集中交易系统购买南方航空 A 股和 H 股股票，目前合计持有南方航空股份占南方航空总股份的 5%。

2. 哥伦比亚完成收购哥伦比亚运动（上海）剩余股权

1 月 3 日，哥伦比亚宣布完成了对中国合资公司哥伦比亚运动服装商贸（上海）有限公司剩余 40% 股权的收购。资料显示，哥伦比亚上海于 2014 年 1 月 1 日成立，总部设在上海。哥伦比亚运动服装公司拥有 60% 的业务，太古资源拥有 40% 的股份，初始合作期限为 20 年。

3. 日本食品批发商国分收购必爱喜 90% 股权

1 月 14 日，日本大型食品批发商国分集团总公司宣布，将收购中国的食品批发企业。国分一直以上海为中心在华从事批发业务，本次将收购在北京拥有营业基础的食品批发企业，扩大业务区域。国分将收购的是北京必爱喜食品营销有限公司，到2月1日取得90%股权。

4. 彩色显示电子纸厂商“CLEARink”获联想创投投资

36氪讯，彩色显示电子纸厂商“CLEARink”宣布获得联想创投的新一轮融资。未来，CLEARink 将与联想集团共同研发基于电子纸 2.0 显示技术的新一代电子平板设备。目前，CLEARink 正在开发针对各种市场应用的具有色彩和视频功能的电子纸 2.0 代。

5. 英国石油公司将投资中国电动汽车充电平台电享科技

1月25日讯，根据路透社报道，国际能源巨头英国石油公司（BP）将投资电动汽车（EV）充电硬件和软件集成解决方案提供商电享科技（PowerShare）。该投资是电享科技 A 轮融资的一部分。本轮融资由 BP 风投领投，德同资本跟投。这是 BP 风投在中国首个直接投资。

2019 年 2 月

1. 燃石医学完成 8.5 亿元 C 轮融资，新加坡政府投资公司领投

2月14日消息，燃石医学宣布获得总额为 8.5 亿元人民币的 C 轮融资，本次融资由新加坡政府投资公司（GIC）领投，济峰资本、招银国际、礼来亚洲基金、红杉资本中国基金、太和资本跟投。据悉，本次融资将主要用于加大早筛早检产品研发投入以及扩大患病人群检测的规模扩张。

2. 曼城母公司参与收购四川九牛足球俱乐部

2月20日，中乙球队四川九牛足球俱乐部召开新闻发布会，宣布优必选科技携手曼城母公司城市足球集团和中国健腾体育产业基金，三方企业共同收购俱乐部，欲扩大在中国的市场。

3. 人工智能影像生产企业影谱科技获欧洲 TR 资本数亿元入股

TR Capital Group 近日数亿元入股中国人工智能影像生产企业影谱科技。据悉，对影谱科技（Moviebook）的投资是该国际金融机构继 IDG 国际资本、创新工场、正心谷等母基金投资后，亚太区重要直投项目之一。

2019 年 3 月

1. 资生堂全球第三个创新投资室要开在上海

2月28日举行的第 119 届年度股东大会上，资生堂宣布要加大研发投入的力度，到 2020 年研发投入占比将提升至 3%，未来进一步提升至 4%，研发人员的数量将在 2020 年增至 1500 人。同时，资生堂中国 2019 年在上海筹备建立了一个“中国事业创新投资室”，这是集团继日本、美国之后的全球第三个创新投资室。

2. 私募投资巨头凯雷旗下基金收购中国罗莱生活 10%股权

2019 年 3 月 18 日，罗莱生活科技股份有限公司宣布，凯雷投资集团（The Carlyle Group）旗下基金 CA Fabric Investments 已经与公司股东石河子众邦股权投资管理合伙企业（有限合伙）及薛骏腾先生签署《股份转让协议》。

3. 海航急售文思海辉，印度不计代价要拿下中国最大 IT 外包公司

3 月 26 日获悉，海航旗下的 IT 外包服务商文思海辉（Pactera）的出售谈判已经进入第三轮竞购阶段。在第二轮竞购中，包括中国银联、神州数码、梧桐树资本、东软集团及 Advent International（美国）、Tech Mahindra（印度）共六家中外机构参与其中。

2019 年 4 月

1. 贝莱德正在洽谈收购中国投资部门的多数股权

贝莱德（BlackRock）与中国国际投资银行中国国际资本公司的子公司中金国际基金管理公司（CICC）就收购该投资部门的多数股权进行了会谈。据知情人士透露，中国已与其他几个国内集团进行了会谈。

2. 中国海上风电首获外企投资，法国电力将参与江苏东台项目

近日，法国电力集团与国家能源投资集团签署了合作协议，将参与投资位于江苏省沿海的东台四期和五期海上风电项目。

3. 恩智浦投资中国无人驾驶公司 Hawkeye

4 月 17 日上午消息，据路透社报道，荷兰芯片制造商恩智浦今天表示，该公司已经投资中国无人驾驶科技公司 Hawkeye Technologies，希望拓展在中国汽车雷达市场的触角。

4. 美国硅谷知名创业孵化器 PNP 长三角总部落户张江

美国硅谷最负盛名的创业孵化器——Plug and Play 公司（简称“PNP”）昨天宣布，其在中国的长三角区域总部将正式落户上海张江科学城。总部建筑面积将超过 1.3 万平方米，预计 2019 年四季度投入运营。

5. 龙电电气获韩国 SK 集团 2.5 亿美元融资，未来双方将共同经营

4 月 16 日消息，深圳龙电电气股份有限公司近日获得 2.5 亿美元融资，投资方为韩国 SK 集团，双方开始步入共同经营阶段。本次的投资方 SK 集团，是韩国第二大跨国集团，同时也是韩国最大的综合能源、信息通信集团。

2019 年 5 月

1. 安联携手普洛斯投资 6 亿美元于中国及日本物流资产

5 月 8 日消息，全球投资管理公司普洛斯日前宣布，与房地产投资公司安联不动产

达成全新投资合作伙伴关系。安联不动产代表多家安联集团公司，已承诺向普洛斯旗下中国及日本基金投资 6 亿美元。有关基金将专注于在中国和日本开发及投资应用综合物流技术的物流资产。此次投资符合安联不动产增加亚太区房地产投资的策略。截至 2018 年年底，安联不动产的全球投资组合总值 635 亿欧元，其中亚太区投资组合规模突破 30 亿欧元，全球物流资产组合规模则超过 55 亿欧元。

2. 雷诺集团 10 亿元并购江铃新能源汽车

自 2018 年年底雷诺集团宣布将入股江铃新能源汽车后，近日，据江西省政府披露的消息显示，法国雷诺投资 10 亿元并购江铃新能源汽车，目前已签约。2018 年 12 月 20 日，雷诺集团和江铃集团宣布，双方签署电动车合作协议。雷诺集团将通过增资成为江西江铃集团新能源汽车有限公司的重要股东。

3. 联医医疗获 B +1 轮 2000 万美元融资，VisionMax Health Fund 牵头

5 月 23 日消息，联医医疗近日宣布完成由 VisionMax Health Fund 牵头的 B +1 轮 2000 万美元融资及配套贷款。过去 3 年，联医已完成晨兴创投，真格基金，银河系创投等多家机构的数轮融资和浦发硅谷，INNOVENT Capital 等的债券合作。

4. 秦淮数据获贝恩资本 5.7 亿美元融资

5 月 29 日消息，中国定制化超大规模信息基础设施运营商秦淮数据，正式宣布获得贝恩资本 5.7 亿美元投资，这是中国数据中心行业历史上单笔最大融资额，汉能投资担任本次交易的独家财务顾问。

2019 年 6 月

1. 鼎航医药获 8000 万美元 B 轮融资，专注全球肿瘤免疫联合疗法

6 月 11 日消息，全球肿瘤免疫联合疗法企业鼎航医药近日完成 8000 万美元 B 轮融资，本轮融资由鼎丰生科资本和南丰生命科技领投，Panacea Venture、华领资本、浙商产融、久友资本、火山石资本以及韩国知名基金 Korea Investment Partners、KB Investment 等共同跟投。

2. 以色列服装制造商 Delta Galil 收购中国香港内衣集团 Bogart

以色列服装制造商 Delta Galil Industries（简称“Delta Galil”）宣布已签署协议，将收购中国香港内衣集团 Bogart Group 及其子公司蕾丝生产商 Brunet 和垫料生产商 B&B，预计这笔交易将于 2019 年第三季度初完成，但没有透露具体的交易条款。

3. 淡马锡 3 亿美元收购利丰旗下物流业务股权

6 月 28 日，香港利丰（00494. HK）公告称，新加坡主权基金淡马锡认购旗下利丰物流约 21.7% 的股权，现金代价 3 亿美元。有关物流业务价值约 14 亿美元。

2019 年 7 月

1. 沃尔玛加大在华投资，计划增投 80 亿元升级物流供应链

7 月 1 日消息，沃尔玛中国供应链高级副总裁麦睿恩表示，沃尔玛将继续加大在物流供应链的投资，除了刚投入使用的首家定制化的华南生鲜配送中心，未来 10 年计划在中国增投约 80 亿元升级物流供应链，用于新建或升级 10 余家物流配送中心。

2. 日清食品投资 1.8 亿元在中国珠海建造新厂房

7 月 2 日，日清食品发布公告，称旗下的全资附属公司日清食品（中国）投资有限公司（作为买方）与 Grandview China Holdings Limited（作为卖方）及其最终控股股东订立股权转让协议，卖方有条件同意向买方出售其于珠海联智科技有限公司（目标公司）的全部股权。

3. 名创优品获 Grupo Sanborns 战略融资

据外媒消息，墨西哥首富 Carlos Slim 旗下零售商 Grupo Sanborns 宣布将收购中国百货零售商名创优品 18.27% 的股份，目前双方已达成最终协议。此前，Grupo Sanborns 已经收购了名创优品 12.99% 的股份。因此在本次交易完成后，Grupo Sanborns 将合计持有名创优品 33.27% 的股份。

4. 百事投资 1.31 亿美元成为五谷磨房的第二大股东，健康化布局加速

百事公司宣布，将投资约 1.31 亿美元收购五谷磨房食品国际控股有限公司约 26% 的已发行普通股。五谷磨房创始人拥有该公司约 42% 的股份，百事公司将从少数股东中收购股份，并将成为仅次于五谷磨房创始人的第二大股东。

2019 年 8 月

1. MSU SALON 完成数千万元天使轮融资

MSU SALON 已于 2019 年 8 月完成数千万元天使轮融资，投资方为日本 MH 集团、八九八资本和广州博氏化妆品有限公司。MSU SALON 创始人曾舜表示，此轮融资资金主要用途在于产品研发生产、市场推广和技术开发等三个方面。日本 MSU SALON 将与日本 MH 集团在美容美发方面进行战略合作，广州博氏化妆品有限公司为 MSU SALON 自研产品的生产商。

2. 国内社交游戏公司“乐元素”获得联想投资和 DCM 3000 万美元投资

乐元素（Happy Elements）今天宣布，获得来自联想投资以及美国顶级风险投资公司 DCM 3000 万美元 B 轮融资，DCM 同时是乐元素 A 轮融资的投资公司。成立于 2009 年初，乐元素现在覆盖全球 15 个社交平台，用户来自 100 多个国家，是 Facebook 上亚洲最大的社交游戏公司。

3. 杠杆收购巨头 KKR 出价 55 亿元控股雷士照明中国业务

8 月 11 日，这家曾陷入内斗风波的照明企业宣布，与国际投资机构 KKR（Kohlberg Kravis Roberts & Co.）签署股份购买协议，后者将以约 55 亿元的对价控股雷士照明的中国照明业务（以下简称雷士中国），涵盖雷士品牌照明产品在中国内地的生产、销售及电商业务。根据协议，KKR 将持有雷士中国 70% 股权；雷士照明持有剩余 30% 的股权，这部分股份价值 9 亿元，因此雷士照明还可从该交易中获得 46 亿元的现金对价。

4. "图森未来"获得美国快递公司 UPS 投资

据报道，8 月 15 日，图森未来（TuSimple）宣布获得美国快递公司 UPS 的投资，投资金额未透露。这两家公司从 2019 年 3 月开始在美国亚利桑那州凤凰城到图森市的货运线路上进行自动驾驶卡车试点路测，以评估自动驾驶技术如何提高 UPS 运输网络的服务效率。

5. 梅卡曼德获得来自英特尔的投资

梅卡曼德机器人今日宣布获得来自英特尔的投资，获得本轮融资后梅卡曼德将进一步提升研发和交付能力。2019 年 4 月梅卡曼德曾宣布完成来自启明创投的 A + 轮融资。梅卡曼德已经在汽车装配、汽车零部件生产、家电、钢铁、食品、高铁轨道部件生产、电商物流仓库、快递中转中心、医院药房、银行金库等多个领域实际部署了"3D + AI + 工业机器人"的智能解决方案。

2019 年 9 月

1. 太盟投资 38.28 亿元人民币收购海正药业子公司

近日，海正药业发布公告称，太盟投资集团以 38.28 亿元收购海正博锐 58% 的控股权益，海正药业保留 42% 的股权，本交易将成为中国生物科技行业迄今为止最大的私募股权投资。

2. 阿科玛完成对泰兴昇科的股权收购

阿科玛已完成对其合作伙伴在泰兴昇科化工有限公司的股权收购。泰兴昇科生产丙烯酸单体，是阿科玛在中国的一家合资企业。收购完成后，阿科玛成为该公司的唯一股东。

3. 中原消费金融增资获批，引入新股东华平投资，注册资本将达 20 亿元

9 月 30 日讯，据凤凰 WEMONEY 消息，河南银保监局批准同意河南中原消费金融股份有限公司注册资本金增至 20 亿元。

2019 年 10 月

1. 奇点汽车获得近 1 亿美元融资，投资方为伊藤忠商事

奇点汽车已获得来自伊藤忠商事株式会社（Itochu Corp，以下简称“伊藤忠商事”）的新一轮融资，据称投资金额为近 1 亿美元。本轮融资完成后，伊藤忠商事的持股比例在 7% 左右，为仅次于奇点汽车创始人兼 CEO 沈海寅的第二大股东。

2. 科威特投资局入股济青高铁，中国高铁引入首笔外资

10 月 10 日上午，山东铁投集团与中金资本、农银投资签署协议，将济青高铁 7.1568% 的股权进行转让，引入战略投资资金 23.86 亿元，其中含科威特投资局 2 亿美元。

3. 原力生命科学完成 1.26 亿元人民币 A 轮融资，礼来亚洲基金领投

10 月 15 日消息，原力生命科学有限公司（IONOVA LIFE SCIENCE CO.，LTD.）宣布完成 1.26 亿元人民币 A 轮融资。原力生命科学有限公司是一家扎根于粤港澳大湾区，以抗肿瘤药物研发为核心的创新型生物医药公司。

4. 昕诺飞完成对浙江凯耀照明 51% 股份的收购

全球照明领导者昕诺飞宣布，已成功完成对浙江凯耀照明股份有限公司 51% 股份的收购。该公司位于中国浙江省，是一家领先的高品质和高效率 LED 光源和灯具供应商。双方合力将进一步加强昕诺飞在中国和全球 LED 照明市场的领导地位。

2019 年 11 月

1. Wirecard 扩建中国市场，收购商银信支付

11 月 5 日消息，德国数字金融平台 Wirecard 将以至多 8070 万美元的价格收购北京的商银信支付 AllScore Payment Services 所有股份，该框架协议今天在北京签署。根据惯例和法规的相关条件，在完成交易后，Wirecard 将持有 AllScore 的所有股份的 80%。

2. 安联集团在华保险版图再下一城，接盘泰康近 4% 股权

11 月 6 日，泰康保险集团发布关于变更股东有关情况的信息披露公告显示，安联集团拟受让泰康保险集团 3.9662% 股权，股权出让方为高盛集团。对于此次股权变更，泰康方面表示，安联集团作为本次交易的拟议受让方，是欧洲最大的保险公司，也是全球最大的保险和资产管理集团之一。泰康保险集团欢迎安联集团成为公司股东，也相信德国安联集团的加入将有利于公司的长久、稳健发展。

3. 建联集团（00385）拟 1.04 亿元收购东莞东宝龙灯光设备公司全部股权

建联集团发布公告，于 2019 年 11 月 26 日，该公司间接全资附属公司建业顺昌（中国）有限公司作为买方与卖方东宝龙实业有限公司及担保人订立收购协议，买方向

卖方收购目标公司全部股本权益，代价为人民币 1.04 亿元。目标公司为东莞东宝龙灯光设备有限公司，主要从事制造及销售照明及灯饰产品以及 LED 照明及灯饰产品。其于中国东莞市常平镇自设占地约 3.3 万平方米的制造厂房。

4. 瞄准基因科技，“泛生子”获得逾五亿元新融资

泛生子宣布完成逾五亿元的新一轮融资。本轮融资由 VIVO Capital、中金资本旗下 CICC Healthcare Investment Fund 及 Alexandria Venture Investments 领投，弘晖资本及现有股东跟投。泛生子成立于 2013 年，是国内基因检测领域早期入局者，专注于提供“从科研到临床”的全周期检测服务，产品和服务已覆盖多个高发癌种的诊疗全周期。

5. Hudson Clean Energy 收购天华阳光

清洁能源专业化私有企业 Hudson Clean Energy 拟收购天华阳光。据悉，天华阳光集团是一家从事以绿电（包括光伏和风能）开发为核心的新能源电力项目开发、投融资、技术研发、工程设计、建设及运营管理的全球性跨国企业，总部设在中国香港。

6. “绿米联创”完成 B2 轮 1 亿美元融资

国内 IoT 公司绿米联创宣布完成 B2 轮 1 亿美元融资，由远翼投资领投，凯辉基金、愉悦资本、云沐资本跟投。据绿米联创创始人游延筠介绍，本轮融资将用于进一步投入创新产品研发，打造小米生态链智能家居爆品，完善 Aqara 自有品牌建设，加强“线上 + 线下”新零售渠道构建。

7. 实力建业拟向南京东方颐年养老注资 1.1 亿元并拥有 50%股权

实力建业全资附属实力建业南京作为认购人、目标公司南京东方颐年养老服务有限公司、银城及江苏新苑订立注资协议，实力建业南京将向目标公司注资 1.1 亿元人民币。于完成注资后，目标公司将成为该公司非全资附属公司，其注册资本将由 6000 万元增至 1.2 亿元，而目标公司将分别由实力建业南京及现有股东各自持有 50%。

8. 康方生物获中国生物制药、深创投等 1.5 亿美元融资

中山康方生物医药有限公司完成近 1.5 亿美元 D 轮私募融资，本轮投资由正心谷创新资本和中国生物制药领投，据悉本轮融资将用于推动其创新药的研究和临床开发。康方生物是一家总部设立在广东省中山市火炬开发区国家健康产业基地的创新型生物制药公司。

9. 华润置地增资控股南京卫元舟

华润置地增资控股南京卫元舟，打造钟山老年服务人力资源开发园区“康养教医研”五位一体的业务布局，构建康养业务新基建发动机。华润置地有限公司是“世界 500 强”企业华润集团旗下负责城市建设与运营的战略业务单元，是内地领先的城市综合投资开发运营商。

10. 软银通过愿景基金向自如投资 10 亿美元

软银通过愿景基金向自如投资 10 亿美元，其中 5 亿美元是直接投资，从其创始人手中购买了另外 5 亿美元的股票，公司估值为 66 亿美元。报道称，这是该基金的最后一笔交易，在两年内花费了大约 800 亿美元之后，它保留了其剩余资金的一部分，用于其投资组合公司的后续投资。

2019 年 12 月

1. 越秀交通基建完成收购湖北经营 3 条高速公路公司的若干股权

越秀交通基建（01052）发布公告，就有关收购位于中国湖北省经营三条高速公路的公司的权益的主要及关联交易。目标股东贷款的交割已于 2019 年 12 月 3 日发生；及交易总价款的最终金额约为人民币 59. 75 亿元，包括目标股权转让款 11. 07 亿元及目标股东贷款转让款约 48. 68 亿元。

2. 德豪润达宣布 4. 9 亿元人民币出售德豪照明全部股权

德豪润达拟通过出售全资子公司广东德豪润达照明电气有限公司 100% 股权给 Brilliant Lights（Dragon）Pte. Ltd 的方式，将 LED 国内照明大部分业务出售。资料显示，Dragon 公司的股东为 LightingHoldings Ⅱ。Lighting Holdings Ⅱ是一家在新加坡注册成立的私人有限公司及由 KKR Asian Fund Ⅲ L. P. 间接控制的实体。

3. 母婴 b2b2c 平台“海拍客”完成亿元美金 D 轮融资

母婴 B2B2C 平台“海拍客”宣布完成亿元美金 D 轮融资，领投方为 Anchor Equity Partners ，高瓴资本参与了跟投，高鹄资本担任独家财务顾问。创始人兼 CEO 赵晨表示，本轮融资资金将主要用于技术团队的扩充、供应链体系的完善、门店智能化系统升级迭代以及对行业内优质品牌的收购等。

4. 天演药业完成 6900 万美元 D 轮融资

天演药业宣布完成 6900 万美元的 D 轮融资，由美国泛大西洋投资集团 5000 万美元领投，所得款项将用于免疫治疗临床项目的开发以及其创新技术的前沿拓展。天演药业联合创始人兼首席执行官罗培志表示，“新资金的投入将支持我们主要临床项目 ADG106 和 ADG116 的开发推进，同时也能拓展前沿新技术的研发，以此扩大公司的临床研发产品线，进一步推动企业的可持续发展”。

5. 中信集团 55 亿元人民币出售中信戴卡 57. 89%股权

沄柏资本通过旗下所管理的基金参与的联合体受让中信戴卡股份有限公司 57. 89% 股份于近日完成签约。沄柏资本通过旗下管理基金，与其他 6 家知名投资机构组成联合体，参与了中信戴卡混改项目。根据股权转让协议，中信集团通过全资子公司中信兴业投资集团以及中信兴业投资宁波有限公司合计转让 57. 89% 股权，交易对价为 55

亿元。

6. 凯撒同盛发展股份有限公司收购康泰旅行社有限公司 100%股权

凯撒同盛发展股份有限公司发布公告，公司董事会同意下属全资子公司凯撒旅游目的地管理（香港）集团有限公司以 11595.27 万港元收购胜投国际投资有限公司持有的康泰旅行社有限公司 100%股权。康泰旅行社有限公司主营业务为旅游产品及服务，涵盖旅行团、自由行、机票、酒店、邮轮、签证、奖励旅游、私人组团、游学服务以及海外婚礼等，旅行团产品多以出境游为主。

7. 韩国 CJ 第一制糖收购湖南尤特尔股权

CJ CHEILJEDANG CORPORATION 收购湖南尤特尔 80%的股权。尤特尔成立于 2000 年，是一家专注酶制剂研发、生产、销售的生物酶科技企业。重点开发饲料酶、食品酶、纺织酶、造纸酶、洗涤酶、医用酶。其产品被广泛应用于棉麻纺织、服装、饲料、酿造、食品、造纸、植物提取等领域，显著提高了这些行业的产业水平，有效地减少了资源浪费和环境污染。

8. 南南资源斥 1.61 亿元人民币收购经扩大凯源煤矿的新采矿权

南南资源（01229）发布公告，于 2019 年 12 月 6 日，该公司间接全资附属凯源公司自出让方新疆自然资源厅接获妥善订立的出让协议，凯源公司同意购买新采矿权，代价为现金人民币 1.61 亿元。凯源煤矿位于中国新疆准东经济技术开发区现有采矿范围约 1.1596 平方千米的露天煤矿，其采矿权为凯源公司所有。

9. 兴盛优选获 KKR 投资

社区团购品牌兴盛优选获新一轮融资。据报道，本轮融资有巨型基金进入，私募股权基金巨擘 KKR 集团也在跟投之列。兴盛优选之所以获得资本青睐，是由于规模领先、供应链效率高、县乡镇下沉能力强。兴盛优选的快速增长一方面是孵化自便利店品牌芙蓉兴盛。与社区团购赛道的其他玩家相比，背靠社区店网络和供应链优势，兴盛优率先完成了项目冷启动。

10. 黑石收购成都欣嘉物流有限公司 80%股权

福建东百集团股份有限公司全资子公司平潭信智资产管理有限公司拟将持有的成都欣嘉物流有限公司 80%的股权转让给 DC Chengdu Holdings' Ⅱ Limited（为完成本次交易在中国香港设立的公司，最终控制人为美国上市公司 The Blackstone Group Inc.），本次交易转让价格预计不低于人民币 17000 万元。

2020 年中国企业跨境并购月度重要事件回顾

2020 年中国企业“走出去”月度重要事件回顾

2020 年 1 月

1. 西部水泥 1.04 亿美元收购纳米比亚水泥生产线

1 月 3 日，西部水泥宣布，公司拟向 Schwenk Zement 收购 Schwenk Namibia 的所有已发行股本及相关股东贷款，总代价为 1.04 亿美元。Schwenk Namibia 主要透过其附属公司（包括 Ohorongo）于纳米比亚从事生产水泥业务。Ohorongo 于买卖协议日期由 Schwenk Namibia 合法及实益拥有约 69.83% 权益。此次投资收购的纳米比亚水泥生产线将能提高集团的水泥业务盈利能力，标志着集团进入国际水泥市场的战略布局，有助有效地分散集团地理投资风险。

2. 药明生物与拜耳就一家位于德国的生物制剂工厂达成收购协议

全球领先的开放式生物制药技术平台公司药明生物（WuXi Biologics，2269. HK）和拜耳今日共同宣布达成一项协议，药明生物将接管拜耳在德国勒沃库森一家生物制剂工厂的运营工作、购买相关设备，以及该厂房所附的一项长期租赁合同。根据商议中的生产合作协议，该工厂将由药明生物负责运营，并作为拜耳公司产品科跃奇®（重组抗血友病因子）的辅助生产服务商。在满足惯例成交条件的基础上，此项交易计划在未来几个月内完成，相关财务细节未披露。

3. 中国长城汽车将收购通用汽车的 Talegaon 工厂

中国长城汽车有限公司（GWM）准备收购普纳附近的通用汽车公司（GM）Talegaon 制造厂，但未透露财务细节。中国长城汽车正在积极寻找印度市场的选择，但不同以往，中国长城汽车选择了收购工厂，而不是建立新厂，这通常需要几年时间。此外，该工厂是新工厂，位于港口附近。因此，Talegaon 工厂对于中国长城汽车而言是一个很好的选择。

4. 中国企业雪松控股收购英国老牌钢贸公司斯坦科

瑞士当地时间 1 月 21 日晚，来自中国企业雪松控股在冬季达沃斯“广州之夜”现场正式签约，收购英国老牌钢贸公司斯坦科全球控股有限公司（Stemcor）100% 股权。

这是中国企业最新一次涉足英国钢铁业。创立于 1951 年的 Stemcor 总部位于英国，曾是全球前三的钢铁和原料贸易公司，目前业务覆盖 30 个国家及地区，为全球上下游企业提供3500 多种不同品级的钢铁及其他原材料，近 20% 的业务来自中国市场。雪松控股总部位于中国广州，被称为“中国嘉能可”，目前正在加速全球化布局，提升国际影响力。

5. 中国能建规划设计集团收购两家西班牙工程设计类公司

1 月 21 日，中国能源建设集团规划设计有限公司（以下简称“中国能建规划设计集团”）收购西班牙易安国际股份公司（以下简称“EAI 公司”）与盖飒工程技术股份公司（以下简称“GHESA 公司”）股权交割仪式于当地时间 21 日上午在西班牙马德里举行。按照中国能建规划设计集团与 EAI 公司和 GHESA 公司原股东方西班牙天然气公司、西班牙伊维尔德罗拉公司、西班牙联合技术股份公司签署的股权购买协议，中国能建规划设计集团将收购 EAI 公司和 GHESA 公司 100% 股权。这一收购标志着西班牙迄今为止规模最大的中资企业收购工程设计类公司交易完成。

6. 珠海控股投资完成收购公司珠海九洲部分控股股权

珠海控股投资（00908）发布公告，就有关获珠海九洲控股附属提要约收购。根据买卖协议条款及条件，要约人以代价 9550. 52 万港元（相当于每股待售股份 1. 21 港元）收购 7892. 99 万股股份，相当于公司于该联合公告日期已发行股本总额约 5. 53%（11. 39%）。该股份买卖已于 2020 年 1 月 22 日落实完成。

7. 智路资本收购新加坡半导体封测企业联合科技完成交割

联合科技（UTAC）发表声明称，UTAC 正式完成了对智路资本的出售。联合科技（UTAC）曾于 2020 年 1 月 23 日发布声明，宣布将公司出售给一家全球私募公司——智路资本。资料显示，智路资本是中关村融信金融信息化产业联盟旗下的一家全球化私募股权基金管理公司，曾多次参与或主导多个海外项目投资，包括安世半导体、瓴盛科技、华勤通信、睿感传感器等。

8. 枫叶教育溢价 12. 5%，向皇岦提出全面收购要约

枫叶教育（01317）发布公告，于 2020 年 1 月 24 日，要约人枫叶教育亚太有限公司已告知皇岦（08105）董事会，博思融资代表要约人作出收购全部皇岦股份的有条件自愿现金全面收购要约，价格为每股皇岦股份 0. 54 港元，要约价较皇岦股份于最后交易日期在联交所所报收市价每股 0. 48 港元溢价 12. 5% 。据悉，枫叶集团董事认为，收购皇岦集团可通过提高枫叶集团经营的学校和教育机构的市场份额来加强枫叶品牌效益。完成拟议的收购后，枫叶集团可以将其教育服务的地域覆盖范围扩展到马来西亚。

2020 年 2 月

1. 东方精工集团收购 BP Agnati srl

东方精工公司于 2017 年全资控股 Fosber 集团。Fosber 集团是全球最大的两家高速

宽幅瓦楞纸板生产线供应商之一，其在全球范围内的高端市场占有率在 30% 左右。2020 年年初，Fosber 集团完成了对意大利老牌瓦楞纸板制造商 Agnati（更名为“Quantum”）相关业务资产的收购，拥有了向客户提供世界领先的、更加适用于与数码印刷技术结合的瓦楞纸板生产线的能力。同时，公司在国内成立合资公司 Fosber 亚洲，将 Fosber 集团产品国产化。通过“收购 + 合资公司”的海外并购模式，东方精工实现了海外优质技术资产的国产化和有效转移。

2. 腾讯出价 1.48 亿美元收购挪威游戏开发商 Funcom

腾讯控股和挪威计算机游戏开发商 Funcom（丰乐）在一份联合声明中宣布，腾讯已对 Funcom 发起竞购，为后者估值 13.3 亿克朗（约合 1.48 亿美元）。报道称，腾讯计划以每股 17 克朗的现金收购 Funcom，而 Funcom 董事会和管理层一致支持这一报价。与周二 13.35 克朗的收盘价相比，腾讯的报价溢价 27%。Funcom 总部位于荷兰，在挪威奥斯陆上市，是一家计算机游戏开发商，代表作包括改编自《野蛮人柯南》（*Conan The Barbarian*）的系列游戏。两家公司在声明中还称，如果能完成这笔潜在的交易，Funcom 的管理层和员工将保持不变。

3. 长城汽车收购通用汽车泰国罗勇府工厂，全球战略再次进阶

2 月 17 日，长城汽车和通用汽车共同宣布，长城汽车将收购通用汽车的泰国罗勇府制造工厂。根据双方已签署的具有约束力的条款书，包括罗勇府汽车工厂和动力总成工厂在内的通用汽车泰国公司将移交给长城汽车，双方计划在 2020 年年底完成交易和最终移交。该协议尚需政府和监管机构的批准。自 2000 年投产以来，泰国罗勇府工厂作为区域制造中心，已生产了近 140 万辆汽车，产品面向泰国国内和出口市场。

4. 博晖创新收购 Adchim SAS

本次交易中，上市公司拟向珠海奥森发行股份购买其持有的上海博森 100% 的股权。Adchim SAS 系上海博森间接控制的公司，持股比例为 100%。本次交易完成后，上市公司将通过上海博森间接持有 Adchim SAS 100% 股权。本次发行股份购买资产的交易价格以上海博森 100% 股权的估值结果为定价依据。经协商确定，上海博森 100% 股权的定价为 5750.00 万欧元，最终本次交易价格为 45775.75 万元人民币。

5. 山东金海集团收购 Alto Metals

山东金海集团有限公司旗下的金海澳大利亚矿业公司将提出每股 6.5 澳分的现金收购要约，对目标公司的估值约为 2070 万澳元。山东金海 2 月 21 日表示，在试图与阿尔托董事会就砂岩金矿项目的建议资产水平交易进行有意义的接触未果后，决定直接向阿尔托股东提出要约。

6. 鼎晖投资收购 WOW Tech

总部位于新加坡的 CDH 投资公司收购了 WOW Tech 集团的重要权益，WOW Tech

是高端私密健康和感官健康产品行业的全球领导者。鼎晖投资承诺支持 WOW Tech 利用卓越的产品并加速全球扩张。

7. 金安国纪公司认购 Star Combo Pharma Ltd 公司增发股份

2020 年 2 月 28 日，金安国纪科技股份有限公司（以下简称“金安国纪公司”）第四届董事会第十七次会议以 9 票同意、0 票反对、0 票弃权通过了《关于认购澳大利亚 Star Combo Pharma Ltd 公司增发股份的议案》，同意金安国纪公司使用自有资金 3332 万澳元认购澳大利亚证券交易所上市公司 Star Combo Pharma Ltd（ASX 股票代码：S66，以下简称“Star Combo”）增发的股份 49000000 股，认购价格每股 0.68 澳元。交易完成后，金安国纪公司将获得 Star Combo 股份 49000000 股，占 Star Combo 本次增发完成后的总股本的 36.13%。

2020 年 3 月

1. GPA Global 集团宣布完成对 Hub Folding Box 公司的全面收购

Hub Folding Box 是一家在美国久负盛名、拥有百年历史的包装印刷企业。它的加入将继续扩展 GPA Global 的全球化布局，为其在北美地区的发展奠定坚实基础。合并后的集团年收入将超过 2.5 亿美元。Tony DiRico 将担任 Hub Folding Box 的首席执行官，同时成为 GPA 集团董事会成员及股东。Jack DiRico 将担任 Hub Folding Box 的执行副总裁，继续领导销售部门，同时也将成为 GPA 集团的股东。

2. 华测检测子公司香港华测拟 2.74 亿元人民币收购 Maritec 公司 100%股权

公告显示，其全资子公司华测控股（香港）有限公司（简称“香港华测”）拟以现金支付方式收购 Maritec Pte Ltd（简称“Maritec 公司”）100% 股权，收购对价为 5486 万新加坡元（约合 2.74 亿元人民币）。Maritec 公司经营船用油品检测业务，该业务保障船只燃料品质安全，以免船只发动机损坏或返港维修，此次收购将帮助香港华测原有的油品检测业务打开全球市场。

3. 闻泰科技收购安世半导体剩余股权

3 月 25 日晚间，闻泰科技公布了发行股份及支付现金购买资产（安世半导体剩余股权）并募集配套资金预案，拟向合肥芯屏、建广资产、宁波益穆盛、合肥广韬、宁波广宜等交易对方以发行股份及支付现金的方式购买其持有的安世集团资产，交易对价为 63.34 亿元。此次交易完成后，闻泰科技将合计持有安世集团 98.23% 的权益比例。资料显示，安世半导体是分立元件、MOSFET 元件、模拟及逻辑集成电路元件领域全球领导者，产品广泛应用于手机、PC、IoT、汽车等领域。

4. NBSL 成功收购 PRISMA SPA 的多数股权（翻译）

NBSL M&E TECHNOLOGY CO.，LTD（以下简称“NBSL”）宣布收购 Prisma Spa

的多数股权，该公司是一家位于意大利 Mezzani（PR）的全球电梯自动门制造商和供应商。此次并购行动是通过 NBSL Europe SRL 进行的，该公司是在意大利贝加莫成立的欧洲控股公司。在过去的几年里，NBSL 在中国的收入大幅增长，在印度的收入也持续增长。

5. 未来发展控股有限公司收购 AyasaGlobo

2020 年 3 月 20 日，未来发展控股有限公司已订立买卖协议，以收购 AyasaGloboBVI（一家于英属处女群岛注册成立的有限公司，主要从事投资控股）60% 已发行股份。AyasaGloboBVI 持有 Ayasa Globo Financial Services Limited（主要从事提供专业服务，如基金设立及管理、法律及税务咨询及协调、公司及会计服务、信托及受信人服务）的全部已发行股份。有关收购 AyasaGloboBVI 的 60% 股权已于 2020 年 4 月 29 日完成。

2020 年 4 月

1. 币安收购 CoinMarketCap

币安拟以 4 亿美元，收购全球最大的加密货币数据与排名网站 CoinMarketCap，目前已经来到了谈判的最后阶段。币安对媒体表示，对此新闻不予置评。币安旗下平台币 BNB 开始大幅上涨约 5%。CoinMarketCap 作为全球最大的加密货币数据与排名网站，曾经受到一些质疑，包括广告是否会影响其排名，以及排名是否有交易所刷量因素等。业内人士指出，币安收购后或让外界对其中立性、客观性产生更多怀疑。

2. 澳优拟 9 亿港元收购海普诺凯香港 15% 股权

澳优 4 月 9 日晚间公告，澳优全资附属公司澳优乳品有限公司拟收购海普诺凯生物科技（香港）（以下简称“海普诺凯香港”）15.0% 股权，代价为 8.96 亿港元。偿付方式为以每股 12.8 港元向卖方配发 7000 万股海普诺凯香港全资子公司海普诺凯生物科技（以下简称“海普诺凯”）代价股份。值得注意的是，这是一份对赌协议。2022 年，倘海普诺凯 3 年纯利平均增长率低于 30.0%，则澳优乳品有限公司有权要求卖方出售部分海普诺凯代价股份，最多为 2000 万股。

3. 康辰药业以支付现金的方式收购经过业务重组后的泰凌医药

北京康辰药业股份有限公司拟通过二级全资子公司上海康辰以支付现金的方式收购经过业务重组后的泰凌国际 100% 股权，以实现对密盖息资产的收购。收购完成后，中国泰凌医药集团有限公司的下属子公司泰凌医药（亚洲）有限公司对公司全资子公司北京康辰生物科技有限公司，即上海康辰的股东，进行增资，最终持有康辰生物增资后 40% 的股权。

4. 深圳市英唐智能控制股份有限公司收购联合创泰 31.55% 股份

深圳市英唐智能控制股份有限公司拟以全资孙公司华商龙商务控股有限公司收购

联合创泰科技有限公司 31.55% 的股权，华商龙控股和黄泽伟同意华商龙控股以 23950 万元受让黄泽伟持有的联合创泰 22.05% 的股权；华商龙控股和徐泽林同意华商龙控股以 7600 万元受让徐泽林持有的联合创泰 9.5% 的股权。本次交易不构成《上市公司重大资产重组管理办法》规定的重大资产重组，也不构成关联交易。

5. 开能健康将控股 Envirogard 发力于北美净水零售市场

由开能健康科技集团（SZSE：300272）控股的北美开能（Canature NA Inc.）宣布对北美知名水处理公司 Envirogard Products Limited 的控股权收购。Envirogard 是一家全球领先的从设计到制造，为家用与商用客户提供水处理设备、饮用水系统、紫外线消毒系统的解决方案提供商。作为加拿大水处理解决方案零售市场最大的供应商，Envirogard 旗下主力品牌 Rainfresh 在加拿大市场极具吸引力。本次收购将提升开能在北美零售市场的影响力，并进一步巩固开能在北美水处理行业的领导地位。

2020 年 5 月

1. 山东黄金将以 1.49 亿美元收购 TMAC 资源公司进军加拿大

5 月 8 日，加拿大上市的 TMAC Resources Inc. 宣布已与山东黄金达成收购协议。山东黄金上市公司将通过海外全资子公司山东黄金香港，以每股 1.75 加元全现金收购 TMAC 已发行的全部股份，稀释后全部股权的收购价格折合 1.49 亿美元。该价格较 TMAC 前 20 天交易量加权平均价溢价 52%。交易的同时，TMAC 还与山东黄金达成了另一项非公开股权配售，山东黄金将以收购价格相等的 1.75 加元每股对价，投资 TMAC 发行的 1200 万股份，价值 1500 万美元。该交易将与全部股权收购同时完成。

2. 智美体育拟 5341 万港元收购圆通环球金融集团 49%股权

智美体育公布，于 2020 年 5 月 12 日，该公司与卖方 LPD Investments Limited 及保证方郭韦德订立买卖协议，据此，该公司已有条件地同意收购目标公司 49% 的已发行股本，代价为 5341 万港元。据了解，目标公司圆通环球金融集团有限公司为一家于香港注册成立的有限公司，并透过其全资附属公司从事（其中包括）提供证券经纪服务；财富及资产管理；及 IPO 股份包销及配售等企业融资服务。目标公司合法及实益持有圆通环球资本、圆通环球资产和圆通环球证券全部已发行股本，以及基金公司 50% 管理层股份。

3. 美声集团收购 Klaus Korte Etiketten

中国美声商标及包装集团收购了位于伍珀塔尔附近的施韦尔姆的商标制造商 Klaus Korte 有限公司。美声集团通过此次合并巩固了其在欧洲的地位，并成为高质量标牌及标识解决方案行业的全球领导者。自 1962 年以来，Klaus Korte GmbH&Co. KG 一直专注于为德国市场生产定制标牌以及提供标识解决方案。该北威州的标牌制造商希望此次通过与美声商标及包装集团的合并打入亚洲地区和其他国际市场。此外，Klaus Kort 有限公司可借助美声集团的产品扩大现有的服务范围。新范围包括高技术含量的 RFID 解决方案。通过这一技术可实现无形、无接触、全自动地进行产品识别。

4. 携程收购荷兰 OTA 集团 Travix

携程与 BCD Group 完成了关于 Travix 的交易，后者已归属携程集团旗下。Travix 业务覆盖欧洲、美洲、亚洲市场，携程通过此次交易，获得了 Vayama、Vliegwinkel 和 CheapTickets. nl 等多个旅游品牌。携程方未对这笔交易进行任何公开的宣传，但通过这笔交易，携程获得了荷兰阿姆斯特丹的一系列旅游品牌，包括 Vayama、Vliegwinkel 和 CheapTickets. nl 等。

5. 蚂蚁金服与 Digital Money Myanmar 展开资本与业务合作

阿里巴巴集团旗下金融公司“蚂蚁金服”5 月 18 日宣布，与缅甸开展手机支付等业务的 Digital Money Myanmar 公司展开资本与业务合作。在缅甸，今后手机支付的市场规模将全面扩大，双方将通过合作，利用阿里巴巴“支付宝”的技术等，加快在缅甸获得市场份额。Digital Money Myanmar 是缅甸大型财团 Yoma Group 和挪威移动通信企业 Telenor 的合资公司。蚂蚁金服将接受该公司发行的新股，出资 7350 万美元。在蚂蚁金服出资后，3 方对合资公司的出资比例基本认同。

6. 小米 1 亿美元收购紫米 27%股份，加快 5G + IoT 布局

5 月 21 日，小米集团发布公告，宣布以 1. 03 亿美元收购紫米公司 27. 44% 股份，其中 2578 万美元以现金支付，其余 7706 万美元由小米集团配发的 54379044 股偿付，交易完成后，小米集团将拥有紫米 49. 91% 的股权。紫米是小米生态链最早期的投资企业之一，成立于 2012 年。2013 年，紫米成为小米产业生态链成员之一，负责研发小米移动电源及相关配件。

7. 太龙（福建）商业照明股份有限公司收购博思达资产组 100%股权

太龙（福建）商业照明股份有限公司于 2020 年 5 月 22 日的第三届董事会第十三次会议及 2020 年 6 月 22 日召开的 2020 年第一次临时股东大会，审议通过了重大资产购买相关议案，公司拟以支付现金方式收购全芯科电子技术（深圳）有限公司、Upkeen Global Investments Limited 和 Fast Achieve Ventures Limited 的 100% 股权，交易标的持有的主要资产为博思达科技（香港）有限公司和芯星电子（香港）有限公司的 100% 股权（交易标的及其控制的子公司合称“博思达资产组”）。

8. 光启技术股份有限公司收购 hyalroute communication group limited 7. 52%股权

光启技术股份有限公司拟通过下属全资子公司以现金方式收购 Fiber Network Limited、Innovation Planet Limited 和 Galaxy Giant Limited 的下属子公司 100% 股权，从而间接持有的 HyalRoute Communication Group Limited 合计 7. 52% 的股权，交易对价 26312. 18 万美元。本次交易不构成关联交易，也不构成《上市公司重大资产重组管理办法》规

定的重大资产重组。

2020 年 6 月

1. 江海股份收购日立化成电容器业务交割完成

江海股份收购日立化成电容器业务已于 6 月 1 日按照协议交割完成，收购完成后原来的管理团队保留，公司委派 2 位监事。此次并购项目的意义：一是我国电子元件行业，完整并购世界 500 强公司所属子公司核心资产的，尚属首例，影响深远；二是获得医疗箔等独有技术专利等 99 个；三是江海股份第一次拥有海外研发和制造基地，开启了真正的国际化运营之路，在中美贸易摩擦激烈复杂的情况下，具有现实的实践意义。

2. 江苏华西村股份收购索尔思光电

江苏华西村股份有限公司于 2020 年 6 月 8 日召开第七届董事会第二十八次会议，审议通过了《关于收购合伙企业权益的议案》，由公司控制主体上海启澜企业管理咨询合伙企业（有限合伙）收购 Diamond Hill，L. P. 权益，收购合伙权益对应的出资额为 122269845 美元，收购权益间接对应的索尔思光电股份数占合伙企业持有索尔思光电股份数的比例为 83. 37%，交易价格为 135162120 美元，约合人民币 96776. 08 万元。

3. 恒大健康 3. 79 亿美元收购 NEVS 剩余股权

6 月 10 日，恒大健康公告，NEVS（国能电动汽车）的控股公司 Mini Minor 与 National Modern 订立股权买卖协议，以总价 3. 79 亿美元收购 National Modern 出售的 NEVS 17. 6% 的股权。目前，NEVS 为恒大健康 82. 4% 的附属公司，该笔收购事项完成之后，NEVS 将成为 Mini Minor 的全资附属公司。3. 79 亿美元将分四期支付。

4. 紫金矿业拟 17 亿元人民币收购圭亚那金田

紫金矿业 6 月 12 日晚间公告，公司 11 日与圭亚那金田有限公司（Guyana Goldfields Inc.）签署《安排协议》，公司将通过境外全资子公司金山（香港）国际矿业有限公司在加拿大的全资子公司，以每股 1. 85 加元的价格，以现金方式收购圭亚那金田现有全部已发行且流通的普通股，交易金额约为 3. 23 亿加元，约合人民币 16. 99 亿元，收购完成后，公司将持有圭亚那金田 100% 股权。

5. 山东黄金将以 2. 21 亿美元收购 Cardinal Resources Limited

山东黄金矿业股份有限公司的境外全资子公司山东黄金矿业（香港）有限公司与 Cardinal Resources Limited（卡帝诺资源有限公司）和山东黄金于 2020 年 6 月 18 日签署《要约实施协议》。山东黄金香港以每股 0. 60 澳元的价格，以场外要约收购方式向持有目标公司全部已发行股份的股东（不包括山东黄金香港及其关联方）发出场外附条件收购要约。

6. 苏州天准科技股份有限公司收购 MueTec 公司 100%股权

2020 年 6 月 19 日，苏州天准科技股份有限公司第二届董事会第十七次会议以 8 票赞成、0 票反对、0 票弃权的表决结果，审议通过了《关于收购 MueTec 公司 100% 股权的议案》，拟购买 MueTec Automated Microscopy and Messtechnik GmbH 公司的 100% 股权。

7. 新澳股份：参与竞拍英国邓肯公司 100%股权暨关联交易

2020 年 6 月 19 日，公司通过公开竞价方式以总价人民币 4200 万元的价格竞得英国邓肯公司（TODD & DUNCAN LIMITED）100% 股权，双方将按照公开竞拍结果尽快签订股权转让协议。根据《上海证券交易所股票上市规则》规定，本次交易构成关联交易。

8. 江苏海鸥冷却塔收购参股公司 TRUWATER COOLING TOWERS SDN BHD 60%股权

2020 年 6 月 19 日，公司召开第八届董事会第四次会议审议通过了《关于全资子公司收购参股公司 TRUWATER COOLING TOWERS SDN BHD 60% 股权的议案》，并于同日与 TRUWATER SDN BHD、Ng Kah Choong、Wai Chee Suwe、Cheong Boon Hock、How Wuan Kee、Eyu Keng Sung、Sim Siew Ai 签署了《股份交易协议》，约定公司全资子公司海鸥亚太以支付现金方式购买上述股东合计持有的 TCT 60% 股权，交易价格 3240 万林吉特（约合 5370.02 万元人民币）。本次收购完成后，TCT 将成为海鸥亚太全资子公司。

9. 内蒙古蒙泰集团成功收购德国 apt 集团 100%股权

近期，内蒙古蒙泰集团有限公司成功收购德国 apt 集团 100% 股权，成为 apt 集团控股股东。收购后，蒙泰集团将依靠 apt 集团现有的管理团队进行日常运营，充分发挥各自的优势，实现合作共赢。此次收购，对推进蒙泰集团国际化进程，推动集团高端铝合金制造良性发展注入新动能。

10. 中国枫叶教育集团拟以 6.8 亿新加坡元收购新加坡加拿大国际学校

中国枫叶教育集团有限公司正接近达成收购新加坡最大国际学校之一的交易，交易价值约 7 亿新加坡元（约合 5 亿美元）。香港上市的枫叶教育正与新加坡的加拿大国际学校进行高阶谈判，最早可能周一宣布达成交易。该学校由 Southern Capital Group Pte 和 HPEF Capital Partners 持有。消息人士称，谈判仍在进行中，不能确保最终达成交易。

11. 福建交通集团与招商局港口就斯里兰卡汉班托塔港股权合作项目正式签约

2020 年 6 月 29 日，福建交通集团、福建交通海丝与招商局港口就斯里兰卡汉班托塔港股权合作项目签署了交易文件。福建交通集团通过香港全资子公司福建交通海丝作为战略投资者以2.68亿美元收购目标公司约23.53%股权并受让对应股东贷款。汉班托塔港项目是斯里兰卡史上首次由其他国家对整个港口地区进行投资和管理，也是中国参与建设的大型基础设施项目之一。该项目是福建企业参与投资的首个“一带一路”沿线港口交通基础设施类项目，是福建交通集团“走出去”发展的重要一步。

12. 万得汽车投资蒂森克虏伯电动汽车业务

近日，中国万得汽车集团有限公司宣布全资子公司锦州汉拿电机有限公司（“锦州汉拿”）投资蒂森克虏伯股份公司电动汽车业务。锦州汉拿是中国领先的汽车电子产品制造商，专门为汽车生产商生产发电机和起动机。该公司成立于1996年，现已成为国内该产品领域的市场领导者。若干年前，蒂森克虏伯在列支敦士登设立了“电动汽车能力中心”。其电动汽车业务主要由列支敦士登和匈牙利团队运营，研发活动也是一项业务内容。该业务部门的核心知识产权由蒂森克虏伯位于德国的母公司持有。

2020年7月

1. TCL电子完成收购巴西最大家电企业SEMP

近日，TCL电子发布公告称，收购SEMP TCL的股权交割已于2020年7月20日（圣保罗时间）完成。交割完成后，SEMP TCL成为该公司拥有80%股权的间接附属公司，SEMP TCL的业绩、资产及负债将并入集团的账目。SEMP公司是巴西最大的家电企业之一，在当地生产和销售电视机、各类小家电、家庭影院及其他消费类电子产品，SEMP在巴西享负盛名，拥有强大的生产、物流配送及分销能力。

2. 雅克科技顺利收购LG化学彩胶，业务又添新亮点

雅克科技在2020年收购LG化学彩色光刻胶业务，并一举跃升国内LCD光刻胶龙头。LG化学作为LCD彩胶和OLED光刻胶主要供应商之一，可以说在行业知名度，技术先进，市场占有率高，通过本次资产收购，新增的彩色光刻胶业务将丰富公司电子材料业务板块的产品种类。尤其在光刻胶这一主要的电子材料细分领域。公司将同时掌握彩色光刻胶和TFT-PR光刻胶的技术，生产工艺和全球知名大客户资源，并成为LG-Display Co的长期供应商，成为全球的光刻胶主要供应商。

3. 招商轮船收购招商油贸70%的股权

近日招商局能源运输股份有限公司（简称“招商轮船”）发布公告称，经董事会同意公司下属全资子公司CHINA MERCHANTS ENERGY SHIPPING（SINGAPORE）HOLDING PTE. LTD. 向关联方招商局海通贸易有限公司收购招商局能源贸易有限公司70%的股权，收购价格拟为1600.06万美元，本次交易构成关联交易。

4. 华安国际斥资1.5亿令吉收购香港航天北斗新能源

华安国际宣布，以3500万美元（约1.5亿令吉）收购香港航天北斗新能源科技有

限公司。该公司昨日向交易所报备，出价 1000 万美元（约 4284 万令吉）认购航天北斗新能源科技 8000 股普通股，等同缴租资本的 28.6%。同时，再以 2500 万美元（约 1.1 亿令吉）全购航天北斗新能源科技股权。航天北斗新能源科技为物联网（IoT）及能源储存领域的超级电容技术公司控股公司。

5. 合生创展集团拟认购 6 亿美元 Scientia Technologies 股权

7 月 7 日，合生创展公告称，旗下间接全资附属公司于 2020 年 6 月及 7 月分别认购目标公司 Scientia Technologies Limited 共 1066.67 万股、5333.33 万股普通股，占目标公司已扩大发行股本约 7.407%，每股认购价为 9.375 美元，总认购金融为 6 亿美元。Scientia Technologies Limited 为一家在开曼群岛注册成立的公司，其主要业务为投资控股。

6. 长春高新 2830 万美元认购美国 Brillian 公司 A 轮优先股

7 月 8 日，长春高新发布公告，拟以 2830 万美元认购美国儿童药研发企业 Brillian 公司 21849907 股 A 轮优先股。认购完成后，长春高新将持有该公司 42.14% 的股份，成为该公司最大的股东。长春高新拟借助该公司的儿童药平台，快速打开国内外市场。美国 Brillian 公司主要进行高端仿制药与儿童 505b2 改良药研发，制剂及缓控释技术高于同行业平均水平。

7. 九牧集团收购德国百年顶级橱柜品牌 Poggenpohl

总部位于厦门的卫浴和厨房配件制造商九牧集团（Jomoo）成为这家德国豪华橱柜品牌 Poggenpohl（博德宝）的新所有人。九牧承诺将保留 Poggenpohl 位于黑尔福德的生产基地，并将吸收其大部分员工。该德国高端橱柜制造商目前仍雇有 270 名员工。收购交易完成后，Poggenpohl 董事总经理 Gernot Mang 将继续留任并管理公司，同时，德国橱柜专家和亚洲卫浴专家的知识相结合可以为 Poggenpohl 带来新的业务领域，例如国际项目业务。

8. 大族激光拟将公司全资子公司大族传动出售给大族控股

7 月 17 日，大族激光披露《关于出售资产暨关联交易的公告》，称公司与大族控股签署《股权转让协议》，拟将公司全资子公司上海大族传动出售给大族控股，交易对价为人民币 10.3 亿元。本次出售资产预计可实现投资收益约人民币 140 万元。大族传动成立于 2019 年 4 月 2 日，是大族激光欧洲研发平台在国内的最终母公司，大族激光持有其 100% 股权。

9. 中海油首次获得阿布扎比国家石油公司的特许经营权

7 月 27 日，阿布扎比国家石油公司（ADNOC）宣布，同意中国石油天然气集团公司（CNPC）向中国海洋石油总公司的子公司中海油有限公司（CNOC）转让其下扎库姆和乌姆沙伊夫及纳斯尔的海上特许经营权。这项转让已得到阿布扎比最高石油委员会（SPC）的批准，这标志着中国一家专注于海洋石油和天然气的公司首次获得了 ADNOC 的特许经营权。

10. 智路资本收购西门子旗下独立品牌 Huba Control

智路资本于 2020 年 7 月 28 日宣布收购位于瑞士的专业传感器公司“Huba Control”，该公司专注于压力和流量传感器的开发、制造以及销售。此次协议由西门子和智路资本共同签署。西门子和 Huba Control 都一致认可此次收购将使 Huba Control 受益，将推动 Huba Control 长期可持续增长，并与西门子产生更好的协同效应。

11. 珠海港拟 21 亿港元要约收购兴华港口，推进双轮布局

7 月 29 日晚间，珠海港披露公告称，公司拟通过全资子公司珠海港香港向联交所主板上市公司兴华港口全体股东发起自愿性有条件全面现金要约，拟以现金要约收购兴华港口 100% 的股份，若成功完成本次全面要约收购，兴华港口将从联交所退市。在本次交易中，兴华港口 100% 股权交易对价约为 21. 15 亿港元，每股作价 2. 597 港元，相较于其停牌前一个交易日收盘价溢价约 24%。以此价格计算，兴华港口的实控人黄氏家族四人将合计获得近 13 亿港元的交易对价。

2020 年 8 月

1. 汇顶科技宣布完成收购芯片设计公司 Dream Chip Technologies

2020 年 8 月 3 日，汇顶科技（SH：603160）宣布已完成收购系统级芯片设计公司——德国 Dream Chip Technologies GmbH 公司。Dream Chip Technologies GmbH（DCT）是一家德国的无晶圆厂半导体技术公司，在大型 ASIC、SoCs、FPGA、嵌入式软件和系统领域具有雄厚的技术开发实力，主要产品应用于汽车视觉系统，服务包括汽车、广播、消费电子、工业和医疗等行业的众多全球知名客户。

2. 中国秦发拟收购 SDE 70%股权，获取印度尼西亚一煤矿采矿经营许可证

中国秦发（00866）发布公告，于 2020 年 8 月 6 日，公司否认全资附属公司 PT Qinfa Mining 订立有条件买卖协议，内容关于建议收购 SDE 70% 股权，总代价为 3. 85 亿印度尼西亚盾。公告显示，SDE 为一家印度尼西亚公司，主要从事煤炭买卖业务。SDE 为一个位于印度尼西亚南加里曼丹省哥打巴鲁县 Sungai Durian 的煤矿的采矿经营许可证 B，面积约为 184. 92 平方千米。

3. 三夫户外 7800 万收购 X – Bionic 品牌及其所有专利技术

上市公司北京三夫户外（002780. SZ）用品股份有限公司向 X – BIONIC AG 公司和 X – Technology Swiss GmbH 公司支付的总对价为 10294666 法郎，约合 7862 万元。其中 2058933 法郎是专利、专有技术、软件著作权（如有）的转让对价，剩余 8235733 法郎是所有其他的标的 IP 的转让对价。

4. 腾讯收购法国游戏公司 Voodoo 少数股权

8 月 18 日根据 Voodoo 新近发布的消息，腾讯现已收购了该公司价值 14 亿美元（移动游戏）业务的部分股权，但 Voodoo 并没有透露具体金额。Voodoo 表示，公司的创立者 Alexandre Yazdi 依旧是第一大股东，将与管理层一起保持对集团的控制权。法国游戏厂商 Voodoo 成立于 2013 年，短短几年内发布多个爆款休闲类游戏，已经成为"超休闲游戏（hyper - casual games）"的全球最大发行商之一。

5. 扩博智能宣布收购风叶机叶片运营维护服务提供商 Finetune 公司

扩博智能 Clobotics 宣布收购全球领先的风机叶片运营维护服务提供商 Finetune 公司。总部位于丹麦的 Finetune 在全球风力发电行业有着丰富经验和雄厚的技术实力，擅长提供整体解决方案，专注于风机运营维护中的叶片技术。此次收购，将进一步巩固扩博智能集团 Clobotics 在全球风机后运维市场上的领先地位，结合其以数据分析能力见长、以全自动无人机为载体的风电叶片维修维护大数据平台，扩博智能将继续领跑全球风机后运维市场。

6. 申酉控股拟收购 Diamond Motto 全部股份，进军家具贸易行业

申酉控股发布公告，于 2020 年 8 月 18 日，公司拟向四名卖方收购 Diamond Motto Limited 全部已发行股本，总代价为 1450 万港元。将由公司透过按发行价向卖方发行合计 3. 37 亿股代价股份的方式偿付。公告称，收购事项有助集团进军家具贸易以及提供室内设计、装修及装饰服务业务，有利于集团不时寻觅合适的投资机会，以多元化发展现有业务组合及扩大集团的收入来源。此外，代价以配发及发行代价股份的方式支付，因此不会对集团造成任何现金流负担。

7. 英唐智控：收购日本芯片半导体光刻机先锋微技术已获日本政府批准

8 月 24 日消息，英唐智控公司在互动平台表示，先锋微技术自有的生产设备中包含有日本产的光刻机设备，其收购事项已经获得日本政府批准。先锋微技术光刻机主要用于模拟芯片的制造，在满足其自身生产研发需要的前提下，不排除向具备条件的其他客户提供产能支持，但公司目前尚未启动该类型的合作。

8. 德视佳（01846）拟收购德国一家眼科私人执业公司及一家眼科诊所

德视佳发布公告，于 2020 年 8 月 17 日，集团向公司医疗事务高级副总裁（国际）Michael Christian Knorz 教授提交一份不具约束力的指示性要约函件；及向 Knorz Vermögensverwaltung GmbH 及德国海德堡大学曼海姆医学院（Universitätsklinikum Mannheim）（UM）提交一份不具约束力的指示性要约函件。根据该等指示性要约函件，待与对方就意向书进行进一步磋商及签署最终及具约束力协议后，集团拟收购 Augenärztliche Privatpraxis Prof. Dr. Michael C. Knorz（PMK）全部股权，该公司为德国眼科私人执业公司，专门从事晶体置换手术，由 Knorz 教授全资拥有。

9. 茗韵堂子公司收购 Chuangyeying Brand Management 及 Store Master Food Trading 51%股权

茗韵堂（MYT. US）8 月 27 日宣布，其子公司 Hunan Ming Yun Tang Brand Management Co.，Ltd. 分别与 Chuangyeying Brand Management Co.，Ltd. 及 Store Master Food Trading Co.，Ltd. 签订无约束力意向书。根据该协议，茗韵堂将以现金和其限制性股份收购这两家公司各自 51% 的股权。茗韵堂表示，此次交易将巩固公司在品牌管理，销售网络和供应链技术方面的资源和专业知识，以更好地为客户提供服务并扩展业务。

10. 青鸟消防跨国收购 Finsecur，国内国外双向赋能实现“1 +1 >2”

8 月 4 日，青鸟消防发布公告称，计划由控股子公司美安消防以自筹资金总计 2400 万欧元认购标的公司法国 Finsecur 1200 万股新增发股份并与 Finsecur 及原股东签订《股权认购协议》，取得其 52.65% 的股权。Finsecur 作为法国领先的消防报警及探测设备的生产商之一，主要从事消防报警系统及探测设备的研发、生产、销售和服务，并通过招投标的方式整体承接消防报警系统项目。

11. 富奥股份签约收购德国公司 ABC Umformtechnik

2020 年 8 月 18 日，富奥汽车零部件股份有限公司与德国 ABC 集团成功签署了《股份购买协议》，收购德国紧固件生产企业 ABC Umformtechnik 全部股份。富奥股份成立于 1998 年，2013 年在深圳证券交易所上市。富奥股份是国内知名汽车零部件制造企业，主要从事汽车零部件的研发和生产。ABC Umformtechnik 是全球领先的汽车行业紧固件系统生产供应商，于 1823 年在德国成立。

12. 中国三峡集团收购 500MW 电站资产，进入西班牙太阳能市场

中国长江三峡集团有限公司将通过从国际开发商 X – Elio 手中购买 500MW 投资组合项目的方式进入西班牙太阳能市场。在公司现有欧洲太阳能项目组合的基础上，中国最大的清洁能源运营商之一，中国长江三峡集团旗下的中国三峡（欧洲）有限公司（CTGE）最近达成了收购这一在运资产的协议。当前，中国三峡（欧洲）有限公司在葡萄牙、德国、英国和希腊均持有资产。

2020 年 9 月

1. 海立股份拟不超过 2.03 亿美元收购马瑞利香港 60%的股权

海立股份晚间发布公告称，公司拟以支付现金的方式收购马瑞利以其与汽车空调压缩机和汽车空调系统相关的资产和业务重组并设立的马瑞利香港的控股权。本次交易金额最终不超过 2.03 亿美元。通过本次交易，公司将拥有全球布局的汽车压缩机和空调系统业务以及全球一流的研发能力和客户资源，一举成为全球领先的汽车压缩机和空调系统供应商。

2. 通用汽车将以 20 亿美元收购电动卡车 Nikola 11%的股份

9 月 8 日消息，美国氢燃料和电动卡车制造商尼古拉 Nikola 同意向通用汽车发行并出售 4770 万股普通股，根据该公司普通股每股 41.93 美元的成交量加权平均价格计算，这些股票价值 20 亿美元。通用汽车将持有 Nikola 11% 的股份，并有权在战略合作伙伴关系下提名一名董事。

3. 茗韵堂拟收购 Guokui Management

茗韵堂于 9 月 9 日宣布，该公司与 Guokui Management 签订了无约束力意向书。根据该协议，公司应向 Guokui Management 支付 40 万美元。此外，在收购计划完成后，公司拟与 Guokui Management 股东增开合资门店，并根据未来经营情况和扩张进程，通过发行一定数量的公司限售股来激励 Guokui Management 现有股东。据悉，Guokui Management 第一家休闲餐厅 Crop Circle 已于 8 月在纽约开业。

4. 天合光能拟 4273 万欧元收购 Nclave 剩余 49%股权

9 月 8 日晚，天合光能发布公告称，公司拟以现金方式合计 4273 万欧元收购子公司 Nclave 公司剩余 49% 股权。Nclave 主营光伏跟踪支架生产、研发及销售，本次收购完成后，Nclave 将成为天合光能全资子公司。公开资料显示，作为目前国内光伏行业排名靠前的组件供应商之一，天合光能两年前收购西班牙 Nclave 公司 51% 股权，并进行了业绩并表。

5. 长城汽车全资子公司诺博汽车收购德国汽车配件厂商 Motus Headliner GmbH

近日，长城汽车全资子公司诺博汽车完成对于德国汽车配件厂商 Motus Headliner GmbH 的收购。本次交易为 100% 的股权收购，总投资金额为 1600 万欧元。值得一提的是，本次收购项目是诺博汽车完成的首个海外并购项目，是诺博汽车加快“客户多元化”战略实施的一项重要举措。未来 Motus 德国工厂将成为诺博汽车国内外的第十大生产基地独立运营，有助于诺博汽车加快形成全球配套供货能力和国际经营能力。

6. 贤能集团拟收购 Balestier 物业

贤能集团发布公告，于 2020 年 9 月 16 日，买方（公司的间接全资附属公司 Coliwoo Balestier Pte Ltd）已就 Balestier 物业订立购买选择权，卖方同意按代价 1810 万新加坡元加商品及服务税出售 Balestier 物业。Balestier 收购事项将扩展集团于新加坡共居业务下的物业组合，提升 COLIWOO 的品牌价值，并为集团带来潜在资本增值潜力以及产生收入的新机遇。

7. 维亚生物与阿斯利康就口服 PCSK9 抑制剂项目全球权益达成收购协议

2020 年 9 月 17 日，由维亚生物投资孵化的生物医药公司 Dogma Therapeutics 与阿斯利康就收购其口服 PCSK9 项目全球权益达成协议。阿斯利康将支付 Dogma 首付款，并在全球监管和商业里程碑达成后，向 Dogma 支付里程碑款项。Dogma 科学家团队持续致力于研发出一种方便的、可供口服的 PCSK9 药物。通过维亚生物全球领先的基于结构的药物发现平台，Dogma 团队成功将化合物与 PCSK9 蛋白的亲和力优化到皮摩尔级别。

8. 复星完成收购德国时装品牌 Tom Tailor 所有股份

德国汉堡当地时间 9 月 23 日，复星国际有限公司宣布完成收购 Tom Tailor GmbH 100% 股份交易。据观点地产新媒体了解，复星在 2014 年就曾收购 Tom Tailor GmbH 品牌的上市主体 TOM TAILOR Holding SE 的少数股权。随后几年，复星进行了多轮增资，并最终于 2019 年取得控股权。Tom Tailor GmbH 是时装品牌，店铺遍布 30 多个国家，专注中档价位的日常休闲服饰。公司通过其自有直营店及经销商作为渠道，进行零售和批发销售。

9. 浙商中拓拟 11. 73 亿元收购浙江海运集团 100%股权

浙商中拓公告，公司拟向浙江交通集团以发行股份方式收购浙江海运集团 100% 的股权，交易标的作价 117299. 77 万元。本次交易完成以后，公司的控股股东仍为浙江交通集团，实际控制人仍为浙江省国资委，本次交易不会导致公司控制权变更。公司表示，浙商中拓主要从事大宗商品供应链集成服务等经营活动，浙江海运集团主要经营国内沿海水路运输、国际船舶运输、货运代理等业务。

10. 李宁拟收购 Clarks

英国知名鞋履制造商 Clarks（其乐）与总部位于中国香港的私募股权投资公司 LionRock Capital（莱恩资本）就股权出售事宜正在展开独家谈判。值得关注的是，莱恩资本现任董事长正是国内运动服饰巨头李宁的创始人李宁。这意味着李宁或许就是莱恩资本此次出手收购 Clarks 的授意者，也是最大的受益方。

11. 均安控股江苏省建溢价 41. 94%提现金要约

均安控股发布公告，于 2020 年 9 月 4 日，卖方Ⅰ（Splendid Horizon Limited）与要约人华冠集团订立及完成买卖协议Ⅰ，此外，卖方Ⅱ（Fortune Elite Holdings Limited）与要约人订立及完成买卖协议Ⅱ，要约人已收购合共 1. 32 亿股股份，要约人由江苏省建筑工程集团有限公司（江苏省建）全资拥有，而江苏省建则由绿地大基建集团有限公司、江苏华远投资集团有限公司及南京城开股权投资合伙企业分别拥有 50%、35% 及 15% 权益。江苏省建主要在中国从事物业及基础设施建设以及房地产开发业务。

12. 惠影医疗收购德国 Eckert & Ziegler BEBIG GmbH 高剂量近距离放疗业务大多数股权

上海惠影医疗科技有限公司与德国领先放疗公司 Eckert & Ziegler BEBIG GmbH（简称“埃齐医疗”）宣布双方已签署协议。根据该协议项，埃齐医疗将剥离其高剂量近距离放疗业务，单独成立新公司，惠影医疗将获得新公司大多数股权，埃齐医疗继续保留为重要股东。该放疗设备将继续在德国进行生产。这是双方自 2019 年针对高剂量近距离放疗业务在中国成立合资公司之后的另一重要举措，通过结合双方优势和资源，旨在成为高剂量近距离放疗业务的全球市场领先者。

2020 年 10 月

1. 希望教育 1.4 亿美元买下马来西亚私立高校集团

民办高等学历教育提供商希望教育近日发布公告称，已完成对马来西亚一家私立高等教育服务供应商 Inti Education Holdings Sdn. Bhd.（英迪）的收购。据此前 3 月份关于收购的公告显示，此次交易金额达 1.4 亿美元。从规模和资质上看，英迪算得上是不错的标的。希望教育公告称，按在校学生计，英迪是马来西亚最大的私立高等教育服务供应商之一，现有超过 1.65 万名学生，每名学生每年学费估计约为 3 万元人民币。

2. 大酒店完成收购 Phataraprasit 股东于曼谷半岛酒店及其周边土地 50%的经济利益

大酒店发布公告，公司全资附属公司 PIIHL 与 Phataraprasit 股东订立具法律约束力的交易协议，以终止其于 HSH－SCH 股东协议的关系并划分订约方于 HSH－SCH 的资产及负债。根据该等交易协议完成后，公司将透过其附属公司收购 Phataraprasit 股东于曼谷半岛酒店及其周边土地的 50% 经济利益，代价为 Phataraprasit 股东于泰国乡村俱乐部及 TCC 地块的 50% 经济利益以及现金代价。

3. 中国民企敬业集团有意收购英国最大钢铁公司

中国民营钢企河北敬业集团有限公司将目光瞄准了英国的钢铁资产。据报道，印度塔塔钢铁集团有意出售其英国资产，敬业集团有收购意愿。报道称，敬业集团只是表达了初步收购意向，并未正式与塔塔钢铁英国公司开展并购洽谈。

4. 成都先导拟以 2500 万美元收购 Vernalis（R&D）Limited 100%股权

成都先导公告，公司拟以自有资金或自筹资金，以 2500 万美元的交易价格，通过全资子公司英国先导药物有限公司（HITGEN UK LTD）为收购主体，受让 Ligand Pharmaceuticals Incorporated 通过 Vernalis Limited 持有的 Vernalis（R&D）Limited 公司的 100% 股权。通过本次交易，成都先导能够获取 Vernalis 公司的核心技术团队和知识产权。

5. 腾讯拟增持 10%环球音乐股权

腾讯控股计划在选择权 1 月到期之前增持 10% 的环球音乐股权。腾讯很可能会行使这个选择权，可能会在年底之前行动。目前尚不清楚原财团成员是否会参加，这些成员的身份至今未公开。彭博新闻社去年报道称，腾讯接洽的潜在投资者包括高瓴资本和新加坡政府投资公司。

6. 阿里巴巴收购全球最大免税零售巨头 Dufry 的 6.1%股份

10 月 20 日消息，阿里巴巴将获得全球最大的免税零售商的瑞士公司 Dufry 的 6.1%股权，这是 Dufry 的 8.2 亿法郎集资计划的一部分。据悉，Dufry 是全球最大的免税零售商，总部位于瑞士，拥有近 36000 名员工，在全球 65 个国家和地区开展业务。

7. 昆仑万维收购 Opera

10 月 25 日，昆仑万维发布公告称，其子公司香港万维拟采用支付现金方式，以 8.22 美元/ADS 的价格从 Keeneyes Future Holding Inc. 手上购买 Opera 8.47%的股权，交易价款合计为 8014.5 万美元（约合 5.39 亿元人民币）。公告称，本次交易完成后，香港万维将持有 Opera 53.88%股权。Opera 也由此成为昆仑万维全资子公司的控股子公司，将被昆仑万维纳入合并报表范围。

8. 威孚高科拟收购比利时 Borit 燃料电池公司 100%的股权

威孚高科 10 月 28 日晚间公告，公司拟通过在丹麦的全资子公司 Weifu Holding ApS（SPV 公司），收购比利时 Borit NV 100%的股权（Borit NV 公司估值 EV 4270 万欧元）。比利时 Borit 燃料电池公司成立于 2010 年，现已发展成为全球最大的独立金属双极板一站式集成技术供应商，致力于解决各类燃料电池应用需求。

9. 中国船舶集团收购德国老牌邮轮内饰公司 Rheinhold & Mahla

中国船舶集团即将收购德国老牌船舶设备供应商 Rheinhold & Mahla（R&M）公司。该并购项目日前在德国联邦反垄断办公室进行了登记，据悉，此次交易的买方是中国船舶集团子公司。R&M 成立于 1887 年，总部设在汉堡和维斯马，拥有 550 名员工，营业额约为 1.37 亿欧元，是邮轮、渡船和德国海军舰船的主要设备供应商之一。

10. 歌尔股份要将所持丹拿音响股权转让给歌尔集团

10 月 23 日，歌尔股份（002241）发布公告称，公司方面拟将所持有的子公司 Dynaudio Holding A/S（丹拿控股）100%股权转让给控股股东歌尔集团，参考评估价 2.62 亿元，转让价格 2.62 亿元。歌尔股份称，本次交易为公司基于对品牌音响业务战略的调整并考虑丹拿控股的业务发展现状而进行的资产出售。歌尔集团收购丹拿控股股权后将对品牌音响业务制定统一的战略安排和发展规划。

11. 联络智能与 Newegg 新蛋宣布签订合并协议将更名并在纳斯达克上市

北京时间 2020 年 10 月 26 日，联络智能有限公司与 Newegg 新蛋联合宣布，双方已签署合并协议和计划。根据该协议，Newegg 新蛋的原股东将成为 LLIT 的大股东，预计合并完成后，Newegg 的现有股东将立即拥有合并后公司约 99.02%的所有权，而 LLIT 的现有股东将拥有合并后公司约 0.98%的所有权。同时，LLIT 还将出售旗下可穿戴设备技术业务。在完成重组和融资后，公司将更名为“NeweggCommerce, Inc.”，并以新的股票代号在纳斯达克上市。

12. 通力电子获大股东 TCL 控股溢价私有化

港股上市公司通力电子发布公告称，通力电子及要约人 T. C. L. 实业控股（香港）有限公司联合公布，于 2020 年 10 月 30 日，要约人要求董事会向协议安排股东提呈建议事项，倘经批准及实施，将导致该公司由要约人私有化及撤销股份于联交所的上市地位。TCL 控股提出以协议安排方式私有化，而每股私有化价不会提高，目前连同一致行动人士持约 74.69% 股权，收购其余股份所涉现金最多约 12.77 亿港元。

2020 年 11 月

1. 微美全息宣布旗下子公司微易科技收购新加坡飞达芯片公司

11 月 4 日，微美全息软件有限公司——一家中国领先的增强现实（AR）服务提供商，宣布旗下全资子公司 VIYI Technology Inc. ——一家在开曼群岛注册成立的有限责任公司已就收购新加坡物联网解决方案提供商 Fe－da Electronics Company Pte Ltd 100% 的股权达成框架协议，以加速布局半导体芯片业务。在新加坡飞达芯片公司满足某些协议条款的情况下，公司预期在未来两年内分几次结清收购的款项。收购完成后，公司将合并新加坡飞达芯片公司的财务报表。

2. 康龙化成拟不超 1.375 亿美元收购美国的实验室服务公司 100% 股权

康龙化成发布公告，于 2020 年 11 月 6 日（美国时间），该公司的间接全资子公司 Pharmaron Lab Testing 与 Absorption Holdings 及目标公司订立成员股权购买协议，Pharmaron Lab Testing 同意自 Absorption Holdings 收购 Absorption Systems 及 ASC 的 100% 股权及自 Absorption Systems 收购 ASB 的 100% 股权，总对价不超过 1.375 亿美元。于完成收购事项后，目标公司将成为本公司的间接全资子公司。

3. 国家电网斥资逾 200 亿元收购智利配电公司 CGE

11 月 13 日，国家电网官方消息称，其与西班牙能源集团（Naturgy）通过线上视频签署了股权购买协议，将收购后者持有的智利公司 CGE（Compañía General de Electricidad）96.04% 的股权。CGE 是智利第一大配电公司，也是智利第二大输电公司，拥有输电线路 3500 千米、配电线路 64738 千米、配电用户 300 万户，约占智利 45% 的市场份额。西班牙能源集团在官网披露，该收购总金额为 25.7 亿欧元（约合人民币 200.95 亿元），一次性现金付清。CGE 投资项目将在履行境内外相关审批流程后完成交割。

4. 联发科拟 8500 万美元收购英特尔 Enpirion 电源管理芯片业务

11 月 17 日，联发科日前发布公告称，旗下子公司立锜并购英特尔旗下 Enpirion 电源管理芯片产品线相关资产，预计总交易金额约 8500 万美元。联发科表示，此次收购是为了拓展公司产品线，提供使用在 FPGA、SoC、CPU、ASIC 的整合式高频与高效率电源解决方案，瞄准企业级系统应用，以扩大经营规模，提升经营绩效与竞争力。

5. 光大证券将全资控股香港新鸿基金融

11 月 17 日，光大证券在香港收购券商资产新鸿基金融的交易，历时五年多之后终于揭开面纱。买方光证金控与卖方新鸿基有限在 2015 年“旧”协议基础上，使用了包括认沽期权履行、竞业协议、商标使用、优先股发行、股份回购等系列安排。根据公告，光证为获取新鸿基金融最后 30% 股权，需付出折算现价为 24.13 亿港元的“现金加优先股”代价，其中优先股部分将以 107% 本金溢价加 8.5% 年化股息率在 2023 年 6 月底前赎回。此外，协议也就“新鸿基”这一具有历史意义的品牌使用权做了安排，反映港方卖家对这一品牌的保护。

6. 中石油和中海油拟收购埃克森美孚所持的伊拉克油田 32.7% 权益，售价至少 5 亿美元

11 月 20 日消息，中国石油天然气集团有限公司和中国海洋石油寻求收购埃克森美孚在伊拉克 West Qurna – 1 油田所持的 32.7% 权益，售价可能至少 5 亿美元。如果这笔权益出售交易达成，将标志着埃克森美孚退出 West Qurna – 1 油田。据悉，West Qurna – 1 油田位于伊拉克巴士拉西北约 50 千米，紧邻中石油参与作业的鲁迈拉油田北部。

7. 罗博特科：斐控泰克已完成对德国目标公司 80% 股权的收购

据悉，罗博特科通过受让斐控晶微 100% 股权的方式与专业投资机构共同出资设立了斐控泰克，斐控泰克系专门用于收购 Ficontec Service Gmbh，Achim；Ficontec Automation Gmbh，Achim 的持股公司，截至目前已实际控制德国目标公司 80% 的股权。公司后续将与德国目标公司在销售渠道、技术开发等领域的协同合作，大力推动半导体设备的进口替代，打破国外垄断，陆续向市场推出半导体等高精度自动化装备。

8. 中联农机收购德国百年农机具品牌拉贝 RABE

提高农业质量效益和竞争力，关键在于强化农业科技和装备支撑。为了给用户提供更优质的耕作服务，中联重科收购德国百年农机具品牌——拉贝 RABE，与中联大马力拖拉机形成完美组合，助力保护性耕作，让土壤更具活力。

9. 中国交建入股葡萄牙最大承包商莫塔 – 恩吉尔公司

11 月 27 日，中国交建与葡萄牙莫塔 – 恩吉尔公司参股协议签署仪式通过视频会议形式举行。继收购澳大利亚、巴西本土承包商/工程咨询公司之后，中国交建在“百年未有之大变局”的关键 2020 年，再次签署海外投资入股协议，收购葡萄牙最大的工程承包商莫塔 – 恩吉尔部分股权。本次收购，不仅是中国交建在海外投资并购布局的重要落子，同时还有着外交意义、战略意义和不可或缺的业务意义。

10. 安洁科技收购 BIGL Industrial 驱动器臂和相关零部件生产业务

2020 年 11 月 23 日，安洁科技与 Broadway Industrial Group Limited 签署《收购 Broadway Industrial Group Limited 部分资产和子公司的约束性报价》，适新科技或其指定关联方或子公司拟通过现金支付方式收购 BIGL Industrial 驱动器臂和相关零部件生产业务中使用的实质性全部资产，包括 BIGL Industrial 持有的重庆镁伟 100% 股权、无锡镁伟 100% 股权、BIGL Technologies（Thailand）Co.，Ltd 100% 股权，以及深圳镁伟从事目标业务中使用的全部财产和资产，但不包括位于深圳市龙岗区坪山街道的由粤（2018）深圳市不动产权第 0227103 号不动产权证所记载的土地和建筑物。

2020 年 12 月

1. Univar 宣布与珠海泰肯达成协议

全球化学品及原料分销商和增值服务提供商 Univar Solutions Inc. 宣布其全资子公司 Univar 解决方案（中国）有限公司与珠海泰肯硅化学工业有限公司达成收购协议，以便分销主要用于涂料、黏合剂、密封剂和弹性体（CASE）市场的创新型特种硅酮解决方案。此协议与公司致力于终端市场垂直领域的全球策略一致，通过进一步定位 Univar Solutions，在 CASE 市场中为客户和供应商带来差异化的价值，从而提供新的增长机会。

2. OtterBox Hong Kong 成功收购 Roxfit

2020 年 12 月 7 日，OtterBox Hong Kong，日前成功收购了英国移动配件品牌 Roxfit，一个由业内资深人士 Malcolm Stapleton 先生于 2010 年创立，专注为索尼智慧型手机量身定做保护配件的品牌。OtterBox Hong Kong 是 Otter Products LCC 的子公司，其品牌理念大胆创新，为智能手机和平板电脑提供优质设计的保护壳产品。通过此次收购，Roxfit 将促使 OtterBox Hong Kong 扩大整个亚太区和欧洲市场的新目标受众客户群。

3. 药明生物收购拜耳位于德国伍珀塔尔的生物药原液厂

上海和德国伍珀塔尔 2020 年 12 月 21 日，全球领先的开放式生物制药技术平台公司药明生物（WuXi Biologics）和拜耳今日宣布达成一项收购交易。根据协议，药明生物将收购拜耳位于德国伍珀塔尔的生物药原液厂，并计划签订长期转租协议和过渡服务合同，交易总金额约为 1.5 亿欧元。此次收购的生物药原液厂，将进一步提升药明生物对于新冠疫苗及其他生物药的全球供应能力。

4. 松柏投资控股收购高端种植体公司 Neoss，驱动创新服务口腔医生

2020 年 12 月 23 日，口腔产业建设者松柏投资宣布控股收购全球领先的种植体公司尼奥斯（Neoss）。松柏投资是专注口腔全产业链的投资和经营平台，致力于通过解决行业痛点实现产业建设的宏大愿景，并为牙科人才和企业提供长期稳定的发展平台。

尼奥斯（Neoss）是全球知名的高端种植体公司，通过“智能精简”的解决方案，为患者提供可靠、持久、高附加值的种植治疗。

5. 海森生物制药收购武田制药管线

武田制药在 2020 年 12 月 21 日宣布与海森生物医药有限公司签署协议，剥离在中国内地的部分处方药业务至海森生物制药。在满足监管要求并完成交割后，武田将收到 3.22 亿美元的交易总额。根据公开的财报信息，作为卖方的武田制药在收购夏尔之后，已经超过阿斯利康、安进等，成功跻身全球十大药企。而本次交易中的买方却是一家鲜为人知中国生物医药企业——海森生物医药。

6. 华钦科技宣布收购新加坡 IT 服务公司 Ridik 全部剩余股权

华钦科技（CLPS. US）宣布，通过其全资子公司 CLPS Technology（Singapore）Pte. Ltd. 收购了新加坡 IT 服务公司 Ridik Pte. Ltd. 剩余 20% 的股权。据悉，华钦科技已于 2019 年收购该公司 80% 的股权。本次交易完成后，Ridik 将成为华钦科技的全资子公司。在完成对 Ridik 的收购后，华钦科技计划在新加坡设立东南亚总部，以进一步拓展该地区市场和业务发展机会。

7. 中国洛阳钼业 5.5 亿美元收购刚果（金）Kisanfu 铜钴矿 95% 权益

12 月 14 日，中国洛阳钼业周日公告，拟以 5.5 亿美元的对价，从全球最大上市铜企之一的 Freeport – McMoRan Inc（FCX）处购得刚果（金）Kisanfu 铜钴矿 95% 权益，以巩固公司作为钴生产商的领先地位。FCX 间接持有 Kisanfu 铜钴矿 95% 权益，刚果（金）政府持有另外的 5% 权益。洛阳钼业表示，本次收购除进一步巩固公司在电池金属和电动汽车领域地位外，还可与现有刚果（金）业务的协同效应。

8. 蓝星安迪苏宣布完成收购 FRAmelco 集团

蓝星安迪苏公司日前宣布完成收购荷兰饲料添加剂生产商 FRAmelco 集团。本次收购是安迪苏全球战略的重要组成部分，将帮助安迪苏进一步巩固其作为全球动物营养特种饲料添加剂领导者的地位。FRAmelco 集团专注于在全球范围内开发、生产、推广动物饲料和饲用水添加剂，总部位于荷兰，主要产品短、中链脂肪酸系列能增强动物免疫力，提升动物生产性能，而溶血卵磷脂则能提高动物对营养物质的消化吸收。

9. 赤峰吉隆黄金矿业股份有限公司收购 Mensin Bibiani Pty Ltd 100% 股权

赤峰黄金拟通过全资子公司赤金香港以现金方式收购澳大利亚上市公司 Resolute Mining Limited 所持有的 Mensin Bibiani Pty Ltd 100% 股权，以及目标公司旗下三家加纳全资子公司（Mensin Gold Bibiani Limited、Noble Mining Ghana Limited 以及 Drilling and Mining Services Limited），赤峰黄金为赤金香港本次收购提供担保，标的股权交易对价为 1.089 亿美元，该对价包含目标公司关联债务、外部债务和未决诉讼的处理。交易各方于2020年12月15日签署了《股份转让协议》(*Share Sale Agreement*)。

10. 美的集团机电事业群收购泰国日立压缩机，布局全球产业

2020年12月24日，美的集团收购 Hitachi Global Life Solutions，Inc. 所持有泰国日立压缩机［Hitachi Compressor（Thailand）Ltd.，以下简称“HCTL”］的100%股份。此后，HCTL 将正式纳入美的集团机电事业群统一管理。成立于1993年的 HCTL，位于泰国大城府洛加纳工业园内，其地处泰国重要物流交通枢纽之上，占地面积约8.3万平方米，专业产销冰箱压缩机，厂内设有成熟完善的生产设备及专业产线。

11. 杭州巨星科技收购北美吸尘器知名品牌 Shop – Vac

12月24日，巨星科技公告拟向全资子公司美国巨星增资5000万美元收购北美吸尘器知名品牌 Shop – Vac 及相关资产，交易价格为4186万美元。Shop – Vac 是一家创立于1965年的北美吸尘器领域知名品牌商和制造商，主要产品包括用于消费和商业用途的干湿真空吸尘器及配件、车载吸尘器等，拥有近500项专利，主要客户包括沃尔玛（Walmart）、亚马逊（Amazon）、劳氏（Lowe's）等世界500强企业。

2020年中国企业“引进来”月度重要事件回顾

2020年1月

1. Sesame Group 收购北京利达智通信息技术有限公司

Alten Group 旗下的 Sesame Group 以1500万欧元的价格收购了北京利达智通信息技术有限公司。北京利达智通信息技术有限公司成立于1996年11月，是一家主要从事面向日本的计算机软件开发与服务的集团公司，在日本、大连、济南设立了子公司。公司是中国重点软件企业并取得了 CMMI3、ISO 27001 等资质。

2. JS 环球生活2.1亿元收购机器人定位导航公司速感科技

JS 环球生活发布公告，于2020年1月6日，公司通过间接全资附属公司 Shark Ninja Venus Technology Company Limited（买方）与目标公司所有股东（卖方）订立股份购买协议，买方拟购买目标公司速感科技（北京）有限公司全部股权，估计最高代价为不多于现金人民币2.1亿元。收购事项将分若干步交割，预计将于2023年完成。

3. 卡博特公司收购深圳三顺纳米新材料有限公司

波士顿 – 卡博特公司宣布，其全资子公司卡博特（中国）投资有限公司达成协议，将以1.15亿美元的价格（包括所有付款义务和/或有款项）收购中国领先的碳纳米管（CNT）生产商深圳三顺纳米新材料有限公司。此次收购极大地增强了卡博特在快速增长的电池市场，尤其是在中国的市场地位和配方能力，而中国是世界上最大、增长最快的电动汽车市场。

4. 方源资本购入猫眼娱乐重要少数股权

猫眼娱乐（1896. HK）1 月 15 日宣布，私募股权投资机构方源资本购入其重要少数股权，猫眼娱乐 CEO 郑志昊参与跟投。根据公告，方源资本（亚洲）有限公司的一位代表已获猫眼董事会任命为非执行董事，从 2020 年 1 月 15 日起生效。方源资本在中国文娱体育领域有丰富的投资经验，曾主导了分众传媒、Amer Sports、IMAX 中国、Endeavor 中国、Pure、新浪等标志性投资。

5. 万学教育宣布完成 1 亿美元 D 轮融资由安达富基金领投

1 月 15 日消息，近日北京万学教育科技有限公司宣布完成 1 亿美元 D 轮融资，领投方为安达富基金，指数资本担任此次融资的财务顾问。万学教育是为大学生群体提供学业与职业发展高端培训的国内最大规模教育集团。2007 年启动运营至今，凭借行业顶尖的教育技术和培训效果，在研究生入学考试、大学生就业创业培训等方面，迅速成为行业龙头。

6. 周大福买下彩色宝石品牌 Enzo

周大福已完全收购劳伦斯集团（LORENZO GROUP）旗下珠宝品牌 Enzo，以寻求维护和增加中国内地市场的影响力。周大福未披露具体交易价格。劳伦斯集团拥有巴西矿脉资源，彩色珠宝多由玫瑰石榴石、碧玺、祖母绿等制成。除了这些原材料资源，Enzo 对于巴西摩根石、帕拉伊巴碧玺等其他稀有彩色珠宝拥有各大矿源的优先挑选和采购权。

7. BBI 生命科学有限公司被 LJ Future Ltd. 以 19.6 亿港元的协议安排方式私有化及退市

BBI 生命科学有限公司根据 LJ Future Ltd. 的要约，通过公司与其股东之间的协议安排被要约人以 19.6 亿港元私有化以及从香港证券交易所退市。BBI 生命科学从事于生命科学研究产品和服务行业，为中国和海外的医院、制药公司和生物技术公司、政府测试和诊断中心以及分销商提供实验室服务和产品。

8. 上海彩妆生产商巴黎蒂被加拿大企业 KDC/One 收购

加拿大个护和家居消费品服务商 Knowlton Development Corporation 已经签署了一项协议，将收购上海巴黎蒂日用化学品有限公司（Paristy Daily Chemical Co. Ltd.），但没有披露详细的交易条款。该交易预计将于 2020 年第一季度完成。上海巴黎蒂是一家提供全方位服务的综合彩妆供应商，曾为世界众多知名品牌进行彩妆产品的设计以及代工制造，包括化妆品配制、压粉、填充、容器装配，以及口红、腮红、眼影、粉饼、睫毛膏、眼线膏、眉粉、乳液等各类彩妆容器的设计和制造。

2020 年 2 月

1. 百事公司成功收购百草味

好想你与百事公司达成最终协议，拟向百事公司出售其持有的旗下杭州郝姆斯食品有限公司（以下简称“百草味”）100% 股权。交易拟通过现金出售的方式，双方协商确定的企业价值为 7.05 亿美元。对在中国市场深耕多年，拥有百事可乐、七喜、纯果乐等饮料品牌和乐事薯片等零食品牌的百事公司来说，原有传统产品线在相关市场已经逐渐饱和，此次收购百草味，是其拓展中国市场增长力和市场边界的一次重要布局。

2. IBERCHEM 集团完成对南昌朵美收购

2020 年 2 月 6 日，IBERCHEM 集团在西班牙宣布完成了对南昌朵美的收购。南昌朵美生物科技有限公司是一家位于中国江西省南昌市的香精生产企业，它成立于 2008 年，凭借创新的生产方式和优质的客户服务，迅速在中国的香精行业中赢得了声誉。

3. 现代汽车集团全资收购四川现代

四川现代有限公司已经完成了股份变更。变更后，韩国现代汽车集团成为唯一大股东，持股比例为 100% 。至此，四川现代变更为外国法人独资，同时也成为国内首家外商独资的商用车企业。现代汽车集团此举的背后或许是想在中国商用车市场改变销量较为“平淡”的现状，独资后将会更加有利于其技术的输入与管理上的强化。

4. 阿里健康：拟 81 亿港元从阿里巴巴控股收购 ALI JK ZNS Limited

2 月 7 日讯，阿里健康发布公告称，于 2020 年 2 月 6 日，本公司与 Ali JK Nutritional Products Holding Limited（阿里巴巴控股之直接全资附属公司）订立购股协议，据此，本公司将收购 Ali JK ZNS Limited（阿里巴巴控股为持有目标业务而根据英属维尔京群岛法律注册成立之间接全资离岸控股公司）之全部股权。总对价为 80.75 亿港元，并将透过本公司在交割时向卖方发行 860874200 股对价股份支付对价。

5. 新世纪检验认证公司加入 Kiwa

Kiwa 于 2020 年 2 月 10 日收购了新世纪检验认证公司的大部分股份，其余股份将在未来几年内收购。Kiwa 是测试、检验和认证行业的国际领先者。Kiwa 在欧洲拥有强大的本土基地，自 2005 年以来一直在中国提供产品检测和农产品食品认证服务。Kiwa 结盟新世纪，以其超过 600 多名员工的强大团队，活跃于中国管理体系认证行业，加强了中国的测试检验和认证服务的组合和平台，并以开展各种更多的活动。

6. 宝成子公司收购 Prime Glorious Limited 49% 股权

宝成集团以 1166 万美元的价格收购了中国鞋材制造商和鞋类出口商 Prime Glorious Limited 49% 的股份。该交易已获得宝成董事会的批准。宝成集团是中国台湾一家以鞋类代工为主要业务的企业，目前其主要代工客户包括 Nike、Adidas、Asics、New Balance、Timberland 以及 Salomon 等国际品牌，是台湾跨国企业中少数以中台湾为总部的企业。本次交易宝成集团将通过子公司 Great Pacific Investment Ltd. 进行。

7. 方大炭素完成收购考伯斯部分股权

方大炭素公布，公司于 2020 年 2 月 18 日召开第七届董事会第二十八次临时会议审议通过了《关于变更部分募集资金投资项目用于收购考伯斯部分股权的议案》，该事项已经公司 2020 年 3 月 5 日召开的 2020 年第二次临时股东大会审议批准，同意公司使用募集资金 3.45 亿元人民币收购考伯斯部分股权，授权公司管理层签署收购考伯斯部分股权的相关法律文件并依法办理相关手续。

8. 黑石集团收购佛山睿信物流管理有限公司 80%股权

福建东百集团股份有限公司间接控制的全资子公司平潭信友资产管理有限公司拟将持有的佛山睿信物流管理有限公司 80% 股权转让给 DC Foshan Holdings II Limited（为完成本次交易在香港设立的公司，最终控制人为美国上市公司 The Blackstone Group Inc.，简称“黑石集团”），本次交易转让价格预计不低于 26000 万元人民币。

2020 年 3 月

1. 自如获软银 10 亿美元投资

软银通过愿景基金向自如投资 10 亿美元，其中 5 亿美元是直接投资，从其创始人手中购买了另外 5 亿美元的股票，投资后自如估值为 66 亿美元。自如成立于 2015 年，是一家提供整租、公寓等形式的租房平台，此前共进行了 3 轮融资，投资方包括腾讯、红杉等，最新一轮融资发生在 2019 年 8 月，融资后估值 50 亿美元。

2. 中信资本收购麦当劳中国 22%股权

麦当劳中国大股东中信股份在港交所发布公告披露，其全资附属公司今天与中信资本控股有限公司旗下基金持有的公司 CCHL Fast Food Holdings Limited（简称“CCHL”）签署了购买协议，中信股份同意出售且 CCHL 同意购买 Fast Food Holdings Limited（简称“FFHL”）42.31% 的股权。FFHL 持有麦当劳中国管理有限公司合计 52% 的股权，通过此次交易，中信股份将麦当劳中国 22% 的股权出售给中信资本。

3. JAGUAR GROWTH PARTNERS 收购中国领先物流资产管理公司熠跃

JAGUAR GROWTH PARTNERS 是一家专注于投资全球成长型市场房地产公司和运营平台的私募投资管理公司，近期宣布完成对中国领先的仓储、分拨和物流资产管理平台熠跃企业管理咨询公司的收购。通过此次收购，Jaguar 确立了其在中国的首笔投资，并将逐步在物流地产这一新兴领域建立起稳健的业务。熠跃是中国最活跃的物流和仓储房地产开发公司之一，在建面积近 100 万平方米，并拥有面积超过 100 万平方米的项目储备。

4. 路易达孚收购路易达孚（锦州）仓储有限公司

路易达孚公司（Louis Dreyfus Company B. V.）以900万美元的价格收购了路易达孚（锦州）仓储有限公司51%的股份，该公司是一家位于中国的公司，在锦州港拥有并经营一个粮食仓库。路易达孚公司将能够加强其在中国粮食生产大区锦州的足迹，同时也能加强其在该地区的伙伴关系。

5. 平安津村收购盛实百草，成为其控股股东

平安津村有限公司宣布，收购天津盛实百草中药科技股份有限公司，交易总额为12亿元人民币。交易完成后，平安津村将成为盛实百草的控股股东，持有80%的股权。本次交易由中国平安保险海外（控股）有限公司与株式会社津村共同协助平安津村完成落地。此次收购将进一步布局平安津村在中国的生药平台，巩固中药原材料的稳定供应，推进生药品质管理和生药产地的统括管理。

6. 淡马锡、腾讯领投，明略科技完成3亿美元融资

明略科技集团已完成3亿美元E轮战略融资，本轮投资由淡马锡、腾讯领投，快手跟投。明略科技集团是国内知名的AI和大数据公司，成立于2006年。最早的业务为秒针系统，主要做互联网广告数据分析，后演变为线上智能营销业务。2014年，明略数据成立，最早从公安大数据等政府业务切入。2018年公司升级为明略科技集团，目前主要业务包括数据中台产品及服务和营销智能平台等方面。

7. 中信大锰拟1.24亿元收购宁波大锰余下65.17%权益以整合锰生产链

中信大锰（01091）于2020年3月30日发布公告，广西投资（公司的间接全资附属公司）已与信达资产订立第一份买卖协议，信达资产向广西投资出售第一合伙权益，即等同于宁波大锰64.67%的权益，代价为1.23亿元人民币。于本公告日期，宁波大锰的唯一主要资产为其持有的汇元锰业的100%股权。完成后，宁波大锰将由集团全资拥有，而宁波大锰的财务业绩将合并至集团。

2020年4月

1. 索尼4亿美元收购bilibili 4.98%股份

跨国综合企业索尼在日前宣布，旗下全资子公司美国索尼，收购了在美国纳斯达克上市的哔哩哔哩公司合计4.98%股份，约4亿美元人民币（约28亿元人民币）。值得一提的是，哔哩哔哩公司旗下知名网站bilibili（简称“B站”），是国内目前最火的视频弹幕网站，深受年轻人的喜爱，同时在亚洲地区有着广泛影响力。这次bilibili与索尼达成战略合作，将上线索尼音乐娱乐旗下曲库MV。

2. 中国移动入股亚信科技

中国移动国际控股有限公司将认购亚信科技新发行的182259893股新股份，认购价

为每股 7.6 港元。认购股份总数相当于本公告日期现有已发行股份总数 25.0% 及仅因配发及发行认购股份而扩大的已发行股份总数 20%。亚信科技表示，认购事项可推动本集团及中国移动集团在战略层面的长远合作，充分发挥公司市场化机制运作的灵活优势。

3. 中国金属利用拟折让 8.84%发行 3.25 亿股

中国金属利用发布公告，于 2020 年 4 月 14 日，公司与认购方 Taisei Business Solutions Pte. Ltd. 订立认购协议，公司同意发行 3.25 亿股认购股份，相当于公司现有已发行股本约 12.35% 及经发行扩大的已发行股本约 10.99%。认购价 2.68 港元，较 4 月 14 日收市价每股 2.94 港元折让约 8.84%。认购方为于新加坡注册成立的公司，主要业务包括提供管理顾问服务及投资控股。

4. 明治乳业 18 亿元人民币收购澳亚牧场 25%股权

明治乳业（苏州）有限公司的 100% 投资者、株式会社明治与在中国从事牧场经营业务的 AustAsia Investment Holdings Pte LTD. 的股东 Japfa LTD. 达成股权转让协议，以 2.544 亿美元（约合 280 亿日元、18 亿元人民币）的价格收购 AustAsia 公司 25.0% 的股份。在完成股权收购后，AustAsia 将成为株式会社明治的关联公司。此次股权收购的目的是强化从原料奶采购到生产的价值链，并为在中国实现业务的可持续增长打好基础。

5. 泰凌医药拟向北京康辰出售泰凌医药国际全部股权

泰凌医药发布公告，于 2020 年 4 月 21 日，北京康辰、康辰、本公司、泰凌医药国际、泰凌医药香港、泰凌医药海外、泰凌医药亚洲、第壹制药及吴先生订立交易文件，公司将于交易文件日期向泰凌医药国际转让 Pfenex 权益、泰凌医药海外将于出售完成时向康辰出售泰凌医药国际全部已发行股本及泰凌医药亚洲将于收购完成时认购康辰的 40% 股权。

6. 新加坡城市发展公司入股协信 51.01%股权

丰隆集团旗下新加坡城市发展有限公司（简称“CDL”）在新交所发布公告称，通过收购股权、认购新股的方式收购重庆协信远创实业有限公司 51.01% 的联合控制权。此外，CDL 有权在 6 个月的期限内行使看涨期权，该期权仅期限为 18 个月，CDL 或将于 2022 年前行使看涨期权，以获得协信远创约 9% 的实际权益，行使总价约为 7.7 亿元人民币，此举可能使 CDL 的实际权益持股量增加至 60.01%，并将获得协信远创的唯一控制权。

7. 华平投资收购神州租车

4 月 16 日，神州租车（HK.0699）公告称，公司主要股东 Amber Gem Holdings Limited 和神州优车已于 4 月 16 日订立一份买卖协议，将分两批向神州优车全资附属公司收购其所持有的神州租车股份，分别占神州租车以发行股本总额约 4.65% 及 12.46%，合计 17.11%。公开资料显示，Amber Gem Holdings Limited 是私募股权机构华平投资的子公司，曾经参与神州租车 2012 年的 B 轮 2 亿美元融资。

8. 现代汽车集团将收购山东现代威亚全部股权

现代威亚 2020 年 4 月 24 日公示，公司决定向旗下山东法人出资约 1068 亿韩元（约合人民币 6.1 亿元），将持股比例提升至 42.9%。现代汽车和起亚汽车也将分别出资 783 亿韩元和 641 亿韩元收购日照港集团的股权，持股比例分别提升至 31.4% 和 25.7%。

9. 富道集团拟 1.8 亿元人民币收购深圳市浩森小额贷款余下 45% 股权

富道集团发布公告，于2020 年4 月 24 日买方富道国际金融有限公司（公司全资附属公司）与该等卖方及担保人订立协议，以人民币 1.80 亿元收购目标公司深圳市浩森小额贷款股份有限公司 45% 股权，须以现金方式结算。完成后，目标公司将成为公司间接全资附属公司，而目标公司的财务业绩将继续综合并入集团的综合财务报表。集团可提升其对目标公司的控制及管理，从而使目标公司的管理更顺畅，决策过程更快捷。

10. 劲嘉集团收购青岛英诺包装科技有限公司 30% 股权

2020 年 4 月 28 日，劲嘉集团之全资子公司中丰田光电科技（珠海）有限公司与顺华（香港）有限公司签署了《关于青岛英诺包装科技有限公司 30% 股权转让协议》，中丰田以人民币 2700 万元或等值港元收购顺华（香港）有限公司持有的青岛英诺包装科技有限公司的 30% 股权达成一致意见。

2020 年 5 月

1. 汇丰将收购汇丰人寿剩余 50% 股份

汇丰保险（亚洲）有限公司 5 月 4 日宣布，已与其在华寿险合作伙伴——国民信托有限公司达成协议，将收购国民信托所持有的汇丰人寿保险有限公司（以下称“汇丰人寿”）50% 股权。交易完成后，汇丰人寿将成为其在内地的全资控股子公司。汇丰人寿由汇丰及国民信托于 2009 年合资组建，股东双方各持 50% 股权。截至 2019 年 12 月，公司注册资本为 10.25 亿元人民币。

2. 德国豪迈集团成功收购金田豪迈剩余 75% 股份

豪迈集团与金田豪迈达成协议，豪迈集团成功收购金田豪迈剩余 75% 股份，金田豪迈旗下所有的销售公司和豪德机械（上海）有限公司，将共同成为豪迈集团的全资公司。豪迈（德国）集团是当今世界上唯一能够提供木业深加工全套解决方案的跨国公司，围绕家具、地板、门窗等木制品，提供工艺技术、生产规划、方案制订、软件、自动化、智能制造及设备等全套解决方案。

3. 润邦股份收购卡哥特科公司

润邦股份公告，2020 年 5 月 11 日，公司与卡哥特科公司签订了《框架协议》。公司计划受让卡哥特科公司所持有的公司控股子公司润邦卡哥特科 49% 股权。上述股权转让完成后，公司将持有润邦卡哥特科 100% 股权。卡哥特科公司致力于提高陆上和海上货物流动的效率，公司旗下的品牌麦基嘉、卡尔玛和希尔博是全球公认的货物和装卸处理解决方案的引领者。

4. 维多国际油罐设施公司收购连港湾液体储罐码头

维多国际油罐设施公司（VTTI）收购了挪威油船运营商奥德菲尔集团公司（Odjfell SE）手中 50% 的大连港湾液体储罐码头有限公司股权，成交价格为 5900 万美元。被誉为隐形石油巨擘的维多集团（Vitol group）于 2006 年组建 VTTI。去年，阿布扎比国家石油公司（ADNOC）宣布对 VTTI 进行战略投资。该交易完成后，ADNOC 持有 VTTI 10% 的股份，IFM 全球基础设施基金（IFM GIF）持有 45% 的股份，而维多持有剩余 45% 的股份。

5. 乐斯福集团取得内蒙古佰惠生生物科技有限公司的多数股权

乐斯福集团是酵母和发酵领域的全球重要企业，为贯彻其在中国市场的扩张战略，乐斯福集团已完成了对佰惠生集团旗下内蒙古佰惠生生物科技有限公司的多数股权收购，佰惠生生物科技成立于 2012 年，是一家专业生产酵母和酵母提取物的中国公司。此举完全符合乐斯福集团加强其在中国市场的影响力并确保更贴近客户的目标。

6. GIC 收购京东物产部分现代化物流仓储设施

京东 2020 年 5 月 15 日晚发布一季报，财报显示，在首只物流地产基金（核心基金）之后，2020 年 1 月，京东物流地产集团（京东物产）与新加坡政府投资公司 GIC 合作共同成立了第二只物流地产基金（核心基金二期）。按照协议，核心基金二期将从京东物产收购部分现代化物流仓储基础设施，涉及的资产规模为 46 亿元人民币。

7. GGV 纪源资本领投京东工业品

京东工业品签署 2.3 亿美元 A 轮融资协议，本轮融资由 GGV 纪源资本领投，红杉资本中国基金、CPE 等多家投资机构跟投。京东工业品 50% 以上的交易是通过独立于京东主站之外的采购平台完成，不同于通用商品的品类独特性和已经形成的独立商业模式将使其成为京东集团继京东数科、京东物流、京东健康后孵化出的第四只“独角兽”。目前京东工业品投后估值已超 20 亿美元，其融资规模和估值远超同类企业，成为工业品领域内估值最高的公司。

8. 时代资本投资 Keep

运动科技公司 Keep 正式宣布于 2020 年年初完成 8000 万美元 E 轮融资，本轮融资由时代资本（Jeneration Capital）领投，GGV 纪源资本、腾讯、晨兴资本和 BAI（贝塔斯曼亚洲投资基金）等老股东跟投，泰合资本担任本轮融资独家财务顾问。至此，Keep 成为运动科技领域首家独角兽且获得 E 轮融资企业，持续领跑运动科技赛道。

9. Genesis 收购尼科公司 80%的股权

丽珠医药集团股份有限公司、余永毅（尼科公司实际控制人及创始人）、紫金中浩（浙江）投资有限公司、吴光明等尼科公司其他股东、江苏尼科医疗器械有限公司与 Genesis Medtech Investment（HK）Limited 签署了《关于江苏尼科医疗器械有限公司之股权转让协议》。根据股权转让协议，Genesis 同意以 51592.50 万元人民币或等值美元受让售股股东所持有的尼科公司 80% 的股权。尼科公司主要从事医疗器械产品的生产及销售。

10. 红杉中国、中金、国投创新领投比亚迪半导体

红杉中国完成了对比亚迪半导体有限公司的战略投资。该轮投资由红杉中国、中金资本以及国投创新领投，Himalaya Capital 等多家国内外知名投资机构参与投资，投资金额共达 19 亿元。此次投资，将进一步完善该公司治理结构，充分利用知名投资机构在半导体行业、汽车行业及消费类电子行业的投资及战略布局支持该公司发展。

11. 大众汽车斥资 21 亿欧元收购江淮股份，入主国轩高科

大众汽车（中国）投资有限公司与安徽省相关政府机构正式签署《合作意向书》，将投资 10 亿欧元获得安徽江淮汽车集团股份有限公司母公司——安徽江淮汽车集团控股有限公司 50% 的股份，同时增持江淮大众股份至 75%。江淮大众是大众汽车与江淮汽车于 2017 年成立的合资公司，主要从事纯电动汽车的研发、生产以及销售。按照规划，到 2025 年，江淮大众将再推出 5 款纯电动汽车，同时建立、完善电动汽车工厂和研发中心。

12. 埃森哲收购云计算公司企加云

埃森哲宣布已收购中国数字化营销服务提供商企加云的大多数股权。埃森哲称，此次收购企加云是其在云计算领域长期战略的延伸。在中国市场，埃森哲的本土云专家团队已帮助各行业客户成功部署实施了云转型项目。企加云创始人喻思成曾是阿里巴巴集团副总裁和 Oracle 全球副总裁。该公司核心技术团队来自阿里巴巴、Oracle、IBM 等企业。

13. 首轮融资获软银超 5 亿美元，滴滴加码自动驾驶

滴滴旗下自动驾驶公司获软银愿景基金二期领投的超 5 亿美元融资。这是软银第四次加码投资滴滴，也是滴滴把自动驾驶部门独立出来，软银第一次对这个子公司战略投资。除此之外，这也是 2020 年开年以来，国内自动驾驶公司获得的单笔最大融

资。获得本轮融资后，滴滴将加码自动驾驶、车路协同及相关 AI 技术投入，探索区域落地，助力当地“新基建”发展。与此同时，滴滴也将进一步加深与汽车上下游产业合作，加快自动驾驶量产进程，推动全球汽车与交通产业的变革。

2020 年 6 月

1. 达能全资收购青岛迈高 100%股份

6 月 1 日，达能相关负责人表示，达能与澳大利亚 Saputo Dairy Australia（SDA）公司已达成协议，收购 SDA 旗下青岛迈高［Murray Goulburn Dairy（Qingdao）Co., Ltd.］100%的股份。青岛迈高成立于 2000 年 2 月，经营范围为生产、加工、批发婴幼儿配方乳粉和乳制品（产品 30%外销）等。

2. 三井物产将取得湖南湘研种业 30.4%股权

隆平高科与日本三井物产株式会社宣布达成合作。基于在蔬菜品种多样化等方面的战略互补性，双方确定通过股权转让的资本合作形式建立战略合作关系。具体来看，隆平高科转让控股子公司湖南湘研种业有限公司 20%股权，并放弃优先购买湘研种业 10.4%股权的权利。交易完成后，隆平高科持有湘研种业 60%股权，三井物产将持有湘研种业 30.4%股权，湘研种业仍为隆平高科控股子公司。

3. Gusto Collective 收购 Reuter Communications，后者更名为 Gusto Luxe

品牌技术控股公司 Gusto Collective 日前已经完成对专注奢侈品行业整合营销传播公司 Reuter Communications 的收购，具体交易金额未披露。此后，Reuter Communications 将更名为 Gusto Luxe。Gusto Collective 是一家新成立的公司，由行业老将刘伟权（Aaron Lau）于 2020 年年初建立，公司总部位于中国香港。目前，公司为中国香港、中国上海、新加坡、伦敦四地的 80 多个客户提供服务，联合了营销数字代理商和科技公司，帮助品牌更有效率地进行市场营销。

4. 黑石集团 1.5 亿美元投资世纪互联

2020 年 6 月 22 日，互联网数据中心服务提供商世纪互联宣布黑石集团管理的基金已同意向该公司投资 1.5 亿美元。根据协议，黑石集团管理的基金将认购 1.5 亿美元世纪互联新发行的 A 类永久性优先股。此部分优先股可按每股美国存托股 17 美元的价格转换成公司的美国存托股，或以相应的转换价格转换为公司的 A 类普通股。

5. 金榜集团拟 4180 万港元收购 Optimus Financial Group Limited 的 51%股权

金榜集团（00172）发布公告，于 2020 年 6 月 26 日，金榜投资（公司全资附属公司）与卖方（泉泰有限公司）订立协议。据此，于该公布日期，金榜投资已有条件同意购买，而卖方已有条件同意出售占目标公司（Optimus Financial Group Limited）已发行股本总额 51%的销售股份。收购事项总代价为 4180 万港元，将由金榜投资于完成时以现金支付卖方。据悉，目标集团主要于中国上海及江苏省从事融资租赁及提供物业及汽车融资租赁服务及汽车贸易。

6. 方源资本等领投作业帮

中国在线教育平台作业帮宣布完成 E 轮 7.5 亿美元融资。此次融资由方源资本、Tiger Global 领投，Qatar Investment Authority、红杉资本中国基金、软银愿景基金一期、天图投资、襄禾资本等新老股东跟投。作业帮旗下有作业帮、作业帮直播课、作业帮口算等多款教育产品。官方数据显示，旗下产品总日活用户超 5000 万户，月活用户超 1.7 亿人，累计激活用户超 8 亿人。

2020 年 7 月

1. 乔丹体育收购茵宝中国

乔丹体育官方称，其全资子公司中国香港乔丹投资有限公司与美国品牌管理公司艾康尼斯经长达一年多洽谈，于 7 月 31 日以 6250 万美元（约 4.34 亿元人民币）的交易金额就“茵宝中国”完成收购。在与篮球明星迈克尔·乔丹商标之争终审落幕四个月后，乔丹体育此次大手笔收购案，迅速引发行业关注。对于此次收购，乔丹体育方面表示，当前，国家正大力推动全面健身、体育强国发展战略，乔丹体育收购茵宝中国，一个重要目的就是布局中国足球市场。

2. 华平投资收购妍丽化妆品

化妆品零售连锁企业妍丽化妆品（中国）有限公司宣布完成新一轮战略融资。在此之前，妍丽曾于 2016 年年初获得来自今日资本的数千万美元投资。在本轮融资完成后，华平投资已成为妍丽的最大股东，故存在“收购”一说。近两年，妍丽在门店服务上也有所创新：包括新增体验区，通过让“顾客坐下来”避免客流被线上和其他购物中心分散稀释；同时，妍丽还尽量不让顾客素颜出店，因此选择在店铺最里面设有深度较私密的体验区。

3. Fengmei Singapore Pte. Ltd. 收购宁波诗兰姆 50%股权和海外诗兰姆

宁波华翔放弃此次股权转让标的的宁波诗兰姆 50% 股权的优先购买权，改由公司实控人控制的企业 Fengmei Singapore Pte. Ltd.（新加坡峰梅）收购标的和海外诗兰姆，并由公司与新加坡峰梅签订《股东协议》明确上市公司在宁波诗兰姆的控股地位。约定交易完成后，新加坡峰梅在持有宁波诗兰姆和海外诗兰姆股权期间，不谋求企业的经营权、控制权，不改变宁波诗兰姆作为上市公司合并报表范围内，控股子公司的地位。

4. SK E&S 收购浙江博信能源

北京燃气蓝天控股有限公司宣布，公司将有条件出售附属公司——宁波北仑博臣能源贸易有限公司、湖州博臣天然气有限公司及浙江博信能源有限公司30%的股权予韩国SK集团旗下的SK E&S（香港）有限公司，出售金额分别为3750万元人民币、3000万元人民币和6150万元人民币。出售事项完成后，公司在上述三个附属公司的持股比例均由100%降至70%。

5. Orisun 子公司收购优客工场，优客工场曲线赴美上市

纳斯达克上市公司Orisun Acquisition Corp. 发布公告称，该公司已与优客工场达成合并协议。并购结束后，双方有望以新的股票代码在纳斯达克上市流通，同时优客工场当前的管理团队会继续运营新公司。该交易完成后，Ucommune International将成为纳斯达克上市公司。据悉，Orisun注册成立于美国特拉华州，其业务范围涵盖企业或实体合并、资产收购、股份收购等方面。

6. 小鹏汽车完成近5亿美元C＋轮融资，高瓴资本和红杉资本等投资

7月20日上午消息，小鹏汽车宣布完成C＋轮近5亿美元融资，主要投资方为Aspex、Coatue、高瓴资本和红杉中国。此轮融资将使该公司的融资额达到17亿美元。这笔资金将帮助小鹏汽车进一步开发智能汽车技术，将为该公司下一阶段的发展奠定坚实基础。小鹏汽车专注于为中国客户开发智能电动汽车，目前它是中国四大电动汽车创业公司之一，与理想汽车、蔚来汽车和威马汽车并列。

7. 华平投资领投海和药物12亿元B轮融资

7月24日，专注于肿瘤创新药物的发现、开发的生物技术公司——上海海和药物研究开发有限公司宣布完成12亿元B轮融资。本轮融资由华平投资领投，招银国际、君联资本、中金资本旗下基金、混沌投资、朗姿韩亚、瑞华投资和上海科创基金参与。据了解，此次筹集的资金将主要用于加速推进公司多个抗肿瘤新药在全球范围的研发和产品上市。海和药物现拥有11个核心产品，包括口服紫杉醇、小分子靶向药以及化疗药物等，临床化合物8个，临床前化合物3个。

2020 年 8 月

1. 渤海汽车挂牌转让渤海柯锐世51%股权，由柯锐世欧洲最终摘牌

8月4日，渤海汽车公布，公司通过北京产权交易所公开挂牌转让控股子公司渤海柯锐世电气有限公司51%股权，柯锐世欧洲控股有限公司最终摘牌，成交价约2.17亿元，并于2020年8月3日签署了《产权交易合同》。鉴于柯锐世欧洲持有渤海柯锐世10%以上股份，为公司关联法人，此次交易构成关联交易。此次交易完成后，公司不再持有渤海柯锐世股权。

2. 爱新鲜宣布达成最终协议收购玖祥蓝天科技（北京）有限公司

爱新鲜集团，一家领先的亚洲美国连锁超市和网上食品商宣布已达成一项收购协

议收购玖详蓝天科技（北京）有限公司 100% 的股权。玖祥是一家聚合支付系统、预付卡营销系统、专注供应链金融业务的科技公司。公司提供的服务致力于满足客户对绿色产品和服务的环保需求。公司打造了一套以 B2B2C 电子商城为主体的供应链平台。

3. 日友环保承购山东日照磐岳环保科技有限公司 90% 股权

日友环保以 1.89 亿元人民币取得日照磐岳环保科技有限公司 90% 股权。日友公司是中国台湾第一家专业生物医疗废弃物分化处理厂，目前已成功将先进技术运用于各种类型的有害废弃物处理领域，提供有害废弃物清运、焚化、固化、物化及掩埋最终处理等项目，有效整合有害废弃物的上、中、下游。

4. 韩国 SK 近日收购了贝恩资本的 ChinData 8.9% 的股份

韩国企业集团 SK Holdings 已同意以 3 亿美元收购贝恩资本支持的中国数据中心服务商 ChinData 8.9% 的股份，估值高达 31 亿美元（折合 210 亿元人民币）。ChinData 成立于 2015 年，专注于中国的超大规模数据中心发展，并在 2019 年贝恩资本（Bain）收购该业务并将其与 Bridge Data Centers 合并以形成泛亚洲数据中心平台时进行了扩展。合并后的集团在中国的品牌名称为 ChinData，在亚洲其他地区的名称为 Bridge Data Centers。

5. 中教控股 13.56 亿元人民币收购海南最大民办高校

中教控股（00839. HK）发布公告宣布其以 13.56 亿元人民币（约 15 亿港元）的价格收购海口经济学院及海口经济学院联属艺术学校 60% 的股权。海口经济学院是一所中国高等教育机构，也是海南最大的民办本科高校。收购完成后，中教控股将成为唯一落地海南自由贸易港的上市高教公司，其规模将扩大 30%，在校生数将接近 23 万人。

6. 恒大出售 Mangrove 3，Ltd.（M3）

中国恒大发布公告称，其全资附属公司 CEG Holdings（BVI）Limited 拟出售 Mangrove 3，Ltd. 28.061% 股权，总交易金额约为 235 亿港元。恒大表示，将透过内部重组把 Success Will 和金碧物业及其附属公司等从事集团物业管理业务的公司注入 Mangrove 3，Ltd.。换言之，待集团重组完成后，Mangrove 3，Ltd. 将成为恒大物业管理业务的控股公司，也就是恒大物业未来分拆上市的主体。为支持物业管理业务的发展，恒大将通过此次股权出让引进 14 家战略投资者，包括华泰国际大湾区有限公司、华人置业创始人刘銮雄之妻陈凯韵、云峰基金、腾讯、农银国际、中信、恒大集团总裁夏海钧、周大福、利福国际等。

7. 吴德南集团旗下立时国际将认购日涂控股增发股票

8 月 21 日，日本涂料控股株式会社发布公告，公布其与吴德南集团（Wuthelam Holdings Limited）之间达成新的股权“交换”协议的信息。其称，将实施第三方定向增发，由新加坡涂料巨头吴德南集团全额认购，交易总额可能为 1.29 万亿日元（约合 844 亿元人民币），完成交易后将成为该集团的子公司。这也是历史上第一次出现亚洲企业收购日本大型原材料企业。

8. 康乃德生物医药宣布完成 1.15 亿美元 C 轮融资

研发自身免疫疾病的创新药企业康乃德生物医药宣布完成 1.15 亿美元 C 轮融资。本轮融资由美、欧、亚多家一线机构参与，领投方为 RA Capital Management，跟投方包括礼来亚洲基金、Boxer Capital 和 HBM Healthcare Investments，以及现有投资股东启明创投继续跟投，并超额认购。随着本轮融资的到位，RA Capital Management 的执行董事 Derek DiRocco 博士将作为新董事加入康乃德董事会。

9. 法国优尼特尔制药收购南京瑞年百思特制药

全球无菌单剂量制剂领导者，法国优尼特尔制药启动收购中国制药企业南京瑞年百思特制药有限公司。通过对百思特的收购，优尼特尔将加强其在全球第二大医药市场中国的发展，补充其在欧洲、美国和巴西以外的工业版图。南京瑞年百思特制药有限公司是一家位于江苏省南京市的制药企业，专注于固体和液体制剂生产，营业额达 1000 万欧元，拥有 130 名员工。属于无锡市滨湖区的政府投资平台——无锡金源产业投资发展集团有限公司的重要资产。

10. 蓝帆医疗收购山东蓝帆护理用品 100%股权

为丰富公司健康防护系列产品矩阵，满足下游客户对健康防护产品多样化、综合化的一站式采购需求，蓝帆医疗股份有限公司的子公司蓝帆（香港）贸易有限公司收购山东朗晖石油化学股份有限公司持有的山东蓝帆护理用品有限公司 100% 股权，收购完成后将用于研发、生产及销售水刺非织造布卷材及下游消毒杀菌类医用防护产品。

2020 年 9 月

1. 美国投资机构凯雷集团收购信立泰药业 5%的股份

美国老牌私募股权投资机构凯雷集团（Carlyle Group）将投资 2.6 亿美元收购制药企业深圳信立泰制药（Salubris Pharmaceuticals）的少数股权。这笔现金可以换取信立泰 5% 的股份，让凯雷集团获得信立泰在心血管、肿瘤和抗感染领域的组合产品所带来的合作红利。深圳信立泰药业股份有限公司成立于 1998 年，核心产品抗血小板凝集药物“泰嘉”于 2012 年通过欧盟 GMP 认证。此外，公司拥有 1 类 ARB 抗高血压新药“信立坦”、化学药“泰加宁”等自主知识产权产品等。

2. 麦格纳获得宏立至信的多数股权

麦格纳已与重庆宏立至信科技发展集团股份有限公司达成并签署协议，扩大深化现有合资，并获得宏立至信的多数股权。宏立至信是一家为中国汽车制造商提供座椅产品的主要供应商。这项收购将扩展麦格纳在中国的座椅产品能力。同时，麦格纳将收购公司与宏立至信现有座椅合资企业的多数股权。麦格纳和宏立至信现有合资公司拥有两个制造工厂。基于新的合资协议，麦格纳将把宏立至信的 10 家制造工厂纳入公司在中国的布局中，这将极大地强化麦格纳在中国座椅业务上的投入。

3. 豌豆思维获近 2 亿美元融资，软银愿景基金等领投

数理思维品牌豌豆思维完成近 2 亿美元的 C 轮融资，投资方为软银愿景基金（Vision Fund），老股东创新工场、DCM、新东方跟投。公开信息显示，豌豆思维创立于 2016 年，专注于 3 ~ 8 岁少儿的数学逻辑思维、专注力以及学习习惯的培养。课程主要通过一对多形式展开。2018 年豌豆思维转型线上。此前，豌豆思维已相继完成了 4 轮融资，总金额超数亿元。目前豌豆思维的产品包括 VIP Think - 少儿在线数学思维教育、少年派思维、Show Doc。

4. 中植资本国际斥资 8.5 亿元人民币收购 King Nine Holdings Limited

中植资本国际发布公告，公司与该等卖方（创办人特殊目的公司、FUNGHWA Ltd 及中植鑫卓）及担保人（胡仕龙、刘莹莹及周芳）订立股份购买契据，公司同意收购目标公司（King Nine Holdings Limited）的全部已发行股本，目标集团是中国客户服务外包行业内的新兴领先服务供应商，受益于中国客户服务外包行业的增长，且占据有利形势可把握该行业的预期未来增长，其已实现业务及财务表现的稳定持续增长，并拥有优质的客户群。

5. LBD Life Sciences 腾泉生命科技加入 SPT 集团

腾泉生命科技已加入英国 SPT Life Sciences 集团的未来蓝图，成为 SPT Life Sciences 集团的全资子公司。腾泉生命科技成功开拓了中国生命科学市场，在业内有很高知名度。英国 SPT Labtech 公司作为样本液体处理和存储管理的全球领导者，设计并建立了一系列液体处理和样品管理整体解决方案，帮助提高效率、增加灵活性、支持微缩化、简化和加速生命科学研究。

6. 嘉吉加码中国市场，拍下山东新良资产

在阿里拍卖平台，经过 29 轮激烈竞价，起拍价为 2.97 亿元人民币的山东新良油脂有限公司名下土地使用权、房产、生产设备及其他附着物，最终以 4.21 亿元人民币的价格成交。新良油脂是由新汶矿业集团于 2003 年组建的大型油脂企业，2011 年由浙江福地农业接手并购，年加工大豆 100 万吨以上，年产值超过 40 亿元人民币。后曾一度陷入停产，2016 年由新邦粮油整体租赁运营。美国嘉吉公司 Cargill 成立于 1865 年，长期以来是美国最大的私营企业，也是全球最大的农业公司之一。

7. 保诺科技与桑迪亚合作成立 CRDMO

保诺科技携手桑迪亚医药技术公司共同宣布合作成立 CRDMO（合同研究、工艺开

发和生产）公司，在中国和美国同步开展主要业务。保诺科技成立于 2005 年，总部位于加利福尼亚州，专业为生物制药客户提供从靶标识别到 IND 申报及用于临床试验的药品 GMP 生产的一体化药物研发服务，新公司将以保诺—桑迪亚的身份运营。致力于为原料药及药品提供完全集成的药物发现、研发及生产服务。

8. Biohaven 亚太区子公司标新获 6000 万美元 A 轮融资

Biohaven Pharmaceutical Holding Company Ltd. 宣布，其亚太子公司 BioShin Limited 已于近日完成 6000 万美元 A 轮融资。该轮融资由奥博资本领投，Cormorant Asset Management LLC、HBM Healthcare Investments Ltd 等众多资本参与。本轮融资资金将用于标新在中国进一步扩张公司并在亚太地区（不含日本）推广 Biohaven 的系列产品；同时，该资金还将支持两项临床项目的研究，一项在中、韩两国即将启动的用于偏头痛急性治疗的 NURTEC™ODT（Rimegepant）三期研究，以及一项参与用于脊髓小脑共济失调治疗药物 Troriluzole 全球注册试验。

9. 掌门教育获超 4 亿美元融资，投资方为软银愿景基金等

K12 在线教育品牌掌门教育获新一轮超 4 亿美元融资，投资方为软银愿景基金、元生资本、加拿大养老基金投资公司、世界银行旗下国际金融公司和 CMC 资本等。据公开信息显示，掌门教育自 2014 年转型线上教育以来，已获 7 轮融资，累计达数 10 亿元人民币。目前，掌门教育旗下拥有掌门 1 对 1、掌门少儿等子品牌，产品矩阵覆盖 3 ~ 18 岁完整学龄阶段，包含学科辅导和素质教育等多个品类。

10. 辉瑞拟 2 亿美元认购基石药业 9.9%股份

基石药业和辉瑞公司的子公司辉瑞投资有限公司以及美国辉瑞科研制药有限公司今天宣布建立战略合作关系，其中包括辉瑞香港对基石药业的 2 亿美元股权投资，基石药业与辉瑞投资就舒格利单抗（CS1001，PD－L1 抗体）在中国大陆地区的开发和商业化，以及基石药业与辉瑞投资将更多肿瘤产品引入大中华地区的合作框架。舒格利单抗是基石药业开发的、有望成为同类最优的一款 PD－L1 抗体，其潜在适应证涵盖肺癌、胃癌和食管癌等多个中国高发癌症类型。

11. 百超母公司 Conzzeta 集团全资收购深圳迪能激光

为了加强发展战略的灵活性，作为百超业务部发展战略的一部分，Conzzeta 集团签署协议，将其在中国深圳迪能激光的股份从 70% 增加到 100%。迪能激光将继续以自有品牌在市场上运营，并设立专门的销售和服务机构，为入门级客户提供高性价比的激光切割系统，更好地补充百超公司的产品和解决方案。

2020 年 10 月

1. 思路迪诊断获新一轮 15 亿元人民币融资，CPE 领投

分子诊断平台“思迪路诊断”宣布完成新一轮股权交易，金额达 15 亿元人民币，

由 CPE 领投，中金资本旗下基金、济民可信、清松资本、浦东科创、海尔医疗、睿亿投资、兰尚资本跟投。这也是思路迪诊断分拆后获得的第二轮独立融资。思路迪成立于 2010 年，专注于肿瘤精准医疗，通过对肿瘤生物学特征、临床诊疗及药物研发数据进行整合并挖掘运用，开展肿瘤诊疗一体化的业务模式。

2. 北京能源国际附属斥 1 亿元收购四家太阳能项目公司全部股权

北京能源国际发布公告，公司间接全资附属公司北京联合荣邦新能源科技有限公司与卖方江山永泰投资控股有限公司及济南天冠能源科技有限公司分别订立协议，内容有关于收购中国共持有装机容量合计 90 兆瓦的四个太阳能项目的四家项目公司全部股权，总代价约人民币 1 亿元。卖方控股公司江山控股有限公司同意根据各项相关收购事项就卖方对买方的责任提供担保。

3. 港华燃气与上海燃气拟互相持股

港华燃气公布，透过增资方式，收购上海燃气 25% 股权，涉及资金近 54 亿港元。公告指出，与申能集团及上海燃气订立增资协议，港华出资 47 亿元人民币，相当于 53.6 亿港元，增加上海燃气的注册资本及资本公积，交割后，港华燃气及申能集团将分别持有上海燃气 25% 及 75% 股权。协议需要获得外商投资国家安全审查审批机构、国资委或其地方同等机构批准。

4. 亘喜生物宣布完成 1 亿美元的 C 轮融资

亘喜生物宣布完成 1 亿美元的 C 轮融资，由威灵顿资产管理公司、奥博资本和五源资本（原晨兴资本）领投，维梧资本也为新增投资方，而淡马锡、礼来亚洲基金等老股东跟投。亘喜生物于 2017 年 5 月由曹卫创办，迄今已自主研发出 FasTCAR 和 TruUCAR 两大技术平台。基于 FasTCAR 平台技术，亘喜生物开发出表型更年轻、耗竭更少、杀伤更佳的自体 CAR - T 细胞产品。

5. 固纬电子将以 4.45 亿元并购博计电子，扩大营运规模

固纬表示，由本次收购计划，将可扩大现有电源及电子负载产品线，满足客户一次购足的需求，双方销售据点重叠性低，未来可透过双方的全球经销通路进行销售，发挥“1 +1 >2”的加成效果。博计成立于 1986 年，以研发、制造与销售电力电子测试仪器为主要业务，该公司具备交直流电子负载、数位化功率表、精密电流分流器等相关技术，未来与固纬结合之后，可进一步扩大营运规模。

2020 年 11 月

1. 瑞典卡车制造商斯堪尼亚收购了一家中国卡车制造企业

瑞典卡车制造商斯堪尼亚收购了一家中国卡车制造企业，用于在全球最大汽车市场上对其产品进行本土化制造。斯堪尼亚是德国大众汽车集团旗下商用车子公司 Traton

集团下属重卡品牌。官方文件显示，被斯堪尼亚收购的中国企业系南通皋开汽车制造有限公司，后者位于中国东部城市如皋。此次收购使斯堪尼亚获得了在中国制造卡车的资质。

2. 壳牌斥 10 亿元人民币收购中国合营油站权益

欧洲最大油企荷兰皇家壳牌（Royal Dutch Shell）以 10 亿元人民币，收购经营油站业务的中国合资企业重庆东银壳牌（Chongqing Doyen Shell）余下 51% 权益。壳牌在 2006 年与重庆东银成立合资企业。东银国际控股于 2018 年向港交所提交的一份借贷文件显示，东银壳牌于 2017 年获利 1.55 亿元人民币。

3. 益瑞石集团已将台湾三和耐火公司收入麾下

全球矿业巨头益瑞石集团表示，中国台湾三和耐火工业股份有限公司已是其旗下一员。旗下不定形耐火材料公司凯得力公司也为集团再添耐火材料成员而点赞。据悉，坐落于中国台湾高雄的三和耐火工业股份有限公司拥有近 80 名员工。益瑞石公司表示，收购生产基地位于台湾的三和耐火公司使我们能够补充该地区现有的耐火材料产品组合，尤其是钢铁用耐火材料业务，从而为客户提供更完整的解决方案。

4. Kerry Group 收购济宁自然集团

全球口味和营养公司 Kerry Group 宣布已完成对济宁自然集团的收购。济宁自然集团是一家中国风味食品、调味料和调理食品的制造商，在中国的风味食品和调理食品领域占据着重要的地位。Kerry Group 表示，此次收购将为其产品组合带来广泛的地道的本地和地区口味技术和应用能力。拥有 300 多名员工的济宁自然集团，将通过现有和完善的分销和餐饮渠道，更深入地进入中国的大型区域市场，帮助扩大其中国客户群。

5. 阿里巴巴与历峰集团共同投资奢侈品电商平台 FARFETCH China

阿里巴巴与历峰集团共同投资奢侈品电商平台 FARFETCH China，FARFETCH（发发奇）现有股东开云集团也将增资。阿里巴巴投资发发奇也是看中了奢侈品消费在疫情影响之下逆势增长，同时，奢侈品线上销售还有很大的增长空间。

6. 国货航混改落定：菜鸟、国新、深圳国际等 48.52 亿元人民币入股

根据深圳国际最新发布的公告，包括深圳国际、菜鸟网络、国改双百发展基金和国货航员工持股平台在内的投资者，共出资 48.52 亿元人民币，向国货航增资，合计占股 31%。国货航成立于 2003 年 11 月，注册资本 73.76 亿元人民币，主要经营内地、香港和澳门地区，国际定期和不定期航空货运、邮件运输和按照货物运输的行李运输，以及航空器维修，同时开展与主营业务有关的地面服务和航空速递，地面设备的制造、维修、汽车及零配件的销售和汽车租赁等业务。

7. 立讯精密参与收购纬创旗下公司取得进展

立讯精密公告称，公司及全资子公司常熟立讯实业投资管理有限公司与关联法人常熟立讯企业管理服务合伙企业（有限合伙）共同签署《常熟立臻智造科技合伙企业（有限合伙）有限合伙协议》，合伙各方同意共同出资设立常熟立臻智造科技合伙企业（有限合伙）。合伙企业规模为 60 亿元人民币，其中立讯实业作为普通合伙人以自有资金拟出资人民币 0.3 亿元，出资比例 0.5%。

8. 神州优车拟向 MBK Partners 下属子公司转让神州租车股份

神州优车公告，为优化公司债务结构，公司拟以每股 4.00 港元的价格向 MBK Partners 的下属子公司 Indigo Glamour Company Limited 转让其所持参股公司神州租车有限公司的 442656855 股股份，转让对价为 1770627420.00 港元。本次交易完成后，公司将不再持有神州租车股份。新买方 MBK Partners 成立于 2005 年 3 月，总部位于韩国，是北亚最大的私人股本集团之一，管理着超过 220 亿美元的资产。

9. 肿瘤及免疫精准治疗药物研发商德昇济医药（D3 Bio）完成 2 亿美元 A 轮融资

肿瘤及免疫精准治疗药物研发商德昇济医药（D3 Bio）完成 2 亿美元 A 轮融资，投资方为博裕资本、经纬中国、红杉资本中国、Temasek 淡马锡、药明康德。据了解，德昇济医药（D3 Bio）是一家肿瘤及免疫精准治疗药物研发商，其专注于开发精准治疗药物并将其商业化。致力于改善现有标准治疗方案或开发替代方案，以更好满足患者的需求。

10. PingCAP 完成 D 轮 2.7 亿美元融资

企业级开源分布式数据库厂商 PingCAP 宣布完成 2.7 亿美元的 D 轮融资，本轮融资老股东经纬中国继续加码，由纪源资本、Access Technology Ventures、晨曦投资、时代资本、五源资本共同领投。PingCAP 成立于 2015 年，是一家企业级开源分布式数据库厂商，提供包括开源分布式数据库产品、解决方案与咨询、技术支持与培训认证服务。

11. Launchmetrics 收购 PARKLU 帕克街

作为在时尚、奢侈品和美妆行业（FLB）领先的品牌绩效分析与管理云平台，Launchmetrics 宣布收购 KOL 关系管理与数据分析平台 PARKLU。这是该公司在过去 1 年中的第二次收购（继收购 IMAXtree 之后），也是该公司自 2018 年 9 月筹集 5000 万美元资金以来的第二次收购。这次收购将加强该公司的宏观战略、扩大并完善其品牌绩效分析与管理解决方案以帮助业内管理者做出明智的全球性决策，从而在全球范围内建立更牢固的消费者关系。

12. 编程猫完成 13 亿元 D 轮融资由霸菱亚洲旗下基金领投

少儿编程头部企业编程猫宣布完成 13 亿元 D 轮融资。同时，这也是目前国内少儿编程领域内最大的一轮融资，进一步夯实了编程猫作为少儿编程头部品牌的行业地位。据悉，本轮融资由霸菱亚洲旗下基金领投，中信证券投资、金石投资、优山资本、温氏资本、远洋资本、大湾区基金、中银国际等跟投，高瓴资本、招银国际、中银集团旗下渤海中盛、粤科鑫泰等老股东持续跟投。

13. 软银愿景基金、富达、Permira 等投资满帮集团

2017 年，江苏满运软件科技有限公司（运满满）与贵阳货车帮科技有限公司（货车帮）联合宣布战略合并，共同成立满帮集团。满帮集团是一家智能运力平台、智慧物流服务商，致力于通过大数据与人工智能降低货车司机的空驶率、提高货运效率，打造一个连接人、车、货三个维度的超级数据平台。公司日前宣布完成约 17 亿美元新一轮融资，由软银愿景基金、红杉、Permira 和富达国际联合领投。

14. 越秀地产收购广州地铁两处物管 67%的股权

11 月 23 日，越秀地产发布有关收购广州地铁环境工程有限公司 67% 股权及广州地铁物业管理有限责任公司 67% 间接实际股权的关联交易的公告，同时宣布可能分拆集团的物业管理业务并独立上市。越秀地产表示，集团相信收购事项将会为其物业管理业务带来新机遇，从而进一步推动该业务战略。

2020 年 12 月

1. 北京能源国际附属收购光伏电站经营公司 99.2%股权

港股公司北京能源国际发布公告称，公司间接全资附属公司北京联合荣邦新能源科技有限公司（买方）与苏州协鑫新能源投资有限公司（卖方）订立买卖协议，内容有关于收购中国持有已并网容量约 50 兆瓦的一座营运光伏电站的正蓝旗国电光伏发电有限公司的 99.2% 股权，总代价约 2.111 亿元人民币。收购完成后，目标公司将成为北京能源国际附属公司，且目标公司的经营业绩将综合并入北京能源国际财务报表。

2. TCL 收购 Moka International Limited

TCL 发布公告，表示拟以 28 亿元人民币收购 TCL 实业（香港）持有的茂佳国际 100% 的股权。TCL 科技称，向 TCL 实业收购茂佳国际 100% 股权更多从行业发展和客户需求角度出发，希望获得智能显示终端产品加工及定制化生产能力，增强盈利能力和抗风险能力，具有必要性。茂佳国际主营业务为电视机、显示器、商业显示等智能终端产品加工，通过 ODM 模式与客户共同开发、制造智能终端产品。

3. 耗资 2.6 亿元人民币，长江生态环保取得武汉正业控制权

长江生态环保及北控水务完成对武汉正业东方建设投资有限责任公司的股权收购行为。此次股权变更完成后，长江生态环保以持股 50% 获得该公司控制权，北控水务持股 10%。武汉正业是一家工程建设提供商，注册资本 5 亿元人民币，旗下拥有武汉

新洲 PPP 项目，包括污水提升泵站工程、鄢家湖综合整治、柴泊湖泵站重建、武汉新港古龙产业园污水处理厂及尾水排放工程、阳大路拓宽改造工程及阳大路排水明渠及配套绿化工程等。

4. 中国生物制药注资 5 亿美元科兴中维

科兴控股生物技术有限公司宣布，旗下子公司北京科兴中维生物技术有限公司获得 5 亿美元资金用于新型冠状病毒灭活疫苗克尔来福™的进一步开发、产能扩展和生产，以及科兴中维其他开发及营运活动。投资方中国生物制药有限公司及其关联方将获得科兴中维约 15% 的股份。科兴中维研制的新冠疫苗克尔来福，是截至目前我国 5 款正在进行Ⅲ期临床试验中的一支，属于灭活疫苗。

5. SDM GROUP 拟 4800 万港元收购童莘教育

SDM GROUP 发布公告，公司的间接全资附属公司 Brilliant Together Limited 收购童莘教育集团的 950 股普通股，相当于童莘教育集团全部已发行普通股的 100%，及童莘教育集团全部已发行股份的 95%，代价为 4800. 15 万港元。童莘教育是一家幼儿双语教育服务商，起源于 2010 年在中国香港由英女王孙子彼得・菲利普斯参与成立的英式儿童学校 “Gold Star English”，2016 年于广州开办童莘幼儿园，现时主要集中于大湾区。

6. 法拉利所有者 Exor 将向中国奢侈品牌上下投资 8000 万欧元

意大利控股公司 Exor 将于 2020 年底投资约 8000 万欧元收购上下股权，使其成为该公司的大股东。同时，Hermès（爱马仕）和上下创始人蒋琼耳仍将继续作为股东。“上下” 是国际著名设计师蒋琼耳与法国 Hermes 集团携手创立的当代东方雅致生活品牌，现属 Hermes 旗下。Exor 则是欧洲最大的多元化控股公司之一，由 Agnelli family 控制。其主要投资包括：法拉利、菲亚特克莱斯勒汽车、PartnerRe、尤文图斯俱乐部、经济学人等。

7. 立景创新跨境收购高伟电子控股权

立景创新科技有限公司收购上市公司高伟电子控股有限公司控股权并触发强制要约收购的交易已成功实施。此次收购将助力立景创新实现前后摄产品的均衡覆盖，两者之间的战略合作有利于进一步整合客户与市场资源，提高技术研发能力，从而进一步受惠于消费电子领域供应链的发展。高伟电子主营相机模组（CCM）的设计、开发、制造及销售，用于具备相机功能的智能手机、多媒体平板电脑及其他移动设备。

8. 伊顿收购环宇高科 50%股份

伊顿公司（Eaton Co. PLC，ETN）表示，同意以未透露的金额收购中国温州的环宇集团浙江高科股份有限公司 50% 的股份。环宇高科是一家生产低压断路器和接触器的公司。伊顿公司总部位于都柏林的动力管理公司，公司表示，该交易扩大了其在亚太地区销售的低压电气元件的产品种类。

9. 艾盛集团收购多准

总部位于英国的全球化信息专业公司艾盛集团（Ascential）宣布对国内电子商务解决方案集成商多准（DZ）进行收购。在此次收购完成后，多准将通过大数据提供营销战略和运营落地，将作为艾盛集团旗下的数字商务业务品牌之一，并携手一面数据（Yimian）和 Edge by Ascential（艾诀），共同为全球的消费品牌提供市场和消费者趋势分析、新产品研发、品类管理等一系列服务。

10. Arcelik 收购六成日立海外家电业务

日立制作所已经敲定了将海外家电业务出售给土耳其家电企业阿奇立克（Arcelik）的方针。日立将以约 3 亿美元出售海外业务的六成持股，与阿奇立克共同开展海外业务。将充分利用以欧洲和非洲市场作为业务基础的阿奇立克的经营资源，在海外销售日立品牌家电，推动改善盈利能力。日立旗下涉足家电业务的日立全球生活解决方案公司（Hitachi Global Life Solutions，GLS）的海外业务价值约 5 亿美元。该公司在中国和东南亚等地开展家电业务，但日本国内的销售额占到约八成，在海外缺乏存在感。

11. 港股“支付第一股”汇付天下将私有化退市

汇付天下及要约人 Purity Investment Limited 联合公布，于 2020 年 12 月 22 日，要约人要求董事会，就根据《公司法》第 86 条透过计划安排将本公司除牌，向计划股东提呈一项建议。建议完成后，公司将成为要约人的全资附属公司及股份将在联交所撤回上市地位。过去，汇付天下更多以一家专注收单和垂直领域的第三方支付公司而为人所熟知。汇付天下不仅是首家 IPO 上市的第三方支付企业，也是首家“入摩”的中国支付公司，承载着中国支付行业出海重担。

中国企业跨境并购重要政策精选

国家发展和改革委员会 《境外投资项目核准和备案管理办法》(2014 年 4 月 8 日)

国家发展和改革委员会 《国家发展改革委关于修改〈境外投资项目核准和备案管理办法〉和〈外商投资项目核准和备案管理办法〉有关条款的决定》(摘选)(2014 年 12 月27 日)

国家发展和改革委员会 《企业境外投资管理办法》(2017 年 12 月 26 日)

发改委 《境外投资敏感行业目录(2018 年版)》(2018 年 1 月 31 日)

商务部 《境外投资管理办法》

商务部 《对外投资备案(核准)报告暂行办法》(2018 年 1 月 18 日)

商务部 《对外投资备案(核准)报告实施规程》(2019 年 5 月 16 日)

证监会 《上市公司收购管理办法》(2020 年 3 月 20 日)

外管局 《境内机构境外直接投资外汇管理规定》(2009 年 7 月 13 日)

外管局 《国家外汇管理局关于境内居民通过特殊目的公司境外投融资及返程投资外汇管理有关问题的通知》(2014 年 7 月 4 日)

外管局 《国家外汇管理局关于进一步简化和改进直接投资外汇管理政策的通知》(2015 年 2 月 13 日)

外管局 《国家外汇管理局关于进一步推进外汇管理改革完善真实合规性审核的通知》(2017 年 1 月 18 日)

外管局 《国家外汇管理局关于进一步促进跨境贸易投资便利化的通知》(2019 年 10 月 3 日)

外管局 《国家外汇管理局关于优化外汇管理支持涉外业务发展的通知》(2020 年 4 月 10 日)

国资委 《中央企业境外投资监督管理办法》(2017 年 1 月 7 日)

国资委 《中央企业投资监督管理办法》(2017 年 1 月 7 日)

国资委 《中央企业违规经营投资责任追究实施办法(试行)》

中国企业跨境并购需要经过中国相关政府监管机构的审批/备案。一般而言,民营企业的跨境并购必须经中央或地方一级(取决于交易和目标国家或地区的性质)的国家发展和改革委员会（“发改委”）和中华人民共和国商务部（“商务部”）审批/备案（也取决于交易和目标国家或地区的性质）。对于中央企业而言，除经发改委和商务部的审批/备案，还需经国有资产监督管理委员会（“国资委”）的审批/备案。此外，鉴于近期境外交易监管制度进一步收紧，中国企业向境外汇出一定数量以上资金需先与国家外汇管理局（“外管局”）当地分局进行“沟通/协商”，方可将资金汇离境外。该“沟通/协商”通常被认为是外管局事实上的预先审批/备案程序。

国家发展和改革委员会《境外投资项目核准和备案管理办法》

（2014 年 4 月 8 日）

第一章　总　则

第一条　为促进和规范境外投资，加快境外投资管理职能转变，根据《中华人民共和国行政许可法》、《国务院关于投资体制改革的决定》和《国务院对确需保留的行政审批项目设定行政许可的决定》，特制定本办法。

第二条　本办法适用于中华人民共和国境内各类法人（以下简称“投资主体”）以新建、并购、参股、增资和注资等方式进行的境外投资项目，以及投资主体以提供融资或担保等方式通过其境外企业或机构实施的境外投资项目。

第三条　本办法所称境外投资项目是指投资主体通过投入货币、有价证券、实物、知识产权或技术、股权、债权等资产和权益或提供担保，获得境外所有权、经营管理权及其他相关权益的活动。

第四条　本办法所称中方投资额是指投资主体为境外投资项目投入的货币、有价证券、实物、知识产权或技术、股权、债权等资产和权益或提供担保的总额。

第五条　国家根据不同情况对境外投资项目分别实行核准和备案管理。

第六条　国家发展和改革委员会（以下简称“国家发展改革委”）会同有关部门加强对企业境外投资的宏观指导、投向引导和综合服务，并通过多双边投资合作和对话机制，为投资主体实施境外投资项目积极创造有利的外部环境。

第二章　核准和备案机关及权限

第七条　中方投资额 10 亿美元及以上的境外投资项目，由国家发展改革委核准。涉及敏感国家和地区、敏感行业的境外投资项目不分限额，由国家发展改革委核准。其中，中方投资额 20 亿美元及以上，并涉及敏感国家和地区、敏感行业的境外投资项目，由国家发展改革委提出审核意见报国务院核准。

本办法所称敏感国家和地区包括：未建交和受国际制裁的国家，发生战争、内乱等国家和地区。

本办法所称敏感行业包括：基础电信运营，跨境水资源开发利用，大规模土地开发，输电干线、电网，新闻传媒等行业。

第八条 本办法第七条规定之外的境外投资项目实行备案管理。其中，中央管理企业实施的境外投资项目、地方企业实施的中方投资额 3 亿美元及以上境外投资项目，由国家发展改革委备案；地方企业实施的中方投资额 3 亿美元以下境外投资项目，由各省、自治区、直辖市及计划单列市和新疆生产建设兵团等省级政府投资主管部门备案。

第九条 对于境外投资项目前期工作周期长、所需前期费用（包括履约保证金、保函手续费、中介服务费、资源勘探费等）规模较大的，根据现行外汇管理规定的需要，投资主体可参照本办法第七、八条规定对项目前期费用申请核准或备案。经核准或备案的项目前期费用计入项目中方投资额。

第十条 中方投资额 3 亿美元及以上的境外收购或竞标项目，投资主体在对外开展实质性工作之前，应向国家发展改革委报送项目信息报告。国家发展改革委收到项目信息报告后，对符合国家境外投资政策的项目，在 7 个工作日内出具确认函。项目信息报告格式文本由国家发展改革委发布。

本办法所称境外收购项目，是指投资主体以协议、要约等方式收购境外企业全部或者部分股权、资产或其他权益的项目。境外竞标项目，是指投资主体参与境外公开或不公开的竞争性投标等方式获得境外企业全部或者部分股权、资产或其他权益的项目。

本办法所称对外开展实质性工作，境外收购项目是指对外签署约束性协议、提出约束性报价及向对方国家或地区政府审查部门提出申请，境外竞标项目是指对外正式投标。

第三章 核准和备案程序及条件

第十一条 由国家发展改革委核准或由国家发展改革委提出审核意见报国务院核准的境外投资项目，地方企业直接向所在地的省级政府发展改革部门提交项目申请报告，由省级政府发展改革部门提出审核意见后报送国家发展改革委；中央管理企业由集团公司或总公司向国家发展改革委报送项目申请报告。

第十二条 向国家发展改革委报送的项目申请报告主要包括项目名称、投资主体情况、项目必要性分析、背景及投资环境情况、项目实施内容、投融资方案、风险分析等内容。项目申请报告示范大纲由国家发展改革委发布。

项目申请报告应附以下附件：

（一）公司董事会决议或相关的出资决议；

（二）投资主体及外方资产、经营和资信情况的文件；

（三）银行出具的融资意向书；

（四）以有价证券、实物、知识产权或技术、股权、债权等资产权益出资的，按资产权益的评估价值或公允价值核定出资额，并应提交具备相应资质的会计师事务所、资产评估机构等中介机构出具的审计报告、资产评估报告及有权机构的确认函，或其他可证明有关资产权益价值的第三方文件；

（五）投标、并购或合资合作项目，应提交中外方签署的意向书或框架协议等文件。

第十三条 对于项目申请报告及附件不齐全或内容不符合规定要求的，国家发展改革委在5个工作日内一次性告知申报单位予以补正。

第十四条 涉及敏感国家和地区、敏感行业的境外投资项目，国家发展改革委在受理项目申请报告之日起3个工作日内征求有关部门意见，有关部门应当自收到征求意见函之日起7个工作日内出具书面意见。

第十五条 国家发展改革委在受理项目申请报告后，若确有必要，应在5个工作日内委托有资质的咨询机构进行评估。接受委托的咨询机构在规定时限内提出评估报告，并对评估结论承担责任。评估时限原则上不超过40个工作日。

评估费用由国家发展改革委承担，咨询机构及其工作人员不得收取申报单位或投资主体的任何费用。

第十六条 国家发展改革委自受理项目申请报告之日起，对于符合核准条件的境外投资项目在20个工作日内完成核准，或提出审核意见报国务院核准。如20个工作日不能做出核准决定或提出审核意见的，由国家发展改革委负责人批准延长10个工作日，并将延长期限的理由告知申报单位。

前款规定的核准期限，不包括委托咨询机构评估的时间。

第十七条 国家发展改革委对核准的项目将向申报单位出具书面核准文件；对不予核准的项目，将以书面决定的方式通知申报单位并说明理由，投资主体享有依法申请行政复议或者提起行政诉讼的权利。

第十八条 国家发展改革委核准项目的条件为：

（一）符合国家法律法规和产业政策、境外投资政策；

（二）符合互利共赢、共同发展的原则，不危害国家主权、安全和公共利益，不违反我国缔结或参加的国际条约；

（三）符合国家资本项目管理相关规定；

（四）投资主体具备相应的投资实力。

第十九条 属于国家发展改革委备案的项目，地方企业应填报境外投资项目备案申请表并附有关附件，直接提交所在地的省级政府发展改革部门，由省级政府发展改革部门报送国家发展改革委；中央管理企业由集团公司或总公司向国家发展改革委报送备案申请表及有关附件。

境外投资项目备案申请表格式文本及附件要求由国家发展改革委发布。

第二十条 对于备案申请表及附件不齐全或内容不符合规定要求的，国家发展改革委在 5 个工作日内一次性告知申报单位予以补正。

第二十一条 国家发展改革委在受理备案申请表之日起 7 个工作日内，对符合备案条件的境外投资项目出具备案通知书。对不予备案的境外投资项目，国家发展改革委将以书面决定的方式通知申报单位并说明理由，投资主体享有依法申请行政复议或者提起行政诉讼的权利。

第二十二条 国家发展改革委对申请备案的境外投资项目，主要从是否属于备案管理范围，是否符合相关法律法规、产业政策和境外投资政策，是否符合国家资本项目管理相关规定，是否危害国家主权、安全、公共利益，以及投资主体是否具备相应投资实力等进行审核。

第二十三条 对于已经核准或备案的境外投资项目，如出现下列情况之一的，应按照本办法第七、八条规定向国家发展改革委申请变更：

（一）项目规模和主要内容发生变化；

（二）投资主体或股权结构发生变化；

（三）中方投资额超过原核准或备案的 20% 及以上。

第四章 核准和备案文件效力

第二十四条 投资主体凭核准文件或备案通知书，依法办理外汇、海关、出入境管理和税收等相关手续。对于未按规定权限和程序核准或者备案的项目，有关部门不得办理相关手续，金融机构不得发放贷款。

第二十五条 投资主体实施需国家发展改革委核准或备案的境外投资项目，在对外签署具有最终法律约束效力的文件前，应当取得国家发展改革委出具的核准文件或备案通知书；或可在签署的文件中明确生效条件为依法取得国家发展改革委出具的核准文件或备案通知书。

第二十六条 核准文件和备案通知书应规定有效期，其中建设类项目核准文件和备案通知书有效期二年，其他项目核准文件和备案通知书有效期一年。

在有效期内投资主体未能完成办理本办法第二十四条所述相关手续的，应在有效期届满前 30 个工作日内申请延长有效期。

第五章　法律责任

第二十七条　国家发展改革委工作人员有下列行为之一的，责令其限期整改，并依据《行政机关公务员处分条例》等有关规定追究有关责任人的行政责任；构成犯罪的，由司法机关依法追究刑事责任。

（一）滥用职权、玩忽职守、徇私舞弊、索贿受贿的；

（二）违反本办法规定的程序和条件办理项目核准、备案的；

（三）其他违反本办法规定的行为。

第二十八条　投资主体应当对境外投资项目申请报告或项目备案申请表及附件的真实性、合法性负责。投资主体在境外投资项目申报过程中违反法律法规，隐瞒有关情况或提供虚假材料的，国家发展改革委将不予受理或不予核准、备案；已经取得核准文件或备案通知书的，国家发展改革委将撤销核准文件或备案通知书，并给予警告。

第二十九条　对于按照本办法规定投资主体应申请办理核准或备案但未依法取得核准文件或备案通知书而擅自实施的项目，以及未按照核准文件或备案通知书内容实施的项目，一经发现，国家发展改革委将会同有关部门责令其停止项目实施，并提请或者移交有关机关依法追究有关责任人的法律和行政责任。

对于按照本办法第十条规定投资主体应报送项目信息报告但未获得信息报告确认函而对外开展实质性工作的，国家发展改革委将予以通报批评，责令其纠正。对于性质严重、给国家利益造成严重损害的，国家发展改革委将会同有关部门依法进行处罚，并提请或者移交有关机关依法追究有关责任人的法律和行政责任。

第六章　附　则

第三十条　各省级政府投资主管部门要加强对本地企业境外投资的引导和服务，并参照本办法规定制定相应的备案管理办法。国家发展改革委对省级政府投资主管部门境外投资项目备案工作进行指导和监督，并对发现的问题及时予以纠正。

第三十一条　投资主体在境外投资参股或设立股权投资基金，适用本办法。

自然人和其他组织在境外实施的投资项目，参照本办法规定另行制定具体管理办法。

第三十二条　投资主体在香港特别行政区、澳门特别行政区实施的投资项目，参照本办法执行。投资主体在台湾地区实施的投资项目，参照本办法规定另行制定具体管理办法。

第三十三条　本办法由国家发展改革委负责解释。

第三十四条　本办法自2014年5月8日起施行。国家发展改革委于2004年10月颁布的《境外投资项目暂行管理办法》（第21号令）同时废止。

国家发展和改革委员会《国家发展改革委关于修改〈境外投资项目核准和备案管理办法〉和〈外商投资项目核准和备案管理办法〉有关条款的决定》（摘选）

（2014 年 12 月 27 日）

对《境外投资项目核准和备案管理办法》（国家发展和改革委员会令第 9 号）作出修改。

将第七条第一款修改为“涉及敏感国家和地区、敏感行业的境外投资项目，由国家发展改革委核准。其中，中方投资额 20 亿美元及以上的，由国家发展改革委提出审核意见报国务院核准”。

国家发展和改革委员会《企业境外投资管理办法》

（2017 年 12 月 26 日）

第一章　总　则

第一条　为加强境外投资宏观指导，优化境外投资综合服务，完善境外投资全程监管，促进境外投资持续健康发展，维护我国国家利益和国家安全，根据《中华人民共和国行政许可法》《国务院关于投资体制改革的决定》《国务院对确需保留的行政审批项目设定行政许可的决定》等法律法规，制定本办法。

第二条　本办法所称境外投资，是指中华人民共和国境内企业（以下称“投资主体”）直接或通过其控制的境外企业，以投入资产、权益或提供融资、担保等方式，获得境外所有权、控制权、经营管理权及其他相关权益的投资活动。

前款所称投资活动，主要包括但不限于下列情形：

（一）获得境外土地所有权、使用权等权益；

（二）获得境外自然资源勘探、开发特许权等权益；

（三）获得境外基础设施所有权、经营管理权等权益；

（四）获得境外企业或资产所有权、经营管理权等权益；

（五）新建或改扩建境外固定资产；

（六）新建境外企业或向既有境外企业增加投资；

（七）新设或参股境外股权投资基金；

（八）通过协议、信托等方式控制境外企业或资产。

本办法所称企业，包括各种类型的非金融企业和金融企业。

本办法所称控制，是指直接或间接拥有企业半数以上表决权，或虽不拥有半数以上表决权，但能够支配企业的经营、财务、人事、技术等重要事项。

第三条 投资主体依法享有境外投资自主权，自主决策、自担风险。

第四条 投资主体开展境外投资，应当履行境外投资项目（以下称“项目”）核准、备案等手续，报告有关信息，配合监督检查。

第五条 投资主体开展境外投资，不得违反我国法律法规，不得威胁或损害我国国家利益和国家安全。

第六条 国家发展和改革委员会（以下称“国家发展改革委”）在国务院规定的职责范围内，履行境外投资主管部门职责，根据维护我国国家利益和国家安全的需要，对境外投资进行宏观指导、综合服务和全程监管。

第七条 国家发展改革委建立境外投资管理和服务网络系统（以下称“网络系统”）。投资主体可以通过网络系统履行核准和备案手续、报告有关信息；涉及国家秘密或不适宜使用网络系统的事项，投资主体可以另行使用纸质材料提交。网络系统操作指南由国家发展改革委发布。

第二章 境外投资指导和服务

第八条 投资主体可以就境外投资向国家发展改革委咨询政策和信息、反映情况和问题、提出意见和建议。

第九条 国家发展改革委在国务院规定的职责范围内，会同有关部门根据国民经济和社会发展需要制定完善相关领域专项规划及产业政策，为投资主体开展境外投资提供宏观指导。

第十条 国家发展改革委在国务院规定的职责范围内，会同有关部门加强国际投资形势分析，发布境外投资有关数据、情况等信息，为投资主体提供信息服务。

第十一条 国家发展改革委在国务院规定的职责范围内，会同有关部门参与国际投资规则制定，建立健全投资合作机制，加强政策交流和协调，推动有关国家和地区为我国企业开展投资提供公平环境。

第十二条 国家发展改革委在国务院规定的职责范围内，推动海外利益安全保护体系和能力建设，指导投资主体防范和应对重大风险，维护我国企业合法权益。

第三章　境外投资项目核准和备案

第一节　核准、备案的范围

第十三条　实行核准管理的范围是投资主体直接或通过其控制的境外企业开展的敏感类项目。核准机关是国家发展改革委。

本办法所称敏感类项目包括：

（一）涉及敏感国家和地区的项目；

（二）涉及敏感行业的项目。

本办法所称敏感国家和地区包括：

（一）与我国未建交的国家和地区；

（二）发生战争、内乱的国家和地区；

（三）根据我国缔结或参加的国际条约、协定等，需要限制企业对其投资的国家和地区；

（四）其他敏感国家和地区。

本办法所称敏感行业包括：

（一）武器装备的研制生产维修；

（二）跨境水资源开发利用；

（三）新闻传媒；

（四）根据我国法律法规和有关调控政策，需要限制企业境外投资的行业。

敏感行业目录由国家发展改革委发布。

第十四条　实行备案管理的范围是投资主体直接开展的非敏感类项目，也即涉及投资主体直接投入资产、权益或提供融资、担保的非敏感类项目。

实行备案管理的项目中，投资主体是中央管理企业（含中央管理金融企业、国务院或国务院所属机构直接管理的企业，下同）的，备案机关是国家发展改革委；投资主体是地方企业，且中方投资额 3 亿美元及以上的，备案机关是国家发展改革委；投资主体是地方企业，且中方投资额 3 亿美元以下的，备案机关是投资主体注册地的省级政府发展改革部门。

本办法所称非敏感类项目，是指不涉及敏感国家和地区且不涉及敏感行业的项目。

本办法所称中方投资额，是指投资主体直接以及通过其控制的境外企业为项目投入的货币、证券、实物、技术、知识产权、股权、债权等资产、权益以及提供融资、担保的总额。

本办法所称省级政府发展改革部门，包括各省、自治区、直辖市及计划单列市人民政府发展改革部门和新疆生产建设兵团发展改革部门。

第十五条　投资主体可以向核准、备案机关咨询拟开展的项目是否属于核准、备案范围，核准、备案机关应当及时予以告知。

第十六条 两个以上投资主体共同开展的项目，应当由投资额较大一方在征求其他投资方书面同意后提出核准、备案申请。如各方投资额相等，应当协商一致后由其中一方提出核准、备案申请。

第十七条 对项目所需前期费用（包括履约保证金、保函手续费、中介服务费、资源勘探费等）规模较大的，投资主体可以参照本办法第十三条、第十四条规定对项目前期费用提出核准、备案申请。经核准或备案的项目前期费用计入项目中方投资额。

第二节 核准的程序和时限

第十八条 实行核准管理的项目，投资主体应当通过网络系统向核准机关提交项目申请报告并附具有关文件。其中，投资主体是中央管理企业的，由其集团公司或总公司向核准机关提交；投资主体是地方企业的，由其直接向核准机关提交。

第十九条 项目申请报告应当包括以下内容：

（一）投资主体情况；

（二）项目情况，包括项目名称、投资目的地、主要内容和规模、中方投资额等；

（三）项目对我国国家利益和国家安全的影响分析；

（四）投资主体关于项目真实性的声明。项目申请报告的通用文本以及应当附具的文件（以下称“附件”）清单由国家发展改革委发布。

第二十条 项目申请报告可以由投资主体自行编写，也可以由投资主体自主委托具有相关经验和能力的中介服务机构编写。

第二十一条 项目申请报告和附件齐全、符合法定形式的，核准机关应当予以受理。

项目申请报告或附件不齐全、不符合法定形式的，核准机关应当在收到项目申请报告之日起5个工作日内一次性告知投资主体需要补正的内容。逾期不告知的，自收到项目申请报告之日起即为受理。

核准机关受理或不予受理项目申请报告，都应当通过网络系统告知投资主体。投资主体需要受理或不予受理凭证的，可以通过网络系统自行打印或要求核准机关出具。

第二十二条 项目涉及有关部门职责的，核准机关应当商请有关部门在7个工作日内出具书面审查意见。有关部门逾期没有反馈书面审查意见的，视为同意。

第二十三条 核准机关在受理项目申请报告后，如确有必要，应当在4个工作日内委托咨询机构进行评估。除项目情况复杂的，评估时限不得超过30个工作日。项目情况复杂的，经核准机关同意，可以延长评估时限，但延长的时限不得超过60个工作日。

核准机关应当将咨询机构进行评估所需的时间告知投资主体。

接受委托的咨询机构应当在规定时限内提出评估报告，并对评估结论承担责任。

评估费用由核准机关承担，咨询机构及其工作人员不得收取投资主体任何费用。

第二十四条 核准机关可以结合有关单位意见、评估意见等，建议投资主体对项目申请报告有关内容进行调整，或要求投资主体对有关情况或材料作进一步澄清、补充。

第二十五条 核准机关应当在受理项目申请报告后 20 个工作日内作出是否予以核准的决定。项目情况复杂或需要征求有关单位意见的，经核准机关负责人批准，可以延长核准时限，但延长的核准时限不得超过 10 个工作日，并应当将延长时限的理由告知投资主体。

前款规定的核准时限，包括征求有关单位意见的时间，不包括咨询机构评估的时间。

第二十六条 核准机关对项目予以核准的条件为：

（一）不违反我国法律法规；

（二）不违反我国有关发展规划、宏观调控政策、产业政策和对外开放政策；

（三）不违反我国缔结或参加的国际条约、协定；

（四）不威胁、不损害我国国家利益和国家安全。

第二十七条 对符合核准条件的项目，核准机关应当予以核准，并向投资主体出具书面核准文件。

对不符合核准条件的项目，核准机关应当出具不予核准书面通知，并说明不予核准的理由。

第二十八条 项目违反有关法律法规、违反有关规划或政策、违反有关国际条约或协定、威胁或损害我国国家利益和国家安全的，核准机关可以不经过征求意见、委托评估等程序，直接作出不予核准的决定。

第三节　备案的程序和时限

第二十九条 实行备案管理的项目，投资主体应当通过网络系统向备案机关提交项目备案表并附具有关文件。其中，投资主体是中央管理企业的，由其集团公司或总公司向备案机关提交；投资主体是地方企业的，由其直接向备案机关提交。

项目备案表格式文本及附件清单由国家发展改革委发布。

第三十条 项目备案表和附件齐全、符合法定形式的，备案机关应当予以受理。

项目备案表或附件不齐全、项目备案表或附件不符合法定形式、项目不属于备案管理范围、项目不属于备案机关管理权限的，备案机关应当在收到项目备案表之日起 5 个工作日内一次性告知投资主体。逾期不告知的，自收到项目备案表之日起即为受理。

备案机关受理或不予受理项目备案表，都应当通过网络系统告知投资主体。投资主体需要受理或不予受理凭证的，可以通过网络系统自行打印或要求备案机关出具。

第三十一条 备案机关在受理项目备案表之日起 7 个工作日内向投资主体出具备

案通知书。

备案机关发现项目违反有关法律法规、违反有关规划或政策、违反有关国际条约或协定、威胁或损害我国国家利益和国家安全的，应当在受理项目备案表之日起 7 个工作日内向投资主体出具不予备案书面通知，并说明不予备案的理由。

第四节　核准、备案的效力、变更和延期

第三十二条　属于核准、备案管理范围的项目，投资主体应当在项目实施前取得项目核准文件或备案通知书。

本办法所称项目实施前，是指投资主体或其控制的境外企业为项目投入资产、权益（已按照本办法第十七条办理核准、备案的项目前期费用除外）或提供融资、担保之前。

第三十三条　属于核准、备案管理范围的项目，投资主体未取得有效核准文件或备案通知书的，外汇管理、海关等有关部门依法不予办理相关手续，金融企业依法不予办理相关资金结算和融资业务。

第三十四条　已核准、备案的项目，发生下列情形之一的，投资主体应当在有关情形发生前向出具该项目核准文件或备案通知书的机关提出变更申请：

（一）投资主体增加或减少；

（二）投资地点发生重大变化；

（三）主要内容和规模发生重大变化；

（四）中方投资额变化幅度达到或超过原核准、备案金额的 20%，或中方投资额变化 1 亿美元及以上；

（五）需要对项目核准文件或备案通知书有关内容进行重大调整的其他情形。

核准机关应当在受理变更申请之日起 20 个工作日内作出是否同意变更核准的书面决定。备案机关应当在受理变更申请之日起 7 个工作日内作出是否同意变更备案的书面决定。

第三十五条　核准文件、备案通知书有效期 2 年。确需延长有效期的，投资主体应当在有效期届满的 30 个工作日前向出具该项目核准文件或备案通知书的机关提出延长有效期的申请。

核准机关应当在受理延期申请之日起 20 个工作日内作出是否同意延长核准文件有效期的书面决定。备案机关应当在受理延期申请之日起 7 个工作日内作出是否同意延长备案通知书有效期的书面决定。

第三十六条　核准、备案机关应当依法履行职责，严格按照规定权限、程序、时限等要求实施核准、备案行为，提高行政效能，提供优质服务。

第三十七条　对核准、备案机关实施的核准、备案行为，相关利害关系人有权依法申请行政复议或提起行政诉讼。

第三十八条 对不符合本办法规定条件的项目予以核准、备案，或违反本办法规定权限和程序予以核准、备案的，应当依法予以撤销。

第三十九条 核准、备案机关应当按照《政府信息公开条例》规定将核准、备案有关信息予以公开。

第四章 境外投资监管

第四十条 国家发展改革委和省级政府发展改革部门根据境外投资有关法律法规和政策，按照本办法第十三条、第十四条规定的分工，联合同级政府有关部门建立协同监管机制，通过在线监测、约谈函询、抽查核实等方式对境外投资进行监督检查，对违法违规行为予以处理。

第四十一条 倡导投资主体创新境外投资方式、坚持诚信经营原则、避免不当竞争行为、保障员工合法权益、尊重当地公序良俗、履行必要社会责任、注重生态环境保护、树立中国投资者良好形象。

第四十二条 投资主体通过其控制的境外企业开展大额非敏感类项目的，投资主体应当在项目实施前通过网络系统提交大额非敏感类项目情况报告表，将有关信息告知国家发展改革委。

投资主体提交的大额非敏感类项目情况报告表内容不完整的，国家发展改革委应当在收到之日起 5 个工作日内一次性告知投资主体需要补正的内容。逾期不告知的，视作内容完整。大额非敏感类项目情况报告表格式文本由国家发展改革委发布。

本办法所称大额非敏感类项目，是指中方投资额 3 亿美元及以上的非敏感类项目。

第四十三条 境外投资过程中发生外派人员重大伤亡、境外资产重大损失、损害我国与有关国家外交关系等重大不利情况的，投资主体应当在有关情况发生之日起 5 个工作日内通过网络系统提交重大不利情况报告表。重大不利情况报告表格式文本由国家发展改革委发布。

第四十四条 属于核准、备案管理范围的项目，投资主体应当在项目完成之日起 20 个工作日内通过网络系统提交项目完成情况报告表。项目完成情况报告表格式文本由国家发展改革委发布。

前款所称项目完成，是指项目所属的建设工程竣工、投资标的股权或资产交割、中方投资额支出完毕等情形。

第四十五条 国家发展改革委、省级政府发展改革部门可以就境外投资过程中的重大事项向投资主体发出重大事项问询函。投资主体应当按照重大事项问询函载明的问询事项和时限要求提交书面报告。

国家发展改革委、省级政府发展改革部门认为确有必要的，可以公示重大事项问询函及投资主体提交的书面报告。

第四十六条 投资主体按照本办法第四十二条、第四十三条、第四十四条、第四十五条规定提交有关报告表或书面报告后，需要凭证的，可以通过网络系统自行打印提交完成凭证。

第四十七条 国家发展改革委、省级政府发展改革部门可以根据其掌握的国际国内经济社会运行情况和风险状况，向投资主体或利益相关方发出风险提示，供投资主体或利益相关方参考。

第四十八条 投资主体应当对自身通过网络系统和线下提交的各类材料的真实性、合法性、完整性负责，不得有虚假、误导性陈述和重大遗漏。

第四十九条 有关部门和单位、驻外使领馆等发现企业违反本办法规定的，可以告知核准、备案机关。公民、法人或其他组织发现企业违反本办法规定的，可以据实向核准、备案机关举报。

国家发展改革委建立境外投资违法违规行为记录，公布并更新企业违反本办法规定的行为及相应的处罚措施，将有关信息纳入全国信用信息共享平台、国家企业信用信息公示系统、“信用中国”网站等进行公示，会同有关部门和单位实施联合惩戒。

第五章 法律责任

第五十条 国家发展改革委工作人员有下列行为之一的，责令其限期改正，并依法追究有关责任人的行政责任；构成犯罪的，依法追究刑事责任：

（一）滥用职权、玩忽职守、徇私舞弊、索贿受贿的；

（二）违反本办法规定程序和条件办理项目核准、备案的；

（三）其他违反本办法规定的行为。

第五十一条 投资主体通过恶意分拆项目、隐瞒有关情况或提供虚假材料等手段申请核准、备案的，核准、备案机关不予受理或不予核准、备案，对投资主体及主要责任人处以警告。

第五十二条 投资主体通过欺骗、贿赂等不正当手段取得项目核准文件或备案通知书的，核准、备案机关应当撤销该核准文件或备案通知书，对投资主体及主要责任人处以警告；构成犯罪的，依法追究刑事责任。

第五十三条 属于核准、备案管理范围的项目，投资主体有下列行为之一的，由核准、备案机关责令投资主体中止或停止实施该项目并限期改正，对投资主体及有关责任人处以警告；构成犯罪的，依法追究刑事责任：

（一）未取得核准文件或备案通知书而擅自实施的；

（二）应当履行核准、备案变更手续，但未经核准、备案机关同意而擅自实施变更的。

第五十四条 投资主体有下列行为之一的，由国家发展改革委或投资主体注册地的省级政府发展改革部门责令投资主体限期改正；情节严重或逾期不改正的，对投资主体及有关责任人处以警告：

（一）未按本办法第四十二条、第四十三条、第四十四条、第四十五条规定报告有关信息的；

（二）违反本办法第四十八条规定的。

第五十五条 投资主体在境外投资过程中实施不正当竞争行为、扰乱境外投资市场秩序的，由国家发展改革委或投资主体注册地的省级政府发展改革部门责令投资主体中止或停止开展该项目并限期改正，对投资主体及主要责任人处以警告。

第五十六条 境外投资威胁我国国家利益和国家安全的，由国家发展改革委或投资主体注册地的省级政府发展改革部门责令投资主体中止实施项目并限期改正。

境外投资损害我国国家利益和国家安全的，由国家发展改革委或投资主体注册地的省级政府发展改革部门责令投资主体停止实施项目、限期改正并采取补救措施，对投资主体及有关责任人处以警告；构成犯罪的，依法追究刑事责任。

投资主体按照本办法第四十三条规定及时提交重大不利情况报告表并主动改正的，可以减轻或免除本条规定的行政处罚。

第五十七条 金融企业为属于核准、备案管理范围但未取得核准文件或备案通知书的项目提供融资、担保的，由国家发展改革委通报该违规行为并商请有关金融监管部门依法依规处罚该金融企业及有关责任人。

第六章 附 则

第五十八条 各省级政府发展改革部门要加强对本地企业境外投资的指导、服务和监管，可以按照本办法的规定制定具体实施办法。

第五十九条 国家发展改革委对省级政府发展改革部门的境外投资管理工作进行指导和监督，对发现的问题及时予以纠正。

第六十条 核准、备案机关及其工作人员，以及被核准机关征求意见、受核准机关委托进行评估的单位及其工作人员，依法对投资主体根据本办法提交的材料负有保守商业秘密的义务。

第六十一条 事业单位、社会团体等非企业组织对境外开展投资参照本办法执行。

第六十二条 投资主体直接或通过其控制的企业对香港、澳门、台湾地区开展投资的，参照本办法执行。投资主体通过其控制的香港、澳门、台湾地区企业对境外开展投资的，参照本办法执行。

第六十三条 境内自然人通过其控制的境外企业或香港、澳门、台湾地区企业对境外开展投资的，参照本办法执行。境内自然人直接对境外开展投资不适用本办法。境内自然人直接对香港、澳门、台湾地区开展投资不适用本办法。

第六十四条 法律、行政法规对境外投资管理有专门规定的，从其规定。

第六十五条 本办法由国家发展改革委负责解释。

第六十六条 本办法自2018年3月1日起施行。《境外投资项目核准和备案管理办法》（国家发展和改革委员会令第9号）同时废止。

国家发展和改革委员会《境外投资敏感行业目录（2018年版）》

（2018年1月31日）

一、武器装备的研制生产维修。

二、跨境水资源开发利用。

三、新闻传媒。

四、根据《国务院办公厅转发国家发展改革委 商务部 人民银行 外交部关于进一步引导和规范境外投资方向指导意见的通知》（国办发〔2017〕74号），需要限制企业境外投资的行业：

（一）房地产；

（二）酒店；

（三）影城；

（四）娱乐业；

（五）体育俱乐部；

（六）在境外设立无具体实业项目的股权投资基金或投资平台。

商务部《境外投资管理办法》

【发布文号】商务部令2014年第3号

【发布日期】2014-09-06

【实施日期】2014-10-06

第一章 总 则

第一条 为了促进和规范境外投资，提高境外投资便利化水平，根据《国务院关于投资体制改革的决定》、《国务院对确需保留的行政审批项目设定行政许可的决定》及相关法律规定，制定本办法。

第二条 本办法所称境外投资，是指在中华人民共和国境内依法设立的企业（本办法中，以下简称“企业”）通过新设、并购及其他方式在境外拥有非金融企业或取得既有非金融企业所有权、控制权、经营管理权及其他权益的行为。

第三条 企业开展境外投资，依法自主决策、自负盈亏。

第四条 企业境外投资不得有以下情形：

（一）危害中华人民共和国国家主权、安全和社会公共利益，或违反中华人民共和国法律法规；

（二）损害中华人民共和国与有关国家（地区）关系；

（三）违反中华人民共和国缔结或者参加的国际条约、协定；

（四）出口中华人民共和国禁止出口的产品和技术。

第五条 商务部和各省、自治区、直辖市、计划单列市及新疆生产建设兵团商务主管部门（以下称“省级商务主管部门”）负责对境外投资实施管理和监督。

第二章 备案和核准

第六条 商务部和省级商务主管部门按照企业境外投资的不同情形，分别实行备案和核准管理。

企业境外投资涉及敏感国家和地区、敏感行业的，实行核准管理。

企业其他情形的境外投资，实行备案管理。

第七条 实行核准管理的国家是指与中华人民共和国未建交的国家、受联合国制裁的国家。必要时，商务部可另行公布其他实行核准管理的国家和地区的名单。

实行核准管理的行业是指涉及出口中华人民共和国限制出口的产品和技术的行业、影响一国（地区）以上利益的行业。

第八条 商务部和省级商务主管部门应当依法办理备案和核准，提高办事效率，提供优质服务。

商务部和省级商务主管部门通过“境外投资管理系统”（以下简称“管理系统”）对企业境外投资进行管理，并向获得备案或核准的企业颁发《企业境外投资证书》（以下简称《证书》）。《证书》由商务部和省级商务主管部门分别印制并盖章，实行统一编码管理。

《证书》是企业境外投资获得备案或核准的凭证，按照境外投资最终目的地颁发。

第九条 对属于备案情形的境外投资，中央企业报商务部备案；地方企业报所在地省级商务主管部门备案。

中央企业和地方企业通过“管理系统”按要求填写并打印《境外投资备案表》（以下简称《备案表》），加盖印章后，连同企业营业执照复印件分别报商务部或省级商务主管部门备案。

《备案表》填写如实、完整、符合法定形式，且企业在《备案表》中声明其境外投资无本办法第四条所列情形的，商务部或省级商务主管部门应当自收到《备案表》之日起3个工作日内予以备案并颁发《证书》。企业不如实、完整填报《备案表》的，商务部或省级商务主管部门不予备案。

第十条 对属于核准情形的境外投资，中央企业向商务部提出申请，地方企业通过所在地省级商务主管部门向商务部提出申请。

企业申请境外投资核准需提交以下材料：

（一）申请书，主要包括投资主体情况、境外企业名称、股权结构、投资金额、经营范围、经营期限、投资资金来源、投资具体内容等；

（二）《境外投资申请表》，企业应当通过“管理系统”按要求填写打印，并加盖印章；

（三）境外投资相关合同或协议；

（四）有关部门对境外投资所涉的属于中华人民共和国限制出口的产品或技术准予出口的材料；

（五）企业营业执照复印件。

第十一条 核准境外投资应当征求我驻外使（领）馆（经商处室）意见。涉及中央企业的，由商务部征求意见；涉及地方企业的，由省级商务主管部门征求意见。征求意见时，商务部和省级商务主管部门应当提供投资事项基本情况等相关信息。驻外使（领）馆（经商处室）应当自接到征求意见要求之日起7个工作日内回复。

第十二条 商务部应当在受理中央企业核准申请后20个工作日内［包含征求驻外使（领）馆（经商处室）意见的时间］作出是否予以核准的决定。申请材料不齐全或者不符合法定形式的，商务部应当在3个工作日内一次告知申请企业需要补正的全部内容。逾期不告知的，自收到申请材料之日起即为受理。中央企业按照商务部的要求提交全部补正申请材料的，商务部应当受理该申请。

省级商务主管部门应当在受理地方企业核准申请后对申请是否涉及本办法第四条所列情形进行初步审查，并在15个工作日内［包含征求驻外使（领）馆（经商处室）意见的时间］将初步审查意见和全部申请材料报送商务部。申请材料不齐全或者不符合法定形式的，省级商务主管部门应当在3个工作日内一次告知申请企业需要补正的全部内容。逾期不告知的，自收到申请材料之日起即为受理。地方企业按照省级商务主管部门的要求提交全部补正申请材料的，省级商务主管部门应当受理该申请。商务部收到省级商务主管部门的初步审查意见后，应当在15个工作日内做出是否予以核准的决定。

第十三条 对予以核准的境外投资，商务部出具书面核准决定并颁发《证书》；因存在本办法第四条所列情形而不予核准的，应当书面通知申请企业并说明理由，告知其享有依法申请行政复议或者提起行政诉讼的权利。企业提供虚假材料申请核准的，商务部不予核准。

第十四条 两个以上企业共同开展境外投资的，应当由相对大股东在征求其他投资方书面同意后办理备案或申请核准。如果各方持股比例相等，应当协商后由一方办理备案或申请核准。如投资方不属同一行政区域，负责办理备案或核准的商务部或省级商务主管部门应当将备案或核准结果告知其他投资方所在地商务主管部门。

第十五条 企业境外投资经备案或核准后，原《证书》载明的境外投资事项发生变更的，企业应当按照本章程序向原备案或核准的商务部或省级商务主管部门办理变更手续。

第十六条 自领取《证书》之日起 2 年内，企业未在境外开展投资的，《证书》自动失效。如需再开展境外投资，应当按照本章程序重新办理备案或申请核准。

第十七条 企业终止已备案或核准的境外投资，应当在依投资目的地法律办理注销等手续后，向原备案或核准的商务部或省级商务主管部门报告。原备案或核准的商务部或省级商务主管部门根据报告出具注销确认函。

终止是指原经备案或核准的境外企业不再存续或企业不再拥有原经备案或核准的境外企业的股权等任何权益。

第十八条 《证书》不得伪造、涂改、出租、出借或以任何其他形式转让。已变更、失效或注销的《证书》应当交回原备案或核准的商务部或省级商务主管部门。

第三章　规范和服务

第十九条 企业应当客观评估自身条件、能力，深入研究投资目的地投资环境，积极稳妥开展境外投资，注意防范风险。境内外法律法规和规章对资格资质有要求的，企业应当取得相关证明文件。

第二十条 企业应当要求其投资的境外企业遵守投资目的地法律法规、尊重当地风俗习惯，履行社会责任，做好环境、劳工保护、企业文化建设等工作，促进与当地的融合。

第二十一条 企业对其投资的境外企业的冠名应当符合境内外法律法规和政策规定。未按国家有关规定获得批准的企业，其境外企业名称不得使用“中国”“中华”等字样。

第二十二条 企业应当落实人员和财产安全防范措施，建立突发事件预警机制和应急预案。在境外发生突发事件时，企业应当在驻外使（领）馆和国内有关主管部门的指导下，及时、妥善处理。

企业应当做好外派人员的选审、行前安全、纪律教育和应急培训工作，加强对外派人员的管理，依法办理当地合法居留和工作许可。

第二十三条 企业应当要求其投资的境外企业中方负责人当面或以信函、传真、电子邮件等方式及时向驻外使（领）馆（经商处室）报到登记。

第二十四条 企业应当向原备案或核准的商务部或省级商务主管部门报告境外投资业务情况、统计资料，以及与境外投资相关的困难、问题，并确保报送情况和数据真实准确。

第二十五条 企业投资的境外企业开展境外再投资，在完成境外法律手续后，企业应当向商务主管部门报告。涉及中央企业的，中央企业通过“管理系统”填报相关信息，打印《境外中资企业再投资报告表》（以下简称《再投资报告表》）并加盖印章后报商务部；涉及地方企业的，地方企业通过“管理系统”填报相关信息，打印《再投资报告表》并加盖印章后报省级商务主管部门。

第二十六条 商务部负责对省级商务主管部门的境外投资管理情况进行检查和指导。省级商务主管部门应当每半年向商务部报告本行政区域内境外投资的情况。

第二十七条 商务部会同有关部门为企业境外投资提供权益保障、投资促进、风险预警等服务。

商务部发布《对外投资合作国别（地区）指南》、国别产业指引等文件，帮助企业了解投资目的地投资环境；加强对企业境外投资的指导和规范，会同有关部门发布环境保护等指引，督促企业在境外合法合规经营；建立对外投资与合作信息服务系统，为企业开展境外投资提供数据统计、投资机会、投资障碍、风险预警等信息。

第四章 法律责任

第二十八条 企业以提供虚假材料等不正当手段办理备案并取得《证书》的，商务部或省级商务主管部门撤销该企业境外投资备案，给予警告，并依法公布处罚决定。

第二十九条 企业提供虚假材料申请核准的，商务部给予警告，并依法公布处罚决定。该企业在一年内不得再次申请该项核准。

企业以欺骗、贿赂等不正当手段获得境外投资核准的，商务部撤销该企业境外投资核准，给予警告，并依法公布处罚决定。该企业在三年内不得再次申请该项核准；构成犯罪的，依法追究刑事责任。

第三十条 企业开展境外投资过程中出现本办法第四条所列情形的，应当承担相应的法律责任。

第三十一条 企业伪造、涂改、出租、出借或以任何其他形式转让《证书》的，商务部或省级商务主管部门给予警告；构成犯罪的，依法追究刑事责任。

第三十二条 境外投资出现第二十八至三十一条规定的情形以及违反本办法其他规定的企业，三年内不得享受国家有关政策支持。

第三十三条 商务部和省级商务主管部门有关工作人员不依照本办法规定履行职

责、滥用职权、索取或者收受他人财物或者谋取其他利益，构成犯罪的，依法追究刑事责任；尚不构成犯罪的，依法给予行政处分。

第五章　附　则

第三十四条　省级商务主管部门可依照本办法制定相应的工作细则。

第三十五条　本办法所称中央企业系指国务院国有资产监督管理委员会履行出资人职责的企业及其所属企业、中央管理的其他单位。

第三十六条　事业单位法人开展境外投资、企业在境外设立分支机构参照本办法执行。

第三十七条　企业赴香港、澳门、台湾地区投资参照本办法执行。

第三十八条　本办法由商务部负责解释。

第三十九条　本办法自 2014 年 10 月 6 日起施行。商务部 2009 年发布的《境外投资管理办法》（商务部令 2009 年第 5 号）同时废止。

商务部《对外投资备案（核准）报告暂行办法》

（2018 年 1 月 18 日）

第一章　总　则

第一条　为进一步完善对外投资管理制度，有效防范风险，引导对外投资健康有序发展，推进“一带一路”建设顺利实施，依据有关规定和规范企业海外经营行为的相关要求，制定本《办法》。

第二条　本办法所称对外投资备案（核准），系指境内投资主体在境外设立（包括兼并、收购及其他方式）企业前，按规定向有关主管部门提交相关信息和材料；符合法定要求的，相关主管部门为其办理备案或核准。

前款所述境内投资主体是指开展对外投资活动的境内机构，另有规定的除外；前款所述企业为最终目的地企业，最终目的地指境内投资主体投资最终用于项目建设或持续生产经营的所在地。

第三条　境内投资主体在开展对外投资的过程中，按规定向相关主管部门报告其对外投资情况并提供相关信息；相关主管部门依据其报告的情况和信息制定对外投资政策，开展对外投资监督、管理和服务。

第四条　对外投资备案（核准）报告工作由各部门分工协作，实行管理分级分类、信息统一归口、违规联合惩戒的管理模式。商务部牵头对外投资备案（核准）报告信息统一汇总。

商务、金融、国资等主管部门依各自职能依法开展境内投资主体对外投资备案（核准）报告等工作，按照“横向协作、纵向联动”的原则，形成监管合力。

第五条 境内投资主体是对外投资的市场主体、决策主体、执行主体和责任主体，按照“政府引导、企业主导、市场化运作”的原则开展对外投资，自主决策，自担风险，自负盈亏。

第二章 备案和核准

第六条 商务主管部门、金融管理部门依据各自职责负责境内投资主体对外投资的备案或核准管理。国务院国资委负责履行出资人职责的中央企业对外投资的监督和管理。

相关主管部门应根据各自职责按照“鼓励发展＋负面清单”的模式建立健全相应的对外投资备案（核准）办法。

第七条 鼓励相关主管部门运用电子政务手段实行对外投资网上备案（核准）管理，提高办事效率，提供优质服务。

第八条 相关主管部门应根据境内投资主体提交的备案（核准）材料进行相关审查；符合要求的，应正式受理，并按有关规定办理。境内投资主体对外投资应提供的材料由相关主管部门规定。

第九条 国务院国资委履行出资人职责的中央企业的对外投资，属于《中央企业境外投资监督管理办法》（国资委令第35号）规定的“特别监管类”项目的，应按照国有资产监督管理要求履行相应手续。

第十条 人民银行、国务院国资委、银监会、证监会、保监会将每个月度办理的对外投资备案（核准）事项情况，于次月15个工作日内通报商务部汇总。商务部定期将汇总信息反馈给上述部门和机构。

第十一条 境内投资主体履行对外投资备案（核准）手续后，应根据外汇管理部门要求办理相关外汇登记。

第三章 报 告

第十二条 境内投资主体应按照“凡备案（核准）必报”的原则向为其办理备案（核准）手续的相关主管部门定期报送对外投资关键环节信息。

第十三条 境内投资主体报送的信息包括但不限于以下信息：根据《对外直接投资统计制度》规定应填报的月度、年度信息；对外投资并购前期事项；对外投资在建项目进展情况；对外投资存在主要问题以及遵守当地法律法规、保护资源环境、保障员工合法权益、履行社会责任、安全保护制度落实情况等。

境内投资主体报送信息的具体内容、途径、频率等由相关主管部门依据职责另行规定。

第十四条 人民银行、国务院国资委、银监会、证监会、保监会对负责的境内投资主体报送的对外投资信息，每半年后1个月内通报商务部统一汇总。商务部定期将汇总信息反馈给上述部门。

第十五条 商务部建立“境外企业和对外投资联络服务平台”（以下简称“平台”），相关主管部门可通过平台将对外投资备案（核准）报告信息转商务部，实现信息数据共享，共同做好对外投资监管。

第十六条 境内投资主体对外投资出现重大不利事件或突发安全事件时，按“一事一报”原则及时向相关主管部门报送，相关主管部门将情况通报商务部。

第十七条 相关主管部门应按照本部门职责和分工，充分利用商务部汇总收集的信息，动态跟踪研判对外投资领域涉及国民经济运行、国家利益、行为规范、安全保护、汇率、外汇储备、跨境资本流动等问题和风险，按轻重缓急发出提示预警，引导企业加强风险管理、促进对外投资健康发展。

第四章　监　管

第十八条 相关主管部门应对所负责的对外投资进行监督管理，对以下对外投资情形进行重点督查：

（一）中方投资额等值3亿美元（含3亿美元）以上的对外投资；

（二）敏感国别（地区）、敏感行业的对外投资；

（三）出现重大经营亏损的对外投资；

（四）出现重大安全事故及群体性事件的对外投资；

（五）存在严重违规行为的对外投资；

（六）其他情形的重大对外投资。

第十九条 商务部牵头开展对外投资“双随机、一公开”抽查工作，定期进行对外投资备案（核准）报告的真实性、完整性、及时性的事中事后监管工作。相关主管部门应根据各自职责制定相应的“双随机、一公开”抽查工作实施细则并开展抽查工作。

第二十条 相关主管部门每半年将重点督查和随机抽查的情况通报商务部汇总。

第五章　事后举措

第二十一条 境内投资主体未按本《办法》规定履行备案（核准）手续和信息报告义务的，商务部会同相关主管部门视情采取提醒、约谈、通报等措施，必要时将其违规信息录入全国信用信息共享平台，对企业的行政处罚通过国家企业信息公示系统记于企业名下并向社会公示。

第二十二条 境内投资主体未按本《办法》规定履行备案（核准）手续和信息报告义务，情节严重的，相关主管部门根据各自职责，暂停为其办理对外投资备案（核准）手续，同时采取相应措施。

第二十三条 相关主管部门在开展监管工作过程中，如发现境内投资主体存在偷逃税款、骗取外汇等行为，应将有关问题线索转交税务、公安、工商、外汇管理等部门依法处理。

第六章 附 则

第二十四条 中央管理的其他单位对外投资备案（核准）报告工作参照本《办法》执行。

第二十五条 本《办法》由发布部门共同负责解释。

第二十六条 本《办法》自发布之日起实施。

商务部《对外投资备案（核准）报告实施规程》

（2019 年 5 月 16 日）

一、为准确、及时、全面地反映我国对外投资动态发展情况，科学研判和分析对外投资发展趋势，为事中事后监管提供支撑，根据《对外投资备案（核准）报告暂行办法》，制定商务部实施规程。

二、本规程适用于所有在商务部和省级商务主管部门（以下简称“商务主管部门”）取得《企业境外投资证书》（以下简称《证书》）并开展对外投资活动的境内投资主体（以下简称“投资主体”）。

三、对外投资备案（核准）报告工作实行分级分类管理。投资主体为中央企业和中央管理的其他单位，由其总部向商务部报告；投资主体为地方企业的，向投资主体所在地省级商务主管部门报告。

四、投资主体按照“凡备案（核准）必报告”的原则履行其对外投资报告义务，按规定报告对外投资事前、事中、事后关键环节信息。

五、投资主体履行报告义务，是企业合规经营的重要组成部分，应当依照本规程的规定，及时、真实、准确、完整地提供报告所要求的数据和信息。

六、投资主体应登录“商务部业务系统统一平台”（om. mofom. gov. n 中）的对外投资合作信息服务，进入“备案（核准）报告”子模块（以下简称“子模块”）开展除第七条外的其他内容的报告。

七、投资主体的境内出资部分，应在实际投资发生的次月，按照《对外直接投资统计制度》要求，报送对外直接投资月度情况（FDIY1、FDIY2、FDIY6 表）。

投资主体的境外出资部分，应在实际投向境外最终目的地企业的次月，按照《对外直接投资统计制度》要求，报送通过境外企业再投资月度情况（FDIY6 表）。

八、投资主体应每半年报送以下信息：

（一）境外企业合规建设情况。信息需按照《对外投资备案（核准）半年报告表（一）》的格式填写。

（二）境外企业遇到投资障碍情况。信息需按照《对外投资备案（核准）半年报告表（二）》的格式填写。

投资主体应于每半年后 10 个自然日内通过子模块完成上半年的报告工作。省级商务主管部门应于每半年后 15 个自然日内通过子模块完成对本辖区投资主体上半年报告信息的汇总并提交商务部。

九、经商务主管部门备案（核准）中方投资额在 1 亿美元及以上且中方实际控制的境外企业，投资主体应每半年报送以下信息：

（一）境外企业资产、负债、所有者权益；

（二）境外企业销售收入（或营业收入）金额；

（三）境外企业净利润额；

（四）带动货物进出口额；

（五）境外企业从业人员数量（含中方、外方）；

（六）境外企业建设进展情况。

投资主体应于每半年后 30 个自然日内通过子模块完成信息报送，省级商务主管部门应于每半年后 45 个自然日内通过子模块完成信息的审核并提交商务部。信息需按照《对外投资备案（核准）半年报告表（三）》的格式填写（见附件 3）。如报告期内境外企业没有实际经营活动，投资主体仅需填写上述（一）、（五）、（六）项信息。

本条所称控制是指：投资主体持有境外企业 50% 及以上的表决权的；或投资主体虽单独持有的境外企业表决权不足 50%，但通过与其他表决权持有人之间协议持有或行使 50% 及以上表决权的。

十、通过商务部、财政部考核的境外经贸合作区，除按照《对外直接投资统计制度》要求报送信息外，实施企业作为投资主体每半年还需报送境外经贸合作区以下信息：

（一）实施企业重组或股东变化；

（二）建设用地变化；

（三）园区规划变更；

（四）产业定位调整；

（五）促进所在国经济社会发展、履行社会责任等情况；

（六）其他需报告的情况。

实施企业应于每半年后30个自然日内通过子模块向商务部报送信息。信息需按照《境外经贸合作区半年报告表》的格式填写。

十一、投资主体开展境外并购的，除涉及竞标、监管机构认可的免于披露或延迟披露的情形外，应在达成并购意向后5个自然日内登录子模块，报告境外并购事项前期情况。

十二、对外投资属于返程投资情形的，投资主体仅需按照第七条的规定报告每个月度投向境外第一层级企业的实际投资额，不需履行本规程规定的其他报告义务。

本规程所称返程投资，系指投资主体将本地资金通过各种渠道流到境外，再以直接投资的形式将这些资金返回到本地经济体。

十三、投资主体投资的境外企业在我驻当地使（领）馆完成报到登记10个自然日内，投资主体应通过子模块报告报到登记情况，同时扫描上传经使（领）馆盖章确认的《境外中资企业（机构）报到登记表》回执联。

十四、投资主体投资的境外企业遇到以下突发事件或重大不利事件时，原则上应在24小时内通过子模块报告情况：

（一）发生重大生产安全事故的；

（二）发生暴恐袭击、绑架事件的；

（三）发生社会治安、群体性事件的；

（四）出现重大卫生疾病事件的；

（五）发生地震、洪水等自然灾害的；

（六）发生战争、政变、政府违约、外汇管制的；

（七）出现重大负面舆论报道的；

（八）其他需要报告的情形。

十五、投资主体报告突发事件后，商务主管部门根据相关规定对投资主体报告的突发事件进行处理。

十六、投资主体自《证书》注销之日起终止报告工作。

投资主体取得《证书》两年内未实际开展对外投资的，《证书》自动失效。商务主管部门在系统中注销该企业，并将《证书》失效情况通报外汇管理部门。

十七、投资主体投资的境外企业依投资目的地法律办理注销等手续后，应向商务主管部门提交证明材料并办理注销手续。本规程实施前，尚未办理注销手续的，投资主体应及时向商务主管部门提交证明材料并办理注销手续。

十八、商务主管部门定期开展对外投资“双随机、一公开”抽查工作，对报告信息的及时性、真实性、完整性进行审查，并可结合工作需要采取定向抽查办法。

针对“双随机、一公开”抽查工作中发现的问题，将根据《对外投资合作“双随机一公开”监管工作细则（试行）》的有关规定办理。

十九、投资主体未按规定履行报告义务，或出现漏报、误报、瞒报的，以及不办理注销手续的，商务主管部门可视情采取以下措施：

（一）提醒、约谈、函询投资主体，要求改正；

（二）通知相关行业组织，作为其评判投资主体信用等级、落实行业自律、推荐企业名单等的重要参考；

（三）通知相关金融机构，进行风险提示；

（四）将投资主体违规信息录入全国信用信息共享平台；

（五）暂停办理对外投资备案（核准）手续，并会同有关部门实施联合惩戒。

二十、投资主体认真履行报告义务，确保报送信息及时、真实、准确、完整的，商务主管部门应会同相关部门视情给予联合激励。

二十一、商务主管部门和有关企业、单位须根据对外投资备案（核准）报告工作的需要及工作量，配备信息审核人员（专职或兼职），并提供必要的经费及办公设备。

二十二、事业单位法人开展境外投资、投资主体在境外设立分支机构的，由事业单位法人、投资主体参照本规程履行报告义务。

证监会《上市公司收购管理办法》

（2020 年 3 月 20 日）

（2006 年 5 月 17 日中国证券监督管理委员会第 180 次主席办公会议审议通过，根据 2008 年 8 月 27 日中国证券监督管理委员会《关于修改〈上市公司收购管理办法〉第六十三条的决定》、2012 年 2 月 14 日中国证券监督管理委员会《关于修改〈上市公司收购管理办法〉第六十二条及第六十三条的决定》、2014 年 10 月 23 日中国证券监督管理委员会《关于修改〈上市公司收购管理办法〉的决定》、2020 年 3 月 20 日中国证券监督管理委员会《关于修改部分证券期货规章的决定》修正）

第一章　总　则

第一条　为了规范上市公司的收购及相关股份权益变动活动，保护上市公司和投资者的合法权益，维护证券市场秩序和社会公共利益，促进证券市场资源的优化配置，根据《证券法》、《公司法》及其他相关法律、行政法规，制定本办法。

第二条 上市公司的收购及相关股份权益变动活动，必须遵守法律、行政法规及中国证券监督管理委员会（以下简称“中国证监会”）的规定。当事人应当诚实守信，遵守社会公德、商业道德，自觉维护证券市场秩序，接受政府、社会公众的监督。

第三条 上市公司的收购及相关股份权益变动活动，必须遵循公开、公平、公正的原则。

上市公司的收购及相关股份权益变动活动中的信息披露义务人，应当充分披露其在上市公司中的权益及变动情况，依法严格履行报告、公告和其他法定义务。在相关信息披露前，负有保密义务。

信息披露义务人报告、公告的信息必须真实、准确、完整，不得有虚假记载、误导性陈述或者重大遗漏。

第四条 上市公司的收购及相关股份权益变动活动不得危害国家安全和社会公共利益。

上市公司的收购及相关股份权益变动活动涉及国家产业政策、行业准入、国有股份转让等事项，需要取得国家相关部门批准的，应当在取得批准后进行。

外国投资者进行上市公司的收购及相关股份权益变动活动的，应当取得国家相关部门的批准，适用中国法律，服从中国的司法、仲裁管辖。

第五条 收购人可以通过取得股份的方式成为一个上市公司的控股股东，可以通过投资关系、协议、其他安排的途径成为一个上市公司的实际控制人，也可以同时采取上述方式和途径取得上市公司控制权。

收购人包括投资者及与其一致行动的他人。

第六条 任何人不得利用上市公司的收购损害被收购公司及其股东的合法权益。

有下列情形之一的，不得收购上市公司：

（一）收购人负有数额较大债务，到期未清偿，且处于持续状态；

（二）收购人最近 3 年有重大违法行为或者涉嫌有重大违法行为；

（三）收购人最近 3 年有严重的证券市场失信行为；

（四）收购人为自然人的，存在《公司法》第一百四十六条规定情形；

（五）法律、行政法规规定以及中国证监会认定的不得收购上市公司的其他情形。

第七条 被收购公司的控股股东或者实际控制人不得滥用股东权利损害被收购公司或者其他股东的合法权益。

被收购公司的控股股东、实际控制人及其关联方有损害被收购公司及其他股东合法权益的，上述控股股东、实际控制人在转让被收购公司控制权之前，应当主动消除损害；未能消除损害的，应当就其出让相关股份所得收入用于消除全部损害做出安排，对不足以消除损害的部分应当提供充分有效的履约担保或安排，并依照公司章程取得被收购公司股东大会的批准。

第八条 被收购公司的董事、监事、高级管理人员对公司负有忠实义务和勤勉义务，应当公平对待收购本公司的所有收购人。

被收购公司董事会针对收购所做出的决策及采取的措施，应当有利于维护公司及其股东的利益，不得滥用职权对收购设置不适当的障碍，不得利用公司资源向收购人提供任何形式的财务资助，不得损害公司及其股东的合法权益。

第九条 收购人进行上市公司的收购，应当聘请符合《证券法》规定的专业机构担任财务顾问。收购人未按照本办法规定聘请财务顾问的，不得收购上市公司。

财务顾问应当勤勉尽责，遵守行业规范和职业道德，保持独立性，保证其所制作、出具文件的真实性、准确性和完整性。

财务顾问认为收购人利用上市公司的收购损害被收购公司及其股东合法权益的，应当拒绝为收购人提供财务顾问服务。

财务顾问不得教唆、协助或者伙同委托人编制或披露存在虚假记载、误导性陈述或者重大遗漏的报告、公告文件，不得从事不正当竞争，不得利用上市公司的收购谋取不正当利益。

为上市公司收购出具资产评估报告、审计报告、法律意见书的证券服务机构及其从业人员，应当遵守法律、行政法规、中国证监会的有关规定，以及证券交易所的相关规则，遵循本行业公认的业务标准和道德规范，诚实守信，勤勉尽责，对其所制作、出具文件的真实性、准确性和完整性承担责任。

第十条 中国证监会依法对上市公司的收购及相关股份权益变动活动进行监督管理。

中国证监会设立由专业人员和有关专家组成的专门委员会。专门委员会可以根据中国证监会职能部门的请求，就是否构成上市公司的收购、是否有不得收购上市公司的情形以及其他相关事宜提供咨询意见。中国证监会依法做出决定。

第十一条 证券交易所依法制定业务规则，为上市公司的收购及相关股份权益变动活动组织交易和提供服务，对相关证券交易活动进行实时监控，监督上市公司的收购及相关股份权益变动活动的信息披露义务人切实履行信息披露义务。

证券登记结算机构依法制定业务规则，为上市公司的收购及相关股份权益变动活动所涉及的证券登记、存管、结算等事宜提供服务。

第二章 权益披露

第十二条 投资者在一个上市公司中拥有的权益，包括登记在其名下的股份和虽未登记在其名下但该投资者可以实际支配表决权的股份。投资者及其一致行动人在一个上市公司中拥有的权益应当合并计算。

第十三条 通过证券交易所的证券交易，投资者及其一致行动人拥有权益的股份达到一个上市公司已发行股份的5%时，应当在该事实发生之日起3日内编制权益变动报告书，向中国证监会、证券交易所提交书面报告，通知该上市公司，并予公告；在上述期限内，不得再行买卖该上市公司的股票，但中国证监会规定的情形除外。

前述投资者及其一致行动人拥有权益的股份达到一个上市公司已发行股份的5%后，通过证券交易所的证券交易，其拥有权益的股份占该上市公司已发行股份的比例每增加或者减少5%，应当依照前款规定进行报告和公告。在该事实发生之日起至公告后3日内，不得再行买卖该上市公司的股票，但中国证监会规定的情形除外。

前述投资者及其一致行动人拥有权益的股份达到一个上市公司已发行股份的5%后，其拥有权益的股份占该上市公司已发行股份的比例每增加或者减少1%，应当在该事实发生的次日通知该上市公司，并予公告。

违反本条第一款、第二款的规定买入在上市公司中拥有权益的股份的，在买入后的36个月内，对该超过规定比例部分的股份不得行使表决权。

第十四条 通过协议转让方式，投资者及其一致行动人在一个上市公司中拥有权益的股份拟达到或者超过一个上市公司已发行股份的5%时，应当在该事实发生之日起3日内编制权益变动报告书，向中国证监会、证券交易所提交书面报告，通知该上市公司，并予公告。

前述投资者及其一致行动人拥有权益的股份达到一个上市公司已发行股份的5%后，其拥有权益的股份占该上市公司已发行股份的比例每增加或者减少达到或者超过5%的，应当依照前款规定履行报告、公告义务。

前两款规定的投资者及其一致行动人在作出报告、公告前，不得再行买卖该上市公司的股票。相关股份转让及过户登记手续按照本办法第四章及证券交易所、证券登记结算机构的规定办理。

第十五条 投资者及其一致行动人通过行政划转或者变更、执行法院裁定、继承、赠与等方式拥有权益的股份变动达到前条规定比例的，应当按照前条规定履行报告、公告义务，并参照前条规定办理股份过户登记手续。

第十六条 投资者及其一致行动人不是上市公司的第一大股东或者实际控制人，其拥有权益的股份达到或者超过该公司已发行股份的5%，但未达到20%的，应当编制包括下列内容的简式权益变动报告书：

（一）投资者及其一致行动人的姓名、住所；投资者及其一致行动人为法人的，其名称、注册地及法定代表人；

（二）持股目的，是否有意在未来12个月内继续增加其在上市公司中拥有的权益；

（三）上市公司的名称、股票的种类、数量、比例；

（四）在上市公司中拥有权益的股份达到或者超过上市公司已发行股份的5%或者

拥有权益的股份增减变化达到5%的时间及方式、增持股份的资金来源；

（五）在上市公司中拥有权益的股份变动的时间及方式；

（六）权益变动事实发生之日前6个月内通过证券交易所的证券交易买卖该公司股票的简要情况；

（七）中国证监会、证券交易所要求披露的其他内容。

前述投资者及其一致行动人为上市公司第一大股东或者实际控制人，其拥有权益的股份达到或者超过一个上市公司已发行股份的5%，但未达到20%的，还应当披露本办法第十七条第一款规定的内容。

第十七条 投资者及其一致行动人拥有权益的股份达到或者超过一个上市公司已发行股份的20%但未超过30%的，应当编制详式权益变动报告书，除须披露前条规定的信息外，还应当披露以下内容：

（一）投资者及其一致行动人的控股股东、实际控制人及其股权控制关系结构图；

（二）取得相关股份的价格、所需资金额，或者其他支付安排；

（三）投资者、一致行动人及其控股股东、实际控制人所从事的业务与上市公司的业务是否存在同业竞争或者潜在的同业竞争，是否存在持续关联交易；存在同业竞争或者持续关联交易的，是否已做出相应的安排，确保投资者、一致行动人及其关联方与上市公司之间避免同业竞争以及保持上市公司的独立性；

（四）未来12个月内对上市公司资产、业务、人员、组织结构、公司章程等进行调整的后续计划；

（五）前24个月内投资者及其一致行动人与上市公司之间的重大交易；

（六）不存在本办法第六条规定的情形；

（七）能够按照本办法第五十条的规定提供相关文件。

前述投资者及其一致行动人为上市公司第一大股东或者实际控制人的，还应当聘请财务顾问对上述权益变动报告书所披露的内容出具核查意见，但国有股行政划转或者变更、股份转让在同一实际控制人控制的不同主体之间进行、因继承取得股份的除外。投资者及其一致行动人承诺至少3年放弃行使相关股份表决权的，可免于聘请财务顾问和提供前款第（七）项规定的文件。

第十八条 已披露权益变动报告书的投资者及其一致行动人在披露之日起6个月内，因拥有权益的股份变动需要再次报告、公告权益变动报告书的，可以仅就与前次报告书不同的部分作出报告、公告；自前次披露之日起超过6个月的，投资者及其一致行动人应当按照本章的规定编制权益变动报告书，履行报告、公告义务。

第十九条 因上市公司减少股本导致投资者及其一致行动人拥有权益的股份变动出现本办法第十四条规定情形的，投资者及其一致行动人免于履行报告和公告义务。上市公司应当自完成减少股本的变更登记之日起2个工作日内，就因此导致的公司股东拥有权益的股份变动情况作出公告；因公司减少股本可能导致投资者及其一致行动人成为公司第一大股东或者实际控制人的，该投资者及其一致行动人应当自公司董事会公告有关减少公司股本决议之日起 3 个工作日内，按照本办法第十七条第一款的规定履行报告、公告义务。

第二十条 上市公司的收购及相关股份权益变动活动中的信息披露义务人依法披露前，相关信息已在媒体上传播或者公司股票交易出现异常的，上市公司应当立即向当事人进行查询，当事人应当及时予以书面答复，上市公司应当及时作出公告。

第二十一条 上市公司的收购及相关股份权益变动活动中的信息披露义务人应当在证券交易所的网站和符合中国证监会规定条件的媒体上依法披露信息；在其他媒体上进行披露的，披露内容应当一致，披露时间不得早于前述披露的时间。

第二十二条 上市公司的收购及相关股份权益变动活动中的信息披露义务人采取一致行动的，可以以书面形式约定由其中一人作为指定代表负责统一编制信息披露文件，并同意授权指定代表在信息披露文件上签字、盖章。

各信息披露义务人应当对信息披露文件中涉及其自身的信息承担责任；对信息披露文件中涉及的与多个信息披露义务人相关的信息，各信息披露义务人对相关部分承担连带责任。

第三章 要约收购

第二十三条 投资者自愿选择以要约方式收购上市公司股份的，可以向被收购公司所有股东发出收购其所持有的全部股份的要约（以下简称“全面要约”），也可以向被收购公司所有股东发出收购其所持有的部分股份的要约（以下简称“部分要约”）。

第二十四条 通过证券交易所的证券交易，收购人持有一个上市公司的股份达到该公司已发行股份的 30% 时，继续增持股份的，应当采取要约方式进行，发出全面要约或者部分要约。

第二十五条 收购人依照本办法第二十三条、第二十四条、第四十七条、第五十六条的规定，以要约方式收购一个上市公司股份的，其预定收购的股份比例均不得低于该上市公司已发行股份的 5%。

第二十六条 以要约方式进行上市公司收购的，收购人应当公平对待被收购公司的所有股东。持有同一种类股份的股东应当得到同等对待。

第二十七条 收购人为终止上市公司的上市地位而发出全面要约的，或者因不符合本办法第六章的规定而发出全面要约的，应当以现金支付收购价款；以依法可以转让的证券（以下简称“证券”）支付收购价款的，应当同时提供现金方式供被收购公司股东选择。

第二十八条 以要约方式收购上市公司股份的，收购人应当编制要约收购报告书，聘请财务顾问，通知被收购公司，同时对要约收购报告书摘要作出提示性公告。

本次收购依法应当取得相关部门批准的，收购人应当在要约收购报告书摘要中作出特别提示，并在取得批准后公告要约收购报告书。

第二十九条 前条规定的要约收购报告书，应当载明下列事项：

（一）收购人的姓名、住所；收购人为法人的，其名称、注册地及法定代表人，与其控股股东、实际控制人之间的股权控制关系结构图；

（二）收购人关于收购的决定及收购目的，是否拟在未来 12 个月内继续增持；

（三）上市公司的名称、收购股份的种类；

（四）预定收购股份的数量和比例；

（五）收购价格；

（六）收购所需资金额、资金来源及资金保证，或者其他支付安排；

（七）收购要约约定的条件；

（八）收购期限；

（九）公告收购报告书时持有被收购公司的股份数量、比例；

（十）本次收购对上市公司的影响分析，包括收购人及其关联方所从事的业务与上市公司的业务是否存在同业竞争或者潜在的同业竞争，是否存在持续关联交易；存在同业竞争或者持续关联交易的，收购人是否已作出相应的安排，确保收购人及其关联方与上市公司之间避免同业竞争以及保持上市公司的独立性；

（十一）未来 12 个月内对上市公司资产、业务、人员、组织结构、公司章程等进行调整的后续计划；

（十二）前 24 个月内收购人及其关联方与上市公司之间的重大交易；

（十三）前 6 个月内通过证券交易所的证券交易买卖被收购公司股票的情况；

（十四）中国证监会要求披露的其他内容。

收购人发出全面要约的，应当在要约收购报告书中充分披露终止上市的风险、终止上市后收购行为完成的时间及仍持有上市公司股份的剩余股东出售其股票的其他后续安排；收购人发出以终止公司上市地位为目的的全面要约，无须披露前款第（十）项规定的内容。

第三十条 收购人按照本办法第四十七条拟收购上市公司股份超过 30%，须改以要约方式进行收购的，收购人应当在达成收购协议或者做出类似安排后的 3 日内对要约收购报告书摘要作出提示性公告，并按照本办法第二十八条、第二十九条的规定履行公告义务，同时免于编制、公告上市公司收购报告书；依法应当取得批准的，应当在公告中特别提示本次要约须取得相关批准方可进行。

未取得批准的，收购人应当在收到通知之日起 2 个工作日内，公告取消收购计划，并通知被收购公司。

第三十一条 收购人自作出要约收购提示性公告起60日内，未公告要约收购报告书的，收购人应当在期满后次一个工作日通知被收购公司，并予公告；此后每30日应当公告一次，直至公告要约收购报告书。

收购人作出要约收购提示性公告后，在公告要约收购报告书之前，拟自行取消收购计划的，应当公告原因；自公告之日起12个月内，该收购人不得再次对同一上市公司进行收购。

第三十二条 被收购公司董事会应当对收购人的主体资格、资信情况及收购意图进行调查，对要约条件进行分析，对股东是否接受要约提出建议，并聘请独立财务顾问提出专业意见。在收购人公告要约收购报告书后20日内，被收购公司董事会应当公告被收购公司董事会报告书与独立财务顾问的专业意见。

收购人对收购要约条件做出重大变更的，被收购公司董事会应当在3个工作日内公告董事会及独立财务顾问就要约条件的变更情况所出具的补充意见。

第三十三条 收购人作出提示性公告后至要约收购完成前，被收购公司除继续从事正常的经营活动或者执行股东大会已经作出的决议外，未经股东大会批准，被收购公司董事会不得通过处置公司资产、对外投资、调整公司主要业务、担保、贷款等方式，对公司的资产、负债、权益或者经营成果造成重大影响。

第三十四条 在要约收购期间，被收购公司董事不得辞职。

第三十五条 收购人按照本办法规定进行要约收购的，对同一种类股票的要约价格，不得低于要约收购提示性公告日前6个月内收购人取得该种股票所支付的最高价格。

要约价格低于提示性公告日前30个交易日该种股票的每日加权平均价格的算术平均值的，收购人聘请的财务顾问应当就该种股票前6个月的交易情况进行分析，说明是否存在股价被操纵、收购人是否有未披露的一致行动人、收购人前6个月取得公司股份是否存在其他支付安排、要约价格的合理性等。

第三十六条 收购人可以采用现金、证券、现金与证券相结合等合法方式支付收购上市公司的价款。收购人以证券支付收购价款的，应当提供该证券的发行人最近3年经审计的财务会计报告、证券估值报告，并配合被收购公司聘请的独立财务顾问的尽职调查工作。收购人以在证券交易所上市的债券支付收购价款的，该债券的可上市交易时间应当不少于一个月。收购人以未在证券交易所上市交易的证券支付收购价款的，必须同时提供现金方式供被收购公司的股东选择，并详细披露相关证券的保管、送达被收购公司股东的方式和程序安排。

收购人聘请的财务顾问应当对收购人支付收购价款的能力和资金来源进行充分的尽职调查，详细披露核查的过程和依据，说明收购人是否具备要约收购的能力。收购人应当在作出要约收购提示性公告的同时，提供以下至少一项安排保证其具备履约能力：

（一）以现金支付收购价款的，将不少于收购价款总额的20%作为履约保证金存入证券登记结算机构指定的银行；收购人以在证券交易所上市交易的证券支付收购价款的，将用于支付的全部证券交由证券登记结算机构保管，但上市公司发行新股的除外；

（二）银行对要约收购所需价款出具保函；

（三）财务顾问出具承担连带保证责任的书面承诺，明确如要约期满收购人不支付收购价款，财务顾问进行支付。

第三十七条 收购要约约定的收购期限不得少于30日，并不得超过60日；但是出现竞争要约的除外。

在收购要约约定的承诺期限内，收购人不得撤销其收购要约。

第三十八条 采取要约收购方式的，收购人作出公告后至收购期限届满前，不得卖出被收购公司的股票，也不得采取要约规定以外的形式和超出要约的条件买入被收购公司的股票。

第三十九条 收购要约提出的各项收购条件，适用于被收购公司的所有股东。

上市公司发行不同种类股份的，收购人可以针对持有不同种类股份的股东提出不同的收购条件。

收购人需要变更收购要约的，必须及时公告，载明具体变更事项，并通知被收购公司。变更收购要约不得存在下列情形：

（一）降低收购价格；

（二）减少预定收购股份数额；

（三）缩短收购期限；

（四）中国证监会规定的其他情形。

第四十条 收购要约期限届满前15日内，收购人不得变更收购要约；但是出现竞争要约的除外。

出现竞争要约时，发出初始要约的收购人变更收购要约距初始要约收购期限届满不足15日的，应当延长收购期限，延长后的要约期应当不少于15日，不得超过最后一个竞争要约的期满日，并按规定追加履约保证。

发出竞争要约的收购人最迟不得晚于初始要约收购期限届满前15日发出要约收购的提示性公告，并应当根据本办法第二十八条和第二十九条的规定履行公告义务。

第四十一条 要约收购报告书所披露的基本事实发生重大变化的，收购人应当在该重大变化发生之日起2个工作日内作出公告，并通知被收购公司。

第四十二条 同意接受收购要约的股东（以下简称“预受股东”），应当委托证券公司办理预受要约的相关手续。收购人应当委托证券公司向证券登记结算机构申请办理预受要约股票的临时保管。证券登记结算机构临时保管的预受要约的股票，在要约收购期间不得转让。

前款所称预受，是指被收购公司股东同意接受要约的初步意思表示，在要约收购期限内不可撤回之前不构成承诺。在要约收购期限届满3个交易日前，预受股东可以委托证券公司办理撤回预受要约的手续，证券登记结算机构根据预受要约股东的撤回申请解除对预受要约股票的临时保管。在要约收购期限届满前3个交易日内，预受股东不得撤回其对要约的接受。在要约收购期限内，收购人应当每日在证券交易所网站上公告已预受收购要约的股份数量。

出现竞争要约时，接受初始要约的预受股东撤回全部或者部分预受的股份，并将撤回的股份售予竞争要约人的，应当委托证券公司办理撤回预受初始要约的手续和预受竞争要约的相关手续。

第四十三条 收购期限届满，发出部分要约的收购人应当按照收购要约约定的条件购买被收购公司股东预受的股份，预受要约股份的数量超过预定收购数量时，收购人应当按照同等比例收购预受要约的股份；以终止被收购公司上市地位为目的的，收购人应当按照收购要约约定的条件购买被收购公司股东预受的全部股份；因不符合本办法第六章的规定而发出全面要约的收购人应当购买被收购公司股东预受的全部股份。

收购期限届满后3个交易日内，接受委托的证券公司应当向证券登记结算机构申请办理股份转让结算、过户登记手续，解除对超过预定收购比例的股票的临时保管；收购人应当公告本次要约收购的结果。

第四十四条 收购期限届满，被收购公司股权分布不符合证券交易所规定的上市交易要求，该上市公司的股票由证券交易所依法终止上市交易。在收购行为完成前，其余仍持有被收购公司股票的股东，有权在收购报告书规定的合理期限内向收购人以收购要约的同等条件出售其股票，收购人应当收购。

第四十五条 收购期限届满后15日内，收购人应当向证券交易所提交关于收购情况的书面报告，并予以公告。

第四十六条 除要约方式外，投资者不得在证券交易所外公开求购上市公司的股份。

第四章 协议收购

第四十七条 收购人通过协议方式在一个上市公司中拥有权益的股份达到或者超过该公司已发行股份的5%，但未超过30%的，按照本办法第二章的规定办理。

收购人拥有权益的股份达到该公司已发行股份的30%时，继续进行收购的，应当依法向该上市公司的股东发出全面要约或者部分要约。符合本办法第六章规定情形的，收购人可以免于发出要约。

收购人拟通过协议方式收购一个上市公司的股份超过30%的，超过30%的部分，应当改以要约方式进行；但符合本办法第六章规定情形的，收购人可以免于发出要约。符合前述规定情形的，收购人可以履行其收购协议；不符合前述规定情形的，在履行其收购协议前，应当发出全面要约。

第四十八条 以协议方式收购上市公司股份超过30%，收购人拟依据本办法第六十二条、第六十三条第一款第（一）项、第（二）项、第（十）项的规定免于发出要约的，应当在与上市公司股东达成收购协议之日起3日内编制上市公司收购报告书，通知被收购公司，并公告上市公司收购报告书摘要。

收购人应当在收购报告书摘要公告后5日内，公告其收购报告书、财务顾问专业意见和律师出具的法律意见书；不符合本办法第六章规定的情形的，应当予以公告，并按照本办法第六十一条第二款的规定办理。

第四十九条 依据前条规定所作的上市公司收购报告书，须披露本办法第二十九条第（一）项至第（六）项和第（九）项至第（十四）项规定的内容及收购协议的生效条件和付款安排。

已披露收购报告书的收购人在披露之日起6个月内，因权益变动需要再次报告、公告的，可以仅就与前次报告书不同的部分作出报告、公告；超过6个月的，应当按照本办法第二章的规定履行报告、公告义务。

第五十条 收购人公告上市公司收购报告书时，应当提交以下备查文件：

（一）中国公民的身份证明，或者在中国境内登记注册的法人、其他组织的证明文件；

（二）基于收购人的实力和从业经验对上市公司后续发展计划可行性的说明，收购人拟修改公司章程、改选公司董事会、改变或者调整公司主营业务的，还应当补充其具备规范运作上市公司的管理能力的说明；

（三）收购人及其关联方与被收购公司存在同业竞争、关联交易的，应提供避免同业竞争等利益冲突、保持被收购公司经营独立性的说明；

（四）收购人为法人或者其他组织的，其控股股东、实际控制人最近2年未变更的说明；

（五）收购人及其控股股东或实际控制人的核心企业和核心业务、关联企业及主营业务的说明；收购人或其实际控制人为两个或两个以上的上市公司控股股东或实际控制人的，还应当提供其持股5%以上的上市公司以及银行、信托公司、证券公司、保险公司等其他金融机构的情况说明；

（六）财务顾问关于收购人最近3年的诚信记录、收购资金来源合法性、收购人具备履行相关承诺的能力以及相关信息披露内容真实性、准确性、完整性的核查意见；收购人成立未满3年的，财务顾问还应当提供其控股股东或者实际控制人最近3年诚信记录的核查意见。

境外法人或者境外其他组织进行上市公司收购的，除应当提交第一款第（二）项至第（六）项规定的文件外，还应当提交以下文件：

（一）财务顾问出具的收购人符合对上市公司进行战略投资的条件、具有收购上市公司的能力的核查意见；

（二）收购人接受中国司法、仲裁管辖的声明。

第五十一条 上市公司董事、监事、高级管理人员、员工或者其所控制或者委托的法人或者其他组织，拟对本公司进行收购或者通过本办法第五章规定的方式取得本公司控制权（以下简称“管理层收购”）的，该上市公司应当具备健全且运行良好的组织机构以及有效的内部控制制度，公司董事会成员中独立董事的比例应当达到或者超过1/2。公司应当聘请符合《证券法》规定的资产评估机构提供公司资产评估报告，本次收购应当经董事会非关联董事作出决议，且取得2/3以上的独立董事同意后，提交公司股东大会审议，经出席股东大会的非关联股东所持表决权过半数通过。独立董事发表意见前，应当聘请独立财务顾问就本次收购出具专业意见，独立董事及独立财务顾问的意见应当一并予以公告。

上市公司董事、监事、高级管理人员存在《公司法》第一百四十八条规定情形，或者最近3年有证券市场不良诚信记录的，不得收购本公司。

第五十二条 以协议方式进行上市公司收购的，自签订收购协议起至相关股份完成过户的期间为上市公司收购过渡期（以下简称“过渡期”）。在过渡期内，收购人不得通过控股股东提议改选上市公司董事会，确有充分理由改选董事会的，来自收购人的董事不得超过董事会成员的1/3；被收购公司不得为收购人及其关联方提供担保；被收购公司不得公开发行股份募集资金，不得进行重大购买、出售资产及重大投资行为或者与收购人及其关联方进行其他关联交易，但收购人为挽救陷入危机或者面临严重财务困难的上市公司的情形除外。

第五十三条 上市公司控股股东向收购人协议转让其所持有的上市公司股份的，应当对收购人的主体资格、诚信情况及收购意图进行调查，并在其权益变动报告书中披露有关调查情况。

控股股东及其关联方未清偿其对公司的负债，未解除公司为其负债提供的担保，或者存在损害公司利益的其他情形的，被收购公司董事会应当对前述情形及时予以披露，并采取有效措施维护公司利益。

第五十四条 协议收购的相关当事人应当向证券登记结算机构申请办理拟转让股份的临时保管手续，并可以将用于支付的现金存放于证券登记结算机构指定的银行。

第五十五条 收购报告书公告后，相关当事人应当按照证券交易所和证券登记结算机构的业务规则，在证券交易所就本次股份转让予以确认后，凭全部转让款项存放于双方认可的银行账户的证明，向证券登记结算机构申请解除拟协议转让股票的临时保管，并办理过户登记手续。

收购人未按规定履行报告、公告义务，或者未按规定提出申请的，证券交易所和证券登记结算机构不予办理股份转让和过户登记手续。

收购人在收购报告书公告后 30 日内仍未完成相关股份过户手续的，应当立即作出公告，说明理由；在未完成相关股份过户期间，应当每隔 30 日公告相关股份过户办理进展情况。

第五章　间接收购

第五十六条　收购人虽不是上市公司的股东，但通过投资关系、协议、其他安排导致其拥有权益的股份达到或者超过一个上市公司已发行股份的 5% 未超过 30% 的，应当按照本办法第二章的规定办理。

收购人拥有权益的股份超过该公司已发行股份的 30% 的，应当向该公司所有股东发出全面要约；收购人预计无法在事实发生之日起 30 日内发出全面要约的，应当在前述 30 日内促使其控制的股东将所持有的上市公司股份减持至 30% 或者 30% 以下，并自减持之日起 2 个工作日内予以公告；其后收购人或者其控制的股东拟继续增持的，应当采取要约方式；拟依据本办法第六章的规定免于发出要约的，应当按照本办法第四十八条的规定办理。

第五十七条　投资者虽不是上市公司的股东，但通过投资关系取得对上市公司股东的控制权，而受其支配的上市公司股东所持股份达到前条规定比例、且对该股东的资产和利润构成重大影响的，应当按照前条规定履行报告、公告义务。

第五十八条　上市公司实际控制人及受其支配的股东，负有配合上市公司真实、准确、完整披露有关实际控制人发生变化的信息的义务；实际控制人及受其支配的股东拒不履行上述配合义务，导致上市公司无法履行法定信息披露义务而承担民事、行政责任的，上市公司有权对其提起诉讼。实际控制人、控股股东指使上市公司及其有关人员不依法履行信息披露义务的，中国证监会依法进行查处。

第五十九条　上市公司实际控制人及受其支配的股东未履行报告、公告义务的，上市公司应当自知悉之日起立即作出报告和公告。上市公司就实际控制人发生变化的情况予以公告后，实际控制人仍未披露的，上市公司董事会应当向实际控制人和受其支配的股东查询，必要时可以聘请财务顾问进行查询，并将查询情况向中国证监会、上市公司所在地的中国证监会派出机构（以下简称“派出机构”）和证券交易所报告；中国证监会依法对拒不履行报告、公告义务的实际控制人进行查处。

上市公司知悉实际控制人发生较大变化而未能将有关实际控制人的变化情况及时予以报告和公告的，中国证监会责令改正，情节严重的，认定上市公司负有责任的董事为不适当人选。

第六十条 上市公司实际控制人及受其支配的股东未履行报告、公告义务，拒不履行第五十八条规定的配合义务，或者实际控制人存在不得收购上市公司情形的，上市公司董事会应当拒绝接受受实际控制人支配的股东向董事会提交的提案或者临时议案，并向中国证监会、派出机构和证券交易所报告。中国证监会责令实际控制人改正，可以认定实际控制人通过受其支配的股东所提名的董事为不适当人选；改正前，受实际控制人支配的股东不得行使其持有股份的表决权。上市公司董事会未拒绝接受实际控制人及受其支配的股东所提出的提案的，中国证监会可以认定负有责任的董事为不适当人选。

第六章 免除发出要约

第六十一条 符合本办法第六十二条、第六十三条规定情形的，投资者及其一致行动人可以：

（一）免于以要约收购方式增持股份；

（二）存在主体资格、股份种类限制或者法律、行政法规、中国证监会规定的特殊情形的，免于向被收购公司的所有股东发出收购要约。

不符合本章规定情形的，投资者及其一致行动人应当在 30 日内将其或者其控制的股东所持有的被收购公司股份减持到 30% 或者 30% 以下；拟以要约以外的方式继续增持股份的，应当发出全面要约。

第六十二条 有下列情形之一的，收购人可以免于以要约方式增持股份：

（一）收购人与出让人能够证明本次股份转让是在同一实际控制人控制的不同主体之间进行，未导致上市公司的实际控制人发生变化；

（二）上市公司面临严重财务困难，收购人提出的挽救公司的重组方案取得该公司股东大会批准，且收购人承诺 3 年内不转让其在该公司中所拥有的权益；

（三）中国证监会为适应证券市场发展变化和保护投资者合法权益的需要而认定的其他情形。

第六十三条 有下列情形之一的，投资者可以免于发出要约：

（一）经政府或者国有资产管理部门批准进行国有资产无偿划转、变更、合并，导致投资者在一个上市公司中拥有权益的股份占该公司已发行股份的比例超过 30%；

（二）因上市公司按照股东大会批准的确定价格向特定股东回购股份而减少股本，导致投资者在该公司中拥有权益的股份超过该公司已发行股份的 30%；

（三）经上市公司股东大会非关联股东批准，投资者取得上市公司向其发行的新股，导致其在该公司拥有权益的股份超过该公司已发行股份的 30%，投资者承诺 3 年内不转让本次向其发行的新股，且公司股东大会同意投资者免于发出要约；

（四）在一个上市公司中拥有权益的股份达到或者超过该公司已发行股份的 30%

的，自上述事实发生之日起一年后，每 12 个月内增持不超过该公司已发行的 2% 的股份；

（五）在一个上市公司中拥有权益的股份达到或者超过该公司已发行股份的 50% 的，继续增加其在该公司拥有的权益不影响该公司的上市地位；

（六）证券公司、银行等金融机构在其经营范围内依法从事承销、贷款等业务导致其持有一个上市公司已发行股份超过 30%，没有实际控制该公司的行为或者意图，并且提出在合理期限内向非关联方转让相关股份的解决方案；

（七）因继承导致在一个上市公司中拥有权益的股份超过该公司已发行股份的 30%；

（八）因履行约定购回式证券交易协议购回上市公司股份导致投资者在一个上市公司中拥有权益的股份超过该公司已发行股份的 30%，并且能够证明标的股份的表决权在协议期间未发生转移；

（九）因所持优先股表决权依法恢复导致投资者在一个上市公司中拥有权益的股份超过该公司已发行股份的 30%；

（十）中国证监会为适应证券市场发展变化和保护投资者合法权益的需要而认定的其他情形。

相关投资者应在前款规定的权益变动行为完成后 3 日内就股份增持情况做出公告，律师应就相关投资者权益变动行为发表符合规定的专项核查意见并由上市公司予以披露。相关投资者按照前款第（五）项规定采用集中竞价方式增持股份的，每累计增持股份比例达到上市公司已发行股份的 2% 的，在事实发生当日和上市公司发布相关股东增持公司股份进展公告的当日不得再行增持股份。前款第（四）项规定的增持不超过 2% 的股份锁定期为增持行为完成之日起 6 个月。

第六十四条 收购人按照本章规定的情形免于发出要约的，应当聘请符合《证券法》规定的律师事务所等专业机构出具专业意见。

第七章 财务顾问

第六十五条 收购人聘请的财务顾问应当履行以下职责：

（一）对收购人的相关情况进行尽职调查；

（二）应收购人的要求向收购人提供专业化服务，全面评估被收购公司的财务和经营状况，帮助收购人分析收购所涉及的法律、财务、经营风险，就收购方案所涉及的收购价格、收购方式、支付安排等事项提出对策建议，并指导收购人按照规定的内容与格式制作公告文件；

（三）对收购人进行证券市场规范化运作的辅导，使收购人的董事、监事和高级管理人员熟悉有关法律、行政法规和中国证监会的规定，充分了解其应当承担的义务和责任，督促其依法履行报告、公告和其他法定义务；

（四）对收购人是否符合本办法的规定及公告文件内容的真实性、准确性、完整性进行充分核查和验证，对收购事项客观、公正地发表专业意见；

（五）与收购人签订协议，在收购完成后 12 个月内，持续督导收购人遵守法律、行政法规、中国证监会的规定、证券交易所规则、上市公司章程，依法行使股东权利，切实履行承诺或者相关约定。

第六十六条 收购人聘请的财务顾问就本次收购出具的财务顾问报告，应当对以下事项进行说明和分析，并逐项发表明确意见：

（一）收购人编制的上市公司收购报告书或者要约收购报告书所披露的内容是否真实、准确、完整；

（二）本次收购的目的；

（三）收购人是否提供所有必备证明文件，根据对收购人及其控股股东、实际控制人的实力、从事的主要业务、持续经营状况、财务状况和诚信情况的核查，说明收购人是否具备主体资格，是否具备收购的经济实力，是否具备规范运作上市公司的管理能力，是否需要承担其他附加义务及是否具备履行相关义务的能力，是否存在不良诚信记录；

（四）对收购人进行证券市场规范化运作辅导的情况，其董事、监事和高级管理人员是否已经熟悉有关法律、行政法规和中国证监会的规定，充分了解应承担的义务和责任，督促其依法履行报告、公告和其他法定义务的情况；

（五）收购人的股权控制结构及其控股股东、实际控制人支配收购人的方式；

（六）收购人的收购资金来源及其合法性，是否存在利用本次收购的股份向银行等金融机构质押取得融资的情形；

（七）涉及收购人以证券支付收购价款的，应当说明有关该证券发行人的信息披露是否真实、准确、完整以及该证券交易的便捷性等情况；

（八）收购人是否已经履行了必要的授权和批准程序；

（九）是否已对收购过渡期间保持上市公司稳定经营作出安排，该安排是否符合有关规定；

（十）对收购人提出的后续计划进行分析，收购人所从事的业务与上市公司从事的业务存在同业竞争、关联交易的，对收购人解决与上市公司同业竞争等利益冲突及保持上市公司经营独立性的方案进行分析，说明本次收购对上市公司经营独立性和持续发展可能产生的影响；

（十一）在收购标的上是否设定其他权利，是否在收购价款之外还作出其他补偿安排；

（十二）收购人及其关联方与被收购公司之间是否存在业务往来，收购人与被收购公司的董事、监事、高级管理人员是否就其未来任职安排达成某种协议或者默契；

（十三）上市公司原控股股东、实际控制人及其关联方是否存在未清偿对公司的负债、未解除公司为其负债提供的担保或者损害公司利益的其他情形；存在该等情形的，是否已提出切实可行的解决方案；

（十四）涉及收购人拟免于发出要约的，应当说明本次收购是否属于本办法第六章规定的情形，收购人是否作出承诺及是否具备履行相关承诺的实力。

第六十七条 上市公司董事会或者独立董事聘请的独立财务顾问，不得同时担任收购人的财务顾问或者与收购人的财务顾问存在关联关系。独立财务顾问应当根据委托进行尽职调查，对本次收购的公正性和合法性发表专业意见。独立财务顾问报告应当对以下问题进行说明和分析，发表明确意见：

（一）收购人是否具备主体资格；

（二）收购人的实力及本次收购对被收购公司经营独立性和持续发展可能产生的影响分析；

（三）收购人是否存在利用被收购公司的资产或者由被收购公司为本次收购提供财务资助的情形；

（四）涉及要约收购的，分析被收购公司的财务状况，说明收购价格是否充分反映被收购公司价值，收购要约是否公平、合理，对被收购公司社会公众股股东接受要约提出的建议；

（五）涉及收购人以证券支付收购价款的，还应当根据该证券发行人的资产、业务和盈利预测，对相关证券进行估值分析，就收购条件对被收购公司的社会公众股股东是否公平合理、是否接受收购人提出的收购条件提出专业意见；

（六）涉及管理层收购的，应当对上市公司进行估值分析，就本次收购的定价依据、支付方式、收购资金来源、融资安排、还款计划及其可行性、上市公司内部控制制度的执行情况及其有效性、上述人员及其直系亲属在最近 24 个月内与上市公司业务往来情况以及收购报告书披露的其他内容等进行全面核查，发表明确意见。

第六十八条 财务顾问应当在财务顾问报告中作出以下承诺：

（一）已按照规定履行尽职调查义务，有充分理由确信所发表的专业意见与收购人公告文件的内容不存在实质性差异；

（二）已对收购人公告文件进行核查，确信公告文件的内容与格式符合规定；

（三）有充分理由确信本次收购符合法律、行政法规和中国证监会的规定，有充分理由确信收购人披露的信息真实、准确、完整，不存在虚假记载、误导性陈述和重大遗漏；

（四）就本次收购所出具的专业意见已提交其内核机构审查，并获得通过；

（五）在担任财务顾问期间，已采取严格的保密措施，严格执行内部防火墙制度；

（六）与收购人已订立持续督导协议。

第六十九条 财务顾问在收购过程中和持续督导期间，应当关注被收购公司是否存在为收购人及其关联方提供担保或者借款等损害上市公司利益的情形，发现有违法或者不当行为的，应当及时向中国证监会、派出机构和证券交易所报告。

第七十条 财务顾问为履行职责，可以聘请其他专业机构协助其对收购人进行核查，但应当对收购人提供的资料和披露的信息进行独立判断。

第七十一条 自收购人公告上市公司收购报告书至收购完成后 12 个月内，财务顾问应当通过日常沟通、定期回访等方式，关注上市公司的经营情况，结合被收购公司定期报告和临时公告的披露事宜，对收购人及被收购公司履行持续督导职责：

（一）督促收购人及时办理股权过户手续，并依法履行报告和公告义务；

（二）督促和检查收购人及被收购公司依法规范运作；

（三）督促和检查收购人履行公开承诺的情况；

（四）结合被收购公司定期报告，核查收购人落实后续计划的情况，是否达到预期目标，实施效果是否与此前的披露内容存在较大差异，是否实现相关盈利预测或者管理层预计达到的目标；

（五）涉及管理层收购的，核查被收购公司定期报告中披露的相关还款计划的落实情况与事实是否一致；

（六）督促和检查履行收购中约定的其他义务的情况。在持续督导期间，财务顾问应当结合上市公司披露的季度报告、半年度报告和年度报告出具持续督导意见，并在前述定期报告披露后的 15 日内向派出机构报告。

在此期间，财务顾问发现收购人在上市公司收购报告书中披露的信息与事实不符的，应当督促收购人如实披露相关信息，并及时向中国证监会、派出机构、证券交易所报告。财务顾问解除委托合同的，应当及时向中国证监会、派出机构作出书面报告，说明无法继续履行持续督导职责的理由，并予公告。

第八章 持续监管

第七十二条 在上市公司收购行为完成后 12 个月内，收购人聘请的财务顾问应当在每季度前 3 日内就上一季度对上市公司影响较大的投资、购买或者出售资产、关联交易、主营业务调整以及董事、监事、高级管理人员的更换、职工安置、收购人履行承诺等情况向派出机构报告。

收购人注册地与上市公司注册地不同的，还应当将前述情况的报告同时抄报收购人所在地的派出机构。

第七十三条 派出机构根据审慎监管原则，通过与承办上市公司审计业务的会计师事务所谈话、检查财务顾问持续督导责任的落实、定期或者不定期的现场检查等方式，在收购完成后对收购人和上市公司进行监督检查。

派出机构发现实际情况与收购人披露的内容存在重大差异的，对收购人及上市公司予以重点关注，可以责令收购人延长财务顾问的持续督导期，并依法进行查处。

在持续督导期间，财务顾问与收购人解除合同的，收购人应当另行聘请其他财务顾问机构履行持续督导职责。

第七十四条 在上市公司收购中，收购人持有的被收购公司的股份，在收购完成后 18 个月内不得转让。

收购人在被收购公司中拥有权益的股份在同一实际控制人控制的不同主体之间进行转让不受前述 18 个月的限制，但应当遵守本办法第六章的规定。

第九章 监管措施与法律责任

第七十五条 上市公司的收购及相关股份权益变动活动中的信息披露义务人，未按照本办法的规定履行报告、公告以及其他相关义务的，中国证监会责令改正，采取监管谈话、出具警示函、责令暂停或者停止收购等监管措施。在改正前，相关信息披露义务人不得对其持有或者实际支配的股份行使表决权。

第七十六条 上市公司的收购及相关股份权益变动活动中的信息披露义务人在报告、公告等文件中有虚假记载、误导性陈述或者重大遗漏的，中国证监会责令改正，采取监管谈话、出具警示函、责令暂停或者停止收购等监管措施。在改正前，收购人对其持有或者实际支配的股份不得行使表决权。

第七十七条 投资者及其一致行动人取得上市公司控制权而未按照本办法的规定聘请财务顾问，规避法定程序和义务，变相进行上市公司的收购，或者外国投资者规避管辖的，中国证监会责令改正，采取出具警示函、责令暂停或者停止收购等监管措施。在改正前，收购人不得对其持有或者实际支配的股份行使表决权。

第七十八条 收购人未依照本办法的规定履行相关义务、相应程序擅自实施要约收购的，或者不符合本办法规定的免除发出要约情形，拒不履行相关义务、相应程序的，中国证监会责令改正，采取监管谈话、出具警示函、责令暂停或者停止收购等监管措施。在改正前，收购人不得对其持有或者支配的股份行使表决权。

发出收购要约的收购人在收购要约期限届满，不按照约定支付收购价款或者购买预受股份的，自该事实发生之日起 3 年内不得收购上市公司，中国证监会不受理收购人及其关联方提交的申报文件。

存在前二款规定情形，收购人涉嫌虚假披露、操纵证券市场的，中国证监会对收购人进行立案稽查，依法追究其法律责任；收购人聘请的财务顾问没有充分证据表明其勤勉尽责的，自收购人违规事实发生之日起 1 年内，中国证监会不受理该财务顾问提交的上市公司并购重组申报文件，情节严重的，依法追究法律责任。

第七十九条 上市公司控股股东和实际控制人在转让其对公司的控制权时，未清偿其对公司的负债，未解除公司为其提供的担保，或者未对其损害公司利益的其他情形作出纠正的，中国证监会责令改正、责令暂停或者停止收购活动。

被收购公司董事会未能依法采取有效措施促使公司控股股东、实际控制人予以纠正，或者在收购完成后未能促使收购人履行承诺、安排或者保证的，中国证监会可以认定相关董事为不适当人选。

第八十条 上市公司董事未履行忠实义务和勤勉义务，利用收购谋取不当利益的，中国证监会采取监管谈话、出具警示函等监管措施，可以认定为不适当人选。

上市公司章程中涉及公司控制权的条款违反法律、行政法规和本办法规定的，中国证监会责令改正。

第八十一条 为上市公司收购出具资产评估报告、审计报告、法律意见书和财务顾问报告的证券服务机构或者证券公司及其专业人员，未依法履行职责的，或者违反中国证监会的有关规定或者行业规范、业务规则的，中国证监会责令改正，采取监管谈话、出具警示函、责令公开说明、责令定期报告等监管措施。

前款规定的证券服务机构及其从业人员被责令改正的，在改正前，不得接受新的上市公司并购重组业务。

第八十二条 中国证监会将上市公司的收购及相关股份权益变动活动中的当事人的违法行为和整改情况记入诚信档案。

违反本办法的规定构成证券违法行为的，依法追究法律责任。

第十章　附　则

第八十三条 本办法所称一致行动，是指投资者通过协议、其他安排，与其他投资者共同扩大其所能够支配的一个上市公司股份表决权数量的行为或者事实。

在上市公司的收购及相关股份权益变动活动中有一致行动情形的投资者，互为一致行动人。如无相反证据，投资者有下列情形之一的，为一致行动人：

（一）投资者之间有股权控制关系；

（二）投资者受同一主体控制；

（三）投资者的董事、监事或者高级管理人员中的主要成员，同时在另一个投资者担任董事、监事或者高级管理人员；

（四）投资者参股另一投资者，可以对参股公司的重大决策产生重大影响；

（五）银行以外的其他法人、其他组织和自然人为投资者取得相关股份提供融资安排；

（六）投资者之间存在合伙、合作、联营等其他经济利益关系；

（七）持有投资者 30% 以上股份的自然人，与投资者持有同一上市公司股份；

（八）在投资者任职的董事、监事及高级管理人员，与投资者持有同一上市公司股份；

（九）持有投资者30%以上股份的自然人和在投资者任职的董事、监事及高级管理人员，其父母、配偶、子女及其配偶、配偶的父母、兄弟姐妹及其配偶、配偶的兄弟姐妹及其配偶等亲属，与投资者持有同一上市公司股份；

（十）在上市公司任职的董事、监事、高级管理人员及其前项所述亲属同时持有本公司股份的，或者与其自己或者其前项所述亲属直接或者间接控制的企业同时持有本公司股份；

（十一）上市公司董事、监事、高级管理人员和员工与其所控制或者委托的法人或者其他组织持有本公司股份；

（十二）投资者之间具有其他关联关系。

一致行动人应当合并计算其所持有的股份。投资者计算其所持有的股份，应当包括登记在其名下的股份，也包括登记在其一致行动人名下的股份。

投资者认为其与他人不应被视为一致行动人的，可以向中国证监会提供相反证据。

第八十四条 有下列情形之一的，为拥有上市公司控制权：

（一）投资者为上市公司持股50%以上的控股股东；

（二）投资者可以实际支配上市公司股份表决权超过30%；

（三）投资者通过实际支配上市公司股份表决权能够决定公司董事会半数以上成员选任；

（四）投资者依其可实际支配的上市公司股份表决权足以对公司股东大会的决议产生重大影响；

（五）中国证监会认定的其他情形。

第八十五条 信息披露义务人涉及计算其拥有权益比例的，应当将其所持有的上市公司已发行的可转换为公司股票的证券中有权转换部分与其所持有的同一上市公司的股份合并计算，并将其持股比例与合并计算非股权类证券转为股份后的比例相比，以二者中的较高者为准；行权期限届满未行权的，或者行权条件不再具备的，无须合并计算。

前款所述二者中的较高者，应当按下列公式计算：

（一）投资者持有的股份数量/上市公司已发行股份总数

（二）（投资者持有的股份数量+投资者持有的可转换为公司股票的非股权类证券所对应的股份数量）/（上市公司已发行股份总数+上市公司发行的可转换为公司股票的非股权类证券所对应的股份总数）

前款所称“投资者持有的股份数量”包括投资者拥有的普通股数量和优先股恢复的表决权数量，“上市公司已发行股份总数”包括上市公司已发行的普通股总数和优先股恢复的表决权总数。

第八十六条 投资者因行政划转、执行法院裁决、继承、赠与等方式取得上市公司控制权的，应当按照本办法第四章的规定履行报告、公告义务。

第八十七条 权益变动报告书、收购报告书、要约收购报告书、被收购公司董事会报告书等文件的内容与格式，由中国证监会另行制定。

第八十八条 被收购公司在境内、境外同时上市的，收购人除应当遵守本办法及中国证监会的相关规定外，还应当遵守境外上市地的相关规定。

第八十九条 外国投资者收购上市公司及在上市公司中拥有的权益发生变动的，除应当遵守本办法的规定外，还应当遵守外国投资者投资上市公司的相关规定。

第九十条 本办法自2006年9月1日起施行。中国证监会发布的《上市公司收购管理办法》（证监会令第10号）、《上市公司股东持股变动信息披露管理办法》（证监会令第11号）、《关于要约收购涉及的被收购公司股票上市交易条件有关问题的通知》（证监公司字〔2003〕16号）和《关于规范上市公司实际控制权转移行为有关问题的通知》（证监公司字〔2004〕1号）同时废止。

外管局《境内机构境外直接投资外汇管理规定》

（2009年7月13日）

第一章 总 则

第一条 为促进和便利境内机构境外直接投资活动，规范境外直接投资外汇管理，促进我国国际收支基本平衡，根据《中华人民共和国外汇管理条例》等相关法规，制定本规定。

第二条 本规定所称境外直接投资是指境内机构经境外直接投资主管部门核准，通过设立（独资、合资、合作）、并购、参股等方式在境外设立或取得既有企业或项目所有权、控制权或经营管理权等权益的行为。

第三条 国家外汇管理局及其分支机构（以下简称“外汇局”）对境内机构境外直接投资的外汇收支、外汇登记实施监督管理。

第四条 境内机构可以使用自有外汇资金、符合规定的国内外汇贷款、人民币购汇或实物、无形资产及经外汇局核准的其他外汇资产来源等进行境外直接投资。境内机构境外直接投资所得利润也可留存境外用于其境外直接投资。

上款所称自有外汇资金包括：经常项目外汇账户、外商投资企业资本金账户等账户内的外汇资金。

第五条 国家外汇管理局可以根据我国国际收支形势和境外直接投资情况，对境内机构境外直接投资外汇资金来源范围、管理方式及其境外直接投资所得利润留存境外的相关政策进行调整。

第二章 境外直接投资外汇登记和资金汇出

第六条 外汇局对境内机构境外直接投资及其形成的资产、相关权益实行外汇登记及备案制度。

境内机构在向所在地外汇局办理境外直接投资外汇登记时，应说明其境外投资外汇资金来源情况。

第七条 境内机构境外直接投资获得境外直接投资主管部门核准后，持下列材料到所在地外汇局办理境外直接投资外汇登记：

（一）书面申请并填写《境外直接投资外汇登记申请表》；

（二）外汇资金来源情况的说明材料；

（三）境内机构有效的营业执照或注册登记证明及组织机构代码证；

（四）境外直接投资主管部门对该项投资的核准文件或证书；

（五）如果发生前期费用汇出的，提供相关说明文件及汇出凭证；

（六）外汇局要求的其他材料。

外汇局审核上述材料无误后，在相关业务系统中登记有关情况，并向境内机构颁发境外直接投资外汇登记证。境内机构应凭其办理境外直接投资项下的外汇收支业务。

多个境内机构共同实施一项境外直接投资的，由境内机构所在地外汇局分别向相关境内机构颁发境外直接投资外汇登记证，并在相关业务系统中登记有关情况。

第八条 境内机构应凭境外直接投资主管部门的核准文件和境外直接投资外汇登记证，在外汇指定银行办理境外直接投资资金汇出手续。外汇指定银行进行真实性审核后为其办理。

外汇指定银行为境内机构办理境外直接投资资金汇出的累计金额，不得超过该境内机构事先已经外汇局在相关业务系统中登记的境外直接投资外汇资金总额。

第九条 境内机构应在如下情况发生之日起 60 天内，持境外直接投资外汇登记证、境外直接投资主管部门的核准或者备案文件及相关真实性证明材料到所在地外汇局办理境外直接投资外汇登记、变更或备案手续：

（一）境内机构将其境外直接投资所得利润以及其所投资境外企业减资、转股、清算等所得资本项下外汇收入留存境外，用于设立、并购或参股未登记的境外企业的，应就上述直接投资活动办理境外直接投资外汇登记手续；

（二）已登记境外企业发生名称、经营期限、合资合作伙伴及合资合作方式等基本信息变更，或发生增资、减资、股权转让或置换、合并或分立等情况，境内机构应就上述变更情况办理境外直接投资外汇登记变更手续；

（三）已登记境外企业发生长期股权或债权投资、对外担保等不涉及资本变动的重大事项的，境内机构应就上述重大事项办理境外直接投资外汇备案手续。

第十条 境内机构持有的境外企业股权因转股、破产、解散、清算、经营期满等原因注销的，境内机构应在取得境外直接投资主管部门相关证明材料之日起60天内，凭相关材料到所在地外汇局办理注销境外直接投资外汇登记手续。

第十一条 境内机构可以按照《中华人民共和国外汇管理条例》和其他相关规定，向境外直接投资企业提供商业贷款或融资性对外担保。

第十二条 境内机构在外汇管制国家或地区投资的，可按规定在其他非外汇管制国家或地区开立专用外汇账户，用于与该项投资相关外汇资金的收付。

第三章 境外直接投资前期费用汇出

第十三条 境外直接投资前期费用是指境内机构在境外投资设立项目或企业前，需要向境外支付的与境外直接投资有关的费用，包括但不限于：

（一）收购境外企业股权或境外资产权益，按项目所在地法律规定或出让方要求需缴纳的保证金；

（二）在境外项目招投标过程中，需支付的投标保证金；

（三）进行境外直接投资前，进行市场调查、租用办公场地和设备、聘用人员，以及聘请境外中介机构提供服务所需的费用。

第十四条 境内机构向境外汇出的前期费用，一般不得超过境内机构已向境外直接投资主管部门申请的境外直接投资总额（以下简称“境外直接投资总额”）的15%（含），并持下列材料向所在地外汇局申请：

（一）书面申请（包括境外直接投资总额、各方出资额、出资方式，以及所需前期费用金额、用途和资金来源说明等）；

（二）境内机构有效的营业执照或注册登记证明及组织机构代码证；

（三）境内机构参与投标、并购或合资合作项目的相关文件（包括中外方签署的意向书、备忘录或框架协议等）；

（四）境内机构已向境外直接投资主管部门报送的书面申请；

（五）境内机构出具的前期费用使用书面承诺函；

（六）外汇局要求的其他相关材料。

对于汇出的境外直接投资前期费用确需超过境外直接投资总额15%的，境内机构应当持上述材料向所在地国家外汇管理局分局（含外汇管理部）提出申请。

外汇指定银行凭外汇局出具的核准件为境内机构办理购付汇手续，并及时向外汇局反馈有关信息。

第十五条 境内机构已汇出境外的前期费用，应列入境内机构境外直接投资总额。外汇指定银行在办理境内机构境外直接投资资金汇出时，应扣减已汇出的前期费用金额。

第十六条 境内机构自汇出前期费用之日起 6 个月内仍未完成境外直接投资项目核准程序的，应将境外账户剩余资金调回原汇出资金的境内外汇账户。所汇回的外汇资金如属人民币购汇的，可持原购汇凭证，到外汇指定银行办理结汇。

所在地外汇局负责监督境内机构调回剩余的前期费用。如确因前期工作需要，经原作出核准的外汇局核准，上述 6 个月的期限可适当延长，但最长不超过 12 个月。

第四章 境外直接投资项下资金汇入及结汇

第十七条 境内机构将其所得的境外直接投资利润汇回境内的，可以保存在其经常项目外汇账户或办理结汇。

外汇指定银行在审核境内机构的境外直接投资外汇登记证、境外企业的相关财务报表及其利润处置决定、上年度年检报告书等相关材料无误后，为境内机构办理境外直接投资利润入账或结汇手续。

第十八条 境内机构因所设境外企业减资、转股、清算等所得资本项下外汇收入，通过资产变现专用外汇账户办理入账，或经外汇局批准留存境外。资产变现专用外汇账户的开立及入账经所在地外汇局按照相关规定核准，账户内资金的结汇，按照有关规定直接向外汇指定银行申请办理。

第十九条 境内机构将其境外直接投资的企业股权全部或者部分转让给其他境内机构的，相关资金应在境内以人民币支付。股权出让方应到所在地外汇局办理境外直接投资外汇登记的变更或注销手续，股权受让方应到所在地外汇局办理受让股权的境外直接投资外汇登记手续。

第五章 附 则

第二十条 境内机构（金融机构除外）应按照境外投资联合年检的相关规定参加年检。多个境内机构共同实施一项境外直接投资的，应分别到所在地外汇局参加外汇年检。

第二十一条 境内机构在香港特别行政区、澳门特别行政区和台湾地区进行直接投资的，参照本规定进行管理。

第二十二条 境内金融机构境外直接投资外汇管理，参照本规定执行。相关监管部门对境内金融机构境外直接投资的资金运用另有规定的，从其规定。

第二十三条 境内机构办理境外直接投资项下外汇收支及外汇登记等业务，应按相关规定通过相关业务系统办理。

外汇指定银行应将境外直接投资项下外汇收支信息通过相关业务系统向外汇局反馈。

第二十四条 境内机构违反本规定的，外汇局根据《中华人民共和国外汇管理条例》及其他相关规定进行处罚；构成犯罪的，依法追究刑事责任。

第二十五条 本规定由国家外汇管理局负责解释。

第二十六条 本规定自2009年8月1日起施行。附件2所列其他规范性文件同时废止。以前规定与本规定不一致的，按本规定执行。

外管局《国家外汇管理局关于境内居民通过特殊目的公司境外投融资及返程投资外汇管理有关问题的通知》

（2014年7月4日）

国家外汇管理局各省、自治区、直辖市分局、外汇管理部，深圳、大连、青岛、厦门、宁波市分局；各中资外汇指定银行：

为充分发挥市场在资源配置中的决定性作用，支持国家“走出去”战略的实施，充分利用国际国内两种资源、两个市场，进一步简化和便利境内居民通过特殊目的公司从事投融资活动所涉及的跨境资本交易，切实服务实体经济发展，有序提高跨境资本和金融交易可兑换程度，根据《中华人民共和国外汇管理条例》等规定，现就境内居民通过特殊目的公司境外投融资及返程投资外汇管理有关问题通知如下：

一、本通知所称“特殊目的公司”，是指境内居民（含境内机构和境内居民个人）以投融资为目的，以其合法持有的境内企业资产或权益，或者以其合法持有的境外资产或权益，在境外直接设立或间接控制的境外企业。

本通知所称“返程投资”，是指境内居民直接或间接通过特殊目的公司对境内开展的直接投资活动，即通过新设、并购等方式在境内设立外商投资企业或项目（以下简称“外商投资企业”），并取得所有权、控制权、经营管理权等权益的行为。

本通知所称“境内机构”，是指中国境内依法设立的企业事业法人以及其他经济组织；“境内居民个人”是指持有中国境内居民身份证、军人身份证件、武装警察身份证件的中国公民，以及虽无中国境内合法身份证件、但因经济利益关系在中国境内习惯性居住的境外个人。

本通知所称“控制”，是指境内居民通过收购、信托、代持、投票权、回购、可转换债券等方式取得特殊目的公司的经营权、收益权或者决策权。

二、国家外汇管理局及其分支机构（以下简称“外汇局”）对境内居民设立特殊目的公司实行登记管理。境内居民个人设立的特殊目的公司登记及相关外汇管理，按本通知执行。境内机构设立的特殊目的公司登记及相关外汇管理，按现行规定和本通知执行。

三、境内居民以境内外合法资产或权益向特殊目的公司出资前，应向外汇局申请办理境外投资外汇登记手续。境内居民以境内合法资产或权益出资的，应向注册地外汇局或者境内企业资产或权益所在地外汇局申请办理登记；境内居民以境外合法资产或权益出资的，应向注册地外汇局或者户籍所在地外汇局申请办理登记。

境内居民个人应提交以下真实性证明材料办理境外投资外汇登记手续：

（一）书面申请与《境内居民个人境外投资外汇登记表》。

（二）个人身份证明文件。

（三）特殊目的公司登记注册文件及股东或实际控制人证明文件（如股东名册、认缴人名册等）。

（四）境内外企业权力机构同意境外投融资的决议书（企业尚未设立的，提供权益所有人同意境外投融资的书面说明）。

（五）境内居民个人直接或间接持有的拟境外投融资境内企业资产或权益，或者合法持有境外资产或权益的证明文件。

（六）在前述材料不能充分说明交易的真实性或申请材料之间的一致性时，要求提供的补充材料。

境内机构按《国家外汇管理局关于发布〈境内机构境外直接投资外汇管理规定〉的通知》（汇发［2009］30 号）等相关规定办理境外投资外汇登记手续。

境内居民办理境外投资外汇登记后，方可办理后续业务。

四、境内居民及其设立的特殊目的公司，不得危害我国国家主权、安全和社会公共利益；不得违反我国法律法规；不得损害我国与有关国家（地区）关系；不得违反我国对外缔结的国际条约；不得涉及我国禁止出口的技术或产品。

境外特殊目的公司登记不具有证明其投融资行为已符合行业主管部门合法合规的效力。

五、已登记境外特殊目的公司发生境内居民个人股东、名称、经营期限等基本信息变更，或发生境内居民个人增资、减资、股权转让或置换、合并或分立等重要事项变更后，应及时到外汇局办理境外投资外汇变更登记手续。

境内居民境外投资外汇变更登记完成后，方可办理后续业务（含利润、红利汇回）。

六、非上市特殊目的公司以本企业股权或期权等为标的，对其直接或间接控制的境内企业的董事、监事、高级管理人员及其他与公司具有雇佣或劳动关系的员工进行权益激励的，相关境内居民个人在行权前可提交以下材料到外汇局申请办理特殊目的公司外汇登记手续：

（一）书面申请与《境内居民个人境外投资外汇登记表》。

（二）已登记的特殊目的公司的境外投资外汇业务登记凭证。

（三）相关境内企业出具的个人与其雇佣或劳动关系证明材料。

（四）特殊目的公司或其实际控制人出具的能够证明所涉权益激励真实性的证明材料。

（五）在前述材料不能充分说明交易的真实性或申请材料之间的一致性时，要求提供的补充材料。

境内居民个人参与境外上市公司股权激励计划按相关外汇管理规定办理。

七、特殊目的公司完成境外融资后，融资资金如调回境内使用的，应遵守中国外商投资和外债管理等相关规定。返程投资设立的外商投资企业应按照现行外商直接投资外汇管理规定办理相关外汇登记手续，并应如实披露股东的实际控制人等有关信息。

八、境内居民从特殊目的公司获得的利润、红利调回境内的，应按照经常项目外汇管理规定办理；资本变动外汇收入调回境内的，应按照资本项目外汇管理规定办理。

九、因转股、破产、解散、清算、经营期满、身份变更等原因造成境内居民不再持有已登记的特殊目的公司权益的，或者不再属于需要办理特殊目的公司登记的，应提交相关真实性证明材料及时到外汇局办理变更或注销登记手续。

十、境内居民直接或间接控制的境内企业，可在真实、合理需求的基础上按现行规定向其已登记的特殊目的公司放款。

十一、境内居民可在真实、合理需求的基础上购汇汇出资金用于特殊目的公司设立、股份回购或退市等。

十二、本通知实施前，境内居民以境内外合法资产或权益已向特殊目的公司出资但未按规定办理境外投资外汇登记的，境内居民应向外汇局出具说明函说明理由。外汇局根据合法性、合理性等原则办理补登记，对涉嫌违反外汇管理规定的，依法进行行政处罚。

十三、境内居民与境外特殊目的公司之间的跨境收支，应按现行规定办理国际收支统计申报。

十四、外汇局定期分析境内居民通过特殊目的公司境外投融资及返程投资整体情况，密切关注其对国际收支的影响，并加强对境内居民通过特殊目的公司境外投融资及返程投资的事中、事后监管。

十五、境内居民或其直接、间接控制的境内企业通过虚假或构造交易汇出资金用于特殊目的公司，外汇局根据《中华人民共和国外汇管理条例》第三十九条进行处罚。

境内居民未按规定办理相关外汇登记、未如实披露返程投资企业实际控制人信息、存在虚假承诺等行为，外汇局根据《中华人民共和国外汇管理条例》第四十八条第（五）项进行处罚。

在境内居民未按规定办理相关外汇登记、未如实披露返程投资企业实际控制人信息或虚假承诺的情况下，若发生资金流出，外汇局根据《中华人民共和国外汇管理条例》第三十九条进行处罚；若发生资金流入或结汇，根据《中华人民共和国外汇管理条例》第四十一条进行处罚。

境内居民与特殊目的公司相关跨境收支未按规定办理国际收支统计申报的，外汇局根据《中华人民共和国外汇管理条例》第四十八条第（一）项进行处罚。

十六、本通知自发布之日起实施。《国家外汇管理局关于境内居民通过境外特殊目的公司融资及返程投资外汇管理有关问题的通知》（汇发［2005］75 号）同时废止。之前相关规定与本通知内容不一致的，以本通知为准。

国家外汇管理局各分局、外汇管理部接到本通知后，应及时转发辖内中心支局、支局、城市商业银行、农村商业银行、外资银行、农村合作银行；各中资银行接到通知后，应及时转发所辖各分支机构。执行中如遇问题，请及时向国家外汇管理局资本项目管理司反馈。

外管局《国家外汇管理局关于进一步简化和改进直接投资外汇管理政策的通知》

（2015 年 2 月 13 日）

国家外汇管理局各省、自治区、直辖市分局、外汇管理部，深圳、大连、青岛、厦门、宁波市分局；各中资外汇指定银行：

为进一步深化资本项目外汇管理改革，促进和便利企业跨境投资资金运作，规范直接投资外汇管理业务，提升管理效率，国家外汇管理局决定在总结前期部分地区试点经验的基础上，在全国范围内进一步简化和改进直接投资外汇管理政策。现就有关事项通知如下：

一、取消境内直接投资项下外汇登记核准和境外直接投资项下外汇登记核准两项行政审批事项

改由银行按照本通知及所附《直接投资外汇业务操作指引》直接审核办理境内直接投资项下外汇登记和境外直接投资项下外汇登记（以下合称直接投资外汇登记），国

家外汇管理局及其分支机构（以下简称“外汇局”）通过银行对直接投资外汇登记实施间接监管。

（一）本通知实施后，已经取得外汇局金融机构标识码且在所在地外汇局开通资本项目信息系统的银行可直接通过外汇局资本项目信息系统为境内外商投资企业、境外投资企业的境内投资主体（以下简称“相关市场主体”）办理直接投资外汇登记。

（二）银行及其分支机构应在所在地外汇局的指导下开展直接投资外汇登记等相关业务，并在权限范围内履行审核、统计监测和报备责任。

（三）相关市场主体可自行选择注册地银行办理直接投资外汇登记，完成直接投资外汇登记后，方可办理后续直接投资相关账户开立、资金汇兑等业务（含利润、红利汇出或汇回）。

二、简化部分直接投资外汇业务办理手续

（一）简化境内直接投资项下外国投资者出资确认登记管理。取消境内直接投资项下外国投资者非货币出资确认登记和外国投资者收购中方股权出资确认登记。将外国投资者货币出资确认登记调整为境内直接投资货币出资入账登记，外国投资者以货币形式（含跨境现汇和人民币）出资的，由开户银行在收到相关资本金款项后直接通过外汇局资本项目信息系统办理境内直接投资货币出资入账登记，办理入账登记后的资本金方可使用。

（二）取消境外再投资外汇备案。境内投资主体设立或控制的境外企业在境外再投资设立或控制新的境外企业无须办理外汇备案手续。

（三）取消直接投资外汇年检，改为实行存量权益登记。相关市场主体应于每年 9 月 30 日（含）前，自行或委托会计师事务所、银行通过外汇局资本项目信息系统报送上年末境内直接投资和（或）境外直接投资存量权益（以下合称直接投资存量权益）数据。

对于未按前款规定办理的相关市场主体，外汇局在资本项目信息系统中对其进行业务管控，银行不得为其办理资本项下外汇业务。在按要求补报并向外汇局出具说明函说明合理理由后，外汇局取消业务管控，对涉嫌违反外汇管理规定的，依法进行行政处罚。

参加外汇局直接投资存量权益抽样调查的外商投资企业等相关市场主体应按照直接投资存量权益抽样调查制度要求，按季度向注册地外汇局报送相关信息。

三、银行应提高办理直接投资外汇登记的合规意识

（一）银行应制定直接投资外汇登记业务的内部管理规章制度，并留存备查。内部管理规章制度应当至少包括以下内容：

1. 直接投资外汇登记业务操作规程，包括业务受理、材料合规性和真实性审核等业务流程和操作标准；

2. 直接投资外汇登记业务风险管理制度，包括合规性风险审查、经办复核和分级

审核制度等；

3. 直接投资外汇登记业务统计报告制度，包括数据采集渠道和操作程序等。

（二）银行自行对已经取得外汇局金融机构标识码的分支机构开展直接投资外汇登记进行业务准入管理。

（三）银行应严格按照本通知及所附《直接投资外汇业务操作指引》的要求，认真履行真实性审核义务，通过外汇局资本项目信息系统办理直接投资外汇登记业务，并应完整保存相关登记资料备查。

（四）银行在办理直接投资外汇登记业务过程中，如遇规定不明确、数据不准确或发现异常情况的，应及时向相关市场主体注册地外汇局反馈。

四、外汇局应强化对银行的培训指导和事后监管

（一）外汇局应加强对银行的培训指导和事后监管，及时掌握其直接投资外汇业务办理和相关数据、报表及其他资料报送情况，对银行办理直接投资外汇登记合规性及内控制度的执行情况开展事后核查和检查，全面了解银行办理直接投资外汇登记的情况，发现异常情况要及时上报，对违规问题要及时纠正、处理。

（二）银行未按规定要求履行直接投资外汇登记审核、统计、报告责任的，外汇局除按外汇管理有关规定对其处罚外，还可暂停该银行办理直接投资外汇登记。对违规情节特别严重或暂停期内未能进行有效整改的，外汇局可停止该银行办理直接投资外汇登记。

本通知自 2015 年 6 月 1 日起实施。本通知实施后，之前规定与本通知内容不一致的，以本通知为准。外商投资企业资本金结汇管理方式改革试点地区继续按照《国家外汇管理局关于在部分地区开展外商投资企业外汇资本金结汇管理方式改革试点有关问题的通知》（汇发［2014］36 号）等有关规定实行意愿结汇政策。国家外汇管理局各分局、外汇管理部接到本通知后，应及时转发辖内中心支局、支局、城市商业银行、农村商业银行、外资银行、农村合作银行；各中资银行接到通知后，应及时转发所辖各分支机构。执行中如遇问题，请及时向国家外汇管理局资本项目管理司反映。

外管局《国家外汇管理局关于进一步推进外汇管理改革完善真实合规性审核的通知》

（2017 年 1 月 18 日）

国家外汇管理局各省、自治区、直辖市分局、外汇管理部，深圳、大连、青岛、厦门、宁波市分局，各中资外汇指定银行：

为进一步深入推进外汇管理改革，简政放权，支持实体经济发展，促进贸易投资便利化，建立健全宏观审慎管理框架下的资本流动管理体系，现就有关措施通知如下：

一、扩大境内外汇贷款结汇范围。允许具有货物贸易出口背景的境内外汇贷款办理结汇。境内机构应以货物贸易出口收汇资金偿还，原则上不允许购汇偿还。

二、允许内保外贷项下资金调回境内使用。债务人可通过向境内进行放贷、股权投资等方式将担保项下资金直接或间接调回境内使用。银行发生内保外贷担保履约的，相关结售汇纳入银行自身结售汇管理。

三、进一步便利跨国公司外汇资金集中运营管理。境内银行通过国际外汇资金主账户吸收的存款，按照宏观审慎管理原则，可境内运用比例由不超过前六个月日均存款余额的 50% 调整为 100%；境内运用资金不占用银行短期外债余额指标。

四、允许自由贸易试验区内境外机构境内外汇账户结汇。结汇后汇入境内使用的，境内银行应当按照跨境交易相关规定，审核境内机构和境内个人有效商业单据和凭证后办理。

五、进一步规范货物贸易外汇管理。境内机构应当按照“谁出口谁收汇、谁进口谁付汇”原则办理贸易外汇收支业务，及时办理收汇业务，外汇局另有规定除外。

六、完善经常项目外汇收入存放境外统计。境内机构因各种原因已将出口收入或服务贸易收入留存境外，但未按《国家外汇管理局关于印发货物贸易外汇管理法规有关问题的通知》（汇发〔2012〕38 号）、《国家外汇管理局关于印发服务贸易外汇管理法规的通知》（汇发〔2013〕30 号）等办理外汇管理相关登记备案手续或报送信息的，应于本通知发布之日起一个月内主动报告相关信息。

七、继续执行并完善直接投资外汇利润汇出管理政策。银行为境内机构办理等值 5 万美元以上（不含）利润汇出业务，应按真实交易原则审核与本次利润汇出相关的董事会利润分配决议（或合伙人利润分配决议）、税务备案表原件、经审计的财务报表，并在相关税务备案表原件上加章签注本次汇出金额和汇出日期。境内机构利润汇出前应先依法弥补以前年度亏损。

八、加强境外直接投资真实性、合规性审核。境内机构办理境外直接投资登记和资金汇出手续时，除应按规定提交相关审核材料外，还应向银行说明投资资金来源与资金用途（使用计划）情况，提供董事会决议（或合伙人决议）、合同或其他真实性证明材料。银行按照展业原则加强真实性、合规性审核。

九、实施本外币全口径境外放款管理。境内机构办理境外放款业务，本币境外放款余额与外币境外放款余额合计最高不得超过其上年度经审计财务报表中所有者权益的 30%。

十、违反本通知规定的，由外汇局根据《中华人民共和国外汇管理条例》依法处罚。

十一、本通知自发布之日起施行，由国家外汇管理局负责解释。外汇局将定期评估政策实施效果，根据国际收支形势对政策进行调整。以前规定与本通知内容不一致的，以本通知为准。

各分局、外汇管理部接到本通知后，应尽快转发辖内中心支局、支局和外汇指定银行，并认真遵照执行。

外管局《国家外汇管理局关于进一步促进跨境贸易投资便利化的通知》

（2019 年 10 月 3 日）

国家外汇管理局各省、自治区、直辖市分局、外汇管理部，深圳、大连、青岛、厦门、宁波市分局；各全国性中资银行：

为深入推进“放管服”改革，提升外汇管理服务实体经济能力和水平，促进跨境贸易投资便利化，国家外汇管理局决定进一步优化外汇管理政策措施，便利市场主体合规办理外汇业务。现就有关事项通知如下：

一、扩大贸易外汇收支便利化试点

扩大货物贸易外汇收支便利化试点的地区，在粤港澳大湾区、上海和浙江试点的基础上，支持其他地区按规定开展优化货物贸易外汇收支单证审核、取消特殊退汇业务登记、简化进口付汇核验等试点业务。

实施服务贸易外汇收支便利化试点。符合条件审慎合规的银行为信用良好的境内机构办理服务贸易外汇收支时，可根据“了解客户、了解业务、尽职审查”的展业原则办理。推进服务贸易付汇税务备案电子化工作，以信息共享方式实现银行电子化审核。

二、取消非投资性外商投资企业资本金境内股权投资限制

在投资性外商投资企业（包括外商投资性公司、外商投资创业投资企业和外商投资股权投资企业）可依法依规以资本金开展境内股权投资的基础上，允许非投资性外商投资企业在不违反现行外商投资准入特别管理措施（负面清单）且境内所投项目真实、合规的前提下，依法以资本金进行境内股权投资。

非投资性外商投资企业以资本金原币划转开展境内股权投资的，被投资主体应按规定办理接收境内再投资登记并开立资本金账户接收资金，无须办理货币出资入账登记；非投资性外商投资企业以资本金结汇开展境内股权投资的，被投资主体应按规定办理接收境内再投资登记并开立“资本项目－结汇待支付账户”接收相应资金。

三、扩大资本项目收入支付便利化试点

允许试点地区符合条件的企业将资本金、外债和境外上市等资本项下收入用于境

内支付时，无须事前向银行逐笔提供真实性证明材料，其资金使用应当真实合规，并符合现行资本项目收入使用管理规定。试点银行应遵循展业原则管控试点业务风险。所在地外汇局应加强监测分析和事中事后监管。

四、放宽资本项目外汇资金结汇使用限制

取消境内资产变现账户资金结汇使用限制。外商直接投资项下境内股权出让方接收外国投资者股权转让对价款时，可凭相关业务登记凭证直接在银行办理账户开立、资金汇入和结汇使用手续。

放宽外国投资者保证金使用和结汇限制。外国投资者从境外汇入或从境内划入的保证金，在交易达成后，可直接用于其境内合法出资、境内外支付对价等。取消保证金账户内资金不得结汇的限制，允许交易达成或违约扣款时将保证金直接结汇支付。

五、简化小微跨境电商企业货物贸易收支手续

支付机构或银行根据《国家外汇管理局关于印发〈支付机构外汇业务管理办法〉的通知》（汇发〔2019〕13 号）办理货物贸易收付汇时，年度货物贸易收汇或付汇累计金额低于 20 万美元的（不含）小微跨境电商企业可免于办理“贸易外汇收支企业名录”登记（以下简称“名录登记”）。外汇局依法对免于办理名录登记的小微跨境电商企业实施监督检查。

六、改革企业外债登记管理

取消非银行债务人需到所在地外汇局办理外债注销登记管理要求，非银行债务人可到其所属外汇分局（外汇管理部）辖内银行直接办理符合条件的外债注销登记。取消非银行债务人办理外债注销登记业务的时间限定。

试点取消非金融企业外债逐笔登记。试点地区非金融企业可按净资产 2 倍到所在地外汇局办理外债登记，非金融企业可在登记金额内自行借入外债资金，直接在银行办理资金汇出入和结购汇等手续，并按规定办理国际收支申报。

七、取消资本项目外汇账户开户数量限制

取消“每笔外债最多可以开立 3 个外债专用账户”“每个开户主体原则上只能开立 1 个境外汇入保证金专用账户”“每笔股权转让交易的股权出让方仅可开立 1 个境内资产变现账户”等限制，相关市场主体可根据实际业务需要开立多个资本项目外汇账户，但相关账户开户数量应符合审慎监管要求。

八、优化货物贸易外汇业务报告方式

取消企业向所在地外汇局报告辅导期内业务的要求。外汇局对货物贸易外汇收支异常、可疑的辅导期企业开展重点监测和核查，并规范分类管理。

企业贸易信贷、贸易融资等业务报告，可通过货物贸易外汇监测系统（企业端）实现网上办理，无须到所在地外汇局现场报告（贸易主体不一致特殊业务除外）。

九、放宽出口收入待核查账户开立

企业办理货物贸易收入，可自主决定是否开立出口收入待核查账户（以下简称“待核查账户”）。对于企业未开立待核查账户的，银行按现行规定审核后的货物贸易收入可直接进入经常项目外汇账户或结汇。按现行规定需向外汇局提交待核查账户收入申报单的，企业可免于提交。

十、便利企业分支机构名录登记

企业分支机构申请办理、变更和注销名录登记手续，按照现行企业法人要求办理，提供自身《营业执照》正本或副本，但无须提供企业法人《营业执照》。

十一、推进境内信贷资产对外转让试点

按照风险可控、审慎管理的原则，允许试点地区扩大参与境内信贷资产对外转让业务的主体范围和转让渠道，扩大可对外转让的信贷资产范围，包括银行不良资产和贸易融资等。

十二、允许承包工程企业境外资金集中管理

承包工程企业经外汇局登记，可在境外开立资金集中管理账户，境外资金集中管理账户应符合境外账户所在国家（或地区）的法律法规。境外资金集中管理账户的收入范围为从境外业主或境内划入有关工程款，以及从同一主体开立的境外同一国家（或地区）其他承包工程项目账户划入资金；支出范围为向境内调回工程款、有关境外工程款支出，以及向同一主体开立的境外同一国家（或地区）其他承包工程项目账户划转资金。

本通知自发布之日起实施（其中，第八条第二款因需升级货物贸易外汇监测系统，自2020年1月1日起实施）。以前规定与本通知不符的，以本通知为准。国家外汇管理局各分局、外汇管理部接到本通知后，应及时转发辖内中心支局、支局、城市商业银行、农村商业银行、外资银行、农村合作银行；各全国性中资银行接到本通知后，应及时转发所辖分支机构。执行中如遇问题，请及时向国家外汇管理局反馈。

外管局《国家外汇管理局关于优化外汇管理支持涉外业务发展的通知》

（2020年4月10日）

国家外汇管理局各省、自治区、直辖市分局、外汇管理部，深圳、大连、青岛、厦门、宁波市分局；各全国性中资银行：

为进一步改善营商环境，服务实体经济高质量发展，国家外汇管理局决定优化外汇业务管理，完善外汇服务方式，提升跨境贸易投资便利化水平。现就有关事项通知如下：

一、优化外汇业务管理

（一）全国推广资本项目收入支付便利化改革。在确保资金使用真实合规并符合现行资本项目收入使用管理规定的前提下，允许符合条件的企业将资本金、外债和境外上市等资本项目收入用于境内支付时，无须事前向银行逐笔提供真实性证明材料。经办银行应遵循审慎展业原则管控相关业务风险，并按有关要求对所办理的资本项目收入支付便利化业务进行事后抽查。所在地外汇局应加强监测分析和事中事后监管。

（二）取消特殊退汇业务登记。货物贸易外汇收支企业名录分类为 A 类的企业，办理单笔等值 5 万美元（含）以下的退汇日期与原收、付款日期间隔在 180 天（不含）以上或由于特殊情况无法原路退汇的业务，无须事前到外汇局办理登记手续，可直接在金融机构办理。金融机构在为企业办理以上免于登记的退汇业务时，应在涉外收支申报交易附言中注明“特殊退汇”。

（三）简化部分资本项目业务登记管理。将符合条件的内保外贷和境外放款注销登记下放至银行办理。非金融企业内保外贷责任已解除且未发生内保外贷履约的情况下，可到其所属分局（外汇管理部）辖内银行直接办理内保外贷注销登记。非金融企业境外放款期限届满且正常收回境外放款本息的情况下，可到其所属分局（外汇管理部）辖内银行直接办理境外放款注销登记。

（四）放宽具有出口背景的国内外汇贷款购汇偿还。出口押汇等国内外汇贷款按规定进入经常项目外汇结算账户并办理结汇的，企业原则上应以自有外汇或货物贸易出口收汇资金偿还。在企业出口确实无法按期收汇且没有其他外汇资金可用于偿还上述国内外汇贷款时，贷款银行可按照审慎展业原则，为企业办理购汇偿还手续，并于每月初 5 个工作日内向所在地外汇局报备有关情况。

二、完善外汇业务服务

（五）便利外汇业务使用电子单证。银行按规定以审核电子单证方式办理货物贸易外汇收支的，取消企业分类为 A 类以及成立满 2 年的条件。银行按规定以审核电子单证方式办理服务贸易、初次收入和二次收入外汇收支的，可不打印电子交易单证。银行办理个人结售汇业务时，可不打印“结汇/购汇通知单”。银行办理上述业务，应确保电子单证的真实性、合规性以及使用的唯一性，并留存电子单证或电子信息 5 年备查。

（六）优化银行跨境电商外汇结算。支持更多的银行按照《国家外汇管理局关于印发〈支付机构外汇业务管理办法〉的通知》（汇发〔2019〕13 号），在满足交易信息采集、真实性审核等条件下，凭交易电子信息为跨境电子商务市场主体提供结售汇及相关资金收付服务。

（七）放宽业务审核签注手续。金融机构按规定审核经常项目外汇收支时，可根据内控要求和实际业务需要，按照实质合规原则，自主决定是否在单证正本上签注收付汇金额、日期并加盖业务印章，但需按现行规定留存审核材料备查。

（八）支持银行创新金融服务。鼓励银行通过多种方式科学评估企业资信状况，对客观不可控因素造成涉外收付困难的企业区别分类，对发展前景良好的中小微涉外企业在外汇贷款方面给予贷款延期、手续简化等倾斜。支持银行利用数字外管平台开放的企业资信、收付汇率等信息，开展合规经营和业务创新，做好对中小微涉外企业的金融服务。

本通知自发布之日起实施（其中，第一条第三款因需升级资本项目信息系统，自2020 年 6 月 1 日起实施）。以前规定与本通知不符的，以本通知为准。国家外汇管理局各分局、外汇管理部接到本通知后，应及时转发辖内中心支局、支局、城市商业银行、农村商业银行、外资银行、农村合作银行；各全国性中资银行接到本通知后，应及时转发所辖分支机构。执行中如遇问题，请及时向国家外汇管理局反馈。

国资委《中央企业境外投资监督管理办法》

（2017 年 1 月 7 日）

第一章　总　则

第一条　为加强中央企业境外投资监督管理，推动中央企业提升国际化经营水平，根据《中华人民共和国公司法》《中华人民共和国企业国有资产法》《关于深化国有企业改革的指导意见》（中发〔2015〕22 号）和《关于改革和完善国有资产管理体制的若干意见》（国发〔2015〕63 号）等法律法规和文件，制定本办法。

第二条　本办法所称中央企业是指国务院国有资产监督管理委员会（以下简称“国资委”）代表国务院履行出资人职责的国家出资企业。本办法所称境外投资是指中央企业在境外从事的固定资产投资与股权投资。本办法所称境外重大投资项目是指中央企业按照本企业章程及投资管理制度规定，由董事会研究决定的境外投资项目。本办法所称主业是指由中央企业发展战略和规划确定并经国资委确认公布的企业主要经营业务；非主业是指主业以外的其他经营业务。

第三条　国资委按照以管资本为主加强监管的原则，以把握投资方向、优化资本布局、严格决策程序、规范资本运作、提高资本回报、维护资本安全为重点，依法建立信息对称、权责对等、运行规范、风险控制有力的中央企业境外投资监督管理体系，推动中央企业强化境外投资行为的全程全面监管。

第四条 国资委指导中央企业建立健全境外投资管理制度，强化战略规划引领、明确投资决策程序、规范境外经营行为、加强境外风险管控、推动走出去模式创新，制定中央企业境外投资项目负面清单，对中央企业境外投资项目进行分类监管，监督检查中央企业境外投资管理制度的执行情况、境外重大投资项目的决策和实施情况，组织开展对境外重大投资项目后评价，对境外违规投资造成国有资产损失以及其他严重不良后果的进行责任追究。

第五条 中央企业是境外投资项目的决策主体、执行主体和责任主体。中央企业应当建立境外投资管理体系，健全境外投资管理制度，科学编制境外投资计划，研究制定境外投资项目负面清单，切实加强境外项目管理，提高境外投资风险防控能力，组织开展境外检查与审计，按职责进行责任追究。

第六条 中央企业境外投资应当遵循以下原则：

（一）战略引领。符合企业发展战略和国际化经营规划，坚持聚焦主业，注重境内外业务协同，提升创新能力和国际竞争力。

（二）依法合规。遵守我国和投资所在国（地区）法律法规、商业规则和文化习俗，合规经营，有序发展。

（三）能力匹配。投资规模与企业资本实力、融资能力、行业经验、管理水平和抗风险能力等相适应。

（四）合理回报。遵循价值创造理念，加强投资项目论证，严格投资过程管理，提高投资收益水平，实现国有资产保值增值。

第二章 境外投资监管体系建设

第七条 中央企业应当根据本办法规定，结合本企业实际，建立健全境外投资管理制度。企业境外投资管理制度应包括以下主要内容：

（一）境外投资应遵循的基本原则；

（二）境外投资管理流程、管理部门及相关职责；

（三）境外投资决策程序、决策机构及其职责；

（四）境外投资项目负面清单制度；

（五）境外投资信息化管理制度；

（六）境外投资风险管控制度；

（七）境外投资项目的完成、中止、终止或退出制度；

（八）境外投资项目后评价制度；

（九）违规投资责任追究制度；

（十）对所属企业境外投资活动的授权、监督与管理制度。

企业境外投资管理制度应经董事会审议通过后报送国资委。

第八条 国资委和中央企业应当建立并优化投资管理信息系统，提升境外投资管理信息化水平，采用信息化手段实现对境外投资项目的全覆盖动态监测、分析与管理，对项目面临的风险实时监控，及时预警，防患于未然。中央企业按本办法规定向国资委报送的有关纸质文件和材料，应同时通过中央企业投资管理信息系统报送电子版信息。

第九条 国资委根据国家有关规定和监管要求，建立发布中央企业境外投资项目负面清单，设定禁止类和特别监管类境外投资项目，实行分类监管。列入负面清单禁止类的境外投资项目，中央企业一律不得投资；列入负面清单特别监管类的境外投资项目，中央企业应当报送国资委履行出资人审核把关程序；负面清单之外的境外投资项目，由中央企业按照企业发展战略和规划自主决策。中央企业境外投资项目负面清单的内容保持相对稳定，并适时动态调整。

中央企业应当在国资委发布的中央企业境外投资项目负面清单基础上，结合企业实际，制定本企业更为严格、具体的境外投资项目负面清单。

第十条 国资委建立完善投资监管联动机制，发挥战略规划、法律合规、财务监督、产权管理、考核分配、资本运营、干部管理、外派监事会监督、纪检监察、审计巡视等相关监管职能合力，实现对中央企业境外投资活动过程监管全覆盖，及时发现投资风险，减少投资损失。

第三章 境外投资事前管理

第十一条 中央企业应当根据国资委制定的中央企业五年发展规划纲要、企业发展战略和规划，制定清晰的国际化经营规划，明确中长期国际化经营的重点区域、重点领域和重点项目。中央企业应当根据企业国际化经营规划编制年度境外投资计划，并纳入企业年度投资计划，按照《中央企业投资监督管理办法》管理。

第十二条 列入中央企业境外投资项目负面清单特别监管类的境外投资项目，中央企业应当在履行企业内部决策程序后、在向国家有关部门首次报送文件前报国资委履行出资人审核把关程序。中央企业应当报送以下材料：

（一）开展项目投资的报告；

（二）企业有关决策文件；

（三）项目可研报告（尽职调查）等相关文件；

（四）项目融资方案；

（五）项目风险防控报告；

（六）其他必要的材料。

国资委依据相关法律、法规和国有资产监管规定等，从项目风险、股权结构、资本实力、收益水平、竞争秩序、退出条件等方面履行出资人审核把关程序，并对有异议的项目在收到相关材料后20个工作日内向企业反馈书面意见。国资委认为有必要时，可委托第三方咨询机构对项目进行论证。

第十三条 中央企业应当根据企业发展战略和规划，按照经国资委确认的主业，选择、确定境外投资项目，做好境外投资项目的融资、投资、管理、退出全过程的研究论证。对于境外新投资项目，应当充分借助国内外中介机构的专业服务，深入进行技术、市场、财务和法律等方面的可行性研究与论证，提高境外投资决策质量，其中股权类投资项目应开展必要的尽职调查，并按要求履行资产评估或估值程序。

第十四条 中央企业原则上不得在境外从事非主业投资。有特殊原因确需开展非主业投资的，应当报送国资委审核把关，并通过与具有相关主业优势的中央企业合作的方式开展。

第十五条 中央企业应当明确投资决策机制，对境外投资决策实行统一管理，向下授权境外投资决策的企业管理层级原则上不超过二级。各级境外投资决策机构对境外投资项目做出决策，应当形成决策文件，所有参与决策的人员均应当在决策文件上签字背书，所发表意见应记录存档。

第四章 境外投资事中管理

第十六条 国资委对中央企业实施中的境外重大投资项目进行随机监督检查，重点检查企业境外重大投资项目决策、执行和效果等情况，对发现的问题向企业进行提示。

第十七条 中央企业应当定期对实施、运营中的境外投资项目进行跟踪分析，针对外部环境和项目本身情况变化，及时进行再决策。如出现影响投资目的实现的重大不利变化时，应研究启动中止、终止或退出机制。中央企业因境外重大投资项目再决策涉及年度投资计划调整的，应当将调整后的年度投资计划报送国资委。

第十八条 中央企业应当建立境外投资项目阶段评价和过程问责制度，对境外重大投资项目的阶段性进展情况开展评价，发现问题，及时调整，对违规违纪行为实施全程追责，加强过程管控。

第十九条 中央企业应当按照国资委要求，分别于每年一、二、三季度终了次月10日前将季度境外投资完成情况通过中央企业投资管理信息系统报送国资委。季度境外投资完成情况主要包括固定资产投资、股权投资、重大投资项目完成情况，以及需要报告的其他事项等内容。部分重点行业的中央企业应当按要求报送季度境外投资分析情况。

第五章 境外投资事后管理

第二十条 中央企业在年度境外投资完成后，应当编制年度境外投资完成情况报告，并于下一年 1 月 31 日前报送国资委。年度境外投资完成情况报告包括但不限于以下内容：

（一）年度境外投资完成总体情况；

（二）年度境外投资效果分析；

（三）境外重大投资项目进展情况；

（四）年度境外投资后评价工作开展情况；

（五）年度境外投资存在的主要问题及建议。

第二十一条 境外重大投资项目实施完成后，中央企业应当及时开展后评价，形成后评价专项报告。通过项目后评价，完善企业投资决策机制，提高项目成功率和投资收益，总结投资经验，为后续投资活动提供参考，提高投资管理水平。国资委对中央企业境外投资项目后评价工作进行监督和指导，选择部分境外重大投资项目开展后评价，并向企业通报后评价结果，对项目开展的有益经验进行推广。

第二十二条 中央企业应当对境外重大投资项目开展常态化审计，审计的重点包括境外重大投资项目决策、投资方向、资金使用、投资收益、投资风险管理等方面。

第二十三条 国资委建立中央企业国际化经营评价指标体系，组织开展中央企业国际化经营年度评价，将境外投资管理作为经营评价的重要内容，评价结果定期报告和公布。

第六章 境外投资风险管理

第二十四条 中央企业应当将境外投资风险管理作为投资风险管理体系的重要内容。强化境外投资前期风险评估和风控预案制订，做好项目实施过程中的风险监控、预警和处置，防范投资后项目运营、整合风险，做好项目退出的时点与方式安排。

第二十五条 中央企业境外投资项目应当积极引入国有资本投资、运营公司以及民间投资机构、当地投资者、国际投资机构入股，发挥各类投资者熟悉项目情况、具有较强投资风险管控能力和公关协调能力等优势，降低境外投资风险。对于境外特别重大投资项目，中央企业应建立投资决策前风险评估制度，委托独立第三方有资质咨询机构对投资所在国（地区）政治、经济、社会、文化、市场、法律、政策等风险做全面评估。纳入国资委债务风险管控的中央企业不得因境外投资推高企业的负债率水平。

第二十六条 中央企业应当重视境外项目安全风险防范，加强与国家有关部门和我驻外使（领）馆的联系，建立协调统一、科学规范的安全风险评估、监测预警和应急处置体系，有效防范和应对项目面临的系统性风险。

第二十七条 中央企业应当根据自身风险承受能力，充分利用政策性出口信用保险和商业保险，将保险嵌入企业风险管理机制，按照国际通行规则实施联合保险和再保险，减少风险发生时所带来的损失。

第二十八条 中央企业应当树立正确的义利观，坚持互利共赢原则，加强与投资所在国（地区）政府、媒体、企业、社区等社会各界公共关系建设，积极履行社会责任，注重跨文化融合，营造良好的外部环境。

第七章 责任追究

第二十九条 中央企业违反本办法规定，未履行或未正确履行投资管理职责造成国有资产损失以及其他严重不良后果的，依照《中华人民共和国企业国有资产法》《国务院办公厅关于建立国有企业违规经营投资责任追究制度的意见》（国办发〔2016〕63号）等有关规定，由有关部门追究中央企业经营管理人员的责任。对瞒报、谎报、不及时报送投资信息的中央企业，国资委予以通报批评。

第三十条 国资委相关工作人员违反本办法规定造成不良影响的，由国资委责令其改正；造成国有资产损失的，由有关部门按照干部管理权限给予处分；涉嫌犯罪的，依法移送司法机关处理。

第八章 附 则

第三十一条 本办法由国资委负责解释。

第三十二条 本办法自公布之日起施行。国资委于2012年公布的《中央企业境外投资监督管理暂行办法》（国资委令第28号）同时废止。

国资委《中央企业投资监督管理办法》

（2017年1月7日）

第一章 总 则

第一条 为依法履行出资人职责，建立完善以管资本为主的国有资产监管体制，推动中央企业规范投资管理，优化国有资本布局和结构，更好地落实国有资本保值增值责任，根据《中华人民共和国公司法》《中华人民共和国企业国有资产法》《关于深化国有企业改革的指导意见》（中发〔2015〕22号）和《关于改革和完善国有资产管理体制的若干意见》（国发〔2015〕63号）等法律法规和文件，制定本办法。

第二条 本办法所称中央企业是指国务院国有资产监督管理委员会（以下简称“国资委”）代表国务院履行出资人职责的国家出资企业。本办法所称投资是指中央企业在境内从事的固定资产投资与股权投资。本办法所称重大投资项目是指中央企业按照本企业章程及投资管理制度规定，由董事会研究决定的投资项目。本办法所称主业是指由中央企业发展战略和规划确定并经国资委确认公布的企业主要经营业务；非主业是指主业以外的其他经营业务。

第三条 国资委以国家发展战略和中央企业五年发展规划纲要为引领，以把握投资方向、优化资本布局、严格决策程序、规范资本运作、提高资本回报、维护资本安全为重点，依法建立信息对称、权责对等、运行规范、风险控制有力的投资监督管理体系，推动中央企业强化投资行为的全程全面监管。

第四条 国资委指导中央企业建立健全投资管理制度，督促中央企业依据其发展战略和规划编报年度投资计划，对中央企业年度投资计划实行备案管理，制定中央企业投资项目负面清单，对中央企业投资项目进行分类监管，监督检查中央企业投资管理制度的执行情况、重大投资项目的决策和实施情况，组织开展对重大投资项目后评价，对违规投资造成国有资产损失以及其他严重不良后果的进行责任追究。

第五条 中央企业投资应当服务国家发展战略，体现出资人投资意愿，符合企业发展规划，坚持聚焦主业，大力培育和发展战略性新兴产业，严格控制非主业投资，遵循价值创造理念，严格遵守投资决策程序，提高投资回报水平，防止国有资产流失。

第六条 中央企业是投资项目的决策主体、执行主体和责任主体，应当建立投资管理体系，健全投资管理制度，优化投资管理信息系统，科学编制投资计划，制定投资项目负面清单，切实加强项目管理，提高投资风险防控能力，履行投资信息报送义务和配合监督检查义务。

第二章 投资监管体系建设

第七条 中央企业应当根据本办法规定，结合本企业实际，建立健全投资管理制度。企业投资管理制度应包括以下主要内容：

（一）投资应遵循的基本原则；

（二）投资管理流程、管理部门及相关职责；

（三）投资决策程序、决策机构及其职责；

（四）投资项目负面清单制度；

（五）投资信息化管理制度；

（六）投资风险管控制度；

（七）投资项目完成、中止、终止或退出制度；

（八）投资项目后评价制度；

（九）违规投资责任追究制度；

（十）对所属企业投资活动的授权、监督与管理制度。

企业投资管理制度应当经董事会审议通过后报送国资委。

第八条 国资委和中央企业应当建立并优化投资管理信息系统。国资委建立中央企业投资管理信息系统，对中央企业年度投资计划、季度及年度投资完成情况、重大投资项目实施情况等投资信息进行监测、分析和管理。中央企业建立完善本企业投资管理信息系统，加强投资基础信息管理，提升投资管理的信息化水平，通过信息系统对企业年度投资计划执行、投资项目实施等情况进行全面全程的动态监控和管理。中央企业按本办法规定向国资委报送的有关纸质文件和材料，应当同时通过中央企业投资管理信息系统报送电子版信息。

第九条 国资委根据国家有关规定和监管要求，建立发布中央企业投资项目负面清单，设定禁止类和特别监管类投资项目，实行分类监管。列入负面清单禁止类的投资项目，中央企业一律不得投资；列入负面清单特别监管类的投资项目，中央企业应报国资委履行出资人审核把关程序；负面清单之外的投资项目，由中央企业按照企业发展战略和规划自主决策。中央企业投资项目负面清单的内容保持相对稳定，并适时动态调整。

中央企业应当在国资委发布的中央企业投资项目负面清单基础上，结合企业实际，制定本企业更为严格、具体的投资项目负面清单。

第十条 国资委建立完善投资监管联动机制，发挥战略规划、法律合规、财务监督、产权管理、考核分配、资本运营、干部管理、外派监事会监督、纪检监察、审计巡视等相关监管职能合力，实现对中央企业投资活动过程监管全覆盖，及时发现投资风险，减少投资损失。

第三章 投资事前管理

第十一条 中央企业应当按照企业发展战略和规划编制年度投资计划，并与企业年度财务预算相衔接，年度投资规模应与合理的资产负债水平相适应。企业的投资活动应当纳入年度投资计划，未纳入年度投资计划的投资项目原则上不得投资，确需追加投资项目的应调整年度投资计划。

第十二条 中央企业应当于每年 3 月 10 日前将经董事会审议通过的年度投资计划报送国资委。年度投资计划主要包括以下内容：

（一）投资主要方向和目的；

（二）投资规模及资产负债率水平；

（三）投资结构分析；

（四）投资资金来源；

（五）重大投资项目情况。

第十三条 国资委依据中央企业投资项目负面清单、企业发展战略和规划，从中央企业投资方向、投资规模、投资结构和投资能力等方面，对中央企业年度投资计划进行备案管理。对存在问题的企业年度投资计划，国资委在收到年度投资计划报告（含调整计划）后的 20 个工作日内，向有关企业反馈书面意见。企业应根据国资委意见对年度投资计划作出修改。

进入国资委债务风险管控“特别监管企业”名单的中央企业，其年度投资计划需经国资委审批后方可实施。

第十四条 列入中央企业投资项目负面清单特别监管类的投资项目，中央企业应在履行完企业内部决策程序后、实施前向国资委报送以下材料：

（一）开展项目投资的报告；

（二）企业有关决策文件；

（三）投资项目可研报告（尽职调查）等相关文件；

（四）投资项目风险防控报告；

（五）其他必要的材料。

国资委依据相关法律、法规和国有资产监管规定，从投资项目实施的必要性、对企业经营发展的影响程度、企业投资风险承受能力等方面履行出资人审核把关程序，并对有异议的项目在收到相关材料后 20 个工作日内向企业反馈书面意见。国资委认为有必要时，可委托第三方咨询机构对投资项目进行论证。

第十五条 中央企业应当根据企业发展战略和规划，按照国资委确认的各企业主业、非主业投资比例及新兴产业投资方向，选择、确定投资项目，做好项目融资、投资、管理、退出全过程的研究论证。对于新投资项目，应当深入进行技术、市场、财务和法律等方面的可行性研究与论证，其中股权投资项目应开展必要的尽职调查，并按要求履行资产评估或估值程序。

第十六条 中央企业应当明确投资决策机制，对投资决策实行统一管理，向下授权投资决策的企业管理层级原则上不超过两级。各级投资决策机构对投资项目做出决策，应当形成决策文件，所有参与决策的人员均应在决策文件上签字背书，所发表意见应记录存档。

第四章　投资事中管理

第十七条 国资委对中央企业实施中的重大投资项目进行随机监督检查，重点检查企业重大投资项目决策、执行和效果等情况，对发现的问题向企业进行提示。

第十八条 中央企业应当定期对实施、运营中的投资项目进行跟踪分析，针对外部环境和项目本身情况变化，及时进行再决策。如出现影响投资目的实现的重大不利变化时，应当研究启动中止、终止或退出机制。中央企业因重大投资项目再决策涉及年度投资计划调整的，应当将调整后的年度投资计划报送国资委。

第十九条 中央企业应当按照国资委要求，分别于每年一、二、三季度终了次月10日前将季度投资完成情况通过中央企业投资管理信息系统报送国资委。季度投资完成情况主要包括固定资产投资、股权投资、重大投资项目完成情况，以及需要报告的其他事项等内容。部分重点行业的中央企业应按要求报送季度投资分析情况。

第五章 投资事后管理

第二十条 中央企业在年度投资完成后，应当编制年度投资完成情况报告，并于下一年1月31日前报送国资委。年度投资完成情况报告包括但不限于以下内容：

（一）年度投资完成总体情况；

（二）年度投资效果分析；

（三）重大投资项目进展情况；

（四）年度投资后评价工作开展情况；

（五）年度投资存在的主要问题及建议。

第二十一条 中央企业应当每年选择部分已完成的重大投资项目开展后评价，形成后评价专项报告。通过项目后评价，完善企业投资决策机制，提高项目成功率和投资收益，总结投资经验，为后续投资活动提供参考，提高投资管理水平。国资委对中央企业投资项目后评价工作进行监督和指导，选择部分重大投资项目开展后评价，并向企业通报后评价结果，对项目开展的有益经验进行推广。

第二十二条 中央企业应当开展重大投资项目专项审计，审计的重点包括重大投资项目决策、投资方向、资金使用、投资收益、投资风险管理等方面。

第六章 投资风险管理

第二十三条 中央企业应当建立投资全过程风险管理体系，将投资风险管理作为企业实施全面风险管理、加强廉洁风险防控的重要内容。强化投资前期风险评估和风控方案制订，做好项目实施过程中的风险监控、预警和处置，防范投资后项目运营、整合风险，做好项目退出的时点与方式安排。

第二十四条 国资委指导督促中央企业加强投资风险管理，委托第三方咨询机构对中央企业投资风险管理体系进行评价，及时将评价结果反馈中央企业。相关中央企业应按照评价结果对存在的问题及时进行整改，健全完善企业投资风险管理体系，提高企业抗风险能力。

第二十五条 中央企业商业性重大投资项目应当积极引入社会各类投资机构参与。中央企业股权类重大投资项目在投资决策前应当由独立第三方有资质咨询机构出具投资项目风险评估报告。纳入国资委债务风险管控的中央企业不得因投资推高企业的负债率水平。

第七章　责任追究

第二十六条　中央企业违反本办法规定，未履行或未正确履行投资管理职责造成国有资产损失以及其他严重不良后果的，依照《中华人民共和国企业国有资产法》《国务院办公厅关于建立国有企业违规经营投资责任追究制度的意见》（国办发〔2016〕63号）等有关规定，由有关部门追究中央企业经营管理人员的责任。对瞒报、谎报、不及时报送投资信息的中央企业，国资委予以通报批评。

第二十七条　国资委相关工作人员违反本办法规定造成不良影响的，由国资委责令其改正；造成国有资产损失的，由有关部门按照干部管理权限给予处分；涉嫌犯罪的，依法移送司法机关处理。

第八章　附　则

第二十八条　本办法由国资委负责解释。

第二十九条　本办法自公布之日起施行。国资委于2006年公布的《中央企业投资监督管理暂行办法》（国资委令第16号）同时废止。

国资委《中央企业违规经营投资责任追究实施办法（试行）》

发文日期：2018年7月13日

实施日期：2018年8月30日

第一章　总　则

第一条　为加强和规范中央企业违规经营投资责任追究工作，进一步完善国有资产监督管理制度，落实国有资产保值增值责任，有效防止国有资产流失，根据《中华人民共和国公司法》、《中华人民共和国企业国有资产法》、《企业国有资产监督管理暂行条例》和《国务院办公厅关于建立国有企业违规经营投资责任追究制度的意见》等法律法规和文件，制定本办法。

第二条　本办法所称中央企业是指国务院国有资产监督管理委员会（以下简称“国资委”）代表国务院履行出资人职责的国家出资企业。

第三条　本办法所称违规经营投资责任追究（以下简称“责任追究”）是指中央企业经营管理有关人员违反规定，未履行或未正确履行职责，在经营投资中造成国有资产损失或其他严重不良后果，经调查核实和责任认定，对相关责任人进行处理的工作。

前款所称规定，包括国家法律法规、国有资产监管规章制度和企业内部管理规定等。前款所称未履行职责，是指未在规定期限内或正当合理期限内行使职权、承担责任，一般包括不作为、拒绝履行职责、拖延履行职责等；未正确履行职责，是指未按规定以及岗位职责要求，不适当或不完全行使职权、承担责任，一般包括未按程序行使职权、超越职权、滥用职权等。

第四条 责任追究工作应当遵循以下原则：

（一）坚持依法依规问责。以国家法律法规为准绳，按照国有资产监管规章制度和企业内部管理规定等，对违反规定、未履行或未正确履行职责造成国有资产损失或其他严重不良后果的企业经营管理有关人员，严肃追究责任，实行重大决策终身问责。

（二）坚持客观公正定责。贯彻落实“三个区分开来”重要要求，结合企业实际情况，调查核实违规行为的事实、性质及其造成的损失和影响，既考虑量的标准也考虑质的不同，认定相关人员责任，保护企业经营管理有关人员干事创业的积极性，恰当公正地处理相关责任人。

（三）坚持分级分层追责。国资委和中央企业原则上按照国有资本出资关系和干部管理权限，界定责任追究工作职责，分级组织开展责任追究工作，分别对企业不同层级经营管理人员进行追究处理，形成分级分层、有效衔接、上下贯通的责任追究工作体系。

（四）坚持惩治教育和制度建设相结合。在对违规经营投资相关责任人严肃问责的同时，加大典型案例总结和通报力度，加强警示教育，发挥震慑作用，推动中央企业不断完善规章制度，堵塞经营管理漏洞，提高经营管理水平，实现国有资产保值增值。

第五条 在责任追究工作过程中，发现企业经营管理有关人员违纪或职务违法的问题和线索，应当移送相应的纪检监察机构查处；涉嫌犯罪的，应当移送国家监察机关或司法机关查处。

第二章 责任追究范围

第六条 中央企业经营管理有关人员违反规定，未履行或未正确履行职责致使发生本办法第七条至第十七条所列情形，造成国有资产损失或其他严重不良后果的，应当追究相应责任。

第七条 集团管控方面的责任追究情形：

（一）违反规定程序或超越权限决定、批准和组织实施重大经营投资事项，或决定、批准和组织实施的重大经营投资事项违反党和国家方针政策、决策部署以及国家有关规定。

（二）对国家有关集团管控的规定未执行或执行不力，致使发生重大资产损失对生产经营、财务状况产生重大影响。

（三）对集团重大风险隐患、内控缺陷等问题失察，或虽发现但没有及时报告、处理，造成重大资产损失或其他严重不良后果。

（四）所属子企业发生重大违规违纪违法问题，造成重大资产损失且对集团生产经营、财务状况产生重大影响，或造成其他严重不良后果。

（五）对国家有关监管机构就经营投资有关重大问题提出的整改工作要求，拒绝整改、拖延整改等。

第八条 风险管理方面的责任追究情形：

（一）未按规定履行内控及风险管理制度建设职责，导致内控及风险管理制度缺失，内控流程存在重大缺陷。

（二）内控及风险管理制度未执行或执行不力，对经营投资重大风险未能及时分析、识别、评估、预警、应对和报告。

（三）未按规定对企业规章制度、经济合同和重要决策等进行法律审核。

（四）未执行国有资产监管有关规定，过度负债导致债务危机，危及企业持续经营。

（五）恶意逃废金融债务。

（六）瞒报、漏报、谎报或迟报重大风险及风险损失事件，指使编制虚假财务报告，企业账实严重不符。

第九条 购销管理方面的责任追究情形：

（一）未按规定订立、履行合同，未履行或未正确履行职责致使合同标的价格明显不公允。

（二）未正确履行合同，或无正当理由放弃应得合同权益。

（三）违反规定开展融资性贸易业务或“空转”“走单”等虚假贸易业务。

（四）违反规定利用关联交易输送利益。

（五）未按规定进行招标或未执行招标结果。

（六）违反规定提供赊销信用、资质、担保或预付款项，利用业务预付或物资交易等方式变相融资或投资。

（七）违反规定开展商品期货、期权等衍生业务。

（八）未按规定对应收款项及时追索或采取有效保全措施。

第十条 工程承包建设方面的责任追究情形：

（一）未按规定对合同标的进行调查论证或风险分析。

（二）未按规定履行决策和审批程序，或未经授权和超越授权投标。

（三）违反规定，无合理商业理由以低于成本的报价中标。

（四）未按规定履行决策和审批程序，擅自签订或变更合同。

（五）未按规定程序对合同约定进行严格审查，存在重大疏漏。

（六）工程以及与工程建设有关的货物、服务未按规定招标或规避招标。

（七）违反规定分包等。

（八）违反合同约定超计价、超进度付款。

第十一条 资金管理方面的责任追究情形：

（一）违反决策和审批程序或超越权限筹集和使用资金。

（二）违反规定以个人名义留存资金、收支结算、开立银行账户等。

（三）设立“小金库”。

（四）违反规定集资、发行股票或债券、捐赠、担保、委托理财、拆借资金或开立信用证、办理银行票据等。

（五）虚列支出套取资金。

（六）违反规定超发、滥发职工薪酬福利。

（七）因财务内控缺失或未按照财务内控制度执行，发生资金挪用、侵占、盗取、欺诈等。

第十二条 转让产权、上市公司股权、资产等方面的责任追究情形：

（一）未按规定履行决策和审批程序或超越授权范围转让。

（二）财务审计和资产评估违反相关规定。

（三）隐匿应当纳入审计、评估范围的资产，组织提供和披露虚假信息，授意、指使中介机构出具虚假财务审计、资产评估鉴证结果及法律意见书等。

（四）未按相关规定执行回避制度。

（五）违反相关规定和公开公平交易原则，低价转让企业产权、上市公司股权和资产等。

（六）未按规定进场交易。

第十三条 固定资产投资方面的责任追究情形：

（一）未按规定进行可行性研究或风险分析。

（二）项目概算未按规定进行审查，严重偏离实际。

（三）未按规定履行决策和审批程序擅自投资。

（四）购建项目未按规定招标，干预、规避或操纵招标。

（五）外部环境和项目本身情况发生重大变化，未按规定及时调整投资方案并采取止损措施。

（六）擅自变更工程设计、建设内容和追加投资等。

（七）项目管理混乱，致使建设严重拖期、成本明显高于同类项目。

（八）违反规定开展列入负面清单的投资项目。

第十四条 投资并购方面的责任追究情形：

（一）未按规定开展尽职调查，或尽职调查未进行风险分析等，存在重大疏漏。

（二）财务审计、资产评估或估值违反相关规定。

（三）投资并购过程中授意、指使中介机构或有关单位出具虚假报告。

（四）未按规定履行决策和审批程序，决策未充分考虑重大风险因素，未制定风险防范预案。

（五）违反规定以各种形式为其他合资合作方提供垫资，或通过高溢价并购等手段向关联方输送利益。

（六）投资合同、协议及标的企业公司章程等法律文件中存在有损国有权益的条款，致使对标的企业管理失控。

（七）违反合同约定提前支付并购价款。

（八）投资并购后未按有关工作方案开展整合，致使对标的企业管理失控。

（九）投资参股后未行使相应股东权利，发生重大变化未及时采取止损措施。

（十）违反规定开展列入负面清单的投资项目。

第十五条 改组改制方面的责任追究情形：

（一）未按规定履行决策和审批程序。

（二）未按规定组织开展清产核资、财务审计和资产评估。

（三）故意转移、隐匿国有资产或向中介机构提供虚假信息，授意、指使中介机构出具虚假清产核资、财务审计与资产评估等鉴证结果。

（四）将国有资产以明显不公允低价折股、出售或无偿分给其他单位或个人。

（五）在发展混合所有制经济、实施员工持股计划、破产重整或清算等改组改制过程中，违反规定，导致发生变相套取、私分国有资产。

（六）未按规定收取国有资产转让价款。

（七）改制后的公司章程等法律文件中存在有损国有权益的条款。

第十六条 境外经营投资方面的责任追究情形：

（一）未按规定建立企业境外投资管理相关制度，导致境外投资管控缺失。

（二）开展列入负面清单禁止类的境外投资项目。

（三）违反规定从事非主业投资或开展列入负面清单特别监管类的境外投资项目。

（四）未按规定进行风险评估并采取有效风险防控措施对外投资或承揽境外项目。

（五）违反规定采取不当经营行为，以及不顾成本和代价进行恶性竞争。

（六）违反本章其他有关规定或存在国家明令禁止的其他境外经营投资行为的。

第十七条 其他违反规定，未履行或未正确履行职责造成国有资产损失或其他严重不良后果的责任追究情形。

第三章 资产损失认定

第十八条 对中央企业违规经营投资造成的资产损失，在调查核实的基础上，依据有关规定认定资产损失金额，以及对企业、国家和社会等造成的影响。

第十九条 资产损失包括直接损失和间接损失。直接损失是与相关人员行为有直接因果关系的损失金额及影响；间接损失是由相关人员行为引发或导致的，除直接损失外、能够确认计量的其他损失金额及影响。

第二十条 中央企业违规经营投资资产损失500万元以下为一般资产损失，500万元以上5000万元以下为较大资产损失，5000万元以上为重大资产损失。涉及违纪违法和犯罪行为查处的损失标准，遵照相关党内法规和国家法律法规的规定执行。

前款所称的“以上”包括本数，所称的“以下”不包括本数。

第二十一条 资产损失金额及影响，可根据司法、行政机关等依法出具的书面文件，具有相应资质的会计师事务所、资产评估机构、律师事务所、专业技术鉴定机构等专业机构出具的专项审计、评估或鉴证报告，以及企业内部证明材料等，进行综合研判认定。

第二十二条 相关违规经营投资虽尚未形成事实资产损失，但确有证据证明资产损失在可预见未来将发生，且能可靠计量资产损失金额的，经中介机构评估可以认定为或有损失，计入资产损失。

第四章 责任认定

第二十三条 中央企业经营管理有关人员任职期间违反规定，未履行或未正确履行职责造成国有资产损失或其他严重不良后果的，应当追究其相应责任。违规经营投资责任根据工作职责划分为直接责任、主管责任和领导责任。

第二十四条 直接责任是指相关人员在其工作职责范围内，违反规定，未履行或未正确履行职责，对造成的资产损失或其他严重不良后果起决定性直接作用时应当承担的责任。

企业负责人存在以下情形的，应当承担直接责任：

（一）本人或与他人共同违反国家法律法规、国有资产监管规章制度和企业内部管理规定。

（二）授意、指使、强令、纵容、包庇下属人员违反国家法律法规、国有资产监管规章制度和企业内部管理规定。

（三）未经规定程序或超越权限，直接决定、批准、组织实施重大经济事项。

（四）主持相关会议讨论或以其他方式研究时，在多数人不同意的情况下，直接决定、批准、组织实施重大经济事项。

（五）将按有关法律法规制度应作为第一责任人（总负责）的事项、签订的有关目标责任事项或应当履行的其他重要职责，授权（委托）其他领导人员决策且决策不当或决策失误等。

（六）其他应当承担直接责任的行为。

第二十五条 主管责任是指相关人员在其直接主管（分管）工作职责范围内，违反规定，未履行或未正确履行职责，对造成的资产损失或其他严重不良后果应当承担的责任。

第二十六条 领导责任是指企业主要负责人在其工作职责范围内，违反规定，未履行或未正确履行职责，对造成的资产损失或其他严重不良后果应当承担的责任。

第二十七条 中央企业所属子企业违规经营投资致使发生本条第二款、第三款所列情形的，上级企业经营管理有关人员应当承担相应的责任。

上一级企业有关人员应当承担相应责任的情形包括：

（一）发生重大资产损失且对企业生产经营、财务状况产生重大影响的。

（二）多次发生较大、重大资产损失，或造成其他严重不良后果的。

除上一级企业有关人员外，更高层级企业有关人员也应当承担相应责任的情形包括：

（一）发生违规违纪违法问题，造成资产损失金额巨大且危及企业生存发展的。

（二）在一定时期内多家所属子企业连续集中发生重大资产损失，或造成其他严重不良后果的。

第二十八条 中央企业违反规定瞒报、漏报或谎报重大资产损失的，对企业主要负责人和分管负责人比照领导责任和主管责任进行责任认定。

第二十九条 中央企业未按规定和有关工作职责要求组织开展责任追究工作的，对企业负责人及有关人员比照领导责任、主管责任和直接责任进行责任认定。

第三十条 中央企业有关经营决策机构以集体决策形式作出违规经营投资的决策或实施其他违规经营投资的行为，造成资产损失或其他严重不良后果的，应当承担集体责任，有关成员也应当承担相应责任。

第五章 责任追究处理

第三十一条 对相关责任人的处理方式包括组织处理、扣减薪酬、禁入限制、纪律处分、移送国家监察机关或司法机关等，可以单独使用，也可以合并使用。

（一）组织处理。包括批评教育、责令书面检查、通报批评、诫勉、停职、调离工作岗位、降职、改任非领导职务、责令辞职、免职等。

（二）扣减薪酬。扣减和追索绩效年薪或任期激励收入，终止或收回其他中长期激励收益，取消参加中长期激励资格等。

（三）禁入限制。五年直至终身不得担任国有企业董事、监事、高级管理人员。

（四）纪律处分。由相应的纪检监察机构查处。

（五）移送国家监察机关或司法机关处理。依据国家有关法律规定，移送国家监察机关或司法机关查处。

第三十二条 中央企业发生资产损失，经过查证核实和责任认定后，除依据有关规定移送纪检监察机构或司法机关处理外，应当按以下方式处理：

（一）发生一般资产损失的，对直接责任人和主管责任人给予批评教育、责令书面检查、通报批评、诫勉等处理，可以扣减和追索责任认定年度50%以下的绩效年薪。

（二）发生较大资产损失的，对直接责任人和主管责任人给予通报批评、诫勉、停职、调离工作岗位、降职等处理，同时按照以下标准扣减薪酬：扣减和追索责任认定年度50%～100%的绩效年薪、扣减和追索责任认定年度（含）前三年50%～100%的任期激励收入并延期支付绩效年薪，终止尚未行使的其他中长期激励权益、上缴责任认定年度及前一年度的全部中长期激励收益、五年内不得参加企业新的中长期激励。

对领导责任人给予通报批评、诫勉、停职、调离工作岗位等处理，同时按照以下标准扣减薪酬：扣减和追索责任认定年度30%～70%的绩效年薪、扣减和追索责任认定年度（含）前三年30%～70%的任期激励收入并延期支付绩效年薪，终止尚未行使的其他中长期激励权益、三年内不得参加企业新的中长期激励。

（三）发生重大资产损失的，对直接责任人和主管责任人给予降职、改任非领导职务、责令辞职、免职和禁入限制等处理，同时按照以下标准扣减薪酬：扣减和追索责任认定年度100%的绩效年薪、扣减和追索责任认定年度（含）前三年100%的任期激励收入并延期支付绩效年薪，终止尚未行使的其他中长期激励权益、上缴责任认定年度（含）前三年的全部中长期激励收益、不得参加企业新的中长期激励。

对领导责任人给予调离工作岗位、降职、改任非领导职务、责令辞职、免职和禁入限制等处理，同时按照以下标准扣减薪酬：扣减和追索责任认定年度70%～100%的绩效年薪、扣减和追索责任认定年度（含）前三年70%～100%的任期激励收入并延期支付绩效年薪，终止尚未行使的其他中长期激励权益、上缴责任认定年度（含）前三年的全部中长期激励收益、五年内不得参加企业新的中长期激励。

第三十三条 中央企业所属子企业发生资产损失，按照本办法应当追究中央企业有关人员责任时，对相关责任人给予通报批评、诫勉、停职、调离工作岗位、降职、改任非领导职务、责令辞职、免职和禁入限制等处理，同时按照以下标准扣减薪酬：扣减和追索责任认定年度30%～100%的绩效年薪、扣减和追索责任认定年度（含）前三年30%～100%的任期激励收入并延期支付绩效年薪，终止尚未行使的其他中长期激励权益、上缴责任认定年度（含）前三年的全部中长期激励收益、三至五年内不得参加企业新的中长期激励。

第三十四条 对承担集体责任的中央企业有关经营决策机构，给予批评教育、责令书面检查、通报批评等处理；对造成资产损失金额巨大且危及企业生存发展的，或造成其他特别严重不良后果的，按照规定程序予以改组。

第三十五条 责任认定年度是指责任追究处理年度。有关责任人在责任追究处理年度无任职或任职不满全年的，按照最近一个完整任职年度执行；若无完整任职年度的，参照处理前实际任职月度（不超过 12 个月）执行。

第三十六条 对同一事件、同一责任人的薪酬扣减和追索，按照党纪处分、政务处分、责任追究等扣减薪酬处理的最高标准执行，但不合并使用。

第三十七条 相关责任人受到诫勉处理的，六个月内不得提拔、重用；受到调离工作岗位、改任非领导职务处理的，一年内不得提拔；受到降职处理的，两年内不得提拔；受到责令辞职、免职处理的，一年内不安排职务，两年内不得担任高于原任职务层级的职务；同时受到纪律处分的，按照影响期长的规定执行。

第三十八条 中央企业经营管理有关人员违规经营投资未造成资产损失，但造成其他严重不良后果的，经过查证核实和责任认定后，对相关责任人参照本办法予以处理。

第三十九条 有下列情形之一的，应当对相关责任人从重或加重处理：

（一）资产损失频繁发生、金额巨大、后果严重的。

（二）屡禁不止、顶风违规、影响恶劣的。

（三）强迫、唆使他人违规造成资产损失或其他严重不良后果的。

（四）未及时采取措施或措施不力导致资产损失或其他严重不良后果扩大的。

（五）瞒报、漏报或谎报资产损失的。

（六）拒不配合或干扰、抵制责任追究工作的。

（七）其他应当从重或加重处理的。

第四十条 对中央企业经营管理有关人员在企业改革发展中所出现的失误，不属于有令不行、有禁不止、不当谋利、主观故意、独断专行等的，根据有关规定和程序予以容错。有下列情形之一的，可以对违规经营投资相关责任人从轻或减轻处理：

（一）情节轻微的。

（二）以促进企业改革发展稳定或履行企业经济责任、政治责任、社会责任为目标，且个人没有谋取私利的。

（三）党和国家方针政策、党章党规党纪、国家法律法规、地方性法规和规章等没有明确限制或禁止的。

（四）处置突发事件或紧急情况下，个人或少数人决策，事后及时履行报告程序并得到追认，且不存在故意或重大过失的。

（五）及时采取有效措施减少、挽回资产损失并消除不良影响的。

（六）主动反映资产损失情况，积极配合责任追究工作的，或主动检举其他造成资产损失相关人员，查证属实的。

（七）其他可以从轻或减轻处理的。

第四十一条 对于违规经营投资有关责任人应当给予批评教育、责令书面检查、通报批评或诫勉处理，但是具有本办法第四十条规定的情形之一的，可以免除处理。

第四十二条 对违规经营投资有关责任人减轻或免除处理，须由作出处理决定的上一级企业或国资委批准。

第四十三条 相关责任人已调任、离职或退休的，应当按照本办法给予相应处理。

第四十四条 相关责任人在责任认定年度已不在本企业领取绩效年薪的，按离职前一年度全部绩效年薪及前三年任期激励收入总和计算，参照本办法有关规定追索扣回其薪酬。

第四十五条 对违反规定，未履行或未正确履行职责造成国有资产损失或其他严重不良后果的中央企业董事、监事以及其他有关人员，依照国家法律法规、有关规章制度和本办法等对其进行相应处理。

第六章 责任追究工作职责

第四十六条 国资委和中央企业原则上按照国有资本出资关系和干部管理权限，组织开展责任追究工作。

第四十七条 国资委在责任追究工作中的主要职责：

（一）研究制定中央企业责任追究有关制度。

（二）组织开展中央企业发生的重大资产损失或产生严重不良后果的较大资产损失，以及涉及中央企业负责人的责任追究工作。

（三）认为有必要直接组织开展的中央企业及其所属子企业责任追究工作。

（四）对中央企业存在的共性问题进行专项核查。

（五）对需要中央企业整改的问题，督促企业落实有关整改工作要求。

（六）指导、监督和检查中央企业责任追究相关工作。

（七）其他有关责任追究工作。

第四十八条 国资委内设专门责任追究机构，受理有关方面按规定程序移交的中央企业及其所属子企业违规经营投资的有关问题和线索，初步核实后进行分类处置，并采取督办、联合核查、专项核查等方式组织开展有关核查工作，认定相关人员责任，研究提出处理的意见建议，督促企业整改落实。

第四十九条 中央企业在责任追究工作中的主要职责：

（一）研究制定本企业责任追究有关制度。

（二）组织开展本级企业发生的一般或较大资产损失，二级子企业发生的重大资产损失或产生严重不良后果的较大资产损失，以及涉及二级子企业负责人的责任追究工作。

（三）认为有必要直接组织开展的所属子企业责任追究工作。

（四）指导、监督和检查所属子企业责任追究相关工作。

（五）按照国资委要求组织开展有关责任追究工作。

（六）其他有关责任追究工作。

第五十条 中央企业应当明确相应的职能部门或机构，负责组织开展责任追究工作，并做好与企业纪检监察机构的协同配合。

第五十一条 中央企业应当建立责任追究工作报告制度，对较大和重大违规经营投资的问题和线索，及时向国资委书面报告，并按照有关工作要求定期报送责任追究工作开展情况。

第五十二条 中央企业未按规定和有关工作职责要求组织开展责任追究工作的，国资委依据相关规定，对有关中央企业负责人进行责任追究。

第五十三条 国资委和中央企业有关人员，对企业违规经营投资等重大违规违纪违法问题，存在应当发现而未发现或发现后敷衍不追、隐匿不报、查处不力等失职渎职行为的，严格依纪依规追究纪律责任；涉嫌犯罪的，移送国家监察机关或司法机关查处。

第七章　责任追究工作程序

第五十四条 开展中央企业责任追究工作一般应当遵循受理、初步核实、分类处置、核查、处理和整改等程序。

第五十五条 受理有关方面按规定程序移交的违规经营投资问题和线索，并进行有关证据、材料的收集、整理和分析工作。

第五十六条 国资委专门责任追究机构受理下列企业违规经营投资的问题和线索：

（一）国有资产监督管理工作中发现的。

（二）审计、巡视、纪检监察以及其他有关部门移交的。

（三）中央企业报告的。

（四）其他有关违规经营投资的问题和线索。

第五十七条 对受理的违规经营投资问题和线索，及相关证据、材料进行必要的初步核实工作。

第五十八条 初步核实的主要工作内容包括：

（一）资产损失及其他严重不良后果的情况。

（二）违规违纪违法的情况。

（三）是否属于责任追究范围。

（四）有关方面的处理建议和要求等。

第五十九条 初步核实的工作一般应于 30 个工作日内完成，根据工作需要可以适当延长。

第六十条 根据初步核实情况，对确有违规违纪违法事实的，按照规定的职责权限和程序进行分类处置。

第六十一条 分类处置的主要工作内容包括：

（一）属于国资委责任追究职责范围的，由国资委专门责任追究机构组织实施核查工作。

（二）属于中央企业责任追究职责范围的，移交和督促相关中央企业进行责任追究。

（三）涉及中管干部的违规经营投资问题线索，报经中央纪委国家监委同意后，按要求开展有关核查工作。

（四）属于其他有关部门责任追究职责范围的，移送有关部门。

（五）涉嫌违纪或职务违法的问题和线索，移送纪检监察机构。

（六）涉嫌犯罪的问题和线索，移送国家监察机关或司法机关。

第六十二条 国资委对违规经营投资事项及时组织开展核查工作，核实责任追究情形，确定资产损失程度，查清资产损失原因，认定相关人员责任等。

第六十三条 结合中央企业减少或挽回资产损失工作进展情况，可以适时启动责任追究工作。

第六十四条 核查工作可以采取以下工作措施核查取证：

（一）与被核查事项有关的人员谈话，形成核查谈话记录，并要求有关人员作出书面说明。

（二）查阅、复制被核查企业的有关文件、会议纪要（记录）、资料和账簿、原始凭证等相关材料。

（三）实地核查企业实物资产等。

（四）委托具有相应资质的专业机构对有关问题进行审计、评估或鉴证等。

（五）其他必要的工作措施。

第六十五条 在核查期间，对相关责任人未支付或兑现的绩效年薪、任期激励收入、中长期激励收益等均应暂停支付或兑现；对有可能影响核查工作顺利开展的相关责任人，可视情况采取停职、调离工作岗位、免职等措施。

第六十六条 在重大违规经营投资事项核查工作中，对确有工作需要的，负责核查的部门可请纪检监察机构提供必要支持。

第六十七条 核查工作一般应于6个月内完成，根据工作需要可以适当延长。

第六十八条 核查工作结束后，一般应当听取企业和相关责任人关于核查工作结果的意见，形成资产损失情况核查报告和责任认定报告。

第六十九条 国资委根据核查工作结果，按照干部管理权限和相关程序对相关责任人追究处理，形成处理决定，送达有关企业及被处理人，并对有关企业提出整改要求。

第七十条 被处理人对处理决定有异议的，可以在处理决定送达之日起 15 个工作日内，提出书面申诉，并提供相关证明材料。申诉期间不停止原处理决定的执行。

第七十一条 国资委或中央企业作出处理决定的，被处理人向作出该处理决定的单位申诉；中央企业所属子企业作出处理决定的，向上一级企业申诉。

第七十二条 国资委和企业应当自受理申诉之日起 30 个工作日内复核，作出维持、撤销或变更原处理决定的复核决定，并以适当形式告知申诉人及其所在企业。

第七十三条 中央企业应当按照整改要求，认真总结吸取教训，制定和落实整改措施，优化业务流程，完善内控体系，堵塞经营管理漏洞，建立健全防范经营投资风险的长效机制。

第七十四条 中央企业应在收到处理决定之日起 60 个工作日内，向国资委报送整改报告及相关材料。

第七十五条 国资委和中央企业应当按照国家有关信息公开规定，逐步向社会公开违规经营投资核查处理情况和有关整改情况等，接受社会监督。

第七十六条 积极运用信息化手段开展责任追究工作，推进相关数据信息的报送、归集、共享和综合利用，逐步建立违规经营投资损失和责任追究工作信息报送系统、中央企业禁入限制人员信息查询系统等，加大信息化手段在发现问题线索、专项核查、责任追究等方面的运用力度。

第八章　附　则

第七十七条 中央企业应根据本办法，结合本企业实际情况，细化责任追究的范围、资产损失程度划分标准等，研究制定责任追究相关制度规定，并报国资委备案。

第七十八条 各地区国有资产监督管理机构可以参照本办法，结合实际情况制定本地区责任追究相关制度规定。

第七十九条 国有参股企业责任追究工作，可参照本办法向国有参股企业股东会提请开展责任追究工作。

第八十条 对发生生产安全、环境污染责任事故和不稳定事件的，按照国家有关规定另行处理。

第八十一条 本办法由国资委负责解释。

第八十二条 本办法自 2018 年 8 月 30 日起施行。《中央企业资产损失责任追究暂行办法》（国资委令第 20 号）同时废止。

中国企业跨境并购面临的监管

从国内资本市场方面来看，2020年中国主要出台/颁布/落实/签署的新政有新《证券法》，《关于进一步扩大金融业对外开放的有关举措》；《区域全面经济伙伴关系协定》（RCEP）；市场监管总局起草《关于平台经济领域的反垄断指南（征求意见稿）》等大事件都将会对并购市场带来深远影响。

新《证券法》颁布实施

2019年12月28日，第十三届全国人大常委会第十五次会议审议通过了修订后的《中华人民共和国证券法》（以下简称新《证券法》），于2020年3月1日起施行。其中，本次《证券法》的修订，重点在于全面推行注册制，强调以信息披露为核心，并全面提高投资者保护水平及提升违法违规处罚力度。

在新《证券法》中，首次公开发行新股（IPO）的条件被放宽了，更多关注在IPO信息披露的准确性、真实性、完整性、合规性的审核，而不再去对发行申请人的投资价值做实质性的判断。比如将原有的“持续盈利能力”修改为“持续经营能力”，以及将“最近3年财务会计文件无虚假记载，无其他重大违法行为”修改为“最近3年财务会计报告被出具无保留意见审计报告”等。

通过全面推行证券发行注册制度，打通直接融资的制度入口，将大幅提升直接融资的效率和质量。注册制改革为更多优质科创/创业企业登陆公开市场打开了大门，使其拥有充足的资金参与并购交易，在需求端长期来看，利好新经济领域的并购。2020年共有8个交易买方为科创板上市公司，且平均在上市9个月后便出手并购。

从标的供给端来看，短期内或存在潜在并购标的冲刺上市窗口/红利期的情况，但长期而言适合出售的标的仍将选择并购退出。红利期过后，注册制上市将面对更理性的投资者、更成熟的发行及退市制度，有可能未来出现发行失败的项目。截至2020年年底，共有32个科创板上市公司曾出现破发。长期来看，有助于并购领域形成更加理性、有序的市场环境。

证券公司外资持股限制

中国从 1995 年引入合资券商开始，到如今对外资股比限制放开已经有 25 年的时间。2019 年 7 月 20 日，国务院金融稳定发展委员会办公室对外发布《关于进一步扩大金融业对外开放的有关举措》，将原定于 2021 年取消证券公司、基金管理公司和期货公司外资股比限制的时点提前到 2020 年。2020 年 4 月 1 日起，在全国范围内取消基金管理公司外资股比限制；2020 年 12 月 1 日起，在全国范围内取消证券公司外资股比限制。

在此之前，合资券商外资持股比例的上限为 49%，外资无法获得控股权也导致了很多合资券商遭遇了内外的多重不适，鲜有经营突出的合资券商出现。证监会颁布《外商投资证券公司管理办法》，将合资券商外资投资比例限制放宽至 51%，多家合资券商外资股东以及海外知名金融机构响应。例如，摩根士丹利成为摩根士丹利华鑫证券有限公司的主要股东、控股股东，持股比例为 51%；高盛集团成为高盛高华证券有限责任公司主要股东、控股股东，持股比例为 51%。余下两家摩根大通证券（中国）有限公司、野村东方国际证券有限公司则是证监会在 2019 年年初批准新设立的券商，且两家新设的外资控股券商均已开业。

随着更多外资券商、期货公司进入中国资本市场，在竞争压力内，将使国内券商、期货行业兼并重组。在市场份额有限的情形下，少数尾部券商、期货公司等，最终被兼并收购将不可避免。以及，外资机构进入中国后可能由于对中国市场水土不服而导致大量中小金融机构选择与中国本土金融机构合作。如此，将利于国内券商、期货公司做大做强，以提升其核心竞争能力与抗市场风险的能力。除此之外，取消外资持股比例限制，也有助于资本市场的国际化进程，提升资本市场的影响力。

2020 年 1 至 5 月，外资对中国企业的并购投资金额和数量已经超过中国对外的并购投资交易金额和数量，是 10 年来的首次。而从全年的数据来看，明显可以看到国外战投在更积极地参与对中国企业的市场化并购。

区域全面经济伙伴关系（Regional Comprehensive Economic Partnership）

RCEP 的签署将会对未来区域内投资起到很好的作用，且在未来 RCEP 仍有很大的想象空间和提升空间。RCEP 的主要成果是实现了超过 90% 的货物最终将实现零关税，中日、韩日之间首次建立自贸关系，区域累积原产地规则有利于推动域内产业链灵活布局，统一各国市场准入规则、采用负面清单方式推进投资自由化，推动金融、电信、专业服务等服务贸易。

到2019年，中国在海外投资的存量已经达到了2.2万亿美元，占世界总存量的6%以上。所以中国已经成为推动世界跨国贸易和跨国投资中的非常重要的动力。与此同时，RCEP将有助于中国和东亚地区进一步优化区域产业链。在关税减免、原产地规则、投资等统一规则的制定下，各个经济体可以充分发挥自身生产要素比较优势，通过调整对外贸易和投资布局，优化资源配置，提高产业分工效率，完善区域价值链。通过加强经济体之间的产业互补，调整投资结构，以投资带贸易，促进区域产业链长期稳健的合作发展。

中欧全面投资协定 EU - China Comprehensive Agreement on Investment（CAI）

自新冠肺炎疫情发生以来，中国企业对外并购活动和前几年相比大幅下降，过去20年中国在欧盟完成的并购交易其实只有1000个，金额不到1700亿美元。究其原因，除了疫情影响，近年来欧盟受单边主义、贸易保护主义抬头等趋势的影响，2019年出台了《欧盟外资审查条例》，于2020年10月11日开始全面实施，着重关注五大领域的并购，分别是关键基础设施、关键技术、关键输入品的供应、敏感信息和媒体，这意味着包括能源、交通、水、卫生、通信、媒体、数据处理或存储、人工智能、机器人、半导体、网络安全、航空航天、国防、选举或金融基础设施等行业的投资与并购，都大概率触发安全审查。2020年3月，欧盟发布的最新的外商投资审查指南中，要求欧盟各国保护一些所谓医疗行业和一些关键的资产，包括一些核心的基础设施等。德国把现有的外资审查制度扩大到了卫生保健部门，还通过新设的经济稳定基金来保护公司免于破产以及被不必要地收购；法国、西班牙、意大利等也都有一些限制外商投资的新措施。

而我国一直倾向于通过收购龙头企业来获得先进的技术和经验、打开欧洲市场。这使中国企业在欧盟开展业务与扩张都产生了较大挑战，对我国赴欧投资企业最直接的影响就是增加投资的不确定性，大幅提高了交易的金融成本与时间成本。

除了安全审查越来越严格外，欧盟委员会在审查中国国有企业的并购交易中，往往将同行业的中国国有企业视为“单一经济体”，夸大中国企业在当地发展的实际业务影响力，进而导致中国企业寻求并购扩张或建立合营企业时被相关监管机构开展具有针对性的反垄断调查，甚至给予交易否决等，严重影响国资背景企业的正常经营扩张。由于欧盟加大了外资审查力度，尤其是针对中国国有企业在欧盟并购审查收紧收严，我国国有企业对欧投资额从2017年的208亿欧元迅速收缩至2019年的12亿欧元，下降幅度高达 94.23%。

在了解了中国和欧盟相互投资所面临的障碍后，《中欧全面投资协定》的重要意义就不言而喻了。2020 年年底，中欧双方公布了期待已久的投资协定，历时 7 年的谈判圆满结束。《中欧全面投资协定》能够为双方企业进入对方市场提供更好的市场准入条件，扩大了双方企业在对方市场能够经营的业务范围。更重要的是，《中欧全面投资协定》能为我国对欧投资企业提供一个更加统一和确定的法律保护框架，协调欧盟各成员国的外国投资政策，无论是投资前的并购阶段，还是设立实体后的运营阶段，甚至发生投资纠纷后的争端解决，《中欧全面投资协定》都将为我国对欧投资企业提供更好的保护。

《反垄断法》

中国的《反垄断法》从 2008 年开始实施，在这一阶段，即企业和企业之间的反垄断、反不正当竞争。如在 2014 年曾发生在腾讯和 360 之间的反不正当竞争诉讼大战。随着移动互联网的高速发展，自 2014 年开始，互联网企业并购高潮到来，但合并案大都没有进行申报和反垄断执法机构调查，这也是反垄断法出现巨大漏洞的时期。

2020 年 8 月开始，《关于促进平台经济规范健康发展的指导意见》中提到平台经济的竞争问题，中国反垄断开始全面的互联网执法阶段。同年 11 月，市场监管总局起草了《关于平台经济领域的反垄断指南（征求意见稿）》，旨在预防和制止互联网平台经济垄断行为，将 VIE 架构，“二选一”、大数据杀熟等问题都纳入调查范围。

在当今的大环境下，并购申报会被严格审视，审批所花的时间会比较长，这就需要更合理的准备和分析。从这个角度考虑，巨头企业的经营和并购行为会受到影响，但这对于创新企业来说是一个利好。因为一些巨头确实会被约束，创新企业其实可以动用一些资本的力量，通过合并、并购的方式，让自己的规模更快地达到一定高度。

此外，多个欧洲国家及美国均在改革其反垄断法规以应对新兴经济和新的投资方式所带来的挑战。最主要的一个例子是 Killer Acquisitions。Killer Acquisition 是指行业巨头通过收购从事下一代产品和技术的研发的初创或成长性企业，从而阻止相关企业在未来成为其竞争对手的行为。该类交易主要出现在数字经济和医药领域。由于被收购的企业在多数情况下尚没有或没有大量的收入，传统的审查模式在很多情况下对此类交易并不适用。

对此，德国和奥地利在 2017 年引入了将交易金额作为审查门槛的新机制。除此之外，英国、德国和巴西均已将小股权投资纳入反垄断审查的范围。在亚马逊对外卖平台 Deliveroo 的小股权投资交易中，英国反垄断审查机构对其进行了深入的调查。在中国，市场监督管理总局也在《关于平台经济领域的反垄断指南（征求意见稿）》中明确指出某些交易营业额即使未能达到中国经营者集中审查标准，但同样可能受限于反垄断审查。

另外的一个趋势是欧美各国对反垄断审查的执行趋于严格。根据调研，2019 年总共有 21 个交易被欧盟及其成员国的反垄断机关否决或出于反垄断审查的原因被各方放弃。相较之下，2018 年相关数据仅为 12 个。预计在未来几年，欧美各国和中国都会保持或加强反垄断审查的力度。

各国的投资法案及具体的监管修正案——（英国为例）

中国商会最新发布的《2020 英国中资企业发展报告》显示，英国作为中国在欧盟投资的最大对象国，累计吸收中资投资约 503 亿欧元（约合 594.3 亿美元），是排在第二位的德国的 2 倍多，位居欧洲各国之首。其中，2019 年中国在欧洲的外国直接投资（FDI）中有 30% 流向了英国。并且对外国投资审查一直较为宽松。

但近年来英国政府一直对收购带来的国家安全问题表示担忧，随着 2020 年对外资审查更为严格的《国家安全与投资法案》实施，将对外国投资产生较大影响。法案对外国投资者的国家安全审查范围、管辖门槛、申报方式、审查程序、违规后果、干预窗口期等做了更为严格的规定，其中大幅扩张作为审查对象的“触发事项（trigger events）”的类型和范围。并且违反此项规定的公司将被处以高达 1000 万英镑的罚款或者该公司需要支付年营业额的最多 5%（以数额大的为准），还将面临最多 5 年的监禁。此外，新的外国投资制度强制要求对最敏感部门的投资进行备案，这将明显增加此类交易的延迟和成本。新法案将使需审核的交易数量大大增加，对交易时间表可能有重大影响，对交易确定性构成了潜在的危害并导致整体执行风险的增加。

此前，英国曾在 2020 年 7 月推翻了此前允许华为为英国 5G 手机网络提供设备的计划。2020 年 4 月，英国政府出手干预阻止中国投资者（中国国新）控制英国芯片设计公司 Imagination Technologies 的董事会的计划。越来越多的保守党议员希望新规定使中国公司更难收购战略性的英国公司。同时英国《国家安全与投资法案》的实施，将对中国企业对英投资产生不小的冲击。

虽然英国政府强调，英国仍然奉行投资开放，并宣布设立了投资办公室（Office for Investment），以支持英国吸引大量外国投资，尤其是在基础设施、清洁技术和研发方面，但目前看来发达经济体外资安全审查不断扩展并向趋同化方向发展，以使政府有更多的权利阻止中国等外资并购交易。

鉴于此，中国企业应建立投资风险预警机制，做好投资目标市场前期预研工作，防控事前监管风险；应构建投资风险合规机制，持续跟踪外国相关投资政策的最新变化，防控事中与事后监管风险；应采取更加灵活多样的投资形式，分散风险，等等。

后 记

《2018 中国企业跨境并购年度报告》全面回顾了 2017 年中国企业跨境并购的整体市场情况，针对热点行业、重点国家和典型案例，详细解读了“一带一路”倡议下，中国企业跨境并购的新机遇，对 2018 年的并购市场趋势进行了展望，为准备走出国门的企业提供建议和分析。

同时，作者对全球和中国跨境并购市场的发展历程进行了系统梳理，从专业和实际操作的角度，将该书打造成了一本中国企业跨境并购的实用手册。

该书出版后，得到广大读者、专家和相关政府机构的一致好评，并于 2018 年 9 月 18 日为“中国工博会国际论坛”嘉宾入囊珍藏。

2021 年，在中国经济出版社原班人马拔冗参与下，作者编著了《2021 中国企业跨境并购年度报告》，以飨各界读者。

经过两家编著单位的通力合作，《2021 中国企业跨境并购年度报告》的编撰工作圆满完成。本书分为三编共十章内容，书后另附四个附录，全书总字数 60 余万字。

值此《2021 中国企业跨境并购年度报告》即将付梓之际，向支持、指导、帮助本书编写工作的各界人士，特别是智库专家李昌浩先生以及胡楠、张馨予等，表示衷心感谢。

最后，感谢中国经济出版社的领导和编辑团队在本书出版过程中提出的专业意见和辛勤付出。